ヤマケイ文庫

男の民俗学大全

Endo Kei 遠藤ケイ

Y. L.

Yamakei Library

目次

まえがき

年季の入った鍛治職人は、総じて藪睨《やぶにら》みであった。狸穴《まみあな》のような暗がりで赤熱の火を見続けた目で、土間に立つ人間を上目遣いに凝視《ぎょうし》する習性からであろうか。さらに、炭の煤《すす》を吸うから鼻の周りが黒い。シャツは、火の粉を浴びてあちこち穴があいている。それを口さがない人らは「鼻黒イタチに鍛治屋ボロ」と揶揄《やゆ》した。また、昔の鍛治屋は座業《ざぎょう》で、横座を立ってもガニ股が固まってしまっていた。それでも、叩き上げの鍛治屋は、「文句があるか!」と誇らしげに笑った。

日本の手仕事は座業が多かった。その方が体が安定して細かな細工ができる。腰を決めたら空いた足や指、膝《ひざ》が固定する万力《まんりき》の代わりになる。だから日本の職人は足先が器用で強く、いたずらに足の指で太腿でもつねられると青痣《あおあざ》ができるほど痛かった。

木工職人は、刃物を扱うので手の指が欠けている人が多かった。職人にとって怪我は名誉なことではないが、仕事は常に危険と隣り合わせだった。落とした指は長い間に硬い瘤《こぶ》になって機能している。「人間の体っていうのは、使っていればちゃんと用をするようになる」と笑いながら、短い指先で金槌《かなづち》をクルクル回して見せた。

獲物を追って一日に山を三、四〇キロ歩くマタギは、胸の前で両腕を組み、体を揺らさないようにしてすり足で歩く。体重移動が少ないから疲れない。輪《わ》カンジキは雪中で足音がしない。当時、流行《はや》りのスノーシューを履いていったら、「そんなモン履いてくるな！」と怒鳴られた。雪山で野営したとき、立ち枯れの太い木を三本切って、枝先を重ねて火をつけ、三方から少しずつ木を送っていって一晩中火を絶やさなかった。白い息を吐きながら、携帯食の凍《し》み餅を炙《あぶ》って食べた。

漆掻《うるしか》き人は、漆に強い免疫力があるが、素人は漆の匂いでもかぶれる。一度かぶれると皮膚が赤く腫れて熱が出る。治っても、季節になると症状が出る。漆の樹液を掻いた木で作ったイカヅノは、不思議なことに高級なアオリイカが面白いように釣れた。その隠れた副業があるために、漆掻き人は出稼ぎに出なくてよかった。

林業に従事する山師は、「山の木を切るのは罪深いことだが、山を生かすために木を切ることもある。それが山師の分際《ぶんざい》だ」と言った。自然の森の一部を五、六〇年の周期で管理して利用することで、人間が生きる素地が得られる。山の木は、放っておけば良材になるわけではない。

山の木は、放置しておけば枝を張って日照権を独占しようとする。ほかの木はその隙間《すきま》をすり抜けて枝を伸ばそうとする。木が曲がり、節だらけの木になる。素性《すじょう》のいい木にするために、下草を刈り、蔓《つる》を切り、枝を打って管理しなければならない。枝を打つと木が元気になる。節もなく、年輪がきれいに育つ。「山をきれいに化粧をする」と言って目を細めた山師は、若くして白蠟《はくろう》病になって山を下りた。

深い海に潜る海士《おとこあま》は、「体で邪魔になるのは鼻と耳」と言う。鼻血が内出血すると、顔半分がもげそうに痛い。鼓膜を自分で破る人もいる。舟の上では、声を張り上げないと話ができなかった。

沖縄の海人《ウミンチュ》は、ミーカガン（木の水中眼鏡）をつけた裸の素潜りで、巨大なシャコ貝を脇に抱えて、海底をスタスタと歩いてきた。海中で出くわして、パニックに陥って溺れそうになった。それを見て男は口の端でニッと笑った。

石垣島のアギャー（大規模追い込み漁）の大将《テーショウ》は、子供のときに人買いに売られてきた。親方に、冬でも裸で海に潜らされた。船に上がろうとすると櫂《かい》で手を叩かれた。「おかげで、カッパみたいな水掻きができた」と言って、皮膚がのびたような指の股を開いてみせた。「いまでも海に潜ったらオレが一番速いさ」と言った。

水深五メートル以上はついていけなかった。

刺青師は、頭のてっぺんから手首、足首まで総身彫りをしている。「痛さが分らないと他人を彫れない」と言った。奥さんにも総身彫りをした。秘所に、二人だけの秘密に蛸を彫った。蛸の口がきれいな桜色だった。すこしも猥褻《わいせつ》感がなかった。

身寄りのない老砂金掘りは、お守りのように小袋を首に下げている。中に小豆大の砂金が一個入っている。「オレの墓代だ」と言って、大事そうに袖口で磨いた。

花火師は「大酒を飲まなきゃ、緊張のタガがはずれない」と言って茶碗酒をあおった。

炭焼き人は、煤だらけの黒い顔で、前歯が金歯でお神楽《かぐら》のようだった。

鷹匠は、遠くの木の根元でピクッと動いた野ウサギの耳の先を鷹より早く見つけた。

トド撃ち猟師は、解体したメスの腹から胎児が出てきたときから一言も口をきかなくなった。

木馬《きんま》師は、テレビでスケートの選手の太腿を見て、「オレの方が太い」と言って、丸太のような自分の足をバシッと叩いた。

遠洋の漁師は、船から下りたら陸で転んだ。

ハブに何度も嚙まれている捕獲人の手が、奇妙に屈曲して、移植した皮膚が火傷《やけど》のように引き攣《つ》れていた。

静かな刀匠の顔。歯がボロボロだった飴職人。陽気なイカダ師。闘犬に嚙みつぃた飼い主。等々。

いったん記憶の回路が開くと、さまざまな情景が鮮やかに蘇ってくる。彼らは、年齢も風貌も当時のままだ。だが、現実にはすでに四〇年の歳月が流れている。歳をとったのは自分だけである。だが、記憶だけは歳をとらない。色褪せることがない。

記憶は、大容量の情報を保持する貯蔵システムである。人間の優れた能力の一つでもある。人間に限らず、動物も植物もどんな単細胞生物であっても、なんらかの形で過去の記憶から学ぶ能力を持つ。記憶が進化の根源といってもいい。

過去は記憶の集積である。過去は記憶によって繫《つな》がり、未来は希望によってのみ繫がっている。記憶は残せる。記憶は伝えられる。

私は、私の記憶を伝える手段としてせっせと文を書き、克明に絵を描いた。その積み重ねがこうして一冊の本になった。私は、本が好きである。紙に刻印された文字や絵は、雲《クラウド》のように流れてはいかない。いつでも手元に置いて、手に取ることができる。ページを開けば、何度でも記憶の追体験ができる。紙には体温がある。実態のあるものには愛着を抱くことができる。

私が四〇年間に、およそ一〇年かけて全国各地を駆け回った時代は、物質的な豊かさを求める時代の大きな潮流に背を向けるようにして、かたくなに自分の生き方を変えようとしない男たちがいた。彼らは、時代から落ちこぼれた不器用な人間に見えながら、合理主義の陰で切り捨てられていく日本の伝統文化や手仕事の技を、ギリギリのところで守り継いでいこうとする不屈の精神の持ち主でもあった。彼らは、人間が自然を規範として生きる限り、自分たちが教えられてきたやり方が一番正しいことを肌で知っていた。

彼らは、青臭い私の前で、堂々と自分の生業《なりわい》を披歴して見せてくれた。言葉では語れない手仕事の技を何度もやってみせてくれた。

だが現実には、日本の伝統文化や手仕事は、危機的な状況だった。さまざま職業が衰退し、消えていった。多くの仕事師や職人たちは、自分の代で終わることを半ば覚悟した。長い歳月を累々と受け継がれ、磨かれてきた生業や手仕事は、一度失ったら二度と取り戻すことはできない。しかし、彼らは生き方を変えなかった。

いま、改めて振り返ると、彼らの生き様が不思議な輝きを放って迫ってくる。誰もが生き生きとして、自信に満ちている。その職業は驚くほど多岐におよび、それぞれに卓越した技に裏打ちされている。極めれば、その道々に奥義がある。伝統の厚みがある。かけがえのない日本の精神文化でもある。

私が蓄積してきた記憶は、歴史の中のカサブタのような小さな断片でしかないかもしれないが、カサブタを剝《は》がせばまたジクジクと血が疼《うず》いてくるように、伝統文化の脈動は途絶えることはない。

過去の記憶を、未来の希望に生かすかどうかは、現在を生きる者たちに委ねられている。

遠藤ケイ

＊文中に登場する人物の年齢や経歴、地名やデータなどはすべて取材当時（一九八〇〜一九八九）のものです。

ハブ捕獲人
ハブは墓や石垣の間などにいる。
多幸山ハブセンター
ライトの明かり一本をたよりに闇夜を歩く。
お墓
バッテリーを携帯する。
捕獲すると箱に入れて持ち歩く。一晩でいっぱいになる。
手製の捕獲棒でハブの首5寸くらいの所をはさむ。
ゴム長靴 この上から咬まれることもある。
捕獲したハブは一匹約八千円でハブセンターに引き取られる。

ハブは、クサリヘビ科の毒ヘビ。動きが速く、攻撃的で、全長二メートルにもなる。主に夜間活動し鳥の卵やヒナ、ネズミなどを食べる。毒性はマムシより劣るが量が多いので数倍も危険といわれる。

ハブはトカラ諸島以南、沖縄列島のみに棲息し、沖縄では毎年六〇〇名近い人間がハブに咬《か》まれ、五、六名が命を落としている。

昼は草むらや石垣の間に潜《ひそ》み、夜間行動して音もたてず人間を襲う。人間にいささかも親しまず、妥協することのないハブは、沖縄の人々にとって有史以来の宿敵であるといっても過言でない。

しかし、嫌う者あれば、好む者もあるのが人の世の常で、ハブを捕獲することを生業《なりわい》とする人間も当然のように存在する。

仕事場は漆黒の闇の中
死を賭けたヘビ捕り

現在、沖縄には一〇〇名近いハブ捕獲人がいるといわれるが、そのうち専業のハブ捕獲人は十数名で、残りは小遣い稼ぎのセミプロのようだ。

彼らは深夜、手製の捕獲棒と懐中電灯一本だけを頼りに、ハブの棲息する山中に分け入る。

「人間が先にハブを見つけるか、ハブが先かが勝負！」と、平然と言ってのける男たち。文字どおり命を賭けた人生である。

ハブ王国沖縄では、道路や人家近くでも頻繁にハブを見かけることもあり、生け捕りにしてハブセンターや研究機関に持っていけば、ハブは、一匹八〇〇〇円。

素人でも五〇〇〇～六〇〇〇円になることもあって、俄《にわか》ハブ捕獲人が多数出現することになる。とはいえ、そんな彼らも、沖縄の悲願であるハブ撲滅対策の一翼を担《にな》っていることに変わりはない。

引き取られたハブは、ハブに咬まれた場合の唯一の抗毒素である血清を作るのに使われる。一匹のハブから約一四〇人分の血清が作られるという。

また、ハブセンターで見世物にされたり、精力剤として霊験あらたかといわれるハブ酒にされたり、疫病神といわれながら、けっこう人間の役に立っている。

ハブが勝つか人が勝つか

それはさておき、ハブが夜行性であることはすでに述べたが、最も活発に活動するのは、気温が二三度以上で湿度七三パーセントというような蒸し暑い夜、さらに闇夜がハブ捕りに必要な条件となる。

温度計や湿度計はプロには欠かせない道具である。また、家にハブを飼っておいて、そのハブが妙に落ち着かず騒ぎ出すと、山へ出かけるという捕獲人もいる。

彼らは、手製の捕獲棒二本、ハブを入れる袋や箱、そして懐中電灯を手に八時ごろから、深夜の二時、三時まで漆黒の闇の中、一晩で約八キロの山道を踏破する。その体力はもちろんのこと、視力、聴力とも優れていなければならない。足元の藪《やぶ》、手探りする石の間、頭上の木の枝、ハブはどこに潜んでいるか分らないのだ。

さらにハブは、自分の体温より高い温度（人間の体温など）に敏感に反応し、攻撃する習性があり、近くを通っただけで咬まれることもある。一瞬の油断もできない。

最盛期には人家の近くまで出現する。

温度の高い雨夜にハブが活動する。ハブ捕り人は午前三時ころまで、約八キロの山道を歩く。

木の上にもいて、通りがかりの人間を襲うこともある。

ハブは温度に敏感で、人間が近くを通っただけで攻撃する。

捕獲したハブは、とりあえず袋に入れる。

帰るころには視力が半分くらいに落ちる。

ハブは猫のような声を発するという。

捕獲棒で首をはさむ。

数人が列を作って山歩きをしていて、よく二番目の人がハブやマムシに咬まれると昔からいわれているが、真偽のほどははっきりと分らない。

ハブやマムシがのんびりと昼寝でもしているところを通りかかった際、一番先頭の人の通過でハブが身構え、攻撃態勢に移ったところに二番目の人が通って咬まれるということらしい。

実際には、数人が地面を振動させながら歩いていれば、ハブは敏感に危険を察知して逃げるか、あるいはトグロを巻いて、不注意な先頭の人を襲うぐらいは可能で、二番目が特別危険ということはないようである。

また、無毒の蛇の場合は逃げ足が速く、人間に見つかる前に逃げ出してしまうが、ハブやマムシは強烈な毒を持っていて一撃で相手を倒す実力があるためか、逃げるより反撃態勢に入ることが多い。

充分時間がある場合は外敵が近づく前に逃げようとするが、そのひまがないときは素早くトグロを巻いて身構え、舌を出して外敵のサイズや距離などを探りながら、いつでも攻撃できるように全身の筋肉を緊張させている。

ただ、ある実験によると、ハブに詳しい人が先頭になってジャングルを歩いてい

ハブ捕り肉弾三銃士
山城名人
山内名人
我那覇名人
手製のハブ捕獲棒
引き金
強力なゴムがついている。
ハブの首をはさむ。
はずれないようにゴムをつけてある。
ハブ捕り人が肌身はなさず持っているスネークバイト・キット
吸出し、圧縮ひも、メス、薬液がコンパクトにまとめられている。
咬まれたら即座に毒を吸い出さなければならない。
一日ハブを見ないと落ち着かないという。
1.6メートルくらいのハブ。
咬症による腫れを減らすために減張切開する。
第一関節から先が失われている。
くされおちた人さし指の表面に植皮をしたあと。

て、ハブのいそうな場所を通過する際、注意を呼びかけておくと、列の二番目か三番目の人が発見することが多いということはあるらしい。

捕獲人にとってまさに、どちらが先に見つけるかが勝負で、その極度の緊張の連続のためか、帰る頃には視力が半分に落ちるという。

稼ぎは悪くないが……

この道二〇年以上の山内吉雄、山城二郎、我那覇正市の三氏は月に二〇日は山に入り、多い時には一晩に十数匹から二〇匹も捕るというが、年々数が少なくなっているという。

「昔に比べたら雲泥の差だよ」と嘆くが、一般の人にとっては結構なことである。彼らのような名人クラスとなれば単純に報酬だけをみると悪くはないが、常に死と対峙している危険率を考えると、割に合う商売ではない。

どんなベテラン、名人でも咬まれないという保証はない。現実にハブ捕獲人のほとんどは一回や二回は咬まれているという。その傷跡は彼らの勲章ともいえるだろう。「五、六回も咬まれりゃ免疫ができる」。蛇嫌いの人間にとっては身の毛のよだつようなことを、衒《てら》いもなく言う。

それでも数年前、沖縄一といわれた名人がハブに咬まれて死んだ。実に咬まれること一六回目だった。

ハブが咬むというのは、咬みつくのではなく、二本の毒牙で刺すといった方が当たっており、何の前ぶれもなく、突然、腕や足に鋭利な牙が当たったと思うと、次の瞬間に猛烈な激痛が襲う。常人なら衝撃と恐怖、動揺などでパニック状態になる。しかも、処置が遅れれば命を落とす。

幸いにして命は助かったとしてもさまざまな後遺症が残ることが多い。数カ月の療養生活を強いられることになり、捕獲人なら、その間の収入はゼロということにもなる。

ヘビ捕りを始めて二、三年の頃が咬まれやすいという。慣れからくる油断が、一番の大敵なのだ。

しかし、彼らは口をそろえて、

「毒がなけりゃ、おそらくハブ捕りなんかやんねえだろうな」

と言う。またある者は、

「昔は魚釣りが好きだったんだが、安全な船の上から、餌のついた糸を垂らして魚を釣ったって面白くも何ともねぇよ。ハブ捕りに比べたらネ」

とも言った。

まるでスポーツのように

彼らが危険を冒し、命を賭けてハブを捕るのは、ハブ撲滅という悲愴な使命感だけでなく、また報酬のためだけでもない。ありったけの知力、体力、経験、技術を駆使してのハブとの戦いをスポーツとして楽しんでいるようなところがある。

命を賭けながらも、どことなく遊びの精神が漂って、それはまぎれもない男の世界といえるのではあるまいか。

彼らが出撃前に、蛇皮線《じゃびせん》で弾き語る沖縄民謡が、屈託のない響きを残して草原の上を流れていった。

大漁旗染め師伝
小澤忠一さん（64歳）
銚子・外川に住み大漁旗染め師50余年。
「伸子《しんし》」
布を張る。竹製で両端に針がついている。
「杭棒《くいぼう》」
布はさんで固定する。

漁船が港に帰り着く。豊漁か不漁か、船のマストにひるがえる色とりどりの大漁旗《たいりょうばた》で分る。赤や青の地に、何色にも染め抜かれた宝船、波を蹴る鯛、竜宮城の浦島太郎と乙姫様……。

風にはためく大漁旗は漁師の心意気。その喜びが浜で待つ人々に伝わり、浜もまた歓喜に湧きかえる。幾百年変わらない漁村の光景である。

その漁師の気骨と思いを、大漁旗に染め抜く染め師も、浜で育ち潮風を吸ってきた者でなければ務まらない。大漁旗染め師、小澤忠一さん（六十四歳）。銚子・外《と》川《かわ》で五十余年、大漁旗作り一筋に生きてきた生粋の職人である。

漁師を奮い立たせる豊漁祈願の大漁旗

大漁旗は縁起物である。漁師は新造船を仕立てたとき、必ず数十枚の大漁旗を作る。新造船の進水式にはマストいっぱいに大漁旗を飾りたて、その船の無事と豊漁を祈願する。また正月の初出漁にも同じように旗を飾り、漁師の心意気を内と外に示す。

元来、大漁旗は、通信手段のなかった時代、大漁をいち早く浜の人々に知らせる伝達の方法であった。原色鮮やかに染めあげられた大漁旗の色や絵柄は、まさに漁師の気骨、そして感情のほとばしりそのものなのである。

だから大漁旗を染める染め師は、絵の上手下手、染色技術を超え、何よりも威勢がよくなければ、漁師の共感を得られない。旗一枚に漁師の心情を表わし、時には漁師を奮い立たせる力が求められる。

「大漁旗の絵柄も色づかいも、厳密にいったらでたらめだらけ。鰹《かつお》と鶴が一緒になってたり、波の上に鯛が跳びはねていたり、日の出がやたらと多かったり。だけど鰹をツル（釣る）、目でタイ、日の出の勢い、などの縁起物で、肝心の元気がなかったら駄目です。私らの仕事もそこのとこが一番大切なんです」

この道五十余年、小澤忠一さんの言葉には、気負いも衒《てら》いもない。

小澤さんは幼い頃から家業の染め物の仕事を見ながら育ち、十三歳から本格的な修業に入った。父親は主に、漁師の晴れ着である万祝《まいわい》や大漁旗を染めていた。

だが船主や網元が豪快な絵柄を染め抜いた万祝を作って、子飼いの漁師たちに配る江戸時代以来の習慣は、昭和十四、十五年（一九三九、四〇）までに消え、万祝を作る人は皆無となった。漁師の心意気を示すあの原色に染め抜かれた威勢のいい大漁旗の図柄は万祝が元になっている。

万祝とは、いわば漁師の晴れ着である。正月二日の船祝いには万祝をはおった漁師が勢ぞろいして神社へ参拝に行くが、鯛や鶴亀、鰯《いわし》、あるいは岩打ちくだく波頭や宝舟などを大胆に染め抜いた万祝が入り乱れて、まさに壮観であった。

万祝は網元の負担で配られる祝着であり、しかも毎年新調するとなると負担は大きかった。

いまなら数百万円にもなる出費をまかなうには大漁業地でなければできようもなかったが、網元の威勢と羽振りのよさを誇示し、腕のいい漁師たちを傘下に組み入れる意味合いもあったようだ。実際に、漁師が特定の網元の催す船祝いに出席し、配られた万祝を着ることは支配下に入ることを意味し、他の網元に移ることはできないという不文律があった。

もち米の粉を煮て、絵付けのための糊を作る。
ツツガワ
ツツガネ
ツツガワ 口の大きさが2分から1寸5分くらいまである。
ツツガワに糊を入れ、手で絞りながら下絵を描く。

九十九里海岸から全国へ

しかし、万祝は漁師の華であり、憧れでもあった。

万祝の発祥は房総九十九里だといわれる。九十九里はかつて鰯漁で湧いた一大漁業地である。

万祝の漁業習俗が残っているのは関東を中心に北は仙台、石巻あたり、西は意外に近く静岡までで、九十九里の船団が鰯を追って常磐、仙台方面まで北上したことと万祝の伝播形態とが符合する。

それでは、万祝のあの大胆な図柄と色づかいは、いったいどこからきたのか。そこに旅絵師の存在を見逃せない。江戸時代、彼らはつてを求めて地方を旅して歩き、その土地の網元や豪農、商家に逗留し、求めに応じて宿代のかわりに作品を残していった。その時代、絵師と俳諧《はいかい》師は無銭で旅ができた。

織物や染物の産地を巡り歩いて、染物の下絵や、祝い着、祭り着を描いたことは史実にもあきらかだが、そうした過程の中に万祝が完成されていったことは、充分に考えられる。

色つけした旗を天日に干す。

裏側から「伸子」で布を張る。
杭棒を砂地面に刺して縄を張る。

表面だけに色つけする。
タモチ(糊)の下絵に砂をまき、乾燥させてから色をつける。
(洗うとタモチが落ちて白く抜ける)

新平丸
大漁
住吉丸

事実、万祝の図柄そのものは、注連縄《しめ》や鯛抱え恵比寿、宝舟など単純、粗野でいかにも縁起をかつぐ漁師の美意識だが、専門家の目には画風は狩野派、友禅模様の痕跡を見てとることができるという。

しかし、江戸の末期には万祝の図柄はほぼ完璧にパターン化されていて、すでに絵師の手を離れ、専門の描き手と染め師によって作られていたらしいことが分る。

かつては、大漁景気に浮かれた漁師たちが、万祝をはおって色街をかっぽし、女の手くだで酔いつぶされ、代金のかわりに万祝をはがされたなどという話はいくらでもあった。

だが、この伝統的な万祝の染色に携わった経験は、小澤さんの現在の仕事に生かされている。

今日では博物館などで、まれにしか目にすることができなくなった万祝の図柄や色づかいを、小澤さんの頭と腕は覚えていたのだ。

「実は真似てるだけさ」

と、謙遜する小澤さんだが、絵柄の構成、染色の技法は比ぶべくもないほど、小澤さん独自の改良、工夫が加えられている。

太平洋に似合う大漁旗

大漁旗の大きさは、普通畳三枚分だが、大きなものは一二畳から一八畳くらいのものもある。染める時には生地を畳一枚より大きめに裁断し、染色が終ってから縫製する。

布の端に張手《はりて》と呼ばれる枠木をつけ、布の裏側に竹製の伸子《しんし》を弓なりに張って布をピンと張る。それを地面の砂床に鉄の杭棒を刺してかけ、絵付けにかかる。

絵付けは糊で描く。この糊はタモチと呼ばれ、もち米を粉に挽《ひ》き、煮て練って作る。

タモチをツツガワという布袋に詰め、絞りながら絵を描く。下描きはほとんどしない。下描きをしていては絵に勢いが消えてしまう。

小澤さんは不安定に揺れる布の上に、まるで描きなぐるように絵や文字を描いてゆく。その後、タモチが乾かないうちに砂がかけられ、乾燥させてから色付けの工程に入る。タモチと砂は防染、つまり染めを防ぐもので、色付けしたあと、水洗いするとそこだけ白く残る。

昔の染め師はこの方法を知らず、そのため余計、手間がかかった。

「あるとき、染料のついた旗を偶然砂の上に落とした。そしたら、その部分だけが裏側まで染料が抜けてきれいに仕上がった」

その小澤さんの発見で、染色の工程が大幅に削減された。

これらの技術的向上は、それまで日の出や熨斗《のし》だけといった単純な絵柄が多かった大漁旗を、見違えるように鮮やかにした。

下絵に砂をかけ天日による乾燥がすむと、旗が作業場に持ち込まれ染めに入る。赤、青、緑、鮮やかな原色が大胆に乱舞する。この色感覚は常識を超越している。前衛絵画のようだ。しかし乾燥後、水洗いして糊を落とすと、そこには美しく、鮮やかな白い絵柄が浮き上がってくる。

戸外に干され、風にはためく大漁旗の彼方《かなた》に、銚子・外川の漁港が望め、その先に太平洋の荒海が広がっている。大漁旗はやはり、広大な海に似合っている。

漆掻き人伝
鬼熊昭二さん(58歳)
漆掻きを37年間、生業《なりわい》として生きてきた。
漆の木の維管束を傷つけ、流れ出る樹液を採取する。

かつて、漆器《しっき》が幅広く家庭生活に溶け込んでいた頃、各地の山々には、自生する漆《うるし》の木を掻《か》いて漆の液を採取する職人集団が存在した。

掻き子と呼ばれる彼らは、たえず熊や蝮《まむし》などの危険と隣合わせになりながら、山地を駆けめぐり、一日に百数十本の木を掻いた。そしてその採取の方法は、仲間内においても隠し合ったといわれる。

しかし世の変化につれ、多くの掻き子たちが姿を消し、現在、日本の漆採り職人は一〇〇人を割るといわれている。

が、日本古来の漆器が人々に珍重されている限り、掻き子の存在は極めて貴重な存在として残り続ける。

国産漆は〝金の水〟。日本古来、秘伝の採取法

古来より漆液は、食器類はもとより、建具、建築物、織物、釣竿にいたるまで、さまざまな用途に珍重され、〝金の水〟とまで呼ばれる貴重品であった。

だが今日では、中国をはじめ、台湾、ベトナムなど、外国産漆が市場の九九パーセントを占め、元来、外国産に比して高純度といわれる国産品は、漆器業者や工芸家にとって、ますます渇望の対象となっている。

国産の漆液が激減している原因は、肝心の漆掻き職人が少なくなったことに起因している。

かつては漆掻きの職人の里として知られた岩手県二戸《にのへ》周辺や、漆器の産地である輪島や越前、木曽など、各地に掻き子がいて、戦後間もない頃まで、全国の山間辺地へ足をのばし、漆を採取した。

しかし、一時期、安価な外国産漆や化学塗料に押され、掻き子の多くは転廃業を余儀なくされた。現在、全国で一〇〇人たらずの掻き子も、高齢者が多く、その過酷な労働と修練を要する技術ゆえ後継者を育てられない。

木曽漆器の産地を有する信州でも、掻き子はわずか二人といわれるが、そのうちの一人が、鬼熊昭二さん（五十八歳）である。鬼熊さんは戦後間もなくこの職につき、以来三七年間、漆掻きを続けてきた。

「当時、毎年、輪島から大勢の漆掻きが信州にやってきて、漆を採って帰った。そんなにいい商売なら何とか覚えたいと、わしの山の漆の木を半分ただで提供する条件で弟子にしてもらった」

技術を身につけるのに三年かかり、採集量と品質を競えるようになるまで、さらに数年を要したが、いまでは鬼熊さんの掻いた漆は、高く評価されている。

よい漆は真夏に採取!

漆を掻くのは、木の勢いのいい六月中旬から十月末まで。最盛期は真夏である。一日に掻く本数は七〇から八〇本、それも一本の木に傷をつけるのは一日に一カ所だけで、その後、木が勢いを回復するまで四日の間をおかなければならない。一人の掻き子の仕事が成り立つためには、都合二四〇本の木が必要になる。

現場に着くと、まず「場どり」をする。木の根を見て、親根と子根を見分け、親根側を傷つけないようにして、その両側に溝を切る。親根とは、人間でいえば大動脈に当たる。

漆液の採取は、掻き子の背丈から下で、まず根に近い部分に二本、さらに上部に

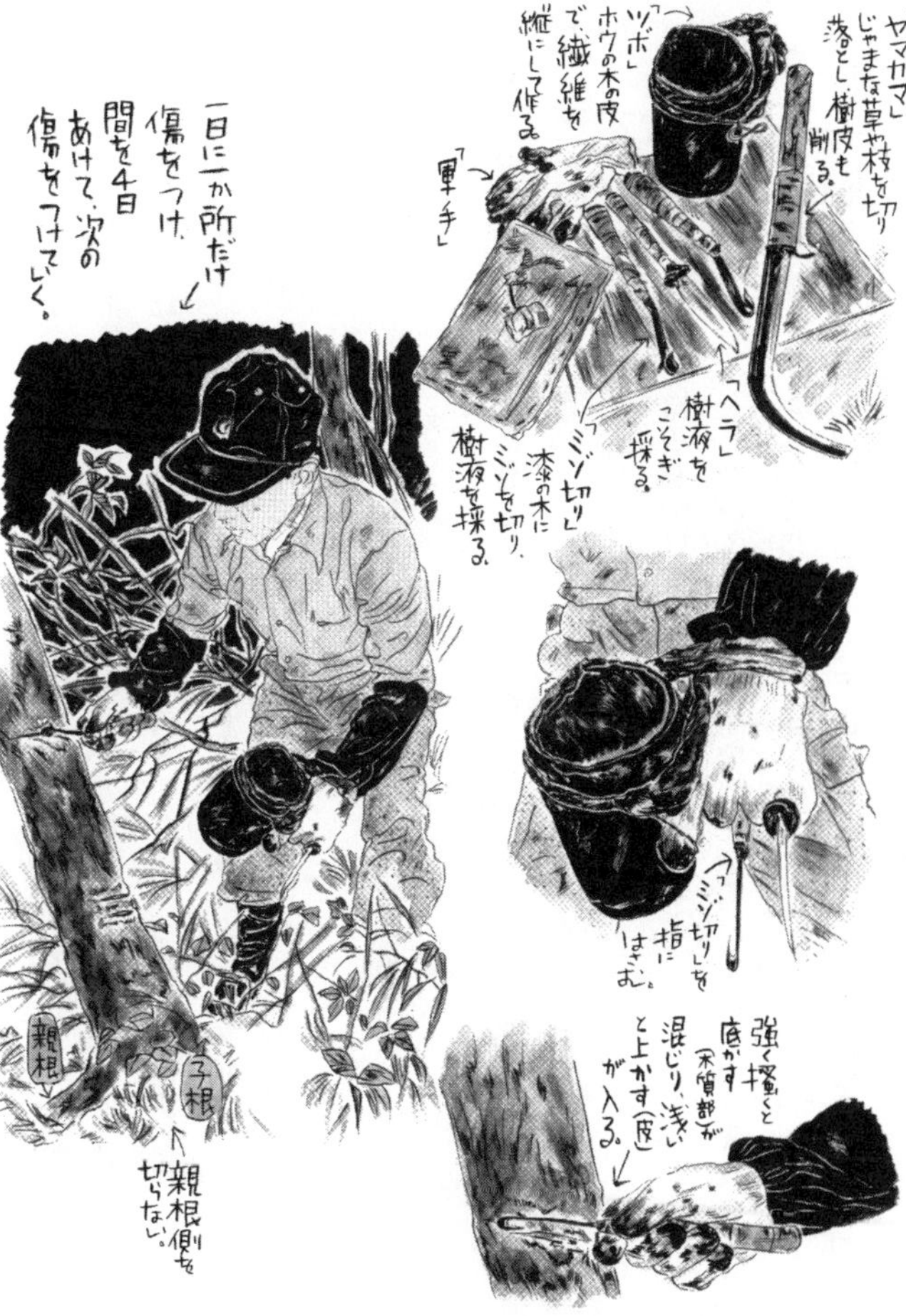
「ヤマガマ」じゃまな草や枝を切り落とし、樹皮も削る。
「ツボ」ホウの木の皮で、繊維を縦にして作る。
「軍手」
「ヘラ」樹液をこそぎ採る。
「ミゾ切り」漆の木にミゾを切り、樹液を採る。
一日に一か所だけ傷をつけ、間を4日あけて、次の傷をつけていく。
「ミゾ切り」を指にはさむ。
強く掻くと底かす（木質部）が混じり、浅いと上かす（皮）が入る。
親根
子根
親根側を切らない。

二本、数センチの小さな傷をつける作業から始める。

下の二本は上と下に傷を増やしていくため、その形から鼓《つつみ》掻きとも呼ばれている。山鎌で漆の木の荒皮を削り、溝切りで漆液溝を切り掻く。最初の傷からは、生水《きみず》といわれる透明な液しか出てこない。三、四日間《ま》を置き、二本目の傷を掻くと、生水の後に少量の漆が滲《にじ》み出てくる。それをヘラで手際よく掻き採って、ホウの木の皮で作ったツボの中にぬぐい入れる。

いかに外気に当てずに漆を採るか、この古来よりの独特の秘伝が日本の漆を最高級品としている。

漆は採取の時期によって性質が異なり、最初の頃を「初鎌」、掻き傷が一三本目になる夏場ものを「盛りもの」といい、品質もよく量も多い。それ以降の漆は「秋もの」といって、質がやや落ちる。

秋、十一月に入ると、梯子《はしご》をかけて木の上の方を掻く。

漆掻きの職人が、山へ入れない冬の間は、漆の枝先を切って水の中へ入れておき、メギリ包丁で傷をつけてわずかな漆を採取する。

これは「セシメ漆」といい、漆としては下物《げもの》（下等品）で昔なら好まれなかった

4日間おきに傷を大きく掻いていく。
生水《きみず》のあとに出てくる漆液をヘラで採取する。
「ツボ」の縁を筆の先のように削り、ヘラについた漆をこそぎとる。
採取した漆液をツックリとヘラで一滴残さず桶に入れて密封しておく。
★一本の木から一年間採取して湯飲み茶碗に半分くらい。

が、現在では本漆は貴重品で、同じ値で売れる。

また昔は、冬期間の副業として、漆の木で漁業に用いる浮子やイカ釣りの擬似餌であるイカヅノを作った。漆の木で作ったイカヅノは、どういうわけかよく釣れるということで漁師に珍重された。

しかし、漆なら何でもいいというわけではない。今年掻いて漆を採取した生木でなければならない。

単に山で見つけた漆の木を切っても駄目だし、漆を掻いた木であっても、切ってから時間をおいて乾燥させた木では効果がないという。

漆を掻いた生木で作ったイカヅノは、芯が黄色く、海水につけると色が一層鮮やかに浮き立つ。また水につけると沈むものと浮くものとがあり、一般に沈む方がいいとされるが、漁期や水温によって両方を併用するようである。

何故、漆の木で作ったイカヅノがいいのか、当時を知る漁師がほとんどいなくなり、今日のように漁師ですら安値な市販品のイカヅノを使う時代になって、確かめる手だてがない。

そこに魚の生態に関するひそかな根拠が隠されているのかもしれないし、また、たまたま漆の木で作ったイカヅノを使った漁師が豊漁に恵まれたという単なる偶然か、まことしやかに語り継がれたというだけのことなのか、いまとなっては判然としない〝ナゾ〟である。

しかし、いまでも漆掻き職人の所に、目的も告げずに漆の木を分けてくれという依頼がまれにあるというから、ひそかに試している釣り師が存在するのかもしれない。

一本の木から採取する漆の量は約三〇匁《もんめ》。湯呑み茶碗に約半分の量しかない。名人の鬼熊さんにして、年間の採取量は約八貫（三三キロ）だという。それもまた国産漆が高価な所以《ゆえん》である。

だが漆採りの背後には、修練の技術に加え、たえず熊や蝮に注意をはらうなどの危険がつきまとう。そのうえ、皮膚に大敵な樹液を扱うため、シーズン中は、人との接触に極力気を使うという。

かつては漆掻きは人々に嫌われた。漆に弱い人は、近くに漆があるだけでかぶれる。漆掻き人が飲んだ茶碗を無意識に触れただけで症状が出る。漆掻き人は、他地の村内を通る際には、職業を隠して歩いた。

実際に、漆に弱い人はかぶれると体のあちこちが熱を持って腫れ上がる。また一度かぶれると、治癒しても、毎年時期になるとかぶれの症状が再発する。漆掻き人は何度もその試練を乗り越えてきた。

その過酷な生業につく男の生き様は、胸に迫る何かがある。

漆を掻かれた木は、満身創痍《そうい》となって、どの樹木よりも早く、鮮やかな紅葉をとげている。

マタギ列伝
熊が冬眠する穴を「ケド」というが、マタギが山に寝とまりする小屋も「ケド」という。
コナシタ
(ナタ)
ハバキ
雪沓《ゆきぐつ》
わらで作ってあり雪の中では、この方が暖かい。

マタギとは銃一丁を手に猟を生業とする猟師のことだが、東北の一部にいた猟師を特定していう。

猟の期間には副業を持たず、狩りの作法、日常生活の細部に至るまで厳しいしきたりを守ってきた。

その意味では、現在純粋なマタギは存在しないといえるだろう。

村田銃がライフルに持ち代わったように、時代とともにその姿が変わるのも、やむを得ないことかもしれない。

マタギの村として知られる秋田県・阿仁合《あにあい》、根子《ねっこ》、打当《うっとう》、比立内《ひたちない》あたりでは、その形態が比較的よく残っている。が、ここも過疎化は深刻で、マタギの伝統が途絶えるのもそう遠い日ではないようだ。

山の神を畏れ、厳しい禁忌を守る

極寒の山に獲物を追い、銃一丁で檸猛な熊に挑み、自然や神に深い信仰を抱く男たち。そこに男のロマンを感じるのは私だけではあるまい。

猟は普通、ヒトリッコロバシ（単独の猟師）の場合を除いて集団で行なわれる。小人数でやるのを「とも猟」、一〇人から二〇人の大がかりの猟を「たつま猟」という。

組織は、シカリ（親方）、セコ（獲物を追い込む人）、ムカイマッテ（合図する人）、ブッパ（銃を撃つ人）で構成され、どんなに大がかりの猟の場合でも、シカリの指図ひとつで全員が縦横無尽に動く。

この仲間に入るには厳しい掟があり、親方に対する徹底的な服従が要求され、性格も吟味されて反抗心の強い者などを入らせない。

マタギをはじめとする杣夫《そまふ》、木挽《こび》きなど山仕事に従事する者。あるいはサンカなどの山の民は、山の神に対する信仰が深い。

特に、東北の山間で主に猟を主業として暮らすマタギ社会では独特の儀礼や禁忌がいまも守り継がれている。

十二月十二日の山の神の日には供物を捧げ、決して山へ入らないし、二月十二日には、山を鳴らす（狩りをする）ことを禁じ、禁制を破って山へ入れば、必ずや事故や災いが身にふりかかると信じられている。

秋田の阿仁マタギは、山入りのときには頭目がマタギの秘巻「山立根本之巻《やまだちこんぽんのまき》」とオコゼ（魚の干物）を持参し、狩り小屋の山の神に供える。

他地方においても山の神にオコゼを供える風習が多いが、これはオコゼは山の神の好物とする説と、山の神はひどい醜女で自分より醜い姿形をしたオコゼを見て優越感を持って喜ぶという説もある。

マタギ社会で最も厳しい禁忌は、本人が結婚すると向こう一年間は狩りに参加することを禁じられ、家族や親類縁者の場合は二日間、出産があると男児の場合は三日、女児は五日間、葬式後二一日間、さらに妻の月経時にも山へ入れなかった。

現在は日数が大幅に減らされてはいるものの儀礼、禁忌そのものは守られている。マタギは山へ入ると里言葉を禁じ、仲間だけに通用する〝マタギ言葉〟を話すことはよく知られている。これは山の神が汚れた里のことを嫌うからだと説明されているが、自分たちの会話が山の神や動物たちにつつ抜けになることを恐れたためであったかもしれない。

そのほか、山へ入ったら鉄砲や道具類を跨《また》いではいけないとか、食事の際、飯や汁を自在鉤《かぎ》ごしによそってはならない。無駄口、口笛は吹かない等々、マタギの集団には細かな掟があった。

そして、それらの禁忌を破った者は、その場ですぐ水ごりなどをして汚れを祓《はら》う潔斎《けっさい》をしなければならなかった。下山を命じられたり、仲間からはずされることもあった。

これらの禁忌は、山の神への深い信仰心と同時に、若いマタギの気の緩《ゆる》みを戒める意味もあった。山の神信仰と戒律は、厳しい冬山に生きる男たちの〝生きるための知恵〟であり、掟が厳しければ厳しいほど彼らの壮絶な生き様が偲《しの》ばれる。

熊の糞で判断

山入りした最初の日にまず「見切り」をする。冬眠前なら、熊の糞などを見つけるとマタギ衆は狂喜する。糞を下からほじくると、熊が餌を食べた順序が分る。同じ柿でも品種によってどこの柿と判断でき、地形がすっかり頭に入っているマタギには、熊の通り道が分るという。これを見切りという。

また、冬眠期間であれば樹洞や岩穴など寝巣を探す。

見切りがつくとシカリ（親方）は地面に図を書いて、各人の役割と持ち場を指示する。その指示に従ってマタギ衆はサク（沢）、ナカ（山の中腹）、カタ（尾根）に散って配置につく。

熊の断末魔

セコは、熊をケド（穴）から追い出すと空砲を撃ち、大声をあげてブッパの待つ方へ追い込んでいく。

熊は猛然と走る。シカリは見通しのきく所から「南へ切れ！」というように号令をかけ、マタギ言葉でコエットと呼ぶ、雪庇《せっぴ》が張り出しているような山の鞍部へと追い込ませる。

ここにはブッパが待機している。ズガーン!! 弾丸をくらった熊は阿修羅のごとく暴れまわり、立木に、岩に体当たりしながら生命のつきるまで逃走する。

そして最後に「クオオオー」と断末魔の叫びをあげてドオーッと倒れ込む。一瞬、その死を悼むかのような静寂が山を包む。が、それもすぐマタギ衆の狂喜のざわめ

マタギは「山の神」に対する、深い信仰心を持ち、山入りを忌む日もかたく守られている。

明治廿三年
寅 三月
熊の糞を見つけると大切にする。下からほじくって注意深く観察すると、柿、ぶどう、リンゴなど食べた物で熊の行動が分かる。

ナカ(中腹)、カタ(尾根)などに陣形をつくる。

山へ入ると、最初の日に熊の行動あるいは寝巣を調べ「見切り」をする。

熊が冬眠するための樹洞の近くの木にかじってつけた目印。

目印の近くには必ず寝巣がある。

地形を頭に入れ、親方は各人の「持ち場」配置を指示する。

きに変わっていく。

樹洞を寝巣にしている熊もいる。〝大熊八寸〟という言葉があるように、百キロ余の大熊でも、八寸の入り口があれば全身をもぐり込ますことができるという。熊の冬眠は眠りが浅く、巣のある木をコツコツ叩くと、その音を確かめに穴から顔を出す。

さらに木を叩いたり、穴へ棒を突き入れたりすると、熊は怒り、穴の外へ出ようとする。そこを狙い撃つ。だが、このタイミングが難しい。撃つのが早過ぎると熊は穴の中へ落ちてしまい、引き出すのが大仕事になる。

前肢を肩まで出した時に撃つと樹の外へ転がり落ちる。マタギの経験が生んだユニークな熊猟といえるだろう。

熊を殺すと悪天候に。「熊の胆《い》」は金《ゴールド》より高価な貴重品

熊を殺すと天気が悪くなるという言い伝えが、現在でもマタギ衆の間で生きてい

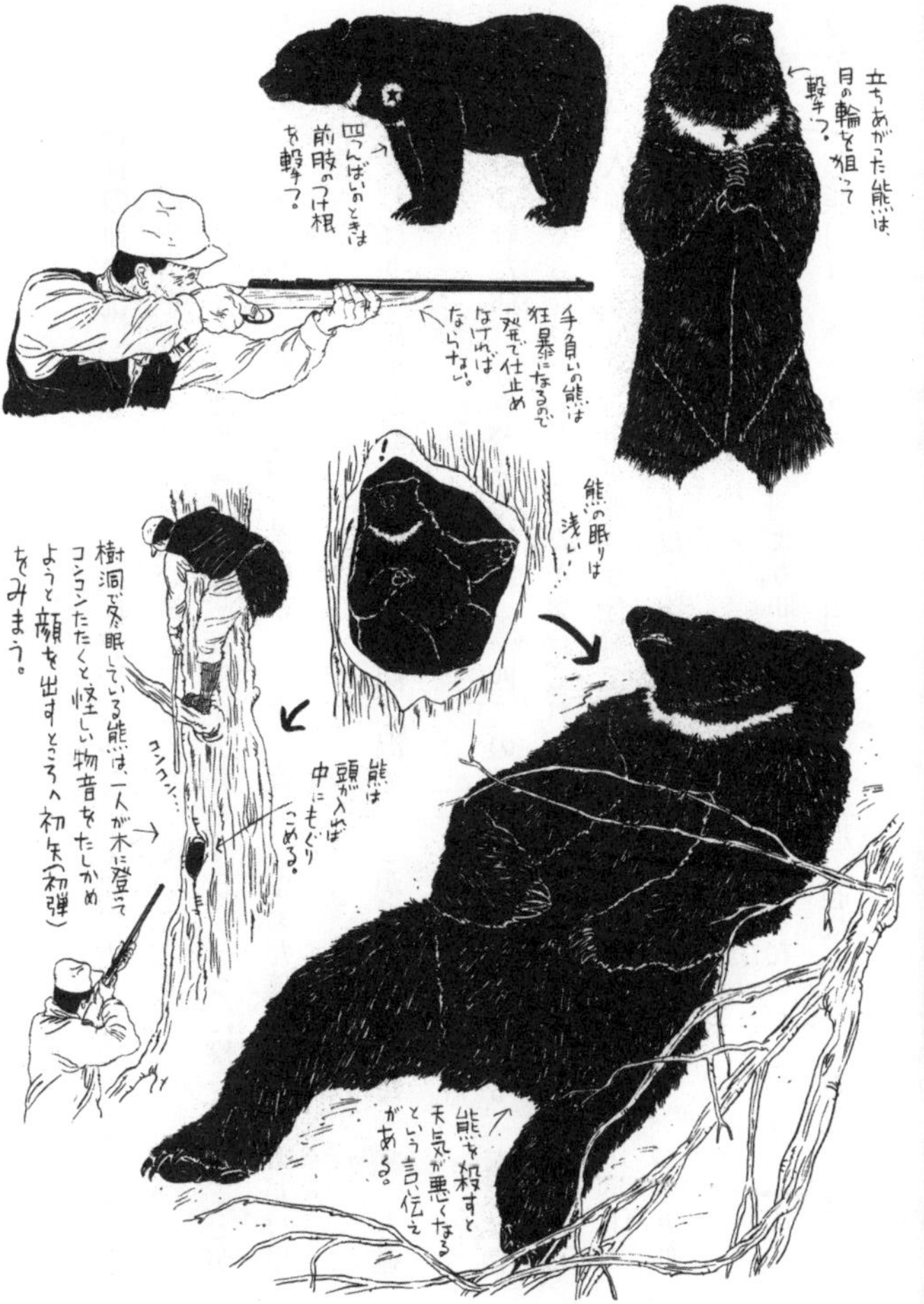
立ちあがった熊は、月の輪を狙って撃つ。

四つんばいのときは前肢のつけ根を撃つ。

手負いの熊は狂暴になるので一発で仕止めなければならない。

熊の眠りは浅い…!

樹洞で冬眠している熊は、一人が木に登ってコンコンたたくと怪しい物音をたしかめようと顔を出すところへ初矢(初弾)をみまう。

コンコン…

熊は頭が入れば中にもぐりこめる。

熊を殺すと天気が悪くなるという言い伝えがある。

る。

〝山の神様の血の洗い〟といって、神様が清らかな山を血で汚したのを怒っているのだとも、雨や雪を降らせて血を洗い流してくれているのだともいう。

熊は天気が悪くなる前に多量に餌をとる習性があり、このときに撃たれることが多いからだと説明されているが、とにかくマタギ衆は仕留めた熊を、できるだけ早く麓に降ろす。

背負板にしばりつけてかつぎ出すが、山深い沢で、しかも大熊だったりすると難作業である。

麓に降ろされた熊は、さっそくまる（一匹）のまま山肉商に渡される。大熊なら軽く三〇万円ぐらいになった。マタギ衆はこれを頭数で均等に分ける。犬がいれば、これも一人前。つまり持ち主がもらう仕組である。その場で解体する場合も同じだ。三〇万円の内訳はというと、毛皮と肉で一五万、ナスビほどの胆のう、つまり熊の胆《い》が一五万という見当。

まるごと取り引きするのは、何より胆のうの損傷を避けるためだという。小売値段を記すと熊肉は一〇〇グラム二〇〇円程度なのに熊の胆は一匁《もんめ》一万五〇〇〇円

熊は、目から肛門までで、大きさを測る。
熊は麓まで「運び降ろし、まる(一匹)のまま山肉商に渡される場合がほとんど。
ときには、その場で解体することもある。
サスガ(猟刀)
心臓はキモ、腸はヒャクヒロ、腎臓はコシマメ、肺はトリ、気管をジャバラと呼ぶ。
ふわけ(解剖)するとき、とくに胆のうは破かないようにして、とり出す。
毛皮はうまくはがさないと値段が下がる。

もする。

毛皮は傷によって値が違うが、何より危険度によって値が決まる。つまり槍で仕留めたものが一番高く、次に鉄砲、ヒラ（罠）の順番だが、このあたりにマタギ衆の心意気が感じられる。

豊猟の年、マタギ衆は獲物を自分たちで解体し、熊の胆を作ることもある。熊の胆とは肝臓から分泌され、胆のうに貯蔵される胆汁のことでオブラートのような薄い皮の中の液体である。

胆のうを破かないように取り出し、割り箸などを敷いた弁当箱に入れ、陰干しするか、囲炉裏の火棚に吊るして乾燥させる。半乾きになったらガラスや板にはさんで形を整えながら、さらに乾燥させて仕上げる。

熊の胆にもランクがある。「金胆」と呼ばれるものが最も薬効が高く、高価である。これは切ると金色の粒がポロポロこぼれると表現される最高級品である。次いで「黒胆」。膏薬《こうやく》のような黒色で金胆より二割ほど安い。

ここで一言ご注意申し上げる。市販の熊の胆には、牛、豚、鯉などのまがいものが多いらしい。胃腸病をはじめ、あらゆる病気に効くといわれるこの薬、いつの時

熊の頭がい骨。熊の胆もいっしょに囲炉裏で乾かす。
うめえぺぇ…
熊ナベ味噌煮が一番。
細かく切って飲む。腹痛、胃腸病など何でも効く万能薬。
熊の胆《い》
弁当箱などに入れ、かげ干しにする。囲炉裏につるしてもいい。
半乾きになったら板ではさみ、重石をのせさらに乾燥させる。
これで約15万円もする。

代でも〝金の値段と同じ〟といわれてきたが、いまや金より高価といっても過言ではない。

「熊の肉食ってりゃ精力ついて病気になんかならねえ」といわれてマタギ衆に交じって鍋をつつく。味噌煮のせいか、臭みが少なく案外いける。窓の外には白いものがちらついていた。「山の神様の血洗いだっぺ」と誰かがつぶやいた。

鵜《う》捕獲人
瞼を糸で縫ってある。
かぎ棒し 鵜の足をひっかける。
から囲いの小屋で待ちかまえる。
のぞき穴がところどころにある。
ググ
断崖絶壁上にオトリの鵜を仕掛け、渡り鵜をおびきよせて捕る。
鈴木義来さんら

夕闇が山々の稜線をぼかし、流れる清流を黒くする頃、遥か上流にかがり火がともる。

風折烏帽子《かざおりえぼし》に濃紺の胸あて、腰蓑《みの》姿の鵜匠《うしょう》の鮮やかな手縄さばきに操られた鵜が、水をくぐって鮎を捕える。

川端に並ぶ屋形船から万雷の拍手を浴びて一気に流れを駆け下る様子は、まさに華麗なるショーである。

しかし何事にも華やかな表があれば、それを支える裏がある。鵜飼に使う海鵜を、足もすくむ断崖絶壁に待ちかまえて捕獲する男たちがいることを、知る人は少ないだろう。

海鵜の渡る時期に年間約五〇羽を捕獲

野生の鵜を飼いならして漁に使う鵜飼は、古事記にも出てくるほど古くから行なわれている。

鵜はペリカン目、ウ科の水鳥の総称で、その種は世界各地に数多く棲息している。

そのうち日本にいる鵜は、川鵜（翼長二八センチ）、海鵜（翼長三四センチ）、ヒメ鵜（質長二六センチ）、チシマウガラス（翼長二八センチ）。そのなかで現在、鵜飼に使われる鵜は海鵜で、北海道や本州北部で繁殖し、冬季には九州にも渡る。主に海岸の断崖に営巣し、海で餌の魚を〝鵜飲み〟にして捕る。

初期にはおそらく、川鵜を使用したのだろうが、それがいつごろ、海鵜を使うようになったかは定かではない。

だが、その理由は明瞭である。海鵜の方が大きく、体力もあり、ノドが太いので獲物をたくさん捕れるというわけだ。

しかし、最近では「鳥獣保護および狩猟に関する法令」により、野鳥はむやみに捕獲することはできず、海鵜もその例外ではない。では、鵜飼の鵜はどうするのか？

沼田安《やすし》さん（五十八歳）、鈴木義夫さん（六十五歳）——現在、我が国で海鵜捕獲を許可された唯二人の人間である。

茨城県十王《じゅうおう》町伊師浜、その突端の「鵜の岬」と呼ばれる一帯は白砂青松の浜と、切りたった断崖が連なる景勝の地で、夏ともなれば海水浴客がドッと押し寄せる。

だが、鵜捕り場は、そんなザワメキとは無縁の場所にあった。

遊歩道をはずれ、鬱蒼《うっそう》とした林の下草をかき分け、道なき道の果てにそれはあった。

数十メートルのそそりたつ断崖絶壁をわずかに削りとり、竹を組み、ワラで囲っただけの小屋が掛けられている。

崖っぷちには暴れないよう瞼《まぶた》を木綿糸で縫われ、足をつながれた囮《おとり》の鵜が五、六羽、見えぬ空に顔を向けている。

「海を渡ってきたウガラス（鵜）が、囮の鵜を見て、仲間がいっからというてとまるんだっぺな。それをかぎ棒とかトリモチで捕るんだ」

と、鵜捕り名人・沼田安さん。

かぎ棒とは細竹の先にカギがついていて、鵜の足首にひっかける。トリモチの場合は鵜の風切羽を巻きつける。

「遊び半分でも、半年やれば誰でも覚えるっぺ」とは言うものの、なかなか熟練を要する技術である。

千島列島やサハリンなどの北国から南下して冬を過ごす渡り鳥〝海鵜〟。その渡

切りたった断崖にオトリの鵜をとまらせておく。
見通しがきく小屋で↓
一日中空を見張る。
孤独で、無言の時がすぎる。
足をしばってある。
木綿糸で瞼を縫う。
一日一回餌を与える。
目が見えないオトリの鵜は、じっとおとなしくしている。

りの途中が捕獲時期となる。

つまり南下する十一月から一月、北上する四月から六月までの二回である。

当然捕獲数も制限され、捕獲人が携帯する環境庁発行の「鳥獣捕獲許可証」には捕獲目的、捕獲場所、捕獲方法とともに、はっきり数字が明記されている。因《ちな》みに今年の割り当て数は、沼田さん二〇羽、鈴木さん二八羽である。

囮の鵜にひかれて

農業が本業だという沼田さんだが、鵜のシーズンに入ると、朝七時ごろから夕方まで鵜捕り場につめることになる。

話相手はいない。

木々のざわめき、小鳥のさえずり、岩を噛む波の音。

木陰にしつらえた見張り小屋に腰を下ろし、炭火で手を炙《あぶ》りながら日がな一日、北の空を見つめる日が続く。

「いまでこそむやみに捕れんようになったたんけど食料事情の悪かった終戦後なんか、

いっぱい捕ってみんな食ったもんだ。馬肉とそっくりの真っ赤な肉だけんど臭くてな、ショウガ醤油で食ったもんだ」

そんな昔語りの間も視線は空にそそがれたままである。

しかし、待てど暮らせど鵜はなかなか姿を見せない。時おり、上空をカギ型に列を作って鵜が飛んでいくが、沼田名人は「あれはとまらん」と腰を上げようともしない。

何度か期待と落胆の繰り返しの後、一度上空を南へ飛び去った鵜が夕方戻ってきた。

「引っけえしだ！」

沼田さんの顔が緊張する。断崖の土を削って作った階段から、ワラで囲った小屋へ駆け降りる。

体をかがめて小さな覗《のぞ》き窓から外を覗くと、囮の鵜に交じって、野生の鵜がとまっている。

小屋の下からかぎ棒を静かに差し出す。鵜がこちらを向くと止め、視線をそらすとわずかに前に出す。鵜との根気比べだ。

手練の捕獲棒が飛ぶ

一瞬、時が停止する。自分の鼓動だけが聞こえる。一日に一度あるかないかのチャンス。目もくらむ断崖絶壁に小屋掛けし、囮の鵜につられてとまる野生の鵜を、息を殺してかぎ棒を足にかけるタイミングを計る鵜捕獲人。傍らにいてセキひとつ、カメラのシャッターも切れない緊張の一瞬である。

次の瞬間、沼田名人の手が素早く動くと、かぎ棒は鵜の足首をがっちり捕えていた。鵜が翼をばたつかせて暴れる。かまわず引き寄せて首をわし掴みにする。

捕えた鵜のくちばしに「はしがけ」という道具がはめられる。

長さ約六センチ、桐の木を棒状に荒削りし、先端近くに焼火箸であけた穴一つ。一方の端に一〇センチほどの凧糸が結びつけてある。

鵜のくちばしはカミソリの刃のように鋭敏で、うっかり噛まれるようなら指を切り落とされかねない。といって、くちばしをひもでくくってしまえば呼吸ができない。

そこで「はしがけ」を口の中に突っ込み、曲がったくちばしの先を先端の穴に入

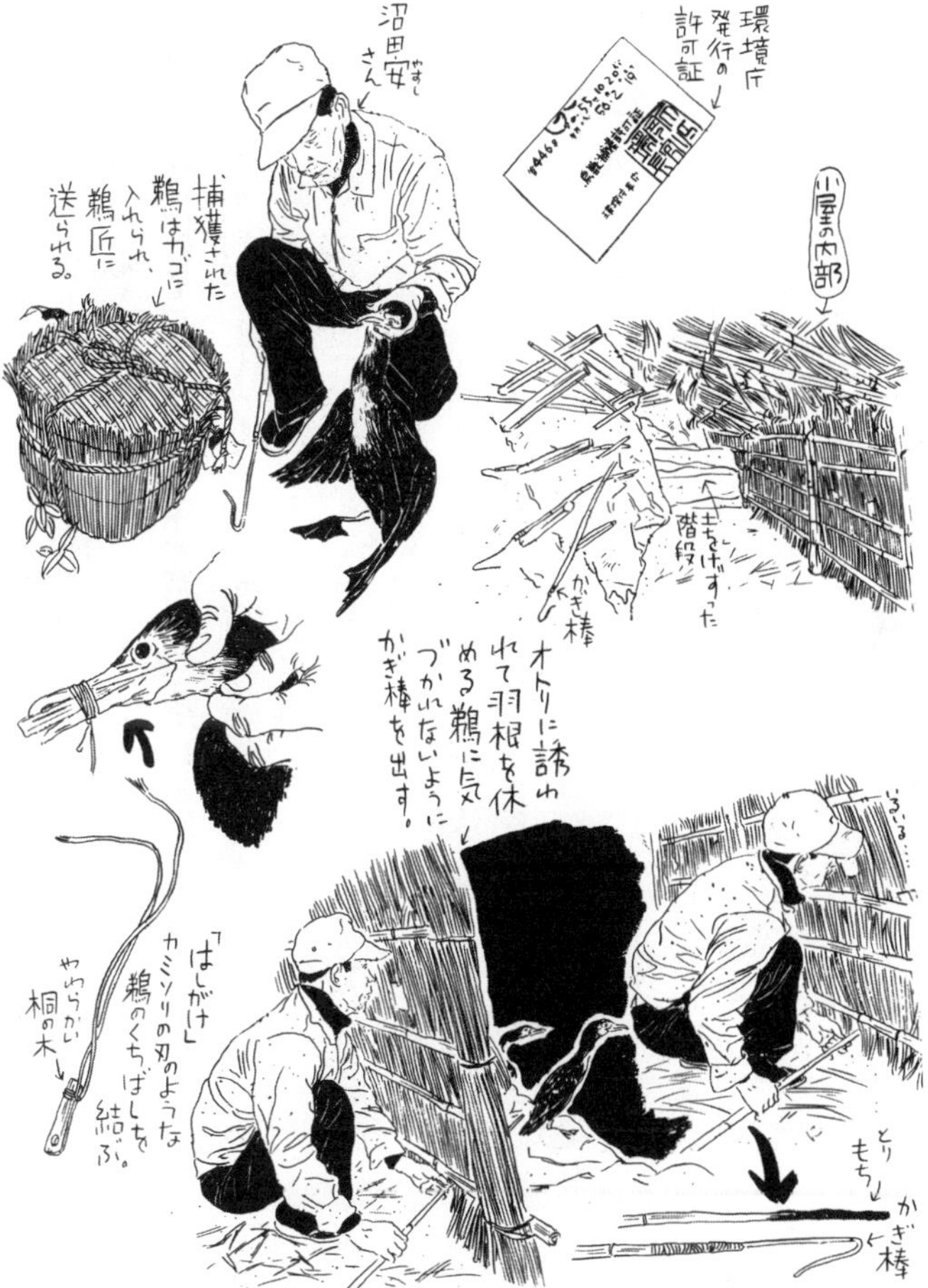

環境庁発行の許可証
沼田安《やすし》さん
捕獲された鵜はカゴに入れられ、鵜匠に送られる。
小屋の内部
土をけずった階段
かぎ棒
オトリに誘われて羽根を休める鵜に気づかれないようにかぎ棒を出す。
いるいる…
「はしがけ」
カミソリの刃のような鵜のくちばしを結ぶ。
やわらかい桐の木
とりもち
かぎ棒

れてひもでくちばしごと縛ると、「はしがけ」の厚み分だけ口があいて呼吸ができるというわけである。

説明されれば何ということのない物だが、実に単純で機能的で感心させられる。

鶉一羽三万円。これが現在の値段である。が、送料一五〇〇円、狩猟税一羽九〇〇円、鶉を入れるカゴも買えば五〇〇〇円。

おまけに鶉匠の方は、若く大きな鶉を求め、気に入らなければ送り返してくることもあるという。決して身入りのいい商売ではない。

鶉匠が華やかなショーの中心にあり、観客動員による歩合給も保証された表舞台のスターとするならば、鶉を捕る人は、それを支える裏方といえる。

しかし、裏方には裏方の誇りがある。誰に気をつかうでもなく、人里離れ、花鳥風月を道づれに飄々《ひょうひょう》と暮らす。

「こんな暮らしもけっこう面白れえもんだっぺ?」と、言ってのける表情には、気負いも力みも微塵《みじん》も感じられなかった。

鵜《う》匠《しょう》外伝

鵜の動きに合わせ手縄をたくみにさばく。
松割木のかがり火が赤々と川面を照らし、照明であると共に鮎を活発にもさせる。
かがり火の操作を滑らかにするためにモクゲの草を巻いてある。
鵜は鋭いくちばしで一瞬にして鮎をとらえる。

美濃の山々を背景に流れる清流、長良川に暮色深まり、やがて漆黒の闇が川面を包む頃、川筋に延々と並ぶ屋形船の酔客の興奮は最高潮に達する。

赤々と燃えさかるかがり火を舟首にかざして、六艘の鵜《う》舟が流れを下る時、鵜《う》匠《しょう》の鮮やかな手縄さばきと、水をくぐって鮎をとらえる鵜の俊敏さに嘆声があがる。豪快にして華麗なショーは、観客をひとときの夢幻の境地に誘う。

鵜飼は年間約三〇万人の観光客を呼び、岐阜の観光の目玉となっているが、鵜匠は正式には「宮内庁式部職」という肩書きを持ち、伝統と格式を守り続けてきた人々だ。

しかしひしめきあった屋形船の前を、またたく間に通り過ぎて、闇の彼方に消えていく鵜舟を目で追いながら、妙な白々しさと哀感を覚えると同時に突然、芭蕉の句が頭に浮かんだ。

「おもしろうて　やがて悲しき鵜舟かな」

古事記にも記される

人間が野生の動物を飼いならし、他の動物を捕獲させる狩猟の方法は世界各地で古くから行なわれているが、日本では鷹狩と鵜飼がよく知られている。

中国にも「魚鷹《ゆいいん》」と呼ばれる鵜飼に似た漁法があり、それが日本へ伝わったといわれているが、日本の鵜飼の始源をたどると、有史以前に遡るともいわれる。

古事記によれば、第一代神武天皇が日向から大和へ御東征の折、〝鵜養が徒〟として随行したとある。第十代崇神天皇の四道《しどう》将軍派遣の際にも糧秣《りょうまつ》を担当する部属として各地に派遣されたこともある。

つまり、当時、鵜飼は他の幼稚な漁法に比べて、最も効率的で優れた漁法だったことがうかがい知れる。

その〝鵜養が徒〟が後に木曽、長良、揖斐《いび》の三大河川を擁する美濃の国に定着したといわれ、大宝二年（七〇二）美濃国各牟《かかむ》郡の戸籍に鵜飼を職業とする「鵜飼《うかい》部《べ》」の名が見えている。

そして、その後もその技能と実益によって時の権力の庇護を受け、江戸時代には名字帯刀を許されるほどであった。

さらに明治以降、皇室の御料鵜飼がなされ、鵜匠は宮内庁式部職の肩書を持ち、その後、遊船が作られ、一般の観光行政に組み入れられてきた。

現在では、まったくの観光ショーになった観のある鵜飼だが、それはさまざまな人間の思惑による諸情勢の変化であって、鵜匠や鵜にとってはあずかり知らぬことかもしれない。

優しくも厳しい訓練

十月十六日から五月十日までのオフシーズンには、鵜とのあたたかくも過酷な鍛練が繰り返され、まさに心技一体の完成を目指す伝統の重みを感じさせる。

鵜飼期間が終って間もなく、捕獲されたばかりの新鵜《あらう》が運ばれてくる。鵜飼に使われる鵜は、もともと野生の海鵜である。

まだ二歳ほどの新鵜は目かくしがはずされ、鋭いくちばしを小刀で削られ、訓練中逃げられないように翼の風切羽を数枚切り取る。人間に敵意を示していた彼らも、二、三時間おきに声をかけられ、のどを撫でてもらううちに、二カ月ほどですっかり馴れ、野生が削がれて柔順になってくる。

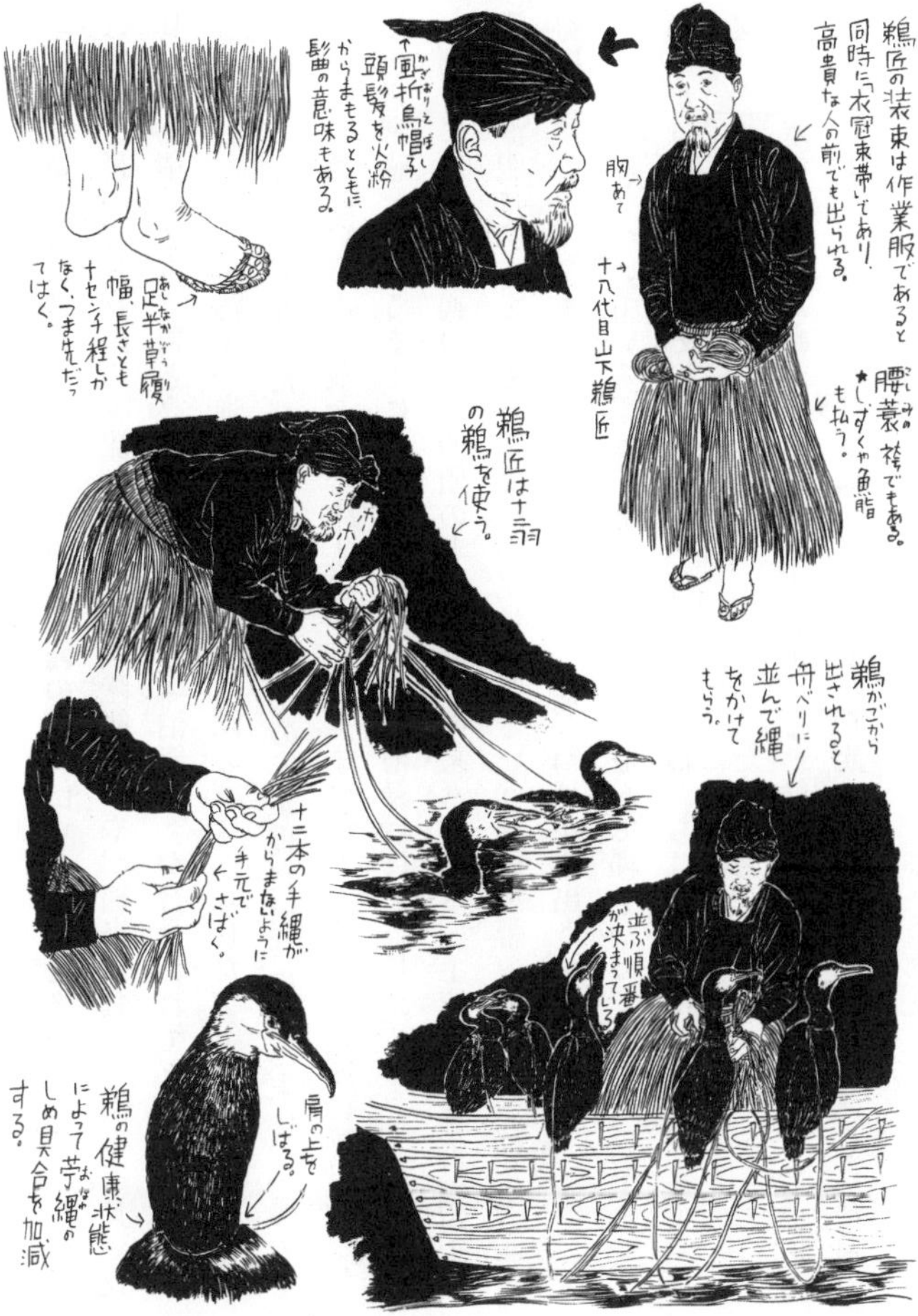

鵜匠の装束は作業服であると
同時に「衣冠束帯」であり、
高貴な人の前でも出られる。
胸あて
十八代目山下鵜匠
腰蓑《こしみの》袴でもある。
★しずくや魚脂も払う。
風折烏帽子《かざおりえぼし》
頭髪を火の粉からまもるとともに
髷の意味もある。
足半草履《あしなかぞうり》
幅、長さとも十センチ程しかなく、つま先だってはく。
鵜匠は十羽の鵜を使う。
鵜がかごから出されると舟べりに並んで縄をかけてもらう。
十二本の手縄がからまないように手元でさばく。
並ぶ順番が決まっている
肩の上をしばる。
鵜の健康状態によって苧縄《おなわ》のしめ具合を加減する。

「鵜は寒いうちに鍛えよ」というのが鵜匠の家に伝わる家憲だといわれる。かつては寒中の最中、長良川の支流などへ放す「陸餌飼《おかえがい》」や、鵜舟に食料、炊事道具、夜具一式を積み込み、鵜と寝食をともにする「泊餌飼《とまりえがい》」が行なわれてきた。

しかし、河川の汚染が進み、やむなく各鵜匠の家に作られたプールで餌飼が行なわれることが多くなった。まさに、人と野生の鵜が寝食を共にした末に、「鵜のやさしさ　鵜匠の腰の　蓑を嚙む――誓子」と詠まれるごとく鵜が鵜匠に絶対的な信頼と親密感を寄せるまでになると、鵜飼という檜舞台にお目見えすることになる。

鵜舟には鵜匠と鵜の他に船頭のとも乗りと中乗りが乗る。上流に、風折烏帽子に濃紺の漁服に胸あて、そして腰蓑、足半《あしなか》草履という衣冠束帯の装束をつけた鵜匠が勢揃いする。松割木のかがり火がたかれ、鵜が鵜籠から出される。

すっかりなついている鵜は、舟べりに一列に並んで縄をかけてもらうのを待つ。船頭が舟を漕ぎ出すと出番を待ちかねたように鵜たちは水面をはばたき、水をくぐる。

暗い水中に消えた鵜がすぐに飛び出してくる。鮎をとらえた鵜は、まるで子供が親にするように、誇らしげに鵜匠に見せてから飲み込む。舟に引きあげられた鵜の

出漁前、各舟のとも乗りがくじを引いて舟順を決める。

麻縄で首結い、腹掛けをし、鯨髭《ひげ》につなぎ、さらに手縄につなぐ。

ホーホー…

二歳ぐらいの若い鵜がいい。

野生の海鵜を捕獲し、飼いならして鵜飼に使う。

鋭いくちばしを小刀で削ってから訓練に移る。

訓練中、逃げないように風切羽を数枚切ってしまう。

グワー…

鮎を飲み込む訓練。鵜は、上あごの鼻骨は先で上にそらすことができ、下あごも両側の骨が曲って広がるので、大魚でも軽く飲み込んでしまう。

ノドから二〇センチを超える大鮎が吐き出される。

鵜飼のクライマックスは〝総がらみ〟で六艘の鵜舟が等間隔に並び、いっせいに狩り下り、鵜匠の技を競い合う迫力満点のシーンが繰り広げられる。

総がらみが終ると鵜は舟べりに上がり鵜匠に労をねぎらってもらうが、並ぶ順序は古株の鵜から新米の鵜へと決まっており、この順序を間違えると古参の鵜に突《つつ》かれるというほど統制がとれている。

屋形船が四方に散り、川面に再び静寂が戻る頃、かがり火をおとした鵜舟が帰ってくる。

極度の緊張を持続させるためか、年老いた鵜匠らは終始無言だった。

代々、世襲制を守り、秘伝の流出を防いできた鵜匠も、現在わずか六名に減った。

炭焼き哀歌

土管の煙突
雨よけの屋根・トタン張りの簡単なもの。
泥とセメントで作ってある炭焼きガマ
炭焼き二十年 萩原馬一さん（五十一歳）
大野明作さん（五十七歳）
カマの口を泥でふさいである。
炭にする木は三週間ほど乾燥させる。

かつて、半年近く雪に閉ざされ、生業の道を絶たれた山間の人々は、冬に炭を焼いて生計を立てた。古くは、炭焼き人の多くは定住せず、人跡未踏の深山を移動しながら炭を焼いた。江戸時代には山人として、いわゆる一般の常民と区別され、定職を持たない無宿人の人別帳にすら記載されることがなかった。日本人の起源ともいえる山の民の歴史が、不当な差別を受けた時代があった。

深い山中に小屋をかけ、一年の大半を単独で過ごし、「女が来ると炭の出来が悪い」とか「窯《かま》が崩れる」といって女子を近づけなかった。さらにマタギや木挽《こび》きと同じく独特の山言葉を使い、多くの作法や禁忌を守り続けたことで、ますます特殊化した。

凍てつく厳寒の山稜に立ち上る幾筋もの窯の煙は、山国の冬の風物詩でもあった。また、里の人々にとって風見の役に立ったと同時に、炭焼き人の家族にとっては、離れて暮らす肉親の安否を知る唯一の手だてでもあった。かつて、そんな厳しい暮らしや生き様があったことを知る人は少なくなった。

特殊な用途にしか使われなくなった炭。かつての炭焼き王国は……

ものの本によると、火鉢や炬燵《こたつ》の普及によって炭の需要が急増したとあり、そう古いことではないらしい。それ以前には炭は鍛冶や金属細工、砂鉄の製錬などに使われていたようだ。

しかも当初は木を井桁に組んで燃やし、土や水をかけるという原始的な野焼きだった。また刀鍛冶は砂が混じるのを嫌い、わざわざ雪中で炭を焼いた。

現在のように炭焼き窯で能率よく炭を焼く技術が確立されたのは明治も中期になってからで、それ以降、産業の少ない各地の山村の主要産物となり、厳しい山の暮らしを助けてきた。

山国、秩父の一帯もその例にもれず炭焼き王国といわれ、あっちの山、こっちの山の峰々から煙が立ち上り、その日の風向きを見るのにも役立った時代があったという。

しかしその隆盛も昭和三十五、三十六年（一九六〇、六一）をピークに衰退し始めた。芦ガ久保あたりでは二八人いた炭焼きは現在四人、上郷では五、六軒あったのが、いまは萩原馬一さんの窯だけになってしまった。

石油万能の時代もなにやら翳《かげ》りが見え始めた今日、再び木炭の時代が到来するかどうか。

「ここのところ注文が増えてきてはいるけんど、昔のようにはならねえだろね」

萩原さんはまた、たとえそんな気運が盛り上がっても、跡継ぎはいないし、自然環境も条件を満たし得ないという。

「わし一代だね」と、けれん味がないが、料理や茶道などの分野では炭は欠くことのできないもので、必ずしも絶望的とは思わない。私も弟子入りして、その技術を盗むつもりで迫ってはみたが、すべて勘が頼りの作業。修得は熟練しかないということをつくづく思い知らさせた。

まず、山から原木を切り出す。樫《かし》、櫟《くぬぎ》、楢《なら》などをチェーン・ソーで挽いて山から引き出したあと三週間ほど干す。

乾燥した原木を窯入れする。下に地面からの湿気を防ぐために数木と呼ぶ枝木を敷き、その上に原木を垂直に立てていき、さらに、その上に窯の天井まで隙間なく

原木が灰にならないように上に細い枝木をつめる。（あげ木という）
カマの中は狭いのでつらい作業だ。
カシクヌギ、ナラなどの原木を3週間ほど乾燥させてから炭焼きガマの中に垂直にして隙間なく立てる。
下にも枝木を敷く。（敷木という）
カマを暖めるのに時間がかかる。2日ほど燃やし続けてから、カマをふさいで蒸し焼きにする。
組みが終ったら入口に石をつみ、ドロでふさいで点火口を作る。
焚き口はあけておく。
火をカマの中へ送るために扇風機が用いられる。
焚き口
つきっきりで火を見る。

あげ木を詰めていく。狭く息苦しい窯の中での作業が数時間続く。窯全体に隙間なく組み終ったら、トタン板で仕切って、入り口を石でふさぎ、隙間に泥をつめ、炊き口から薪《まき》を入れて火をつける。ここからが火との駆け引きで、炭焼きの熟練が要求される。

二日間燃やし続けて

火は窯の底から、窯の内側に沿って背側から天井に回って炊き口側に流れてくる。底に敷いた数木と天井のあげ木は燃えて灰になるが、炭材の薪は周囲を高温の炎に包まれて炭化して炭になる。また、数木とあげ木があることによって、炭材が燃えて灰になる減損を少なくするという意味もある。

火入れして一晩は黄色い煙が猛烈な臭気と共に、もうもうと立ちこめ、やがて白くなり、青に変わる。最後に青がぬけて透明になると窯の中は三七〇度にも達するという。

こうして窯を二日燃やし続け、原木に火が移ると炊き口と煙道をふさいで蒸し焼

煙突から出る煙の色で、中の温度を判断する。黄色から白、そして白から青になり、やがて青がぬけると温度は370度に達する。

蒸し焼きにしてからカマの冷えるのを待って炭を取り出す。

2袋で1俵。1500円くらい。

1カマで25俵くらいの炭ができる。

点火前と同じ状態で炭になっている。

炭は白ケシと呼ぶ白炭の方が高級品。

用途によって炭の堅さがちがう。

鉄の棒が熱で曲がるほど熱い。

水がまいてある。

カシを焼いてまだまっ赤になっているうちにかき出して砂や土をかけて冷やす。

直径6〜3センチが1級品、6センチ以上や、割ってあるものは2級。3センチ以下の細いものは3級品。

きにする。

炭焼き技術の確立は、まさにこの一点にあるといえる。その由来を伝説に知ることができる。

昔、炭焼きがいくら焼いても灰になるばかりで炭ができずに悲しんでいると、弘法大師が現われて穴、つまり煙道をつけて火加減を調節することを教えてくれた。この穴を「ダイシアナ」と呼ぶ地方が多いのはそのためだという。

蒸し焼きにすること一週間、自然に窯が冷えるのを待つ。天候、原木の状態、火の勢い、温度などが微妙に影響し、何十年やっても同じ炭はできないという。

入り口を壊して窯出しするまでやはり緊張する。覗《のぞ》くと、窯の中に折り重なるようになって炭ができている。窯に隙間なく詰めた木は燃えて、半分以下に減っている。

火を落として日がたっていても、窯の中は熱が残っている。たちまち大汗が吹き出す。

炭の粉が立ちこめる窯の中から数時間がかりで炭を出し、袋に詰める。

萩原さんの窯は一回で二五俵の炭ができる。売り値は一俵約一五〇〇円、年に五〇〇〜六〇〇〇俵を焼いているが、そのほとんどは料理店や焼き鳥屋などへ卸される。

炭は炭材にする木と、焼き方によって特質を異にする。一般に楢《なら》炭は煮炊きや焼き鳥、炬燵などの燃料として使われ、茶道では櫟《くぬぎ》炭にこだわる。さらに硬炭の頂点にウバメガシを焼いた備長炭がある。楢や櫟は俗に黒炭と呼ばれ、備長炭などの硬炭は白炭、白焼きと呼ばれる。

因《ちな》みに黒焼きは、窯に火が回ったあと焚き口や煙道を塞いで蒸し焼きにし、窯が自然に冷えるのを待って取り出す。それに対して白焼きは、真っ赤に燃えている炭材を窯からかき出し、スバイ（灰や炭の粉に水分を含ませたもの）をかけて消す。鋼《はがね》の焼き入れと同じで一段と硬度が増す。白炭は鋼のように硬く、鋸では切れない。炭で炭を叩いて割る。

子供の頃、朝、火鉢にくべた炭が、夕方灰をほじるとまだ赤々と熾《お》きるのに驚いたことがある。

また炭は、夏は下から、冬は上から熾こせと母に教えられたものだ。だが、そんなことを知る人はいまは少ない。

炭はやはり消えゆく運命なのか。だが、ノスタルジーではなく炭を残したい。そして何よりも、炭焼き人のもつ自由人の心を受け継ぎたい。

ザザ虫捕り伝
ザザ虫捕り名人 杉本竹司さん（64歳）
寒風吹きすさぶ天竜川に膝まで浸かり、川石の下のザザ虫を捕る。
「ビク」捕ったザザ虫を入れる。
ゴム長
「選別器《せんべつき》」ザザ虫と藻や水草を選り分ける。
「四つ手網」カナグツをはいた足で川底の石を踏み、石の裏に棲息しているザザ虫を網に流し込む。
「カナグツ」昔はわらじをはいていた。
83

ザザ虫とは信州伊那地方で、石の多い川の浅瀬に棲息する川虫のことをいう。ザザは浅瀬の水音からきている。

ザザ虫は、主にカワゲラやトビゲラなどの幼虫を指す。伊那谷《いなだに》の人々は昔から、この虫を食用としてきた。現在、食通の間では無類の珍味と賞賛されている。

ここにザザ虫捕りを業とする男たちがいる。寒風吹きすさぶ真冬の天竜川に身を沈め、日中ザザ虫を捕る。その姿は、風物詩などという美句を打ち砕き、厳寒の川風に凍えながらも、見る者の胸を熱くする。

凍るような流れの中で。虫踏許可証が必要

諏訪湖に源を発する天竜川は、信州南部の谷間を貫いて、北から南へ流れている。その伊那谷の中程、河岸段丘がゆるゆると開ける伊那、駒ガ根、そして、上流の辰野あたりが主なザザ虫の産地である。同じ伊那谷でも中川村以南の下伊那ではザ

ザ虫を食す習慣はない。

漁期は十二月一日から二月末までの三カ月間に限定され、特殊漁業であるザザ虫捕りは、天竜川漁業協同組合の鑑札の他に「虫踏許可証」がいる。

現在、組合員三〇〇〇人、といってもこの内、専業の川漁師は三〇～四〇人。さらに冬の副業でもある虫踏み、いわゆるザザ虫捕りの許可証を持っているのが約四〇人。だが、これも専業となるとわずか一〇人。

「いい金にはなるが、よほど体のしっかりした者でないと、つとまらんずら」と、この道四〇年、杉本竹司さん（六十四歳）が言う。

漁師の間でも二の足を踏むほどにザザ虫捕りはきつい仕事である。伊那谷に粉雪がチラチラ舞い、木曽駒おろしが川面をなぜて吹き上げる真冬の天竜に、男たちはやってくる。

急流の石の下に

風が身を切るように冷たい。露出した顔の皮膚がピリピリ痛い。気温は零下一二度ぐらいに下がっている。防寒着を幾重にも着込み、ゴム長を履き、その上に独特のカナグツをつける。戦後間もない頃は、木綿足袋にわらじを履いて川に入ったという。その冷たさは余人の想像を超える。たちまち足が凍りつき、感覚がなくなる。

その後、ゴム長靴やカナグツの出現によって、漁師の労苦はいくらか軽減されたものの、過酷な労働であることに変わりはない。真冬の川の冷気が容赦なく、浸食してくる。

「いくら慣れとっても、寒中の水は冷てェ。入りはなはきつくこたえる。一度入ってすぐ飛び出る。一度飛び出たら、また入るのに勇気がいる」

一度川に入ったら、ジッと耐えるしかない。

杉本さんは四つ手網をかかえて流れの中に入っていく。川底を覗《のぞ》き込み、ザザ(石の多い浅瀬の状態)を見る。流れに背を向け、手前に四つ手網を据え、カナグツで川底の石を踏みはじめる。水面がわずかに濁り、四つ手網の目を抜けていく。

ザザ虫は瀬の石の間や裏に、糸のような巣を張って棲息していて、カナグツで川底をかきまわすことによって、せせり出されるザザ虫を四つ手網で捕る。

二、三分石踏みをしては網を上げ、左右に振って獲物を寄せて腰のビクに入れる。

「選別器」ザザ虫を選り分ける。
道具を入れて運ぶ籠。
手製の「四ツ手網」
「ビク」
「カナグツ」特注品
天竜川漁業協同組合の「組合員之証」
ザザ虫を捕るには「虫踏許可証」がいる。
ゴム長の上からカナグツを履く。
杉本竹司さん この道40年のベテラン。
川底の石を踏む。
道具一式をかかえて朝の天竜へ
昔は足にボロを巻いた上にわらじを履いた。足が冷たいうえ一日に3足履きつぶした。

その動作は、どじょうすくいに似たどこか滑稽なリズムを持っている。

ビクがいっぱいになると岸に上がり、獲物を選別器にあけて再び入る。ザザ虫捕りはこうして一日中休みなく続けられる。

年々減少し続けるザザ虫

捕ったザザ虫は、カンヅメなどの加工業者にキロ三八〇〇円から四〇〇〇円で取り引きされる。漁師は一日平均三、四キロの漁獲がある。冬の副業としては身入りがいいが、入漁期が短い上、天候に左右され、過酷で危険な労働であることを考え合わせると、必ずしも恵まれているとはいえない。

信州はゲテモノ食いの地としてよく引き合いに出される。それが名誉か不名誉なのかは分らないが、確かに他地方には見られない食習慣がある。

イナゴはいうにおよばず、昆虫や蚕の蛹《さなぎ》、カミキリ虫の幼虫、蜂の子、ザザ虫とくれば、一般常識からすれば悪食の風評はまぬがれない。

信州人がそうしたゲテモノを食すのは、海に遠く、動物性蛋白質に恵まれていな

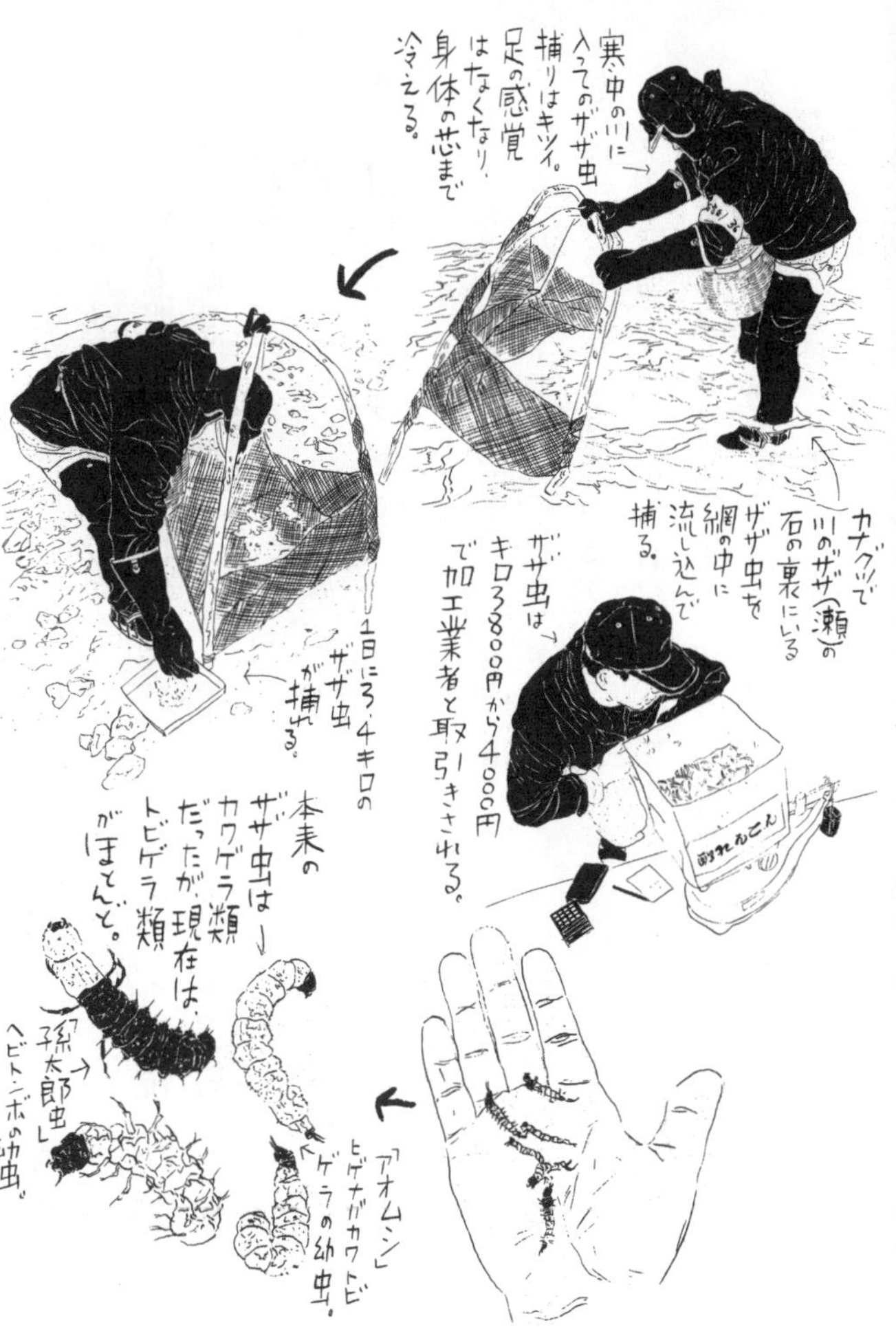
寒中の川に
入ってのザザ虫
捕りはキツイ。
足の感覚
はなくなり、
身体の芯まで
冷える。
カナグツで
川のザザ(瀬)の
石の裏にいる
ザザ虫を
網の中に
流し込んで
捕る。
ザザ虫は
キロ3800円から4000円
で加工業者と取引きされる。
1日に3・4キロの
ザザ虫
が捕れる。
本来の
ザザ虫は
カワゲラ類
だったが、現在は、
トビゲラ類
がほとんど。
「アオムシ」
ヒゲナガカワトビ
ケラの幼虫。
「孫太郎虫」
ヘビトンボの幼虫。

いからだという説があるが、それならば何も信州に限らない。しかし他地方では一般的に昆虫を食べる習慣は稀である。

また信州でも北信では蜂の子は食わないし、ザザ虫にいたっては伊那谷でも中川村以南の下伊那では食わない。古くからザザ虫を食す習慣があったのは上伊那地方に限られる。

ザザ虫はカワゲラが主

ザザ虫はザザに棲息する昆虫の幼虫全体を指すが、本来、食用として捕獲したザザ虫はカワゲラが主であったが、カワゲラが少なくなるにしたがって、トビゲラや孫太郎虫など他の川虫も交じるようになった。

カワゲラの幼虫は清流の岩や石の下などに多く見られ、水中の酸素を呼吸しているが、水中の藻など植物性のものを餌にしている種と、カゲロウやユスリカの幼虫を捕食する肉食性の種がある。日本では約二五〇種が発見されている。

またカワゲラの起源は古く、祖先型は二億五〇〇〇年前の古生代の化石にも見られるほどの原始生物だ。

またトビゲラの幼虫は、川底の小石や砂粒などで巣室を作り、その前に口から細い糸を出してクモの巣様の網を張って、そこに引っかかってくる藻類やユスリカの幼虫などを補食して成長する。

それら川虫は釣りの餌にもするが、川瀬の石をひっくり返し、指でつまみめげると暴れ、ときには大顎で噛みつくこともある。

だが、やがて羽化が始まり、はかなくも優美な姿に変身する。日の光を翅《はね》に受けて、透明な肢体をかすかな黄金色に輝かせて、水面をなめるように飛び交う様は、幻想的ですらある。

しかし最近では川虫はめっきり少なくなった。ダムが水流を奪い、家庭、工場排水、農薬による水源汚染が繰り返されている。

かつて、川は生きていた。水量豊かな川があり、太陽の光が藻を育て、その藻をカゲロウやトビゲラの幼虫が食べ、それらをカワゲラの幼虫が捕獲し、カワゲラはマスやウグイなどの渓流魚の餌になり、その魚をカワセミなどの鳥類が狙うという自然の食物連鎖が歴然としてあった。

伊那谷周辺の人々が、いつごろからザザ虫を食す習慣が生まれたのか定かではないが、『信濃国伊那郡筑摩郡高遠領産物帳』という文書に、「辺土百姓食べ候物」という項目があり、虫の項に〝じゃじゃむし〟という記載があるのが、ザザ虫のことではないかといわれている。

だが、この地方で、ザザ虫捕りが最も隆盛を見たのは、終戦の前後で、食糧難の時代でもあり、農家の副業として、大勢の人たちが虫踏みをやった。

捕った虫は、その日のうちに佃煮にして、農家の主婦が四、五貫を背負って町へ売りに歩いたという。その頃、水洗いしただけの生のザザ虫をにぎり鮨にのせて食べたという話も、いまは昔話になった。

「この仕事は、ゼニばっかじゃない。好きでねえとつとまらねえ。まあ、欲と道楽ずらね。それでもあと何年できるか……」

長年ザザ虫を捕り続けてきた杉本さんがポツリと言った。

天竜川にほど近いうらさびれた宿で、地酒をくみながらザザ虫を噛むとほろ苦い味が口に広がった。

黒《くろ》衣《こ》外伝

市川寿猿さん（53歳）市川猿之助の黒衣を務める。
舞台の袖に身を縮め、後向きに舞台をにらむ。
黒頭布で顔を隠し、黒ずくめの装束。歌舞伎など芝居の世界では黒は見えないお約束事になっており、黒衣は陰の人に徹する。

歌舞伎、能、狂言などの芝居で、舞台上の役者の陰について働く者を、後を見るという意味で〝後見《こうけん》〟と呼ぶ。黒衣《くろこ》は後見の、いわば衣装、制服で、黒衣の名の由来にもなっているが正式には「黒衣後見《くろここうけん》」という。くろごともいう。また黒子という表記もある。

芝居の世界では黒は見えないという約束事があり、黒装束に身を固めた黒衣は、観客側からは視覚の外に存在する、陰の人物である。

華やかなフットライトを浴びる役者と、その陰を宿命とする黒衣の明暗、表裏一体の妙に、芸の道の業を見る思いがする。

黒衣は〝無〟である。舞台を動かす透明人間

黒衣は一説には黒具（黒具足、黒装束）がなまった言葉だとも、また、黒頭巾のことを黒巾と呼んだことからきているともいわれる。

いずれにしても、歌舞伎では黒は見えないものとされ、黒衣以外にも、舞台で役

者が姿勢を保つために腰をかける「合引《あいびき》」や、「差し金」と呼ばれる、蝶や鳥、あるいは陰火（火の玉）を操る竹の棒などはすべて黒で塗られている。

黒が最も目立たないという観念は、昔の芝居が薄暗い行灯《あんどん》照明の下で行なわれていた時代の名残りで、幕末から明治に入ると、黒衣に倣《なら》って「浪衣《なみご》」や「白衣《しらご》」なども登場してくる。

「浪衣」は、川や海の場面に使われるもので、舞台に敷かれた浪模様の布と同布の衣装を着る。「水衣《みずご》」は青色の衣装。「白衣」、「雪衣」と呼ばれるものは全身白装束をまとい、雪景色の場面に活躍する。これらは、一種の保護色の役を果している。

こうした保護色の装束を着て舞台に登場する後見は、観客側からは見えないもの、見てはならないものという、観念上では〝無〟として扱われる。一種の透明人間である。

しかし、黒衣が舞台で果す役割は大きい。特に歌舞伎は劇の展開のために必要な行動のみを舞台に描き、姿や動きの美しさを強調するため、無駄なものは演技からも舞台からも、取り除く必要がある。

役者が、袂《たもと》や懐にかさばるものを入れて動き回ることはできないし、いらなくなった道具や衣装を、いつまでも舞台に放って置くのは見苦しい。役者の動きの妨《さまた》げにもなる。といって役者が自分でのこのこ片づけるというわけにもいかない。歌舞伎芝居最大の見世場である早変わりやスペクタクル場面は黒衣の助けなくして成し得ない。「幕開きから閉まるまでの一切合財《がっさい》は、すべて後見の責任」といわれる所以《ゆえん》である。

黒衣は後見の制服といってもいいが、後見以外に黒衣姿の人間がいる。狂言作家といわれる人がそれで、台本を手に大道具の陰に潜み、役者に台詞を教える役を務める。これを〝後《あと》をつける〟という。

因《ちな》みに役者は、「三日間御定法《ごじょう》」といって、舞台の初日から三日目まで、公然と後をつけてもらうことが許されている。初日は「つぶづけ」（すべての台詞をつける）、二日目は「頭《かしら》」（台詞のいい出し）、そして三日目は役者が台詞につまった場合につけることになっている。舞台上で役者が台詞につまったときの助けになる。四日目からはすべて役者の責任になる。

この狂言作家は独立した職種で、黒衣後見とは関係がない。

黒衣後見は専門職ではない。本職は役者だ。後見を務めるのは修業の一環である。

黒衣の装束
「黒のひもつき」と呼ぶ
下ばきを穿き、
足袋、脚絆を
つける。
黒の胸当てをつけ
手甲を
つける。
黒の筒袖の着物を着る。
黒頭布紗の
前垂れで顔を隠す。
雪の場面では白い装束を
つける「白衣」。他に「水衣《みずご》」、
「浪衣」などがある。
黒衣がつけられるのは
座長、幹部級の
役者に限られ、その
弟子が黒衣になる。
市川猿之助
舞台の袖の
幕溜りに座り、
芝居の進行を
見ながら役者に
必要な小道具
を渡す。

内弟子に入りたての「大部屋」時代には、「常後見」と称し、黒衣装束をつけ、一幕に二人ずつ上手《かみて》、下手《しもて》の幕溜《まくだま》りに座り、芝居の流れや段取り、台詞などを飲み込む修業が課せられる。すべて自分の目で見て、体に覚え込ませる。

一人前の黒衣として舞台に立つには、表舞台の役者と同等、あるいはそれ以上に芝居を熟知し、台詞や微妙な動きや間《ま》を習得して、細部にわたって気働きができる勘のよさが要求される。

一分一秒を争う真剣勝負

市川寿猿さん（五十三歳）。彼は市川猿之助門下にあって、師匠猿之助の最も信頼厚き後見として重きをおかれている。

市川猿之助は、歌舞伎界の反逆児といわれるように、大衆から遊離した難解な歌舞伎を排し〝素人〟にも分りやすい歌舞伎、面白い歌舞伎をめざし、高い評価をうけている。早変わりや大仕掛けのスペクタクル場面をふんだんに取り入れたけれん物を得意としていて、その分、後見にかかる比重は大きい。

場面によって、舞台の下から出て小道具類をかたづける。
猿之助得意の早変り。舞台で化粧や衣装を変える。黒衣が大活躍する。
化粧道具
黒衣から本業の役者に戻った市川寿猿さん
芝居の進行にあわせて必要な小道具を渡す。
白い装束の「白衣」

この日の芝居、「天竺徳兵衛《てんじくとくべえ》」では、屋根の上に現われた大蝦蟇《がま》から、猿之助扮する徳兵衛が宗観の首をくわえて出たり、座頭の徳市が池に飛び込むと、間髪をおかず客席側の揚幕から斯波《しば》義照に早変わりして登場する。女形、武者、座頭、さらに一番の見せ場である宙乗りなど、舞台上での早変わりと、手を変え、品を変えて見せる八面六臂の活躍で観客を湧かした。

豪華絢爛たる舞台とは裏腹に、舞台裏は戦場のような場面が展開している。猿之助が引き込むと同時に、寿猿さんら後見がぴったりとつき、一分一秒を争う早変わりを助ける。猿之助が舞台にあれば息を潜めてその陰につき、舞台を降りて奈落を駆け抜ける時には、その後を一緒に走る。猿之助が暗い奈落を走りながら鬘《かつら》を替え、化粧を直し、衣装を着替えていく。黒衣は役者の動きに合わせて走りながら、それを手助けする。まさに影が一緒に動いているようだ。

「後見は、人間を忘れて物体にならないといけない。黒衣は人間の形が見えたらだめです。舞台に落ちている糸屑一つ拾うにも、観客の目が、他にいっている隙を狙って動くようにしなければいけない」

あくまでもシン（役者）がやりいいような心掛けがないと、後見は務まらないと寿猿さんは強調する。

また、舞台で手違いがあったときなど、後見が役者と一緒になって慌ててしまっては、芝居が台無しになる。

例えば眉間を割られる場面で、役者が先走って、血紅《ちのり》を早くつけてもらいたくて、慌てふためいている時など、優れた後見はぐっと落ち着いて、後ろにまわして血紅を求めている役者の手首をしっかり握り、ゆっくりと血紅をつけてやる。そうすることで役者も落ち着く、といったこともあるという。

黒衣は師匠が舞台に出ている間中、一瞬たりとも気を抜くことができないが、別の角度から見れば舞台の進行は黒衣によって操られているように見えたりもする。

「自分がその役をやっている気持ちにならないと黒衣はできない」

というのが寿猿さんの持論である。逆説的に、陰が役者を動かしているようでもあり、そこに黒衣の秘めた誇りと喜びが見え隠れする。

寿猿さんは、いわゆる歌舞伎界の名門の出身ではない。子供の頃、義父が興業師だったことから、芝居に興味を抱き、四歳からこの道に入った。戦前には少年少女歌舞伎に身を投じ、十七歳で市川段四郎、中車に師事し、その後、猿之助門下に加わった。

代々世襲制を守っている歌舞伎界で、寿猿さんが一枚看板をかかげることは皆無に等しい。

「それでも、好きな道だから……」

さらりと言ってのける寿猿さんの表情に暗さはなかった。

この日、「奥州安達原」の重要な役を演ずる役者が病に倒れ、寿猿さんが急遽《きゅうきょ》代役に立った。一世一代の晴れ姿がそこにあった。

花火師伝
早打ちのための焼き鉄を炭で焼く。
よほどの熟練者でないと、手首や腕を吹き飛ばされる。
鼓膜をつんざく爆発音と共に花火が打ちあげられる。→
揚げ手に↓玉を手渡す。息があわないと大事故になる。
←玉
鉄製の揚げ筒から次々に花火が打ちあげられる。ときには、揚げ筒が破裂することもある。

夏の夜空に絢爛たる大輪の花を出現させ、人々を夢幻的な陶酔に引き込んでしまう花火。江戸の昔より、人々は川端や海辺に集ってひとときの涼を味わい、花火の美しさに魅せられてきた。

しかし「玉屋～」「鍵屋～」とわきたつ、その同じ空の下、降りそそぐ花火と耳をつんざく爆発音の中、阿修羅の如く立ち回る男たちのいることに思いを馳せる人は少ない。

彼らは、この刹那のために長い冬の間、細心の注意を払い、神経をすり減らしながら黙々と花火を作ってきた。

しかも彼らは、生命がけで作りあげた花火を、自らの手で一瞬のうちに灰にしてしまう宿命を背負っている。

世界一を支える男たち。花火師は道楽者!?

日本における花火の起源は、一説には天正年間（一五七三～一五九二年）といわれる。しかし当時の花火は、硝石に硫黄、木炭を混ぜて燃焼させる程度のものだったようだ。

また、花火文化が花開いたといわれるのは享保十八年（一七三三）、江戸大川（隅田川）の川開き以降だが、これとて黒色火薬に樟脳《しょうのう》や鉛粉を加えただけで、光も弱々しく、色彩もなかった。

現代花火の幕開けは、明治になって外国から化学薬品が輸入されてからで、その後今日まで基本的にはほとんど変わっていない。

それにしても、幼稚な手花火を基礎に、今日では世界一といわれる打ち上げ花火に育て上げた要因は何だったのだろう。一つに花火師のひとかたならぬ努力と情熱はもちろんだが、日本独特の民族的美意識があげられるだろう。

昔から「花火師は道楽者のなれの果て」といわれ、花火は女道楽より始末が悪いと陰口を叩かれた。事実、花火に熱中するあまり、家財を投げ売り、女房子供の衣服まで金に替えて文字どおり灰にした花火師も多かったという。

花火というのは一度手を染めたら、二度とやめられない不思議な〝魔力〟を持っているらしい。

かつては博打《ばくち》師的な性格が強かった花火師だが、現代の花火師は「火薬類取扱免許状」を持つ技術者である。しかし、その生き様は、本質的には昔と何ら変わっていない。

現場はさながら戦場

一般に花火のシーズンは夏だが、花火師の仕事は、冬すでに始まっている。火の気のない底冷えのする作業場で、黙々と花火を作り続ける。一時の油断、一匙《さじ》の薬品の間違いも許されない。ミスは確実に自分の生命に関わってくる。爆発事故が起きれば、被害は周辺に及ぶ。そのため、花火工場は人家から離され、各小屋ごとにコンクリート壁で仕切られている。

花火師は、その緊張と、孤立感に耐えた一年を、夏の夜、一瞬に花と散らす。刹那にかける男の人生。むしろさばさばして小気味いい。

しかも、花火にリハーサルはない。一発勝負。自分が丹精こめた花火の真価が問われると共に、危険性も増す。不発に終るかもしれないし、爆発の危険もある。花

筒の底に打ち揚げ火薬を入れてから玉を入れる。
セッティングには細心の注意がはらわれる。
爆風をよける。
投げ込みシントルに煙草で点火し、筒の中に投げ込む。
煙草
早打ちは玉に揚げ薬を抱かせ、筒の上から落とし込む。
揚げ薬
離すと同時に伏せる。
早打ち
玉
打揚げ薬
杭
焼き鉄
単発
投げ込みシントル
揚げ筒
杭
玉
火薬

火が計算したよう開くかどうか、上げてみるまで分らない。花火師は極度に緊張し感情の高ぶりは最高潮に達する。

最近の花火大会では尺玉などは少なく、まず四号玉（直径約一二センチ）どまり。それでも一分間に一〇〇発以上の花火を連続して打ち上げることもあり、現場はさながら戦場のようになる。

硝煙が濃霧のように漂い、火薬の臭いが鼻をつき、爆裂音で遠くなった耳に、花火師たちのがなり声が飛び交う。

早打ちの場合、点火のための焼き鉄の入っている筒に、次々に玉を落とすというささか乱暴な方法をとる。タイミングを誤ると、指や手の一本や二本あっという間に吹き飛ばされかねない。

この修羅の最中《さなか》、花火師は自分の作り上げた花火を鑑賞する暇も許されない。この道三〇年の老花火師は「揚げる間、上を見たことはない。ちゃんと開いているかどうかは、音で分る」と笑った。一年をこの日のために費やしてきたというのに、思えば因果な商売である。

打ち上げ終了。夜空に、再び静寂が戻り、観衆が家路をたどるころ、立ちこめる

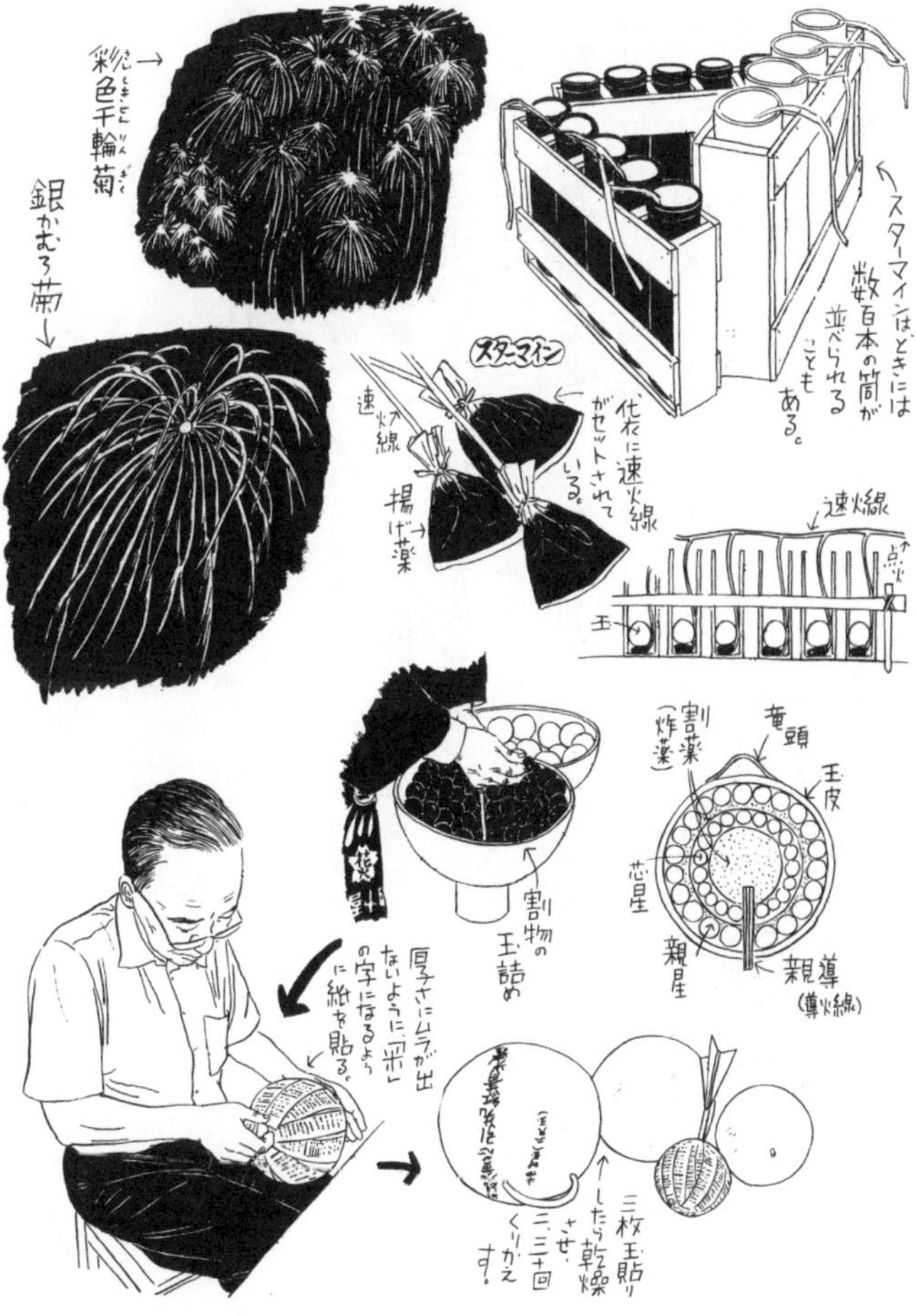

彩色《さいしき》千《せん》輪《りん》菊《ぎく》
銀かむろ菊
スターマインは、ときには数百本の筒が並べられることもある。
スターマイン
花火に速火線がセットされている。
速火線
揚げ薬
速火線
点火
玉
割薬（炸薬）
竜頭
玉皮
芯星
親星
親導（導火線）
割物の玉詰め
厚さにムラが出ないように「米」の字になるように紙を貼る。
三枚玉貼りしたら乾燥させ、二、三十回くりかえす。

硝煙の切れ間に後片づけをする花火師たちのシルエットが浮かび上がる。誰もが終始無言であった。

緊張する花火作り

夜空を彩った花火の一つ一つに花火師の情熱がこめられている。

花火作りで最も神経を使う作業が「星掛け」である。これは玉に詰める星（小さな火薬玉）を作る作業。この星こそ花火の良否を決定づけるもので、正に花火の命といえる。

砂粒や火薬の小片を芯にして、洗面器や金だらいの中で、配合した火薬をまぶし、ゴロゴロと回して球体に仕上げていく。

これは火薬の配合を変え（それにより色が何色にも変化する。花火師の工夫がいる）、何回も何回もまぶしては乾かして、星を太らせていく。それも同心円の真玉に仕上げるという、熟練のいる作業だ。

次に和紙を貼り合わせた玉殻のへりに星を並べ、中心に雁皮紙に包んだ「割り

薬」を詰め、親導（導火線）をセットして玉を貼り合わす。

この親導の長さも微妙で、打ち上げられた玉は、空に上がりきった所で割り薬に点火されなければならず、この昇り降りの境目を「玉の座」と呼ぶ。昇る途中で破裂すると星が上へ昇り、下降時はその逆になる。色とりどりの星が夜空に流れていく。

すべてが計算されている。花火師は狭い工場で黙々と玉を作りながら、頭の中ではその花火が夜空に上がって開いた光景が鮮明に見えている。

花火工場を訪れると、なじみのない化学薬品名が飛び交い、さながら花火師は化学者といった感じだが、作業が終ると大広間に集まって一升酒をあおる。酔いによって張りつめた緊張が解けていく。かつての花火師には大酒飲みが多かった。酔うにつれ、きまって花火の自慢話が飛び出す。最近は、尺玉、三尺玉などの大型花火が増えてきた。花火師の士気も高い。そこには、まざれもない職人の顔、男の心意気があった。

捕鯨師外伝

和泉慶三郎さん（55歳）
捕鯨船の砲手歴38年。名人とうたわれている。
船首にすえられた捕鯨砲。50ミリ砲で平頭モリ。

関東地方における捕鯨は房州・勝山が発祥の地とされている。

その起源は十八世紀初め、醍醐新兵衛が紀州から三十数名の漁師を伴って流れつき、捕鯨を行なったという説が一般的だが、その後、史実の見直しが進み、里見水軍説など、諸説入れ乱れている。

いずれにしても、江戸から明治、大正、昭和初期まで続いた勇猛な房州の捕鯨も衰退の一途をたどり、現在では外房・和田浦で、そのかすかな伝統の灯を守り継いでいる。

房州沖三十数キロ。四〇トンあまりの小型捕鯨船がツチクジラの群れを追う。船首にすえられた五〇ミリの捕鯨砲を操るのは「鉄砲さん」と呼ばれる砲手だ。鋭い眼光が照門の彼方《かなた》の鯨を射る。そこには、常に海と対峙し、鯨を捕獲することを生業とした、男たちの勇壮果敢な生き様があった。

不安定な船上での作業

小型捕鯨船第31純友丸は、まだ夜も明けやらぬ早朝四時に和田浦港を出航した。

数日続いた時化《しけ》がようやくおさまり、待ちに待った出漁である。波もおだやかで絶好の〝ミンク日和《びより》〟（凪）だ。

乗組員は「鉄砲さん」と呼ばれるベテラン砲手。和泉慶三郎さん（五十五歳）をはじめ七人。

純友丸は全速で沖合約三〇キロの漁場へ向かう。野島崎から銚子沖にかけて〝鯨道〟が存在するという。〝鯨道〟とは、クジラの繁殖場と餌場を往復する回遊コースで、ツチクジラがいくつもの群れを作って泳いでいることもあるという。

外洋に出るとうねりが増し、小型捕鯨船の揺れが激しくなる。以前は木造船で安定がよかったが、鯨を追尾する速力アップのため、鋼鉄船や軽合金船に変わり、速度は時速一七ノット（約三一キロ）と性能はよくなったが、その分、船の揺れが激しくなった。少しでも海が時化ると、立っていることもできなくなる。熟練した漁師でも、便所へも行けずに甲板にたれ流すというすさまじさだ。

夜が明けると真夏の太陽がジリジリと照りつけ、赤銅色の漁師たちの肌に汗が流れ落ちる。男たちは無言である。トップと呼ぶ高さ八メートルの見張り台に乗った三人の目は、はるか彼方の海面に注がれている。砲手も、船長も、コックもない。

乗組員全員が波頭の陰の鯨を見逃すまいと凝視している。緊張感が重くのしかかる。

出漁してから七時間が経過している。鯨はいっこうに姿を見せない。乗組員に少しあせりの色が出てきた。第一発見者には金五〇〇〇円也の賞金が出るが、漁師は漁ができない方が蛇の生殺しで辛《つら》い。乗組員の表情が一段と厳しくなる。

「ケーフク（潮を吹いた）！」

見張り台にいた乗組員が叫んだ。

「ストレー（直進）」

船首の向きが変わり、うなりをあげ疾走する。

「スターポール（右に舵をとれ）」

乗組員の声が飛び交う。

和泉さんは捕鯨砲の安全装置をはずして身構える。船上がにわかに活気づき、騒然となる。どの顔も紅潮している。

「ベリースロー（微速）」

前方に五、六頭のツチクジラが群れを作って悠然と泳いでいる。距離およそ五〇メートル。まだ射程距離外である。

「ツチクジラは、神経質で臆病で、おっそろしく耳がいい。先に気づかれたら素早く潜ってしまって、五〇分近くも潜っている。おまけにどこへ浮上するかも分らない」

鯨と共に生きた〝男の花道〟

鯨に対してイの字型、つまり斜め後方からや、T字型に真横から近づくのがいいとされ、徐々に減速していく。船の音が一定だと思わせるのも戦術の一つである。射程距離外の鯨を射つのは、砲手歴三十数年の和泉さんでもためらいがある。

「射程距離に入れば百発百中で命中させる自信はある。しかし、万一はずせば、群れ全部を逃すことになって、また別の群れを探さなければならない。これが辛い……」

それに、たとえ命中させることができても、急所をはずせば鯨が暴れ、モリの入った部分の肉が五〇キロから一〇〇キロも傷んでしまう。

今日《こんにち》のように捕鯨枠が規制されている状況では、できるだけ効率よく獲ることを考えなければならない。

「ツチの七息」といって、ツチクジラは七回ほど潮を吹いたら海に潜る性質がある。その、わずか一、二分の浮上時間がチャンスだ。しかし、いかに巨大な鯨とはいえ、水面上に見えるのは全体の一〇分の一程度。近ければ水中に撃ち込めるが、遠いと角度が浅いためにモリが水面に跳ね飛ばされることもある。

和泉さんは腰を低く構え、照門と照星と獲物を一点に結ぶ。指が引き金にかかる。鯨が潜るときに腰を高く突き出す一瞬を狙う。

「ズダーン」

四五グラムの火薬が白煙を上げた。先端が平らな平頭モリにつけられたロープが円を描く様に飛んでいく。命中した瞬間、濡れ手ぬぐいを叩いたときのような「バサッ」という鈍い音が響き、海面が血に染まった。モリを撃ち込まれたクジラは水中深く潜っていく。船内のロープが八〇〇メートル近くに達したのち、動きが止まった。

待つこと四〇分。ようやく黒い巨体が海面に浮上してきた。二番モリがトドメを刺す。息の根をとめられたクジラはロープで船尾にくくりつけられ、肉の鮮度を保

モリのツメを縄で縛ってあり、命中するとはずれる。
引き金を握るとピンがはずれてモリが発射される。
マイク
引き金
鯨が浮上した瞬間にモリを撃つ。
照門と照星をあわせて獲物に狙いを定める。
照星
照門

つために腹を裂き、血抜きされる。この日の獲物は体長一〇メートル余り、体重五トンを超える大物であった。

和泉さんは、大はしゃぎする他の乗組員から離れて静かに煙草を吸う。責任を果たした安堵感を秘かに味わう瞬間だ。

和泉さんは大型捕鯨船の砲手として二七年間、南氷洋からペルー、北洋を股にかけて腕をふるったベテランで、五年前奥さんの病気を機に、おしまれつつ船を降りた。

「あのときはずいぶん考えた。わしにとって捕鯨も大事だが、女房のほうが、それより少しばかり大事だった」

和泉さんがはにかむように笑った。その後、奥さんの病も癒え、外房捕鯨の誘いがあってツチクジラの小型捕鯨船に乗ることになった。

「一度はやめようと思った砲手を結局、誘われてまた始めてしまった。ワシにとってこれはもう最後、〝男の花道〟みたいなもんかもしれない」

翌朝、和田港の解体場では解体が行なわれていた。〝解体さん〟と呼ばれる解体専門家がナギナタのような大庖丁をふるい、鮮やかな手さばきで解体していく。血

ケーフク…
見張り台に乗って鯨を探す。第一発見者には5千円の発見料が出る。
10メートルを超す大型のツチクジラ。腹を裂いて血抜きしてある。
「解体さん」と呼ばれる作業員の手で素早く解体される。
大包丁で切り裂き、ウインチをかけて肉塊をはぐ。
モリが突きささったまま解体される。

抜きがされていたにもかかわらず、おびただしい血が流れ出す。周囲に独特の臭気が立ちこめる。切り口にウインチをかけ、厚さ二〇センチもあるぶ厚い皮や肉塊が剝《は》がされていく。バリバリッという、生木が裂けるような音がする。

一トンもある肉塊や、脂、内臓、皮などが手ぎわよく切り分けられていく。鯨一頭の解体所要時間約二時間。肉は生、あるいは干して食用にされ、屑肉《くずにく》や骨、皮、内臓は加工されて肥料になり、脂は鯨油になる。鯨は捨てるところがない。

和田港が解体で活気を呈している頃、第31純友丸は、再び漁場へ向かう洋上にあった。

彼らは夏場の房総沖の漁が終ると、秋に釧路沖で漁をし、春は宮城の鮎川沖で捕鯨を続ける。

我が国の捕鯨の存続が危ぶまれる現在、命を的に鯨と共に生きてきた男たちの花道に幕引きがされる日がくるのであろうか。

昭和六十三年（一九八八）、日本は商業捕鯨から撤退することが決まった。

突棒《つきんぼ》外伝

突棒漁は時化《しけ》でうねりが高いときに行なわれる。3メートル以上のモリを持って舳先に立つのは命知らずの男にしかできない。

モリに電流が通るようにしてあり、仕事の能率があがるようになったが値が安くなる。

電気コード
狙うはカジキマグロただひとつ。

モリは5、6年経験しないと命中率はきわめて悪い。

古タイヤで作ってある足かけ。両手をはなしているので、身体をささえるのはこれしかない。

「板子《いたご》一枚下は地獄」と漁師の生業を表現する。いつ、ポッカリ口をあけるかもしれぬ地獄に、身体を張る彼らはそれゆえに独特な人生観を持ち、腹をくった豪胆な生き様をみせてくれる。

もしかしたらそれは、捨て身というより、地獄を覗《のぞ》いた刹那に〝生〟というものの本質をも、垣間見るからなのかもしれない。

ここに突棒《つきんぼ》と呼ばれる漁師がいる。三メートル余りのモリを手に、海に突き出た舳先《へさき》に仁王立ち、ただひたすらカジキマグロを追う。海は時化《しけ》で強風とうねりが高く、まさに地獄へ片足を突っ込んでいるように見える。

その代償か、たった一本のモリが時には一日数百万を稼ぎ出すこともある、のるかそるかの捨て身の男の生き様がそこにある。

一本のモリにすべてがかかる。起源は房州か？

突棒について『千葉県鋸南《きょなん》町町史』に——安永の頃、岩井袋村善兵衛なる者が、捕鯨出漁の際、他の魚類に試みて成績をあげた由、寛政年間より輝かしい発展を遂げる――と記してある。

この一帯は捕鯨発祥の地ともいわれているので信憑性は高いが、一部では逆に、突棒から鯨モリへと発展したという説もある。

ただ、はっきりしていることは大正初期、発動機付漁船によって突棒漁業を試み、成功してから急速に発展した。

その突棒船団は大正八年（一九一九）ごろ、長崎、五島列島周辺、後には三陸、北海道へと遠征するのだが、当時他の漁船はほとんど帆船であったので、まさに房州船の独壇場だった。

しかし、この隆盛も太平洋戦争でほとんど全部の船が徴用されるにいたって中止のやむなきにいたり、戦後はわずかに復活したものの、やがて廃《すた》れていく運命にあった。

現在、突棒漁が行なわれているのは、房州では和田浦、鴨川、銚子、勝浦あたり。他県では伊豆諸島一帯から九州各地でも行なわれているようだが、カジキマグロの漁場は時期によって伊豆沖、神津、三宅、八丈の各島、御前崎、釜石と限られ、その狭い漁場に全国から一〇〇以上の漁船がひしめき合うことになる。そして成果は突棒の腕一つにかかってくる。

現時点では漁場が近いという地の利を生かして神津島の船団が一歩リードしているようだ。そのなかでも目を引くのが、五、六トンの小型船で縦横無尽にモリをふるう、叩き上げの突棒の姿である。

時化こそ好漁の条件

房州・和田浦の突棒漁師、田中元治さん（四十四歳）もその一人。昭和二十年（一九四五）ごろ、飯炊きの、めいろう師（かしき）から始めて、一〇年後にやっとモリを持たせてもらったという筋金入りの突棒漁師で、モリの命中率はほぼ五割。つまり二振りに一度は確実に獲物を仕留める。

この五割という数字が驚異的なものだということは、突棒船に同乗してみなければ分らない。彼に漁の好条件をあげてもらう。

「前（太平洋側）に低気圧が入ってきて、五、六メートルの風で、うねりが二、三メートル、水温一七、一八度……」

つまり海が荒れる時化の時がチャンスなのだ。奈落へ落ちるようなうねりの真っ只中、舳先に仁王立ちし、両手を離して三メートル以上ある樫《かし》の重いモリを操作するのは並大抵の体力、修練ではない。

また驚くべきは彼らの目だ。舳先から、素人では判別不可能な、はるか彼方《かなた》の潮目にわずかに突き出たカジキの尾ビレを見つける。〝突棒は目の勝負〟ともいわれる所以だ。その先は突棒と船頭（舵とり）との一糸乱れぬ呼吸がすべて。指示は突棒のモリの動きでなされ、それに合わせて船頭が右へ左へ舵を切る。

まさに海の猟師

突棒船は五、六トンから一〇トン未満の小型船が多いが、普通の漁船より舳先が少し長い。その舳先に自動車のタイヤを切った足かけが打ちつけてあり、それにサンダルの要領で足を突っかけて立つ。

水面まで四、五メートルはある。

しかも、沖に出れば、うねりで舳先が宙に浮いたと思うと、水面すれすれまで急降下する。落差は十数メートル、まるで四、五階建てのビルから引き落とされるようである。

こんな状態の中で漁師は、足かけに足を突っかけただけで立ちはだかり、手には三メートル余の樫でできたモリを持ってカジキマグロを狙う。勇猛果敢、壮絶な生業だが、突棒は漁師の花形、仲間からは一目置かれている。

「他の漁の方が金になることもあるが、突棒は面白れぇからやめられねぇ」

突棒漁師はその生業と己の腕に強い自負と誇りを持っている。

カジキは夏場に伊豆諸島あたりを通り抜けて房総の海岸付近に現われる。この頃が漁の最盛期で、遠く四国、九州あたりから突棒船が集まってきて、全国各地の腕自慢の漁師が荒波に船を連らね、手練の技を競い合う。

そのなかには夫婦者の突棒漁師もいて、女だてらに舳先に仁王立ちしてモリをふるう男まさりもいた、という伝説めいた話もある。

夏場のカジキは「新米」と呼ばれ、体重も二〇～三〇キロ程で味も冬場に比べて落ちるために値も下がる。それに引きかえ十二月ごろ三陸沿岸から銚子沖に下って

10トン未満の船には舵と突棒の2人が乗り込む
見張り台
足かけ
普通の船より舳先が長い。
モリは3メートルから3.5メートルの樫の棒でかなりも重量がある。
電気コード
漁に出れば炊事、宿泊すべてが船の中。
モリの先の矢に電気コードを接続してある。
コードを接続する
出航前にモリを点検する。
モリの先の矢だけが刺さる。
この下の狭い船底で寝る。

くるカジキは体重七〇～八〇キロ、身も締まり、脂が乗っていて味はマグロより上物とされ、キロ二〇〇〇円の値がつくことがめる。

カジキとサメの一騎打ちも

また、カジキは延縄《はえなわ》で釣る漁法もあるが、突棒漁師のモリで一突きにして血を抜いたカジキは味がいいといわれている。電気モリは突いたあと電流を通すために身が傷むといわれ、名人が急所を一突きで仕留めたものを「一等殺し」といって、美味で通人に珍重された。

モリで突いたカジキは矢縄《やなわ》に浮き樽をつけ海に投げ込んでおいて、あとで船にあげるが、その間に血に誘われたサメが寄ってきて、せっかく仕留めたカジキを食われてしまうこともある。海に出ていると、カジキとサメが戦っている場面をしばしば見かけるともいう。海の生存競争もまた厳しい。その間に人間が割り込んでいく。

モリが命中すると間髪を入れず電流が流され、カジキは一瞬にして絶命。浮きをつけてそのまま海面に放置、すぐに次の獲物に挑んでいく。日に一〇匹以上獲るこ

モリが刺さると合図で電流が流される。

肉眼で獲物を探す。

突棒のモリの動きにあわせて舵を操作する。

潮目に尾ビレを出しているカジキを見つけたら追跡。水面下1メートルくらいのカジキを突く。

いまだ！

80～100キロのカジキマグロだと1匹で20万円くらいの値がつくこともある。好運に恵まれれば1日に10匹以上とれることもある。

普通のモリだと、突いても猛然とファイト。揚げるのに1時間も要する。

電気モリだと刺さった部分の身に血が入って黒くなる。名人になると、出荷するとき切り落とす、頭か尾ビレに命中させる。

ともある。

これも電気モリが開発されてからで、それ以前は一匹を仕留めるのに一時間近くを要したという。

「でもアジ、サバを網で捕るより、カジキと一対一の勝負をする方が血が騒ぐ」

だが、危険に挑む突棒漁師にとって、若さと体力に熟練の技術が集約される時期は短い。また同時に、全身を突き抜ける昂揚感が海の男の輝かしい勲章でもある。

房総海士《おとこあま》列伝

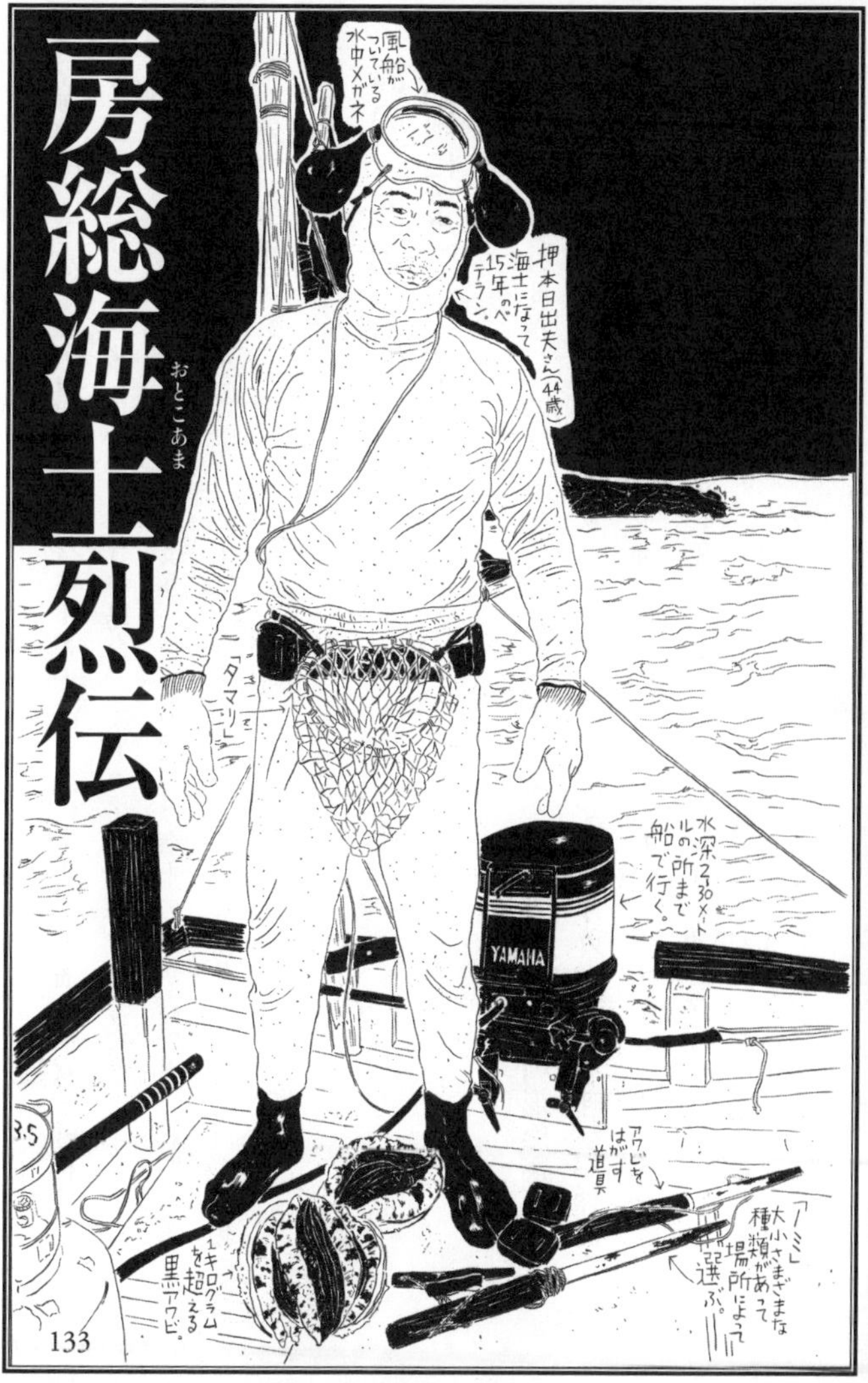
風船がついている水中メガネ
押本日出夫さん（44歳）海士になって15年のベテラン。
「タマリ」
水深2〜30メートルの所まで船で行く。
YAMAHA
アワビをはがす道具
「ノミ」大小さまざまな種類があって場所によって選ぶ。
1キログラムを超える黒アワビ。
3.5

海中深く潜水して魚貝や海藻を採集する素潜り漁に従事する者を海女《あま》と呼称するが、これは女子を意味し、男子をさす場合、オトコアマ（海士）という。

しかし『魏志倭人伝』にもあるように、その起源は海士の方が古いとされている。二〇～三〇メートルの深海で海士は、様々な障害にさいなまれながら、壮絶な男のドラマを展開する。

海の一匹狼、海士。技術によって序列が

海士、海女の世界では、その操業形態や技術によって、潜在的な序列形態が存在する。主に浅場のトコブシやテングサなどを取る海女を「オカアマ」と呼び、仲間うちでは低く見られている。船で沖に出て操業する海女を「フナアマ」というが、その中で漁獲量も多く、技術的に優れた者を畏敬をこめて「オオアマ」と呼ぶ。さらに、フナアマの中でもフンドウ（錘《おもり》）を使って二〇～三〇メートルの深場でアワビ、サザエを取る者を「フンドウアマ」とか「イッパ」などと称し、最上級にラン

ク付けされる。

海女、つまり女子の場合は同レベルの技術を持つ者同士数人がグループを組むことが多いが、男子の場合は一匹狼が多く、そのほとんどが「フンドウアマ」である。

彼らは、それぞれに「トッツオ」と呼ぶ自分だけの秘密の漁場をいくつも持っていて、その「トッツオ」を他の海士に知られることを極端に警戒する。そのため、カジコ（船頭）は自分の女房か、全幅の信頼をおける者にしか許さない。

「仕事はキツイけんが、誰に頭下げることもないし、海士は昔から陸《おか》に上がってるときは、うめえモン食ってフワーッとしてろといわれてる。こんな商売、他にねえべ」

冗談の中にチラリ本音がのぞく。押本日出夫さん（四十四歳）。ベテラン海士だ。

「海士になった頃は、えらい景気がよくて、二〇〇～三〇〇万で二階家が建った時代に、一夏一千万も稼ぐ海女や海士がいたくらいだからな」

だが、ここ数年、観光施設の拡大、釣り客の増加にともない海が汚れ、漁場が次第に沖に追いやられていった。廃業する者も多くなった。

船が港を離れて約二〇分。錨が降ろされ、押本さんは身仕度にかかる。半ズボン式のウェットスーツの上にトレーニングウェアという簡単な装備。本格的なウェットスーツやボンベの使用は、乱獲を防ぐために禁止されている。

水中メガネは真鍮製・風耳《ふうじ》付きの独特のもので、顔に合わせて特注する。

海士が海に入り、カジコがフンドウの付いたロープを持って構える。数回大きく息を吐き、呼吸を整える。合図と共にフンドウが放たれ、海士はロープを摑《つか》んで海底まで一気に降下する。

死と背中合わせの漁

水深二〇メートル、一気圧の水圧で肺が二分の一になる。四、五メートル潜って耳が痛くなるとツバを飲み込み耳を抜くというが、押本さんは海士の修業時代に鼓膜を破っている。潜り始めは鼻血が出る。水中眼鏡に真っ赤な鼻血が溜まることがある。

何回か潜るうちに体が順応してくると血の色が徐々に薄くなり、やがて透明になる。鼻血が出ればいいが、内出血して目の下などに溜まると危険だ。彼らは「鼻づ

「カジコ」船頭
海士、海女の中でも、高度な潜水技術を持ち、深場に潜る「フンドウアマ」はカジコと組んで作業をする。

「風耳《フージ》」付水中メガネ。ゴム製。以前は豚の腸で作った。

アワビをはがす大ノミ、中ノミ、小ノミ、イソガネ類。

真鍮製
くもり止めに、ヨモギや煙草でガラスを拭く。

アワビ、サザエの大きさを測る。

ノミを腰に差して潜る。

風耳がついていると潜っていて苦しくなったとき、少し呼吸ができる。

「フンドウ」海士がこれにつかまって一気に海底まで降下する。

ねが張る」と表現するが、急性副鼻腔炎という病名で、〝顔半分がもげそうに痛くて、一尋《ひとひろ》も潜れない〟状態になる。

「体で邪魔になるのは耳と鼻」

気負いもなく言ってのける彼らの、壮絶な男の生き様に思わず戦慄する。

水中での海士の泳法は、水を得た魚のごとく無駄がない。彼らの言を借りれば、「無駄な動きや脳を使うと余分な酸素を消耗すっから息が続かなくなる」といい、頭で考えず、水に逆らわないように泳ぐ。

海底に達すると、岩の裏や窪みの中のアワビを鮮やかな手さばきで剝《は》がし、腰につけたタマリ（網）に入れていく。

一分、二分、息が苦しくなると、底を蹴って浮上する。一回の潜水を「ヒトイキ」と呼び、八イキから一〇イキ繰り返すと船に上がって暖をとる。これを「ヒトオリ」といい、一日に四オリから五オリする。

海中深く潜って漁をする海士や海女の仕事は危険がつきまとう。

本職の海女なら自分の息の長さ、可能な潜水時間は充分心得ていて、普段は潜っていて他の貝を見つけても無理に取ろうとはしない。

「竿」先についている布が。
ホイヨ！
カジコがフンドウのついたロープをかまえる。
いくぞ。
カジコの差し出す竿につかまって上がってくる。
呼吸を整えて潜水開始。
フンドウの1メートルくらいの所を持ち、頭から潜水する。
ここの「トッツオ」いっぺえいるぞ
ノミを差し込んではがす。
殻高12センチ以下は海にもどす。
黒アワビ、赤アワビ、マタカなどの種類がある。
メサキ
ケツ

目印に磯ガネを置いていったん上がってからまた呼吸を整えて再び潜ったり、小石についたアワビなら小石ごと取って上がったりする。ところが、魔がさすというのか、つい欲が出て息の切れる限界になって他の貝を剝がしにかかったりすることがある。

自分では充分水面に戻れると判断しているが、底を蹴って必死で水をかいても、いっこうに水面にたどりつかず、途中で意識が薄れてくる。そのまま沈んで命を落とす人もあるし、なんとか水面に出られても、手に持った貝をボロボロ落としても分らないという経験が誰でも一度はあるという。

海底にも釣り公害が

また、カジメの中を潜っていて、腰に差した磯ガネが引っ掛かって動きがとれなくなったり、根がかりして切られたテグスが首や足、あるいは水中メガネに絡《から》みついて取れないこともある。

テグスは、絡まる事故だけでなく、いつまでも腐らず海中に藻のように揺れているので魚が寄りつかなくなる。また、釣り師が大量にまくコマセが海中で腐敗して、海が汚れて貝など磯の生物が死ぬなど新たなる釣り公害として社会問題にもなっている。

昨今の釣りブームの陰で釣り人のマナーの悪さ、意識の低さは大いに糾弾されるべきである。

また、そうした人的な事故だけでなく、ウツボに噛まれたり、クラゲの大群に囲まれて体中を刺されたりすることもある。

ウツボは房総ではナマダといい、岩の間を手で探っていて噛みつかれることもある。海女がアワビを剝がす際に傷でもつけると汁が海中に流れ出し、その匂いにつられてどこからともなくナマダが寄ってきて周りをグルグル泳ぎ回る。ときには手に持つアワビにくらいついて指を食いちぎられることもある。

こうしたウツボやクラゲの被害が多かったのは、昔の海士や海女はほとんど裸で作業していたためでもあった。房総では海士や漁師の多くは、男は素裸で亀頭をワラで結ぶだけだったし、海女はスコシと呼ばれる小ぎれに細ひもをつないだフンドシのようなもので、腰下をおおっているだけだった。

また海女は明治時代の頃は腰ミノをつけていたといわれ、その名残りかスコシをするようになっても、腰にワラ縄を巻く風習が近年まであった。

ある意味で危険率が収入にはねかえってくる。四月一日から九月十五日までのアワビの漁期間に、一日平均一〇キロ以上の水揚げがあり、約一〇万円の稼ぎがあるという。

その命を賭した危険な業ゆえに、普段は心のタガを解き、ぜいたく三昧《ざんまい》にふける。泣くも笑うも裸一貫、これぞ男の生き様である。

海女《あま》眼鏡職人伝

海女めがね作り50数年。下羽誠一さん（76歳）
鼻出しラめがね
ラめがね
本職《プロ》の海女、海士にかかせない風《ふう》耳付水中めがね。
鼻かくしラめがね（風耳4つ付）

海中深く潜水してアワビやサザエを取る海女《あま》や海士《おとこあま》にとって、潜水眼鏡《めがね》はその生業を支える必需品である。

酸素ボンベの使用を禁じられている彼らにとっては、素潜りでいかに深く、そしていかに長時間潜水できるかが勝負である。

当人の修練とは別に、「海女眼鏡」と呼ばれる潜水眼鏡の発明、改良の変遷が大きな関わりを持った。

下羽誠一さん（七十六歳）。海女眼鏡作り五十余年。現在、我が国唯一の海女眼鏡職人といわれる。

顔にピタリ合う逸品。画期的な潜水眼鏡の威力

海士や海女の漁労習俗に大きな変革をもたらしたものは潜水眼鏡の出現であった。最初に潜水眼鏡が作られたのは、明治十年（一八七七）ごろといわれ、関東では房総が最も早く、明治二十三年（一八九〇）ごろと記録されている。

海女たちは、それまで素目で海に潜っていた。しかし素目では視界も悪く、深くは潜れなかった。また夏期三カ月間、裸眼で海に潜ると、目もあかぬほどの眼病に悩まされた。失明に至ることもあった。その生業は過酷を極めた。

潜水眼鏡の歴史は、明治十三年（一八八〇）ごろ沖縄の糸満漁師が「ミーカガン」と呼ばれる木製の小型二つ眼鏡を使うようになり、本土に移入。それをもとにブリキで眼鏡を作ったのが始まりだといわれている。

潜水眼鏡の威力は画期的だった。いままでより潜水距離がはるかに伸び、視界もよくなり、漁獲量が急激に伸びた。潜水眼鏡は全国津々浦々の漁村へ普及したが、一般の人々にはまだ縁遠く、「海女眼鏡」と呼ばれた。

初期の海女眼鏡は、真鍮《しんちゅう》製の二つ眼鏡で、小型のものが使われていたが、その後、改良型の「ヨーバチメガネ」と呼ばれる眼鏡が出回る。ヨーバチという名は、三崎、城ガ崎方面で魚を入れる桶をウオバチといい、眼鏡がこの桶の型に似ていることから、訛《なま》ってヨーバチメガネと呼ばれるようになった。因《ちな》みに「ヨー」は、魚の古語である「イオ＝ウオ」からきている。「バチ」は、入れ物の「ハチ（鉢）」の意。

ヨーバチメガネは内側が小さく、外枠が大きくなっていて、視界が広くて使いやすいと評判になった。その後、大正、昭和の初期にかけて「鼻出し一つ眼鏡」「鼻かくし一つ眼鏡」と変遷を重ねていった。「鼻出し一つ眼鏡」は、鼻が外に出て、ガラスが一面になって、視野が広くなった。「鼻かくし一つ眼鏡」は、眼鏡の中に鼻が入るようになった。こうした改良によって海女の労働が飛躍的に改善された。

海女眼鏡の製作は、すべて職人の手仕事でなされてきた。現在ではゴム製の物が主流を占めるようになったが、本職の海女はいまも金属の眼鏡を顔に合わせて作る人が多い。ゴム製は無理に顔に合わせるため、深く潜ると水圧で顔にくい込んで痛いという。

かつてはどの地方にも海女眼鏡作りの職人がいたが、現在では専門職人はほとんど姿を消し、千葉県千倉の下羽誠一さん（七十六歳）が現役最後の職人である。

下羽さんは昭和十三年ごろから海女眼鏡を作り続けてきた。尋常小学校を卒業してから東京の板金工の弟子入りをしてのち、故郷千倉に戻り、海女眼鏡作りを職業にした。

最初は地方回りが多かった。道具一式を自転車の荷台に積み、注文取りに歩いた。品物の出来がよくて引く手あまたになり、寝る間も惜しんで一日に二四個の眼鏡を

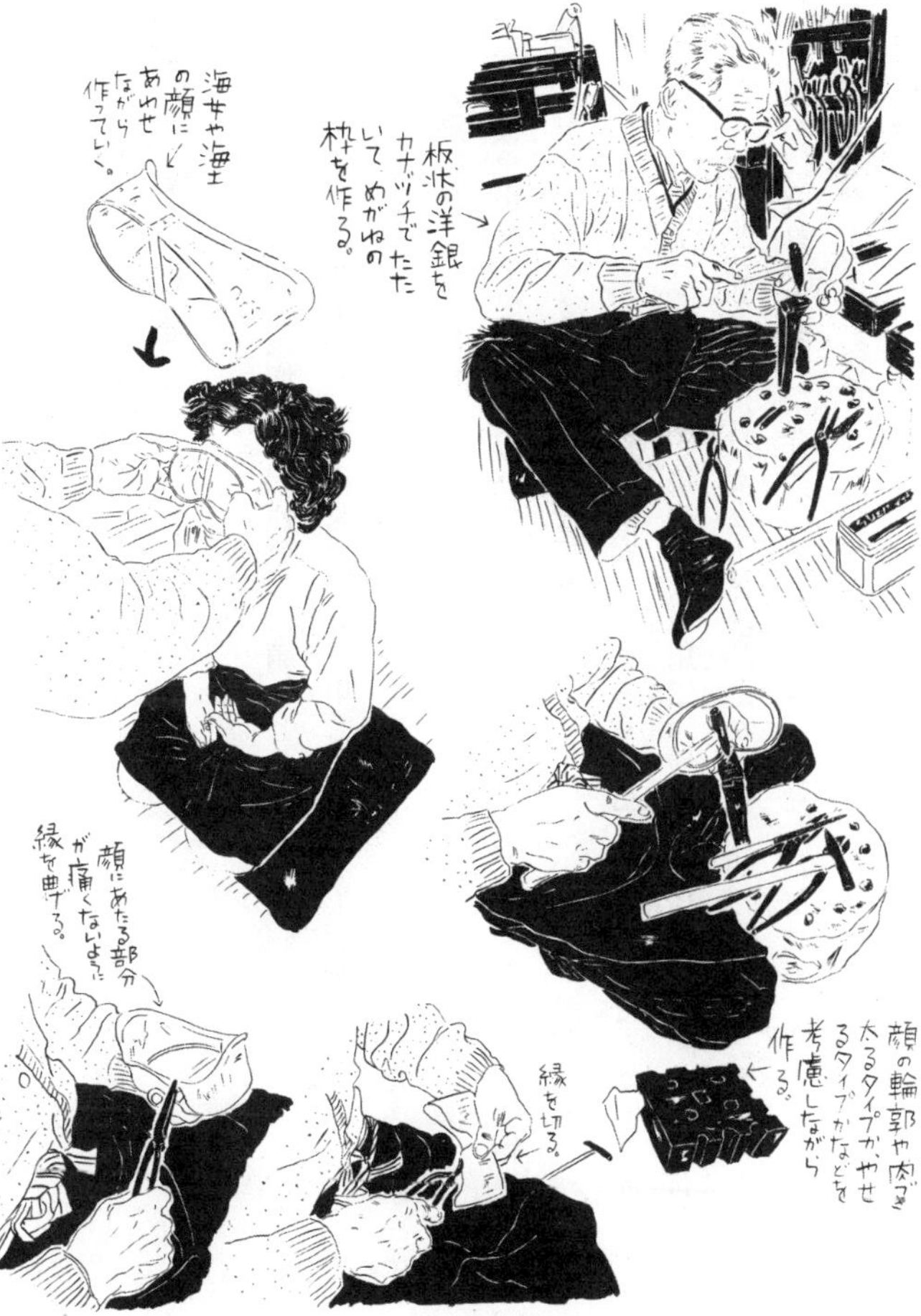

板状の洋銀をカナヅチでたたいてめがねの枠を作る。
海女や海士の顔にあわせながら作っていく。
顔の輪郭や肉づき太るタイプか、やせるタイプかなどを考慮しながら作る。
縁を切る。
顔にあたる部分が痛くないように縁を曲げる。

作ったこともあるというほど繁盛した。

抜群の使い心地

下羽さんの海女眼鏡作りは、使い手の顔に合わせて一個一個手作りする。そのため、労力と時間がかかるが、出来上がりは申し分なく高く評価された。

枠は金属を叩いて作る。以前は真鍮が多かったが、腐食しやすいため洋銀（ニッケルと鋼の合金）が使われるようになった。これだと四〇〜五〇年は保つ。

金属板を小ヅチで丹念に叩いて曲げ、おおよその型を作っておき、依頼があると、顔の輪郭や肉のつき加減に合わせて整形していく。そのため、既製品を作っておくことはできず、必ずそれを使う海女に来てもらって、顔に合わせながら細かく微調整しながら仕上げる。海女眼鏡は本人専用で、他の人が借りても顔には合わない。

また、海女眼鏡を作るのは海女の休漁時期が多いため、顔の輪郭が漁期と多少違っていて、それを考慮して作る。下羽さんは、一見しただけで、その人が太るタイプか痩せるタイプか見抜くことができるという。

ウマノツメ（洋銀を打つ台）
ヤナギバ
コッチ
ヤスリ
ヤットコ
木台
ヤットコメウチ（穴あけ）
風耳付二つめがね
風耳は牛や豚の腸を使っていた時代もある。
自鼻出し二つめがね
自鼻かくし二つめがね
自鼻かくし二つめがね
ゴム製の風耳が4つ付いている。
枠にあわせてガラスを切りヤットコで形を整える。
ハンダでガラスをはめる。
熱で割れることもある。

下羽さんの作る眼鏡は止めゴムをかけなくても、眼鏡を顔にあてて軽く押すだけで吸いついて落ちないほど、わずかな隙間もゆがみもない逸品である。

「私の作る眼鏡は水深三〇メートル潜っても水圧に耐えられるようになっております。五〇年も作ってきたから腕には自信がある。いまでも、一つ一つ思い出があり、うまくいっているか心配になったりします」

下羽さんは、これまで作ってきた海女眼鏡の使い心地を直接聞きながら、さまざまな改良を重ねてきた。房総で風耳《ふうじ》と呼ぶ空気袋付きの「鼻かくし一つ眼鏡」を、この地方で初めて作ったのも下羽さんである。

潜水眼鏡の使用によって海女は次第に深く潜水するようになり、水圧によって目や鼻、耳に障害が出るようになった。以前ある海士が「海士や海女に邪魔なのは耳に鼻だ」と言うのを聞き、驚かされたことがあるが、それでも肉体的な限界を超えようとして、故意に鼓膜を破る者さえいたという。

たとえ鼓膜を破いても、目と鼻だけはどうしようもなかったが、風耳が付けられたことで大幅に改良されることになった。

風耳は水中眼鏡の両端に一つずつ付いている。水中に潜ると空気で膨らむ。風耳は眼鏡にかかる水圧を緩和するのに役立つだけでなく、呼吸が続かなくなったとき、中の空気で呼吸をつなぐことができ、危険を減少させることにもなった。

風耳は現在ではゴム製だが、以前は牛の腸などが使われていた。牛の腸は氷のうにも使われていて、薬屋で売られていた。腸の風耳は柔らかい上、水につけるとベタつき、岩礁や海藻に引っ掛かって切れやすいのが難点だった。そのため、長い間の使用には耐えられなかった。

「腸はすぐに破れるもんだで、番茶の渋や柿渋に漬けたり、魚網を染める染料で染めたりした。ゴムはそんな苦労はないが、そのゴム風船を作ってくれるところが年々少なくなって苦労している」

現代は大量生産の時代であり、特殊な技術をもった人々の生業が成り立たなくなってきている。

道具や素材は日進月歩に進歩していって便利になるが、新しいものを求めすぎると、古いものはあっさりと切り捨てられる。まだ、それを必要とする者があっても、少数派の声は無視される。ゴムという、一般には目立たない素材が支えてきた文化があり、反対に素材の変遷によって失われようとしている文化もある。

下羽さんのような存在がどれほど大きな意味をもっているのか、また、風耳つき海女眼鏡がどれほど価値のあるものなのか、失って初めて知るようであってはならない。

鰻捕獲人伝

三堀修治さん(69歳)
うなぎ捕り歴40年。
房総一の名人と称されている。
「ぶっかけ鉤」
泥の中にいるうなぎを鉤で
引っかける。
「穴釣り」
「竿の先に餌をつけた鉤を
引っかけ、うなぎの穴に差し
入れて釣り出す。

一昔前には、鰻《うなぎ》は日本全国どこの川にもいた。そして、どこの地方にも必ずといっていいほど、鰻捕りの名人と呼ばれる人がいた。彼らは半日も川に浸《つ》かって三〇～四〇匹もの鰻を捕獲し、町内の魚屋や料理店に売りに歩き、自由気ままな生活を送っていた。

しかし、急速に川が汚染され、鰻が棲息できる環境がなくなってきた。そして、鰻捕りを生業とする人々もまた、現在ではほとんど姿を消してしまった。

イキのいい鰻を。
四〇年間欠かさない日課

本職《プロ》の鰻捕り人は、鰻の捕獲時期の幕開けを河原のヨシの生育状態で見分ける。春になりヨシが芽をふき、葉を三枚つけた頃、鰻は活発に動き出す。葉が二枚では早すぎる。時期が早すぎると、鰻の鼻先に餌をくっつけても見向きもしない。

因《ちな》みに、ヨシをアシと呼ぶこともあるが、元は同じもので、アシが「悪《あ》し」と同音になるのを嫌って、ヨシ（良し）が使われるようになった。

今年（注、昭和五十九年）は、異常寒波のため、ヨシの成育が極端に遅い。

「こんな年も珍しい。長年鰻を捕ってきたが初めてだね」

三堀修治さん（六十九歳）は、河原の無精ヒゲほどにしか伸びていないヨシ原に目をやりながらつぶやく。三堀さんは、鰻捕りを始めて四〇年になるベテランで、南房総一帯では右に出る者がいないという名人である。

鰻捕りを始めたのは三十歳の頃である。最初は単なる好奇心だった。当時、名人と呼ばれた師匠について修業することになったが、持ち前の器用さと研究熱心さで、数年もたつと師匠と肩を並べるまでになった。

三堀さんは三月の声を聞く頃から腰が落ち着かなくなる。毎日、自転車に乗って周辺の川を見て走るのが日課になっている。もちろん自転車の荷台には、鰻釣りの竿やハリ、鰻籠《かご》、胴長など道具一式がいつでも積んである。それは四〇年間一日の変化もなく続けられてきた〝習い性〟ともいえる。

鰻の捕り方は穴釣り以外にいろいろある。割り竹を編んだ筌《うけ》という漁具に餌を入れて一晩川に沈めておく方法は、古くから全国各地で行なわれてきた。この漁法の原理は、口の部分にカエシと呼ばれる先を尖らせた竹串が内側に向けて円錐型に取りつけられていて、鰻や魚が入るときには抵抗がないが、出ようとすると尖った先が邪魔をする。魚は、突起物が体にチクリと当たると、その隙間を通り抜けることができない習性がある。

鰻を引っ掛けて捕る漁法も各地にあった。これに使われる道具は鰻掻《か》き（ふっかけ鉤《かぎ》）というもので、鍛冶屋に特注して作った。鰻掻きは、鉄製で薙刀《なぎなた》に似た形をしており、先端に鋭いカエシ鉤がついている。使うときは長い柄をつけて、川岸の泥の中を切るように掻く。鰻が当たると、鰻掻きの曲線に沿って滑って鉤に刺さる。鰻がたくさんいた時代には面白いように捕れた。直接、川に浸かって攻める面白さがあり、かつては農山村の娯楽にもなっていた。

鰻は手摑《づか》みでも捕った。手摑みにするには、鰻が潜っている穴を見つける必要がある。川の水が少ないときに、川岸の泥場をよく見ると、無数の小さい穴があいている。カニやドジョウ、小魚の穴だったりするが、比較的大きい穴と小さい穴が一列に並んでいるのが鰻の穴。大きい方が呼吸穴で、小さい方が尻尾。鰻は二つの穴の間で、体をU字型に曲げて潜っている。捕るには静かに近づき、同時に二つの穴

道具一式を持って川へ出かける。
ハリに餌をつける
餌はドジョウ・ミミズ・イカなども使う。
テグスをのばして持つ。
穴釣り
「うなぎ籠」ゴムチューブが浮き袋になっている。
「ヤズリ」穴釣りの竿
「ふっかけ鉤」竹竿の先に鉄製の鉤がついている。
竿先にハリを引っかける。
ハリはピアノ線を曲げて作る。

から手を突っ込んで摑む。

田舎では、子どもの遊びでもあった。子どもが思いがけずに鰻を捕ると、喜び勇んで家に駆け戻った。親は、このときばかりは泥んこ汚れを叱ることなく、笑顔で迎えた。その日の晩は鰻の蒲焼きが食卓に載った。一匹を家族で分け合って食べた。

また鰻は、呼吸孔に刻み煙草をほぐして入れると、苦しがって頭を出してくる。そこを素早く摑み捕る。鰻はがむしゃらに摑んでもヌルヌルと体をくねらせて手の間から抜け出してしまう。摑むコツは首の付け根と尻の穴の二カ所を一緒におさえると、鰻は動けない。子どもたちは、父親の刻み煙草をこっそり持ち出してきて鰻捕りをした。

「今年は冬が長くて、鰻捕るには、ちーと早いけんが、ちょっとやってみるか」

三堀さんは河原に下りて、穴釣りの身仕度にかかる。胴長を履き、竹を削って作った竿を継ぐ。ハリはピアノ線を曲げてヤスリで研いだ手製。餌は小指ほどの細いドジョウと脱皮したての殻の柔らかいザリガニだ。ハリを身に通して隠しバリにし、ハリ先を竿の先にかけ、テグスを張って手に持つ。

仕掛けができると、鰻竿を腰に吊るし、靴を入れた風呂敷包みを肩に背負って川

うなぎのいそうな穴の中に竿を入れる。
「ナギナタ」
うなぎが当たると滑って先端の鉤に刺さる。
ふっかけ鉤で泥の中を切るように引っかき回す。
うなぎがかかったら竿を離し、テグスを持って引き出す。
テグスをゆるめないようにしてつかむ。
やった!

に入る。ゴム長を通して、水の冷たさが染みてくる。川底がヌルヌルとして、深みにはまると身動きがとれない。

鰻は回遊性の魚である。幼魚期を深い海で過ごし、春に川を上る。そして、数年間を川で棲息するが、冬は川底で冬眠し、春から秋先まで上層を活発に動き回って餌を捕る。

しかし、近ごろは川が汚れ、水量も少なく、鰻の回遊が正常に行なわれなくなってきている。いまでは、シラスウナギの川上りが見られる河川は全国でも数少ない。中には、川に下れなくなって沼や川の泥の中に取り残され、巨大に成長する鰻もいるという。

「そんな丸太ん棒みたいな鰻は脂ばかり多くて、とても食えない。料理屋へ持っていったってタダでも引き取ってくれない」

面白くってやめられん！

三堀さんが狙うのは新鮮でイキのいいものだけだ。そこで、海に近い川尻を集中的に攻める。

川上から川尻に向かって歩きながら、三堀さんは「ここには鰻がいる。この岩の下にもいるはずだ」といい放つが、いっこうに竿を出さない。鰻釣りにも時間があるという。というより、海の潮の干満が大きく影響する。潮が上がってくると、鰻が上層を泳ぎ出す。

腰まで水に浸かってじっと待つ。そのうち水面を小魚がピチャピチャと跳ね出す。房総ではイナッコと呼ばれるボラの稚魚で、これが水面で跳ねるのは潮が上がってきている兆しである。

三堀さんの顔が緊張で引き締まる。川岸の石の下や、橋桁に引っ掛かった木やゴミの下の暗がりに竿を差し込む。軽く突《つつ》くようにして鰻を誘う。ググッと当たりがくる。素早く竿を離し、テグスを持ってタイミングをはかる。

無理に引っ張ると、鰻の口が切れてハリがはずれる。また、ハリにはカエシがないので、たぐりが遅いと、逃すこともある。糸に絡《から》みついて身を痛めることもある。合わせのコツが難しい。

テグスを徐々にたぐり、鰻が頭を出すと、左手を下にそえて引き出し、尻の穴の下あたりを摑む。そこが鰻の急所だ。テグスを張ったまま、急所を摑んでいれば、鰻は身動きができない。三堀さんは、たちまちのうちに数匹の鰻を釣り上げた。

いままでの最高は二、三時間で四〇匹以上だという。

「商売なんかじゃない。四〇年もやってくると、この年になっても面白くってやめられん。これ以外に道楽は一つもない」

ハリに鰻を掛けて、仕留めたときの三堀さんの屈託のない笑顔は、欲も得も超越した無邪気な子供のような顔だった。

海蛇捕獲人伝
沖縄独特の水中メガネ
ステテコ。
岩穴に潜んでいる海蛇をひっかき出すための「ひっかき棒」
靴はすべらないようにスパイクがうってある。
手づかみで捕える。
捕った海蛇を布袋に入れる。
体長1メートル以上、重さ2キロ近い海蛇。

沖縄、宮古島の北西二キロの海上に浮かぶ池間島《いけまじま》。人口一〇〇〇人ほど。働き盛りの男たちは遠洋漁業の船に乗り、島には留守を守る女たちと子供と年寄りが穏やかに暮らしている。この天国のように平和な島に、ハブ以上の猛毒を持つという海蛇が数多く棲息している。そしてまた、この地獄の使者のような海蛇を捕ることを生業とする男たちがいる。

漆黒に塗りこめられたような闇夜、彼らは懐中電灯を片手に海に入り、産卵のため、岩穴に潜む海蛇を素手で捕える。一晩で三〇キロ、三〇〇匹はかたいという。集められた海蛇は燻製にされる。沖縄では昔から、強壮剤として、また疲労回復、神経痛、関節炎など万病に効くといわれてきた。

それにしても、屈強の若者ですらマジモノ（亡霊）が出ると恐れる深夜のトガイ（岬）。ただ一人五十路を過ぎた男が、黙々と海蛇と格闘する様は鬼気迫り、見る者の胸を熱くさせるものがあった。

他人に気がねなく、亡霊の出る岩場でただ一人……

伊良波常春さん（五十一歳）。沖縄でエラブウナギと呼ぶ海蛇を専門に捕る漁師である。

子供の頃、やはり海蛇捕りだった祖父の後をついていったのが最初だった。そのとき二、三匹しか捕れなかったのがくやしくて、祖父の捕り方をじっくりと見ておき、翌日一人で出かけ三〇キロも捕って驚かせた。

血清もないので、噛まれれば死を意味するほどの猛毒を持つという海蛇だが、

「子供の頃から見ているから怖いと思ったことは一度もない」

と、なんの衒《てら》いもなく言ってのける。

若い頃は漁船に乗った。カツオ、メバル、サヨリなどを沖縄独特の〝巻き落し〟や一本釣りで釣った。一トンほどの船に二、三人で漁をするが、波が高ければ波に、風が吹けば風に文句をつけて仲間が漁に出たがらず、船を遊ばせることに不満を感じていた。年とともに、体に無理がきかなくなったこともあって、船を降りて海蛇専門になった。

「人に気がねしなくてもいいし、今日は三〇分、明日は一〇時間、どんな働き方をしようが自分の裁量だからな。それに何てったって短時間で金が稼げる」

単純明瞭な答えが、むしろ小気味いい。

交尾期を狙って

海蛇は、ハチュウ類ウミヘビ科の毒蛇のことで、約五〇種類いるといわれる。一・八メートルくらいにもなり、魚を食べる。日本近海には、エラブウミヘビ、セグロウミヘビなど数種がいる。

海蛇は普通、沖合のサンゴ礁の下などに棲息しているが、六月から八月にかけて、交尾産卵の時期、磯に上がってくる。これを一網打尽にしようと待ち構えている。蒸し暑くて、月の出ない闇夜がいい。干潮時、夜八時ごろから、午前三時、四時まで孤独な作業が続けられる。

海蛇が産卵に集まってくる場所は、池間島の西端のスサイブー（岬の間の窪んでいる場所）で、人家からは四キロ以上離れている。鬱蒼《うっそう》としたアダンの林をぬけて、切りたった岩場を越える。マジモノ（亡霊）を実際に見た人も多く、夜はめったに人の近づかない場所である。しかも鼻をつままれても分らない闇の中、気丈にもたった一人で出かけていく。

風を避けて岩陰に荷を解くと漁の仕度にかかる。頭に手ぬぐいを、足元にスパイク付きの地下足袋という奇妙なスタイル。懐中電灯と引っかき棒。そして海蛇を入れる布袋を手に足場の悪い崖を下って海に入る。

潮が引いて海水は膝下くらいしかないが、まさに鼻をつままれても分らない漆黒の闇の中を海蛇捕獲人、伊良波常春さんは、自分の庭でも歩くようにスタスタ歩いていく。

足の下はサンゴ礁。急な落ち込みや穴がポッカリあいている場所もある。そんな所へ足でも突っ込めば足がズタズタに切れる。

カメラを頭上にかかげ、伊良波さんの懐中電灯の明かりを頼りに恐る恐る後にしたがうが、たちまち引き離され、真っ暗な海に一人とり残される。

仕方なく、手にした懐中電灯で足元を照らすと何やら蠢《うごめ》くものがある。目を凝らすと何とシマシマ模様の海蛇が群れをなして足をかすめて泳いでいる。その恐怖に全身が総毛立つようであった。

三〇キロ捕れたことも！

岩穴に体を潜り込ませ、窪みを覗《のぞ》いて、海蛇を捜す。岩穴の奥に潜む海蛇を見つけると、いとも無雑作に手を突っ込んで摑《つか》み出す。

伊良波さんに言わせれば海蛇（エラブウナギ）はハブ以上の猛毒があるが、口が小さいので指の間くらいしか嚙めないから大丈夫だというが、やはり気味が悪い。体長一メートル以上、二キロはある大物、中には胴回りが一升ビンほどの大きさで、三キロをゆうに超える大物もいるという。

捕った海蛇は布袋に入れて持ち歩く。袋の中に空気がたまり、浮き袋のように水に浮くので重さは苦にならないが、やがて海蛇でいっぱいになる。

現在でもいい時は一晩で二袋、約三〇キロほどの収穫があるが、これも年々少なくなる一方と嘆く。

十数年前には、水面が盛り上がるほどの海蛇が押し寄せ、これを水中メガネをつけ、懐中電灯を口にくわえて泳ぎながらわし摑みにして捕ったこともあるという。

「一五キロ入る袋を七、八回も運んだもんだ。それが重労働でな、いまじゃ夢物語

闇夜、只一人、エラブウナギ(海蛇)のいるトガイ(岬)へ行く。

産卵の時期には岩穴の中に潜んでいる。無雑作に手をつっこんでつかみだす。

岬の岩陰に陣どり、潮の引くのを待つ。夜8時から午前3・4時まで海蛇との格闘がはじまる。

「なぜ海蛇を捕るかって? きまってるよ。"金"になるからヨ…」

手がとどかないときはひっかき棒でだす。

海蛇がうじゃうじゃといる岩穴にもぐりこんで捕える。プロとはいえ、やはり驚異だ。

産卵の時期にあたる6月、7月が最盛期。ゴミをひろうように捕っていく。

だな……」

池間島には四、五人の海蛇捕りがいて、一年間の水揚げは三・五〜四トンだが、このうち二トンは伊良波さん一人で捕っている。彼が〝天職〟だというのもうなずける。

こうして集められた海蛇はキロ六〇〇〜七〇〇〇円で取り引きされ、主に燻製になる運命が待っている。

お湯で五分ほど煮て、ひもでゴシゴシしごいてウロコをとり、糞を絞り出した後、渦巻状に巻いて、竹で編んだ大きなウナズ（セイロ）に並べて煙で燻《いぶ》す。昼夜をとわず乾燥作業が続けられる。生臭いような特有の臭気が立ちこめる。

親子二代、大正十年（一九二一）から燻製作りをしてきた松川利勝さん（七十歳）によると、生で四キロあったものが一キロに縮むのだという。

精力剤として珍重！

この海蛇の燻製は、主に強壮、精力剤として珍重され、粉末に、また丸ごと水炊

ゆでた後、ひもでしごいてウロコをとる。
ひも
ゆでるとオチンチンがとびだす。
15年前には1晩で60キロ近く捕ったこともある。現在は平均30キロ。
渦巻型に巻いて燻製にする。
疲労回復、強壮、神経痛など万病に効くといわれ、珍重されてきた。
棒状のものなら5昼夜、渦巻型のものは9昼夜かけて燻製にする。
捕った海蛇は、袋につめる。袋は15キロ入る。
攻撃性はないというが噛まれればハブ以上の毒を持っているので死を意味する。
水炊きで身をもどして食べる。
ガジュマルの木や杉などを燃やしていぶす。

きにして食べる習慣もある。

戦前、那覇にある辻町遊廓の女たちが愛用したという話は哀しくあわれだが、現在でも愛用者は多いという。

翌日、那覇の市場を覗くと、渦巻状の海蛇の燻製が当り前のように並んでいる。一キロ六〇〇〇円也の値札が目に入った。沖縄の人たちにとってごく日常的な風景になっている。

このとき、海蛇捕獲人が手にした懐中電灯が闇にうごめく様がふと思い浮かんだ。それは鬼のようにも、また、のたうちまわる海蛇の化身のようにも見え、思わずブルッと身震いがきた。

トド撃ち列伝
トド撃ち30年高橋一さん
愛銃レミントンモデル110
散弾銃
ハスクバーナ
命中したトド、アザラシは、すぐ海中に沈むので素早くモリを打ち込む。
流氷浮かぶ厳寒のオホーツク海
トドは一頭3500円の賞金がかけられている。
アザラシは「トッカリ」、「アパッチ」と呼ばれる。

零下二〇度、沿岸には巨大な流氷が押し寄せる。沖合い間近に国後《くなしり》の島影をくっきり見せていた好天が、一転して猛吹雪に変わる。真冬の根室海峡、オホーツクの海は、かたくなに人間を拒絶する。

しかし、この厳寒の最果ての地に、壮絶な男の生き様がある。

この時期、流氷とともに現われて、魚を食い荒らす海のギャング、トド、アザラシを撃つハンターたち。人々は彼らを〝オホーツクの殺し屋〟と呼ぶ。

流氷のオホーツク海で。賞金三五〇〇円也

トド、アザラシはオホーツク沿岸に流氷が接岸する一、二月ごろにアリューシャン、千島列島あたりから南下してきて、海開けが始まる四月ごろまで居座り続ける。

獰猛で食欲旺盛なトドは一日に四〇～五〇キロの魚を食べる。北海道周辺に約二万頭いるといわれるから一日に八〇〇〇トン以上もの魚が食い荒らされることになる。

しかも最盛期のスケトウ漁の網が破られたり、漁業の被害は甚大だ。かくして腹に据《す》えかねた漁業組合は、トド一頭につき金三五〇〇円の賞金をかけた。

現在、知床半島羅臼《らうす》には本職のトド撃ち猟師が四、五人いる。その中で実力、キャリアからいって第一人者といわれるのが高橋精一さん（五十八歳）だ。歯舞《はぼまい》諸島の志発《しぼつ》島生まれの高橋さんは、三十歳の時羅臼に移住し、以来トド、アザラシ撃ちを生業《なりわい》として生きてきた。いままで葬ったトド、アザラシは一万頭近いという。

「一日にトド一五頭、アザラシ三五頭捕ったこともある。地元の猟師としては人より少ないと気に入らねえべさ」

しかし、年齢と共に、心境の変化があって、いまでは自分で経営するトド料理の店で使う分しか捕らない。

トド撃ちハンターは、銃砲所持許可証の他に「狩猟鳥獣以外の有害駆除（海獣駆除）」という鑑札を警察から受けなければ密猟となる。

熾烈な先陣争い

連日、気温が零下二〇度を記録する厳寒のさなか、羅臼港はスケトウダラ漁で活気を呈しているが、それに反して小型のトド撃ち船はくる日もくる日も浜につながれたまま、沖へ出ることができなかった。

荒れた北海をながめながら無為に日が流れ去る。

トド撃ちは、朝、目が覚めると、「女房の顔より先に海を見る」。便所に入っても、散歩の途中でも、日に幾度となく沖を見る習性が身に付いている。

ハンターが「いける」と判断すると、阿吽《あうん》の呼吸で船頭も集まってくる。「トド撃ちは船頭次第」といわれるように、ハンターと船頭の息が合わなければうまくいかない。故に荒くれのハンターも船頭には一目置いている。

一〇馬力くらいのエンジンが付いた小船に乗り込み、我先に沖の流氷に向かう。銃声が聞こえない距離で猟をするのが仲間内の仁義だから、一刻も早くトドの群れを見つける先陣争いは熾烈になる。

真冬のオホーツクは天候の変化が激しく、荒れやすいため、一〇馬力の小船では横波をくらって転覆する危険がつきまとう。その一方で、動作が俊敏で、弾丸をくらうとすぐに海中に没するトドを追うには、小回りのきく小船でなくては漁が成り立たない。

船が走り出すと、流氷を舐めて吹きすさぶ寒風が、これ以上着たら転がって歩いた方が早いというほど着込んだ衣服をすり抜けて、容赦なく肌に突き刺さる。冷気は急速に体温を奪って骨まで凍らせる。

一時間、二時間と船を走らせるがトドの姿はなかった。

高橋さんは船の舳先《へさき》から渡した細いロープを体にかけ、銃を構えて立ちはだかる。前方に目をやったまま背後の船頭に方向や速度などを手で指示する。船がハンターの意志のままに動く。

一夫多妻のトドは、群れをつくって流氷や岩礁の上にいることもあるが、一頭で、海面から顔を出して泳いでいることも多い。船はトドに気づかれないように注意深く接近する。

「遠くから撃っても自慢にゃならない。遠いと、トドが海に沈んでしまう。海に沈んでしまうと、重くて引き上げられない。それじゃ、もったいねえべ。できるだけ近づいて、確実に捕るのが腕だべさ」

風下から近づくのが鉄則。そのために煙草の煙で風をみたり、必ず風上に向かってとまっているカモメによって、風向きを判断したりする。

手負いトドの狂暴さ

ハンターに気づいたトドは、海に潜る。このときの姿勢で方向を予測して先回りし、呼吸するため浮上したところを狙う。

高橋さんの愛銃レミントン110が火を噴いた。三〇メートルほど先のトドが血しぶきをあげてダイビングする。それと同時に船頭が間髪を入れず猛スピードで船を飛ばし、素早くモリを打ち込む。絶命したトドは一瞬のうちに海中に没して、回収不可能になるからだ。

トドの急所は耳の下の握りこぶし大の部分である。船が上下左右に動くうえ、相手も生き物、狙いを定めるのが難しい。一発で仕留められなかった手負いのトドは、死にものぐるいで舳先やスクリューを食い破ったりして暴れ回ることがある。

若きオホーツクの殺し屋
この日1頭のトドと10頭の
アザラシを仕止めた。
熊なんか
よりトッカリ
撃つ方が
おもしれえ
べさ……
獲物に出
逢うまで、
くりかえし
銃の
「肩つけ」
の練習
をかかさない。
国後島
が間近に
見える。
ハンターの指示
どおりに船を
操作する。
零下20度、
厳寒のオホー
ツクに出る。
右
BOSCH
船の舳先に
タイヤのチューブが
くくりつけて
ある。
ハスクバーナ連発式の散弾銃
レミントン110モデル
動きが敏捷な
トド、アザラシ
を追いつめ、
仕止めるに
はハンターと
船頭の息
が合わない
とダメ。
正面から狙うときチューブ
に銃を固定する。

高橋さんの体験では船がひっくりかえされそうになったり、一度引き上げたトドが、息を吹き返して背後から襲ってきたり、という危険なことが何回となくあったという。

流氷の海は危険だらけ

危険はトドに限らない。あの美しい流氷さえ、狂暴さをむき出しにする。流氷の縁で船底を破られたり、帰港の判断が遅れたために流氷に閉じ込められて国後島まで流されることも過去にあった。

太陽がいつの間にか姿を隠し、風景が鉛色一色に変わる。気温がグングン下がる。そのうち海面がドロリとし、スガと呼ぶハス氷が船にくっつきはじめる。危険が迫ってきていた。機を逃がすとわずかな時間の間に船は氷に閉じ込められ、動きがとれなくなってしまう。

昔は氷に閉じ込められたままソ連領の島まで漂流して拿捕《だほ》されたり、命を落とした漁師も多かったという。急いで港に帰る。沖に出ていた他の船も一斉に港に向か

耳の下が急所で命中すると即死し、瞬時にして海中に沈んでしまう。
ロープで身体をささえて撃つ。
ズドン
持ち上げろ…
船底は血の海になる。
アゴからロープを通して引き上げる。
両手の先を切りとって漁業組合に持っていくと賞金3500円がもらえる。
すぐに腹を裂く。
アパッチと呼ばれるアザラシは賞金は出ないが毛皮が金になる。
海は血で真っ赤に染まる。
アザラシ
★トドの雄は体長5メートル、体重1300キロ。雌でも体長4メートル、体重は7・800キロある。

っている。

港では次々にトドやアザラシが引き上げられ、男たちは無表情のまま、てきぱきと腹を裂く。

しかし、血の海に無残な姿をさらすトドの腹を裂くと内臓と一緒にいたいけな胎児が出てきた。その一瞬に歓喜は消し飛び、心が重くなった。腹の座ったハンターも、メスを撃つことには罪悪感がある。男の生業には凄惨さがつきまとう。

トドは両手の先を切りとられ、これと引き換えに金三五〇〇円の賞金が渡される。肉はミンクなどの餌、毛皮は坪（一尺平方）一〇〇〇円で取り引きされる。

高橋さん自らの庖丁によるルイベや鉄板焼きのトド料理に箸をつけながら、沖を見やると、はるか彼方《かなた》の国後島が吹雪にかすんでいた。

やっと体の芯から体温がふつふつと戻ってきて、全身の皮膚がむず痒《がゆ》くなった。

軍鶏・闘鶏伝

南国市、日吉神社の境内に闘鶏場がある。
いけえ!!
ソレ!
クワッ
ひよこから大切に育てた軍鶏《しゃも》を毎週一回行なわれる闘鶏本場に出場させる。

軍鶏《シャモ》は、その名の示す通りシャム（タイ）から渡ってきた鳥だが、軍鶏という当て字はこの鶏の体《てい》をみごとに言い当てている。

二貫（約七・五キロ）に及ばんとする体軀《たいく》に加え、気性は獰猛《どうもう》果敢で、闘争心が強い。

ひとたび闘いが始まれば、くちばしで目玉をくり抜かれ、脳みそが吹き飛んでも退くことを知らず、ほっておけば息が絶えるまで闘い続ける。

そのあくなき闘争心が壮絶であればあるほど、そこにある種の気品を漂わせ、古今東西、世の男たちを痺《し》びれさせてきた。

それ故に軍鶏による闘鶏は賭博性も強くてひそかに行なわれることが多く、なかなか存在が摑《つか》めなかったが、四国高知は南国市に、公に闘鶏を楽しんでいる男たちがいた。

息の絶えるまで闘い続けるド迫力！

元来、人類が鶏を飼いならした最初の目的は闘鶏のためだったという説がある。

真偽のほどはともかく、もとは吉凶を占う神事だったものが、一般化して賭博性が強くなった。

日本においても、平安時代の朝廷の行事として「鶏合《とりあわせ》」の名で盛んに行なわれた。菅江真澄《すがえますみ》の遊覧記に、秋田県雄勝《おがち》郡や北秋田郡で、領主の館で闘鶏が行なわれたと記されている。

また、寛和二年（九八六）に東宮鶏場で八十番勝負の記録が残っており、当時、宮廷から庶民の間まで闘鶏が流行していたことがうかがえる。

下って江戸時代には、神社の縁日や市中往来で、金銭を賭けさせて闘鶏を行なう露店まであったという。

以来、闘鶏は全国津々浦々で広く行なわれてきたが、風紀紊乱《びんらん》が社会問題になって賭博としての闘鶏が禁じられていた。しかし、現在も、各地でひそかに軍鶏賭博が後を絶たず、一勝負に一〇〇万、二〇〇万という金が動くともいわれる。

闘鶏は福岡、宮崎、鹿児島など九州各地や大阪、河内などが知られているが、四国各地も盛んである。

とくに、鰹の一本釣りで有名な南国土佐の男たちは気性も荒く、勝負事が好きで、土佐犬による闘犬や軍鶏の喧嘩に血道を上げてきた。なかでも高知市に隣接する南国市では、毎年十月から翌年六月まで欠かさず毎週日曜日に闘鶏が行なわれている。

本場所に四〇〇～五〇〇羽が……

南国市で行なわれる闘鶏は、「天然記念物軍鶏保存会南国本場所」というのが正式名称で、約三〇〇人の会員がいる。本場所に出場する軍鶏は四〇〇～五〇〇羽にもなる。もちろん賭け事としてでなく、純粋に闘鶏を楽しんでいるのである。

南国市御免《ごめん》。江戸時代、あまりに貧しいため年貢の供出を免除されたことに由来する地名の、この町の一角に日吉神社がある。普段はひっそり静まりかえる境内も、日曜日には早朝から次々と軍鶏が持ち込まれ、時ならぬ騒ぎになる。

航空帽のような帽子をかぶっている人、丹前にベルトを締めている人など、さまざまな風体の男たちが、籠に入れられた軍鶏を覗いて回り、対戦相手の品定めをする。

「こん鶏は足が上がらんきに喧嘩はむかん！」「鳥はみばじゃ分らんぜよ。体はこ

首がしっかりしていて足の座りがよくモモの太い軍鶏が喧嘩に強い。
軍鶏の獰猛な面構え。
軍鶏が飯より好きな老人。
ソレ、いかんがい！
対戦相手の軍鶏を敵情視察する。
土俵は畳２枚で囲ってある。
仕合時間を計る。
「会長」本場所一切を総理する。
審判係

まいが気強いきに勝ちよるかしれん」などと、すでに人間の方がエキサイトしている。

軍鶏も、人間たちの異様な気配を感じるのか動作が落ち着かなくなり、かん高い声を上げる。

取り組み前になると、飼い主は軍鶏を抱き上げ、我が子にするように、竹のうぐいやビニールの管、あるいは口移しで水を飲ませて気を静めさす。

勝負は二〇～九〇分。六月末の決勝戦が近づくにつれて勝負時間は長くなってくる。飼い主は決着がつくまでいっさい手は出せない決まりがある。

軍鶏は全身の毛を逆立てて相手を威嚇し、土俵上に羽ばたきの音だけ響かせて、足で蹴り、くちばしで突っつき、血を吹き飛ばし、壮絶な死闘を繰り広げる。鋭いくちばしがトサカを食いちぎり、首筋の肉を引き裂く。

目玉や脳みそが飛び出しても、闘いをやめない。その気性の激しさが、土佐っぽの肌に合うのかもしれない。

試合時間は20分。タイムウォッチで計る。
2羽を土俵の中で見合わせてから仕掛ける。
いいかい
ふとい勝負してこいや…
勝負の前に軍鶏に水を飲ます。
「うぐい」軍鶏に水を飲ます道具。
ビニールの管で水を飲ます人もいる。
軍鶏の武器は嘴と蹴り。時には一撃で決まることもある。
バサッ
クワッ
毛を逆立てて相手を威圧する。序盤のかけひきだ。
かわいそうに…
蹴爪がちぎれていた。
嘴が真っ二つに折れた軍鶏

遺伝する得意技

闘鶏には、さまざまな技がある。「真向《まむき》」は正面から蹴る技で、「逆《さか》」は後ろから、「横逆《よこさか》」は横から蹴る。

また「ひっかけ」とは、頭をひっかけておいて反対側を蹴る技、「ふろ」はノドブエに食いついたまま蹴るという高度のテクニックである。必殺の技が決まると、軍鶏は得意そうに一層闘争心を滾《たぎ》らせて攻撃していく。相手もまた怯《ひる》むことなく向っていく。

軍鶏はそれぞれ得意技を持っていて、その技は遺伝するといわれる。血統のいい軍鶏のヒヨコは五〇〇〇円くらいで買い手がつく。卵の段階で取り引きされることもあるという。

本場所の勝負の採点方法は、「蹴殺し」の場合が八点、相手が鳴き声を発すれば「鳴かし」で五点というように、勝てばその決め技に対して得点が与えられる。その上、勝てば相手の持ち点を奪って加算できる。

反対に、負ければ得点はゼロになり、場所への出場権は失われる。こうして勝ち進み、六月の最終日の決勝戦を制すれば、優勝旗と賞金一〇万円を獲得する。

この賞金は、会費や出場料を積み立てた中から捻出される。まことに合理的かつ健全な運営がなされているのである。

餌代だけで一万円

しかし、この賞金は、励みにはなっても目的ではない。

軍鶏は、ヒナを孵《かえ》してから一人前に育てるのに一年かかる。その間、一羽につき餌代だけで一万円近くかかる。しかも一羽だけという人はまずいない。多い人では数十羽の軍鶏を飼っている。面倒をみる手間も大変だ。

勝負が近づくとぜい肉をとるためにビニールハウスに入れて汗をかかせたり、風呂に入れて体を揉んでやったりする。軍鶏と共に生活があるようなもので、そこには人と軍鶏の垣根を超えた、濃密な情念が通い合う。損得勘定でやれることではない。

おまけに勝負が終われば、目玉をくり抜かれ、くちばしはめくれ、脚は骨折し、見るも無残な姿で帰ってくる。

　傷つき倒れた我が軍鶏を抱きかかえて、血を洗い流し、口中の血を口で吸い出し、手当てに余念のないひたむきな男の姿と、それでもなお、軍鶏は鳴き声一つたてずに毅然とした気迫を失わない。その誇り高い雄姿に、男は胸を熱くする。

　軍鶏師たちが三三五五帰っていく。静寂が戻った境内でふと空を見上げれば、南国のぬけるような青空に、軍鶏の羽毛のような白い雲がふんわりと浮かんでいた。

鷹匠外伝

武田宇市郎さん（68歳）最後の鷹匠である。
クマタカ「高槻号」15キロ平方を縄張りに野ウサギ、タヌキ、キツネなどを襲う。
犬の毛皮
ヘラ
カンジキ

鷹を使って野ウサギやタヌキ、テンなどの小動物を捕る猟法は古く、文字発明以前から中央アジア周辺の遊牧民の間で、すでに行なわれていたといわれる。日本でも『日本書紀』に表われ、明治時代までは皇族や時の権力者の庇護《ひご》を受けていた。それとは別に、山間農民の間には、生活をかけた厳しい鷹狩りが存在した。

雪深い厳寒の山中を、鷹を腕に止まらせて、執拗に獲物を追う男たちには、権威も名誉も無縁のものであった。

技を守る最後の鷹匠、気性の荒いクマタカを仕込む

鷹匠の村、秋田県の檜山《ひやま》は戸数わずか一六戸の寒村である。

南北に縦走する出羽山地に囲まれ、冬には三～四メートルを超える豪雪によって、近年まで一年の約半分は陸の孤島になった。冬の間、糧《かて》を得る道は炭焼きか狩猟しかなかった。

山間の村では、野ウサギは冬の貴重な蛋白源であり、毛皮は防寒材料として需要

が高かった。猟があれば、家族がつましく生きていけた。それでも若い働き盛りの男は家族を抱えて、冬に町に出稼ぎに出た。

檜山集落にはかつて、十人近い鷹使いがいた。猟銃で狩りをする者もあったが、当時の村田銃は性能も悪く、鷹が一冬二〇〇〜三〇〇匹のウサギを捕るのに対して、一〇〇匹捕るのが精一杯だった。

しかし、鷹匠は誰にでもやれるものではなかった。鷹をヒナから育て、訓練するには忍耐と長い経験が要求され、一人立ちするには最低一〇年は必要だとされた。熟練と強靭な体力を要求される鷹匠は、次第に減って、檜山には現在、唯《ただ》一人しか残っていない。

武田宇市郎さん（六十八歳）。伝統的な鷹狩りの技を守る最後の鷹匠である。やはり鷹匠として名人といわれた父に鷹狩りを仕込まれ、十六歳で一人で山へ入るようになった。以来、五十余年、鷹狩りを生業として生きてきた。

武田さんは間もなく七十路をむかえるが、いまも、猟期には鷹をつれて山へ入る。

「年をとってから、昔のようにはいがねえが、いい鷹が手に入れば、まだ一日に五匹や六匹のウサギは捕れる」

現在、武田さんの相手を務める鷹は、タイ産のオスのクマタカ「高槻号《たかつき》」。本来、鷹狩りに仕込むには、気性の荒いメスのクマタカがいいとされる。さらに、この土地に棲息するクマタカの巣から生後間もない巣子を捕まえ、育てあげるのが一番だが、クマタカは保護鳥で、いまは環境庁の許可がおりない。

鷹匠が使うクマタカはワシタカ科に属し、日本ではイヌワシと並ぶ最強の猛禽《もうきん》である。体長七〇～八〇センチ、体重二～三キロ、翼を広げると一・五メートルにもなる。一五キロ四方を縄張りにし、四～五キロ先の獲物を見つける視力と、時速二〇〇キロの飛翔力を誇る。ヤマドリやサギなどの鳥類から、野ウサギやキツネ、タヌキの小動物まで襲う空の王者である。

クマタカは現在では保護鳥になっていて環境庁の許可を受けなければ捕獲することができないが、昔は自由に捕獲でき、鷹一羽が米一俵分の値で売買された時代もあった。

捕えるのが最大の難事

クマタカを捕獲することは至難の技だった。一人前に成長してから捕まえた鷹を「出鷹《でたか》」というが、これは狩りの技術は素晴らしいが、野生であるために人間に馴れさせ、飼育、調教に苦労と根気がいる。

捕獲法は、山中の見通しのいい場所に高さ一・五メートル、長さ二〇メートルほどの網を三方に張りめぐらせ、鶏をオトリにする。獲物を狙って急降下する鷹の習性を利用して捕獲するが、山中の〝鷹待ち小屋〟に何日も泊まり込んでの猟で、熟練を要する。

また、巣から捕ってきたヒナを「巣子」というが、夏、深山の切り立つ崖の上の針葉樹に巣を作るため、接近するのに骨が折れる。

親鷹は人を見ると逃げるが、ヒナを守るために襲ってくることがあるので、頭から綿入れを被《かぶ》って木に登る。親鷹の必死の攻撃をかいくぐってヒナを奪い取る。

巣子は生まれて間もないヒナから育てるので人には馴れやすいが、獲物の捕り方を知らないので訓練が大変で、初めての冬の猟から積極的にウサギを捕るものもいれば、いくら教えても飲み込みの悪いものもいる。

野生の本能を生かして

鷹が手に入ると飼育にかかる。暗い部屋に入れ、鷹匠は昼も夜もそばを離れずに面倒をみる。特に出鷹の場合は捕まえられたショックでしばらくは餌を受けつけないため、ときには小屋に泊り込んで、鷹の体をさすってやったりして馴らしていく。仔鷹のうちは食えるだけ餌を与える。食えば食うほど、食わずにいられなくなり、餌を見れば我慢できずに襲いかかる野生の本能を引き出すと同時に、飼主に従うようにさせる。

夏の間、餌を食って太ったクマタカは、猟期に備えて十月の初旬から十一月下旬、そして猟に出る十二月から三月まで絶食させる。

鷹は飢えることによって獲物に対する獰猛な攻撃力を高めていく。鷹は満腹時には白いペンキ状の糞を一〜五メートルも飛ばすが、空腹になるにつれて短くなり、二〜三センチぐらいになったときが、最も狩りに適しているという。

鷹はガリガリに痩せ、鋭い目をギラギラさせて、鼓膜が裂けるほどの声を発して鳴く。数カ月かけて鷹匠の腕に止まるように仕込み、ウサギを捕まえることを覚え

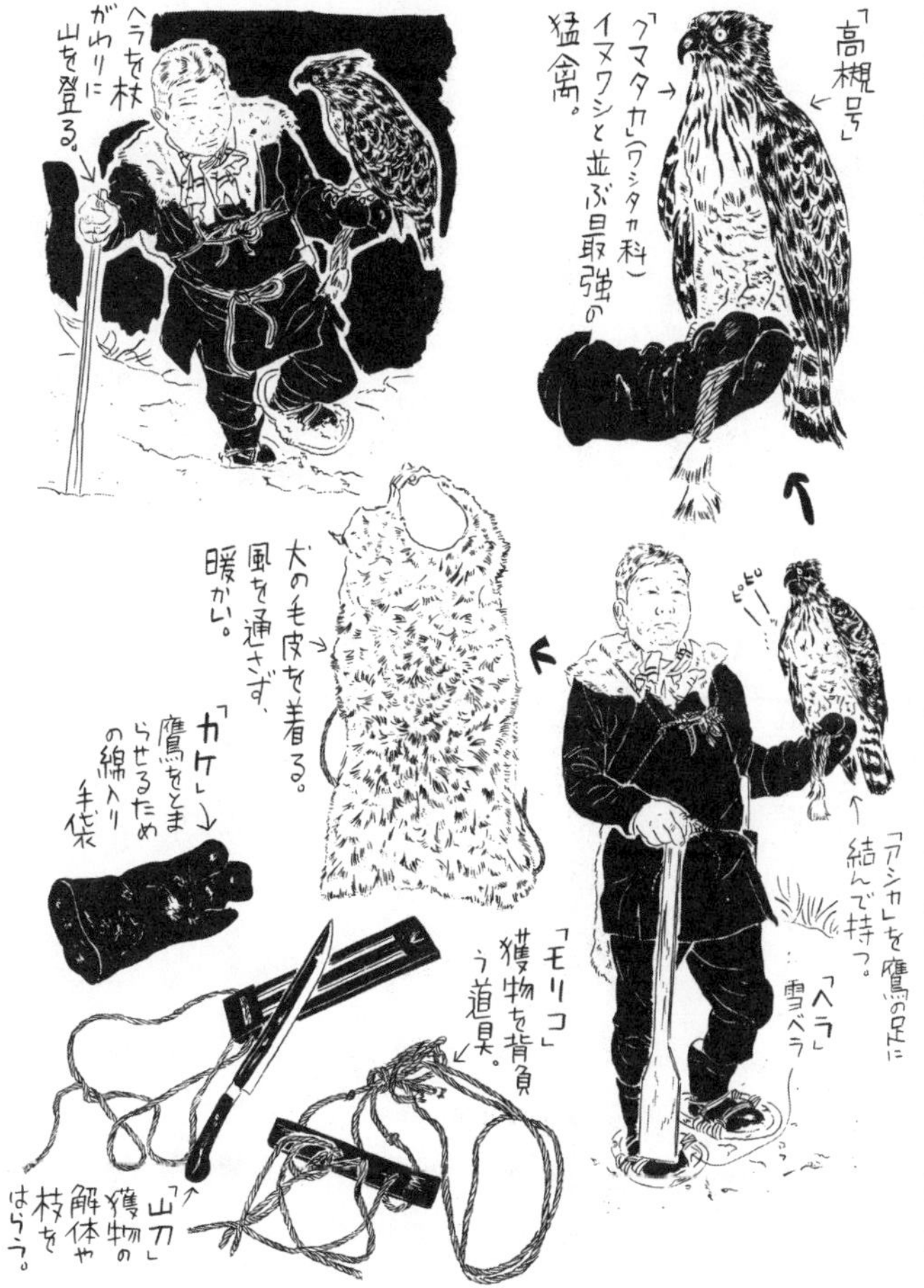

「高槻号」
「クマタカ」(ワシタカ科)
イヌワシと並ぶ最強の
猛禽。
ヘラを杖
がわりに
山を登る。
「アシカ」を鷹の足に
結んで持つ。
「ヘラ」
雪ベラ
犬の毛皮を着る。
風を通さず、
暖かい。
「モリコ」
獲物を背負
う道具。
「カケ」
鷹をとま
らせるため
の綿入り
手袋
「山刀」
獲物の
解体や
枝を
はらう。

させると、初めて狩りに山へ連れていく。

身支度をする武田さんの柔和な顔にも緊張が漂う。「ハダコ」と呼ぶ麻の着物を着、背中に「ケラ」と称する犬の毛皮をまとう。数十年変わらぬ鷹狩りの装束である。左手に「カケ」という綿入れの手袋をはめ、鷹を止まらせる。右手には長さ七〇~八〇センチの木の雪ベラを持ち、カンジキを履いて雪山を登っていく。

一日に四〇キロを踏破

鷹は暗くなると目が見えないため野宿はしない。自宅から半径二〇キロほどの山場を狩場として歩くが、武田さんは若い頃には一〇里（約四〇キロ）を踏破した。

雪上にカンジキと杖がわりのヘラの刻印を残しながら、尾根づたいに沢の斜面を見ながら歩く。所々にウサギの糞が落ちているが、武田さんは新しい小便のあとを探すという。ウサギの小便は真っ赤で遠くからでも判別が容易なのだ。

ヘラで立木を叩き、奇声を発してウサギを追い出そうとする。高槻号の鋭い眼光が一層険しく白一色の斜面を射すくめる。体を引き締め、羽をすぼめて飛翔に備え

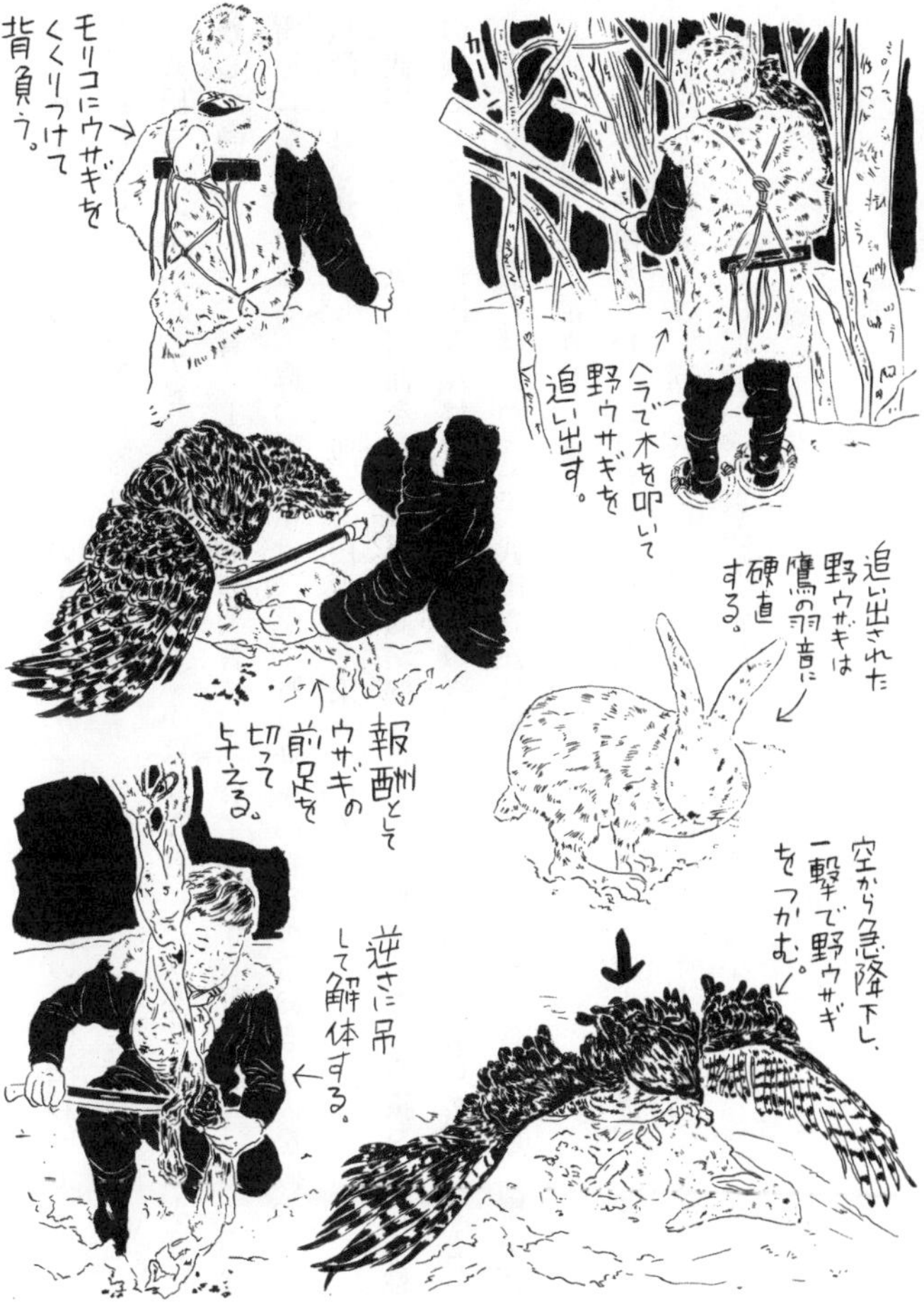
カーン
ヘラで木を叩いて野ウサギを追い出す。
モリコにウサギをくくりつけて背負う。
追い出された野ウサギは鷹の羽音に硬直する。
報酬としてウサギの前足を切って与える。
空から急降下し、一撃で野ウサギをつかむ。
逆さに吊して解体する。

る。腕を掴《つか》む足に力がこもる。その圧力がカケを通して鷹匠の腕に伝わってくる。鷹が獲物を見つけ、出撃態勢に入った。

武田さんの手から「アシカ」（足枷《あしかせ》のひも）がはなたれ、バサバサと大きな羽音を残して高槻号が空に舞い上がる。その羽音に気づいて硬直する野ウサギ。真っ白な雪原に影が流れると、鷹の鋭い爪は一撃で野ウサギの首をつらぬき、肉を破って心臓深く食い込む。したたる血が純白の雪を染めていく。

武田さんは一気に斜面を駆け下り、鷹が掴んだままの野ウサギの心臓を圧して息の根をとめる。武田さんは腰のナイフを抜き、野ウサギの前足を裂いて、報酬として鷹に与えた。闘いは終わった。武田さんは獲物を「モリコ」に縛りつけ、鷹を腕に止まらせて再び静かに山を歩く。

鷹狩りを残酷だというのはたやすい。しかし、そこには、鷹と野ウサギ、そして土着する人間という、同じ厳しい自然を共有する者同士の、生と死をめぐる不文律が存在する。そこに他者が感情や観念論を振りかざす権利はない。

輓《ばん》馬《ば》列伝

馬喰《ばくろう》の池和夫さん（48歳）
各地の輓馬を荒らし回り、
「輓馬の池」と異名をとった。
ARAKI CHIKUSA
原生林開拓に入植した
人々が農耕馬の力自慢をしあったことから始まった輓曳《ばんえい》競馬には1トン級の逞しい馬が
続々と登場する。
100キロ近くの鉄ソリに
300貫ほどのコンクリート
製の重りを積んで
走る。

一トン級の巨大な農耕馬に重い鉄ゾリを引かせ、力と速さを競う輓曳競馬《ばんえい》は、北海道の開拓の歴史の中から生まれた。

明治初期、原生林が鬱蒼と生い茂る原野に入植した開拓者にとって、馬は欠くことのできない存在であった。原生林を切り拓《ひら》き、開墾し、材木や作物を運搬する。健康で馬力の強い馬を持つ持たないが、一家の生活にかかわる重要なことだった。

開拓者たちは、過酷な労働の合間の唯一の娯楽であった秋祭りになると、愛馬を持ち寄り、馬の力自慢をして楽しんだ。

輓馬《ばんば》は、こうした開拓地の素朴な馬比べから始まった。そこには、厳しい北海道の大自然に立ち向かって生きてきた開拓民と、労働馬があやなす、悲喜こもごものドラマが秘められている。

共に開拓地に働く、馬への愛情が！人馬一体の死闘

現在、輓曳競馬は、帯広、岩見沢、旭川、北見など道北、道東の各地で開催され、

北海道の公営競馬として人気が急上昇している。

しかし、かつては、北海道のいたるところで行なわれていた開拓民の素朴なお祭り輓馬は、最近ではめったに見ることができなくなった。

そんな折、いまなお開拓時代の面影を残した輓馬が滝ノ上町にあった。滝ノ上は、オホーツク海に面した紋別から渚滑《しょこつ》線に乗り換え、一時間程行ったどんづまりの町だ。ここ滝ノ上も開拓民によって拓かれた町だ。

初めて開拓の斧が入れられたのは明治三十八年（一九〇五）のことだ。人間を拒む大原生林と零下三〇度になる厳寒の地に、人々は北海道開拓の夢を抱いて入植してきた。

「一本の木を倒すのに何日もかかり、その一本が倒れると一反程の広さに日が当たった」と町史に記されているが、この不毛の原野に挑む人々の絶望感や無力感を支え、勇気を奮い立たせる原動力になったのが逞《たくま》しい馬であった。

ほんの一〇年程前まで、ほとんどの人々が半農半林の生活をし、男は冬になると馬と共に山稼ぎに出た。目の前に、太い根で大地をわし摑《づか》みにする大原生林が立ちはだかる。その戦いは不毛にも感じられた。

樹齢四〇〇年を超える巨木が切り倒されると、馬に曳《ひ》かせて山から運び出す。腰まで潜る沼地や、人間が這いつくばって、やっと上れる急斜面といった道なき道を、馬は渾身の力を振りしぼって駆け上った。その過酷な労働は馬なしでは成し得なかった。人間にとって馬は家族であり、労働力であり、財産でもあった。

「トラックがない時にゃ、土場まで降ろした材木を運ぶ下挽《したびき》までも、馬がやった。オレの馬は、普通三石《こく》しか積めないところを、三六石も積んで二〇キロの距離を運んだもんだべさ」

二十三歳の頃から、造材山の馬夫長をしていた池和夫さん（四十八歳）が馬自慢をする。池さんは現在、馬専門の馬喰《ばくろう》をするかたわら農協の種馬管理をまかされている。

開拓農家の三男として生まれ、五、六歳のとき親に隠れて馬を引き出して遊んでいたというほど、馬と共に生きてきた人だ。

また、池さんは愛馬「ヒカルフジ」を駆って、道内各地の輓馬を荒らし回り、「輓馬の池」と異名をとった人でもある。

「ヒカルフジは地方に行っても負けたことがなかった。アバラ骨を二、三本折っても力が落ちんかった。三〇〇貫（一一二五キロ）積んで、人間を一〇人も乗せて走ったこともあった」

普段は寡黙な池さんも、馬の話になると熱がこもってくる。池さんに限らず、滝ノ上の馬主が寄れば、持ち馬の力自慢に華が咲き、ときには喧嘩の種にもなる。それだけ、この地では馬が密接な関わりを持っている。こうして九月一日、滝ノ上相馬妙見神社の秋祭りの行事として行なわれる輓馬がいやがうえにも盛り上ってくる。

這うようにゴールへ

輓馬の当日、町はずれの広場に設けられた会場に、早朝から続々と出場馬が集まってくる。標津《しべつ》、稚内、根室あたりからやってきた馬もいる。

どの馬も岩のように筋肉が盛り上がり、足が子象のごとく太くたくましく頑強そのもの。ブルトン種やペルシュロン種といわれる馬で、繊細なサラブレッドを見慣れた目には、奇妙な驚きと、新鮮な感動すら覚える。

「サラブレッドは人間が作った芸術品、輓馬は農民が作った民芸品」といわれるが、まさに実感だ。因《ちな》みに、どういう馬が優良馬かを見分ける基準は、頭が小さく、首と馬体が長く、性質が素直な馬がいいとされる。長年、馬と関わっている人たちは、たて髪を摑んだだけで、どれだけの脂がついているか分るともいう。

輓馬の出場者は二〇〇〇円の参加料を払い込み、馬体検査を受ける。馬体の大きさや過去の戦績によって、三流馬・二流馬・一流馬・特流馬・三歳馬・二歳馬などにクラス分けされる。

「これは一流馬、いいべや」

「一流じゃ、かわいそうだ。三流にしてくれさ」

ランクを落として優勝を狙いたい馬主と、馬体検査係との間で一悶着が起こる。それぞれのクラスによって鉄ソリに積む重量が増減される。最も軽いのが二歳馬の六〇貫、最高が重量級の三〇〇貫だ。

一個二五貫のコンクリート製の錘《おもり》の数で重量を調整する。その上、鉄ソリの重量が約一〇〇キロ、さらに騎主一人の体重が加算される。

走る距離は一周約二〇〇メートル。途中に土を盛った二つの障害が設けられている。

見張り台
レースを監視し、着順を判定する。
輓曳競馬に出場する馬が近郷近在から集まってくる。
重い荷物を引きずって走るので途中で休むのも作戦のうち。
1個25貫のコンクリートの重り。かつては、俵に土をつめた土嚢が使われていた。
馬に重りを積んだ鉄ソリをつけ、出番を待つ。
馬体の大きさ、戦績によってクラス分けされ鉄ソリに積む重りも調整する。
1周200メートルのコースに2ケ所の障害がある。

各馬がスタートラインに並び、赤い旗が振られると一斉に走り出す。砂塵をあげて筋肉の塊が駆け抜ける。比較的なだらかな第一障害を、一気に乗り越える馬、いくらムチを打っても登りきれない馬もいる。

輓馬では一般の競馬とは逆に、雨が降るとソリが滑りやすいので「軽《かる》馬場」、晴れて土が乾いていると「重《おも》馬場」となる。

第二障害は、さらに傾斜がきつく、一気に駆け上がれない。騎手は馬を休ませ態勢を整えて、人馬息を合わせて坂に挑む。

「ぼぇ(追え)! ソリャー!」叱咤しムチが唸る。どの馬も鼻の穴をいっぱいに開けて激しく息づく。脚も折れんばかりに曲げ、首を振り上げていななく。瘤《こぶ》のような筋肉がブルブル震える。全身に汗が光る。

重馬場の場合は騎手がソリから降りることが許されている。手綱を持って引く者や、業を煮やして鉄棒で馬の尻をなぐりつける者もいる。

あまりの苦しさに、糞、小便をたれ流す馬もいる。馬は哀しいまでのひたむきさで全身の力をこめてズルズルと鉄ゾリを引き上げる。馬と男の死闘が展開する。力つきて転倒する馬もいる。輓馬の長い歴史の中には鉄ゾリの下敷きになって重

最後の障害がクライマックス。馬はあえぎ糞、小便をたれ流して越える。

「ぼえ！」

ブヒヒー！

「馬糞、枕に死ねりゃ満足だよ…」

馬喰 花池和夫さん
優勝者はトロフィを持って誇らしげに場内を一周する。

ようやったべ…

ついに、騎手が馬を引っぱって走る。

馬も必死なら騎手もつい頭に血がのぼる。

「行かんかこの馬鹿」

傷を負ったり、命を落とす事故もあった。

長い格闘の末、ようやくゴール。ドッとあがる歓声。仲間の祝福を受けるのもそこそこに、馬主は荷を解いてやり、好物の燕麦《えんばく》を与えて馬の労をねぎらう姿は、感動的ですらあった。

優勝者は豪華なトロフィと金一封を手に、馬に乗って誇らしげに場内を一周し、万雷の喝采を浴びる。

滝ノ上は一日賑《にぎ》わう。輓馬が終ると、滝ノ上は急速に秋が深まり、また長い長い冬がやってくる。

猿まわし伝

なつかしいナ
ハーイチョロマツくん
周防猿廻しの会
可愛いくて人気があるチョロマツ
筑豊大介さん
猿回しは昔のように大道に客を寄せて行なうのがむずかしくなっている。

〝猿まわし〟という大道芸が我々の前から姿を消して久しい。かつては祭りや縁日、正月の門付《かどづ》けだけでなく、町の辻などで見かけることもあった猿まわしだが、次第に火が消えかかっていた。

事実、明治から昭和初期にかけて山口県光市高州を拠点に芸人一五〇人近くを数え、北は北海道、南は鹿児島まで、全国津々浦々を回って全盛を極めたが、その後衰退の一途をたどり、昭和三十七年（一九六二）には完全に消滅したという。

そこには祭礼や縁日をとりしきる露天商組合との確執、さらに公園法、道路交通法等による規制、猿まわし芸のレベルダウン等々いろいろな理由があった。

しかし、千年に及ぶといわれる伝統芸が、このまま息絶えることに危惧を抱く人たちの熱意と努力とによっていま、猿まわしが復活した。

それも単に芸を継承するだけでなく、「輪の芸能」と呼ばれるごとく、人間疎外の現代社会に猿芸が風穴をあける。

大道芸能の原点!!

街の雑踏の中に軽やかな太鼓の音が鳴り響き、たちまちにして人垣の輪ができる。その輪の中心に赤いちゃんちゃんこを着た二匹の猿がいた。物おじせず堂々とした風体のジロウと小さくてあどけないチョロマツの二匹が親方の前に直立している。「私たちは山口県光市からはるばるやってまいりました周防《すおう》猿まわしの会の一行です。どうぞよろしく」という口上に合わせてジロウとチョロマツは地面に両手をつき、深々と頭を下げて挨拶する。

観客の間にドッとどよめきが起き、笑いがこぼれた。この瞬間に人の輪は〝和〟に変わった。

街頭の人気者に

ジロウは親方の村崎太郎さん(十九歳)との息の合ったかけ合いで、田端義夫よろしくギター片手に流して歩いたり、逆立ち、五回連続トンボ返り、竹馬、輪抜けと磨かれた芸を披露する。

チョロマツは親方、筑豊大介さん(二十六歳)とのコンビで、得意の身の上話を劇にして演じたり、竹馬、輪抜けなど、そのかわいらしさを強調した芸で万雷の拍手を浴びる。

そこでは、もはや大人も子供もなく、演ずる者、見る者とが一つに溶け合い、心の交流が生まれる。

日本の代表的民俗学者、宮本常一氏が、「猿まわしは輪の芸能で、芸能の原点」と評したのは、まさにこのことで、テレビや舞台では成し得ない、大道芸ならではの感動といっていいだろう。

一五分から二〇分で一通りの芸を終えると御祝儀のお願いをし、猿と共に親方がザルを持って観客の間を回る。一〇〇円硬貨に交じって千円札を投げ込む人もいる。何だ、お金を取るのかという顔で、そそくさとその場を離れる人もいる。

一回の公演で一万円くらいにはなるという。午前中から夕方まで一日数十回の公演をこなすと水揚げは平均二、三〇万円、繁華街の歩行者天国などでやれば(一度試みてみたが警察に規制された)一〇〇万円近く稼げることもある。

一回の公演時間が短いのは芸ネタが少ないわけではなく、あくまでも観客の回転をよくすることによって増収をはかる手段でもある。

若き親方
筑豊太介さん
親方が口上を述べる間
猿も直立の姿勢
でポーズをとる。
2歳をすぎたばかりのチョロマツ！
口上が終ると親方とそろって深々とおじぎしてあいさつする。
多芸を持つジロウ
輪抜け
高さや距離を変えて持った輪を見事なジャンプでくぐり抜ける。
村崎太郎さん
竹馬
ソレー！
親方の口上や太鼓に合わせて竹馬芸の数々を披露する。

伝統を絶やさぬために

猿まわしという伝統芸能の復活、継承発展という悲願のもとに発足した「周防猿廻しの会」が、何故ことさらに利潤を追求するのか⁉

そこには、「単に猿まわしの保存会や文化サークルでは本当の意味の復活とはいえない」という村崎義正会長の強い信念がこめられている。

過去の衰退の過程を振り返っても、要は経済的な問題。暮らしが成り立ちさえすれば、少なくとも消滅の運命は免れられた。

「猿まわしを永久に継承発展させるためにこそ、俺たちは稼がなければならないんだ」という気迫が、そこにある。

猿まわしの故郷は、山口県光市高州地区で、明治の初期から女性は行商、男性は猿まわしで生業を立てる人が多く、日本全国はもちろん朝鮮や中国まで足を伸ばした時代もあった。

猿まわしには「ドカ打ち」（戸別訪問）と、「バタ打ち」（街頭で行なう）があり、バタ打ちは人を寄せるだけの芸があるため実入りもいいが、ドカ打ちの方は芸らしいものはなく、その区別は厳しかったという。

猿に芸を仕込む調教法を覚えようにも、誰もが秘密にして教えない。盗もうにも、夜こっそりと部屋の中で隠れて行なうので、独自で試行錯誤しながら覚えていくしかなかった。

昭和初期には、一本立ちで稼げるバタ打ちを残して高州の人々は猿まわしを廃業していったという。

そのため、猿まわしがいったん消滅してしまうと、芸の仕込みはベールに包まれてしまった。

復活を目ざした「周防猿廻しの会」も、それが最大の難関だったようだ。

高度な知恵と能力を持って、人間とはまったく違った世界で、自我を確立している野性の猿に芸を仕込むことは至難の技である。それだけに時には残酷なまでの仕打ちが、容赦なくあびせられる。

「仕込み風景はとても人には見せられない。他の人には虐待としか見えないかも」と、村崎太郎さん。

親方はボス猿になれ！

猿の仕込みの基本は、猿と人間との主従関係を確立することから始められる。暴れる猿の両耳を摑《つか》み、地面に叩きつけ、血の滲《にじ》むほど顔をすりつける。猿に噛みつくこともある。猿もまた歯をむいて襲いかかる。力つきた方が負けだ。その凄惨な死闘の末に、はじめて芸の仕込みが可能となる。

猿の世界においてもボスになるために命がけの喧嘩をする。猿まわしの親方になるというのは、ボス猿になることなのだ。

猿が服従を認め抵抗をやめると、ようやく猿まわしの基本動作の仕込みが始まる。猿の耳たぶや首ねっこを摑み、上体を起こさせて二足直立の姿勢をとらせる。首の後ろに一本の棒をあてがい、猿に握らせる。これを〝ヤマユキの姿勢〟といって、もっとも重要な基本技である。

このヤマユキの姿勢をさせ、腰をさすってやることで猿の腰がのび、反《そ》りが入って一時間でも二時間でも立って歩くようになる。これを〝サスリコミ〟という。

猿にとって人間のように直立することは至難だが、この二足歩行が可能になると、

仕込み
逆立ち
(タナ)縄を引き
棒に足を
かけさせる
さすり込み
二足直立が
できるように
背や足をさすって
やる。
腰にソリが入れば
何時間でも立っていられる。
山ゆき
仕込みの基本
棒を持たせ二足
で直立させる。
ひとつの芸を仕込む
のに長い時間と
労力が費
やされる。
押え込み
サルの仕込み
は正視できな
いほど壮絶
だ。
グググ
主従関係を確立させるため
思切り押えつけたり、血の出る
ほど噛みついたりする。
「ボスザルに
なれ」が
仕込みの
金言
ギャー…
芸が終ると
観客にザルが
回される
ありがとう
150
百円に
混じって
千円札が
チラホラ

猿、人間ともども一つの峠を越え、新たな境地に進む。彼らはそれを〝根が切れた〟と表現する。お互いに愛情と信頼関係が生まれ、次々に芸が仕込まれていく。

しかし、猿まわしの芸は、ただやみくもに猿を虐待し、強制と苦痛の上に成り立っているものではない。

猿本来の行動やしぐさを観察し、猿が持っている資質や潜在能力を引き出していく。だから直立二足歩行から始まって竹馬や宙がえり、輪抜けなどの芸は本来猿が内に秘めている潜在能力、動作やしぐさがヒントになっている。いわば猿の行動の〝あとづけ〟から出発している。

だが、人の輪の中心にあって、彼らはそんな労苦を微塵《みじん》も感じさせずに、見る者の心を解き放つ。これこそ大衆の芸能ではなかろうか。

川漁師伝
「なにしろこの仕事が好きだ。それだけだな」
兄宮原優さん（34才）
弟宮原猛さん（31才）
千曲川独特の「上川漁《あげかわりょう》」ハヤが寄ってきたら水を抜いて手づかみで捕る。
川に新しい砂利を入れてハヤ（ウグイ）の産卵場所を作り集まってきたところを一網打尽にする。

信州の北信一帯を縦断して流れる千曲川《ちくま》の岸辺にヤマブキが芽をふき、オネツツジが咲き、やがてアカシヤが白い花の蕾を解く頃、ハヤ（ウグイ）が産卵のために川を遡ってくる。

この時期、ハヤは体を鮮やかな赤に染める。人々はこの魚を「赤魚《あかうお》」と呼び、春《はる》告魚《つげうお》として特別な感情を寄せる。

千曲川の漁師たちもまた、漁の季節の到来に心を湧かせる。千曲川の激しい流れ、水アカのために滑りやすい川底。川の中の作業は想像以上に厳しい。

激流に真っ向から立ちはだかり、渾身の力をこめて川面に投網《とあみ》を打つ。その川漁師の姿に、山国信州の、そして千曲川と共に生きる男たちの気迫と哀感が漂う。

魚の習性を利用！千曲川と共に生きる

千曲川は佐久、上田、長野、飯山など北信、南信のいくつかの盆地を経て、信越国境で信濃川と名を変えて、日本一の長流となる。

川は沿岸の人々の暮らしに密接に関《かか》わってきた。時に怒り狂ったように氾濫して大きな被害を与えるが、一方肥沃な大地を作って田畑を潤し、灌漑《かんがい》用水や上水道用水を供給するなど、無限の恵みを与えてきた。

人々は千曲川にあらゆる生命の母として、特別の感慨と親しみを抱いている。

「まだ子供の頃から、漁師だったじいさんや親父に連れられては、この千曲川にやってきた。この川で育ったんだ。ここからよそへ行く気にはならないね」

千曲川の流れに目をやったまま、宮原優さん（三十四歳）がポツリとつぶやいた。

彼は千曲川に棲息するハヤ（ウグイ）や鮎を捕ることを生業とする川漁師で、三代にわたって千曲川と共に生きてきた。

弟の宮原猛さん（三十一歳）も共に漁師歴一五年のベテランである。

「一年中、この川を見て暮らしている。四月十日ごろヤマブキが咲いて、下旬にオネツツジが咲くと、漁もいよいよだなと気がはやる。そして、アカシヤが咲くと出番だ」

この時期にハヤの産卵が最盛期になる。

伝統的な漁法

ハヤ漁には「割川《わりかわ》」「上川《あげかわ》」「アナッポレ」などの漁法がある。いずれも、ハヤの習性を利用して仕掛けられる。

これらの漁法は代々受け継がれてきたもので、今日でもこれにかわる漁法は生まれていない。

漁師の仕事は、ハヤの産卵場所を作ることから始まる。

「割川」は、川の流れの中程に石を積み上げ、その名のごとく、川を割る。

ハヤは川底の石に卵を産みつけるが、水アカのついた石には産卵しない。そのため水アカのついた石を掘り出し、新しい石を入れる。玉石と呼ばれる丸い石にしか産卵しない。

また流れが弱いと二、三日で水アカがつくため、底を深く掘り、落ち込みを利用して石を転がすようにして石を洗う。

水アカで滑る川底、押し流されそうな激流に立ちはだかっての作業は、屈強な男でも重労働だ。おまけに冷たい千曲の水が、ゴム長を通して体のシンまで冷やす。

千曲川の中ほどに仕掛けた漁場に舟を出す。

板をかかえて急流に入り、底の石をかきまわす。ころがった石にハヤが産卵する。

投網をかまえ川面を睨む。

ハヤ(ウグイ)は水アカのついた石には産卵しない。ときどき古い石をとりはらい新しい石を入れる。

産卵に寄ってきた頃合をみて上流から網を打つ。

ソレッ!

10キロ以上ある投網が見事に広がる。

流れに膝まで浸《つ》かって、投網を構え、川面を睨《にら》む。張りつめた空気が時を止め、一本の杭と化す。折り重なるように流れる川音だけがやけに耳に響く。

次の瞬間、静寂が破られた。投網が空中でストップモーションのように舞い広がり、川面に丸くしぶきが跳ねる。

ズシリと手ごたえが

網をたぐる腕に力がこもる。底に鉛の錘《おもり》がついた投網の重さに、抵抗力が加算される。平均で一二〜一三キロになる。

その上に網に入った魚の重さがかかる。豊漁のときには一度に一〇キロ、二〇キロも入るという。

「重いなんて、言っちゃいられねえな。それだけ入ってりゃ、また元気が出るってもんだ」

宮原さんは顔をほころばせながら網を引き上げ、網目に絡《から》んだハヤを一匹ずつていねいにはずす。籠の中に産卵期特有の鮮やかな赤に染まったハヤがピチピチ跳ね

入えたゾ
多いときで一網10キロ20キロも入る。1日で100キロ揚げることもある。
魚をはずしながら網を膝にかけていく。
産卵に集まってきたらむしろをかけて水を抜いてしまう。
オトリのハヤが入っている。
大掛りの「上川《あげがわ》漁」
ワクを囲む。
網を張る。
2人がかりの重労働だ。
新しい石を入れかきまぜる。
産卵時期のハヤは体が鮮やかな赤に染まる。
地元では「赤魚」と呼ぶ。
水を抜いたあと手づかみで捕る。大掛りだがもっとも効率のいい漁法だ。

る。この色は一種の保護色で、青い所に入れると青く変わるという。

「上川漁」は、川の中に、マヤという木組みをすえ、柵囲いをしてオトリのハヤを入れる。さらに水の流れ口の両端を板パネルで囲い、先端に網を張る。ハヤが流れをのぼって産卵に集まった頃合いを見て、ムシロで水の流入口を塞《ふさ》いで、中の水を抜いてしまう。水のない川底でハヤがピチピチ跳ねる。あとは濡れ手で粟の摑《つか》み捕りと相なる。「上川漁」は最も効率のいい漁法ではあるが、大雨が降って増水すると、崩壊の危険がある。

その補強のため、漁師は夜中でも激流に入る。常に死と背中合わせの作業だ。昔の川漁師は腕に刺青をしている者が多かった。現在のように上流にダムなどが造られて水量が少ない川と違って、かつては川は満々と水をたたえ、激流となって流れ、ひとたび大雨でも降れば土手は決壊し、人家が押し流され、多くの人命を奪った。川は生き物であった。

その川で漁をして生業をたてる漁師たちは、ときには足を滑らせたり、舟が転覆して急流に飲まれる事故がしばしば起こり、死体が下流にまで流されてしまうこともあった。

水死人は大量の水を飲み、皮膚がぶよぶよに膨《ふく》れあがり、面相が著しく変容している。また顔面を岩などで傷つけ、身元不明の土左衛門も多かった。

腕の刺青はそうした場合の手がかりになった。漁師が腕に墨を入れるのは、男気を売るためではなく、万一の場合にも人様に迷惑をかけないようにという心配りだった。

漁師の刺青は、くりからもんもんの世界とは程遠く、単に名前だけであったり、㊎や𠆢などの屋号であったり、漁師の登録番号だったりするが、さらに古い時代には文盲の人たちも多く、○とか×とかいった目印としての図形や記号の場合も多かった。川漁は命がけの仕事だった。

それでも、川漁は、あまり進歩改良されず、旧態依然とした漁法が続けられてきた。

「漁が今年だけのものなら、ブルドーザーで川の流れを変えて、もっと漁獲量を上げることもできるかもしれねえが、そんなことをしたらバチが当たる」

宮原さんが昔どおりの漁法を守り続けているのは、乱獲をすることは、結果的には自分の首を締めることになるという漁師としてのしたたかな知恵であると同時に、産卵を助けるかわりに魚を捕るという共存の権利と義務。そして、祖先から受け継がれてきた豊かな川を、次の世代に引き渡す重い責任がある。

変わる川の状況

近年になって上流にダムができ、水量が減り、水質汚染の問題も出てきている。

さらに、ハヤは繊細な魚で、水温一三度から一六度くらいでないと産卵を行なわず、水温が高いと卵が腐って孵化しない。雷が鳴っただけでも産卵をやめてしまう繊細な魚だ。

「毎年、毎年同じ条件なんてねえな。ま、毎年が一年生だな。親父に教わりてえこともいっぱいあるしな……」

気骨のある風貌から、そんな謙虚な答が返ってくる。

「つらいことなど、あるといえばいっぱいあるが、それがまた楽しみだあね」

そういって笑いながらも目は千曲川にそそがれたままだった。根っからの川漁師である。

イカダ師外伝
イカダ師
花下勇さん(57歳)
木材運搬船から
海に降された南洋材の
原木の上を飛び歩き、
イカダに組む。
滑らないように
スパイクが
打ってある。
「アバイタ」
(足場板)
「ケントビ」
これ一丁で原木を
動かし、ワイヤーも
切る。

大阪湾のはずれ、南港に近い平林地区一帯は木材関係の業者が集中している。東京の木場、大阪の平林と喧伝《けんでん》され、我が国の木材産業の中枢を成している。

南洋や北米産の原木が船から海に降ろされ、イカダ師によって手際よくイカダに組まれ、貯木場へ曳航されていく。

海に浮かぶ不安定な原木の上の作業はまさに〝板子一枚下は地獄〟である。命を的に生きる男たちの笑顔が深く心に残った。

熟練を要する作業。丸太の上の軽ワザ師

大阪の平林地区は関西における輸入材の集散地として知られる。

紀州、北海道など内地材が減少し、洋材が主流となった現在、東京の木場とともに、平林は我が国の木材産業の中枢といっていい。

大阪の木場は、明治、大正時代には西区堺川にあったが、大阪湾の埋め立て地、平林地区に移転し、同時に木材関連会社がここに集められ発展してきた。

連なる広い貯木場をはさんで港運会社や材木加工工場が建ち並ぶ。この地区一帯は木の香に包まれ、空気中に舞う木の粉が目に入って難儀する。

輸入される木材は、ボルネオ、インドネシア、ニューギニアなど南洋材が多く、数万トンの木材運搬船で運ばれてくる。

木材運搬船が入港すると堀（木場）は、イカダ師と呼ばれる男たちの舞台となる。イカダ師とは、原木の荷役作業にあたる男衆のことで、輸送や加工産業が機械化、近代化されるなかで、ここだけは百年一日のごとくイカダ師の熟練の技にゆだねられている。

イカダ師の仕事は、木材運搬船から降ろされる原木をイカダに組む〝本船荷役〟と、貯木場に運び込まれた原木を等級分けする、いわゆる〝堀内の仕事〟に分けられるが、本船作業が最も危険で熟練が必要とされる。

「丸太に乗るのに最低三年はかかるわなあ。堀内の仕事を覚えるのに五、六年。まあ一人前になるのに一〇年はかかるやろう」

イカダ師の親方格の花下勇さん（五十七歳）がさらりと言ってのける。

一本一五〇〇万円の原木も

作業はまず、湾内に停泊する運搬船の横にアバイタ（足場板）を二列に組み、その上でイカダ師が待機する。その間に船から原木がクレーンで降ろされる。

直径約二メートル、長さ四、五メートルの大木が海に落ちるたびに波がうねり、幅わずか五〇センチ程のアバイタが大揺れに揺れる。イカダ師は波に同調して平然と立っているが、素人はまともに立っていられない。

イカダ師のいでたちは、腰にハンマーとワイヤーを打つトチカン、、、を入れた袋に手袋掛けがついたベルトで腰を締めている。ハンマーは作業中に素早く取り出せるように袋状の鞘に入っている。手袋掛けは太いハリガネが渦巻き状になっていて、ベルトにはさんで固定し、外側に出た突起に手袋を素早く引っ掛けられるように工夫してある。この手袋掛けはイカダ師が自分で作る。そのため、それぞれの工夫があり、機能性の極致から生まれた造形美に目を開かれる思いがする。足には滑り止めのスパイクがついた長靴を履いている。さらに手には、ケントビと呼ばれる道具が握られる。

南洋ボルネオからの木材運搬船から原木が降される。

ベルト
「手袋掛け」

「ハンマー差し」

「トチ袋」ワイヤーをとめる金具が入っている。

「トチカン」

「豆トチ」

スパイクのついた長靴
ケントビ
これ一丁をたくみに繰り、すべての作業をこなす。

「トビグチ」材木を引っ掛けて引きよせる。

「トンコ」(剣)材木を刺して押す。

「ナタ」ワイヤーも切れる。

柄(竹)約4メートル。

ケントビで原木を集める。

イカダ組みの作業はイカダ師七人から一〇人、それにボートの操作員数人と、原木が沈没した場合を想定して潜水夫がつく。なにせ、三〇石の原木一本で一軒家が建つほどの体積がある。さらに、一本約一五〇〇万円する原木もある。沈んだからといって放っておくわけにはいかない。

原木が海に降ろされるとイカダ師は、丸太の上をヒョイヒョイと、器用に飛び渡っていく。一見雑作なく見えるが、落ちると、しがみついて這い上がろうにも丸太が回転して上がれない。原木の間にはさまれでもしたら重傷を負う。過去に仲間が何人も死んでいるという。

「わしらでも何回も落ちるわ。落ちたらあわてんで潜る。それから頭先《けんさき》（切り口）に回って上がるんがコツや。真冬に海にはまると、そりゃチベタイでぇ！」

おどけた調子で肩をすくめる。

丸太に乗るには厳しい修業がいる。イカダ師の見習いに入ると、作業の段取りを覚えるのと同時に、丸太乗りの技術を叩き込まれる。

「素人は海面に木が余計に出たものに乗りたがるが、沈んでる部分が多い方が安定性があるんや。わしらはズブの深い木に乗れ、言うんや。それから、足元を見たら

1本、1500万円もする原木もある。
海に浮ぶ原木の上を身軽に飛び歩く。
ケントビで原木を揃えていく。
丸太乗りがこなせるのに3年はかかる。
★木の間に落ちると、はさまれて大怪我をする。
見ろこの早技を
ワイヤーをトチカンでとめて原木をイカダ組みする。

アカン、頭先の方を見る」

確かに素人目には、水面に浮いている木の方が安全に見える。だが、そういう木は安定が悪く、上に乗るとクルリと一回転する。反対に、沈んでいる木の方が、重心が低くて安定がいい。また、足元を気にしすぎると、平衡感覚が狂って、体のバランスが崩れる。

丸太乗りと同様に、ケントビと呼ばれる道具の操作がイカダ師の評価につながる。ケントビは約四メートルの竹竿の先にナタやトビクチ、トンコがついているもので、これ一丁で重量のある原木を自由に動かす。

トンコは長い竿の先端にケン（剣）が先が尖った槍のように固定され、トビはケンの元に二股になっていて、一方は鳶《とび》のクチバシのように鉤《かぎ》状で、もう一方の端はナタのような刃がつけられている。このケントビ一本がイカダ師の仕事と命を支えている。

原木を引き寄せるときはトビクチを打って引き、押しやるときにはトンコで突いて体重をかけて、ゆっくり丸太を押しやる。ナタは主にワイヤーを切断するときに使う。一度木に打ち込んだトビクチは素人だと上下左右に揺すってもなかなかはずれない。彼らは、ちょっと横にひねっただけではずす。高価な木材に傷をつけない技だ。

原木を横に並べ終るとワイヤーを引き、トチカンと呼ばれる金具を打ってイカダに組む。波に揺れる不安定な丸太の上で、驚くべき早技でトチカンが打ち込まれていく。

「昔はこんなんあれへんかった。シュロで編んだロープを丸太に巻きつけてイカダに組んだ。そりゃエライ仕事やったでぇ」

オイルショック以後の不況の波は木材産業を直撃し、合理化、人員整理、倒産が相次いでいる。

一〇年前には平林だけで一二〇〇人あまりいたイカダ師も、現在は二五〇人しかいない。老齢化も目立ってきた。

しかし、彼らは底抜けに明るい。東京・木場の川並衆が伝統と格式を重んじるのに対し、大阪のイカダ師には肩の力を抜いた気安さがある。

「なに、あんまりエエことないし、危険な仕事やから、アホやってないとやれんだけや」

関西のイカダ師は、あくまでも底抜けに明るい。それが命がけの緊張を和らげてくれている。

人生は辛いより、楽しい方がいいに決まっている。

見《み》突《づ》き漁師伝

山崎英知さん（52歳）
見突き漁35年。
タコ
スズキ
見突き漁独特の
「カシワギテンマ」
一人乗りの小舟。
カレイ
サザエ

〝見突《みづ》き漁〟とは読んで字のごとく、肉眼で海中の魚を見て、モリで突いて捕る漁法で、房総、伊豆周辺に古くからあった独特の漁である。

「カシワギテンマ」と呼ばれる一人用の小さな舟に乗り、黒ダイ、スズキ、メバル、カレイ、タコなどありとあらゆる魚を対象にする、いわゆる雑漁だが、四メートルから一五メートルにもおよぶ長さのモリで海底の魚を突くのは、並大抵の習練ではない。現在、後継者はほとんどなく、近い将来根絶する宿命を背負っている。

海底の魚を一突きに。己がすべての孤独な漁

見突き漁は房総半島の突端に近い鴨川、白浜、鋸南《きょなん》町、あるいは伊豆半島あたりが本場だが、熟練の技を必要とし、危険を伴うために後継者が育たず、その数は急激に減っている。

一時は、見突き漁に使用するカシワギテンマと呼ぶ三角形の小舟が浜にずらりと並び、房総の風物詩であった風景も、いまは探し歩かなければ見ることも難しくな

っている。漁師の数はめっきり減り、現在、見突きの伝統を守ろうと漁を続ける人々のほとんどが一代限りという状態で、時代の流れとはいえ、隔世の感がある。

山崎英知さん（五十二歳）。代々、見突きを生業とする漁師の家に生まれ、三代目にあたる。今日まで三五年間見突き一筋に生きてきた。

「戦後しばらくは海の透明度がよかったし魚も多かったで、黒ダイやヒラメなど一日で一〇〇キロ近く突いたこともある」

当時は、三〇メートル程の深海まで箱メガネで覗《のぞ》けるほど透明度がよく、深海のアンコウなども突いたという。竿を数本継いでもモリが届かないため、「フンドンベシ」と呼ぶ独特の方法で漁を行なった。

「フンドンベシ」というのは、重さ六キロくらいの鉄のモリを縄の先に吊って海に降ろし、その重さでモリを一気に沈めて魚を突く漁法だ。水中では、波やうねりの抵抗が加わって、竿でも真っすぐに突くのが難しい。さらにその状況で縄の先につけた鉄のモリを海底まで垂直に落として、魚を突くのは至難の技だ。そのため、現在では、それを使える漁師も減り、しかも海自体も汚れてしまって、いまでは幻の漁法になっている。

見突きは孤独な漁である。カシワギテンマの真ん中に座り、左手に櫓《ろ》、右手に櫂《かい》を持ち、口に箱メガネをくわえて、舟を操作しながら海底を覗く。獲物を見つけると、そのままの姿勢でモリを取り、素早く突く。その間にも風や潮の変化を的確に判断しなければならない。

漁の最中は、船の舳先《へさき》を必ず風上に向けておく。そうしておくと、方角や波の方向が常に把握できる。方向を見誤ると、万一、海中を覗いているときに背後から突風や波にあおられると船はひとたまりもなく転覆する。昔の漁師はドテラなどのぶ厚い綿入れの着物を着ていたため、海に落ちると綿が水を吸って重くなり、命を落とすことも多かった。また、真冬の海は冷たく、落ちたら三〇分と持たない。まさに板子一枚下は地獄。死と隣り合わせの生業である。そうした刻々と変わる海の状況をすべてが己の判断に委《ゆだ》ねられている。

「親父について修業をしたが、教わったのはどこにどんな種類の魚がいるというくらいなもので、技術は自分で磨いていくしかない。七、八年で一人前になる人もいれば、二〇年やっても半人前の人もいる。それぞれの性格、技量によって違うっぺね」

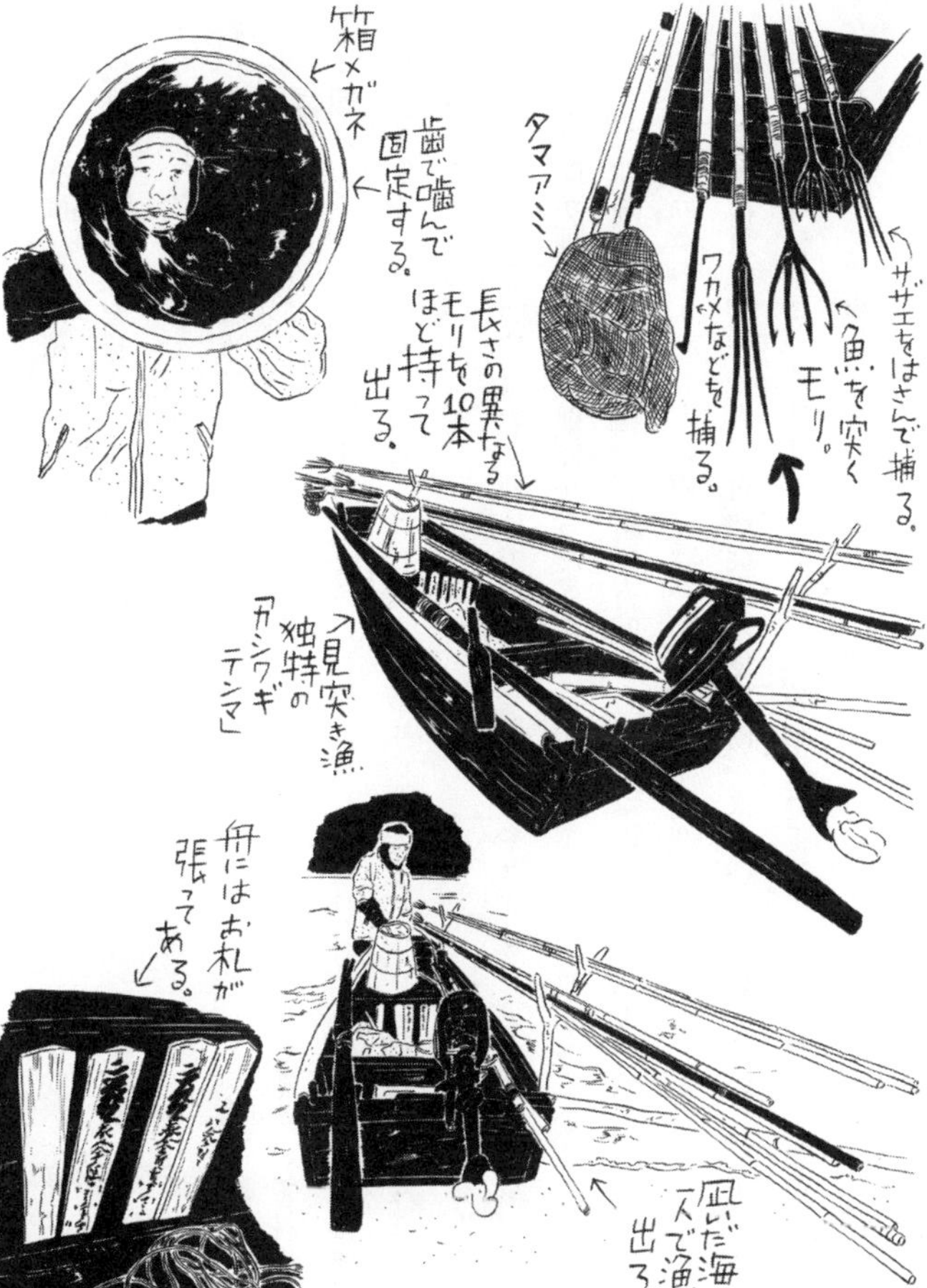

サザエをはさんで捕る。
魚を突くモリ。
ワカメなどを捕る。
タマアミ
箱メガネ
歯で噛んで固定する。
長さの異なるモリを10本ほど持って出る。
「見突き漁独特のカシワギテンマ」
凪いだ海に一人で漁に出る。
舟にはお札が張ってある。

見突き漁は、常に箱メガネを覗いて漁をする。習い初めは、下を向いて箱メガネで海底で揺れる藻を見ているだけで激しい船酔いに襲われる。二、三年はこの船酔いとの戦いだ。船酔いは慣れるしか方法はない。それを克服してはじめて、モリを持つことができるようになる。

船酔いを克服したら、モリを持ち、最初は中層魚であるボラなどを突いて練習する。四メートルから八メートル、ときには竿を継いで一〇メートル以上になるモリを操って突く。根魚を突けるようになってても狙いが定まらず、岩礁を突いてモリの先を折ることが多い。

また、単に魚を突けばいいわけではなく、黒ダイやスズキ、メバル、コショウダイなどは頭が硬いうえ、前側からだとウロコが滑ってモリが刺さらないことが多い。熟練した漁師は背後から狙い、斜め方向からウロコの内側を突く。穴の中に潜んでいるタコはカニやエビなどの餌で誘い出して素早く突いて捕る。

「同じように魚を突いても、腹を突いた魚は傷が大きいから値が安いし、魚によっては暴れて身をちぎって逃げるのもいる。頭を突いて暴れさせずに捕った魚は、網なんかで捕って窒息したような魚より、値をよく買ってくれる」

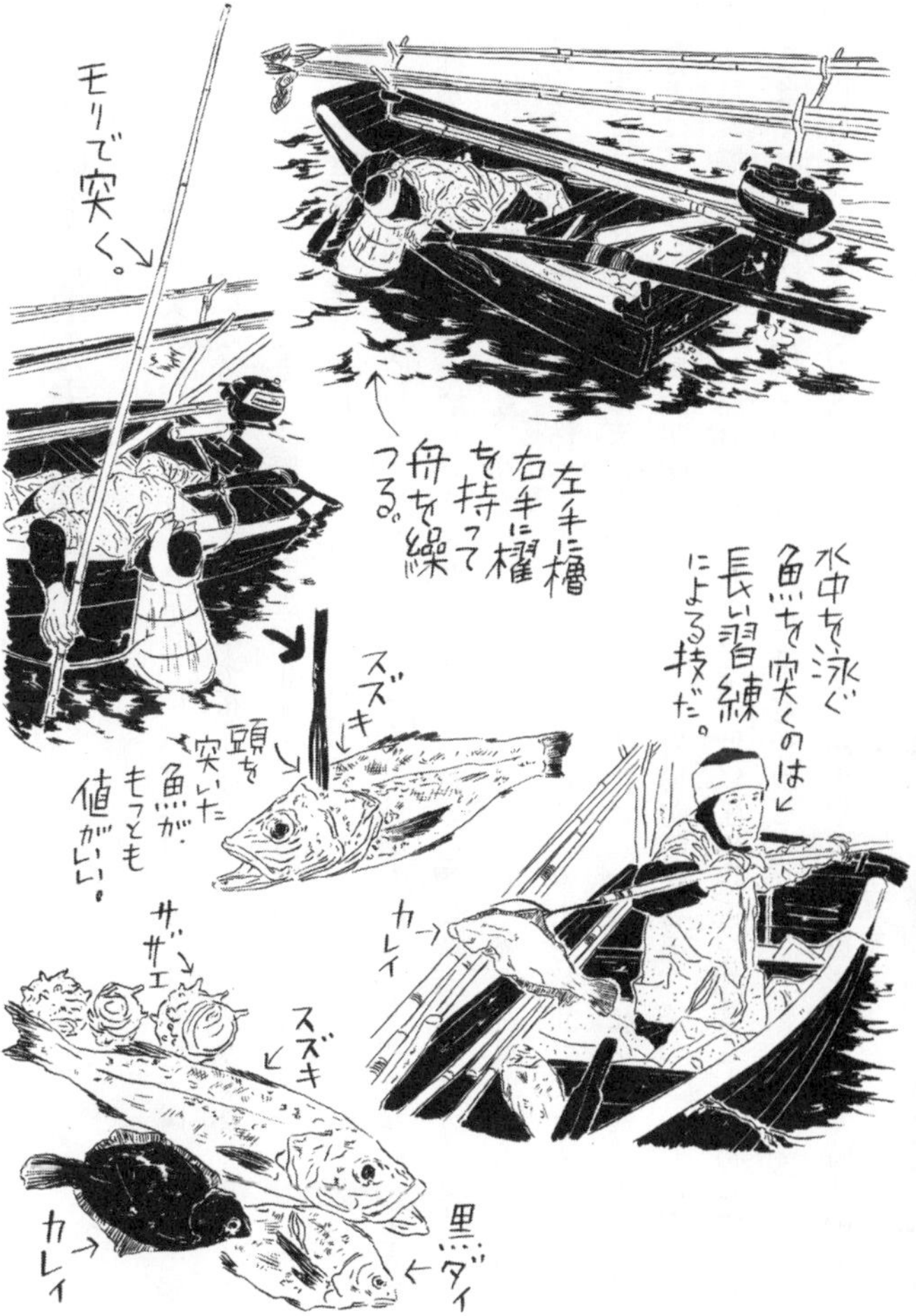
モリで突く。
左手に櫓右手に櫂を持って舟を繰る。
水中を泳ぐ魚を突くのは長い習練による技だ。
スズキ
頭を突いた魚がもっとも値がいい。
カレイ
サザエ
スズキ
カレイ
黒ダイ

時代の波に消え去る運命

山崎さんは見突き漁師の条件として、「勘六分に目四分、それに一瞬の判断と瞬発力」が不可欠だと言う。そして、水中で魚が泳ぐスピードとモリを突くスピードがピタリ合致したとき、一瞬魚の動きが止まったように見えるという。こういう状態のときにまずモリをはずすことがない。

しかし、〝名人一夕にして成らず〟で、そこには余人には計り知れない工夫と習練がある。歪《ゆが》みのない磨きガラスを探してきて自分の顔に合った箱メガネを作った。一概にガラスといっても、ものが微妙に歪んで見えたり、光を乱反射するガラスがある。自分でモリや竿を作って水中に落としてみて、クセを修正したりもした。

また、刻々と変化する天候を予測する知恵も漁師には欠かすことができない。内房ではイナサ（南東風）が吹くと雨が近く、外房が時化ると、そのまわし波がくる。また、海底の藻の揺れ具合で波の大きさや、低気圧の接近を知ることもある。それらはすべて危険を代償にして肌で覚えてきたものだ。

しかし、人間がその生業の中で培ってきた知恵や技が、いま移りゆく時代の波に

消え去ろうとしている。

「正直いって見突きが段々廃《すた》れていくのは寂しい。できれば残したい。だけど、いまの時代、見突きだけでは生計が立っていかない。おそらく私一代限りで終りでしょうが、身体の動く限り続けていきたい」

漁を終えて浜に立った山崎さんは静かな口調でつぶやいた。そして、気を取り直すように言葉を続ける。

「見突きは魚を突いた瞬間の手ごたえが、じかにこの手に伝わってくる。こんな面白いものは、他にゃないっぺさ」

山崎さんと向かい合って話しているうち漁師には共通した習性があることを発見した。漁師は浜でたとえ無駄話をしているときでも必ず陸を背にして、一時《いっとき》なりとも海に背を向けることはない。そのことに気づいたとき、その生業の深さに新鮮な感動を覚えた。

野鍛冶哀歌

黒姫で只一人、手打ちで包丁や鎌を作り続ける中村与平さん（73歳）
昔ながらの「フイゴ」
ハンドル
「金床《かなどこ》」33貫もある。
「火床《ほど》」フイゴの風で炭をおこし鉄や刃金を溶かす。

鍛冶屋職人をさして〝鍛冶屋ボロ〟と口さがない連中の陰口が聞かれた時代があった。

真っ赤に熱せられた鉄や刃金を槌《つち》で打つ際に、火が着物に飛んで焼けるから、まるで、いつもボロを着ているように見えたためである。

また、鍛冶屋は座業で、あぐらの姿勢で力仕事をするため、腰が曲がり、ガニマタの人が多かった。炭の煤《すす》を吸っているので、鼻が黒くなり〝鼻黒イタチ〟とも揶《や》揄《ゆ》された。

しかし、現在の鍛冶屋はボロを着てる人も、ガニマタの人も、鼻黒イタチもいなくなった。

この世界も近代化、合理化が進み、職人は機械の技術者になった。

中村与平さん（七十三歳）。四百余年の歴史を持ち、野鍛冶の里として知られる長野県柏原《かしわばら》で、代々続いた鍛冶屋の家に生まれた。いま、只一人で昔どおりの手仕事で鎌や包丁を作り続けている。

薄暗い土間の作業場で、フイゴの横に座った老鍛冶屋は、ずっと以前からそこにひそんでいるかのように重厚で、打ち降ろす槌は気迫に満ちていた。

たった一軒残った、最後の手打ち鍛冶屋

柏原の町の中央部を縦断する北国街道をそぞろ歩くと、鍛冶屋の所在は音で知れる。

「ガダスカ　ガダスカ」。これは機械打ちの鍛冶屋。「トンテンカーン」と昔なつかしい音を響かせているのが、手打ちの鍛冶屋である。

因《ちな》みに、トンは親方が向こう槌に打つ場所を指示する音、テン、カーンは熱した鉄が冷めていく共鳴音を表わしている。鍛冶の作業は音で分る。

一四、一五年前までは、まだこの手打ちの音が町のそこかしこに聞かれたが、いまではわずかに一軒だけになってしまっている。中村与平さんの家である。

わら葺きの屋根、明かり取りの格子窓、軒下の板看板には「要和鉄、和鋼、桑切、包丁製作所」と彫り込まれている。その文字もかすかに判読できる程で、風雪にさらされた時の長さを物語っている。

作業場は間口三間、奥行二間程の土間で、フイゴ、炭置場、火床《ほど》、金床、脇舟

（水槽）、泥舟、バイス（万力）、磨舟（砥石）、グラインダーが整然と配置され、明治の頃より寸分たがわず保存されている。

フイゴの横を「横座」といい、職人の親方が座る。本来、鍛冶屋は座業であり、横座に座って、すべての道具が手の届くよう設計されている。

座業だと足をフルに使える。足、足の指、脛《すね》、尻が万力のかわりになる。座業はキメの細かい仕事をする日本人の資質に合った作業形態で、したがって道具類も座業向きにできている。〝腰をすえて仕事をする〟あるいは〝本腰を入れる〟などという言葉にあるように、座業文化と道具の成り立ちには深い関係がある。

妥協を許さない職人気質

中村さんは靴下の上に、足袋を重ねて履いて横座に座った。土間に座り続ける時の冷えを防ぐためであり、足を保護する役割りもある。

火床に炭が入れられ、左手でフイゴの風を送る。微妙な力の加減で火は穏やかに、ときには怒号のごとく燃え上がって、生き物のようにさまざまな表情を見せる。

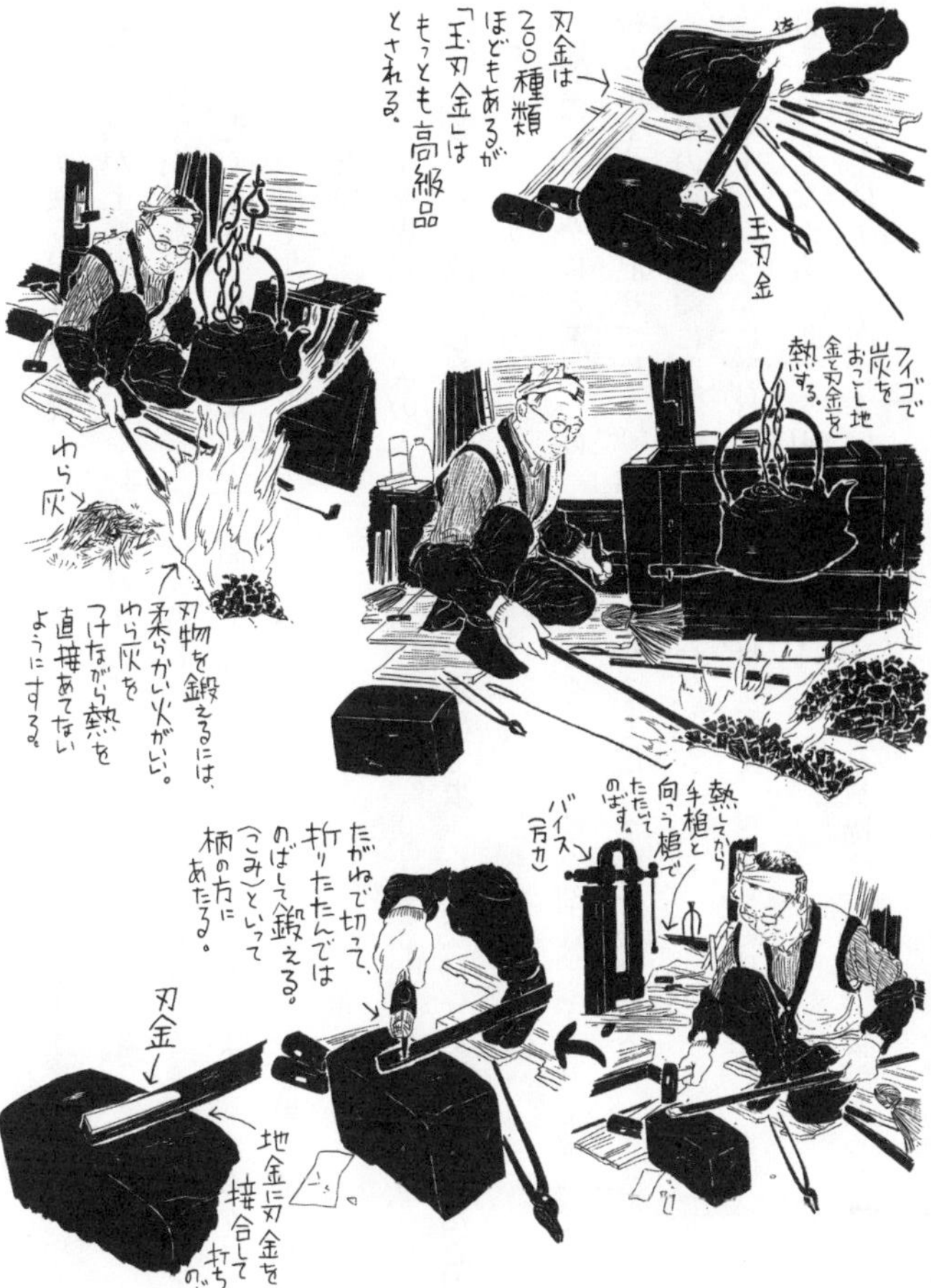
刃金は200種類ほどもあるが「玉刃金」はもっとも高級品とされる。
玉刃金
フイゴで炭をおこし地金と刃金を熱する。
わら灰
刃物を鍛えるには、柔らかい火がいい。わら灰をつけながら熱を直接あてないようにする。
熱してから手槌と向う槌でたたいてのばす。
バイス（万力）
たがねで切って、折りたたんではのばして鍛える。
（こみ）といって柄の方にあたる。
刃金
地金に刃金を接合して打ちのばす。

「鍛冶屋が使う炭は鍛冶炭といって、柔らかい炭でないと駄目です。コークスや石炭では熱が上がりすぎて、いい刃物はできません」

松炭や桐炭など柔らかい炭を三分角程に切って使うと、炭が角から減っていって円形に近くなり、自然に炭同士が詰って温度のムラがなくなる。また、柔らかい炭はフイゴの風ですぐに火力が上がる。因みに硬炭は燃えている部分と黒い部分ができて、温度のムラが生じる。

昔は、柏原周辺が木炭の大生産地であったので、炭も豊富に手に入ったが、需要の低下とともに減少したため、良質の炭を求めて歩いたり、自分で炭を焼いたこともあったという。

地金に刃金を接合剤でつけ、火床にくべられる。接合剤は、ヤスリで削った鉄の粉とホーサンを混ぜて作る。強い火で赤めると熔けて鉄を接合する。

老鍛冶の柔和な顔に、一徹な職人らしい気迫がこもる。

火床の中で真っ赤に焼け、熔解寸前の機を見て、とっさに抜き出し、金床の上で打ち延ばしながら、地金と刃金を接合する。

中村さんは手槌、向こう槌は奥さんのフデさんが持つ。普段、腰が曲ったフデさ

炭置場
年代物のフイゴ。
「火事のときはフイゴを持ち出せ」といわれるほど、鍛冶屋の命である。
鍛冶炭
火床
横座
奥さんのフデさんが数十年間、向こう槌を打ってきた。
北国街道に面した明かりとりの格子窓。
磨き舟
砥石が並んでいる。
手打ちだと1日に1本の包丁しか打てない。
向こう槌の重さは3キロもあり、男でも重労働だ。
ヨイショ…
ガチッ
祖父にあたる高橋要右エ門の名からとった要の銘を代々受け継いでいる。
要
小手歯包丁のように小さいものは棒鉄をのばしてから、たがねで切る。
厚さにむらがでないようにヤニを入れながら裏表交互に打ちのばしていく。
信州鎌
山仕事に使うナタ
刺身包丁
菜切り包丁
小出歯包丁

んの体が、このときばかりはムチのようになる。二人の槌が阿吽《あうん》の呼吸で続けざまに振り降ろされ、緊迫した空気が周囲を圧倒する。打ち鍛えていくと、刃金の約六割が火花になって飛び散る程の激しい作業である。

自慢の切れ味!

「昔は接合剤なんか使わず、泥を使ったんです。薬なんか入ってません、泥だけです。地金の上にワラ灰をかけて、その上から泥をとろとろにしてかけるんです。その上に刃金をのせて焼き、熔け合う頃合いを見て打って接着します。いまでは、これをやれる人はいないんじゃないでしょうか」

何度も熱しては叩いて、包丁の形ができる頃には、すでに陽が西に傾きはじめていた。

「自慢に聞こえてはなんですが、わたしんとこの包丁は物に吸いつくように切れます」

ひかえめながら、決して妥協を許さない職人の自負が感じられ、むしろすがすがしい。

中村与平さんは鍛冶の仕事を父、治平から学んだ。治平の父親は高橋要右ェ門といって、やはり鍛冶屋であった。その名から要をとって銘にした要の銘を刻んだ鎌は、関東まで名が知れ渡っていた。

与平さんは十歳のときには、父の向こう槌を打ったという程の筋金入りの鍛冶屋である。

コークスやベルトハンマーなどの機械を、かたくななまでに拒否し続けているのは、代々受け継いできた要の銘を汚《けが》す製品を作ってはならないという使命感と、時代に飲み込まれ、職人の誇りを捨てることへの反発かもしれない。

失われゆく名人芸

現在、信濃町として統合されている柏原、古間《ふるま》は信州鎌の産地として古い歴史を持つが、その背景には、原料となる鋼材が北国街道を通って北陸から容易に入ってきたことにある。

「昔は農家から分家に出すといっても、分けてやるだけの田畑もなかったんです。そこで、次男、三男が十歳ぐらいになると、鍛冶屋へ奉公に出したわけです」

明治時代には、学校に行かずに鍛冶屋に出されたといわれる。それでも技術を身につければ、田を二町歩ぐらい持った農家と同じくらいの収入が得られた時代だった。

しかし、世の中が高度成長をとげ、鎌の時代ではなくなってきた。外国からもステンレスの洋包丁が入ってきた。サビない包丁が切れる包丁だという錯覚があり、それが文化だとされている。後継者もいなくなった。職人自体が魂である職人気質を失ってきた。

「野鍛冶の時代ではないんだと思えば、それだけのことです。機械打ちだったら、柏原に限らぬし…」

柏原生まれの俳人・小林一茶が、

「朝霜に野鍛冶の散火《ちりび》走る哉《かな》」

と詠んだ野鍛冶の里柏原も、変遷をよぎなくされる。

中村さんもまた、後継者に恵まれず、その名人芸も当代限りだ。

鋳物師列伝

新井六三郎さん（53歳）

鋳物師歴38年。

1500度以上に熔解された鉄を鋳型に流し込む。

「トリベ」

熔解した鉄を入れて運ぶ。

「湯くみ」

湯くみの重量だけで15キロある。

「鋳型」

砂で型を作る。

荒川を隔てて東京と接する埼玉県川口市は全国有数の鋳物《いもの》の町として知られる。かつては昼夜の別なく、林立するキューポラから真紅の炎が立ち上る光景が見られた。

現在では、過去の隆盛は偲《しの》ぶべくもないが、湯を吹く鋳物職人の姿は、いまだ健在である。彼らは一五〇〇度以上に熔解された鉄を手ずから汲み、全身に火の粉を浴びながら黙々と鋳型に流し込む。熟練した生業の中にも、身体を張った捨て身の男の生き様が伝わってくる。

隆盛と衰退の歴史。いまなお体を張った手作業

鉄ビン、寺の鐘、仏像、風呂釜、大きいものは大仏まで鋳物で作られる。

川口鋳物の歴史は古い。荒川の河川敷で採れる砂と、近在の畑地の粘土とが鋳型造りに適しているとあって、鎌倉時代にすでに鋳造技術が伝えられていたといわれる。職人は、かつては鋳物師《いもじ》と呼ばれた。

川口の鋳物は、江戸時代には荒川の舟運の発達にともなって、いちだんと栄えた。また〝鋳物は戦争と共に発展する〟という言葉どおり、江戸時代には幕府の特命によって大砲や砲丸を作っていたという記録が残っているが、その後の日清・日露・第一次・第二次世界大戦によって、鋳物業界は飛躍的な成長を遂げた。特に、日清戦争に勝てたのは、川口のヤゲン屋（当時の大鋳物工場）のおかげというのが、年寄りの間でいまも語り草になっている。

第一次大戦による鋳物業界の隆盛ぶりは、そこかしこで耳にすることができる。労働賃金ははね上がり、それまで一日五〇銭程だった職工労働賃金が一躍二円五〇銭、三円にはね上がり、親方は、いつも耳に細く畳んだ一〇円札を何枚もはさんで歩いたといい、「メカケのいないのは鋳物屋じゃない」とまでいわれた。

工場主は争うように豪邸を建て、メカケを囲い、職人は〝宵越しの銭は持たねえ〟という気風を売りものにして酒や女やバクチに明け暮れた。川口の町を鋳物屋が肩で風を切って闊歩し、町方の人々の羨望や嫉妬、嘲笑を浴びた。

そうした時代には「桂庵」と呼ばれる口入れ屋が横行し、農家の次男、三男が鋳物工場へ丁稚奉公に出された。三〇円とか五〇円くらいで買い集められた少年たちが川口に売られてきたという時代でもあった。

町のあちこちにあった小川や池は工場から出るノロ、あるいは金クソと呼ばれる産業廃棄物で埋まってしまった程の隆盛を極めた川口鋳物も、戦後の不況の波に抗しきれず、次第に翳《かげ》りを見せはじめる。

川口の特産といわれた鍋や釜、鉄瓶などの家庭用品から機械部品へ転換していた川口鋳物は、不況とともに受注が減り、職人を大勢抱え、大幅な設備投資をしていた大工場は次々に倒産し、細々と堅実に経営を行なってきた小規模な工場だけが生き残った。

「いまはどうにかやっているが、この先どうなるか見当もつかない。それに機械部品はモノによって企業秘密みたいなのがある。中には作ってるオレたちも何に使うのか知らないものもあって、仕事に面白味がなくなっちまってる。もっとも、他に能がないから、この道で行くしかないけどな」

鋳物師三八年のベテラン新井六三郎さん（五十三歳）が寂しそうに笑う。新井さんは十五歳のときに丁稚奉公に入り、腕に職をつけてから、あちこちの工場を渡り歩いてきた一本どっこの鋳物師である。

型に砂をつめて鋳型を作る。
昔は荒川の砂を使っていた。
表裏の型ができたら合わせて締める。
穴につめた粘土を掘ると熔けた鉄が流れ出す。
炉にコークスと鉄を入れて高温で熔解する。

分ってくる。

「丁稚に入ると年がら年中〝砂ぶるい〟ばっかりやらされる。大きなふるいを両手で持って揺するだけ。だけんが、それで鋳型に砂の選別が大切だってことが少しは分ってくる。

そうすると今度は、砂に粘土を溶かして練る仕事をさせられる。練り方が悪いと、湯（鉄）を流し込むと割れたり、変型したりする。一人前に型が作れるようになるまで三年から五年かかる。親方や先輩にぶん殴られながら覚えたもんだ」

いまは機械化されて幾分楽にはなったが、型は一回しか使えないため、製品の個数だけの型を作らなければならないのは昔も今も変わらない。本質的に、体を張っての手作業で成り立っている。

因《ちな》みに、鋳物は、基本的には作る製品と同じ模型（型）を作り、それを元に砂をかたく詰めてから模型を抜くと、製品と同じ三次元の空間ができる。これを「砂型」という。内部に空洞がある製品は、外型《そとがた》と中子《なかこ》を作り、その隙間に熔けた鉄を流し込む。冷めたあとに砂型を壊して取り出す。同じ型を作れば、同じ鋳物がいくつでも作れる。

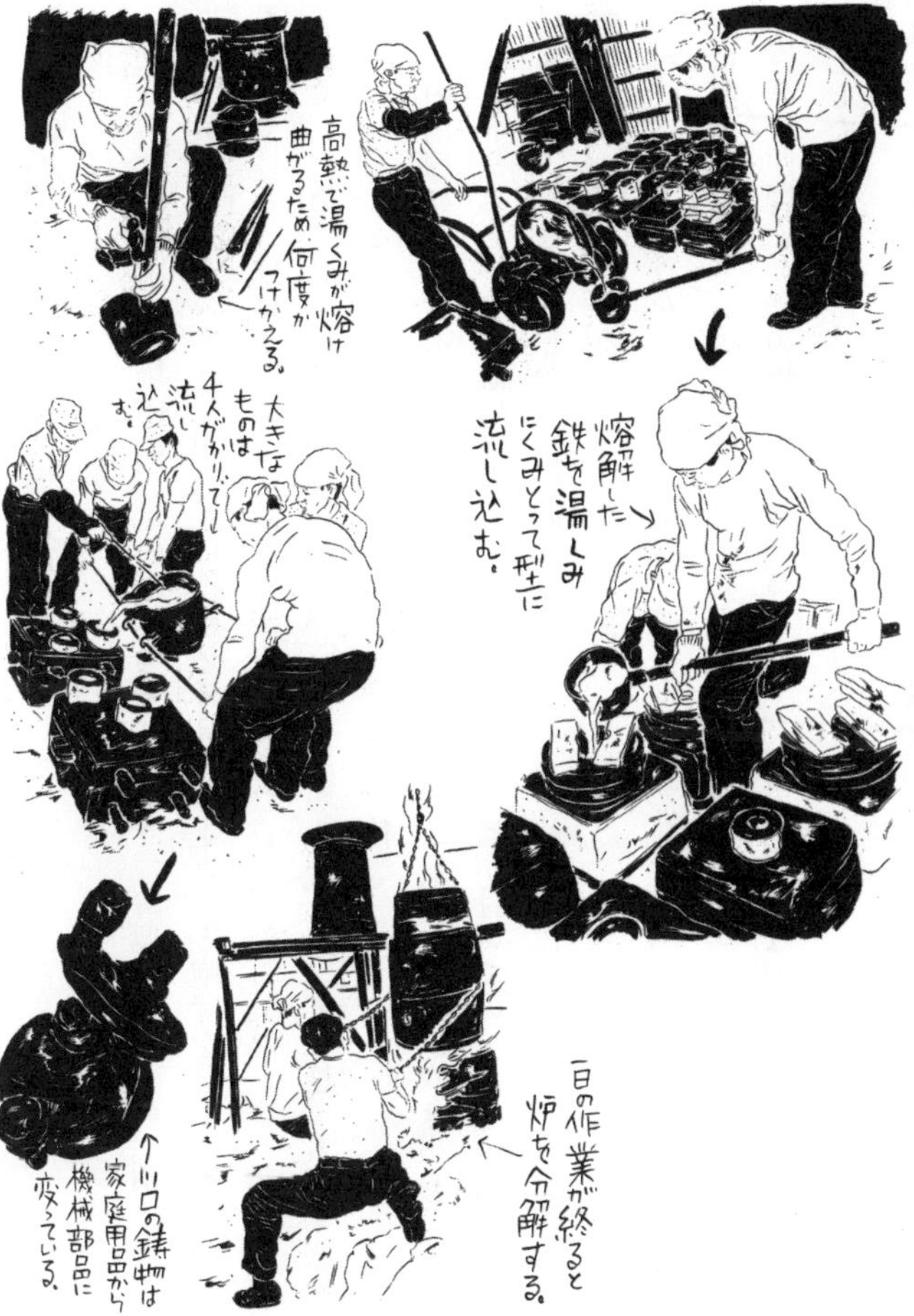

高熱で湯くみが熔け曲がるため何度かつけかえる。
熔解した鉄を湯くみにくみとって型に流し込む。
大きなものは4人がかりで流し込む。
一日の作業が終ると炉を分解する。
↑川口の鋳物は家庭用品から機械部品に変っている。

無数の火傷が男の勲章

煤《すす》け汚れた薄暗い工場内に、足の踏み場もないように鋳型が並べられ、炉に火が入る。炉はコークスと鉄塊が交互に投げ込まれ、ゴーゴーと咆哮を響かせながら炎を吹き上げる。鉄はさまざまな鉄クズが再利用されるが、作る製品によって材料が変わる。次第に温度が上昇し、やがて一三〇〇度から一五〇〇度に達する。緊張感が高まってくる。職人たちは、ほとんど無言で時を待つ。

炉の湯口に詰めてある粘土を砕くと、ドロドロに熔解された鉄が吹き出してくる。それをトリベという容器に汲み取る。トリベには車輪が付いていて鋳型の近くまで引き出し、それをひしゃく状の湯汲みに汲みとって鋳型に流し込んでいく。湯汲みの重さは一五キロある。

バチバチと線香花火のような火花が飛び散る。蒸気が立ち込め、熱気が充満する。夏は室内温度は四五度にも達する。鋳型の底に溜《た》まったガスが引火して、あちこちで爆発音が響く。砂の焼ける匂いが鼻をつく。工場内はさながら戦場のごとく、騒然とした光景が繰り広げられる。

高音を発する炉に火の粉を浴びながらコークスと鉄塊を投げ込む者、八〇キロもあるトリベに煮えたぎった鉄を汲んで運ぶ者、湯汲みで鋳型に流し込む者。型をはずして移しかえ、型が破裂しないように重石をのせる者、そうした雑然と行なわれる個々の作業が妙な調和の上に成り立っている。

型と型の間の狭い通路を人が忙しく行き交う。誰か一人がタイミングと作業の流れを狂わせれば、作業はギクシャクし、思わぬ事故が起きかねない。熟練した職人同士の阿吽《あうん》の呼吸で作業が流れていく。

「湯を吹く職人に火傷はつきもんだ。日常茶飯事さ。そりゃ熱いよ、人間だかんな。だけど熱いとは言わない。仲間に馬鹿にされる。それに熱いなんて口に出してしまえば気が抜ける。これが怖い」

鋳物は湯の温度が下がらないうちに鋳型に流し込まなければならない。一瞬の猶予もない。他人の火傷にかまってはいられない。

過去に煮えたぎった湯を全身に浴びて重傷を負ったり、命を失った者も多い。男たちの顔や首筋、腕まくりして見せてくれた逞《たくま》しい筋肉に、無数の火傷の引きつれ痕が刻まれていた。

それが男の勲章というのもカッコよすぎるかもしれないが、体を張った、壮絶な男の生き様を刻みつけた、消えることのない勲章でもある。

刀工外伝

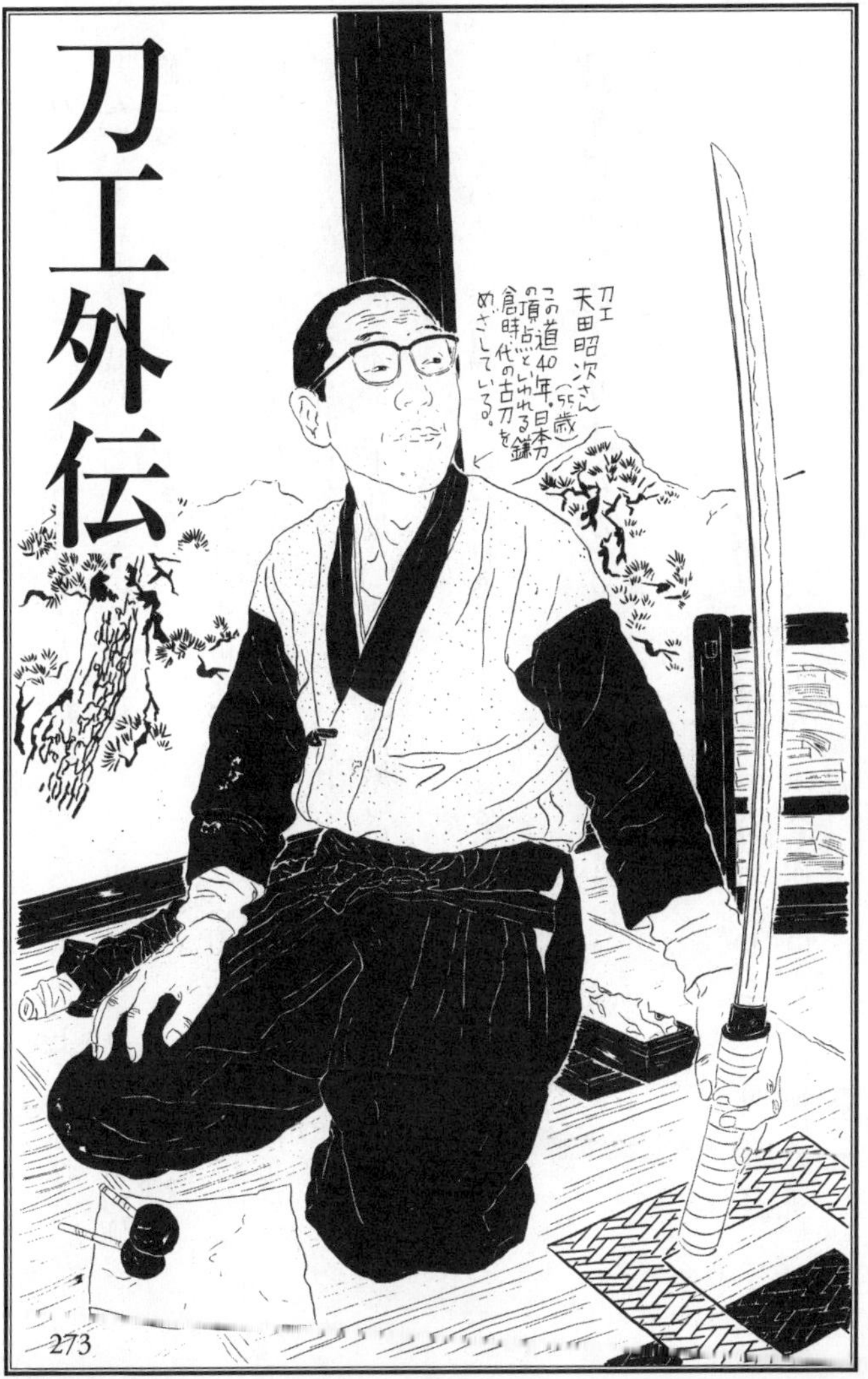
刀工
天田昭次さん（55歳）
この道40年。日本刀の頂点といわれる鎌倉時代の古刀をめざしている。

刀剣は武器である。武器である以上、人を殺傷するという原則の上に造られる。だが、それぞれの時代の名工たちの入魂の技から生み出されたそれは、美術的価値においても高く評価されてきた。

刀剣は一般に平安、鎌倉、南北朝、室町までのものは「古刀」と呼ばれる。鎌倉時代を頂点とする古刀は、最も優れているといわれ、多くの刀工は古刀の復元をめざしてきたが、いまだ日の目を見ていないといわれる。

刀工、天田昭次さん（五十五歳）。新潟県北蒲原《きたかんばら》の山里に住み、自ら製鉄を手がけながら古刀に迫ろうとしている。

底冷えのする鍛冶場には古刀に打ち込む男の執念と気迫が満ちていた。

技術は現代の方が上だが古刀の再現をめざして

人類がたたら（製鉄）の技法を発見したことは計り知れない大きな意味がある。古代において、火を操り、石よりも硬く、丈夫な道具を作り出すことは神にも等しい仕業として驚嘆の的だった。そうした精錬技術を取得した者は一種の呪術者として、人間の生命を司どる産神《うぶがみ》や祭神《さいじん》として祀《まつ》られている。また、のちには「鉄を制するもの国を制す」といわれ、時の権力者の庇護の下に、鉄は刀剣などの武器として発展していった。

弥生時代に始まったといわれる金属精錬技術は、中国あるいは朝鮮からもたらされ、各地に根を下ろした。

朝鮮半島に近い出雲地方に、製鉄の古代たたら跡が点在している。一説には、朝鮮半島で原料である砂鉄が枯渇し、鍛冶集団が砂鉄を求めて日本に渡ってきたともいわれる。それは神話のスサノオ伝説とも符合する。

越の国・新潟においても、弥彦《やひこ》神がたたら（製鉄）に関係があるといわれ、事実、新潟の各地にたたら遺跡が発見されている。

一説では海を渡ってきた弥彦神が間瀬《まぜ》海岸から弥彦山に登った際に転んでタラ（ウド）で目を突いて片目になったといわれ、鍛冶の神の一つ目伝説と符合する。また、タラは鉄を熔かす「たたら」を暗示している。さらに、粟ケ岳の麓の下田《しただ》村（三条市）で発掘された大型たたら遺跡は、出雲より古いともいわれている。

新潟県北蒲原郡の山深い月岡村にも、そうした古代たたらが行なわれた跡が、数多く残っている。このたたらの里に刀工、天田昭次さんがいる。天田さんの父親も刀鍛冶を生業としていたが、十歳のとき他界した。

残された天田少年は、父親の遺志を継ぐべく、栗原彦三郎師の主宰する「日本刀鍛錬伝習所」に入門し、本格的に刀工の道に入った。しかし、敗戦によってマッカーサー指令が布告され、刀を造るどころか所持すら禁じられた。

その頃病に倒れた天田さんは、長い闘病生活ののちに再び鎚を握り、コンクールに出品した作品が次々に賞を受けた。

しかし、この頃から現代の日本刀に疑問を抱くようになったと、天田さんは静かに語る。

「製鉄そのものは現代の方が進歩している。たとえば真空で製鉄する技術が開発されて、九九・九九九パーセントの高純度の鉄が造られるようにはなったが、鎌倉時代を頂点とする古刀には、どうしても追いつけない。何が違うのか。必ずどこかにそれを解く鍵があるはずです」

千年におよぶ日本刀の歴史は、その時々の政治、経済の中で幾多の変遷を重ねて

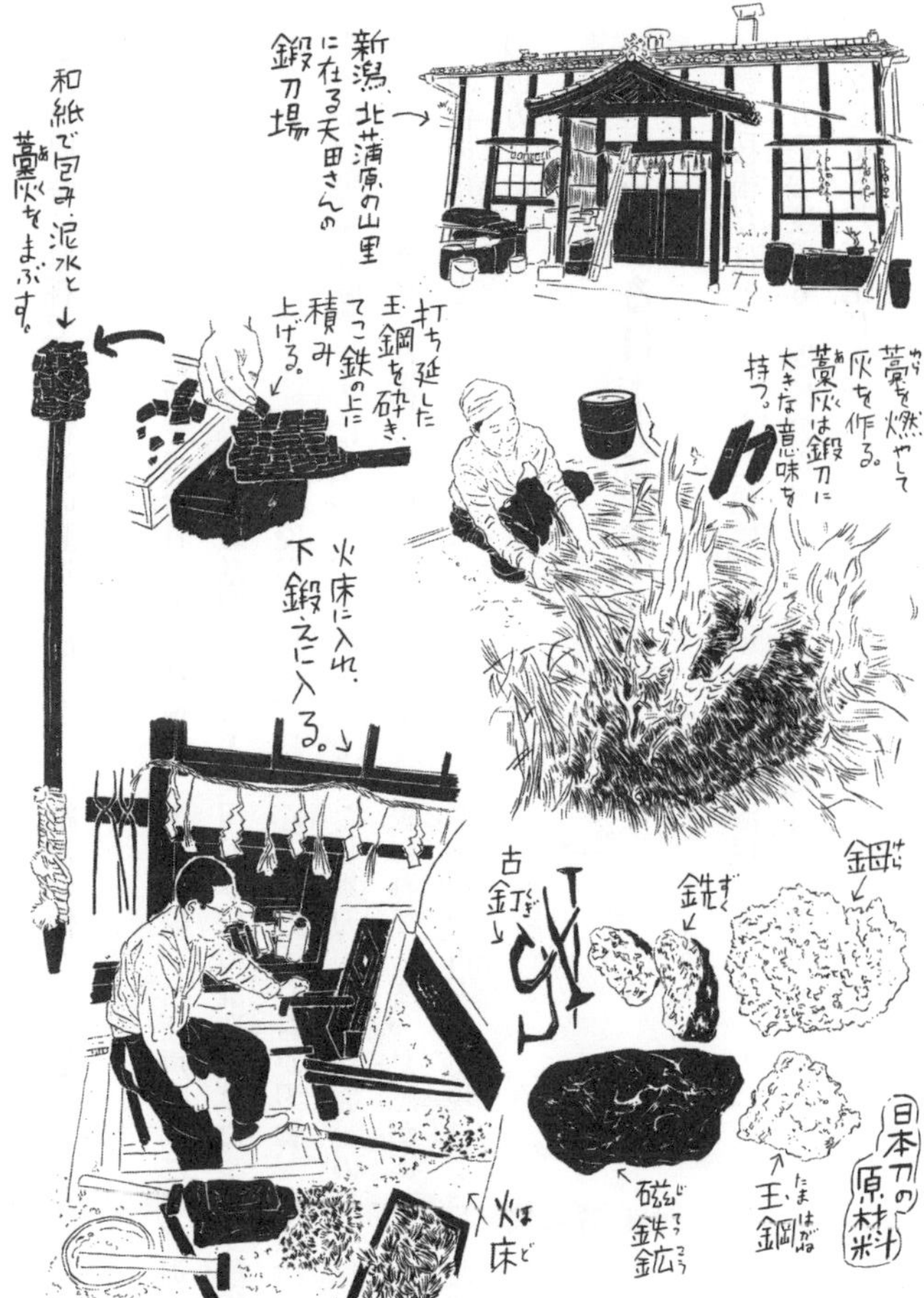
新潟、北蒲原の山里に在る天田さんの鍛刀場
和紙で包み・泥水と藁灰《あく》をまぶす。
打ち延した玉鋼を砕き、てこ鉄の上に積み上げる。
藁《わら》を燃やして灰を作る。藁灰《あく》は鍛刀に大きな意味を持つ。
火床に入れ、下鍛えに入る。
古釘《くぎ》
銑《ずく》
鉧《けら》
磁鉄鉱《じてっこう》
玉鋼《たまはがね》
日本刀の原材料
火床《ほど》

きた。同時に原料である和鉄の製造方法、さらに細かい個々の技法にも変化が見られる。

鎌倉時代に一つの極致を見た日本刀の技術も、太平が続いた江戸時代には衰退の一途をたどり、さらには幕末の騒乱期に入ると実用刀本位の乱造がたたって、技術が荒れていく。そして、明治の廃刀令以後、ほとんどの刀工たちが刃物、農鍛冶、あるいは他業に転業するに至って、継承されてきた日本刀の技法は廃絶の憂き目を見る。そのときに、技術の深奥《しんおう》に潜む〝何か〟が失われてしまった感がある。

現代のほとんどの刀工や愛好家たちが追慕してやまない古刀の再現は、いまだ謎の彼方《かなた》にある。

一瞬で決まる日本刀の命

「製鉄技術だけでなく、人口送風で簡単に火床《ほど》の温度を上げることはできるが、同じ一五〇〇度でも、機械の送風とフイゴを使った自然送風とでは火の柔らかさなど、どうしても差が生じる」

下鍛え
熱しては大鎚と小鎚で叩いてのばす。
鏟《せん》とヤスリで仕上げる。
藁灰をつけ、泥水をかけて叩き、折り返しながら鍛えていく。
★素《す》延《の》べで角棒状にしたのち、だんだんと扁平な刀の形にしていく。
焼刃土（粘土）を刃に塗り焼きを入れる。
熱してから、水中に投入する。
焼き入れで刀の反り、杢目模様が生れる。

これは刀工自身の内的な問題かもしれないと天田さんは言う。また、いまは原材料である鉄を入手するのは簡単だが、細かい元素の組成までは火造りしてみなければ分らない。火との融合も関係してくる。

天田さんは、もう一度原点にたち戻り、自らの手で製鉄することから始めようとしている。

磁鉄鉱や銑《ずく》、鉧《けら》、あるいは玉鋼《たまはがね》、神社などの廃材の中から古釘を集め、それを砕き、熔かして鉄を造りだす作業は、刀工というより鉄の起源に遡る〝たたら師〟の姿そのものだ。

こうして集めた鋼を火床に入れて赤め、三、四ミリ程の厚さに打ち延ばしたものを打ち砕き、積み重ねる。均一な温度条件と異物の混入を防ぐために和紙で包み、泥水をかけ、藁灰《あく》をまぶし、火床で熱しては叩き延ばしていく。この「玉つぶし」と「下鍛え」で刀の性格がほぼ決定するといわれる。

一五〇〇度から二〇〇〇度近くに熱せられた塊を、小鎚と大鎚が気合を合わせて打ち延ばしていく。

鍛刀場に緊迫した空気が張りつめる。真っ赤に熱した材料を水打ちすると、一種の爆発現象が起き、すさまじい音が空気を切り裂く。これは表面の酸化膜や不純物を爆発によってはね飛ばし、均質化を図るための技法。叩く瞬間に口をあけないと鼓膜を損傷する危険があるという。

藁灰をつけ、泥水をかけて、火床で赤めては叩き延ばし、それを折り重ねて、さらに打つ。鍛錬作業は約一週間繰り返される。

下鍛えが完了すると、各材料を切り、重ね合わせて、下鍛えと同じように藁灰をつけ、泥水をかけ、熱しては叩き、序々に刀の型に延ばしていく。

そのあとにも細かく複雑な工程を経て、最後に「土取り」をする。粘土、荒砥石の粉、炭の粉などをすりつぶして溶いたものを刃に塗り、日本刀の生命である刃文の模様を描く。

土取りした刀身を慎重な火加減でむらなく熱したのち、水中に投入して冷やして焼き入れすると、分子の膨張現象によって刀身に反《そ》りが生まれる。極論すれば、刀はこの焼き入れの一瞬時で完成するといっていい。この瞬時に名刀にも鈍刀にもなる。

温度の上げ方、時間、水温などすべてが勘であり、また秘伝の技である。厳しい修練を積んだ刀工の精神と技のすべてがこの一瞬に凝縮される。

現在日本には、文化庁の認定を受けている刀工は約三〇〇人いるといわれるが、専業で生計をたてられる者はそのうちわずか四〇～五〇名だという。また刀工には一カ月に二本以上造ってはならないという規定があるが、天田さんのように一本一本に精魂を注ぎ込む刀工には、そんな規定は無に等しい。

「結局は、鉄本来の美しさをどう表現するかということで、それには鉄をもっと知る必要がある」

名人といわれる天田さんのひたむきさに、頭の下がる思いがした。

ゲージ屋外伝

国安光男さん
ゲージ屋歴40年
玩具見本作りの第一人者。
所狭しと工具類がつめ込まれ、雑然とした
仕事部屋から、世界の玩具業界を
リードする玩具が生まれていく。

日本の玩具《おもちゃ》業界は年間生産額四三七四億円（昭和五十六年度）を超える巨大産業である。

しかし、次から次に売り出される新製品の開発は、ゲージ屋と呼ばれる少数の職人の手に委ねられている。

彼らは市井《しせい》の生活の間《はざま》に埋もれるように、下町の片隅の狭い作業場で、ただ黙々と新しい玩具を生み続ける。

そこには、時代の先端をリードする華やかさは微塵《みじん》もない。決して表舞台に立つことのない男たちの生き様は鮮烈に胸を打った。

国安光男（六十二歳）。ゲージ屋四〇年。玩具見本作りの第一人者である。

二つと同じものは作らぬ。玩具界を、裏から支える職人芸！

ゲージ屋という名のいわれは定かではない。精巧な定規をゲージと呼ぶし、圧力計もゲージである。そこから推察すると、一ミリの一〇〇分の一の単位で精巧な玩具見本を手で作り上げる職人、という所が近い線のような気がする。

また一方で、鳥や犬を入れるかご、檻《おり》もゲージという。そこからは何やら、小さい工場の片隅に囲い込まれて、黙々と働かされる幽閉者の姿を想像させる。

この業界ではほかに、型専門の職人を「カタ屋」、ギヤ作りは「ギヤ屋」、ゼンマイは「ゼンマイ屋」、プレスは「プレス屋」、試作品にペイントする人は「スケッチ屋」といい、昔ながらの呼称がそのまま生きている。

ゲージ屋を現代風に言い換えると「玩具見本設計並びに製作業」というところか。分りやすくいうと、新玩具が商品化される前の段階で、その玩具のセールスポイントであるアクション（動き）や、量産する場合の作業工程、単価などを見るための玩具見本の試作業ということになる。

玩具メーカーは、それらを総合的に検討して商品化するかどうかを判断する。商品化が決定するとメーカーはゲージ屋が作った玩具見本と、部品や材質など細部に渡って寸分たがわぬ型を作って安価な玩具を量産する。

現在二〇〇社以上ある玩具メーカーのほとんどが新しい玩具を開発する機能を持たず、新製品の大部分は、名もなき一匹狼のゲージ屋によって生み出されている。

世界の最高水準を誇る日本の玩具業界も裏を返せば、わずか数人のゲージ屋によって支えられているといっても過言ではない。

「メーカーは生産単価と、こんなふうに動く玩具が作れないかと言ってくるだけで、設計図も何もない。どんな仕掛けで注文どおりの動きを出すかを考えて見本を作るのが、ゲージ屋の仕事なんです」

国安光男さん（六十二歳）は、メーカーお抱えのゲージ屋が多い中で、数少ないフリーのゲージ屋で、四〇年間この道一筋に生きてきた。玩具のベストセラーといわれるミニカーや、車輪を床に二、三回こすっただけで走るフリクション、障害物にぶつかると自動的にターンするミステリー・アクションなど数多くの傑作を作り出してきた。

「どんな玩具だって金さえかければ作れないものはない。だけど原価で頭をおさえられるから難しい。それでも、できないというのはゲージ屋のプライドが許さない。また、言った以上何としても作らなきゃならない」

国安さんは過去四〇年間、二つと同じものを作ったことがない。年間を通じて一〇〇点を超える玩具見本を作りながら、一点一点が独創的で、メーカーを感嘆せ

玩具のアクション(動き)が決まると、まず木型を作る。
彫刻刀で細部に至るまで彫り出す。
ゴム型
木型からゴムの型を作り、表と裏の型のすき間にプラスチックを流し込む。
上から圧力をかけて12時間。プラスチックのボディーが出来上る。

しめる。一生を縁の下の力持ちで終る宿命を背負いながら、その生業に賭ける職人の気質と誇りがある。

世界のどこにもない新しい玩具を作り出す〝産みの苦しみ〟の日々が果てしなく続くことがある。全神経がただこの一点に凝縮する。眠っていて夢に見る。五里霧中の暗黒の中をさまよう男がいる。よく見るとそれは自分で、そこは自分自身の頭の中だった。夜中にうなされて目が覚める。

繁栄とは無縁な世界

国安さんは設計図面を書くことはまずない。四六時中、頭の中で歯車がカチカチ動き、バネが伸び縮みしている。さまざまなバラバラに動いていたパーツが一つに集まってくる。頭の中でアイディアが一つの形になっていく。構想が煮つまってくると仕事場に入る。

三畳程の狭い仕事場は機械や工具、材料、部品などがびっしり詰め込まれ、国安さんはそこに埋まるようにして製作に没頭する。

国安さんの仕事場。

手作りの細かい道具がびっしり並んでいる。

モーター
モーターの回転率、ギャの歯数などあらゆる部品を計算して作る。

ボディーが出来上ると、アクションをつけるメカニック部分にかかる。

完成した玩具をテストする。不安の一瞬。

市販品と寸分たがわぬ見本を作る。

アクション(こするだけで走る)ミステリーアクション(ぶつかると自動的にターンする)などの新製品。

まず、ボディ作りを始める。実物大の木型を彫刻刀で彫り上げ、それを元にゴム型を作る。外形がゴムに写されると、そこに隙間なく粘着テープを貼り、再びゴムを流し込んで内側の型を取る。粘着テープを剝がし、二つの型をかさねるとテープ分の隙間ができる。それがボディの肉厚になる。

そこへプラスチックの液体を流し込み、圧力をかけて乾燥させるとボディが抜き出される。

材質がブリキの場合は型に合わして叩き出す。商品化が決まって量産する場合は、鉄の型で一度に二〇〇〇個、三〇〇〇個と打ち抜いていくが、一個しか作らない玩具見本は、すべてが原始的な作業で行なわれる。

「ゲージ屋は型、プレス、旋盤、塗装など、あらゆる技術を身につけていないとできない商売。まあ、指の一本ぐらい落とさないと一人前じゃない」

国安さんは、第一関節から先のない人指し指を見せて笑った。

ボディができ上がると車輪や車軸、モーター、バッテリー部分が組み立てられ、そこで初めて玩具の生命であるアクション・メカの部分のスペースが割り出される。限られたスペースの中で、アクションを生み出すメカニックをどう作り上げるかが、ゲージ屋の本領だ。

スペースや価格の制約もある。部品をそう多くは使えないし、ギヤ一枚減らせば五円、プレス工程を変えるだけで単価が四〇銭、五〇銭と違ってくる。

モーターの回転数、車輪の円周率などからギヤの回転比率を割り出す。ギヤには一〇ミリの外径から〇・五ミリ間隔で何十種類と揃っている。またギヤの歯数にも何種類かあり、ときには同じ外径で歯数の違うギヤを作る場合もある。

「学問的に割り出せないものが通用する世界なんです。だから工業学校出の技術屋が面くらっちまう」

しかし、国安さんの頭の中ではぴったりつじつまが合っている。

思いつきや偶然の産物では、商品化した場合に欠陥や事故につながる恐れがある。万に一つ、そんな事態が起きればメーカーや問屋は大きな痛手を被ることになり、ゲージ屋生命を絶たれることにもなる。

一見、科学的に立証できないようなことを、マイクロメーターやハイドゲージなどの精密機器を駆使し、一〇〇分の一ミリ単位の精度の部品を手作りで作り出すゲージ屋の技に、あらためて驚嘆させられる。

苦心の末、ようやく完成した玩具をテストする。祈りに似た期待と不安が交錯する。国安さんの顔が幾分紅潮し、ニッコリほころぶ。成功だ。この瞬間に、緊張からドッと解放される。

しかし、これだけの仕事を成しとげても、報酬は三万から五万円を超すことはまれだという。パテントを取ろうと思えばできる。

だが、玩具の寿命は短く、パテントがおりる頃には、すでに流行は終っている。五〇〇万個、一〇〇〇万個と玩具が売れても、ゲージ屋には無縁の世界である。あるのは、ゲージ屋としての誇りだけだ。

戦後、進駐軍の放出したカンヅメのアキカンをつぶしたブリキ玩具からスタートし、飛躍的な成長をとげた日本の玩具業界の繁栄の陰に、ゲージ屋の汗と涙の歴史がある。

「職人という言葉が大好きなんです。ゲージ屋も立派な職人だと思っている。それに誇りを持っている」

気負いのない国安さんの言葉が新鮮な感動を呼び起こした。

墨匠外伝

若き製墨師
岡部敏次さん(32歳)
集めた煤《すす》にニカワと香料を混ぜて練る。
てんびん秤で墨を量る。
型に入れて万力で締める。

墨という名は「染《し》み」からなまり伝えられたものといわれる。その歴史は遠く旧石器時代にまで遡るともいわれている。

墨職人は昔から冬期間の出稼ぎ仕事であったが、その熟練の技は、いまや〝墨匠〟の称号が冠せられる程である。

底冷えのする作業場で全身を真っ黒に染めて墨を練り上げる様は、墨作りにかける男の気迫に満ちていた。

植物油を燃やした煤《すす》で。厳寒こそいい墨が

墨作りは例年、十月中旬から翌年四月末までの冬期間のみに行なわれる。特に、十二月から一、二月にかけての、最も冷え込みの厳しい寒中に、高級な墨が作られる。

寒さのゆるやかな暖冬を喜ぶ世人とは反対に、墨職人は底冷えする厳寒の日こそよしとする。

「今日はさぶうてかなわんなあ」と道行く人々が外套《がいとう》の襟を立てながら声を交せば、蔵の中で裸の墨職人が「ええ冷え込みや」と笑う。幾百年、変わらず繰り返されてきた会話に対照の妙を見る。

墨職人は、普通、製墨を商う店と冬の半年間だけの雇用契約が結ばれる。酒造りの杜氏と同様に、墨作りは昔から農家や植木職、瓦職らの冬の間の出稼ぎ仕事だった。

四百余年の歴史も持ち、全国生産の九〇パーセントを占める奈良は、昔から四国や兵庫、丹波などから墨作りに従事する出稼ぎ人が続々と押しかけ、春になると再び故郷へ帰っていった。

しかし、墨は単なる出稼ぎ仕事とは異なり、長い経験による熟練の技が必要で、一人前の職人として認められるには最低でも五、六年はかかるといわれている。

この世界では、墨作りの職人に対して最大級の敬意をこめて〝墨匠〟の称号を与えている。

しかし、彼らの墨にかける業は〝墨匠〟という言葉の裏にある、どことなく不遜なイメージを見事に粉砕する気迫に満ちあふれている。

早朝六時。古都奈良の町はいまだ明けやらず、シンシンと冷え込み、静寂に包まれていた。かたく閉ざされた家並みを歩くと、猿沢池の程近くに「墨」とただ一文字記された看板が目を引く。

創業四〇〇年、我が国の墨の起源にまでたどることのできる老舗、「古梅園」である。暖簾《のれん》をくぐり、奥深い作業場へ続く土間伝いに中に入っていくと、懐かしい墨の香とニカワの煮える匂いが強くなってくる。

墨作りがすでに始まっている。土蔵作りの作業場が軒を連ね、半袖シャツ一枚、裸同然の顔や体を真っ黒に汚した男たちが、忙しく動き回る。静寂の中にも熱気が漂っている。

墨の原料は煤である。そもそも今日の墨は、寺院の天井などにたまったロウソクの煤を集めて作ったのが始まりとされる。その後、松の脂《やに》の煤で作る松煙墨《しょうえんずみ》が普及する。古くは、熊野の山里で盛んに松煙墨が作られた。古松から採取される松脂が本場の奈良にも運ばれてきた。山深い村では松煙墨作りが貴重な現金収入の道だった。因《ちな》みに松煙墨は、山に白骨のように立ち枯れた松を伐り出してきて、脂が凝縮した芯材の部分を削り、四方を障子で囲った小部屋で燻《いぶ》して、障子に付着した煤を

古梅園
菜種油
土器の覆いをかぶせて煤《すす》を採る。
覆いの内側についた煤を集める。
集めた煤に7割ほどのニカワと香料を混ぜて練りあげる。
全体重をかけて練る。
練りが足りないと割れてくる。

集めて作る。

その後、安価な松煙墨から、菜種油など植物油を使った高級な墨が作られるようになる。

高級な墨は、菜種油やゴマ油などの純植物性油を小さな土器に入れ、イグサで編んだ灯芯に火を灯《とも》して土器の覆いを被《かぶ》せ、それについた煤煙を採る。

覆いを灯芯に近づけると煤は多く採れるが、粒子が荒くなって安い墨にしか使えない。高級品になればなるほど、覆いを高くし、キメの細かい少量の煤だけを集めて作られる。職人が定期的に土器の裏側についた黒い煤を刷毛でていねいに集めていく。

灯芯は細い方が細かい煤が採れるといわれ、灯芯のひねり具合を覚えるのに二、三年はかかるという。

また、一カ所に煤がつきすぎると油分が混ざるため、覆いを一五分おきに六分の一ずつ回転させ、一時間半で一回転したところで煤を羽根箒《はねぼうき》で集めていく。

わずかな風でも火が揺らいで品質にムラができるため、戸をかたく閉ざした薄暗い蔵の中で一〇〇灯あまりの、まるで命の焔《ほのお》のような小さな火が揺らめく様は、妖

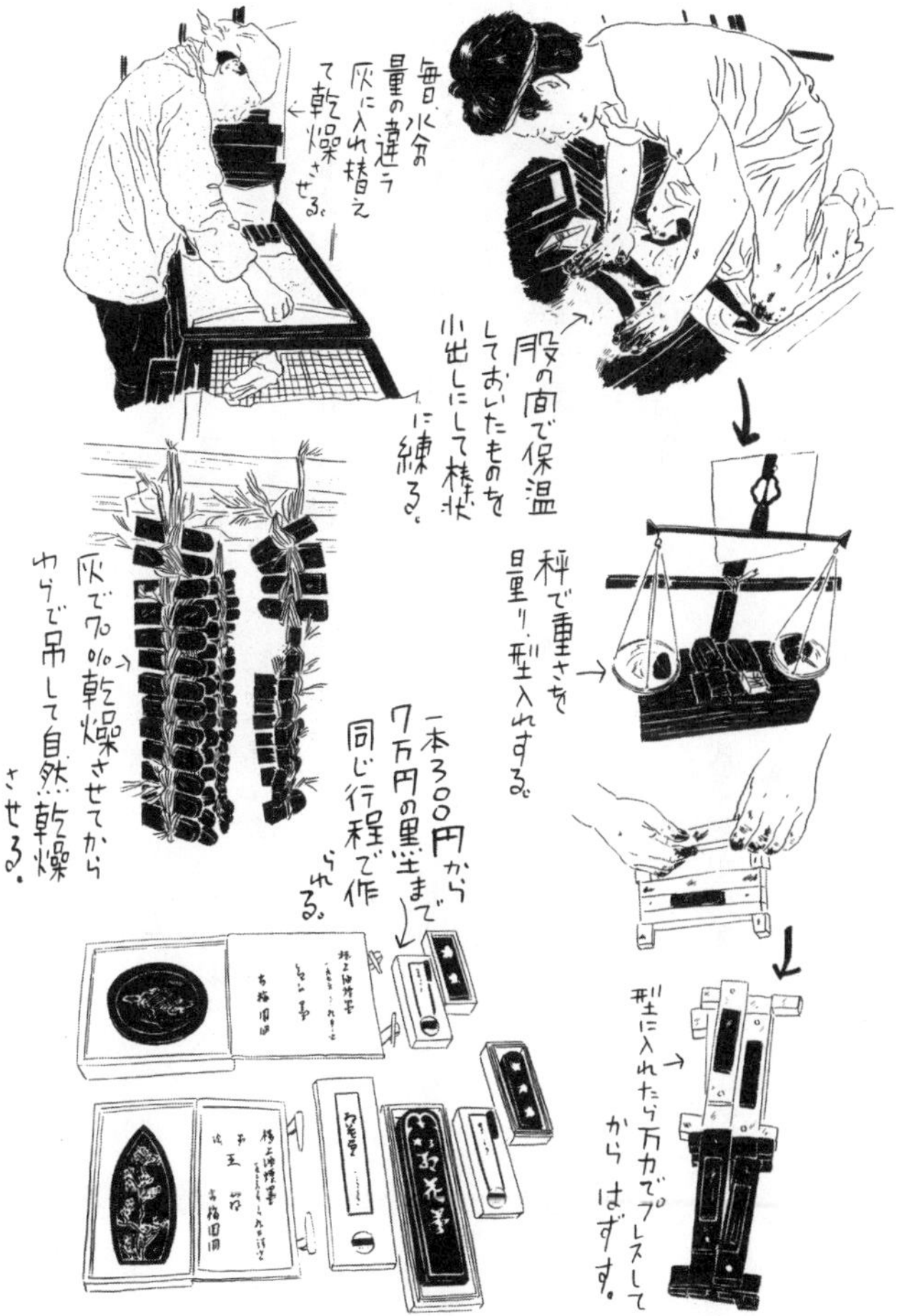
股の間で保温
しておいたものを
小出しにして棒状
に練る。
毎日、水分の
量の違ウ
灰に入れ替え
て乾燥させる。
秤で重さを
量り、型入れする。
型に入れたら万力でプレスして
から はずす。
一本300円から
7万円の墨まで
同じ行程で作
られる。
灰で70%乾燥させてから
わらで吊して自然乾燥
させる。

しいまでに美しい。

こうして集められた煤に香料を加え、ニカワで固めたのが墨の原形である。ニカワの煮方にも技術が必要で〝ニカワ一年、練り三年〟といわれる。

採取された煤の中にニカワを注ぎ、職人が全身を使ってこねていく。煤の粉塵がもうもうと舞い、汗に濡れた職人のたくましい裸が煤で黒光りする。レントゲンをとると墨職人の肺は真っ黒だという。

根気と体力の勝負

製墨《せいぼく》の工程は一般に煤煙を採る「油煙屋」、ニカワを煮る「ハイカイ」そして「型入れ」の三段階に分けられ、「型入れ」ができて、一人前の職人として認められる。職人の見習いは、雑用係の「オイマワシ」から修業する。

岡部政次さん（三十二歳）。この道に入って八年だが、すでに「型入れ」をまかされる若き〝墨匠〟である。

「型入れ」の作業は根気と同時に体力の消耗が激しい。煤とニカワ、香料を混ぜて粘土状になった〝タマ〟を、さらに全体重をかけて手で練り、足でこねて光沢を出し、てんびん秤で分量を量りながら木型に入れて押し、万力で締める。

外の埃《ほこり》が入らないように囲まれた狭い部屋で、立ったり座ったりしながら、力を込めて墨を練るのは見た目より重労働で、厳寒の最中に汗が吹き出してくる。

その間にも〝タマ〟の表面が乾くのを防ぐために、ビニールで包み、股の下の座布団の中に包んでおく。乾燥を嫌う墨作りは時間との勝負である。

型入れの作業は一本三〇〇円の墨でも、七万円する最上級品でも工程に変わりはない。練りが足りないとポロポロ割れ、乾かす段階で反《そ》ってくる場合もある。不良品は商品にはならない。型入れは労働がきつく、気を抜くことが許されない。

木型からはずされた墨は木灰の中に入れてゆっくり乾燥させる。一日ごとに水分の少ない灰に埋めかえられ、二〇日間かかって七〇パーセントまで乾燥させたところで、天井から吊るして自然乾燥させる。

自然乾燥は普通半月から三カ月を要するが、長い程良質の墨になるといわれている。

このあと、蛤《はまぐり》の貝殻で磨き、仕上げの彩色をして、ようやく墨ができあがる。墨は、我々のうかがい知ることのできない歳月と、職人たちの入魂の技による結晶である。

型入れの職人は、一日に一貫（三七五〇グラム）の墨を仕上げるノルマを課せられている。報酬は個人差があるが平均すると一丁（一五グラム）二〇円計算で、一貫をこなすと約六〇〇〇〜七〇〇〇円が基本給として保証され、それとほぼ同額の手当がつく。さらに年期を積み、熟練の度合いによって〝上物〟をまかされると報酬額もアップされる。

しかし、冬期間だけの季節雇用であり、また一朝一夕の出稼ぎ仕事では成し得ない、厳しい労働も考慮に入れなければならない。

だが、若き墨匠たちは底抜けに明るい。

「あとの半年ゃ寝て暮らす、気楽なもんや」

そう言って煤だらけの顔でニッコリと笑った。このひょうきんな若い職人が、歳月を重ねて、やがて名人と呼ばれる墨匠に育つ。

砂金掘り伝

辻秀雄さん(74歳)
昭和5年頃から40数年間、砂金掘りを生業として生きてきた。
「カナテコ」大石を掘り起こしたり、岩盤を突き崩したりする。
「ゆすり板」土砂と砂金を選り分ける。
「カナザル」土砂を運んだり、ふるいにも使う。
「ナタ」
「大カッチャ」砂金を含んでいる砂礫をかき出す。

北海道十勝地方、襟裳岬への起点の町広尾に程近い大樹《たいき》町に町を寸断するように歴舟川《れきふねがわ》が流れている。

かつては、この川の流域に大量の砂金が産出し、道内はもとより本州各地から一攫千金の夢に取り憑かれた男たちが押し寄せ、一大ゴールドラッシュに湧いた。町は砂金を懐《ふところ》にした男たちと、それを当て込んだ店や女たちが溢《あふ》れ、人間の欲望のるつぼと化した。

しかし、その後の敗戦と金の暴落によって、砂金掘りは姿を消し、開拓の町は再び静寂を取り戻して久しい。それは、まさに一瞬の迷夢であったかのごとく、歴史の彼方《かなた》に消え去ろうとしている。

だが、ここに歴史に埋没することを拒み続け、ただ一人砂金を掘り続けてきた老砂金掘りがいる。辻秀雄さん（七十四歳）。額に深く刻まれた皺《しわ》と節くれだった手に、執念に似た男の生き様と哀感が漂う。

ゴールドラッシュの夢の跡

北海道における、砂金採取に関する最も古い記録は、『大野土佐日記』にあるが、これは後世の修験者による偽書という説があって、真偽のほどは定かでない。

しかし、元和三年（一六一七）には東部曽津己および大沢、知内などに大規模な砂金が発見され、寛永十二年（一六三五）には大樹町の歴舟川において砂金の産出が始まっている。

松前藩時代には道内各地に金山奉行を置き、直営で砂金掘りたちに採金作業をさせ、その運上金として一人当たり一カ月につき砂金一匁《もんめ》を献納させたといわれる。当時は一人で一カ月に三〇匁が採れたというから、豊富な砂金があったことが分る。

さらに明治時代には、道内各地で砂金が採取されるようになり、遠く海を渡ってアメリカ人までが、かの〝ジパング〟めがけて押しかけて来た。

以来、昭和の二十年代に至る百余年、川底の砂に交じったけし粒程の砂金に、人々の欲望がウンカのごとく群がる。

戦後、砂金の価値は下がり、量も減少して、砂金採りは廃《すた》れていった。辻秀雄さんはその最後の砂金採りだ。歳をとったいまでも、川を見ると、

「身がうずく」

と言う。辻さんの住む〝老人アパート〟の玄関の片隅には、四十数年愛用したリュックに、採取道具一式が詰められて置かれている。

「この歴舟川は、橋梁の穴に真綿をつめておくと、びっしり砂金が溜《た》まった程、昔は砂金がいっぱい採れたもんだ」

言われて歴舟川に目をやると、その川面が陽をうけて黄金に輝いて見えた。

歴舟川は「砂金の川」と讃《たた》えられてきた。さらに歴舟川で採取される砂金は二十二金と純度が高い。度重なる増水で刻々と流れを変える歴舟川は、現在でも日に三、四グラムの砂金を採取することができるといわれているが、効率が悪いために砂金堀りをする者はいない。

砂金に明け砂金に暮れた人生

辻さんは戦後二六年間、単独でこの川の中流に小屋掛けをして住み、砂金を掘ってきた。

「いまにも冥土に引き込まれそうな気がして怖かった」という程の恐怖と孤独にさ

40数年間、愛用したリュックに採取道具一式と食料などをつめて、何日も山や渓流に入る。

「カナテコ」重量3.5キロある。

「カナザル」

「ゆすり板」カツラ、バッコヤナギ、トチなどの木で作られる。

「ネコ」布製で麻縄が縫いつけてある。

「ナタ」

「小カッチャ」

「大カッチャ」

「中カッチャ」

川の中だけでなく河原の岩の隙間や割れ目も丹念に探し歩く。

大カッチャで川床の石を掻き出し、岩盤まで掘る。

山で手ごろな雑木を切り、カッチャの柄にする。

いなまれながらも、砂金掘りをやめることができなかったという。

人里離れた北海道の原野には魔物も出れば羆《ひぐま》も出る。採った金を狙う荒くれに襲われる危険もある。それでも金の持つ魔力には抗《あらが》えなかった。

無人の河原にはいまも、辻さんがかつて住んだ草小屋が風雪に朽ちて残骸をさらしている。

辻さんは川を遡りながら、ときどき河原に這いつくばって岩の割れ目や、玉石をめくって砂礫《されき》の状態を見る。歴舟川の河原には大きな石がゴロゴロと転がっている。日高山脈に近く、水嵩《みずかさ》が増すと、玉石が流れ出る。川床も洗われ、砂金が流出する。大きな玉石の底に砂金が溜まっている可能性がある。

砂礫の層が厚い所にも砂金が埋まっている場合がある。川の中だけでなく、河原の土手なども崩したり、掘ってみる。川が氾濫して砂金が土砂に交じっていることがある。可能性のある場所は「探険掘り」をしてみて様子を探る。

ある程度、砂金を含んでいるという見通しがつくと本格的な採掘作業が始まる。柄をつけずにリュックに入れてきたカッチャに、林の中で切ってきた雑木の柄をつける。

大きな玉石を取り除く作業は大変な重労働だ。
ネコを敷いた上にカナザルを置き、砂礫を入れる。
探険掘り
土砂を掻き出し、ゆすり板にのせ、どのくらい砂金が含まれているか見る。
カナザルをゆすって、細かい砂礫をネコの上に落とす。
四匁、五匁といった少量の砂金を大切にためていく。
採取した砂金を「厘星ばかり」で量る。もっとも楽しい時間だ。
ゆすり板を水の中でゆらすと、比重の重い砂金だけが残る。
赤い布に包んでおく。

採掘する場所は「寄せ場」といわれ、川の流れ具合や曲がり具合を見て決める。長年の経験と勘がものをいう。

大きな玉石をカナテコで剝がし、小さな石は大カッチャで振ってカナザルに入れて取り除く。その作業の合間にも、川底の様子を見る。

一時間、二時間が経過する。玉石を取り除く作業がまだ続けられている。砂金は川底の岩盤に堆積されるため、岩盤に当たるまで掘り進まなければならない。七十路《なそじ》をすぎた老人には過酷な労働である。辻さんの額に汗が滲《にじ》む。

ようやく岩盤に当たると、布製の「ネコ」を川床に固定する。ネコの表面に麻縄が縫いつけてあり、川底の砂礫を流すと、比重の大きい砂金が麻縄に引っ掛かって溜まるようになっている。

布製のネコは探険掘り用。普通は木の板で作ったネコ板を使用する。カッチャで川底の土砂を除いて平らにし、ネコ板を据える。ネコ板の上を平均に川の水が流れるようにする。流れが急だと土砂といっしょに砂金も流れ出してしまう。また流れがゆるやかすぎると土砂が溜まって、フルイの用を成さない。

長年の経験と勘で流れを選ぶ。ネコの上にカナザルを置く。中カッチャでかき出した川底の砂礫を入れ、前後に揺すってフルイにかける。そうすると、軽い土砂が水に混って流れ落ち、細かい砂礫のみがネコの上に溜まる。砂金が多いと、ネコの上に砂金が並んで、キラッと輝いて見える。

ときどきネコの表面を手でならしながら、この作業を繰り返す。その後、ネコを川の中から上げ、溜まった砂礫を採り、板にあけて採金する。

「ゆすり板」を川に浮かせながら前後左右に揺すって、粗い砂礫や砂鉄と砂金を選り分ける。

砂金掘りの中で一番楽しい時である。

収穫はやっと一グラム

ゆすり板の上に細かくて重い砂鉄と比重の大きい砂金だけが残る。さらにゆすり板を揺すり、砂鉄のほとんどを取り除き、川の水を手で掬《すく》ってかけ、ゆすり板の横をトントンと数回叩くと、打った方に重い砂金が寄り集まる。砂金だけが底に残る。熟練を要する作業である。ケシ粒程の小さな砂金が日に反射して輝いている。

「金だ！」

思わず感喜の声を上げる。金には、人の欲望を刺激する不思議な魔力がある。ゴールドラッシュに群がる男たちの気持ちが少し分った気がする。

辻さんは静かな表情で、そのごく少量の砂金を、ツバで濡らした指につけ、大切そうに赤い布きれに包んだ。金に取り憑かれた男の素顔がそこにあった。

この日の収穫は一グラムにも満たなかった。それでも辻さんの後姿は意気揚々としていた。

闘犬伝
ウシッ！！いてもうたらんかい…

闘犬が行なわれる一週間ほど前から肉中心の餌から粗食に変え、飢えによって闘争心をかりたてる。

野《ヤ》外に仮設の土俵が作られる。

土佐犬に外国種の犬を交配させて改良された闘犬。

色とりどりに染めぬいた幟《のぼり》はためく下、鉄格子の柵に囲まれた仮設土俵で、闘犬の壮絶な死闘が繰り広げられる。

食いちぎられた耳、ぱっくり口をあけた額の傷、鮮血がしたたり、飛び散る。それでも闘争心を失わず牙をむいて襲いかかる。

土俵を囲んだ見物人は興奮し、歓声が上がる。酒気をおびた連中が喧嘩を始める。昔から「喧嘩見たけりゃ、犬寄せに行け」といわれた。

土佐犬――がっしりした体軀《たいく》と不敵な面構え。交配を繰り返し、闘うためのみにつくられた犬である。傷つき、倒れてもなお、あくなき闘いを挑む哀しいまでの闘争心に、男たちはしびれる。

それはまさに男が背負わされた人生、宿命そのものといえるかもしれない。犬と男のドラマがそこにあった。

悠然と糞する貫禄

大阪、堺市のはずれ大浜公園の一角に、早朝から時ならぬざわめきが起こった。

三四郎号、大錦号などと染め抜いた色とりどりの幟が海風にバタバタとはためき、中央の仮設の小屋掛けの下には、柵囲いの土俵が設置されている。

小型トラックやワゴン車が続々と到着し、降ろされた頑丈なオリには、精悍な面構えの土佐犬が鼻面を覗《のぞ》かせている。

野良犬や近所の飼い犬が寄ってきて盛んに吠えたてるが、土佐犬は鼻もひっかけず、目の前で悠然とぶっとい糞をひねり出して貫禄をみせる。

「強い犬は太い糞をしよる。人間と一緒や、ケツの穴の小さいんはアカンで」

手縄をかかえた飼い主が真顔で言う。

沈黙の死闘

性能の悪いスピーカーが独特の節まわしのだみ声をがなりたて、見物人が土俵の周囲を埋めつくすと、一種異様な熱気に包まれる。土俵の大きさは直径一三尺（約四メートル）、高さ四尺（約一・二メートル）、横五尺（約一・五メートル）の鉄格子八枚で囲い、地上二尺三寸（約七〇センチ）に設置されている。

その柵の上に審判三名と飼い主の計五名が上り、対戦する二頭の闘犬が手綱をちぎらんばかりの勢いで入場する。

出場犬は土俵入りする直前に、闘技係員立合いのもとで、口の中を水ですすぎ、顔面および四肢などを軽く湿し、清めるという規約がある。この際、興奮剤などの薬品が使用されていないか、あるいは声帯が摘出されていないかなどが調べられる。犬は飼い主を引きずるように土俵に突進する。土俵上で闘志むき出しの睨《にら》み合いの後、二頭の呼吸が合った瞬間に手綱が放たれる。

闘うためにのみ生まれ育てられた六〇～七〇キロの肉塊が激突する。互いに所かまわず鋭い牙をたてて食らいつく。鮮血が飛び散り、土俵下の見物人の衣服をも汚す。男たちはその血で一層興奮する。

騒然とする周囲とはうらはらに、土俵上は終始無言のまま、激闘が展開する。

ホエ（吠え声）、ナキ（泣き声）、セリ（苦痛を表わすセリ声）など、いかなる声を発しても勝負は負けとなる。

また「ハシリ」は、背を向けて三歩以上歩き、相手犬が一歩以上追う。「ネコミ」は倒れたまま起き上がれない状態。柔道と同じ「オサエコミ」など、いずれも負け

土佐闘犬は、日本犬にマスティフ、セントバーナード、ブルドッグなどを掛け合わせ、まさに闘うためにのみ作られた犬だ。
特注で作らせたぶ厚い革の首輪
耳が食いちぎられている。
巻かない尻尾。
薄茶、赤茶色の短毛。
肩の高さ約1メートル。
大きめの頭に広い胸。
顔や頭のあちこちに無数の傷痕があり、戦歴を物語る。
二代
妙見龍
トラックやワゴンにのせられて続々と、犬が会場に集まってくる。
牙
嵐
審判3名、両犬の飼育者各一名が俵の柵にのって勝負を見守る。
審判員
よし、そこじゃ!いてもうたれ…
飼育者
鮮血をしたたらせて凄惨な闘いがくりひろげられる。
公園の敷地内に設置された土俵のまわりは見物人で埋めつくされる。
すげえ…

である。

闘技制限時間三〇分（犬は暑さに弱いため夏期は二〇分）。激しい息づかいだけが響く沈黙の死闘は、抑圧された極限の死闘を喚起して、不思議な興奮を呼びおこす。

人犬一体の猛訓練

闘犬に使われるのは一般に土佐犬と呼ばれる犬で、その名が示すとおり四国・高知が本場だが、純粋な日本犬ではない。

本来の土佐犬は立耳巻尾の中型犬で、気性が荒く、猟犬として主に猪狩りに使われていたという。

その昔、山内一豊が高知城主となった頃から娯楽として土佐犬同士を闘わせるようになり、後に河原などで木戸銭をとって闘犬を見せる者が現われた。

土佐犬が、マスティフ、セントバーナード、ブルドッグなどの外国種の犬との交配によって、現在のような闘争に適した大型犬に改良されたのは、明治以降のこと

闘技中、声を発すれば負け。無言のまま壮絶な闘いが展開する。

雄同士でありながら興奮し、交尾しようとする犬もいる。こういう場合、優勢であっても引き分けになる。

獰猛な闘犬も尾を巻いて哀れな姿。

こりゃめかんで
怪我続出。専属の獣医のもとにかつぎ込まれる。

獣医の手がまわらず注射を自分でうつ人もいる。

これでええやろ
優勝楯を手に胸をはる飼育者。

どや！

食い裂かれた耳をその場で縫合する。

消毒液
一家総出で優勝を手に喜びあう。

やった！

で、一説には高知市五台山に滞在した外人宣教師がその先鞭をつけたとされている。そして何代にもわたる交配と淘汰によって、闘犬としてこれ以上望めないといわれる程の体軀と気性が備わった、現在の土佐犬が生まれた。

だが、土佐闘犬にも受難の時代があった。特に戦時中には、食糧不足と、空襲の混乱時に犬が逃げると危険だという理由で殺害せよという軍命令が出された。多くの名犬が殺され、青森県へ疎開させられた。そのことは土佐闘犬を全国に広めるきっかけにはなったが、かんじんの土佐には一頭もいないという時代もあった。そして、終戦後数年してから青森から小犬数頭を寄贈されて復活、現在では六〇〇頭にまで隆盛をとり戻している。

闘犬が闘争によって犬の優劣をつける競技である以上、誰もが強い犬を望み、競馬などと同様に血統が重視される。

全国横綱を張るような犬になると一〇万、二〇万の種つけ料をとることも珍しくない。血統付きの仔犬はさらに高値で取り引きされる。

しかし、強い犬をつくるには、それ以上に人犬一体の訓練が必要だという。雨の日も風の日も、休むことのない引き運動。「口割り」と呼ばれる、ベテラン犬との格闘練習。餌も肉類を中心に一日一〇〇〇円以上は確実にかかる。まさに犬のためにあるような日々が繰り返される。「いまどきの若いモンは、それをやり続ける根性がないいきに」と、老闘犬師が嘆く。

犬は二、三歳まで闘犬師の厳しい愛情を一身に受けて、闘争心と必殺技をたっぷり仕込まれた後、大会に出場させる。

独特の勝負規定

闘技大会は、いくつかある地方組織、あるいは全国組織がそれぞれ主催し、いずれの場合でも大型犬、中型犬の二部制となっている。

大会前の取り組み審議は慎重で、技量互角の犬同士を組み合わせるような取り組みを作成する。

勝敗を決する闘技規定は数十項目に及び詳細に定められているが、闘犬独特の規定は、早く勝てばよいということではない点にある。

開始と同時に勝負が決してしまうということは、技量に差があり過ぎたということとで評価は低い。闘技制限時間内ぎりぎりに勝った犬に高い評価が与えられる。出場する犬は、試合の一週間程前から粗食にし、飢えによって闘争心をあおることも戦術の一つだという。

数十番の取り組みが終わる頃には、陽も西に傾いている。会場の一角では、優勝、敢闘賞を確保した犬を囲んで歓声がわき起こる。その人垣からはずれて、傷つき倒れた犬が、尻尾を巻き、肩を落として獣医の手当を受けている。

勝った犬は血や傷が勲章で、誇らし気に胸をそらし、負けた犬はよろめきながらも鳴き声を洩らさず、傍らの飼い主を申し訳なさそうに上目づかいで見る。勝負事の常とはいえ、そのあまりにくっきりとした明暗が、見る者の胸を打つ。勝負事は勝っても負けても、悲喜こもごものドラマがある。

墨壺職人伝

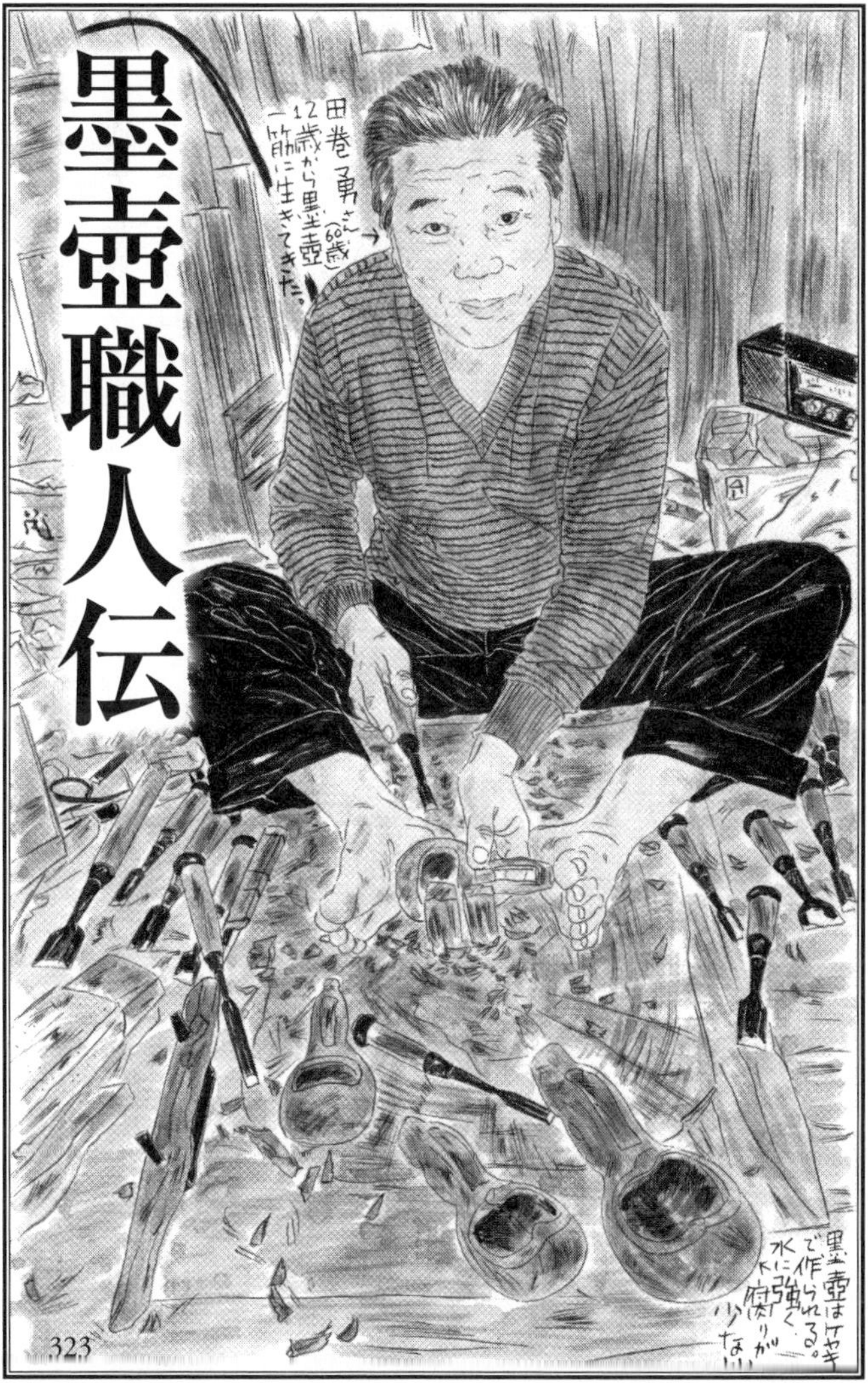
田巻勇さん（60歳）
12歳から墨壺一筋に生きてきた。
墨壺はケヤキで作られる。
水に強く腐りが少ない

墨壺《すみつぼ》とは、大工、石工などが材に直線を引く道具である。墨汁を浸《ひた》した綿の入った墨池に糸を通し、それをピーンと張り、指で弾《はじ》くと材料に直線がしるされる。長尺物を扱う職人には欠かせない道具である。

だが、近年、建築様式の変化に伴い、墨壺と墨壺作りの職人は減少しつある。

使えない人が増えた墨壺

墨壺の歴史は古い。記録では奈良朝の時代まで遡ることができる。現存する最古の墨壺は正倉院御物にある。さらに墨壺以前のスミナワの記録は『日本書紀』に見える。これは、細縄に染料を浸して線引きをしたもので、同じ方法は古代エジプトですでに行なわれていた。あの正三角形の巨大なピラミッドは、スミナワなしでは作れなかった。中国、韓国、東南アジアでも類似した道具が使われていて、日本へは、朝鮮半島から伝わってきたものと思われる。

この墨壺、一般の人にとっては縁が薄いが、大工などの職人には、持ち運びが便利で、長尺の材に直線を引く道具としては、これ以上のものはないといわれている。

長い材に直線を引くのに、短い物差しで測っていくのは手間がかかるし、正確さに欠ける。だが、墨壺なら長い墨糸を前後二点を合わせて張って弾くだけで、一回で正確な直線が描ける。

昔はお椀や鉢なども挽く木挽《こび》き職人が墨壺を作って売り歩いたというが、いつの頃からか全国の職人町などに、専門の墨壺職人が定着し、各地方独特の形の墨壺が生まれていった。

墨壺は地方、流派によって形に特徴がある。細工が少ない直線型は関西系。飛驒《ひだ》系は中央が上に反《そ》った筆描きの一文字型。関東以北は細工を加えた立川流が主流。宮大工は、寺の雲肘木《くもひじき》を摸した曲線や装飾的な彫刻を施した墨壺を好む。図柄には鶴亀や龍が使われることが多い。これは縁起物。

墨壺は、究極の機能性と造形美が合体した知恵と技の粋である。材料はケヤキ。丈夫で狂いがこない。水にも強い。壺糸を巻き取る車は張り合わせではなく、真ん中が彫り込んである。壺糸は絹糸。丈夫で、墨の含みがいい。車の下側の孔《あな》に竹管がはめてあり、糸の滑りがいいように工夫されている。また、車の底の部分にも小さい孔が切られ、雨水が逃げるようになっている。

壺にはネバシと呼ばれる綿が入っていて、墨汁を浸しておく。乾いて固まっても、水を一、二滴垂らしてやるとすぐに墨が戻る。現在は市販の墨汁を使う人が多いが、以前は削り墨を水に浸したり、熱湯で溶かして使った。また、綿は墨を吸い、腐りにくい絹綿が一般的だが、古くはヨモギの綿が使われた。ヨモギの綿は、ヨモギを天日で乾燥し、槌《つち》で丹念に叩くと綿が採れる。ヨモギの綿は墨壺以外に、昔の携帯筆記具である矢立てにも使われた。さらにお灸に使われるモグサも同じヨモギの綿である。モグサは、ヨモギの葉の裏側に生えている細かい針のような繊維を集めて作る。

墨壺は、かつては大工が自分で作った。そのため、昔は墨壺を見れば大工の技量が分るといった。不出来な墨壺を使っていると、稚拙な技量を宣伝して歩いているようなもので、仲間内で馬鹿にされた時代があった。半人前の大工は、自分の墨壺を隠して使った。

墨壺は昔もいまも職人には欠かせない道具であるが、昭和四十年代に入って、安価、大量生産のプラスチック製品が登場し、また、建築様式が変化する中で、墨壺を使いこなせない建築家や大工が増え始めた。

1年〜2年乾燥させたケヤキ材に型紙をあてて型取りする。
足が手の役をする。
墨池をノミで彫る。
手ノコで挽いたあとノミで荒ぐりしる。
クイ木

手作りの墨壺は年を追って衰退し、墨壺職人は廃業、転業を迫られていった。現在、墨壺を作っているのは新潟県三条市だけだが、この伝統の地も、全盛時には四〇軒近くあった墨壺屋が、いまでは数軒残っているにすぎない。

田巻勇さん（六十歳）は、この衰退の一途をたどる墨壺業界にあって、いまも昔どおりの手作りで墨壺を作り続ける職人である。

田巻さんは、十二歳から今日までの四八年間、墨壺作り一筋に生きてきた。小学校を終えるとすぐに三年間の年季奉公を経て、十五歳ですでに一本立ちしている。昔の見習い奉公では親方は何も教えてくれない。教えすぎて腕を上げると、すぐ他へ移ってしまうからだ。

最初は親方が線を引いた板を鋸《のこ》で引く作業ばかりやらされ、墨壺の車が入る孔が彫れるようになるのに二年、本体にはなかなか触れさせてくれなかった。年季奉公の三年間でどれだけ親方の技を盗むかが勝負である。

父を亡くし、二人の兄は戦死、母と三人の弟妹、そして長兄の残した三人の子供の計七人を養うことになった戦後、田巻さんの生活は当然、重く苦しいものだった。

しかし逆境の中の生への執着は、戦後の復興と重なり、田巻さんの腕前を「下の

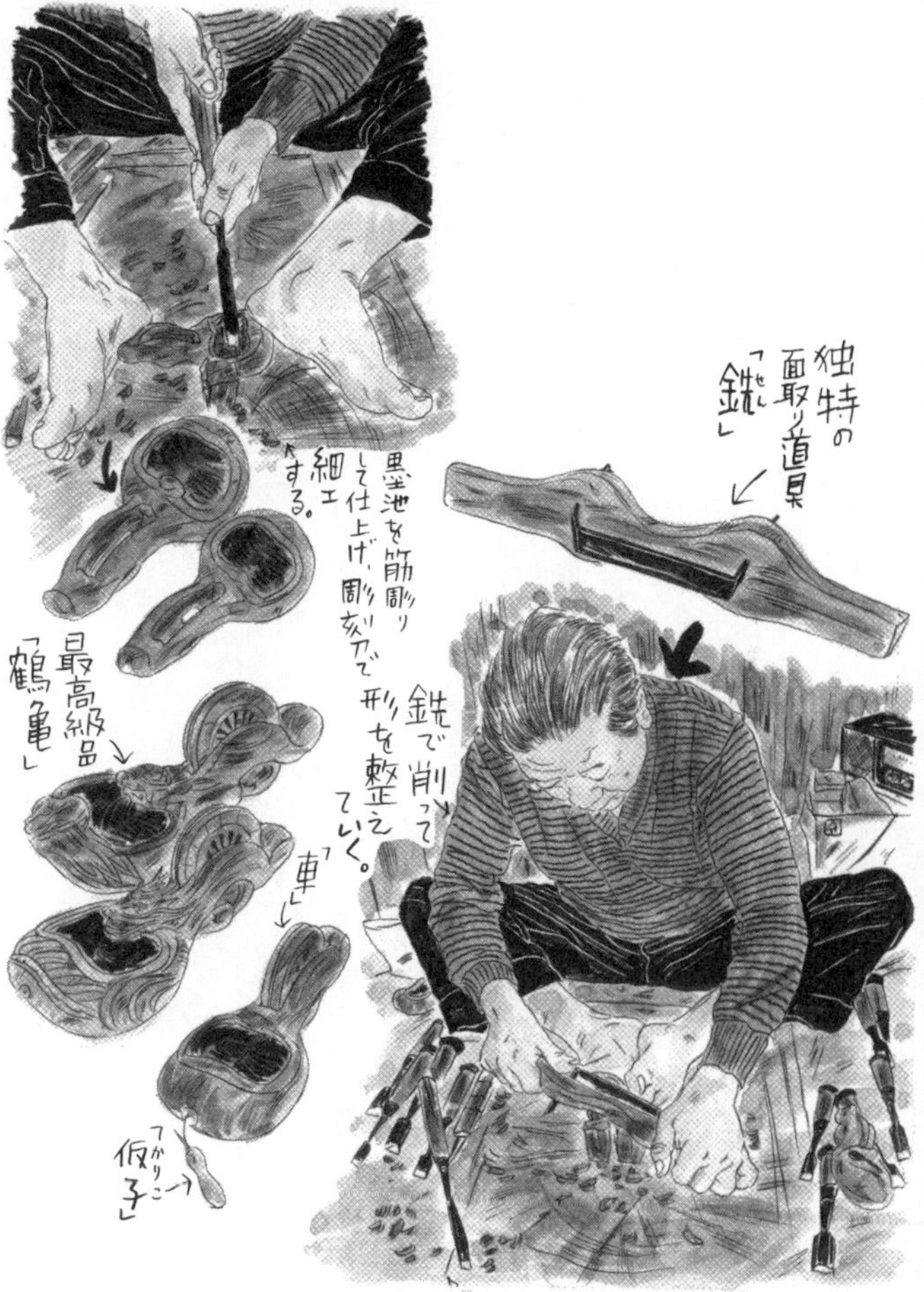

独特の面取り道具「銑《せん》」

銑で削って形を整えていく。

墨池を筋彫りして仕上げ、彫刻刀で細工する。

最高級品「鶴亀」

「車」

「仮子《かりこ》」

下」から、「最上」のものへと磨き上げていったのだ。

いい仕事にはいい道具が

墨壺作りは座業である。足と足の指、脛《すね》、尻が万力の代りをする。墨壺だけでなく、昔の日本の手仕事はほとんどが座業で、腕や肘《ひじ》、膝《ひざ》、足、指など体のあちこちが治具《じぐ》になる。そのため、昔の職人は例外なくガニ股だった。仕事に合った体形になるのは年季の入った職人の金看板だった。

田巻さんが作業場に座る。座ったままで手の届く範囲に数十本のノミや彫刻刀、銑《せん》などの道具が置かれている。木取りをしたケヤキ材に型紙を当てて型をとり、作業が始まる。

材料を足ではさみ、作業台のクイ木にあててノミが踊る。カツカツという習練の早業《わざ》のノミ音が作業場に響いてゆく。ケヤキの赤みを帯びた木屑が飛ぶ。次第に墨壺の形が出来上がっていく。

糸を巻く車が組み込まれる孔一つをとっても、きつすぎてもゆるすぎてもいけない。集中力と力のいる作業である。

高級品には、鶴亀や龍の彫刻を入れるが、細工は細かく、すべてを手彫りでやると、一日、二、三個しか作れない。

「墨壺を使う人が減っているといっても、持ち運びが簡単で手軽に線を引く道具は他にないから、なくなることはない」

田巻さんは言うが、素材がプラスチックに移行してゆく危惧はある。実際、墨壺の機能だけとれば、プラスチックもケヤキも大差はないし、むしろプラス

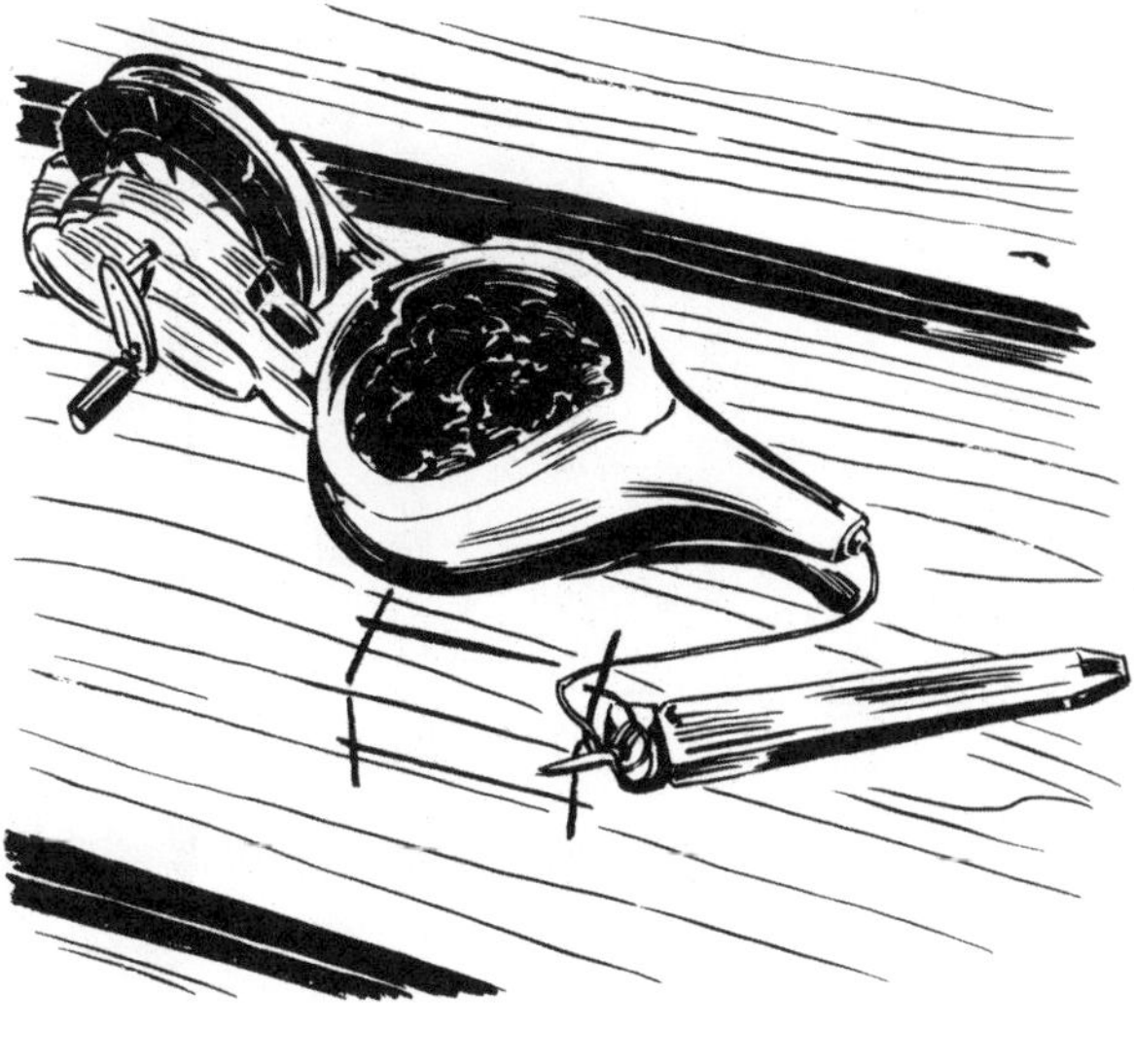

チックの方が、安価で、乱暴に扱っても丈夫である。いまは墨を使わない墨壺まで出回っている。

しかし腕のいい職人は道具を大切にする。いい仕事をしようとする職人は道具にも心配りをする。

特別に誂《あつら》えた墨壺を神棚に祀《まつ》る職人もいる。使うときは神棚に柏手を打って持ち出した。そういう職人はいい仕事をする。道具を粗末にする職人は〝叩き大工〟と軽蔑される。

いい道具を作る職人がいて、いい道具を使う職人がいる。そういう時代が続くことを願いたい。

杣《そま》人《びと》外伝
「危険でえれえ仕事だナ
現代の杣人《そまびと》(樵《きこり》)山田政男さん(49歳)チェーンソーを使わせたら名人と噂されている。
STIHL
STIHL
かつての杣は斧と鋸で切り倒したが、いまはチェーンソー。根まわり4.5メートルもある巨木がわずか5、6分で切り倒される。
ハバキ(脛巾)
地下足袋

杣人《そまびと》とは、樵《きこり》の別名である。

その樵という呼び方も現在では死語になりつつあり、現在は「伐木造材士」というのが彼らの正式名称である。

かつての杣はヨキと呼ばれる斧と、ダイギリという鋸を担《かつ》いで山に入り、樹齢数百年というような巨木を切り倒したが、現在の伐木造材士の手にはチェーン・ソーという近代兵器が握られている。

名称や作業は変わっても、人里離れた山中に生きる男の生き様と心情には、軟弱な都会人を打ちのめす逞《たくま》しさが漲《みなぎ》っている。

最後の秘境〝秋山郷〟で大木に挑み続けて

志賀高原の北、岩菅《いわすげ》山から流出する雑魚川《ざこがわ》と、野反湖《のぞりこ》を源とする魚野《うおの》川が合流して中津川となる。信越国境の苗場と鳥甲《とりかぶと》山の深い山峡を流れる中津川に沿って点在する切明、和山、屋敷、小赤沢、大赤沢、前倉、逆巻《さかさまき》、穴藤《けっとう》など一二集落を総称して秋山郷《あきやまごう》と呼ばれる。

最後の秘境と呼ばれる山峡の村、秋山郷は十一月下旬から降り積もった雪が根雪になり、雪解けの五月下旬までの約半年間、すべての交通機関は遮断され、陸の孤島になってしまう。人々は雪に埋もれるように暮らし、傾斜地に拓いたわずかばかりの田畑を耕し、山仕事をして生計をたててきた。

ここに、杣、あるいは樵、そして現在伐木造材士と呼称される山の男たちがいる。彼らは一直線に谷に落ち込むような急傾斜の尾根に分け入り、大木に挑むことを宿命として生きてきた。

山田政男さん（四十九歳）。樵になって約三〇年のベテランで、チェーン・ソーを使わせたら秋山郷では名人級だといわれている。

「チェーン・ソーを使うようになって二〇年ばかりたつかの。その前《めえ》は斧と鋸で伐ってたさ。そういうモンでねえと、チェーン・ソーもうまく使いこなせねえ」

熟練者ともなると、作業が早いだけでなく、自分の意図した方向に切り倒す。

彼の言葉を借りれば、

「枝ぶりを見て、木が倒れたがっている方へ倒してやらねば、駄目ら……」

と言うが、一見して木の性質や素性を見極める技術は一朝一夕に備わるものではない。

木が傾いている面を背中にして立ち、自然に倒れる方向を目視で確認したあと、周囲を見て、木が損傷が少なく、枝がかりしない安全な方向を見定めてから作業にかかる。また、場所によっては、木の生え方とは逆の方向に倒さなければならないこともある。そんなときには、切り込みの方向を変える。

名だたる豪雪地帯である秋山郷の伐採仕事は、雪のない五月から十一月にかけてが最盛期で、この期間はまだ明けやらぬ早朝から、陽が稜線の彼方《かなた》に沈むまで作業が続けられる。

命がけの危険な作業

杣は古くから一組五人ないし八人で組織され、組頭を「庄屋」、伐採夫を「サキヤマ」、角材に削る仕事を「ハツリ」もしくは「角ソマ」と呼んでいた。

現在では、伐採を請け負った者を庄屋と呼ぶ以外は、そうした名称はなくなって

トラックが入れる土場から、身仕度をして、さらに深山に入る。

ハバキをつける。

チェーンソーを使って伐木する者と、切り出し場から土場まで切り倒された木を運ぶ者5人が一組になる。

沢へ下り急斜面を登り、1時間もかかって切り出し場へ到着する。

木を倒す方向を決め、下側にチェーンソーを入れる。

下側に切り込みを入れたら次に上から斜めにチェーンソーを入れて、三角片を切り取る。

最後に上から切り込むと、巨木がバリバリ音をたてて倒れる。

STIHL

いる。ただ、チェーン・ソーを使って伐木する「バツボク」と、切り倒された木材にワイヤーをかけて運び出す「タマガケ」とに分けられ、報酬に格差がつけられている。

今日の現場は深い谷を隔てた対岸の斜面にある。トラックが入れる地点に小屋掛けがしてあり、杣たちはここで身支度を整え、伐採役である山田さんはチェーン・ソーを担《かつ》いで、二五〇メートルくらいの切りたった崖を下り、対岸の尾根を上って伐採現場にたどりつく。この間約一時間、立っているだけでふくらはぎが痛くなる急斜面を呼吸一つ乱さず、跳びはねるような軽い身のこなしで一気に駆け上がる。その健脚は常人の想像をはるかにしのぐ。

「タマガケ」を受け持つ人たちは、谷に渡したワイヤーを点検して作業に備える。

時に命を失うことも…

キューンというチェーン・ソーの音が山峡にこだまする。樹齢数百年という大木が数分の内に「バリバリ、ズシーン」と大音響をたてながら倒れる。

もうちょっと張れ
丸太を切りたった谷を越えて対岸の土場に渡すためのワイヤーを張る。
かつての杣人（樵）は斧と鋸でどんな大径木でも切り倒した。
切り出した丸太は「タマガケ」役の樵によってワイヤーにかけて土場に運ぶ。
「コシナタ」枝をはらう
「トビ」丸太にかけて運ぶ。
「ガンタ」丸太をはさむ
切り出した丸太を斧と鋸で角材に仕上げる「ハツリ」も杣人にとって重要な仕事だった。
「ハツリ」は材木のネジリを抜く技術が要求される。
土場で建築用の良材とパルプ用の悪材に分けられ、トラックで運ぶ!!

伐採の方法として、一般に「ハサミ伐《ぎ》り」と呼ばれる方法がとられる。まず木を倒そうと思う側の下方から切り込みを入れ、次に斜めに入れて三角片を切り取る。こちら側を「ウケクチ」と呼ぶ。

その後、反対側の「オイクチ」から切り込むと木は思う方向に倒れる。森林における伐採作業は、常に危険が伴い、判断の誤りや一瞬の気の緩《ゆる》みが大きな事故につながる。大木を切り倒すときには木を倒す方向にウケクチをあけ、反対側からオイクチを入れて倒すが、オイクチをどこまで入れれば木が倒れるかの判断には熟練がいった。

昔から、山仕事にたずさわる人たちの間で〝杖木《つえぎ》を切っても三尺逃げろ〟という諺《ことわざ》があるが、木が倒れる瞬間が最も危険だった。

あらかじめ木が倒れる方向は予測できても、倒れたとき隣りの立木や蔓《つる》などにかかったりすると思わぬ方向に落下し、下敷きになって大ケガをした。現在でも、ご飯に汁をかけて食べると、かかり木になるといって嫌う。

また、オイクチを入れた所から下に倒れてくれればいいが、ときには倒した木がオイクチの側に滑って根元が突き出してくることもあり、うっかりしていると体をはさまれて死亡することもあるし、倒れた木が裂けてはじき飛ばされる危険もある。

またソロやジシャの木は鋸を入れているときに、根元から木の先まで真っ二つに裂けて、天に向かって跳ね上がることもあるという。そういう場合は熟練した者なら木の軋《きし》みで分るといい、いち早く作業を中断して遠くへ避難する。数分のうちに裂けることもあり、また数時間を要する場合もあるが、裂けるまでは近づくことができなかった。

「うらおう（俺）、何回もそんな目にあってる。倒れた木の下敷きになって足を折ったこともある。木の枝が頭に刺さったことなんか誰でもある」

山田さんは、気負いもなく、さらりと言ってのける。

しかし、豪胆な山田さんも山仕事に関する習俗や信仰には、昔どおりのしきたりを重んじている。

その年の仕事始めには大安の日を選び、山の神を拝んでから山に入る。また毎月の山の神の日には山の木を伐ることはならず、どうしても日をずらせない場合は、山以外の木を切ってから出かけるという。

大自然を敬う心が

また、四と三という数字を嫌い十二支の自分の干支から数えて四番目、三番目にあたる日には絶対に山入りはしないともいう。

以前、樵が山に入って、物いわぬ樹木、草木の中で風に吹かれていると、山に向かって懺悔《ざんげ》したくなったという話を聞いたことがある。数百年、数千年かかって蓄積された自然を切り倒す彼らに信仰はある意味で、心の救いになっているといえるかもしれない。

土場《どば》まで運び出された木材は、建築材、パルプ材に分けられ、津南町や十日町、その他の土場に大型トラックで運ばれていく。

陽が落ちて山小屋で一服する彼らの額に、汗が光っている。

汗ばんだ体を、急速に冷え込む山の冷気が包み、かすかな身震いが走る。

もうすぐ、秋山郷が雪に閉ざされる季節がやってくる。これもまた、山に生きる人々の拭いきれない宿命なのであろうか。

木地師外伝

山田重男さん（55歳）
半年間、雪に閉ざされる秋山郷の人々は冬の間、暗い土間で黙々と木鉢を作ってきた。
アンモニア 45
1月の寒中に切り出したトチノキを「八中釿」で丹念に削っていく。
「前鉋《まえがんな》」木鉢の中をくりぬくときに使う。
「八中釿《はっちゅうな》」片手で使う釿《ちょうな》。

江戸時代後期、越後国魚沼郡塩沢の商人鈴木牧之《ぼくし》は、雪国の風物や民俗を克明に描写した『北越雪譜《ほくえつせっぷ》』の著者として知られているが、文政十一年(一八二八)平家の落人の隠れ里といわれる秘境、秋山郷を訪れ『秋山紀行』を著している。

その一節に、「里に出して交易のものを問ふに、粟《あわ》・稗《ひえ》・荏《え》木鉢・小鋤《こすき》・樫《かし》・檜《ひのき》・松の盤・桂板・弱檜《さわら》・白木の折敷《おしき》・秋は干茸・しな縄杯《なんず》、居ながら商人が買いに来る。又、里へも、疱瘡《ほうそう》ある村や市町へは恐れて売りに行かず、其余の村々へは、何ケ売りにも往くとなん」

とあり、雪の間の男の仕事として木鉢作りが行なわれていたことも記されている。

平家の隠れ里で、周りは豊かな森林資源

信越国境にそびえる苗場山と鳥甲山《とりかぶとやま》にはさまれた深い谷、中津川峡谷に沿って点在する一二の集落を総称して秋山郷と呼ぶ。ごく近年まで冬の間は四メートルを超える豪雪に見舞われ、根雪が、十一月下旬から五月上旬にわたることも珍しくな

く、交通機関はすべて途絶し、陸の孤島になった。

ここに住む人々は雪のない間は傾斜地に拓いたわずかばかりの田畑と山仕事で糧を得、半年におよぶ冬季には、男は薄暗い家の土間でコースキ（雪をかく木のシャベル）や木鉢作りを生業としてきた。それは、この秋山郷の風土の中で生きる男の宿命のごとく、数百年の間変革を見ることはなかった。

「昔は、作ったこねばちを背中にしょって、雪の中を一昼夜も歩いて、十日町に出て売りに行ったもんだ。帰りには、その金で食料や生活必需品を買い込んで、またしょってくるんだすけ、えれえもんだった」

秋山郷十二カ村の一つ、和山《わやま》で木鉢作りをする山田重男さん（五十五歳）が、感慨深げに当時を振り返って語る。

その上、秋山郷は平家の隠れ里であったことや、疱瘡などの疾病の流入を恐れたあまり、他所との交流を嫌った。このため主生産品である木鉢やコースキなどの木製品は、時折買い求めにくる仲介人によってしか取り引きがなく、産業として発展しなかった。

牧之の『秋山紀行』にも、「昔昔より聟《むこ》も娵《よめ》も取組は此《この》秋山切りにて、里よりは親子親類の縁は切り、一生涯不通となると云」との一文がある。

「うらぉ（私）も小さい時分に親から、村でよそモンを見たら殺せと言われた」

山田さんが、こともなげに言う。

山田重男さんは現在、和山で民宿を営むかたわら木鉢作りをしているが、イワナ釣りの名人としても知られ、また冬には熊撃ちもやる。さらに日々の糧を得るための農業と、春や秋には、山菜やキノコを採りに山に入る。雪山での木の伐採に雇われることもある。

数年前までは町へ出稼ぎにも出た。この地に土着して生きることは、余人の想像もおよばない過酷な労働と、それを支える強靱な体力と精神力を必要とした。

秋山郷は山峡の村であり、周辺の山々には現在でも千古不斧の原生林が広がり、豊かな森林資源に恵まれている。しかし、道路が整備されていなかったため牛馬を使った木材の搬出ができなかった。また、川は屈曲し、浅瀬が多いので、イカダ流しもできなかった。

古くは、子どもから年寄りまで、イラ草を織った袖なしのアンギンを纏《まと》い、早朝

「山どり」営林署から
とちの木が
はらいさげ
られる。
適当な大きさ
に切ったあと、
斧で荒削り
する。
釿で形を
整えていく。
原木を斧で
削って、おおよその
形を作る。
「斧《おの》」
「釿《ちょうな》」
「前鉋《まえがんな》」
「几中釿《はっちゅうな》」
「電気鉋《でんきかんな》」
尺棒で
円周を決める。
「尺棒《しゃくぼう》」
コンパス

から陽のある間は山に入って働き、栃《とち》や楢《なら》の実、粟、稗などの粗食に甘んじ、夜は夜具もなく、藁《わら》の叺《かます》に潜って土間の囲炉裏を囲んで寝た。

鈴木牧之は、『北越雪譜』でそのことにふれ、「財をうる事難ければ、天然の貧地なり」と綴っている。

また、その過酷劣悪な辺境の地に暮らす人々の素朴な美しさ、健全さを讃《たた》えて〝知足の賢者の栖《すみか》とやいわん〟と書き記している。

木鉢は貴重な現金収入を

木鉢は栃の木で作られる。栃は木材を利用するだけでなく、耕地の少ない山里では栃の実が畑作物に次ぐ主食の一つでもあった。秋になると人々は山に入って大量の実を拾い、拾ってきた実を一晩水に浸《ひた》し、天日でカラカラに干して〝虫殺し〟をする。これを袋に詰めて天井に吊るして保存した。これは鼠害《そがい》を防ぐと同時に、囲炉裏の煙で保存性をよくする目的もあった。

加工するときは実を桶に入れ、熱湯をかけて一粒ずつ皮を剝ぎ、籠などに入れて

小さい鉢は中心を削り残し、尺棒をクギで打ち、鉢の大きさを計る。
クギ
回転させる。
前鉋と八中釿で彫りあげる。
八中釿
板でささえる。
裏側に鉋をかける。
電気鉋で縁を削って仕上げる。
大きいものだと、1個仕上げるのに数日を要する。
とちの実を粉にしたものや、ひえ、あわ、そばなどをこねるために使われる。

一週間くらい川の中に浸しておく。ふやかした実を桶に入れ、木灰をかけて熱湯を注ぎ二、三日置くと実が二つに割れてアクが抜ける。さらに水に浸したあと蒸籠《せいろ》で蒸し、搗臼《つきうす》で粉にする。これを餅と搗《つ》き混ぜ、米のたしまいにしたり、栃餅にして食べた。手間がかかるが、山国では欠かせない食糧だった。栃の木は人々の暮らしに密接な木であった。

木鉢作りは、厳寒の十二月、山の伐採場で行なわれる「山どり」から始まる。深い峡谷が折り重なる山地では、雪が厚く積もる冬の方が木材の搬出が容易だった。

それでも、豪雪の山で営林署から払い下げを受けた栃の木をチェーン・ソーで適当な大きさに切って運んでくるが、生でカンカンに凍っている原木を運び出すのは重労働だった。

「冬に山どりするのは、寒いときに伐り出した栃で作る鉢は木肌が白くてきれいにできる」

輪切りにした原木を斧ではしょって「コマ」と呼ぶ荒どりをし、さらに釿《ちような》で彫って鉢の形を整えていく。面を取るのは、昔は手鉋《てかんな》だったが、現在では電動の鉋だ。

栃の木は乾燥すると、硬くて刃物が立たないので、作業にかかる数日前から水槽に漬けておく。

斧や釿、鉋でおおよその形ができると、八中釿《はっちょうな》と呼ぶ手釿で内側を彫っていく。前鉋は片刃のヤリガンナで、鉢の内側の曲面に沿って手前に引くようにして削る。柄が長く、テコの原理で操作する。また八中釿は柄の短い釿で、片手で持って鉢の内側を掻くように荒取りする。カッ、カッという木の弾ける音が暗い土間の冷えた空気を震わせる。音さえ凍りついたように寒々しい。力がいる作業で、長年のうちに指が変形して固まってしまっている。

尺棒（木のコンパス）で円周を引いて縁を削ったあと、前鉋で表面を滑らかに削り、裏面にも鉋をかけて仕上げる。中型の鉢が一個出来上がって、山田さんが鉋を置いた頃には、陽は西の稜線に沈もうとしていた。

道を隔てた母屋の窓に命の火のような明かりが灯り、家族の影絵が遊んでいる。山田さんの足が早まる。

直径二〇センチ程の小鉢は二〇〇〇円、蕎麦をこねる大きな鉢になると一〇万円の値で取り引きされる。山田さんの作る鉢は、こねるときに粉がこぼれないように独特の工夫がしてあって、遠くからも直接引き合いがあるという。

秋山郷の木鉢作りは、貴重な現金収入の道を約束する。だが、文明は急速に押し寄せ、人々の暮らしも変わらざるを得ない。怨念にも似た雪国の人々の暮らしや人情がこめられた木鉢の滑らかな冷たい肌を撫《な》でていると、思わず身震いが出る。それは、急速に冷え込む寒気のせいであったのだろうか。

道祖神石工伝
長瀬渉さん(42歳)
道祖神を彫り続けて
十六年。
八ケ岳山中の
自然石を彫る。
ハビシャン
チョイナ
ビシャン
ノミ

信濃の国、信州は道祖神の宝庫である。路傍の、数限りないもの言わぬ石仏は、常に穏やかな微笑をたたえ、辺土《へんど》に生きる民衆の苦悩を慰めてきた。

また、道祖神は既存宗教にとらわれない、素朴な信仰の心を映し出し、夫婦和合と家族の絆を盾として権力の圧政に抗《あらが》う民衆の心情が投影されている。

そうした過去数百年に遡る、名もなき石工《いしく》たちの手になる道祖神にこめられた魂を、現代に受け継ぐ若き石工がいる。長瀬渉さん（四十二歳）。信州唯一の道祖神石工として道祖神作りに情熱を注いでいる。

人生の転機に出会った路傍の道祖神

信濃路を歩くと、旧街道や峠を越える山道や、旅人がほとんど通ることのない野辺道の路傍に、ひっそりとたたずむ道祖神に出会う。

道祖神は、一般に村の境や峠、道の辻などに祀《まつ》られる路傍の神。村に邪気や悪霊が入るのを防ぐと同時に、男女一対の形には夫婦円満、子孫繁栄、縁結びなどの素朴な願いが投影されている。道祖神を別に「塞《さい》の神」ともいうが、塞は「さえぎる」の意で、悪霊や疫病など邪悪なものを集落に入れない呪術的な意味もある。その原型は中国にあるといわれる。

信州安曇野地方の道祖神は、どれも男神と女神の双体神が仲良く肩を組み、あるいは手を握り合い、または接吻をし、裾から手を差し込んでいたりして、おおらかで大胆なポーズで人目をひく。

そこには、夫婦和合、家内安全はもとより、縁談や安産、子供たちの健康、そして五穀豊穣を祈る民衆の心がこめられている。道祖神は抑圧と貧困を強いられてきた人々の、素朴な信仰から生まれた〝愛と生産の神〟でもあった。

過去、どの時代でも宗教は権力と結びついてきた。宗教は布教と権威を狙い、権力側は宗教を利用して民衆制圧を画策した。

しかし、路傍にたたずむ道祖神からは、そうした悪臭は匂ってはこない。むしろ、その穏やかな微笑の中に、圧政と既存宗教に対する反骨と抵抗さえ読み取れる。人々にとって、それらに対抗し得る武器は、夫婦の和合、家族の絆と団結しかなかった。

道祖神には、特定の宗教が介在した形跡は認められない。国家や、豪族の庇護もなく、ただ辺土に生きる名もなき農民たちの心情を、名もなき石工が簡潔に、美しく石に刻み込んだ素朴な信仰の形である。

道祖神の宝庫、信州の多くの石仏を見ていくと、中には技術的に稚拙なものや、あきらかに時代が異なる装束が混然となっていたりする。ある意味で無知だが、それがまた形式にとらわれない自由で素朴な趣きを見る者に感じさせる。

また、中には優れた道祖神石彫も数多くある。それは、これだけのものを江戸時代において刻み得る技術と教養を持った石工が、辺土ともいうべき信州の山里に多く住んでいたことを証明している。

ここ数年来、信州の道祖神がブームになり、それ目当ての観光客も多くなっているが、土地の人々があまりにも無防備のためか、かなりの数の道祖神が盗難に合い、大幅に減っているのが現状だ。そこで、もう一度復元させようという運動や、愛好家も多くなり、現代に道祖神を彫る石工が誕生した。

長瀬渉さんは若き道祖神作りの石工である。この道に入ったのは遅く二十五歳。それまで彫刻も、石材にも縁がなかった。わけも分からないまま石工の野口亀太郎

石彫り道具
墨壺
ビシャン
ツキノミ
ハビシャン
チョイナ
トンボ
ゲンノウ
ヒラノミ
ケンノミ
ノミ（仕上げ用）
ホウキ
サシガネ
防塵メガネ
石の素性を見てまず芯をとる。
ノミで荒彫りをする。
墨で道祖神の下絵を描く。

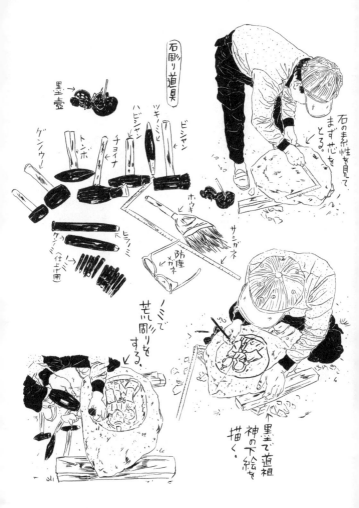

氏に弟子入りした。野口さんは石工として五十余年のキャリアを持ち、文化財復元の依頼で石仏や道祖神作りに手を染め、以来、魅入られたように道祖神を彫り続けた名人だった。

人生の転機に人との出会いが大きく影響する。長瀬さんにとって、名人野口亀太郎氏に師事したことが、道祖神作りに一生を賭す決意をさせた。

師匠もそれをすすめ、自らが道祖神を彫る傍らに常に長瀬さんを伴った。手とり足とり教えることはなかったが、「目で盗め、見て覚えろ」と叱咤《しった》した。長瀬さんは信州でも特に道祖神の多い安曇野穂高の出身で、子供の頃から道祖神や石仏に囲まれて育ったこともプラスになった。

しかし、なかなか石を彫らせてはくれなかった。毎日、ノミをゲンノウで叩くハツリの練習ばかりやらされた。ノミの頭に平らにあたらないと思うように彫れず、ノミの先がめくれて道具を傷める。昔の石屋の修業は鍛冶屋と同じく、ふいごで火を熾《おこ》してノミや、ビシャンなどの道具を作ることから始まる。何度も火傷《やけど》をし、手を叩いた。

石による硬さ、柔らかさ、粘りなどの違い、またその石の特質に合ったノミの硬

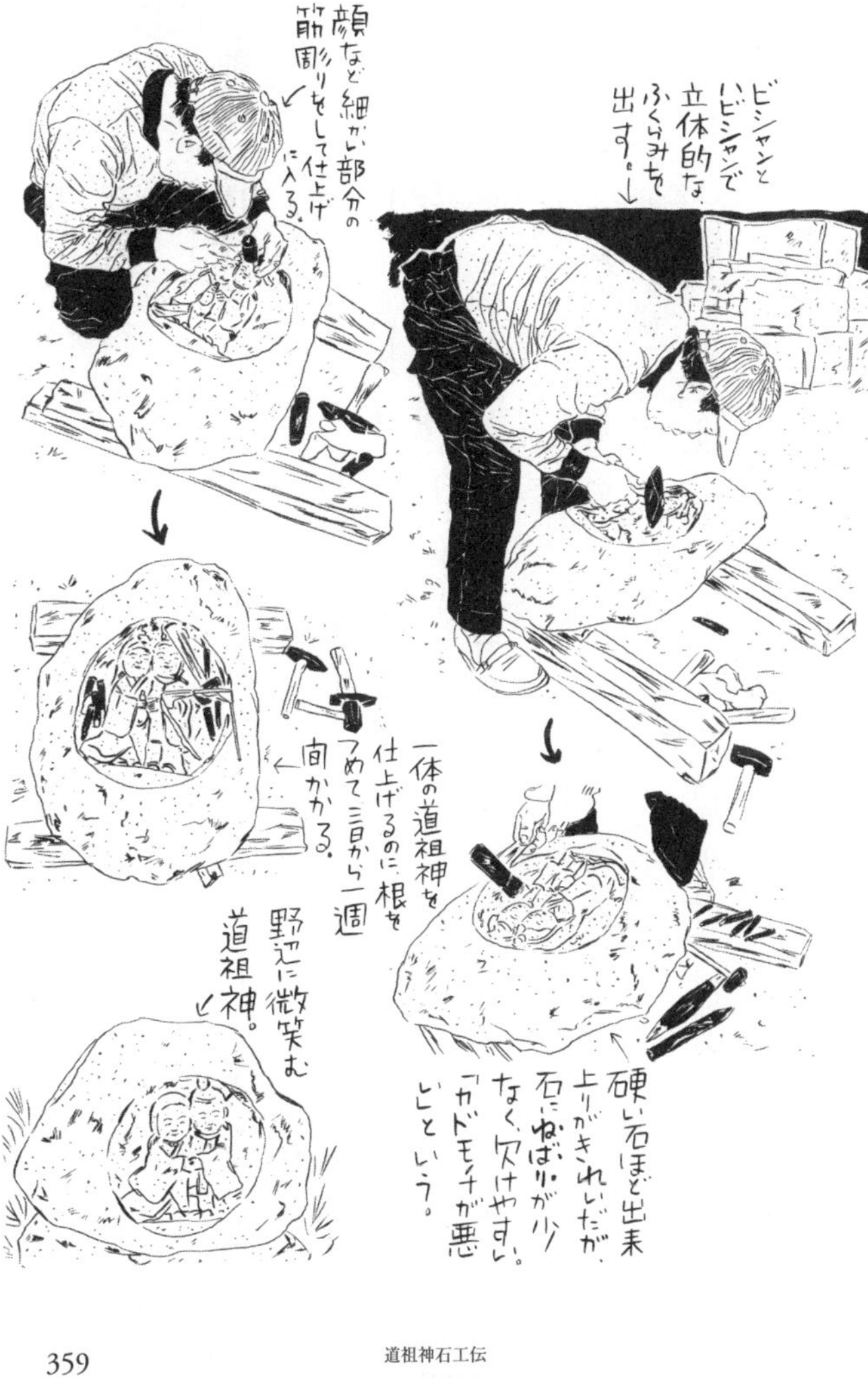
ビシャンと小ビシャンで立体的なふくらみを出す。

顔など細かい部分の筋彫りをして仕上げに入る。

一体の道祖神を仕上げるのに根をつめて三日から一週間かかる。

硬い石ほど出来上りがきれいだが、石にねばりが少なく欠けやすい。「カドモチが悪い」という。

野辺に微笑む道祖神。

度を加減する鍛冶の焼き入れの仕方などを自然に覚えていった。
師匠の許可が出て、初めて石仏作りをしたのは、それから三年後だった。

無限の奥深さを秘めた仕事

石工はその技を磨くことと同時に、石を見る習練が重要で、一生が修業だといわれる。石にも木と同様に目がある。石の目を読み、ヤアナをあけ、ヤ（タガネ）を打ち込むとまるで鋸で切ったように石が割れる。習練によって自然石の表面を見て、内部の状態を読みとることもできる。表面が滑らかで硬そうに見えても中がアナだらけという場合もある。

「八ケ岳の自然石で道祖神を彫ってるんだが、トラック一台分買っても、二、三個しか使えないこともあった」

これでは商売にならない。また石によっては、粘りがあって彫りやすいものや、硬くて粘りがなく、彫ると欠けやすい石もある。夏場に採った石はいいが冬の凍《し》みる時期の石は、放っておくと一夜にして真っ二つに割れることもある。一般に、陽の当たらない裏山の石は五月から十月に採り、他の時期の石は日中は陽に当てるが、夜はこもをかぶせて風を避け、凍み割れを防ぐ。これらすべてが身について、はじめて一人前の石工、職人として認められる。

また昔は、職人といわれるようになっても、親方からの請負仕事は、打ち損じたノミの穴の数で賃金を差し引かれることもあった。手を誤らず、いかに早く仕上げるかが腕であった。

道祖神作りはまず石を選び、石の素性を見極めてから墨で下絵を描き、丸ノミで荒彫りをし、ビシャンやハビシャンで顔や装束の深みやふくらみを刻み、ヒラノミや先が尖ったケンノミで顔の細かな輪郭と表情を彫って仕上げる。一体作り上げるのに三日から一週間かかる。

その間、一瞬たりとも気を抜けば失敗したり、怪我《けが》もする。また、夢中になっているうちに、吹いた石の粉を吸って腎臓や肝臓を病む石工も多い。単純に石を刻むという仕事だが、無限の奥深さがある。作り上げた道祖神は、置かれた場所で風雪に晒《さら》されながら何十年と持たなければならない。その責任は重い。

「わけも分らず石工の修業に入って一六年、師匠が三年前に亡くなってしまって、いまは何とか跡を継いでいきたいと、頑張ってます」

頼るべき師匠を失い、県下で唯一人の手彫りの道祖神作りの石工としての責任を、重圧に感じることもある。いままでに五〇体以上の道祖神を彫ってきたが、まだ満足のいくものはないという。

しかし、待ち受ける幾多の試練を乗り越え、無心になれたとき、人々の苦悩を救い、煩悩を静める、あの穏やかな微笑の道祖神が彫れるはずである。

追い込み漁師伝

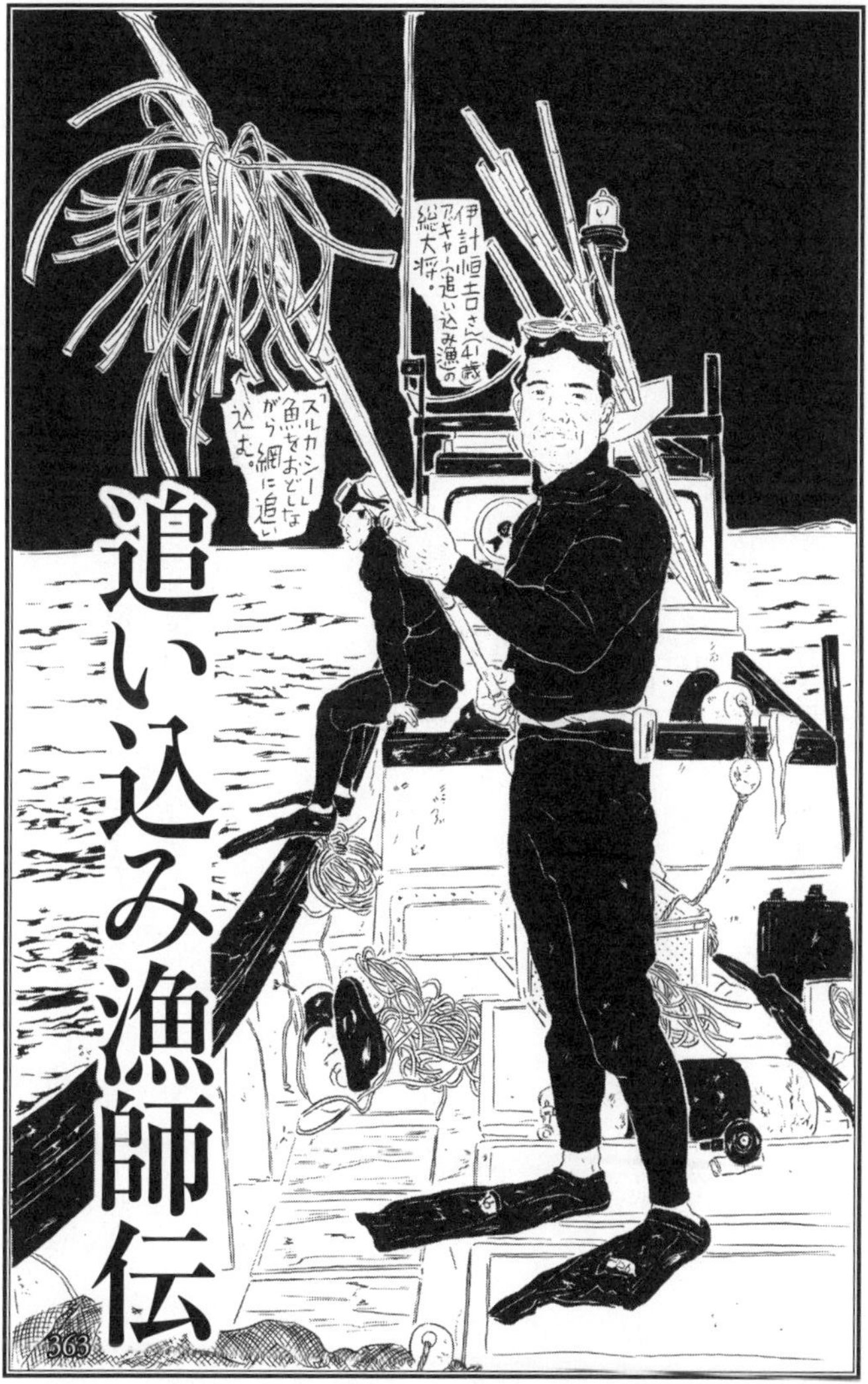

伊計恒吉さん(41歳)アギャー(追い込み漁)の総大将。
「スルカシー」魚をおどしながら網に追い込む。

アギャーとは多人数の漁師が海に潜り、スルカシーと呼ぶ魚おどしの竿で魚を網に追い込んで捕る、沖縄独特の勇壮な漁法である。水深五〇メートルの海底で魚と死闘を繰り広げる、壮絶な男たちの生き様がそこにあった。

人間が魚を追う！
石垣島で生き続ける漁法

沖縄の追い込み漁は、その規模によって名称と追い込み方が異なる。最も大規模なものをアギャーといい、一〇トンくらいの母船と一〇隻あまりのサバニ（沖縄のくり舟）で、三〇～四〇人の漁師が参加する。

潮の流れを見ながら海底に袋網（高さ一三メートル、長さ三〇～四〇メートル）を張り、その両袖に長く袖網を張って、全員が海に潜って魚を網に追い込んでいく。捕れる魚はグルクン（タカサゴ）、イコガーミ（ニザダイ）、マチカラー（トガリエビス）など、海底にいる魚、全部ということになる。

アギャーより小規模なのが、パンタタキと呼ばれる漁法で、水面を掌《てのひら》で打ちながら魚を網に追い込む。網も小さく漁夫も四、五人程度でできる。名の由来は、水面を叩く音からきている。

同様に小規模なものに網カキャーというのもある。これは房の下がった網で水面を囲んでいくもので、主にトビウオなど表層の魚が対象になる。

こうした追い込み漁は、かつては糸満《いとまん》漁師たちの得意とする漁法であった。彼らは、その独特の潜水技術と勇敢さ、漁の巧みさで、それまで目にすることのなかった深海の魚を根こそぎ網にかけた。

「糸満漁師が現われたら魚という魚が絶えてしまう」と恐れられ、沖縄から奄美、九州一帯、さらにはフィリピンや南洋諸島まで、その名を知られていた。

明治二十年代から昭和の戦前あたりまで「糸満売り《イチマンウイ》」と称する子供の人身売買が公然と行なわれ、それらの若い労働力を背景に、糸満の追い込み漁は隆盛を極めた。だが、戦後は衰退の一途をたどり、現在では糸満にアギャーは存在しない。

しかし、その漁法は沖縄の島々に根付き、いまも生き続けている。本島本部《もとぶ》の健《けん》堅《けん》、伊江島、八重山諸島の宮古などの島々でもアギャーは行なわれているが、そのほとんどが半農半漁の季節漁業や五、六人の小規模漁業なのに対し、石垣島だけはかつての糸満をしのばせる大規模で、豪快勇壮なアギャーをいまも続けている。

海面下での激しい作業

午前八時、南国特有ののどかな静寂《しじま》を破って、アギャーの船団が一斉に石垣島の港を出航する。一〇トン程の本船を囲むように五隻のサバニが列を組む。

漁師の年齢は二十歳から六十歳までさまざまだが、いずれも海でならした屈強な男たちが揃っている。そして彼らを指一本で自由に動かし指揮統率する大将《てーしょう》が、伊計恒吉さん（四十一歳）である。

漁の成否は、すべて大将の力量にかかっている。潮の流れを読み、いち早く魚群を発見することだけでなく、魚をどの方向に追い込むかを計算した上で、網の張り方や各船の配置を指示し、魚を追う潜水者一人一人の動きに目を配る。

判断を誤り、一瞬の指示の遅れが漁を失敗させる。長い経験と、的確な判断力、そして大勢の漁夫を統率する人望も大将に欠かせない条件である。

舳先《へさき》に立ちはだかり、波頭をにらむ伊計さんの表情には、近寄りがたい気迫が漂

沖縄の漁師は底抜けに明るく、おおらか。素裸で船の上で歩きまわる。
アイツの方が大きいよ！
漁場に着くと網を仕掛け、「スル」（魚を追い込む縄）を流す。
漁場に着く前に準備をする。
「スルカシー」魚おどしの道具作り。
竹竿にビニールテープを結びつける。
スルカシー
同じ間隔をおいて、次々に海へ潜る。

っている。

伊計さんは叩き上げの漁師である。十二歳のとき〝糸満売り〟と同じように、宮古島から買われてきた。幼くして親から離され、親方の元で厳しく漁を仕込まれた。冬でも素裸で海に潜らされ、反抗的な素振りを見せると裸でアダンのトゲの中に投げ込まれ、半殺しの目に合わされた。実際に死んだ仲間も多かったという。ほとんどが栄養失調にかかっていた。敗戦によって沖縄は米軍統治になり、解放されてからは、今度は自分のために漁ができるようになったことを伊計さんは喜んでいる。

魚群を発見すると旗と手信号で網の位置と各船の進路、配置が伝令され、にわかに緊迫感が張りつめ、騒然となる。

本船からスルと呼ばれる房の下がったロープが流され、アクアラングをつけた漁師が等間隔に次々に海に跳び込んでいく。全員がスルに摑《つか》まって魚群を狭めていき、スルカシーで魚を袋網に追い込んでいく。

アクアラングを使用するようになったのは五年程前からで、それ以前は木製の水中メガネをつけただけの素潜りだった。海中での作業ははるかに楽になったが、反面、水深四〇～五〇メートルでの激しい労働は体力の消耗が激しく、潜水病にかか

サバニ
袋網
スル
袖網
一列にスルにつかまり、魚群を狭めていく。
スルカシーで魚群を袋網に追い込む。
袋網の下についたチューブにエアーを入れて網を浮上させる。
一日3回の漁で2トン近い水揚げがあることもある。

る危険も増大している。

海上は無人のサバニが波に揺れるのどかで平和な光景が広がっているが、その真下では生命を賭した作業が行なわれている。

魚群を袋網に追い込むと、網の下についたタイヤチューブに背中に背負ったボンベのエアーを入れ、すばやく網を水面に浮かび上がらせる。

引き上げられた網には沖縄独特の原色の魚がひしめき合い、バシャバシャと水を叩いて跳びはねている。

グルクン、マチカラー、イコガーミ、巨大な文甲イカまでかかっている。大漁だった。海底から上がってくる漁師たちの顔も明るい。

四個の魚倉はたちまち溢《あふ》れ、甲板一面に魚が積み上げられる。この日三回の漁で水揚げ約二トン。金額にして百数十万になるという。売り上げは経費を引いた残りを頭数で均等に分配する。年齢や熟練の区別はないが、船も頭数に入る。

帰路、さっそく魚を刺身にして泡盛をくみかわす男たち。その傍らで疲れて寝込んでいる男もいる。一仕事を終えた男のいい顔が揃っていた。

凧師外伝
小林彦一さん（79歳）
六角凧作り65年、
名人と謳われる。

凧《たこ》上げは正月、あるいは冬に行なうという考え方は、実は関東や関西の限られた地域にだけあったものである。

俳句の世界では、凧上げは春の季題とされているし、長崎では四月に、東海地方は五月、新潟では初夏から夏にかけて、四国は七月、そして秋の収穫祭や三年ごとの厄払いに凧を上げる地方と、ほとんど一年中、どこかの空に凧が上がっている。

凧上げとは元来、豊作の吉凶を占う神事であったのだ。

全国各地で郷土の凧を作っている凧師たちは、いまも、伝統と習練の技をうち込み、凧作りに、ひたすら励んでいる。

古くはイカ上げだった。イカがタコになった⁉

〝凧は正月〟との固定観念が生まれたのは、江戸時代、子供の正月遊びとして流行するようになってからである。

嘉永六年（一八五三）刊の、『守貞漫稿《もりさだまんこう》』（喜田川守貞著）にも凧上げの時期について記述がある。「大坂は正月末より二月を専《もっぱ》らとし、特に二月初午《はつうま》の日を盛《さかり》とし、（中略）江戸は早春を専らとし、正月十五日、十六日、市中丁稚宿おりと称《とな》へ、父母の家に帰る。此丁稚等専ら弄レ之こと也。故に此二日を盛とす」――つまり、関西と江戸では、冬、凧上げが全盛だったのである。

十五、十六日の藪入りは、丁稚たちの公休日で、小僧たちは我が家で、凧上げを楽しんだというわけだ。しかし関東以北、東北、北海道では、冬は厳寒に晒《さら》され、凧上げをする余裕はあろうはずもない。

凧上げはもともと子供の遊びではなく、豊作の吉凶を占う神事で、平安朝以前に中国から伝わったといわれる。その後、貴族階級の技芸として伝わり、やがて武士たちの手に移り、さらに庶民の間に広まり、江戸時代に大流行した。

「たこ」という名称にしても比較的新しく、それ以前には「いか」が一般的だった。

江戸中期の俳人、蕪村の句に、「いかのぼり　きのふの空のありどころ」というのがあり、いかのぼりに「几巾」という字をあてている。中国語で、たこを「鳳巾」とも書き、この二字を縮めて「凧」という日本製漢字が生まれた、といわれている。いずれにしても凧上げの流行は、関西から関東に伝わったもので、「いか」

が「たこ」になったのは、元来、上方で流行った「いか上げ」に対し、江戸っ子が対抗意識の表われとして、「たこ上げ」と命名したからだといわれている。

高く飛ぶ凧、それが夢

凧合戦で知られる新潟県三条市でも、数年前まで「いか」という名称が一般的であった。最盛期には各町内に一軒くらいの凧屋があり、開け放たれた家から、いつでも墨やニカワの匂いが洩れ出て、凧屋の所在は尋ねなくても分った。

六月、合戦の日が近づいてくると、凧屋の店先に八十枚張り、百枚張りの大凧が並び、町中が徐々に興奮の極致へと達する。

当日は、それぞれ町内ごとに大凧を持ち寄り、信濃川の支流、五十嵐川の両岸に分れて凧合戦が開始される。

大空高く、数十枚の大凧が舞い上がり、地上では土手から落ちそうにつめかけた観衆の声援や凧上げ唄が響き渡る。凧糸にはカミソリが取りつけられている。あるいは細かいガラス片を糊で固めてあり、上空で敵の糸に絡《から》めて切る。

芯棒と横骨を結ぶ。
周囲の糸を包むように和紙を貼る。
芯棒一本で9行程ある。
和紙を巻く。
左右、上下均等に糸を張る。
横骨の部分は切り込みを入れて貼る。

糸を切られ、町はずれまで飛んでいく凧や、川に落下して大破する凧が続出し、そのたびに怒濤のごとく歓声が湧き上がる。勝ち残った凧は、「勝った勝った勝った勝った、また勝った！」と市中を熱狂してねり歩き、興奮は極致に達する。

三条の凧合戦の起源は、徳川時代、村上藩の武士と町人の子供同士の争いから始まったといわれている。

三条独特の六角凧も、町人の子が上げた長方形の凧が武士の家に落ちた時、武士の子が嫌がらせで凧の四隅を切って返してきたのが、その起こりといわれている。

六角に切られた凧を上げるのは庶民の反骨であり、市井《しせい》の凧師の意地であり、凧合戦は権力に対する庶民の気骨だったのだ。

「尻尾をつけなくても上がるのが、六角凧の自慢らね。一枚の凧作るんに、五四工程もかかってる。見えない所に手間がかかってるから」と、六角凧作りの名人・小林彦一さん（七十九歳）は語る。

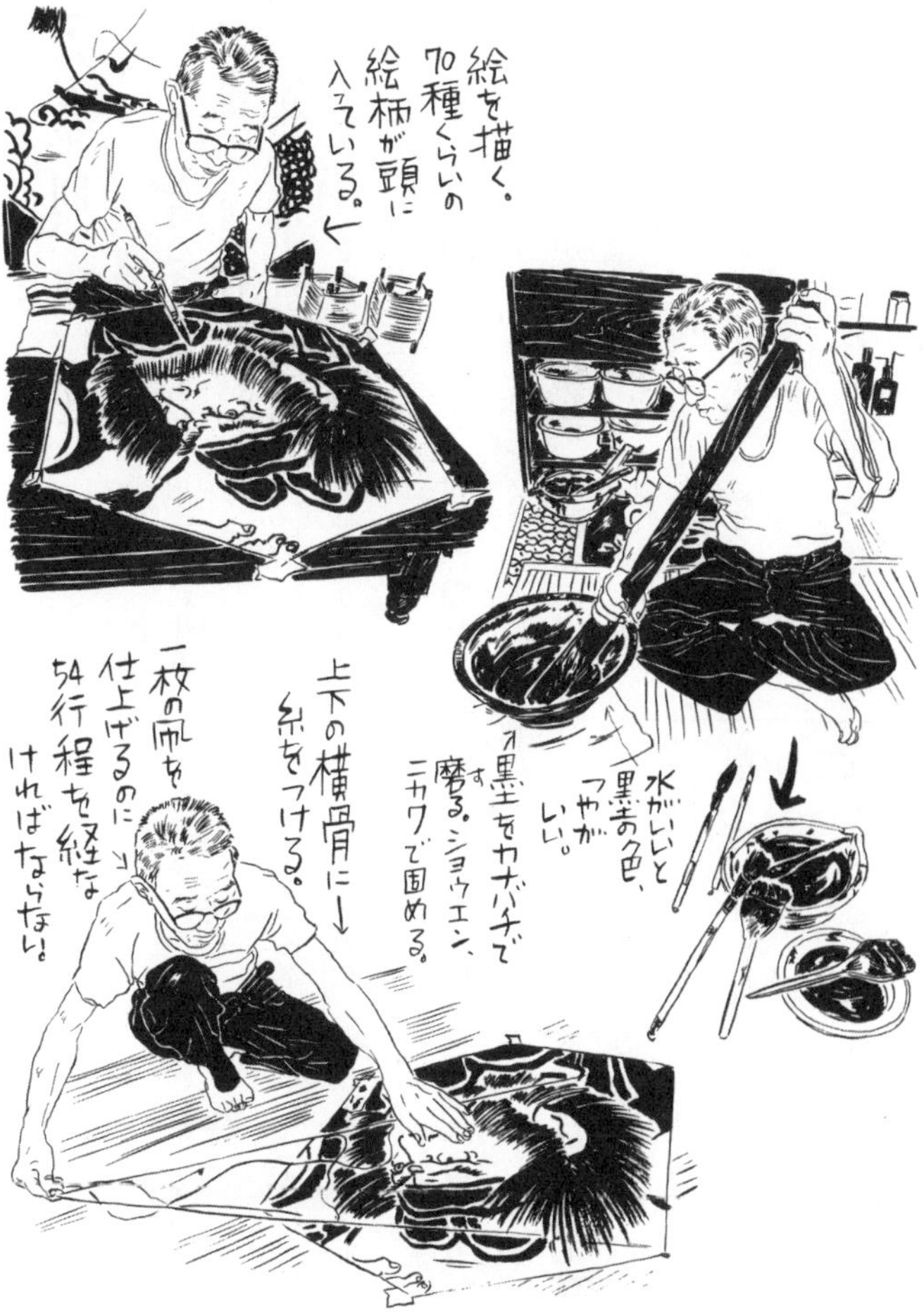

絵を描く。70種くらいの絵柄が頭に入っている。←
水がいいと墨の色、つやがいい。
墨をカナバチで磨《す》る。ショウエン、ニカワで固める。
上下の横骨に糸をつける。↓
一枚の凧を仕上げるのに54行程を経なければならない。

六五年間、凧一筋に

小林さんはこの道六五年、凧一筋に生きてきた。三条にかつて一〇軒近くもあった凧屋も、現在は二軒だけになった。

小林さんは十四歳の時、凧屋に丁稚に入り、徴兵期間と礼奉公一年をはさみ、約十年務めた。その間、芯棒と横骨作りばかりやらされて、凧絵は一枚も書かせてもらえなかった。

二十三歳で独立してから、親方に隠れて練習した凧絵を自由に描けた。骨組みばかりやらされたおかげで、よく上がる凧が評判になった。

凧がよく上がるか否かは、この骨の作り方で決まる。たった一本の芯棒に九工程が加えられる。芯棒の竹は、弓の矢と同じ矢竹で細くて丈夫なものが使われるが、それを火に炙《あぶ》って真っすぐにし、和紙を巻いて一層強くしてある。横骨は孟宗竹の内側の身を剝《は》いで細く小割りにするが、太さや削り方、節の位置などで、バランスに影響が出る。

六角凧は芯棒（中骨）に横に二本の骨がついているが、上の骨より下の方が少し柔らかくなっていて、その反《そ》り加減が、風にあおられてグングン上昇する仕掛けになっている。竹の節の出ている面を凧の裏側に向けるのも凧を強化し、安定した上昇力を生むコツである。竹の選び方、削り方に、凧師の秘伝があるのだ。

「山へ行って、いい竹を選ぶ。倅《せがれ》と一緒に、一日に六〇〇本切ればいい方らね。昔は、切った竹を荷車に積んで、ガラガラ引いてきた。それがリヤカーになり、いまは自動車でそれを運んでいるけど、凧作りの中で機械化されたのはここだけらね」

と、小林さん。

勇壮果敢を誇った三条の凧合戦も、他地方と同様に都市化が進むにつれて衰退の一途をたどってきた。電線の保護、交通妨害に加えて、畑を荒らすという苦情が多くなった。場所を追われ、町はずれに行けば、近くの競馬場で空を覆う無数の武者絵の凧と歓声に驚いて、馬が暴れると抗議がくる。現在の凧合戦はかつての隆盛を偲《しの》ぶよすがもない。

庶民の意地と気骨を競った凧もいまでは、凧は部屋の装飾品としての需要が主になってしまっている。世の移り変わりとはいえ、凧師にとっては心寂しい思いがある。

「俺らは上がる凧を作ってるだすけ、よう上がったと言われるのが一番うれしいことらね」

小林さんの瞼《まぶた》には、凧合戦の歓声と、大空で見栄を切る武者絵の六角凧が鮮やかに焼きついている。そしてそれが消えないうちは、一年中、凧を作り続ける。より強く上がる凧をめざして――。

そして現在、三条の凧上げが復活したが、敵の凧を切り落とす喧嘩凧は禁止されて、大空高く勇ましい武者絵が退屈そうに浮かんでいる。

装蹄師伝
正野亮さん(49歳)
装蹄師一筋
三十数年の
ベテラン。
競争馬の馬蹄は
20日に一回くらいで
つけかえる。

戦後の少なくとも三十年代の高度成長の波が、地方の津々浦々まで押し寄せる前までは、日本にも馬がたくさんいた。農耕馬、荷役馬、そして戦時中には軍馬もいた。そうした馬の蹄鉄《ていてつ》を打つ装蹄師《そうていし》は時代の花形であった。

しかし、経済成長が進むにしたがって運搬や農耕は自動車や機械に取って替られて馬は少なくなり、装蹄師の栄華も昔語りにしか聞けなくなった。

だがそれでも、中央競馬や地方競馬などで現役を維持している馬がいる限り装蹄師はなくならない。時代は変わっても、職人の魂と誇りは少しも変わっていない。

縁の下の力持ち。爪で馬の体調診断

装蹄師には国家試験がある。いくら幼ない頃から小僧に入り、叩き上げて腕がよくても、国家試験に合格し、免許を取得しなければ装蹄師の看板は上げられない。これは昔もいまも同じである。

東京、世田谷の現在の駒場学園の前身は、明治三十年（一八九七）からの〝装蹄師学校〟で、全国各地から装蹄師志願の若者が、続々と集まってきた。競争率もかなり高かったという。

「それだけ、装蹄師っていう商売は実入りがよかったんだね。戦後すぐの頃で、一頭打てば七〇〇円の手当がもらえた。〝鍛冶屋の一朝、大工の一日〟なんていってた時代だ。大工の一日の日当を鍛冶屋は朝仕事で稼ぐ。それに昔は税金も免除されていた。いい時代だったね」

正野亮さん（四十九歳）は、当時を回想して笑いとばす。

正野さんは装蹄師学校に三年間行って、やはり装蹄師だった父親について修業した。父親は叩き上げの職人で、その腕を見込まれて昭和八年（一九三三）から始まった東京競馬に迎えられた。

亮さんは父親の跡を継いで、ずっと中央競馬会に所属し、ダービーを湧かせた数々の名馬の蹄鉄を打ってきた。しかし、馬や騎手、あるいは馬主や調教師が華やかなスポットを浴びることはあっても、装蹄師はあくまで縁の下の力持ちを宿命とされる。

だが、装蹄師は、その生業を通して、調教師とは別の角度から、その馬の体調やクセを見抜く眼力を身につけている。

「馬も人間と同じで、爪を見ればその馬の健康状態や、その日の体調が分る。いまは禁止されているからできないが、昔は自分のやった馬の馬券を買って、儲けたこともある。時代がゆるやかだったね」

正野さんは、そう言って笑う。いまは一切馬券は買わないが、頭の中ではレースの予想をしている。自分が蹄鉄を打った馬が優勝すると、「万馬券を当てたみたいにうれしくて装蹄師冥利を感じる」といって目を細める。そんな日は晩酌で祝杯を上げる。

夏と冬で爪の硬さが

いまは専門の蹄鉄業者がいて、既製品の蹄鉄を馬の足型に合わせて若干の修正をすることが多いが、昔は鉄から鍛える造蹄も装蹄師の重要な仕事だった。

鉄の延べ棒を炉でわかし、叩いて鍛え、三枚を鍛接する。それを造蹄バシではさ

鉄ののべ棒を炉で熱して曲げる。
馬蹄にもいろんな種類があり。馬にあわせて選《えら》ぶ。
鉄《てっ》唇《しん》
まず、半分を熱して曲げる。
もう半分を熱し、叩いて曲げて形を整える。

んで赤め、半分ずつ曲げ、溝を彫り、蹄釘《ていちょう》の穴をあける。造蹄作業は、灼熱地獄の中での重労働である。現在装蹄師の中で造蹄をやれる人は数少ない。

正野さんは、昔かたぎの職人だった父親に、造蹄技術を叩き込まれた。神聖な作業場に下駄を履いてきたといっては殴られ、熱いから手袋をすると、また殴られた。

「職人になるには、体がまだ出来上がっていない子供のときからやらなきゃ駄目だね。やっているうちに体も頭も、その商売にピッタリ合ってくる」

正野さんの言葉には、奥の深い意味合いが感じられる。

下駄だと体の芯が安定しないし、飛び火で火傷をする危険がある。手袋をすると、焼いた鉄の温度が分らない。しっかりとハシが握れない。濡れた軍手で高温の鉄を摑《つか》むと、水が一気に沸騰して火傷をすることもある。先人の小言は理屈にかなっている。

いったん馬を装蹄場に入れたら、すべてを装蹄師に任せてもらうのがこの道の決まりになっているが、その反面、どんな暴れ馬を連れてこられても、仕事ができませんとは口が裂けても言えない。

「人間がビクビクしたり、警戒すると馬も警戒する。馬にあなどられても駄目。馬

古い蹄鉄をはずしのびた爪を削る。
鎌型蹄刃《ていっぱ》→
爪を削る。
蹄ろう→
削ったあと仕上げをするヤスリ。
焼いた蹄鉄を爪に押しつける。
↑つき出たクギを曲げる。
一日に4頭の馬の蹄鉄を打つ。
クギを斜めに打つ。
↑蹄ろう（ヤスリ）で形を整える。

が蹴ってきたら馬主がそばにいてもヤキを入れる」

馬には横から寄り、体をすりつけて足を持つ。まず古い蹄鉄をはずし、のびた爪を鎌型蹄刃《てっぱ》で削り、ヤスリをかける。爪は夏だとのびるのが早いが、柔らかくて作業は楽だ。冬は硬くて石を切っているようだという。

馬の足を股の間にはさみ、蹄刃を手前に引くようにして削る。危険防止のために「前だれ」という皮革製の前かけをする。爪の切り方にも個人差があり、爪を見れば誰の仕事か分る。

「馬にも内股のもいれば、外股のもいる。ただ切ればいいってもんじゃない。その見極めができなきゃ一人前とはいえない」

馬は全体重を蹄《ひづめ》が支えている。爪の切り方ひとつで馬の走りが速くなったり、逆に足の動きがギクシャクしてしまう馬もいる。馬の体形やクセを見抜くまでに年季がいる。

削蹄が終わると、炉で真っ赤に焼けた蹄鉄を爪に押しつけ、焼きつけする。これは爪を硬くするために欠かせない工程だという。装蹄場に煙が立ちこめ、爪が焼ける独特の匂いが鼻をつく。馬が驚いて暴れようとするが、足首をしっかり股に挟んで離さない。

最後に蹄釘と呼ぶクギで蹄鉄を打ちつける。四、五本の蹄釘を一本ずつ角度を違えて打ち、蹄から外側に突き出た蹄釘の先端を切って曲げる。外側に打ちすぎてもいけない、内側に打ちすぎてもいけない、慎重を要する作業だ。まちがって蹄釘が中に入ると馬は大暴れする。こうなると人間の手では押さえきれない。

怪我は装蹄師の勲章

気の荒い馬だと作業中、じっとしていない。一度暴れ出したら容易には止められない。正野さんも過去に何度も大きな怪我をした。同業の仲間の中には蹄の一撃をくらって命を落とした者もいる。

しかし、正野さんはこの商売をやめようと思ったことはないという。装蹄師の血が体や頭の芯まで染みついている。噛みつかれたり、蹴られたりした怪我や火傷のあとは、装蹄師の勲章なのだ。季節の代わり目に古傷が痛むと、昔の記憶が甦ってくる。

馬がいる限り、装蹄師が絶えることはない。中央競馬会のレースに合わせて、北海道から九州まで、正野さんは今日も馬を追って駆け回っている。

刺青師外伝
彫錦
刺《ほり》青《もの》師《し》
初代「彫錦」
大和田光明さん（47歳）
歌川国芳の武者絵を元にした刺青を得意とする。日本の第一人者。
頭から全身くまなく総身彫りの刺青を入れている。

刺青には数多くの呼び表わし方がある。その道の玄人の間では刺青と書いて〝ほりもの〟と読ませる。したがって彫師は、〝刺青師《ほりものし》〟が本筋である。刺青の意味は実物を見てはじめて合点がいく。水墨用の墨を肌に入れると皮膚のメラニン色素によって藍に変化する。刺青は墨、つまり藍と朱、そして下地となる肌色が彩《あや》なす美の世界である。そして、全身をキャンバスにして化身をもくろむ男たちの、壮絶な生き様がそこに展開する。

芸術として国際的な評価も高い秘密主義の刺青世界

刺青、彫物、入墨、文身《ぶんしん》、鯨面《げいめん》、倶利迦羅紋々《くりからもんもん》、あるいはメサキ、ハジキ、ゲイ、関西では我慢ともいい、刺青には数多くの名称がある。外国ではタトウ、タタなどと呼ばれ、それらが電動針を打つ音からきた擬声語であるのに対して、日本のそれは呼び表わし方で発祥、形態を識別することができる。

古い記述としては『魏志倭人伝』に鯨面、文身の文字が見え、鯨面は顔面に、文身は体に施していたことが分る。その目的は敵を威圧するためであり、化身することによって文身し霊的な力を得る呪術的な要素もあったと思われる。

入墨については、古くアイヌ民族の習俗が知られるが、昔は針を用いず、刃物で細かく傷をつけ、ナベスミや灰をすり込んだらしく、神聖な火への信仰から生まれた。やがてそれが装飾になり、一種の目じるしになっていく。現在でも、古い漁師の中には腕や足に墨を入れている人がいるが、それらは万一水死したとき、すぐに身元が知れるようにという漁師の作法の名残りである。古くは文盲の人が多く、◯や△などの簡単な図形の入墨も見られた。

しかし、入墨が罪人の刑罰に使われるようになってダーティ・イメージだけが強調されていく。

現在のような鮮やかな刺青が開花するのは江戸末期、文化、文政の頃で、葛飾北斎や歌川国芳といった浮世絵師によって描かれた『水滸伝』などの絵柄が人気を博した。

いささかグロテスクで、誇張された構図と色彩感覚が江戸庶民の蓄積されたエネルギーを刺激して、気《き》っ風《ぷ》を売りものにする男たちや、お侠《きゃん》な女までが競い合って彫った。

その後、度重なる禁令が出され、儒学教育とダブッて日陰の幻花《あだばな》としての宿命を背負うことになる。しかし、現在の刺青は芸術として国際的にも高く評価されている。

一方、国内では各地方の条例で、未成年の刺青を禁じている所もあるが、理由としては衛生面が上げられている。

現在、全国に何人の刺青師がいるのか実数は摑《つか》めていない。刺青師の世界はいまも秘密主義が厳然と生きていて、仲間内でも接触を嫌い、横の繫がりがない。

さらに世襲制が守られ、技術から墨の色の材料、針一本に至るまで他人はおろか、身内にも明かさないといわれる。そのため、朱に中華料理の食紅を使って色が落ちてしまったり、軍鶏のトサカから採った血を肌に入れたために痣《あざ》になったという事故も過去にはあった。

ここに一人の刺青師がいる。初代〝彫錦〟こと大和田光明さん（四十七歳）。彼は国芳の武者絵をモチーフにした刺青を得意とし、刺青の第一人者として海外でもその名を知られている。大和田さんは刺青師の閉鎖性を憂い、頼ってくる者にはお

大和田さん考案の電動彫り機
針 ビーズ針や木綿針などを束ねてある。

筋彫りのあとボカシ彫りに入る。

親指と人差し指で皮膚をのばして針をうつ。

体調のよい日を選び一日に一坪（こぶし大）ずつ彫る。総身彫りになると十年近くかかる。

切れないカミソリでひっかかれるような痛さ。

しげもなく技術を披露する。それは彼の人柄でもあるが、一面では絶対的な自信の表われである。

大和田さんは、自らも見事な総身彫りを施している。頭にも不動と十三仏の梵字を彫り込んでいる。

「刺青をしていない刺青師は信用できない。彫られる痛さを知らないと、針を刺す手加減もできない」

という信条から自ら率先して彫った。奥さんの体にも彫った。奥さんも全身に墨が入った総身彫りで、背中には大日如来、胸には獅子、肛門には穴を蛸の口に見立てた大蛸の図柄が掘られている。夫婦ならではの秘めた遊びだと笑う。

大和田さんは酒、煙草も絶ち、節制して刺青の道を極めようとする。

想像を絶する苦痛

刺青師は一匹狼である。それだけに己に厳しく、同様に彫られる者にも厳たる心構えと精神力を要求する。刺青はヤワな気持ちでは続かない。不節制すると肌が汚

胸の牡丹に朱を入れる。
アルコール
習字用の墨にニカワが混じっている。
色素をアルコールで溶いてある。
彫ったあと、アルコールを吹き、薬を塗る。
大和田さんの処女作。見事な「大日如来」尊像の刺青。
大和田さんの奥さん

なくなるし、酒を飲むと出血が多く、血が臭くなるのですぐ分る。女遊びをすると翌日、針が痛いという。そういう相手には即刻仕事をやめて追い返す。

彫る者と彫られる者の間には親子以上の信頼関係が必要だといわれる。他人の肉体を切り刻む側と、生身の身体を投げ出す側のいずれにも疑念があっては成し得ない。依頼があると、じっくり話しをして、相手の人柄や性格を見極めてから受けるかどうかを判断する。

普通、刺青は一週間に一度の割合で一坪ずつ彫る。一坪は半紙を四つ折りにした大きさ。昔はロウソクと半紙一帖を持参するのがしきたりとなっていて、ロウソクが燃えつきる間に一坪を彫り終えるのが通例だった。総身彫りだと一〇年近くかかる。費用もかかる。金が続かなくなって途中でやめる者もいる。中途半端な刺青は人様には見せられない。金を貯めてまたやってくる者もいる。

刺青は、肌に下絵を描き、筋彫り、ボカシ、最後に色を入れる。彫り始めは左腕から入ることが多い。心臓に近い方が痛く、相手の根性を見極めるためだという。左腕で音《ね》を上げるようでは、後が続けられない。

左手に筆を持ち、親指と人指し指で皮膚をのばし、墨をつけた針を三五度の角度で打つ。針の打ちすぎは未熟とされ、皮膚が破れる手前でとめる。熟練すると音で深さを判断でき、深さを変えることで色の濃淡が出せる。墨一色で何色出せるかが刺青師の腕の評価になる。因《ちな》みに四色に使い分けられれば、まず一級とされている。

針で皮膚の下の神経が集中している部分を刺すため、その痛さは想像を絶する。ある者は切れないカミソリで引っ掻《か》かれるようだといい、またある者はドリルで穴をあけられるようだと形容する。背中は腕の数倍痛く、膝はしばらく歩行困難になるという。以前、目の前に大金を積んで総身彫りを頼んだその筋の親分が、刺青が始まるとあまりの痛さに耐えきれずに途中放棄し、その代わりに女房がやってきて、残金で総身彫りをして帰ったこともあったという。

彫り終ると、うっすら血が滲《にじ》み、白血球が滲み出てくる。腫れが引くのに二、三日かかる。

そのうち皮がむけるが、今度は痒《かゆ》さとの闘いで、掻くとケロイドのように跡が残る。また刺青は身体の三分の一以上におよぶと身体的ダメージとみなされ、保険も献血も拒否される。皮膚呼吸ができず、汗がかけない。直射日光に長く当たると火膨れになってしまうので、海で日焼けができない。

それにしても、人間は何故こうまでして刺青を彫るのだろうか。反抗精神の具現といえば空々しいし、単なる男気といってしまえば軽すぎる。おそらく、言葉で表わし得ない魔力が刺青に潜んでいるのかもしれない。

猪撃ち外伝
松島浅吉さん(53歳)
猪撃ち25年。
豊和ライフル
仕留められた猪
約20貫の大物。
その場で腹を裂いて
内臓を取り出す。

信州、遠州の県境。南アルプスの深く険しい山々に囲まれた山里「遠山郷《とおやまごう》」。赤石山脈と伊那山脈との境界にあって、日本列島を縦断する大断層、中央構造線が作る狭隘《きょうあい》な谷間に、へばりつくように人家が点在する。この地に住む人々の暮らしは豪雪と、山間に拓いたわずかばかりの耕地を、山獣から守るための闘いの日々であった。

松島浅吉さん（五十三歳）、二二五年間猪を撃ってきた。村人は彼を称して「殺し屋」とも、畏敬をこめて「名人」とも呼ぶ。

犬と銃一丁が頼り！猪と人間の激しい闘い

南アルプスの連なる険しい山間を縫って飯田—浜松を結ぶ国道一五二号。遠州側で信州街道といい、信州側では秋葉街道という。

かつて武田信玄が兵を率いて上洛の途次、徳川勢を攻略するために利用した道であり、秋葉講の信者たちが往来した街道でもある。また、信遠国境に立ちはだかる急峻な青崩《あおくずれ》峠は糸取り女として異郷の製糸工場に働きに出た娘たちが涙ながらに通った峠でもあった。冬は〝信州おろし〟の冷たい季節風が吹きすさんで凍りつき、青っぽくガレた青崩峠は、幾多の旅人や荷役の人馬の命を奪った。「遠山郷」はこの街道に沿って点在する山里で、辺境、秘境の地というイメージがつきまとっている。

寛政十年（一七九八）、京都で出版された奇本『遠山奇談』に描かれている遠山郷は、都人《みやこびと》の偏見と悪意に満ちている。この本は、天明八年（一七八八）に京都の大火で類焼した東本願寺再建のための木材調達の検分に遠山を訪れた僧が紀行文として書いたものだが、そこに登場する遠山は魑魅魍魎《ちみもうりょう》、百鬼夜行の栖《すみか》であった。

体が九尺、口の大きさが四尺もあるヒキガエル、身の丈が猪程あり、惣身莫白、惣毛の長さ二尺余の狸《たぬき》に似た怪獣、体長二間、人間を一呑みにする蝮蛇《まむし》、そのほか、天狗やら山男などがまことしやかに書きしるされている。

そこには多分に避地に対する偏見と悪意による誇張が見え隠れするが、同時にかつての遠山は、都人の度肝を抜く程に山獣が生息していた証にもなる。事実、人跡未踏の山々には熊や猪、羚羊《かもしか》、猿、山犬（狼）、狢《むじな》、狐、鹿などが群れをなし、しばしば人家に害を与えてきた。

なかでも猪は、闇に乗じて人家近くまで下ってきて畑を荒らす。大食いの猪は、一夜にして三〇キロものさつまいもをたいらげる。

水田は猪の群れに出られると一夜に一反歩がめちゃめちゃに荒らされてしまう。好物の大豆は、その種子が土中にある時期から収穫期まで常に狙われる。

山間を切り拓いて、わずかばかりの農地にしがみつくようにして生きてきた人々は、長い間猪害に泣かされてきた。「バッタリ」と呼ぶ罠やシシオドシを仕掛け、シシ追い小屋に寝泊まりして見張るなど、あらゆる手段を講じてきたが決め手になるものは見つからなかった。

結局は、人間が銃を持って、直接猪と対峙する以外になかった。そのため、遠山郷では、猪撃ちの猟師にある種の畏敬の念を抱いてきた。

松島浅吉さん、猟師歴二五年。本職の猟師がほとんどいなくなった遠山郷で、いまも銃一丁で生業を立てる筋金入りの猟師である。獲物を射すくめるような鋭い眼光と、気骨をみなぎらせる風貌が他を圧する。彼は、一般のハンターと比較して、さほど高級とも思えない古い国産のライフルと愛犬を友に、毎年四〇頭の猪と三十

猟は山の神の日や
忌日は避け、
山に入る前に
山の神に祈る。
山の神
「タツマ猟」
射手、勢子、犬から
なる猟法。
崖に木を
渡しな
がら道なき
道を行く。
花岡修さん
松島浅吉さん
北原利三郎さん
丸山道雄さん
身をひそめ、
銃を
構えて
待つ。
射手
ヘームモーゼル
（ドイツの軍用銃）
ヘームモーゼル
3006
ボルトアクション
豊和ライフル

数頭の熊を仕留めてきた。

猪猟にはいくつかの方法がある。猟師が単身で猪の出没する場所に幾晩も身を潜め、猪が出てくるのを根気よく待ち続けて仕留める猟法を「ねらい」といい、犬を使う「犬がけ」、射手・勢子《せこ》・犬から成る共同狩猟を「タツマ」と呼ぶ。

一匹狼の猟師である松島さんは主に「犬がけ」で猟をする。狩猟は「一に犬、二に足（足跡）、三に鉄砲」といわれる。猟犬は飼い主に従順なだけではなく、犬の行動を人間が読み取るお互いの意志の疎通が重要だといわれる。

「犬がけ」の場合は、まず犬を放って猪の寝屋《ねや》を嗅ぎ出させ、猪の周囲を取り巻いて吠えまくり猪を逃がさないようにする。これを「はなどめ」という。犬と猪の間隔はおよそ二メートル。猪は隙《すき》あらば犬に牙をかけようとし、犬は猪の背後から後肢か尻に喰いついて動きをとめようと、激しい攻防が繰り広げられる。

このとめを「本どめ」という。その間に猟師が現場に到着して猪を仕留める。

「犬がけ」はまさに猟犬次第の猟である。勇猛果敢な犬が三匹もいれば、九〇キロ以上もある巨猪をも、猟師の手をわずらわさずに噛み殺す。

猪の後肢や尻を噛み切って動きをとめ、猪の弱るのを待ってノドブエに食いつい

勢子役が犬を連れて、尾根の反対側から山へ入り猪を追い出す。
犬に追われてウツ（獣道）を駆け抜けてくる猪を射手が狙い撃ちする。
犬は紀州犬が、度胸がよく、むこうみずで猪に喰いつくので良とされる。
★肉を分ける場合、犬も一人前として数える。
猪肉はキロ7000円の高値で取引きされる。
猪の牙はハサミのように噛みあわせて切る。
猟のあった日はさっそく猪鍋を囲んで酒盛り。
こんなにおっきかった…

て仕留める。

犬は、猪の牙でやられ、血だらけになりながらも攻撃をやめない。一度猪にやられた犬の方が、いい猟犬になるという。猟師が猪を仕留めると、その血を犬の首に塗ってやる。犬が誇らしげに高吠えする。

「度胸がよくて、喰い込みのいい紀州犬が一番。ハウンドなんかの洋犬は、もう一つ喰い込みが悪い」

猛スピードで走る猪を

松島さんは他のハンターにたのまれ「タツマ」を組むこともある。この日、岡谷から三人のハンターがやってきた。いずれも一〇年以上のキャリアを持つベテラン。狙いは猪である。射手、勢子の二手に分れて山へ入る。

集落のはずれから山に入り、急斜面を延々と登る。崩れ落ちた崖に立木を渡して渡り、さらに奥へ分け入っていく。周囲より少し低い山の鞍部あたりのウツ（獣道）に射手を一人ずつ配置する。

勢子と犬が猪を山から追い下げると、猪は必ず自分の歩きなれた道を逃げる。射手が立つ場所をタツマと呼び、普通タツマは四カ所くらいに設けられる。第一の射手が撃ち損じても、第二、第三の射手の所で撃ちとることができる。

猛スピードで走る猪を射つ場合、その速度と弾速を計算に入れて猪の前方を狙う。これを猟師は「ねらい腰」と呼ぶ。さらに「イレシロ」といって、跳んで肢がのびきったときに撃っても駄目で、肢が地面に着くまで発射を待つのがよいとされる。

「弾丸が当たってひっくり返っても、また起き上がって走ることがある。ひっくり返った姿が、かあちゃん（あおむけ）ならいいが、とうちゃん（うつぶせ）だと必ず跳ぶな」

全員がタツマを切ると、いっさい無駄口はきかない。山では煙草も禁じられる。山の気流は山峡に渦を巻いているため、反対側の山の尾根でも敏感な猪は匂いを嗅ぎ分ける。

特にピースやキャビンは匂いがきついという。また猟師は、猟の前日には風呂の入浴剤も避け、ポマードなどは使わない。

緊迫した静寂の時間がすぎていく。汗で濡れた体が冷えていく。

遠くで犬が吠えている。突然、対岸の尾根をバリバリと枝を折りながら駆け下りる黒い塊が、目に入った。銃声がこだまする。黒い塊は、転がるように谷へ落ちていく。興奮で頭に血が逆流する。「やったぞ!」声をかけ合って、谷への急斜面を一気に駆け下りる。二〇貫(七五キロ)を超すと思われる大物。弾丸は心臓を貫いている。ドス黒い血が草を染めている。仕留めた猪はその場で腹を裂き、内臓を抜く。その胆《い》の一つかみを山に向かって投げる。山の神に対して、獲物をさずかったお礼だ。

その夜は、猪鍋を囲んで酒盛りになった。

「家畜は病気になるが、野生の獣に病気はないずら」

松島さんは、そう言うと肉を無造作に口に放り込んだ。

犬は、山で猟が終ったあと、勝手に家に帰ったといって、松山さんから虐待に近い、厳しい体罰を受けた。すっかり意気消沈して小屋の隅で小さくなっていたが、褒美の生肉をもらって元気を取り戻し、主人のぶ厚い手で頭を撫でられて目を細めた。

角突き有情

ヨイター！
ヨイ ハイッアー！
平均七〜八百キロ、大きいもので1トンクラスの南部牛が激突する。
勢子《せこ》は牛をけしかけ、機《き》をみて間に割って入り引き分ける。
ねじりはちまき
網掛け（審判係）
はずされた牛の鼻《はな》縄。
紺の股引《ももひき》
地下足袋、もしくは紺の下袋にわらじばき。

八丈島、宇和島、隠岐、徳之島、沖縄など、各地に闘牛の習俗が残っているが、新潟県山古志村二十村郷《やまこしむらにじゅうむらごう》（現・長岡市）の闘牛はおそらく北限だろう。

その闘牛の発祥起源は古代、先住民族だったアイヌ人の神事に始まったといわれている。以来、各地方の村人たちは農耕の使役牛を角突きさせ、神に捧げるとともに、娯楽として楽しんできた。

七〇〇～八〇〇キロ以上もある獰猛な牛が、闘争心むき出しで激突する様は迫力満点。その間に飛び込み、暴れ回るその牛の鼻を取る勢子《せこ》は、まさに男気の見せ場であった。

雪深き里の闘牛祭。我が子同然の愛情で

新潟県古志郡山古志村は新潟県のほぼ中央、摺曲山脈に囲まれた山峡の村。平地はいたって乏しく、人々は山腹の段丘のわずかな耕地にへばりつくように生きてきた。

おまけに名にしおう豪雪地帯で一年のほぼ半分は雪に大地を奪われる。空を見上げ「また嫌なものが降ってきた」と嘆き、空に悪態をついてみても、次には諦《あきら》めが訪れる。それでも、雪国の人間は、不便な境遇を逆手に取って遊ぶしたたかさを、身につけている。

「山暮らしの一番の楽しみは牛の角突きだこてや」

ガタゴト揺れるバスに乗り合わせた老人が、そう言って笑った。

「角突き」とは闘牛のことで、江戸時代の文豪・滝沢馬琴の『南総里見八犬伝』にも「古志郡二十村に角突きと唱える闘牛の神事あり」と記され、さらにその盛観を形容して「実に是、北国中の無比名物、宇内の一大奇観也」と書きしるされている。

山古志村の角突きは神に捧げる祭りである。戦前は村に八カ所ある神社には必ず角突きをやる広場があり、貧しく、娯楽の少ない山里の人々の大きな楽しみであった。

また、山古志では牛持ちは一人前の男と認められた。さらに「牛の鼻をとるくらいの男でなきゃあ」といわれた。山間辺地で生まれた男は、逆境をはねかえして働き、家を建てて一家を成し、道楽の牛を飼って一人前の男と認められた。また、力の強い牛を飼うことは、それだけ大きな耕地を所有する証明でもあった。まさに角突き場は男気の見せ所、威勢のいい若衆の品評会で、村の娘衆にとっては見合いの場でもあった。

男たちは農耕用に仕入れた頑強な南部牛を、傾斜地の田畑でさらに足腰を鍛え、角突きに血道を上げてきた。

時は移り、冬でも道が雪で埋もれることもなくなり、村は日本一の錦鯉の産地として名をはせ、生活は豊かになった。出稼ぎも減った。そして、農耕に牛が使われることもなくなった現在もなお、この地の人々は村をあげて角突きに熱中している。

いま、山古志村には角突き用の牛が百頭余り飼われている。一頭の値段が五〇〜六〇万円する。三、四年飼い、角突きを楽しみ、大きくなったら肉牛として売る。一石二鳥の妙案であるが、肉牛としてなら運動させず脂肪をつければ値がいいが、それでは角突きが弱い。

粗飼料で運動させ、筋肉をつけた牛は喧嘩に強いが、肉はまずい。結局、買い入れたときとほぼ同値で売ることになり、数年間の飼料代が角突きのお楽しみ代ということになる。

オジャ…オジャ…

玄関際に牛小屋があり、「オジャオジャ(孫)」と我が子のように世話をする。

「内出《かどで》祝い」牛の背に酒をかけて清める。古来からうけつがれてきた出陣の儀式である。

がんばってこいや
「鼻縄《はなづき》」牛の鼻の穴に通しやすいように鳥の羽根がついている。

ドッ…

おめえも飲まっしぇ…

「面綱《おもづな》」

牛の顔や鼻を保護するが飾りにも使われる。

いっきにいかっしぇ…

グビ…

牛の背にかけた酒を牛持ち、勢子がまわし飲みし、集まった人たちにもふるまう。

「とち金」牛が動きやすく、縄のよじれを防ぐ。

だが、彼らはそんなことに頓着せず、牛をこよなく愛し、家族同様に育て、ひたすら角突きに没頭するのである。

技も多彩な四十八手

角突きの当日、牛屋から引き出された牛は、装飾用の面綱《おもづな》をかけられ門出祝いの儀式をうける。

牛の無事健闘を祈願し、御神酒《おみき》を背にかけ、勢子や近所の人々にも御神酒をふるまう。誰彼の区別なく、一升瓶をラッパ飲みする。牛は声援を背にうけ、街道を悠然と濶歩する。

角突き場には、近郷近在から牛主や勢子に引綱をとられた、八〇〇キロ以上もある巨大な牛が続々と集まってくる。

場内には観客や近在の支援者である旦那衆から寄付された「花」の金額を書き込んだ紙が風にひるがえっている。

観客の視線と声援を一身にうけて入場、そのまま場内を一周する。この瞬間が牛

労災保険の関係で勢子に酒はご法度だが、興が乗ってくれば一升がぶ飲み。
観客も酒をすすりながらの観戦。
「寒くって酒でも飲まなくっちゃいらんねて……」
もつの煮込み
川上新作さん
「孫兵エ」牛の名は屋号からつけられる。
ガシッ！
力自慢の牛たちが続々と集まってくる。
激しい牛の激突。角突きの技にも四十八手がある。
駐車場
ヨイターーッ
山古志村の「角突き」は最後まで勝負を決することはしない。勢子の判断で引き分けにするのが特徴。
興奮している牛の間に入る勢子は常に危険にさらされている。
角で突かれたら重傷はまぬがれない！

にも牛主にとっても最高の晴れ姿である。異様な雰囲気の中で牛の興奮が高まっていく。

場内の中央で二頭の牛は睨《にら》み合う。機をみて、勢子が鼻縄《はなぎ》を抜き、空に放り投げるのを合図に戦闘開始。角で突き、頭や体を激突させる肉弾戦は迫力満点、観客のヤンヤの喝采が山間に響き渡る。

人間の相撲にもいろんな技があるように、牛にも四十八手があり、それぞれ自分の得意技を持っている。「鉄砲突き」「角打ち」「横打ち」「透し狙い」等々。また、その変則技もある。

因《ちな》みに「鉄砲突き」は、鼻縄を抜いた瞬間に一直線に走って、相手の牛の頸下に突撃をかける。こういう牛を「鉄砲牛」というが〝抜きうち戦法〟あるいは、〝火の玉戦法〟などともいう。

「横腹突撃」は、相手の一瞬の虚をついて、横腹に飛び込んで突き上げる。横腹突撃を受けた牛は前後の脚をさらわれた恰好になり、軽量な牛はひとたまりもなく場内隅まで持っていかれる。

「引き落とし」は、互角の押し合いからわずかに後退し、相手が嵩《かさ》にかかって攻撃をかけるその一瞬の虚を読み、満身の力をこめて相手の首下から頭を跳ね上げる。頭を跳ね上げられた牛はその反動で前のめりになり、前脚を痛める牛も多い。

「横打ち」は、相手の牛の耳や眼の周辺に横から角で執拗な攻撃を加える。牛は耳や眼の周辺が一番柔らかく、俗にここが牛の泣き処。

「長角横打ち」は、角の長い牛の得意技。相手とがっちり頭を合わせたとき、長い角で泣き処がある耳元横攻めを繰り返して苦痛を与える。

「一本角打ち」は、両者が頭を合わせようとする瞬間に、利き角一本で猛烈な一撃をくれる。あるいは相手が攻撃を仕掛けてくるときに、この技が決まるとカウンターパンチになりダメージが強くなる。

「片角捻《ねじ》り」は、相手の牛角に利き角をがっちりかけ、一方の角を鼻頭にかけて相手の頭を捻り上げるようにしながら押しまくる。

「牛の技には寝技がねえだけらこてね」

と、昔勢子を張ったという老人が笑った。

勢子は牛をけしかけるとともに、審判の役目もあり、綱掛け役は頃合いを見て合図し、牛の後足に手早く綱をかけて引き分ける。同時に他の勢子は牛に飛びかかり、角や首に摑まり鼻をとるが、一瞬を争う機敏さと技術が必要で、肝っ玉を冷やす場面が展開する。

山古志村の角突きは、徹底的な勝敗を決するしりつけ勝負を避け、勢子により途中引き分けにするのが特徴である。

その理由として、最後まで闘わせると牛が重傷を負うことがある。また一度徹底的に敗れた牛は次から角突きをしなくなることがあり、牛主の大きな損失となるからだ。

さらにまた、この地の人々は純粋に角突きを楽しんでおり、賭博的な行為は古来まったくといってよいほど行なわれていなかったため、勝敗を決する必要がないというのも大きな理由としてあげられる。

雪解けの五月から十一月まで、月に一、二回行なわれる角突きを村人は何よりの楽しみとし、当日は朝から酒のカップを片手に、日がな一日声を張り上げる。のどかで平和な世界がそこにあった。

エゾ鹿撃ち伝
小泉愛昌さん（40歳）
銃歴20年のエゾ鹿撃ちのベテラン…
熊谷良雄さん（41歳）
森和治さん（32歳）
グループで毎年15、6頭のエゾ鹿を捕る。
エゾ鹿
体重80キロから100キロあり、一頭20
から25万円
売れる。
冬の2ケ月間のみエゾ鹿の雄に限り狩猟が許可されている。

酷寒の地、北海道足寄町《あしよろ》。ときに零下三〇度を記録する厳しい大自然の中で、人間と動物の共存と闘いが繰り広げられてきた。中でもエゾ鹿は、貴重な食糧であり、毛皮は重要な衣料となった。そのため猟師や皮商人が横行し、絶滅の危機と禁猟保護による繁殖を繰り返してきた。現在では有害獣駆除を目的とするエゾ鹿猟が許されている。

白装束に身をかため、膝まで埋まる雪の山中で、エゾ鹿を追う男たち。そこには、あくなき男の闘争心がギラついていた。

年々数が減ってゆくエゾ鹿。雪は鹿の難敵！

午前六時三十分、零下二六・七度。夜まだ明けやらぬ足寄の町はずれにジープを駆って、頭の先から足の先まで白装束の男たちが続々と集まってくる。

「しばれるねぇ」

車のライトに浮かぶ男の横顔は凍てついてこわばって見える。その手には銃のケースが握られている。十一月十五日から一月十五日までの二カ月間、狩猟の禁を解かれたエゾ鹿を専門に狙う男たちである。プロはいない。市役所の職員、商店主、農場主などさまざまだ。いずれも、見事な角を持つエゾ鹿の優美さと、本州鹿の二倍以上という大型獣の狩猟にとりつかれたベテランハンターたちだ。

「昨晩、雪が降ったから今日はやれるべさ」

「昨日見切った跡が消えてれば新しく見切りしねえばな……」

ここ数日、雪が少なく、山の南斜面は地肌を晒《さら》け出し、鹿の足跡を追いきれずに猟は徒労に終っている。エゾ鹿は敏捷で、一夜のうちに螺湾《らわん》から北見あたりまで走るほど行動半径が広い。そのため、山越えしているかどうかを判断し、追跡するために雪の有無が重要なポイントになる。また降雪量が多ければ鹿の活動を鈍らせ、猟を容易にさせることにもつながる。

明治十二年（一八七九）ごろ、山峡に集結したまま、深い雪に足を奪われた鹿の群れを村人が襲い、次々にこん棒で撲殺したという記録が残っている。さらに同年、異例の大雪に見舞われ、雪に活動をはばまれた鹿が大量に餓死、凍死するという事件が相次ぎ、その数は日高・鵡川《むかわ》地区だけでも七万五〇〇〇頭におよんだという。

その死体の腐敗のため、利別《としべつ》川流域に居住する人々は、数年間にわたって川水を飲用することができなかったと伝えられている。

雪は鹿にとって、銃を持つハンターより難敵であり、ハンターにとっては天の恵みともいえる。

チームを組んで山へ

エゾ鹿猟は、かつて昭和初期ごろまでは猟師が単独で猟をすることができた。一人で山へ入ってエゾ鹿を仕留め、ソリで麓まで引き出してくる。それだけエゾ鹿の棲息数が多かった。だが、数が減っている現在では、ハンター同士でチームを編成しなければ不可能になった。

チームは、五人から一〇人。猟を指揮する頭を筆頭に、鹿の足跡を追って山に入るセコと、鹿が跳び出す方向に銃をかまえて、待ちをかけるマチコに分れる。セコはチームの内で健脚をもってなる者が当たり、マチコは射撃に熟練した者が当てられる。

猟は見切りから始まる。ジープで山林の奥地に入ると、雪の中の足跡を探す。手

セコとマチコに分れて山に入り無線機で連絡をとりあう。
雪山の色にまぎれるために白い服を着る。
イヤホーン
アンテナ
布袋に無線機が入っている。
全員が地理を頭に入れておく。
ライフル
防寒、防雪のゴム長靴
エゾ鹿がタランボの木の皮を食べたあと。
セコはエゾ鹿の足跡を追っていく。
糞
セコはマチコと連絡をとりながら、鹿をマチコの方向に追い出す。
「ガンケ(崖)にぼえ(追え)…」
雪に残った足跡がいつのものか、糞が新しいかどうかなどを見極めて、山深く追っていく。
NIKKO 714
豊和38カービン
レミントン3006
レミントンボルトアクション
レミントンDEER1100
レミントン742
セ34-99

を入れてみて、その足跡がいつのものか、散った雪粒で、どの方角に向かったかなどを的確に判断する。その他、糞や鹿が齧《かじ》った立木の跡なども見落とさない。

足跡が比較的新しいと判断すると、ジープで山の反対側にまわり、山越えしていないことを確認して、3人のセコがぼい（追う）に入る。

マチコは二〇〇～三〇〇メートル毎に配置され、茂みに身を潜めて物音一つたてず、ただじっと待つ。一時間、二時間が経過する。

吹きっ晒しの原野に梢がこすれ合う音がやけに大きく聞こえる。体がシンシンと冷え、吐く息が不精ヒゲを濡らし、すぐに凍りつく。

「鹿はデド（沢の出日）の方か、ツネ（峰）の方かい、どうぞ。後に回ってガンケ（崖）の方向へぼってこいや、どうぞ……」

無線でセコと頭の連絡が交わされる。

配置が完了すると、機を見てセコダマ（威嚇射撃）をかけると、鹿が一直線に疾走する。尾根を越えて崖を滑り下りる標的に向かって、一斉にライフルが発射される。寒気のせいで銃声が響かず、プスッ、プスッという鈍い音をたてる。

はるか三〇〇メートル先を跳躍しながら鹿が走る。急所は心臓、首、脊髄だが命

ズキューーン
マチコは、間隔をおいて待機し、合図と共に一斉に発砲する。

首、心臓、脊髄が急所
だが一発では倒れない。

エゾ鹿は本州の鹿にくらべて大型で200キロを超える。

4段角が見事で価値がある。

動作が素早く、5メートル以上も跳躍する。

その場で腹を裂いて内臓を抜く。

内臓を抜いたら雪をつめて血を染ませて出す。

エゾ鹿を解体すると脂でナイフが切れなくなる。

やったべさ…

肉を取り除き、頭と毛皮だけになったエゾ鹿。トロフィは剥製にすると10万から70万円。

中しても一発ではなかなか倒れない。ときには、内臓を引きずったまま山を越えて逃げる鹿もあるという。また仕留めても死にきれずに鳴き叫ぶ鹿を目の当たりにして、罪業の深さを思い知らされることもある。

捕ったエゾ鹿はその場で腹を裂き、内臓を出して、血抜きをする。肉は一頭で四〇〜六〇キロとれ、全員で均等に分ける。頭の剥製は一〇万円以上に売れる。

かつては北海道全域に棲息していたエゾ鹿も、明治以降、乱獲が繰り返され減少の一途にある。明治六年（一八七三）当時には鹿皮産出が毎年四万三〇〇〇枚から七万六〇〇〇枚がとられ、明治十二年（一八七九）には鹿肉缶詰用として七、八万頭が捕獲されたという記録が伝えられているが、人間の無差別の乱獲によって絶滅の危機に晒されている。

明治十二年、足寄に入殖し、草分けとされる細川繁太郎氏が、自分の家の窓から座ったままで鹿を射ってみせたという逸話が、いまも語り草になっているほどエゾ鹿が多数棲息した足寄町も、現在では姿を見かけることが少なくなった。

陽光にまぶしく映える白銀の大地に、目にしみるように染まった鮮血が瞼《まぶた》に焼きついて、いつまでも離れない。

豊後《ぶんご》土工《どっこ》
外伝
トンネル掘りの
出稼ぎ集団
「豊《ぶん》後《ご》土工《どっこ》」の
流れをくむ
前田稔さん
（42歳）
青函トンネルのアプローチ線津軽トンネルを約2年かけて掘っている。

かつて、日本全国から、中国、朝鮮半島までを股にかけ、トンネル掘りに命を賭けた出稼ぎ集団がいた。彼らは九州・大分の豊後地方出身者で占められ、その卓越した技術と、危険を顧《かえ》りみない度胸と気風により、「豊後土工《ぶんごどっこ》」と呼ばれ、その名は伝説的なまでに高まり、今に語り継がれてきた。

全国各地の主な隧道《ずいどう》工事で豊後土工の手が入っていない隧道はないとまでいわれた彼らも、過酷な労働条件のもとでの事故、そして粉塵による塵肺《じんばい》症に倒れ、現役の豊後土工は姿を消しつつある。

エンジニア化して、変わる気質！トンネル掘りのプロ集団

トンネル、隧道掘削のプロ集団として全国に名をはせた豊後土工は、九州・大分県の上浦《かみうら》、佐伯《さいき》といった豊後地方南部の出身者で占められている。

豊後水道沿いのこの地方は、山間に入ると耕地面積が狭く、産業はパルプ関係の山仕事や椎茸栽培が細々と行なわれているにすぎず、昔から出稼ぎで生計を維持し

てきた。それも農閑期だけの出稼ぎではなく、年間を通した、いわば専業の出稼ぎ者がほとんどだった。

現在でも、この地方の五十歳以上の男で、土木工事の出稼ぎ経験を持たない人間は皆無とさえいわれている。

出稼ぎ者にとって、土木工事はてっとり早い現金収入の手段であり、危険を代償として高賃金がとれる隧道掘削は、希望者が多かった。

豊後土工は明治三十七年（一九〇四）の笹子トンネル工事に、すでにその足跡を刻んでいるが、本格的に根づいたのは大正五年（一九一六）の日豊本線の工事からであった。日豊本線沿線は地形的にトンネルが多く、地元から大量の労働者を集め工事に臨んだ。その時、トンネル掘削の技術を取得した人々が、全国津々浦々の土木現場へ散って行った。

そして、工事を請負う「親方」が何人も輩出していく過程で、親戚や地元からの配下を確保することによって、トンネル掘削のプロ集団として「豊後土工」の名が全国に知れ渡ることになった。

国鉄、私鉄の列車隧道、国道、県道などの道路隧道、あるいはダム、水路の導入隧道などで豊後土工の手が入らない隧道は一つとしてないとまでいわしめた。

昔は、隧道工事はすべてが人力で行なわれていた。まず側壁導坑《どうこう》を掘り、真上に「中割」「項設」を掘り上げてから、左右に「一の丸」「二の丸」「三の丸」「土平」と区切って掘り進み、木材で支《し》保《ほ》工《こう》を組んで落盤を防ぎ、最後にコンクリートを打ち込んだ。そのコンクリートもスコップで天井にはね上げるという原始的な工事方法であった。

圧搾空気を動力とする削岩機は大正初期にはすでに使われていたが、コンプレッサーの運搬などの関係で使えず、「手ぐり」で掘削する現場も多かった。「手ぐり」は手作業で岩盤にダイナマイトを装填する穴を掘る。「セットウ掘り」「ゲンノウ掘り」「セイザン掘り」などの工法があった。

落盤や発破の事故も多かった。当時は能率第一主義で安全管理はほとんど無視され、医療設備も整っていなかった。坑内の照明も必要最小限にされ、小さな手抜き、見落としが大事故につながった。現場に医者もおらず、戸板に乗せて山越えして運ぶ途中で命を落とす者も多かった。

支保工が押し潰され、その下敷きになった者。発破がなかなか爆発せず、点検に

削岩機で岩盤を崩していく。
ヤイタ
ケイカンパイプ
支保工
90センチ掘り進んだら支保工を組んでいく。

覗《のぞ》いた瞬間に爆発して、顔面に爆風を浴びた者など、事故は限りなかった。

また、職業病も工夫を悩ました。何台もの削岩機が一斉に作動し始めると、くり粉と呼ばれる石の粉が坑内に充満し、隣の人の顔も見えなくなる程だったが、タオルで鼻と口を覆うだけで、くり粉を吸い込み、次々に肺をやられた。

「トンネル掘りの職業病は、塵肺に難聴、それから削岩機の振動による白蠟《ろう》病だね。逆に、このどれにもやられてないのは、トンネル掘りじゃないといってもいい。病気が職業の証明なんて、因果な商売だ」

前田稔さん（四十二歳）は言う。前田さんは現在、青函トンネルのアプローチ線となる津軽トンネル神戸江工区の現場主任として、一年前から津軽に住んでいる。

トンネル内で交通事故？

前田さんは豊後佐伯の出身である。二〇年前に見習いの土工になり、以来、黒部ダムを皮切りに東海道新幹線、新清水トンネル、東名高速道路など十数カ所の現場を渡り歩いてきた。

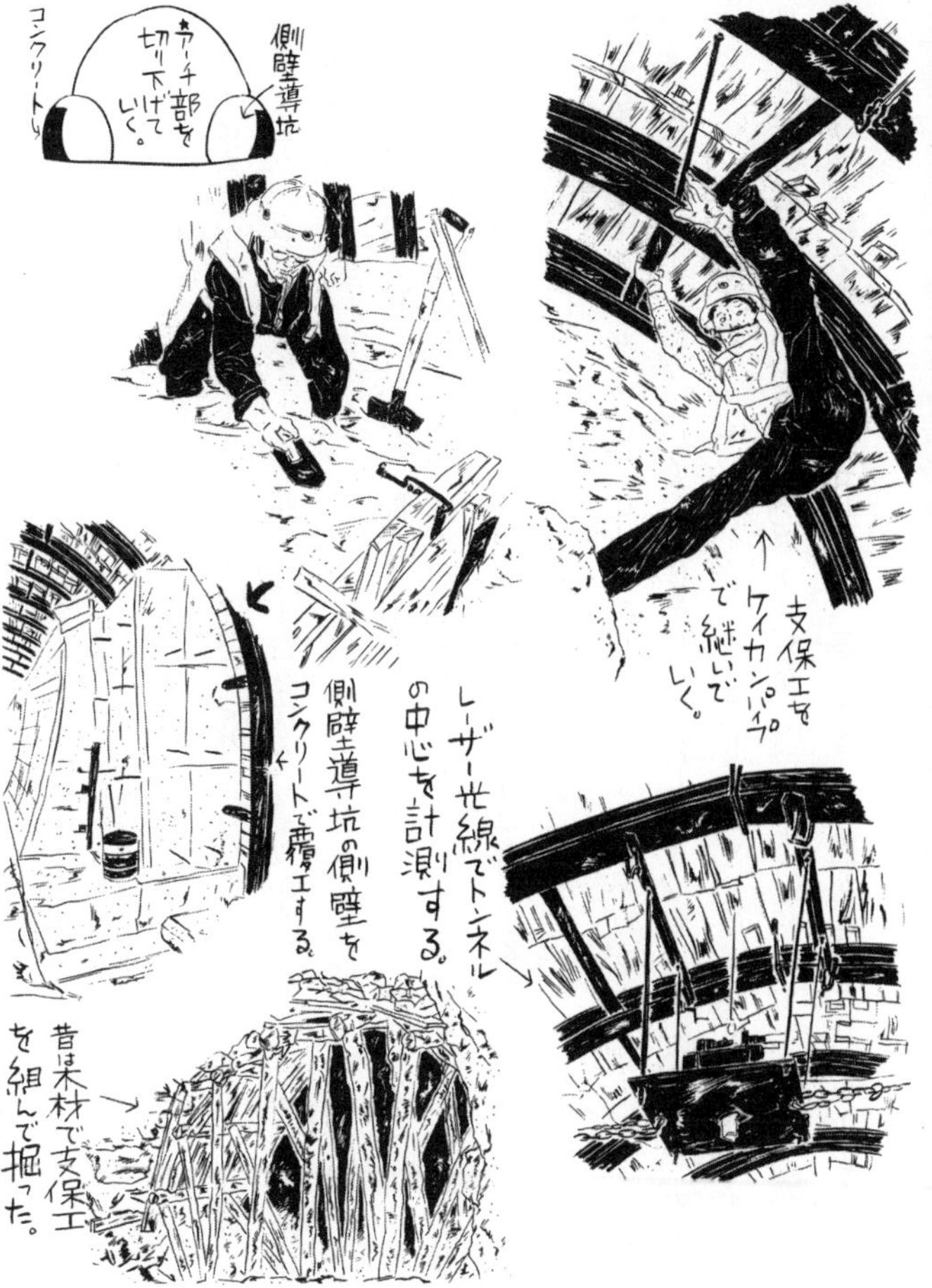

側壁導坑
☆アーチ部を切り下げていく。
コンクリート↓
支保工をケイカンパイプで継いでいく。
レーザー光線でトンネルの中心を計測する。
側壁導坑の側壁をコンクリートで覆工する。
昔は木材で支保工を組んで掘った。

隧道は、地形や地質などによってさまざまな工法がとられる。

「この現場は地質が砂で発破がかけられない。削岩機とシャベルで掘っていくしかない。工法というなら人力ピック掘りというところかな」

作業は六、七人が一チームとなって分業化されて行なわれる。トンネルの側壁に導坑を掘り、コンクリート壁を張って土台を作る。それから上層部を切り崩して掘り進む。

側壁導坑の最先端では、絶え間なく削岩機が響き渡り、崩された土砂が架車に積み込まれ、運び出される。九〇センチ掘り進むと鉄の支保工が組まれ、ケイカンパイプにボルトを通して固定する。周囲にヤイタと呼ばれる松板がはめられ、キャンパー（クサビ）が打ち込まれていく。

昔は壁を切り崩したら、丸太の支柱や板で支保工を組みながら掘削していった。いまは鉄の支保工を組んでいくが、作業員は崩落した土砂の山に這い登り、天井にぶら下がるような体勢でテキパキと作業をこなしていく。ほとんどが手作業で、一日に三基（約三メートル余）しか掘り進めない。

土工は基本給の他に能率給として、一基につき四万円が支給され、チーム全員で分配する。

「火薬を使う場合は、火薬をいかに少なく、効率よく使うか。『よぼり』（掘りすぎ）や『あたり』（掘った残り）を出したらロスが出る。トロッコに積む土砂も少なく掘るのが工夫の腕だ。それにチームワークが大事だね」

豊後土工が同郷の人間で占められているのもそのためだ。

現在の工事現場は安全対策が厳しく、掘削作業中の事故は少なくなっているが、もっとも多い事故は、坑内を行き来する車輌による交通事故だという。作業中の極度の緊張が終ったあとの気の緩《ゆる》みが原因だ。

昔の隧道工事は、叩き上げの経験がものをいった。だが、現在は、作業工程のすべてに免許が必要になっている。ダイナマイトを扱う作業から、ワイヤー掛けの作業に至るまで免許数は数十種にのぼる。いまや土工はエンジニアになりつつある。ボストンバッグ一つ下げて、「使ってくれ」とやってきた、往時の豊後土工のイメージは、ここにはない。あらくれの男たちが命を張った修羅場とは隔世の感がある。

しかし、薄暗い坑内の耳をつんざく削岩機の音、肌にべっとりくる湿気、土砂やコンクリートの独特の臭気が充満した息苦しさと、押し潰されるような圧迫感と恐怖の中で、黙々と土を掘り続ける男たちの姿に変わりがない。

津軽トンネルは、あと一年で完成する。ここが終われば故郷へ帰る間もなく、彼らは次の現場へと流れていく。

車人形師伝

車人形とは、人形使いがろくろ車と称する特殊な台車に腰かけて人形芝居を演ずるもので、文楽に見られる三人遣《づか》いの人形を一人で操られるように工夫されている。

かつては説教節と結びつき、農民芸能として大流行したが、いまでは、その技を継承する座元は一座だけである。

人形に〝生命〟を！人形を守った誇りと情熱

車人形は約一四〇年前の安政年間（一八五四〜一八六〇）に初代西川古柳《こりゅう》（本名・永岡柳吉）によって創案された。古柳ははじめに説教節を習い、大阪で人形遣いの修業をしたのち、江戸の人形遣いの西川伊三郎に弟子入りして三人遣いの人形芝居を習得した。その後、江戸の人形芝居は衰退するが、古柳は、夢消えやらず、三人遣いの人形をろくろ車を考案することにより、一人遣いができるように改造した。

この手法は画期的であった。

文楽を代表とするそれまでの、一つの人形に「主遣《おも》い」「左遣い」「足遣い」の三人がかりだった芝居が、一人遣いになったことで、観客から演者が視覚的に邪魔にならない。一人遣いの演者が黒衣をまとうことで、人形の影のように見えて違和感が取りはらわれた。

また、かつては人形は高い幕の上に上げられていたり、空中に浮かして遣われていたものが、車人形では、人形が直接舞台に足をつけて演技することが可能になった。おかげで、舞台と客席が一体化した。

そして、何よりも演者にとってろくろ車によって、人形が舞台を自動に動き回われるようになり、細やかな表現ができるようになった。

車人形は、当時盛んだった説教浄瑠璃《じょうるり》の節にのせて人形芝居を演じることで大衆に評判をとり、人気を高めていった。特に東京近在の村や神奈川、千葉、埼玉、山梨などの娯楽の少ない農村で流行し、一時は素人芝居も含めて数十ともいわれる一座がひしめいていたといわれる。

神社の境内、あるいは農家の縁側や、酒樽に渡した板などを舞台にして、勧善懲悪の説教浄瑠璃や義太夫に合わせて演じられる車人形が、娯楽にとどまらず、貧しい農村の人々の心を支えていたことは想像にかたくない。

初代・西川古柳によって創案された車人形は隆盛を極め、門弟も数多くいたが、二代目を高弟の瀬沼時太郎が継ぎ、以来世襲制をしき、現在、四代目西川古柳へと継承されてきた。

その後、活動写真や新演劇などに押されて車人形は凋落の一途をたどった。その中で西川古柳一座だけが細々ながら火を絶やさずに技を伝えてこれたのは、代々の家元に受け継がれてきた誇りと情熱の賜物《たまもの》といってもいい。

「先々代は、凋落の中でも私財を投げ売って散逸していた人形を収集し、九〇本以上の頭《かしら》を守ってきた。この中には名人、泉屋五郎兵衛、西川伊三右衛門の作のものもあります。私たちが現在使っている人形は、すべてこの当時のものです。

先代は説教浄瑠璃の三味線の研究を重ねて芸を磨くと共に、この人形を大切に守り継いできました。

太平洋戦争中、我が家にも焼夷弾《しょうい》が落ちましたが、必死で消し止め、人形の消失をまぬがれた先代は『やっと火を消したとたん、腰がたたなくなってしまった』と話していました」

轆轤《ろくろ》車
回転がスムーズにいくように、車輪が、前に二つ、後ろに一つついている。
轆轤車を体にしばりつける。
頭を差し込んで左手に持つ。
左手で人形の頭を、右手で雫を操作する。

四代目西川古柳（本名・瀬沼時雄さん・六十一歳）は淡々と語る。

この時、人形が焼失していたら、車人形の伝統は消えていたかもしれない。当時出征中だった四代目西川さんは焼土と化した祖国を目のあたりにし、失意に沈む毎日の中で、車人形を存続させることが生きがいになった。以後、先代について本格的な修業に打ち込み、昭和四十五年（一九七〇）四代目を襲名した。

人形に魂を吹き込む技

車人形は構造的にみると、江戸時代以降の伝統的人形芝居の手法を総括的に取り入れているといわれる。

鯨のひげのバネを使って操作する「弓手《ゆみて》」と呼ばれる左手の構造、技法は江戸初期に考え出された機構をもとに改良を加えたもので、〝頭《かしら》〟〝腰輪〟〝足〟などの機構は江戸中期のものである。そこに大小三つの車輪を持つろくろ車が相まって車人形が出来上がっている。

左手で頭をささえる胴串を持ち、右手で人形の両手を操作し、両足の踵について

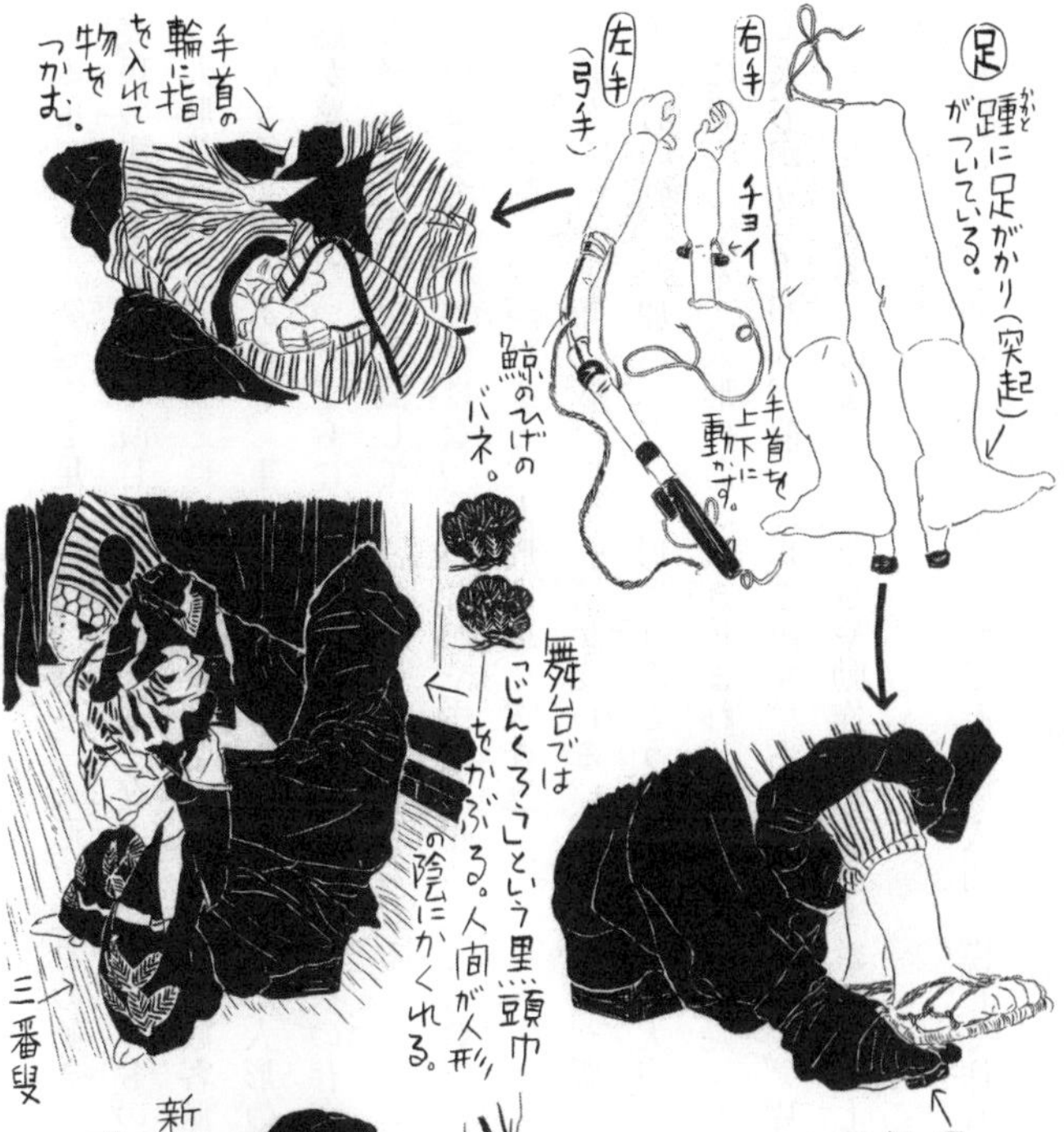
足
踵《かかと》に足がかり（突起）がついている。
右手
チョイ
手首を上下に動かす。
左手（弓手）
鯨のひげのバネ。
手首の輪に指を入れて物をつかむ。
足がかりを足の指にはさんで動かす。
舞台では「じんくろう」という黒頭巾をかぶる。人間が人形の陰にかくれる。
三番叟
新車人形では頭をひもで首にかける。

いる足がかり（突起）を足の指にはさみ、人形の全身の動き、細やかな表情や感情表現のすべてを一人で演じる技術は一朝一夕で修得できるものではない。

人形遣いは黒衣をまとい、歌舞伎や文楽などと同様に観客側からは見えないものという約束事があるが、車人形の場合は、人間の動きが人形の動きに同化して違和感が感じられない。さらに、人形の影のように添う黒衣の存在は、人形が表現する喜怒哀楽の深層を象徴しているようにさえ感じられる。

いままでバラバラになっていた頭や手足が組み立てられ、衣装をまとい、西川古柳さんの腕に抱かれると、人形は息を吹き返す。

頭をちょっと傾けるだけで表情が変わる。可憐な表情、訴えかけるような表情に手や肩の動きが加わると、人形はほんとうに涙を流し、大声を上げて泣いているように思えてくる。人形に命が吹き込まれ、イキイキと躍動する。

人形が立ち上がり、静かに歩き出す。あわてて走り出す。片足立ちで地団太を踏む。観客は人間そのままのしぐさや動作に引き込まれ、いつしか人形遣いの存在を忘れている。

人形とは文字どおり「ひとがた」である。人間を模して作られた人形は人々の信仰の対象でもあった。

そんな芸能の起源を思うまでもなく、人形遣いが無心の境地で人形を操り、「ひとがた」の化身が世の情けや無常を切々と語りかけるとき、そこに素朴な信仰の心を感じることができるのである。

神仏や自然を敬い、生きとし生けるものすべてに対する感謝と慈悲の心は、こうした形で民衆の心に浸透していったという、芸能の真髄に触れた思いがした。

石油採掘人伝
鈴木一義さん(42歳)
21年間、石油採掘人を
やってきた。正式には「工場
保安公害防止係員」
国家試験がいる。
ドラムカンにたまった
原油を、ひしゃくで
すくって集める。

新潟県三島郡《さんとう》出雲崎町尼瀬《あまぜ》。日本海の荒波をモロにかぶりそうな小さな漁村。ここが我が国の石油採掘発祥の地である。

かつて、この村のあちこちに石油採掘のヤグラが立ち並び、一攫千金をもくろんだ山師たちが群がった。しかし、その命脈は短く、産出油量は減少の一途をたどり、夢敗れた男たちは尼瀬を去った。

だが、ここでいまもなお石油を掘り続ける男たちがいる。その名は尼瀬油田。日本一小さな油田である。

世界最小(!?)の油田。産出量、日に一升びん九本

尼瀬は佐渡を望む海べりに沿って帯状にへばりついた〝ふんどし町〟で、良寛さんの故郷としても知られるひなびた漁村である。

尼瀬油田は、この町のはずれの、うっかり見落としかねない路地の奥にあった。木造平屋建ての粗末な事務所。三坪程の作業員詰所。高さ一〇メートル程の油井《ゆせい》ヤ

グラに油で黒く汚れたタンク。中近東の石油基地とは程遠いイメージ。どちらかといえば西部劇でお目にかかったような殺風景な風景だ。

尼瀬石油株式会社、現在九十二歳の社長以下五名の日本一小さな石油会社である。現在稼働しているのは、明治三十年（一八九七）にそれまでの手掘りにかわって登場した日本最古の機械掘り油井「C2号井」と、大正三年（一九一四）に作られた「R1号井」の二本だけである。

ゴトン、ギィ、ガタン…のんびりした音を響かせ、井戸に差し込まれたパイプがゆっくり上下する。力強さはない。呼吸を乱さぬようにゆっくり歩を進める老人のようなリズム。そこだけ時の流れが遅くなったような錯覚を覚える。

井戸に連結しているパイプを伝わって薄褐色の液体が、油の染みついた真っ黒なドラムカンに流れ込む。プンと石油の匂いが鼻をつく。だが、汲み上げられた液体の九〇パーセントは水で、肝心の原油はわずか一パーセントしか含有されていない。タンクを覗《のぞ》くと表面に茶色のドロドロしたものが浮いている。これは廃棄物の泥油で、その表面を棒切れで分けると黄緑色の液体が、膜のように浮く。これが原油である。

二日か三日に一度、溜《た》めておいた地下水の表面の原油が二、三センチの厚さになると、鉱手が油びしゃくで上澄みを掬《すく》い取る、という原始的な方法で採取が行なわれる。

「これが全部、石油だったらいいんだろも。この井戸だっていつ枯れるかわからねっけ、毎日戦々恐々だね」

二一年間鉱手をしてきた鈴木一義さん(四十二歳)が、油びしゃくを操りながら、いたずらっぽく笑う。

掬い取った原油はブリキカンに入れ、天秤棒で担《かつ》いで備蓄タンクに移し、ろ過する。一日の原油産出量は一升びんに九本。まったく出ない日もある。年間で六キロだ。一年間かかって溜めてきた原油が六キロの備蓄タンクに満タンになると、日本石油のタンクローリーがやってきて買い上げていく。

「原油の収入なんていったって、その後の汚泥処理に二〇万円くらいかかったら、それでパーだ」

原油採掘はいまや足を引っぱるお荷物に成り下がってしまった。企業としては、原油と共に噴出する天然ガスを尼瀬の五三〇世帯に供給して、どうにか採算が取れ

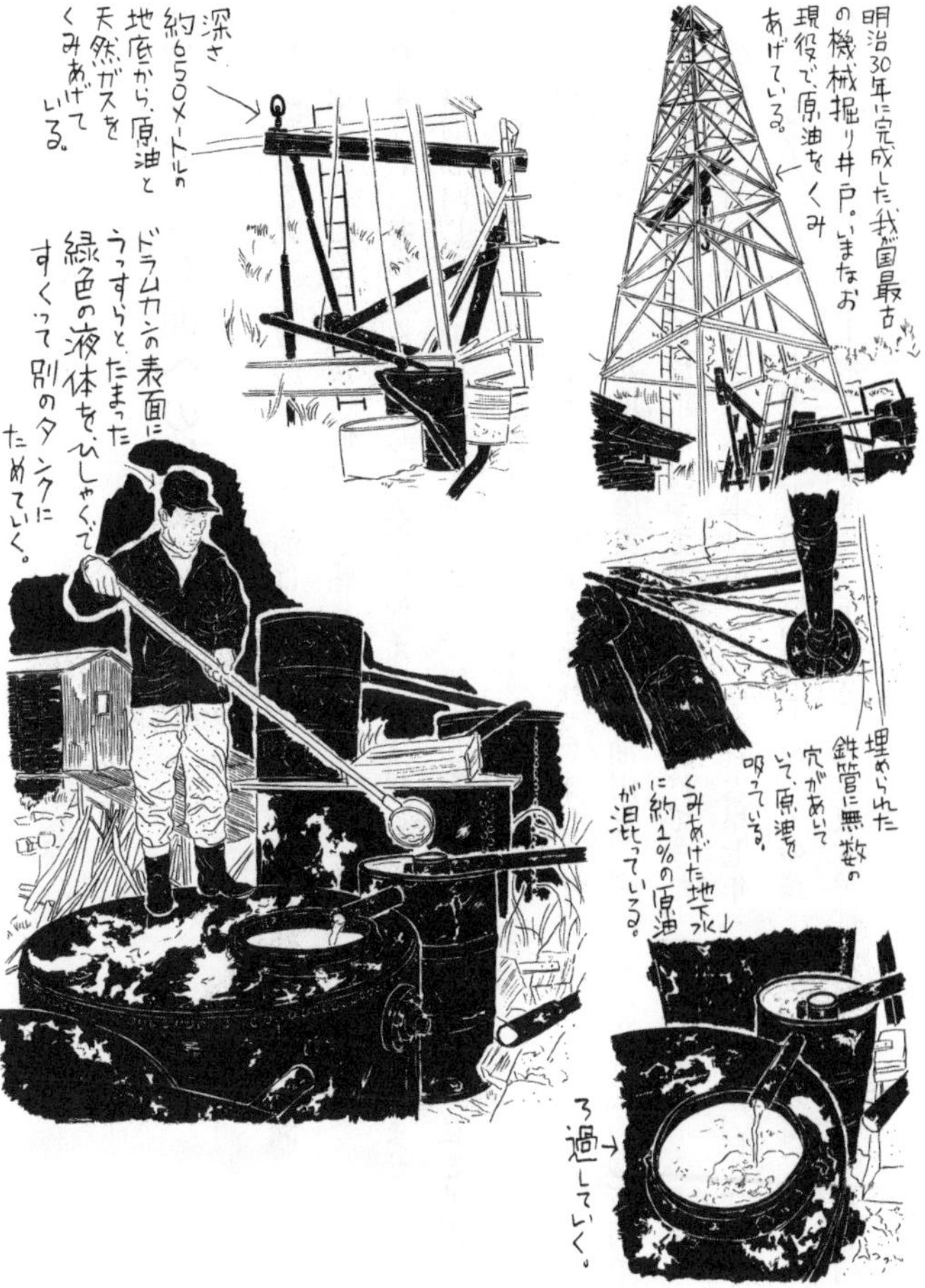
明治30年に完成した我国最古の機械掘り井戸。いまなお現役で、原油をくみあげている。

深さ約650メートルの地底から、原油と天然ガスをくみあげている。

ドラムカンの表面にうっすらと、たまった緑色の液体をひしゃくですくって別のタンクにためていく。

埋められた鉄管に無数の穴があいていて、原油を吸っている。

くみあげた地下水に約1%の原油が混っている。

ろ過していく。

ているという状態である。

燃え続ける石油への情熱

社長である九十二歳の寺沢守一翁は、日本の石油採掘発祥地である尼瀬の油田の火を守ることに誇りと強い使命感を感じている。

「私より若い井戸なんだから、大事に使えば、まだ一〇年そこらは枯れません。人間も石油も同じことで自然のままがいい。無理しちゃいけない。まあ、私と油田とどっちが長生きできるか、競争してるんです」

年齢を感じさせない矍鑠《かくしゃく》とした風貌の中に、いまだ消えやらぬ男の気概が覗く。昭和二十六年、採算が取れず廃業寸前だった油田を、帝国石油から二〇〇万円で譲り受けて以来、三十数年に渡って油田を守り続けてきた。

越後と石油の結びつきは『日本書紀』に、天智天皇七年（六六八）に〝燃える土〟〝燃える水〟を献じたとあるほど古い歴史がある。その後、十四世紀以降になってクソウズ（臭水、草生水）と呼ばれ、手掘りで汲み取り、灯火用として生活に利用

ひしゃくでくみあげた原油をブリキカンに入れて運ぶ。

年間産油量6キロリットル。(38バレル)1日に一升びんで9本分しか産出できない。

ガスの監視箱。左が混合ガス。右が町に供給しているガス。

石油だけでは採算がとれず、尼瀬町530世帯に天然ガスを供給している。

夜中に井戸を点検するのがつれえこってね…

故障すると、夜中でもヤグラに登って点検する。

安全ベルト
井戸の前の小屋で、昼夜交代で監視する。

されるようになる。

そもそも、この地に石油が出たのは、フォッサマグナによる特殊な地層による。フォッサマグナは、日本列島がアジア大陸から離れるときにできた大地の裂け目で、当初は、列島は東北日本と西南日本が真っ二つに分断され、日本海と太平洋が繋がっていた。現在の糸魚川と静岡を結ぶ構造線と、柏崎と千葉を結ぶ構造線の間の広大な地域が、かつての海だった。

その後、富士山を含む海底火山の噴火などによって土砂が堆積して新しい地層ができ、そこからさまざまな物質が堆積して鉱物や石油ができた。新潟が石油発祥の地といわれる背景には、地球の壮大なロマンが秘められている。

時代が幕末、明治に移ると〝文明開化〟の波とともにランプが急激に普及する。同時に灯油の輸入も急増する。

どこでも石油が出た⁉

明治元年（一八六八）にはわずか一二〇トンだったのが十年には一万トン、十九年には九万五〇〇〇トンにもなった。

高い輸入品より安い国産の灯油をという声が高まり、明治二年(一八六九)三島郡尼瀬(現出雲崎町)に久須美秀三郎らの手で油田開発の手がつけられたのを始め、県内各地にオイルラッシュの波が打ち寄せる。

一攫千金の夢にとりつかれた〝山師〟たちが入り乱れ、一時は二〇〇を超える業者ができては消えるという状態が続いた。宿ができ、飲み屋ができ、女の嬌声が響いた。

石油採掘のメッカとなった尼瀬では日本海沿いの狭い町のいたる所に、試掘のためのヤグラが立てられ掘り返された。事実、尼瀬はどこを掘っても石油が出た。油脈の上に建っていた家が地盤沈下したり、危なくて火を使えないという家もあった。また庭先に石油が出て、バケツで汲んで使ったり、精製しない油をそのまま漁船の燃料にしたなどという嘘のような話が現実にあった。

その後明治二十一年(一八八八)になって刈羽《かりわ》郡百地(現西山町)で、内藤久寛らによって日本石油会社が設立され、日本の石油工業の近代化の幕開けとなった。採掘方法も手掘りから、アメリカ製の鋼掘鑿井《さくせい》機が導入され、深層からの採油に成功する。従来の手掘り採掘ではせいぜい地下三〇間（五四メートル）が限度だったのが、機械掘りだと二〇〇メートルまで掘れ、採取量も飛躍的に伸びた。

尼瀬を皮切りに長岡の西山、東山、新津と次々に油田が開発され、県内の石油生産が明治三十一年（一八九八）の五万七〇〇〇トンから四十年には二七万トンと大幅に増えたが、これらの命脈は短かく、大正時代に入ると急速に衰退していった。

オイルラッシュに湧いた町は潮が引くように人が去り、取り残されたヤグラだけが立ち並び、野望にとりつかれた男どもの夢の跡だけを残して、町は以前のひなびた漁村に戻った。

近年に数千万円かけて二回試掘が行なわれたが、一滴の石油も出なかった。尼瀬油田の二本の井戸だけが、かろうじて生き長らえているのみである。

ポンプによって地中深くから吸い上げられた茶褐色の液体を眺めながらパイプに耳をつけると、かすかな響きが伝わってくる。それは、体液を吸いとられる地球の悲鳴のように聞こえて仕方なかった。

めいろう師伝

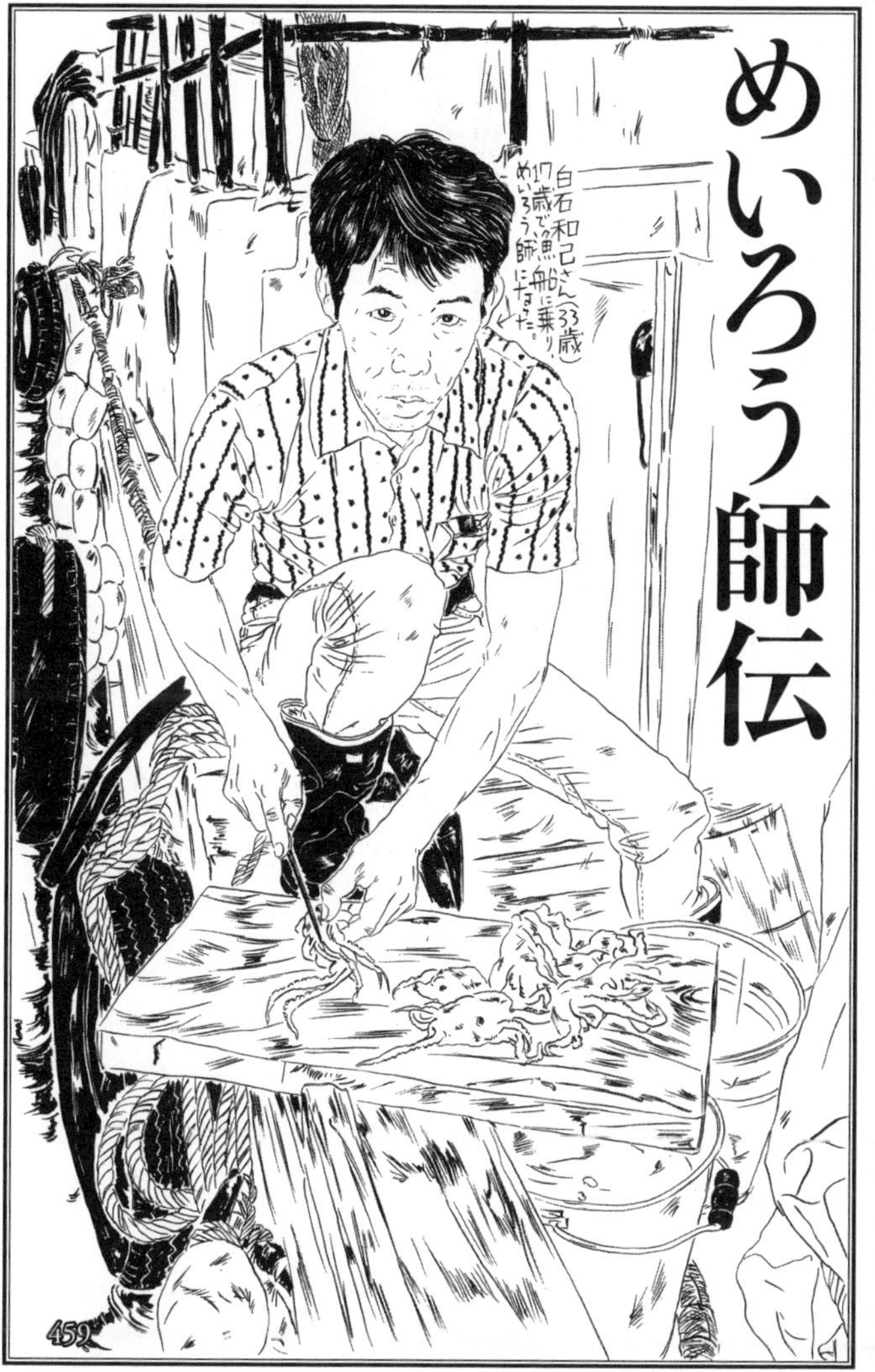

白石和己さん(33歳)
17歳で漁船に乗り、
めいろう師になった。

大型漁船の炊事を受け持つ者を「カシキ」と呼ぶが、房総では、「めいろう師」と独特の呼び方をする。

この任は最年少の見習い漁師があたるのが普通で、めいろう師という呼称も、一人前にならない〝前漁師〟がなまったものだともいう。また、まだ舟に櫓《ろ》があった頃に、若手の漁師が舳先《へさき》側の櫓をまかされることが多かったので「前櫓師《まえろし》」という呼び名が語源だという説もある。

しかし現在では、若い漁師が不足して、五年、一〇年、二〇年とめいろう師を続ける漁師も少なくない。漁の合間に、大勢の乗組員の食事を作り、漁にも参加する彼らの仕事は、過酷を極める。

漁船のコック長は漁船一の超過勤務

かつての漁師のほとんどは、中学を終えた十六歳で船に乗った。そこで前任者からめいろう師の任を引き継ぎ、雑用と炊事をしながら漁の形態や仕事を覚える。十八歳で一人前として認められるが、後任がなければ、めいろう師の役を代ることができない。

したがって新人が入ってこない間は、年齢がいっても一番の若手がめいろう師を卒業できない。

漁師の賃金は普通、乗りたて一年間は六合《ごう》（六パーセント）、翌一年は八合、一人前になると一代《ひとしろ》（一〇パーセント）になるが、その先もめいろう師を続けるなら、二合の手当が出る。

現在のめいろう師の多くは熟練した一人前の漁師で、時には力のある若年に代って年配の漁師がこの役をやっている場合もある。歳をとって少しでも稼ぎたい者もいれば、料理好きの漁師もいる。

房総・保田《ほた》漁港の、白石和己さん（三十三歳）は典型的なめいろう師である。代々漁師を生業とする家に生まれ、十七歳で迷いもなく船に乗り、疑いもなくめいろう師をまかされて以来一六年間、自分から積極的にめいろう師を続けてきた。

彼の属する磯辺網丸は、キンチャゴと呼ばれる揚繰網《あぐりあみ》船で、四隻の船が船団を組んで漁をする。〝レンタン〟と呼ばれる魚群探知機を積んだ魚探船は、漁を司る漁労長と副漁労長が乗り、その後に網船がつく。網船は二隻の船を舫《もや》って網を流す。

右側の船が真網《まあみ》、左側が逆網《さかあみ》で、それぞれに三人の漁師が乗り込む。最後尾は水揚げされた魚を積む手船がつき、乗組員は三人である。

四隻の船には一人ずつめいろう師がつくが、漁の花形は網船で、めいろう師の仕事もきつくなる。白石さんは、真網船に乗り込み、対をなす逆網船には、三十歳になってから漁船に乗ったという福原稔さん（三十六歳）がついている。

いまの時期、揚繰船の対象はアジで、船は夕方出港し、翌朝帰港する。食事は夕食と夜食の二回である。一般の乗組員と異なり、めいろう師は出港する日の昼間から食料の買い出しや支度に忙しく立ち働く。夕方には誰よりも早く港にきて、荷物を積み込んで仲間を待つ。

米は「りょうず」と呼ばれる木桶に研いで入れておくが、こうすると三日は腐らない。現在はプロパンガスの炊飯器で飯を炊くが、一六、一七年前は、灯油だったし、それ以前は薪だった。年配の漁師の大多数はこうした時代にめいろう師を経験している。当時の航海は長期に及ぶこともあり、めいろう師の仕事は過酷を極めた。

以前は、船の炊事場は屋根も壁もなかった。甲板の隅にむき出しのカマドがあり、大包丁で薪を薄く削って焚きつけにして火を燃やした。これをカイバ削りといった。

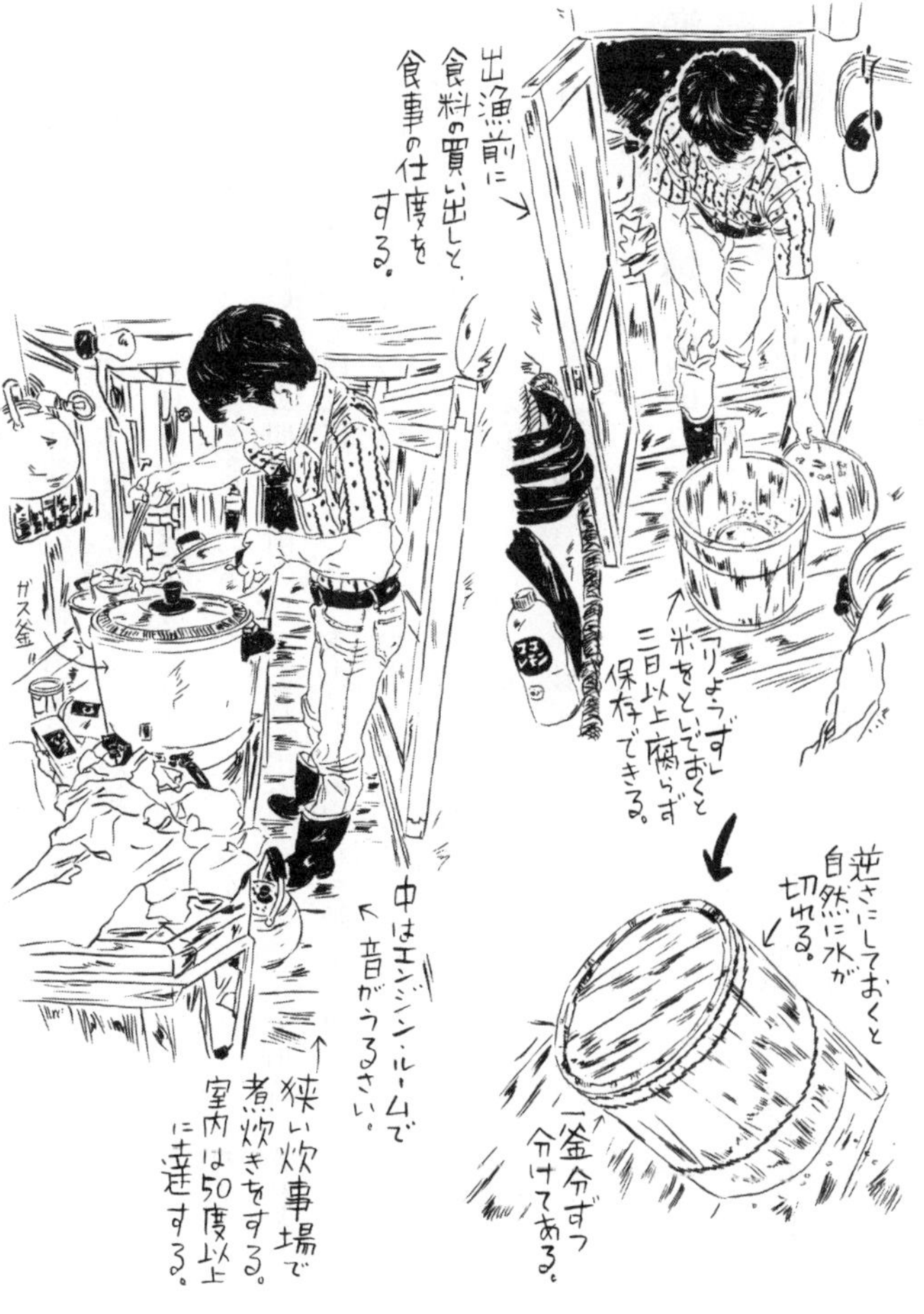
出漁前に
食料の買い出しと、
食事の仕度を
する。
「リょうず」
米をといでおくと
三日以上腐らず
保存できる。
逆さにしておくと
自然に水が
切れる。
一釜分ずつ
分けてある。
ガス釜
中はエンジン・ルームで
音がうるさい。
狭い炊事場で
煮炊きをする。
室内は50度以上
に達する。

めいろう師が使う大包丁は独特の刃物で、肉厚で峰から鎬《しのぎ》までの幅が広い鉈《なた》のような形をしている。刃は全体に緩《ゆる》い蛤《はまぐり》刃で、刃が鋭く立っている。めいろう師は、これ一本で薪割りから料理まですべてをこなす。

船は、現在のような洋式漁船ではなく、五〇馬力程度の焼き玉エンジンを搭載した和船だった。長い航海の間には雨の日もあれば大風が吹く時化《しけ》もある。それでも乗組員に飯を食わせなければならない。その上、めいろう師は炊事以外に漁師としての労働力の一翼を担《にな》っている。手早く食事を作って食べさせ、あと片付けをすますと、揚網に参加しなければならない。昔は、揚網はすべて人力だった。

「いまは船が速くなったから何日も漁に出ることはなくなったし、動力で揚網すっから楽になったけんが、その分ちょこまか仕事に追われて忙しくなってる」

漁師の生き様は男のロマン

アジ漁は夕方六時に出航するが、めいろう師は、その四時間前から夕食の支度にとりかかる。りょうずで米を研ぎ、桶を逆さにして水を切っておき、ガス炊飯器で

めいろう師は一番遅く食事をし誰よりも早く終わらせねばならない。
めいろう師歴6年の福原稔さん（36歳）
食事の後かたづけもそこそこに漁が始まる。
燃料が薪だった時代には、大包丁で薪を削って炊きつけにした。

飯を炊く。その間に魚の煮付けやタタキ、汁を作り、漬け物を出す。

できあがると、出港前に一斉に夕食にかかる。めいろう師は漁師たちの給仕をしながら、自分の飯をかき込む。早飯食いの漁師の中でも、めいろう師は一番遅く食べて、誰よりも早く食事をすませ、漁の身支度をし、あと片付けにかかる。船はすでに出漁し、魚探船の合図があると、二隻の網船から、真網、逆網が降ろされる。

真網は左回り、逆網は右回りに魚群を包囲するように投網し、再び両船を舫って網を底まで沈下し、網裾を環締網《かんていあみ》で巾着状に締めて、ネット・ホーラーで巻き上げる。暗い海面に魚の群れがライトに浮かび上がる。漁師たちの歓声が闇にとどろく。船上はまさに戦場と化す。

好漁場で魚群にあたると何度も網を降ろし、また揚げる。夜が明けるまで続くこともある。

深夜、漁が一段落する頃、めいろう師は夜食の準備を始める。沖合はうねりが強く、網がかけられると船が傾き、煮炊きの汁がこぼれて大火傷を負うこともある。しかも深夜の海上は底冷えするが、狭い炊事場は五〇度以上にも達する。

甲板で一斉に食事が始まる。ゆっくりと噛みしめて味わう余裕はない。胃の中に流し込むようにして食べる。しゃがんで食べる者もいれば、立ったまま食べる者もいる。尻を落ち着けて食べる者はいない。素早く食べて、持ち場を交代する。そうした仲間同士の連係が、無言のうちに行なわれる。

沖では海水を汲んで料理に使うので、味が塩《しょ》っぱい。重労働をこなす漁師にはそれがいい。

夜食がすめば、また漁が再開される。夜が明けるまでが勝負である。朝が白々と明ける頃、ようやく船は港に向かう。漁師たちの顔に安らぎの表情が浮かぶ。深い皺を刻んだ五十路を過ぎた顔がある。働き盛りの潮焼けした顔がある。

船に乗れば年齢も上下関係もない。板子一枚下の地獄を共に生きる仲間としての連帯感が、無言のうちに芽ばえていく。若い漁師は年配者をたて、年配の漁師は若い者を大事にする。それが共同作業に欠かせないことを体験で知っている。揚網のとき、気が揃わなければそこから魚が逃げる。一人の失敗が漁すべてに影響する。

「めいろう師になりたての頃は、飯の炊き方を失敗したことも何度もあったけんが、文句を言われたことはほとんどない。正直、若いのが入ってきて、めいろう師を代りたいと思ったこともあるが、漁師をやめたいと思わない」

白石さんも福原さんも漁師としての筋金が叩き込まれている。

漁師の最低保証一〇〇万円。ひとたび漁に恵まれると一網数千万円、一日の賃金が数十万、ときには一〇〇万円を超えることもある。稼いだら大盤ぶるまい、時化たら昼酒くらってパチンコ三昧《ざんまい》。房総の漁師は、カネコというハエトリグモをつかまえてきて、マッチ箱の中で戦わせる博打《ばくち》をした。それは、ある意味で、漁の緊張の裏返しでもあった。

漁師の生き様には、男の気概とロマンが漲《みなぎ》っている。

ムツカケ列伝
ムツカケの名人
小山房己さん(62歳)
有明湾の干潟に棲息するムツゴロウを手練の技で「ムツカケバリ」を投げて引っ掛けて捕る。
「ムツカケザオ」
「ムツオケ」
ワラを「ムツオケ」の中に入れムツゴロウが乾かないようにする。
「ガタスキ」
ガタスキにムツオケをのせ足で漕いでソリのように干潟を滑って進む。

九州・佐賀、有明湾の干潟は日に二度、その全貌を見せる。大潮のときは六キロ沖合まで水が引き、凪《なぎ》のときは鏡のように白く輝いて見える。

その泥の中、「ガタスキ」を操り、干潟を縦横無尽に滑って、ひたすらムツゴロウを追う男たちがいる。九メートル先の一〇センチ程のムツゴロウを引っ掛けて捕る。百発百中、いかに鍛練とはいえ、それはもはや神技に近い。

小山房己さん（六十二歳）。ムツカケ一筋五十余年、自他共に認めるムツカケの名人である。

ハゼ科のムツゴロウを。ムツカケ漁師は目が命

ムツゴロウはハゼ科の魚で、体長一五～一六センチ、干潟の泥に深い穴を作って棲み、日本では九州・有明海にしか棲息しないといわれる。

潮が引くと、餌であるプランクトンを食べに穴から這い出してくる。泥の上を匍行するムツゴロウは灰褐色の保護色になっていて、注意深く観察しないと二、三メ

ートル先のムツゴロウの判別も難しい。ましてや、九メートル以上彼方《かなた》のムツゴロウを見分けるのは至難の技である。

ムツカケの漁師の第一条件は、その目であるといわれる由縁である。過去においても名人と呼ばれた人たちは、「あん人は、よほど目が強かったんじゃろう」と、ある種の羨望をこめて語られる。

小山房己さんは、三十代ですでに右に出る者なしと言われたムツカケの名人で、現在六十二歳。いまだムツカケの命ともいわれる視力は体力、技術と共に、いささかの衰えも感じていないと、気負いもなく淡々と語る。

ガタスキに片膝をつき、右足で泥を蹴るように漕いで縦横無尽に干潟を疾走するのは、並大抵の技や体力ではおぼつかない。干潟の表面を後ろに蹴るようにしてガタスキを滑らせる。足を泥に深く入れると、足が抜けずに身動きがとれなくなる。

膝には鍋敷き状の輪の上にスポンジを敷いてあるが、それでも膝が痛み、手入れを怠ると水ぶくれになって化膿するという。

遠くにムツゴロウを見つけると、ガタスキを止め、竿を立てて、右手にカギと呼ぶムツカケハリを構える。

獲物は九メートル先の穴から、わずかに顔を出しているムツゴロウだ。点のようにしか見えない。小山さんの柔和な表情に緊張が走る。間髪をおかずカギが手を離れ、いったんムツゴロウの頭上をやりすごしてから、戻すカギで引っ掛け、宙を舞って、構えた手元にピタリと戻ってくる。

その間わずか数秒、まさに電光石火の早技である。カギが小山さんによって命を吹き込まれたように、空を一閃するごとに確実にムツゴロウを仕留めて戻ってくる。

飛ぶ鳥も捕れる

小山さんは三十歳くらいのとき、一回の漁で一五六三匹のムツゴロウを掛けたことがある。一匹の所要時間は、わずか一三秒の計算になる。

このときばかりは、肩が痛いのを通り越し、焼け火箸を押しつけられたように肩が熱くなり、しまいにカギが飛ばなくなったという。この記録は過去にも現在にも破られていない。また、空を飛ぶ鳥をムツカケで掛けたこともある。この技ができるのは小山さんのほかにいない。

「ムツカケバリ」

細竹に鉛を流し込んで作る。

4本バリではかかりにくいし、6本ではハリが2本かかってムツゴロウに傷が大きくなる。5本だと、1本が必ず下を向くので良い。

ムツカケバリの持ち方
約9メートル先のムツゴロウに狙いを定め、ムツカケバリを投げる。

いくぞ!

潮が引いた干潟の穴から餌のプランクトンを食べに出てくる。

ムツゴロウ
保護色になっている。

ムツカケバリ
ムツゴロウの頭の上を飛び越えた次の瞬間に、ひっかけて戻す。

ム!

電光石火の早技でムツゴロウをかけサオを戻すと手元にピタリと帰ってくる。

「ムツカケザオ」

チンチク竹で作る。肉が薄く、節の間が長くて軽いのでしなりがいい」。

「カギが生き物に見えることがあっとですよ…」

「ツボ」

サオの先
名人小山さんだけの仕掛け。これで1メートルは遠くへ飛ばせるという。

現在の有明湾は干拓事業によって干潟の様相が急速に変貌し、ムツゴロウの棲息状況も変わってきた。かつては河口にまで上ってきたムツゴロウも年々少なくなっている。そんななかでも小山さんは一日平均四〇〇～五〇〇匹のムツゴロウをカギに掛ける。

「掛けんばお金がほどけんでしょうが……」

冗談を飛ばしながら、六十路をすぎた小山さんは、いまなおムツカケに情熱をたぎらせる。

警戒心の強いムツゴロウは、岩などの障害物の近くに潜み、危険を察知すると素早く穴に逃げ込んでしまう。その上、ムツゴロウは頭にカギを掛けると死んでしまい、商品価値がなくなる。腹から尾にカギを掛けるのが名人の技だ。カギの傷が小さいと、ムツゴロウは四、五日は生きている。

小山さんは、その状況によって、カギをカーブ、シュートさせて横から回して投げたり、水がある場合には、ムツゴロウを驚かさないようにカギを干潟に落とさずに掛ける。

干潟のムツゴロウにしてみれば、頭の上をシュッという風切り音がしたと思った

ムツゴロウの位置によってハリをカーブ、シュートさせて投げる。
頭にかけると死んでしまうので必ず腹から下にかける。
ゲッ！
投げたときと同じ位置に戻ってくる。
「ガタスキ」この上に片膝をつき片足で漕いで滑る。
スポンジを敷いていても膝が化膿する。
スポンジ
「ムツオケ」ムツゴロウを入れる。
干潟の上をガタスキで滑るのは大変な重労働だ。
傷が小さいと、4、5日は生きている。
タカッポ
ムツゴロウを捕るワナ。
中に入ると出られなくなる。
トラップ
潮が満ちはじめると漁は終る。

ら、次の瞬間に体にカギが刺さって宙を飛んでいる。

「岩の陰にいるムツゴロウを、カギを下に向けて直角に落として掛けられんかと考えっとですよ」

生涯を賭してムツカケの技を完成させようとする漁師の気骨が漂う。それは誇張ではなく、一筋の道を究めようとする達人の境地に近い。

その情熱は道具にも向けられる。出来合いのグラスファイバーの竿を嫌い、数少ないチンチク竹を求めて九州各地を歩いた。

「田んぼの近くに生えている竹はドボンドボンで駄目。山のは軽すぎる。細くて粘りのある竹がいい。いい竹にかぎって火に炙《あぶ》ってのばすときにパキッと割れるとですよ」

手製の竿を作り、「ツボ」と称する竿先に工夫を凝らした。これだけで、一、二メートルも飛ぶ距離が伸びる。それで警戒心のない遠くのムツゴロウをカギに掛けることができる。ムツカケバリの形や重さにも改良を加えてきた。

小山さんは、祖父の房左衛門にムツカケを仕込まれた。房左衛門は名人で、それまでアゲマキという貝捕りが主体だったこの地にムツカケの漁法を持ち込んだ元祖でもある。

孫にあたる房己少年が十歳の頃から、オンジ（祖父）直伝の特訓が始まった。最初は、ムツカケバリの代りに、当時一〇銭程で売っていたテニスボール大の硬い球を結び、九メートル先に置いた一升マスに入れる練習を命じられた。

連日の猛練習でどうにか球をマスの中に入れられるようになったが、いったん入った球が弾んで飛び出してしまう。球を手で置くようにストンとマスの中に落とす技術を習得するのに、それから数カ月かかった。

それができるようになると、ようやく干潟に出してもらえたがムツゴロウを掛けることを禁じられ、毎日カニを掛ける練習に明け暮れた。隠れてムツゴロウを掛けると、オンジに見破られ、「お前、ムツゴロウば掛けぉったな！」と一喝され、罰として球をマスに入れる練習を一〇〇回やらされた。

「オンジは数多く投げさせて肩ば鍛えさせよったんと思う」

小山さんは昔語りをしながら目を細める。実際に、肩の鍛練ができていない漁師は五十歳にもなれば漁獲数がめっきり落ちてくるという。その結果、ムツカケをあきらめて、「タカッポ」と呼ぶワナを使って漁をする者が多くなっている。

タカッポは、竹の一節に小さな穴をあけ、その一方の切り口にハリガネのトラップをつけて、ムツゴロウが潜っていそうな干潟の穴に差し込んでおく。ムツゴロウは下から見上げて、小さな穴から見える空が出口だと思って這い上がってきてワナにかかる。遠近法の騙《だま》し漁法で、たくさん仕掛けて、あとで回収して回る。誰にでもできる漁でもある。

〝剣豪〟武蔵に勝った…

若い漁師も、厳しい修業を必要とするムツカケを嫌い、現在ではムツカケを生業とする漁師は数える程しかいなくなった。

江戸の昔、ムツカケの達人が剣豪宮本武蔵と対決し、投げて返すカギで武蔵の髷《まげ》を掛けて勝ったという話が、この地に伝わっているが、小山さんもまた、飛ぶ鳥を掛ける名人として後世に語り継がれていくのかもしれない。

サワラ突き漁伝

モリ
昇《のぼり》 正武さん(67歳)
サワラ突き漁51年の名人。
沖縄、奄美独特のサバニ船
KG3-20674
のぼり丸
誘《ゆう》木《ぎ》と呼ばれる擬似餌を泳がせサワラをおびき寄せる。

モリやヤスで魚を突く突き漁は原始的な漁法に違いない。それゆえに、獲物と対峙し、一対一の勝負を挑む男たちは限りないロマンを感じさせる。

奄美大島・小湊の昇《のぼり》正武さん（六十七歳）。彼は約五十年間、サワラ突きで生きてきた。モリを構え、水中のサワラを射すくめる眼光は鋭い。

モリで一瞬に射抜く。一〇年以上を要する習練

サワラ突き漁法は、かつては沖縄や奄美、トカラなどの島々で盛んに行なわれていたが、現在ではほとんど見られなくなっている。獲物であるサワラ自体が少なくなってきたこともあるが、漁法の習得に長い年月を必要とするために、後継者が育たないことも原因になっている。

サワラ突きは、沖縄でサーラジチ、奄美で誘木《ゆうぎ》と呼ぶ独特のトビウオの擬似餌を竿先につけ、水面を泳がせ、サワラをおびき寄せ、右手に持ったモリで突く。木製の誘木に命を吹き込み、トビウオが泳いでいる仕草や追われて逃げる様をたくみに

操る技術は、一朝一夕にして成るものではない。また、波に揉《も》まれる小舟の舳先《へさき》に立って、水中を素早く泳ぐサワラを射抜くのは並大抵の習練では不可能である。

「サワラ突きで一〇年なんていうのは、まだ素人でしょうな」

この道五一年という奄美の昇正武さんは気負いもなく言ってのける。名人と呼ばれる昇さんにしても、十六歳のときから、やはり名人と謳《うた》われた父親についてサワラ突きの修業をしてきたが、三十一歳にしてはじめて八キロ半のサワラを突いた。実に一五年の歳月を要している。

誘木は漁師自らが作る。誘木には、ひとつばの木や檜《ひのき》、杉などが使われる。ひとつばは奄美諸島の山中に自生しているが、山師でもめったに見つけることができない高級木である。杉は屋久島のものがいい。

ひとつばの木で作った誘木は水に濡らすとツヤが増し、泳がせると木目が魚鱗のようにキラキラと光る。山で伐ってきた生木で作る。生気のない木や枯れた木で作った誘木だと、サワラは決して食いつかないという。

オノとナイフで削り、カンナでトビウオの形に胴体を仕上げる。頭と尻尾には牛の角をはめ込む。胸ビレは山羊のヒゲ、目には夜光貝をはめ、竹のクギでとめる。

一本の誘木を作るのに、最低三日間かかる。

上下に揺れるサバニから

サワラは、カツオと同じ回遊魚だ。暖流に乗って外洋を泳ぎ回り、四月ごろ、産卵のために近海に近寄ってくる。

サワラ突き漁は夏場が最盛期だが、水温が上がるとサワラの動きが早く、モリで突くのは技術を要する。夏のサワラを突けるようになると一人前、といわれる由縁だが、この時期には大型船が出て大量に揚げるために値が下がり、利が薄い。

冬場のサワラは脂がのって旨いし、キロ二〇〇〇円を下ることはないが、海が時《し》化《け》ることが多く漁に出られる日は少ない。

「冬場、毎日船が出せて、二〇キロくらいのサワラを二、三本揚げられりゃ左うちわで、この商売もいいんだが、世の中うまくいかないもんですな」

昇さんは苦笑する。

この日、数日荒れ狂った時化の合い間を見て、昇さんは久しぶりに漁に出た。冬

ひとつばやヒノキなどを削って誘木を作る。
フクロ
サワラの形をした布の袋
口から海水が入る。
水の中で泳がすとふくらんで本物のサワラそっくりになる。
尻に水抜きの穴があいている。
誘木《ゆうぎ》
山羊のヒゲ
牛の角
夜光貝
牛の角
★本体はひとつば、ヒノキ、杉などを削る。
モリ
柄からはずれるようになっている。

場のこの時期、サワラはムロアジを追って、サンゴ礁のソネにいるはずだという。波は時化の余波でうねり、サバニは上下に揺れる。誘木を竿の先に結び、水面を泳がせる。バシャバシャと波しぶきを立て、クルリと向きを変えて躍動する。どう見ても魚には見えなかった誘木が、まるで命を吹き込まれたように変身する。

「たぎるように（暴れているように）動かすのがコツだ」

好物のトビウオが敵に追われて逃げ回るところをサワラが狙ってやってくる。水中では、誘木の回りが激しく攪拌《かくはん》されて気泡が渦巻いている。サワラの狙いがその一点に集中する。

サワラは船の真下から一気に襲ってくる。

しかし、うまくサワラを誘い出しても、誘木の鼻っ先まで来て騙されたことに気づいて、素早く施回して逃げてしまうこともある。また、生餌の場合は頭から噛みつくが、誘木の場合は頭を向けると逃げてしまう。

誘木を操る竿を左手に持ち、右手にモリを持って構える。サワラは誘木の動きにつられて寄ってくるが、誘木を止めるとサワラも止まる。その一瞬が勝負である。また、ときには真下から食らいつき、水面から五、六メートルも跳びはねることも

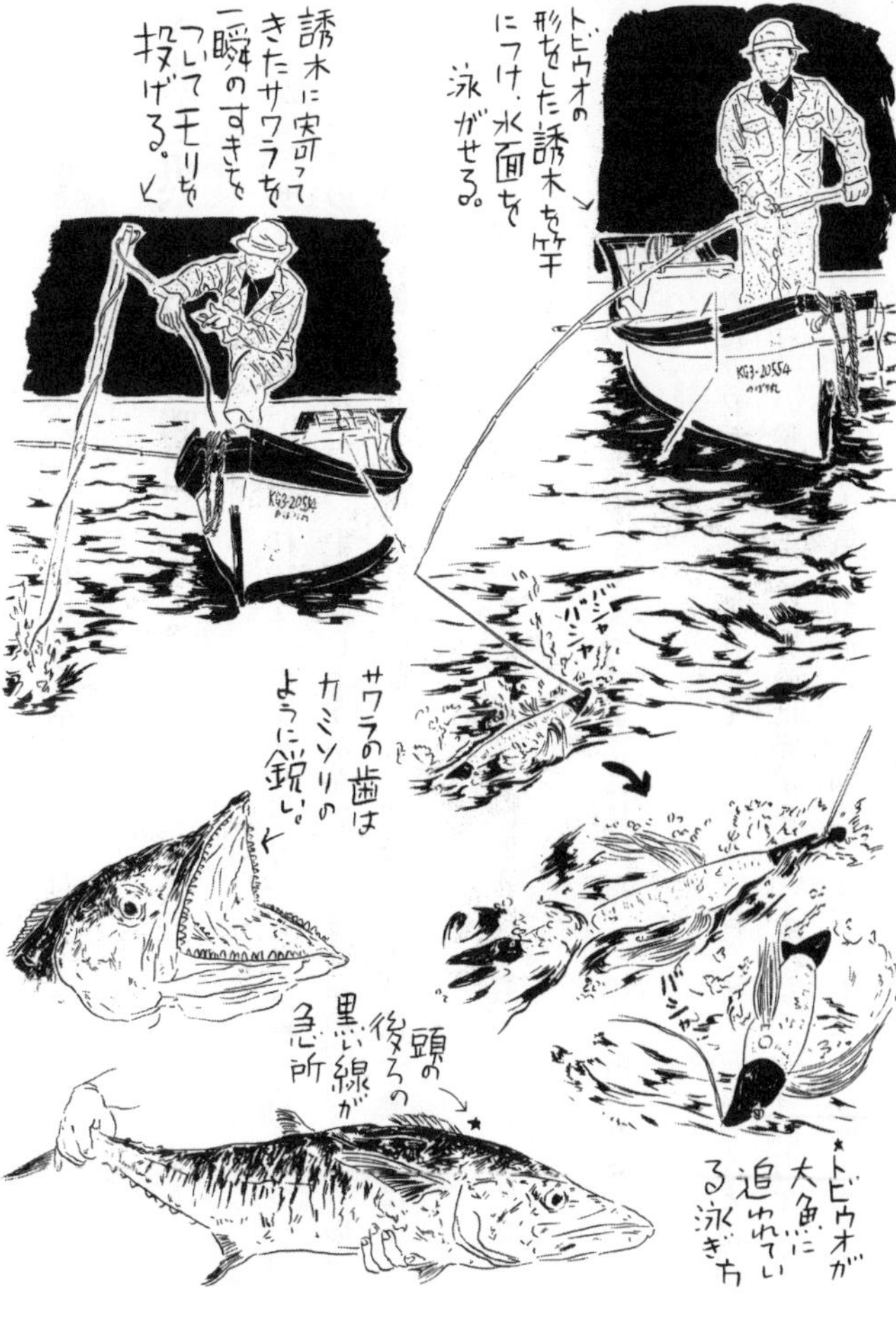

トビウオの形をした誘木を竿につけ、水面を泳がせる。
誘木に寄ってきたサワラを一瞬のすきをついてモリを投げる。
バシャバシャ
サワラの歯はカミソリのように鋭い。
バシャ
頭の後ろの黒い線が急所
★トビウオが大魚に追われている泳ぎ方

ある。そのときには、空中のサワラにモリを射たなければならない。

人間と魚、一対一の勝負

しかも、サワラは腹を突くと暴れ狂う。カミソリの刃のような鋭い歯を持つ二〇～三〇キロのサワラが暴れたら、手の施しようがない。モリは頭の方から三分の一くらいの背の黒い線を狙う。急所をはずさなければ、ほとんど抵抗することなく浮いてくる。

サワラが飽食し、誘木を食わないときは、サワラに似せた布製のフクロでサワラをおびき寄せる。

突然、誘木の近くの水面が赤黒く染まったように見えた。その一瞬に昇さんのモリが風を切った。

モリを打ち込まれたサワラは死にもの狂いでのたうち、縄を握った昇さんと格闘する。人間と魚の一対一の勝負。まさに男の世界がそこにあった。満身の力をこめてサワラを引き上げる昇さんの上気した赤銅色の顔は、まぎれもない漁師であった。

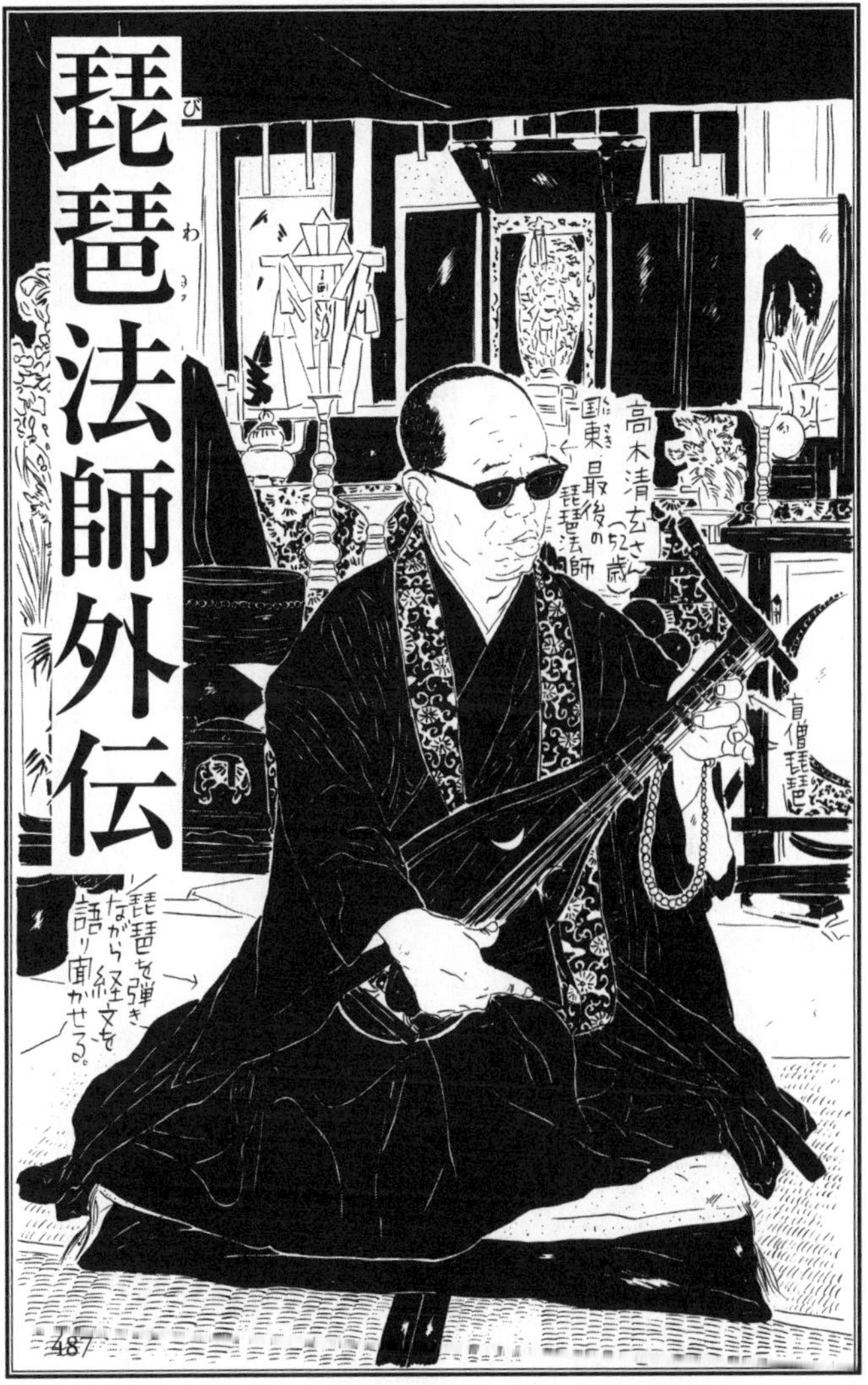
琵《び》琶《わ》法師外伝
高木清玄さん（52歳）
国東《くにさき》最後の琵琶法師
盲僧琵琶
琵琶を弾きながら経文を語り聞かせる。

一般に琵琶《びわ》法師というと、平家物語や浄瑠璃《じょうるり》と同じような軍談や悲恋物語を琵琶で語るものと思われがちだが、それとは別に、琵琶で経文を唱え、神仏の霊験を語り、祈禱《きとう》して歩く盲僧《もうそう》がいた。

彼らは乞われると「お日待ち」と呼ぶ家祈禱や、「土用経」と称し、各家々のカマドの荒神を祓《はら》い、人々の生活に深い関わりを持っていた。高木清玄さん（五十二歳）。大分県国東《くにさき》半島で、最後の琵琶法師である。

琵琶を手に招福除災を祈る。人々の心を支えてきた琵琶

琵琶を弾き地神経《じしんきょう》を誦《ず》す琵琶盲僧の起源は、『盲僧縁起』などの古文書によると、かの天竺において篤く仏教を保護した阿育《あしょか》王の長子鳩那羅《くなら》が盲目の身となり、琵琶を弾きながら諸国を遊行したことに始まると伝えられている。

琵琶の起源は東アジアといわれる。卵か果物のビワ、イチジクを縦に割ったような共鳴胴に棹《さお》をつけ、弓を使わず、弦を弾いて音を奏でる楽器で、リュートと共通

の起源をもつ。

琵琶には、平家琵琶、盲僧琵琶、唐琵琶、薩摩琵琶、筑前琵琶などの種類があって形も異なるが、盲僧琵琶は一般に細身のものが多く、とくに細いものを笹の葉に見立てて「笹琵琶」と呼んだ。古くは六弦六柱が主流で、「六」は六波羅蜜《はらみつ》、六観音など仏教の命数に由来するといわれる。

日本では欽明天皇の時代、日向国宇渡の窟にいた祐教礼子が唐僧より地神陀羅尼《だらに》経を習い、九州各地に広めたといわれ、九州が日本における盲僧発祥の地とされる。

また、盲僧琵琶には薩摩系の常楽院《じょうらくいん》流と筑前系の玄清法《げんせいほう》流の二派があり、共に天台宗であり、よく似た活動をしている。

他にも幾派か存在したが、平家琵琶を表芸にする一派が生じたり、糧を得るために大衆相手に合戦談や恋物語、ときには滑稽、卑猥《ひわい》なものを語って聞かせる、この世界でいう〝くずれ〟も多かった。この〝くずれ〟が宗教的琵琶から芸能へと発展していくことになった。

琵琶法師は、天明六年（一七八六）に杵築《きつき》領内だけで二五名程いたといわれるが、昭和二十九年（一九五四）の調査では大分県内に三五名、そのうち国東には一七名を数えた。

「その頃は盲僧がたくさんいて、道を歩くと、あっちでピコピコ、こっちでピコピコ、琵琶が鳴っちょりました」

高木清玄さんが当時を懐かしむようにつぶやく。高木さんは国東で最後の琵琶法師といわれる人で、現在も変わらず琵琶を肩に近郷近在を回って布教を続けている。

琵琶法師の活動は主に、四季土用の土用経回檀や正月の松飾り、星祭り、お日待ちなどの行事の他に、依頼されて地鎮《じちん》祭や火上げ、水神上げ、金神方除け、神占、ときには憑《つ》きもの落としまでやった。

土用経というのは、カマドを祀《まつ》る、いわゆる荒神祓いの行事で、四季の土用に檀家を回り、カマドに向かって琵琶を弾き経文をあげる。家の中で、最も神聖な火を扱うカマドを祀り、同時に荒神様から除災招福の功徳を得るという信仰である。

またお日待ちは、屋敷神を祀る家祈禱、星祭りは、個人の生まれ年にあたる本命星と、その年の星の巡り合わせが悪いときに厄を祓う。火上げとは、カマドを崩したり、作り替えたりするときの祓いの行、水神上げは井戸や池を埋めるとき、水神様の宿替えを祈禱する。金神方除けとは、新築、旅行、結婚、移転などに際して方

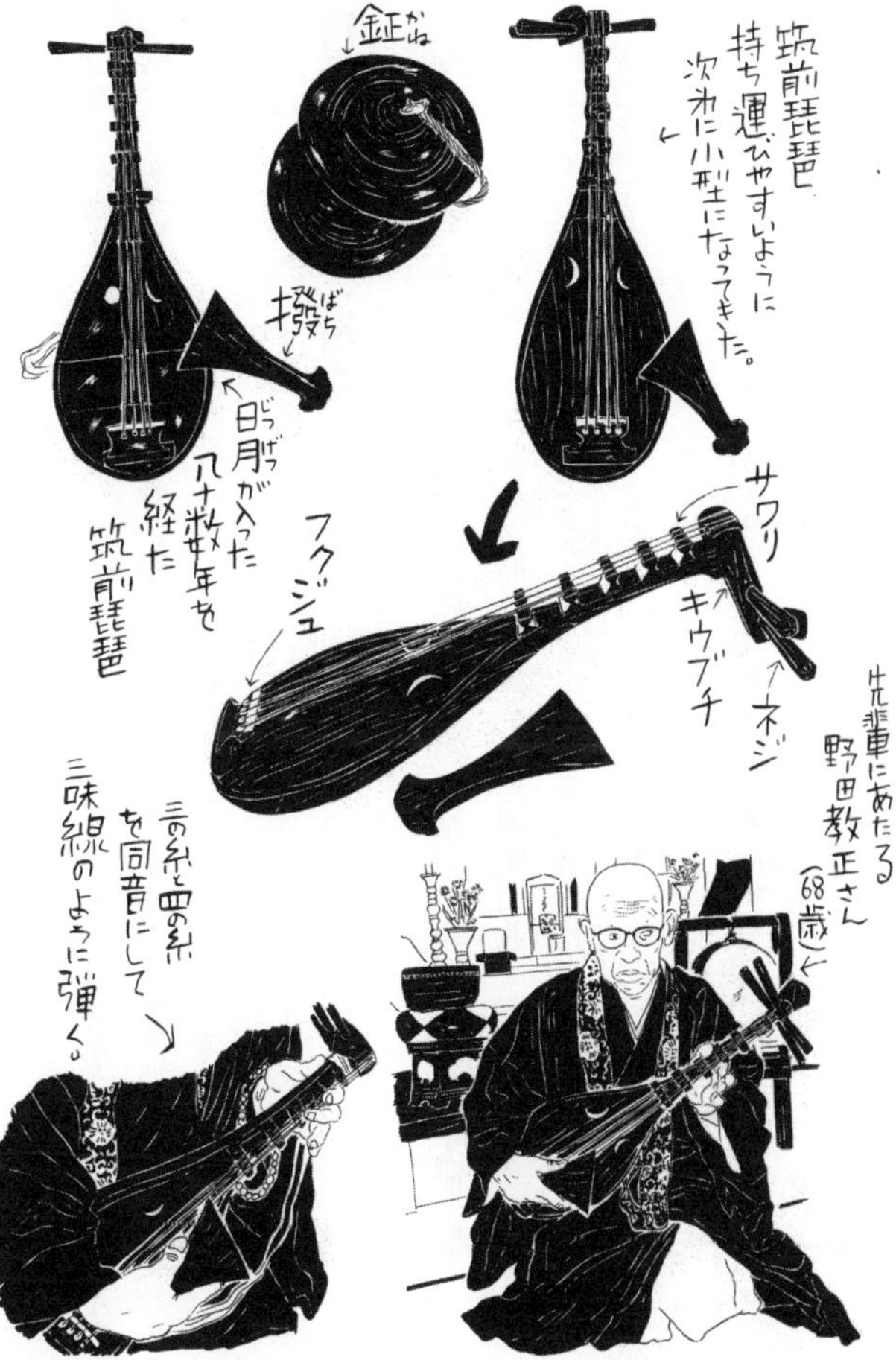
筑前琵琶
持ち運びやすいように
次第に小型になってきた。
鉦《かね》
撥《ばち》
日月《じつげつ》が入った
八十数年を
経た
筑前琵琶
サワリ
フクジュ
キウブチ
ネジ
高木清玄さんの
先輩にあたる
野田教正さん
(68歳)
三の糸と四の糸
を同音にして
三味線のように弾く。

位を占い、厄を祓う。

　憑きもの落としは、いまではほとんど行なわれることはないが、以前は原因不明の病いにかかる者が多く、河童が憑いているとか、トウベ（蛇）憑きなどといって、憑きものを落とす祈禱を乞われることもあったという。

自然界の神に祈る

　こうした行を非科学的、原始的と片付けるのはたやすい。しかし、人間の暮らしが自然と深い関わりを持っていた時代には、自然界の万物を神に見たて、崇めることが、人々の心を支え、救いとなっていたことを忘れてはならないだろう。

　盲僧は、そうした人々と神との橋渡し役を果し、琵琶は鉦《かね》や木魚、あるいは数珠《じゅず》などと同じく、神を招き、近づく重要な仏具と考えられていた。

「いまでは生活環境がすっかり変わってしまい、カマドを探すほうが骨を折れる。私らの出番も少なくなっちょります。しかし、いかに文明が進んでも、水と火が生命を支える根源であることに変わりはないし、天の恵みを受け、大地が育《はぐく》み、その

高木清玄
補 法眼
天台座主
大僧正山田恵諦
↗高木さんの補任状。現在の位階は「法眼」で法衣は黄色と定められている。
琵琶↓の音が拝殿に響き渡る。
近ごろは盲人の歩ける道が少なくなった
杖をたよりに↗
Mm経に出かける。
道すがら立ち寄った神社で般若心経を唱える。宗派はちがっても信仰の心は同じだという。

恩恵によって生かされていることを軽んじてはならんのです」

高木さんは、現在も毎朝仏壇に向かって琵琶にのせて経文を唱え、乞われればどこへでも出かけるし、その道すがら、道端にたたずむ苔むした庚申塔《こうじん》やお地蔵様の前に座って琵琶を献じることもある。

琵琶を袋に入れ、肩に担《かつ》いで、白い杖をたよりに歩く高木さんの足は思ったより早い。車が近づくと端によける。すれちがう人の名や商店の職種を言い当てる。

「目あきの人は目をつぶったら一歩もよう歩かれんでしょうが、私らはどうということはありません。目が見えなくなると、どこかが目の代りをするようです。例えばオデコの自律神経が発達して、障害物があるとオデコに圧迫感を感じる。人間の体というんは、ようできてますな」

と、陽気に笑いとばす。高木さんは小学六年で左目を失明し、十六歳で琵琶法師、橋本清光師に弟子入りした。入門当時はまだ片目は見えていたが、まもなく両目とも見えなくなった。原因は眼底萎縮だった。

「どうせ真っ暗闇なら、あの世の暗闇に行こうかと真剣に考えました。この世の暗闇で生きなければならんのは辛いですもんね」

失明の辛さは余人には、とうてい理解は不可能だ。結局、高木さんを救い、立ち直らせたのが宗教であり、琵琶であった。辛い修行が始まる。文珠山の麓で断食し、寒風に吹き晒《さら》され垢離《ごり》をし、発熱して声も出なくなったこともあった。

「三十数年間、夢中で生きてきましたが、いつの間にか琵琶法師は私で最後なんていわれるようになってしまいましたわ。自分のように人に行を説くこともできない未熟モンが一人残されても困るんですがね」

高木さんは、近くの神社の拝殿に座り、琵琶をさすりながらつぶやく。

にぎやかで明るい旋律

琵琶にバチが入れられる。かき鳴らされる旋律は、哀調はみじんもなく、意外ににぎやかな明るさに満ちていた。

「盲僧琵琶というのは、信者さんの家の招福除災を願うと共に、希望をもたらす灯明となり得るのが大きな特徴です。従って楽しく、うれしく、手踊りするような琵琶を弾くのが立派な坊さんだと、昔からいわれています」

細かなバチさばきで奏でられる琵琶の音が堂内にこだまする。お経がまるで唄のように絡《から》み合い、心に軽やかに滲《にじ》み込んでくる。道行く老婆がそっと手を合わせる。それは堂の本尊にではなく高木さんの背中に向けられていた。

虚無《む》僧《そう》異聞
外で天蓋《てんが》とれいうのは
首とれいうのとおなじや
虚無僧の総本山
京都普化宗明暗寺
明暗寺
尺八根
明暗寺
虚無僧
前野恕翁さん
托鉢《はっ》に歩くと
わらじは1日に
4足は履き
つぶす。

『芸能辞典』に虚無僧《こむそう》についての記述がある。それによると「尺八を吹いて流し、物乞いをする人」とあり、一般の人々もまた、同様の認識しか持っていないことも事実である。それは我々が、花見の酒宴や縁日などを流し歩く、虚無僧の風体をかりた、いわば大道芸人しか目にとめる機会がなかったことが主な原因だ。

しかし、本来の虚無僧とは、いまを去る千百余年前、唐の高僧普化《ふけ》禅師を宗祖と仰ぎ、永仁年間（一二九三〜一二九九）に虚竹《こちく》禅師を開祖として開山された普化宗明暗寺に籍を置き、尺八によって禅の本義を極めようとする修行僧のことである。法衣をつけ、天蓋《てんがい》をかぶり、手甲脚絆《てっこうきゃはん》、わらじ履きで尺八を吹きならして町を托鉢《たくはつ》して歩く。その天蓋の中から、垣間見る俗界はまさに〝明暗〟そのものなのだろう。

虚無僧の名の由来は？
尺八は禅を修める〝方便〟として

虚無僧の名の由来は、諸説ある。

楠木正勝が南朝滅亡後、普化宗門に入り、天蓋をかぶり尺八を吹きながら諸国を托鉢して歩き、南朝復興の機をうかがった。その時「虚無僧」と号したことが、始まりだといわれている。

また、大坂城落城のとき、豊臣方の浪人が虚無僧に身をやつし、密かに徳川幕府の動向を探ったらしく、徳川幕府もまた、それを知りつつ諸大名のスパイとして利用した形跡がある。虚無僧の総本山、京都明暗寺の規約の第四章第十九条に、「行化時間ハ日出ヨリ日没前迄トス行化同行八七人マデヲ許ス」とあるのも、それらの暗躍を恐れたためと推察できる。

また個人的な仇《あだ》討ちのための世を忍ぶ姿だったといわれ、尺八も護身用の武器として、竹の根元の太い部分を用いるようになった。

明暗寺は関西以西の虚無僧支配に任じられ隆盛を誇ったが、幕末の「蛤《はまぐり》御門の変」に連座したかどで、時の看主三十三世玄観妙は捕えられ、慶応二年(一八六六)に斬首の刑に処せられた。

明治四年(一八七一)には太政官布告によって普化正宗は廃宗されてしまった。

その後、明治二十三年(一八九〇)に、普化宗本来の尺八禅の復興を図る「明暗教会」が設立されたが、宗教法人として、「普化正宗明暗寺」の再興が成ったのは、実に昭和二十五年（一九五〇）のことだ。

京都・東山、東福寺境内の閑静な一角に虚無僧の総本山「普化正宗明暗寺」がある。山門をくぐると「吹禅」の碑があり、玄関を入ると明暗尺八の門弟の名札がずらりと並んでいる。

本堂には明暗寺歴代看主の霊牌と明暗尺八の開祖、虚竹禅師の像が祀《まつ》られている。

明暗尺八とは、九世紀の中ごろ、唐の普化禅師が常に鐸《すず》を振り鳴らして「明頭《みょうとう》来《らいや》明頭《みょうとう》打《た》、暗頭《あんとう》来《らいや》暗頭《あんとう》打《た》、四方八面《しほうはちめん》来《らいや》施風《せんぷう》打《た》、虚空《こくう》来《らいや》連架《れんか》打《だ》」という「四打《た》の偈《げ》」を唱えて、市中を行化《ぎょうけ》托鉢して歩いた。その振鐸の真髄を尺八に写しとったものだといわれる。日本へは、のちに和歌山、由良興国寺の開祖となった法燈《ほっとう》国師によってもたらされ、その弟子である虚竹禅師が、明暗開宗の根本といわれる「三虚霊」を完成させたと伝えられている。

同じ尺八でも聞く者を楽しませる歌舞音曲と異なり、明暗尺八は自らを修め、衆生を済度せんとする「尺八禅」である。

仏に向かって吹き、市中を托鉢するのも、すべて修禅の方便であるといわれる。

明暗尺八の開祖、虚竹禅師の像
明暗寺ご本尊におまいりしてから尺八をささげる。
「吹禅一如」が明暗尺八の根本精神。尺八を吹くことによって禅の本義を究めようとすることにある。
受箱
明暗と書かれ、扇子、数珠、お布施などを入れる。
明暗
袈裟
仏にむかって吹くうち、無の境地に入っていく。
尺八
一尺八寸と決められている。
黒の和服
数珠
守り刀
すぐほどけるように虚無僧結びに結んである。

つらい托鉢の日々も

明暗尺八には、平許《ひらゆるし》、初伝、中伝、奥伝、別伝、皆伝と六段階の位があり、皆伝者は全国に一一〇人しかいない。前野恕翁さん（六十八歳）もその一人で尺八歴四〇年のベテランである。鉄工関係の会社を定年退職後、本格的に虚無僧活動に没入してきた。

「皆伝というても、ようやく扉から明暗が覗ける状態で、そこから先がまた長く、奥が深い。かというて、皆伝にならんと禅に通じんかというと、そんなことはない。いずれの段階でも禅に通じているわけですわ」

四〇年近く他流派にあり、尺八を教えながらも虚しさがつのり、救いを求めて明暗寺の門を叩いた前野さんは、明暗尺八によってはじめて尺八を吹くことで心の安らぎを知ったという。

本堂で、開祖と仰ぐ虚竹禅師像に対座して尺八を構える前野さんは、瞬時にして無心の境地に入った。

そして、わずか一尺八寸の竹管から発せられる音は、ありったけの気を吐き出す

本物の虚無僧は「吹禅行化免許証」と「明暗教会 会員証」を携帯している。
托鉢に出たらいかなるときにも日中は天蓋を取ることを禁じられている。
お寺の他に、民家、商店を托鉢して歩く。
手甲脚絆、わらじをつけて托鉢行化に行く。
お布施をもらったあと、「鉢返し」の曲を吹く。
白鶴
お布施は扇で受けとる。
★お布施は10円、100円が多い。
家に上がるときには脚絆をわらじにはさみ玄関の隅に置く。

ような、攻撃的な激しい音色であった。明暗尺八は「直線吹き」といわれ、うまく吹こうというような、こざかしい小手先の奏法を最も嫌う。それらすべてが、禅道修行の数息観《すうそくかん》に基づくものとされている。

通称の尺八は真竹で作られている。標準の管長は一尺八寸（約五十四・五センチ）。それが名の由来になっている。尺八の指孔《しこう》は、表側の四孔に裏側の一孔を加えて五孔が基本。この少ない指孔に尺八の観念的世界が隠されている。

初期の尺八には六孔あったといわれるが、より正確な音や雑音《ノイズ》の少ない音色を求めるなら西洋楽器の多くがそうであるように指孔が多い方がいいに決っている。だが尺八は、それに逆行するように〝退化〟の道を選んだ。

リードがないのも大きな特徴で、尺八は、わざと安定した音色が出ないように作られているのだ。そして、少ない音と音の間の複雑かつ繊細な音程空間にこそ、自然界の森羅万象の音（声）を共振しようとする日本人特有の美意識が投影されている。

邦楽の真髄は、自然宇宙に〝耳を啓《ひら》く〟ことにあるといわれる。また、日本人は音を左脳（言語脳）で聴き分けている民族だといわれる。日本人の脳は、無意識のうちに、風の音やかすかな虫の音などの、自然の発する物音を単なる音としてではなく、何者かが語りかける〝声〟として聴き取っている民族なのだ。

尺八という一本の竹管には、そうした無限の観念的宇宙や、自然界の音霊が潜んでいる。普化禅の虚無僧尺八の真髄はそこにある。

前野さんは、すでに九州、山陽、山陰を托鉢して歩いた。

ひとたび托鉢に出れば、いつ戻れるか分らず、ただひたすら歩く。その間、もらったお布施だけで命をつなぐ厳しい旅である。三日三晩山中をさまよったこともある。お布施が絶え、飲まず食わずの日が続くこともあった。

「普段から粗食に耐えること、どんな道でも同じ調子で歩くこと、すべて修行のうちですわ」

前野さんは、衒《てら》いもなく言う。

節を抜いた竹管でしかない尺八は、風によって音に微妙な影響が出る。しかし托鉢に出れば向かい風、追風がある。なかでも横風は音を乱し、音を奪う。そのいかなる状況においても心を無に帰し、自然と一体になることが「明頭来明頭打」の四打の偈の真髄に近づくことでもある。

虚無僧姿の前野さんが町を歩くと人々の反応はさまざまだ。托鉢していても、お布施をくれた上、手を合わす人から、追いはらうように小銭を差し出す人まで千差万別の反応が返ってくる。

「相手から、こちらの顔が見えんのは分っていても、はじめは恥ずかしくてたまらんもんです。しかし、この恥ずかしい思いをしつくすことがまた修行ですわね……」

この日、前野さんの受箱の底に、一〇〇円と一〇円の硬貨が一個ずつ。箱の隅に当たってかすかな音をたてた。

焼きイモ屋外伝

泉谷三治郎さん（67歳）
秋田大曲から出稼ぎにきて、11年焼きイモの屋台を引いてきた。
約180キロの屋台を引いて一日4キロ以上歩く。
石焼いも
正価一Kg
六〇〇円也

底冷えする冬の日、木枯らし吹きすさぶ町で焼きイモ屋さんに出会ったりすると、女性ならずともふと買ってみたくなる。

郷愁そそるお国訛《なま》り、あったかそうに湯気立つイモ、素朴な甘さに心まで温まる。焼きイモ屋は都会の冬の風物詩である。

現在、東京都には約千人の焼きイモ屋がいるが、そのほとんどは東北地方からの出稼ぎ人であるという。

焼きイモ屋は信用第一
都内だけで約千人

戦前から戦後まもなくの頃までは、どこの町にも壺焼きイモ屋というのがあって、子供たちはよく買いに行かされ、自分でも学校や使いの往き帰りに買って食べた。焼きイモは子供の小遣いでも買えた。

たいていは八百屋や駄菓子屋が冬の間、店先に大きな土ガマを据えて、副業としてやっていた。壺の内側にハリガネが張ってあって、イモにS字型の鉤《かぎ》を刺してそこに掛ける。燃料はコークスと木炭で、壺の底で赤々と燃え、その強い熱で焼くイモは旨かった。壺焼きイモは、夏場はかき氷に替った。駄菓子屋は子供のたまり場だった。

戦後もしばらくして、いつの間にか壺焼きイモが姿を消し、前後してチリンチリンと鐘を鳴らして売り歩く屋台の焼きイモ屋が出現した。戦時中に国の統制品だったサツマイモが町に溢《あふ》れ出た。焼け野原になった東京に現われたのが石焼きイモだった。鉄板製の箱に小石を入れ、薪《まき》で焼きながら市中を売り歩く。元祖は、墨田区向島の三野輪万蔵で特製のリヤカーを作らせて、町を売り歩いた。

戦後の食糧難の時代に、焼きイモは庶民に喝采を持って迎えられた。サツマイモは、値段が安く、食べ物の中で一番安かった。しかも、甘くて香りがよくおいしかった。腹持ちもよかった。

焼きイモ屋は需要に追いつけなくなって、売り子を雇うようになった。売り子は主に雪国の出稼ぎ者だった。

そして、昭和三十二、三十三（一九五七、五八）年ごろから、地方の出稼ぎ人たちの〝職場〟として定着してくる。

農閑期と焼きイモが商売になる時期とが一致することと、年寄りでも屋台を引く体力があればやれることが大きな原因だったようだ。

現在、東京都内には約千人の、屋台の焼きイモ屋さんがいるが、そのほとんどが、いまも東北からの出稼ぎ労働者で占められている。

泉谷三治郎さん（六十七歳）。秋田県大曲《おおまがり》市からの出稼ぎ人で、屋台を引くようになって十一年になるベテランである。以前は長いこと、東京のベアリング工場へ働きに来ていたが、五十五歳の定年を機に、焼きイモ屋さんに転職した。

この業界の組織、雇用形態は特殊で、屋台を引く売り子を総括する親方がいて、売り子は親方からイモと燃料を買い、リヤカーを借りて商売する。親方と称される人は都内に約百人いるといわれているが、その実数、実体は定かでない。親方の下に、売り子が十人前後が一般的のようだ。

親方は甘藷《かんしょ》問屋からイモを仕入れる。問屋は都内に七軒ある。問屋は、戦前には七十数軒、昭和三十年（一九五五）ごろでも、三十数軒あった。以前は、関東のサツマイモは本場の川越をはじめ千葉、茨城など近県で生産されていたが、宅地造成や工場の進出などで減り、九州あたりから仕入れるようになった。生産地が遠くな

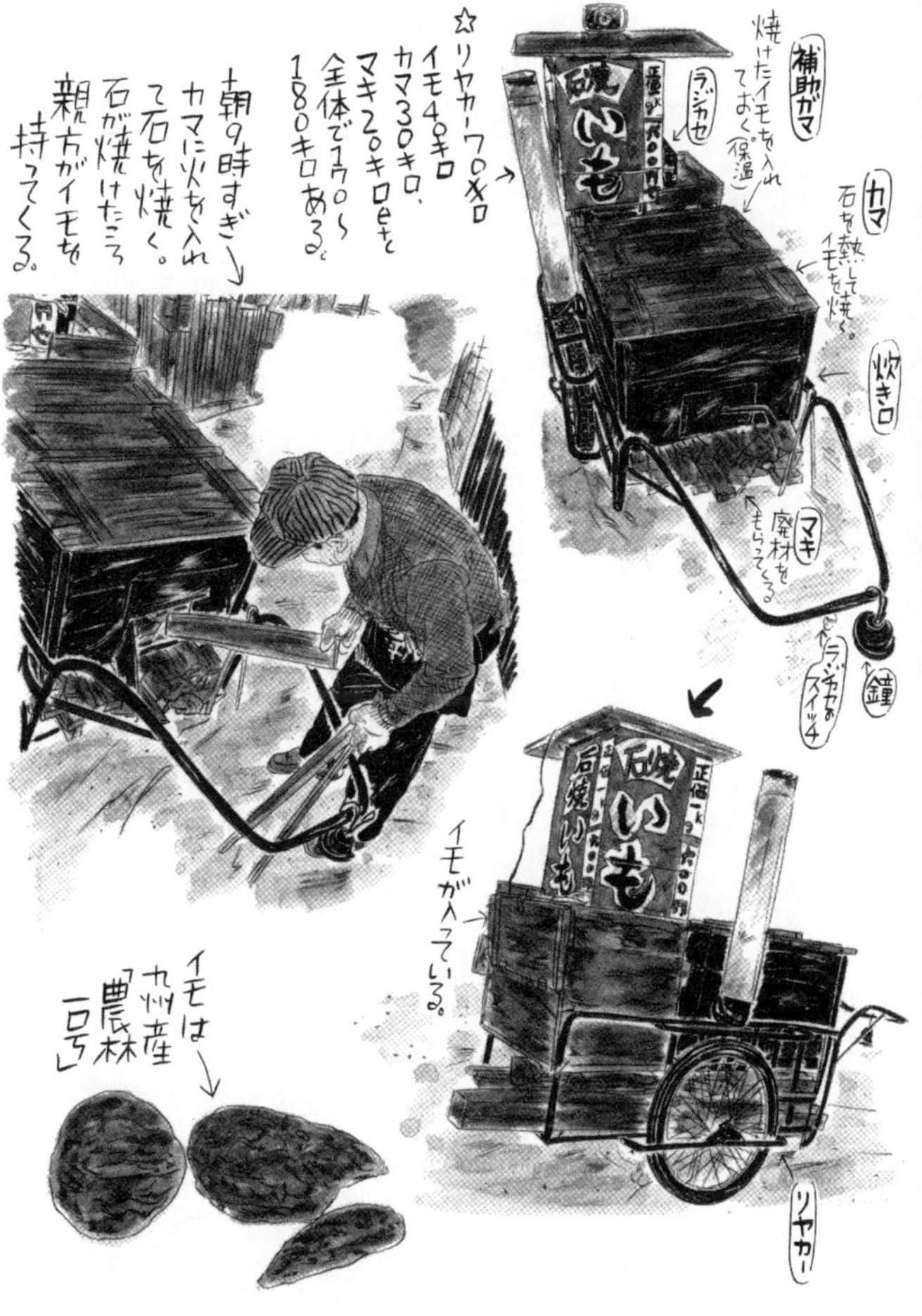
☆リヤカー70キロ
イモ40キロ
カマ30キロ、
マキ20キロetc
全体で170〜180キロある。
朝9時すぎ
カマに火を入れて石を焼く。
石が焼けたころ親方がイモを持ってくる。
補助ガマ
焼けたイモを入れておく(保温)
ラジカセ
カマ
石を熱してイモを焼く。
炊き口
マキ
廃材をもらってくる
ラジカセのスイッチ
鐘
石焼いも
イモが入っている。
リヤカー
イモは九州産「農林一号」

ったことで中小の甘藷問屋が淘汰されていったようである。

親方は傘下の売り子に屋台を貸し、仕入れたイモを売って利ざやを稼ぐだけ。売り子は食費を別にして、下宿代はイモの代金に含まれているので、あとは売っただけ自分の収入になる。

いきおい売り子は利潤を上げるため、イモを高く売りたくなるが、住宅地では真面目に商いをして信用をつけなければ長続きはしない。

「焼きイモは庶民の食い物。虎屋や米屋の羊羹《ようかん》より高くっちゃいけない」

との信念をもつ親方もいて、そういう屋台には、はっきり料金が表示されていて、客も信頼して買い求める。なかには売り声を聞きつけて、家を駆け出す客もいる。

うまく焼く技術は⁉

朝の九時すぎ、売り子は自分の屋台のカマに火を入れる。薪は自分で集めてくるが、東京は廃材が多いので苦労はないという。イモは一人約四〇キロ。イモをカマに入れて焼きながら、三々五々散ってゆく。売り子同士がかち合わないように、コ

これで1キロ、600円也→
正直商法で
"おとくいさん"が
ついている。
イモのヘタを↘
切ってカマの中
に並べる。
石焼
いも
毎日、同じ
↑コースを
同じ時間に
回る。
客が待ち
うけている。
↑石をかぶせ
すぎると
水分が抜け
ずにマズイ。

ースは割り振ってある。

「毎日おなず道をおなず時間に通るようにする。そうすっとお客の方で待っててくれるようになる」

と、泉谷さん。

例の「石焼きイモー」というかけ声も、一五秒流して一五秒休む。客の反応、呼び声を聞くためもあるし、二階三階建てアパートのある所では歩く速度も遅くする。また、道路に屋台を停めるときには、わざと道にせり出しておくと、他の車をよけようとして寄ってきたときに、ふっと買ってしまうことがあるという。決して客に背中を向けないのもコツ。このあたりに、ベテランらしい計算がある。

イモの焼き方にも熟練がいる。絶えず火を絶やさないように薪をくべて石を焼き、イモを並べたら石をかぶせるが、焼き石の中にイモを埋めてしまうと水分が抜けず、蒸《ふか》しイモのようになってしまう。石はこまめにはらい、イモを内側へと回して向きを変えながら均等に焼く。

焼けたイモは補助ガマに入れて保温しておくが、常に三、四キロ分が補助ガマに入っていて、本ガマで新しいイモを焼くというのが理想的。大量に焼きすぎて補助ガマに残ると、イモの表面がシワシワになって味が落ちるし、目方も減る。水分がなくなって硬球のように硬くなったイモは売り物にならない。

因《ちな》みに、うまい石焼きイモはどこが違うのか。もちろん焼き方もあろうが、イモの違いも大きい。泉谷さんの焼きイモは、農林一号が使われているが、金時など他のイモは料理用で、焼くには水分が多くて適さない。

カマに入れる石は、アブラメ石とかオオイソといって、河口近くで採取される硬い石で熱に強く、焼くと脂が出る。石焼きイモには三歩《ぶ》という大きさの石が使われるが、一歩、二歩といった細かい石は金魚鉢に入れたりする。

イモが売れるか売れないかは、売り子の腕とその日の運もあるが、何よりも天気次第。薄曇りで底冷えのする日を彼らは〝イモ日和〟といって喜ぶが、寒すぎると客は家から出てこない。銭湯の休みの日も売れ行きが少ない。途中雨でも降り出したら最悪である。焼きイモが雨にあたると火傷のように皮がむけてしまう。一度焼いたイモは翌日温めてもまずくて売り物にならない。

泉谷さんほどのベテランになると、長年の勘で、天気予報より正確に天候を予測できるという。

泉谷さんが住宅街を流して歩くと、あちこちから声がかかる。みんなお馴染みさんである。泉谷さんの朴訥とした人柄が親しみを感じさせる。この町にとけ込んでいるように見える。しかし、四月には故郷へ帰って田植えをしなければならない。代々の〝百姓〟は、土地から離れられない。故郷には先祖の墓があり、家には帰りを待つ家族がいる。

「しょうがないこんだ」

泉谷さんは、ため息まじりにつぶやいた。

海老ふせ漁師伝
山本力男さん（63歳）

伊勢海老の騙し漁43年のベテラン。

「タマ竿」

海老をすくい捕る。

「蛸竿」

先に蛸をつけて海老を追い出す。

蛸竿の先に生きた蛸を結ぶ。

伊勢の田曽浦《たそうら》の漁村には、古くから蛸《たこ》を操って伊勢海老を捕る不思議な漁法がある。

海老にとって蛸は天敵。蛸の足に絡《から》め捕られると、海老は数分のうちに身を吸い取られてしまう。この習性を利用した漁法だ。

〝海老で鯛を釣る〟という諺《ことわざ》があるが、〝海老は蛸に食われる〟。自然界は、弱肉強食と食物連鎖の掟がつら抜かれている。

蛸で海老を捕る騙《だま》し漁は、設備も人もいらない

伊勢海老は、かつて産地によって、志摩海老（三重県）、外房海老（千葉県）、鎌倉海老（神奈川県）などの別名で呼ばれた。そもそもの伊勢海老の語源については、伊勢が主産地だったこと以外に、磯に多くいることから「イソエビ」が「イセエビ」に転訛した説、また、大きな触角を武士の兜《かぶと》の前立《まえだて》に見立てて「威勢がいい」という語呂合わせだとする説がある。

伊勢海老の騙し漁法は、明治八年（一八七五）田曽浦に生まれた。宇仁楠松《くすまつ》なる漁師が編み出したといわれる。当時、生きた蛸を使って海老を捕獲するというのは、いかにも荒唐無稽で嘲笑を浴びせられたが、楠松は単独で海へ出て確実に数十匹の海老を捕ってきて漁師仲間を驚かせた。

大規模な刺し網と違って、設備や人手もいらず、蛸を結ぶ蛸竿とタモ網、箱カガミ（箱メガネ）があれば身一つで稼げるのが魅力だった。楠松は名人と謳《うた》われ、彼に教えを乞いにくる漁師も多くなった。大正初期から昭和四十年（一九六五）ごろまでは常時二十人くらいの騙し漁の漁師がいた。楠松の息子である宇仁勝三さんも父の跡を継ぐ形で漁師になり、直伝の騙し漁を得意とした。昭和二年（一九二七）に一日三〇〇匹、約一五貫（五〇キロ以上）の海老を捕ったことがあり、父楠松に比する名人という評判が高かった。

現在、伊勢一帯で捕れる伊勢海老は市場相場で一万円を下らない高級魚だが、当時も高価で、日に一〇キロ、二〇キロを水揚げする騙し漁の漁師は羽振りがよかった。かつては海がきれいで伊勢海老そのものが多かった。しかし、騙し漁は誰でもが一朝一夕にできるものでもなかった。まず船酔いを克服しなければならなかった。

いかに船に強い漁師でも、前屈《まえかが》みで箱メガネを覗《のぞ》いて海底の揺れる海草を見ていると、たちまち激しい酔いに襲われる。また海老の〝すまい場〟を一つでも多く覚える必要があったし、海老の習性を熟知し、さらに蛸とタモ網の操作を自由にこなせるまでに、人によって五、六年かかる。

技を身につけるまでに長い年月を要することと同時に、船べりに胸を圧迫されながらの漁であるために胸を病む人が多かった。また、刺し網漁が年々規模を拡大して乱獲気味になり、さらに海が汚れたために海草の生育が悪く、海老が産卵、繁殖する場所が少なくなった。騙し漁の漁師が一人減り、二人減りして、いまでは山本力男さん（六十三歳）ただ一人になってしまった。

海が汚れて、水の透明度が悪く、将来は絶滅か？

伊勢海老は、浅い海の岩礁やサンゴ礁に生息している。肉食性で貝やウニなどを捕食する。ウツボと同居していることがある。伊勢海老は天敵の蛸から守ってもら

蛸を竿の先に縛る。
生きた蛸でなければ
効果がない。
箱ガミを噛む。
歯が悪くては
つとまらない。
箱ガミをのぞきながら
右手に蛸竿、左手に
タマ竿を持って
操作する。

い、ウツボは伊勢海老を狙ってくる蛸が大好物で、双利共生の関係にある。蛸を使った騙し漁法はウツボの知恵に学んだともいえる。

山本さんは十六歳で漁師になり、四月から十月までの約半年間は遠洋のカツオ船に乗り、冬場は田曽でサザエやアワビなどを捕る銛《ほこ》突き漁を長年続けてきたが、二十歳のときに名人楠松の教えを受けて騙し漁を習得し、以来四十数年になる。

「習い始めはうまくいかなかった。海には慣れとっても、箱メガネで海底を覗いているとどうしても酔ってしまう。なんとか慣れて、蛸の泳がせ方など覚えるのに三年くらいかかった」

伊勢海老の騙し漁は、小船に漁師の二人が乗り込み、二人の呼吸が合わないとうまくいかない。漁師は箱カガミを噛んで水中を覗き、右手に蛸をくりつけた蛸竿を持ち、左手にタモ網を持って操作する。竿は四メートル程だが水深に合わせて継ぎ、二〇メートルくらいまでのばせる。水深が深いほど大物がいるが、それだけ水の抵抗が強く、長い竿を操るのが難しい。熟練した漁師は潮の流れに合わせて竿を自由に操作する。船頭は、漁師の心を読み取り、櫓《ろ》と櫂《かい》を巧みに操作して船を一カ所に停止したり、位置を修正したりする。

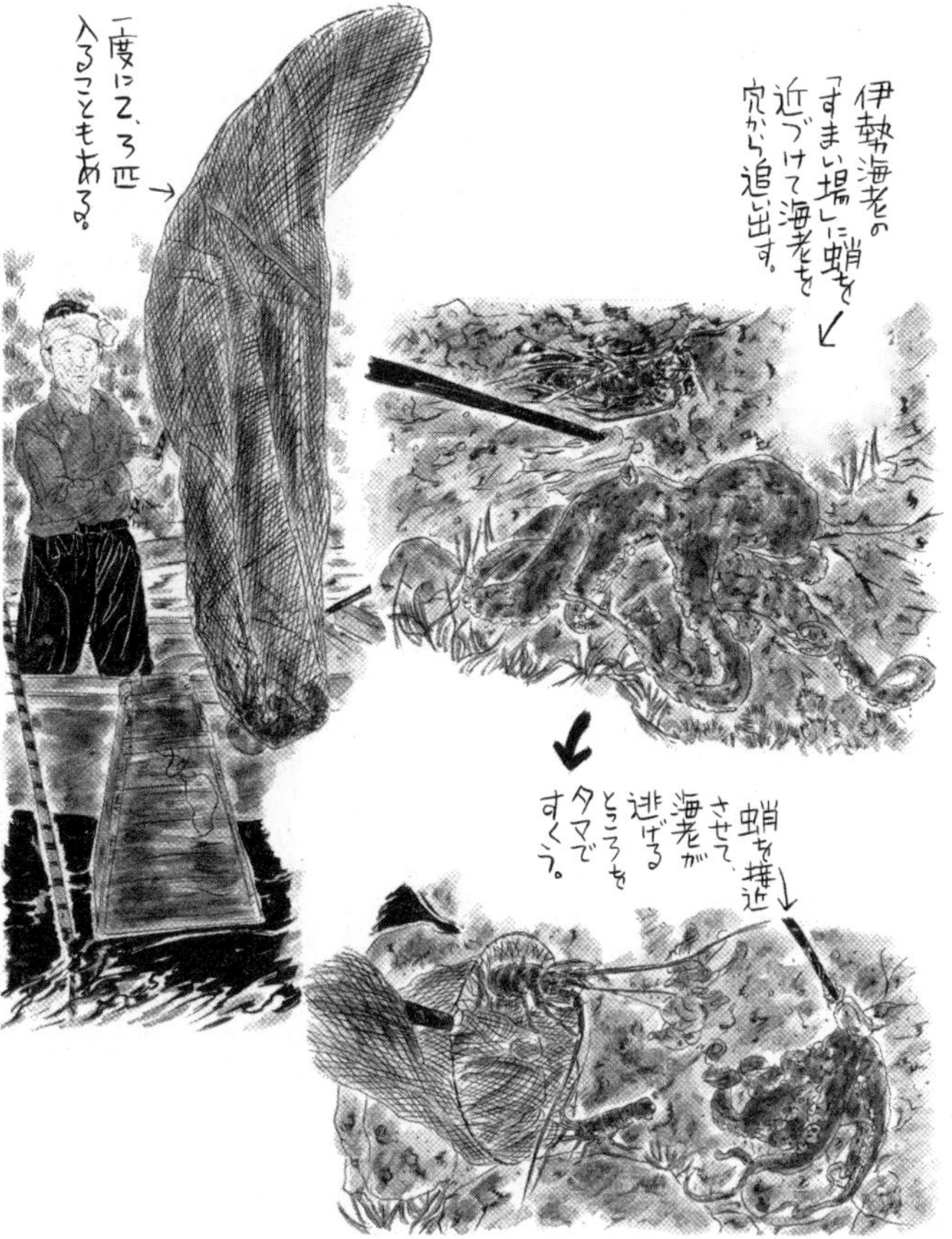
伊勢海老の
「すまい場」に蛸を
近づけて海老を
穴から追い出す。
一度に2、3匹
入ることもある。
蛸を接近
させて、
海老が
逃げる
ところを
タマで
すくう。

〝海老のすまい場〟を発見すると竿の先にくくりつけた蛸を穴の口にそっと近づける。あまり近づけすぎると海老は素早く逃げてしまうので少しずつ近づけ、タモ網に入りやすい方向に海老を方向転換させる。充分に間合いをとったうえで蛸を飛びかからせるようにすると、驚いた海老がタモ網にすっぽり入ってしまう。

このタイミングが熟練を要する。海老は必ず同じ方向に逃げる習性があるが、ときには海老が急転直下、方向転換して逃げられてしまうこともある。

普通、海老の〝すまい場〟はだいたい決まっていて、今日その穴で捕まっても翌日また別の海老が入っていることが多い。また同じ穴に一〇匹、二〇匹も入っていることもある。

そういう場合の多くは大きい順に列を成していて、小さい海老は捕らずに残しておくと他の海老が入りやすい。漁師の技と同時にこうした他人には秘密の〝すまい場〟をたくさん知っているかどうかで、水揚げに差が出てくる。

「昔は悪くても一二〜一三キロは確実に捕った。最高で一日四〇キロ捕ったこともある。海老も大きくて一匹一キロくらいはザラで、二キロなんていうのもあった。これくらいになるとタモ網に入りきらない。いまは刺し網で小さいものまで捕って

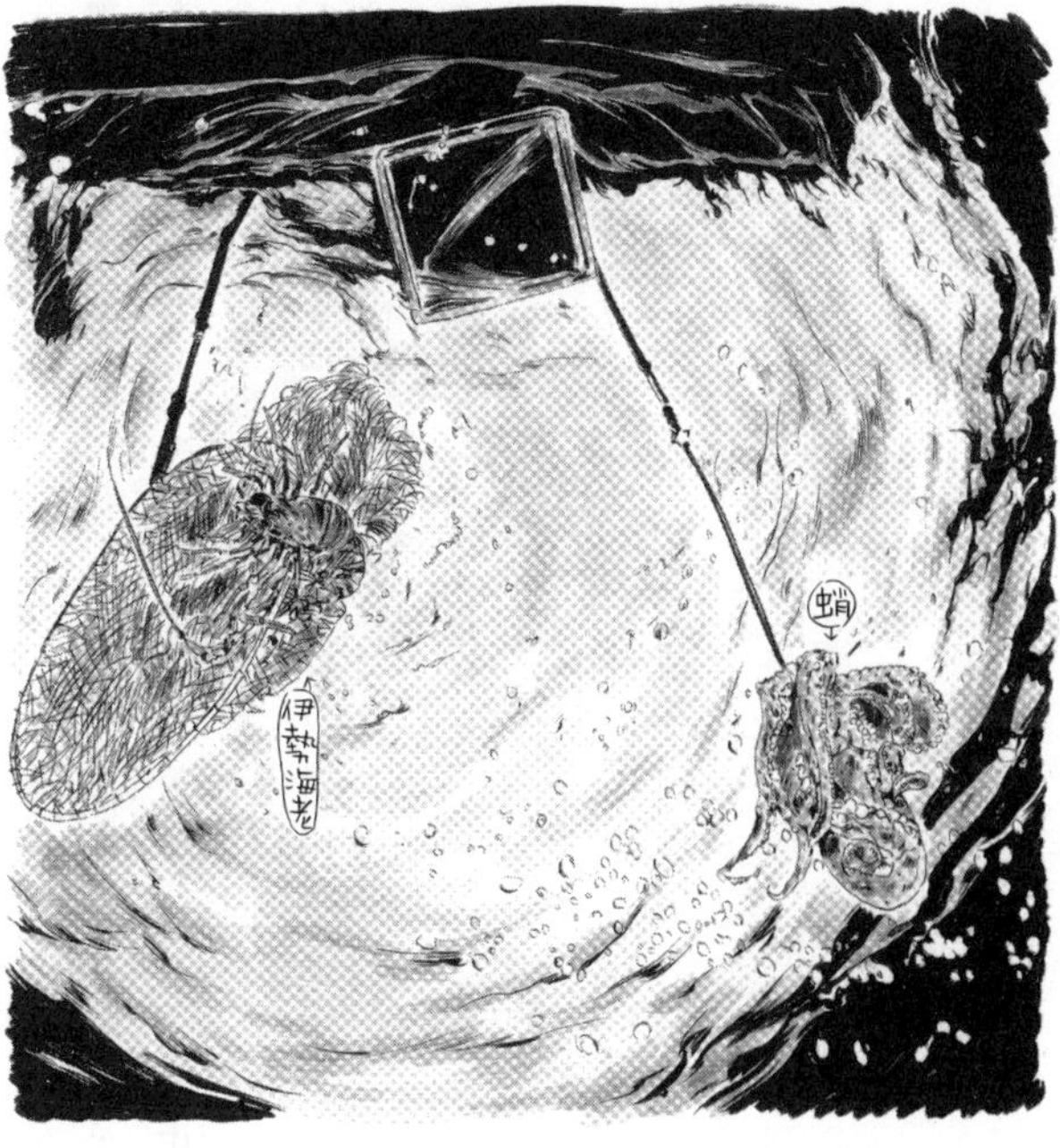
蛸
伊勢海老

しまうから育たない」

それで海が汚れて水の透明度が悪く、深場では操業が難しくなっていることもあって、騙し漁だけで生業を立てていくことはできなくなってきた。田曽に生まれた伝統漁法も近い将来、完全に姿を消す宿命にある。

「騙し漁ってのは玉突きと同じで、蛸の使い方で自由に海老を動かすことができる。面白いで、この歳になってもやめられない」

山本さんの潮焼けした顔がほころぶ。筋金入りの漁師の顔だ。

輸入物、養殖物の海老が多いなかで本場、伊勢で産する伊勢海老は確かに旨い。しかし漁のあとに味わった伊勢海老より、体を縛られ、海中でいいようにいたぶられて瀕死の蛸のプリプリした味の方が、何故かしみじみとした味わいがあった。伊勢海老の騙し漁は蛸にとって受難の漁であった。

森林伐採師伝

山中清和さん(50歳)
森林伐採師になって
30年。山に生きてきた。
ナタで
枝打ちする
梯子をかけて木に
登り、上から
枝打ちしながら
降りてくる。

奥秩父・中津川郷は埼玉県の西の端、長野、山梨、群馬の県境に接し、周囲を甲武信岳《こぶし》、三国山系、両神山など二千メートル級の山々に囲まれた山峡の村だ。村人のほとんどは山林での山仕事を生業としている。厳寒の冬から春先にかけては、奥深い山中で檜《ひのき》や杉の枝打ちが行なわれ、ナタの音だけが山間に響いている。

俊敏さと卓越した技術で自由に山野を駆け回る

一般に木の枝打ちをする職人を「空師《そらし》」と呼称するが、空師は神社や町なかの樹木の枝おろしが主たる仕事なのに対し、森林業における枝打ちは、植林から伐採までの一連の山仕事のなかの一作業で、秩父では林業に従事する者を総称して〝山師〟と呼ぶ。その山師の中でとくに山仕事全体に精通し、人望のある者を〝きやんぼう〟と尊称した。しかし、近年では、彼らをひとからげにして「森林伐採師」などという名で呼ぶようになっている。

植林された森林での山仕事は、年間を通して行なわれる。四月ごろから計画にしたがって苗木の植えつけが始まり、六月から九月までの夏季に十年生くらいまでの若木の林の下刈りが行なわれ、十月には除伐《じょばつ》と呼ばれる間引きと、木に絡《から》まって成長を妨げるヤマブドウやクズ、アケビ、フジなどの蔓《つる》を切る作業がある。そして、十二月から三月までの、冬の木が活動を停止している時期に枝打ちと地拵《じごしら》えが行なわれる。

山仕事はどれをとっても楽な作業はない。植えつけのときは何百本もの苗木を背負って山を登る。新たに植林する山は道とてなく、人跡未踏の険しい深山を道を作りながら登るのは、山に慣れた者でも悲鳴を上げる。

また夏の盛りに行なわれる下刈りは、照りつける夏の強い日差しの下風の通らぬ雑草に埋もれての作業が辛い。蝮《まむし》も多いし、知らずに蜂の巣を潰して逆襲をくらうこともある。しかし、この作業を怠ると苦労して植えた檜や杉の苗木は生い繁った雑木や雑草に呑み込まれ、成長を阻害されてしまう。

日当たりのよい場所は一夏に二度も下刈りをしなければならないこともあり、苗木が成長するまでの十数年間は毎年、あるいは三、四年おきの下刈りを欠かせない。

間引きも造林にとって重要な作業である。間引きは植林してから十数年を経てから行なわれ、数年間隔で成長の悪い木や曲がって素性の悪い木を切って間引くが、これは間引くことによって他の木の根元に日が当たるようにして成長を早めるためで、手を抜けば山林の質が低下することになる。

植林は、苗木を密集して植える。まだ細い苗木は密にある方が、雨風や寒さに耐えられる。苗木同士が支え合って成長していく。だが、ある程度に成長すると、回りの苗木が成長の邪魔になってくる。日照や風向、土壌の養分などを考慮して、生育のいい木を残して、他の若木を間引いていく。

いま自分が植えた木が伐採されるのは三〇年後

普通一ヘクタール当たり二〇〇〇本から三〇〇〇本植えた木が三分の一から半数近くが間引きされる。間伐する木をどの方向に切り倒すかを的確に判断するには、永年の経験が必要である。彼らは、経験から森林の生態系に精通し、急斜面を重いチェーン・ソーを持って軽々と駆け回る俊敏さと、卓越した技術を身につけている。

ナタ
下草用
手ノコ
枝などを切る。
腰ナタ
枝打ち用
刃がくい込まないように
両刃になっている。
アルミの一本梯子で
高い木を登っていく。
昔は二股の立木で
梯子を作って
木に登った。

「仕事で楽しいことはなかんべ。みんなえらかんべ。中津川の男は小さい頃から山駆け回って遊んだ。親の手伝いができる年になりゃ一緒に山へ入って働く。仕事も教わるってんじゃないで自然に覚える。昔はそれがあたり前のことずら」

山中清和さん（五〇歳）が朴訥とした口調で言う。山中さんは昭和三十年に、当時、山師の親方をしていた父についてこの道に入った。長男であり、山峡の村、中津川に生まれた男の宿命であるかのように、迷うことも悩むこともなかったという。

時代は高度成長期を迎えて、林業が活況に沸き、山師は花形の職業でもあった。山村の男の子は、逞《たくま》しい山師の父親に憧れた。以来三〇年、中津川の山林を駆け回ってきた。

現在、中津川は、個人所有の山以外に国の営林署と県の森林公社によって個別に造林計画が進められていて、森林公社の作業は山師の組合である「埼玉県造林企業組合」に委託される。組合員は約百人が四、五人ずつの班に分れていて、班ごとに請け負いで仕事をする。山中さんは「山中班」の班長である。

山中班は現在、中津川の集落から尾根を一つ隔てた六助沢と呼ばれる奥深い山中で、枝打ちの作業についている。六助沢の現場は林道から約一時間、まだ雪が残る

日に何回もナタの刃を研ぐ。
枝づたいに木のてっぺんまで登って、上から枝を切ってくる。
木に登れない女の人はナガノコで枝を切る。

急斜面の道なき道を登り、標高一三〇〇メートルを越える。山中班は山中さんを頭《かしら》に男三人、女二人で構成されるが、山へ入れば男女の区別はない。ただ、枝打ち作業は男は木に登ってナタで枝をはらうが、女衆はナガノコで下から枝切りをすることになる。

枝打ち作業は危険がつきまとう。一本梯子《はしご》で登れるところまで登り、あとは枝伝いにてっぺんまで登って上から順に枝を切りながら降りてくる。片手で木に摑《つか》まり、片手でナタを操作する。ナタをふるうとき、周囲《めぐり》のボヤをはらっておかないとナタが引っ掛かり、刃がそれて手や足を切ることがある。

枝打ちにも熟練した技が必要で、単に枝を切ればいいわけではない。枝を少しでも残すと、そこが死に節になり、死に節は板材にしたとき節が抜けるために材木の値が極端に下がる。熟練した伐採師がはらった枝は枝の根元スレスレにナタの刃が入っていて、数カ月すると樹皮が傷をふさぎ、節は残っても抜けることはない。それを生《い》き節《ぶし》という。

枝打ちした森は、日が差して明るい。風通しがよく、清々しい。横にのびた枝を切りはらわれた木は、太って真っすぐ伸びる。

「山の神の祠」小銭や酒などが供えてある。
山師は山入りする日を選び必ず山の神に、作業の安全を祈る。

山で働く人々は、植林から伐採まで三〇年から六〇年におよぶ長期に渡って、丹精こめて木を育てあげる。荒れていく山を見ては〝山が泣いている〟と嘆き、手を入れた山が〝喜んでいる〟と共に喜び、枝打ちを施した森林を眺めながら、〝娘が化粧したみたいな気がすらぁね〟と目を細める。彼らにとって、我が子同然に育ててきた山林が崩壊していく姿を見るのは何よりも辛い。そして、いま自分の手で植えた木が伐採されるのは三〇年先のことで、自分が切り出すことはない。

子供や孫の代に委《ゆだ》ねられるそのときは、山がどうなっているのか知る術《すべ》がない。それが彼らの宿命でもある。

ビードロ職人伝

小川勝男さん（80歳）
昭和32年に、50年ぶりにビードロを復活させ以来30年になる。
硬質のガラス管を800度以上に熱して、吹いてふくらませていく。

ビードロとはスペイン語でガラスという意味である。江戸中期、このガラス素材を使った音の出る玩具が大流行した。細い管の先に半円型のガラス玉がついていて、管から息を吹き込んだり吸ったりすると、空気の張力で底の薄いガラスが膨《ふく》らんだり、へっこんだりして、ポコピーンと音を発する。透明で硬質なガラスには似合わない軽やかな音が珍しく、大人にも子供にも人気があった。

この玩具がいつの間にか姿を消した。

息を吹くとポプ、吸うとピーンという音色の玩具

音の出るガラス玩具ビードロは地方によって名前が異なる。長崎でビードロ、博多ではチャンポンというが、江戸や関西ではピンポンあるいはホッペン、ポコペン、ポンピン、ポピン、ポコンポコン、ポコポン等々。ガラスといった素材からきている長崎のビードロを除いては、いずれも玩具が発する擬音からきている。それほど一つ一つの音が異なり、また聞く者の耳に違って聞こえる。

漏斗《ろうと》に底をつけたようなガラス器の細い管から、軽く息を吹くと薄い底が張力で膨んでポプッという音を発し、吸うと元へ戻ってピーンという高い振動音が響く。底の部分の微妙な薄さの違いが音に出て、一つ一つ音が異なる。呼び名が多岐に及ぶのはそのためだ。手作りならではの繊細な玩具である。

ガラスそのものは元亀元年（一五七〇）、九州・長崎がポルトガル人に開放された年に、我が国にその技法が伝えられた。その後中国からも技術が伝わり、長崎の工人《こうじん》がガラス工芸に手を染めたのが始めとされる。

それまでの日本では器といえば漆器や木、あるいは鉄器といった不透明なものしかなく、透明でしかも赤、黄、緑、青といった鮮やかなガラス製品の登場は、当時の人々を感嘆せしめた。その後、コップ、水指《みずさし》、フラスコ、ランプ、燭台、アクセサリーなど幅広く日常生活に浸透していくことになるが、その過程にビードロなるガラス玩具が生まれた。

一説では、この玩具は江戸時代に中国から渡来したといわれる。因《ちな》みに中国では響胡蘆《きょうころ》と呼ばれたらしいが、それを日本人がいつ、どこで、誰がはじめて作ったかは不明である。貿易港長崎から江戸までの流通経路によって広まった、という説もあるが、もう一つ定かではない。

ただはっきりしていることは、博多の黒田藩が、さまざまな技術修練を提唱して作った黒田精錬所の、ガラス部門を監督していた宇平なる人物が、明治になってガラス工場を作り、そこで働いていた大阪の職人がいたずらに作ったといわれる。宇平はのちにビードロ屋宇平と呼ばれ、その玩具は博多チャンポンという名で人気を博し、博多の筥崎宮《はこざきぐう》の放生会《ほうじょうえ》の縁日でも売られるようになった。

五〇年ぶりに復活させたが、後継はいない

しかし、文政十三年（一八三〇）に編まれた『嬉遊笑覧《きゆうしょうらん》』（喜多村信節）に「ぽんぴん江戸にてはぽこん〳〵と云う」とあり、その他江戸川柳にもさかんに詠《よ》まれているから発祥、流通経路などは断定できない。

いずれにしても江戸末期、さらに明治二十年ごろに東京、大阪、九州などで大流行し大正初期まで作られていたようだが、それ以降ぷっつり途絶えた。当時は軟質

ガラス管を熱して、10センチくらいに切る。
先端を切り、細いガラス管を熱して溶接する。
熱してはまわしながら吹いて大きく形を整えていく。
800度から1000度に熱するとガラスは飴のように溶ける。

ガラスで技術的にも粗雑に作られていたためにガラスが割れ、子供が破片を吸い込んで死亡する事故が各地で起きたこともあって、製造販売が禁止された。その後ブリキ製のチャンポンも登場したが、音が悪く、口を切るなどの事故もあって完全に姿を消してしまった。

昭和三十二年（一九五七）、実に五〇年ぶりに博多チャンポンを復活させたのが小川勝男さん（八十歳）である。

小川さんは東京出身で十二歳のとき、浅草のガラス細工師に弟子入りし、昭和五年に独立。本郷の東大前に工房を開き、東大の医学部や基礎生化学の研究室からの依頼で、実験用のガラス器具を作ってきた。のちにその腕を見込まれて九州大学医学部に誘われ、以来定年退職までの四〇年間勤めあげた。

博多チャンポンに手を染めたのはちょっとした偶然からだった。たまたま住まいが博多の筥崎宮に近かったことから宮司と知り合い、明治から大正にかけて放生会の縁日で売られていた博多チャンポンの製作を依頼された。昭和三十二年のことである。そして、その後一四年間試行錯誤を続け、退職を機に本格的に製作にとりかかった。

底にあたる部分を熱で溶かす。
ラッカーで絵付けをして完成。
長崎ではビードロ博多ではチャンポン、またはホッペン、ポコペンという所もある。
クルクルまわしながら溶けた余分のガラスを取って、底を平均に薄く仕上げる。
底は中心がやや厚くし、まわりは約3ミクロンと薄くする。
管を唇に当てて軽く吹いたり吸ったりするとポコペンと音が鳴る。
一つ一つ全部音が異なる。
ポコペン

「昔のは軟質ガラスで作られていた。軟質ガラスは作りやすいが壊れやすい。長くおくとアルカリが分離して、内部にクモの巣状の模様が浮いて出る。吹いたり吸ったりすれば破裂したり、穴があいて危険です」

軟質ガラスは破損度が高く、音の響きも悪い。小川さんは歌麿の浮世絵に描かれた時代のビードロは、さらに素材が悪く、おそらく紙のようなバサバサした音だったに違いないと推理する。

現在小川さんの作るチャンポンは硬質ガラス製である。硬質は八〇〇度から一〇〇〇度の高温で熔解させて加工するので高度な技術が要求されるが、丈夫で破損することがなく、音もいい。硬質ガラスよりもより硬いパイレックスでも試作をしてみたが、硬すぎて音がピーンピーンとかん高く、響きが悪かった。

まず硬質の太いガラス管を高温で熱して十数センチに切断する。熱源は都市ガスをコンプレッサーで温度を上げて使っている。切断された管の飴のようにのびた一方の端をヤスリで切り、細いガラス管と切断面を熔かしながら接続し、何度も熔解しては手で回しながら吹いて均等に膨らませていく。

一見簡単のようだが、技術が未熟だと破裂する危険がある。炎を真ん中に保って全体を均等に温め、管を水平に構えて回しながら吹く。高くても低くても形や厚みに狂いが生じる。ここに高温の熔かしたガラスを、息一つで自由にフラスコや精巧な実験器具を作ってきた宙吹きの技術が生かされている。

最後に底の部分にかかる。チャンポンの音の良し悪しはこの底の出来一つで決まる。最も重要な工程である。底にあたる部分を炎に入れて、飴のように熔けてくるところを回転を与えながら別のガラス棒で絡《から》めとって薄く仕上げ、内側にたるむ瞬間に素早く炎から出して固める。

「長年、大学の研究室に務めていると、いろんなガラスの実験器具を依頼される。なかには、見たこともないような複雑な注文がある。できないと言えないから、試行錯誤しながら作る。それで鍛えられた。それに比べたら、ビードロは形は簡単だけど、音を追求すると難しい」

小川さんの作品は底の中心がやや厚みをもたせヘソがついていて、その周囲が約三ミクロンとごく薄く作ってある。中心が厚いことで丈夫で、まわりが薄いと弾力性があるので、かすかな息の出し入れで振動して音が出る。

出来上がったチャンポンを渡されて恐る恐る吹いてみる。ポプッ、と柔らかい音がして、吸うとピンと音が響く。思わずドキッとするが、いろいろ吹いてみると一つ一つ全部音が違う。割れやすいガラスという素材が緊張感を呼び覚まし、奏でる澄んだ音が妙に心をとらえて離さない。

現在、博多チャンポンを作る人は小川さんただ一人、後継者もいない。最近、九州各地で台湾製の紛《まが》い物が売られているが、やはり本物は音色が違う。その澄んだ音が、ビードロの郷愁を誘う。

木馬《きんま》師列伝
藤田正広さん（39歳）
山仕事でもっとも重労働で危険な木馬《きんま》を曳いて20年。
木馬《きんま》と呼ばれるそりに欅の伐採した原木を積んで搬出する。重量約1トン。

かつて全国各地で木馬《きんま》による木材の搬出が行なわれた。木馬はいっさいの動力を使わず、人力のみで木材を曳き出す。林道もケーブルも引けない山奥で伐採した原木を、木馬と呼ぶ木橇《きぞり》に積み上げて、斜面を滑らせていく作業は、危険極まりない作業である。並はずれた強靭な足腰と腕力を必要とされる木馬師に日の目が当てられることは少ない。

木馬は林業労働中、最も危険率の高い仕事だ

昼なお暗い鬱蒼とした山中。一人の屈強の男が、木馬と呼ばれる木製の橇《そり》を肩に担《かつ》いで木馬道を登る。木馬は長さ約三メートル、幅は約五〇センチ、重さは四〇キロ余りある。他に原木を曳き出す際に使うトビ（鉤《かぎ》棒）、ナタ、ロープの束、廃油を入れた缶などをたずさえている。

木馬道は沢筋に沿って作られている。木馬道は作業のはじめに作る。麓の土場（集材場）から奥山の伐採場までの数キロを、唐鍬《とうぐわ》で下草や立木の根を切って地面

をならし、盤木《ばんぎ》を線路の枕木のように約六〇センチ間隔に敷き並べていく。

盤木は、平地では橇の滑りがいいように樫などの硬い雑木を用い、逆に急勾配の所では滑りを殺すために杉などやっこい（柔らかい）木を使う。平地では平らに、またひじ（屈曲部）では外側に軽い勾配をつけて橇の転倒、脱線を防ぐ。

また谷越えでは、丸太で素早く堅牢な桟橋を築く。何トンにもなる木材を通すために、簡素のうちにも堅牢に作る。

通常、約五〇〇メートルの木馬道を作るのは二人がかりで二〇日を要する。すべての作業が木馬師の熟練に培われた勘で行なわれる。

木馬道は次第に勾配がきつい登りになる。橇を担いだまま一気に登る。木馬師は呼吸ひとつ乱さない。木馬師は並はずれた強靭な体力と脚力を合わせ持ち、しかも足元素軽《すがる》く、冷静で状況判断が早く的確かつ機転がきく者でなければ務まらないといわれる。古くは賃金もよく、雨でも降れば働かないため、山師たちの花形で羽振りもよかった。

藤田正広さん（三十九歳）。木馬曳き二十余年のベテラン。しかも現役最後の木馬師である。

「二年程前には五人くらいいたが、年とったり、体を壊してやめた。木馬はきつい仕事で体がガタガタになる。五十も過ぎるとやれない」

木馬は、林業労働中最高の重労働であり、最も危険率の高い仕事だともいわれる。過去に、木馬の下敷きになったり、桟橋から転落して多くの死者や怪我人が出た。また重い木材を扱うため腰痛が職業病だが、腰痛は労災、保険の対象外だ。

山から原木を運び出す方法は、木馬のほかに馬や牛を使う「土曳き」や、谷筋に雑木や蔓《つる》で滑り台を作って落とす「修羅《すら》」「桟手《さで》」、原木を空中に吊って渡す「大材釣り」、沢に堰を作って、鉄砲水で押し流す「鉄砲」などがあるが、それらが大がかりになるのに対して、木馬はすべてを単独で行なう。

その体力は常人の想像を超え、感動すら抱かせる

伐採場に着くと、橇にワイヤーを巻いて仮ブレーキをかける。伐採現場に、長さ四メートルに玉切られた太い原木が転がっている。休む間もなく集材作業にかかる。

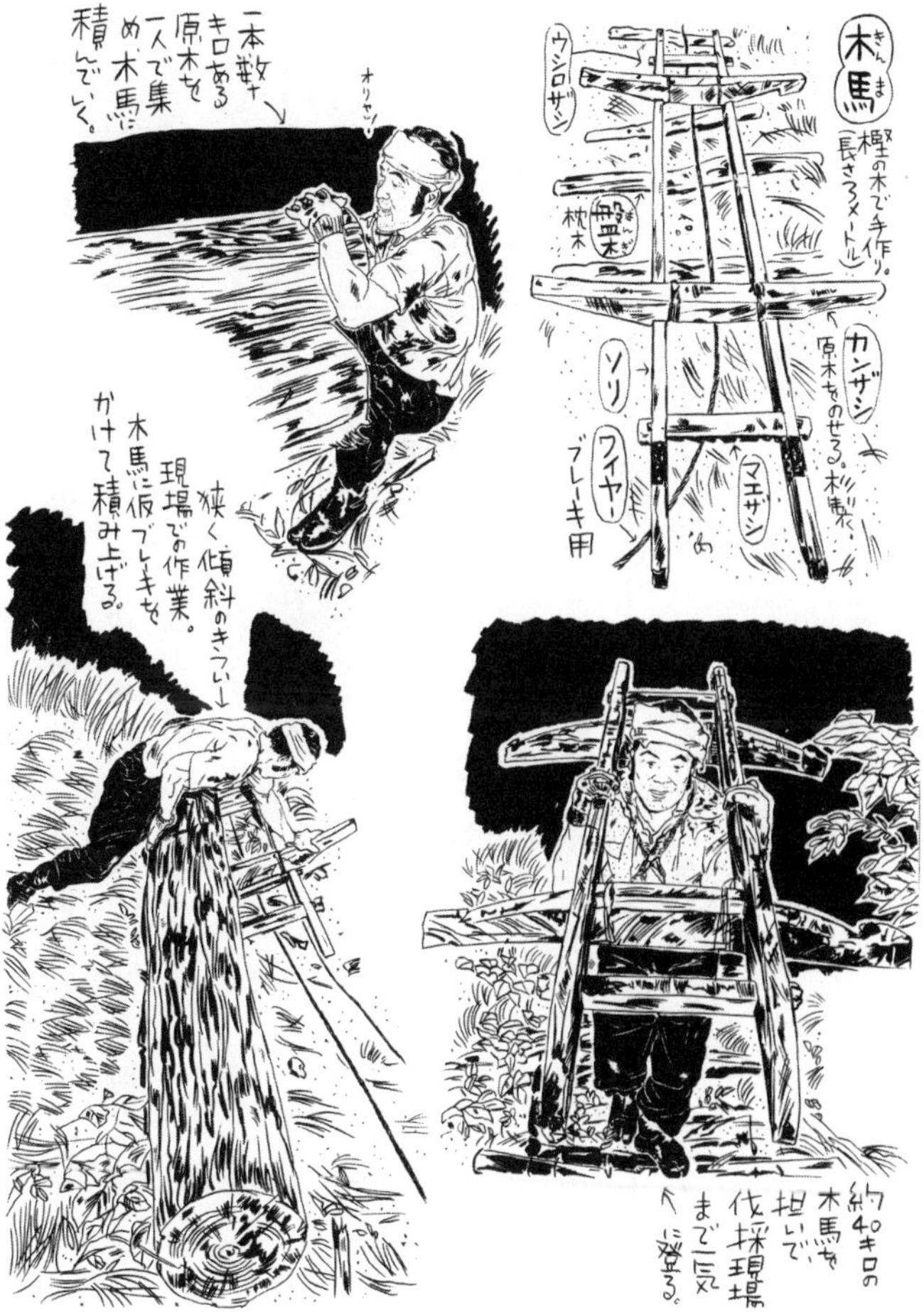
一本数十キロある原木を一人で集め木馬に積んでいく。
オリャッ!
木馬《きんま》
樫の木で手作り。（長さ3メートル）
ウシロザン
盤木《ばんぎ》
枕木
カンザシ
原木をのせる。杉製く。
ソリ
マエザン
ワイヤー
ブレーキ用
狭く傾斜のきつい現場での作業。
木馬に仮ブレーキをかけて積み上げる。
約40キロの木馬を担いで伐採現場まで一気に登る。

原木にトビを打ち込んで曳き出す。比較的軽い材は肩に担ぎ、重い材は野ダレ（筋棒）で転がして木馬に積む。常人では成す術もない巨木を、一人で動かして木馬に整然と積み上げていく。盛り上がった腕の筋肉がブルブル震える。

「生《なま》のときは杉より檜《ひのき》が軽いね。でも乾くと檜の方が重くなる。一番重いのは松だんべぇ。ヤニでツルツルするし。やんなっちゃう」

橇の積み方にもコツがある。バランスを欠いたら、荷崩れは大事故に繋《つな》がり、命を危険にさらす。原木の元口を前に、下段に比較的太いものを並べて、重心をとって木馬を安定させる。ロープをかけ、その上にまた積み上げ、カスガイを打ち、ロープを張って固定する。

梶棒は太くて素性のいい丸太を選ぶ。梶棒にする木は、原木の中から手頃の太さのものを選んで、積み上げた材木の中心に持っていき、前方に長く突き出しておく。運ぶときは、これにワイヤーを巻きつけて木馬の方向を操作したり、ブレーキをかけたりする。

足場の悪い山の傾斜地で一本数十キロの巨木と孤独な格闘が続く。全身、汗と泥にまみれ、孤独なかけ声が谷にこだまする。壮絶な男の世界。尺丸太一四本が積み

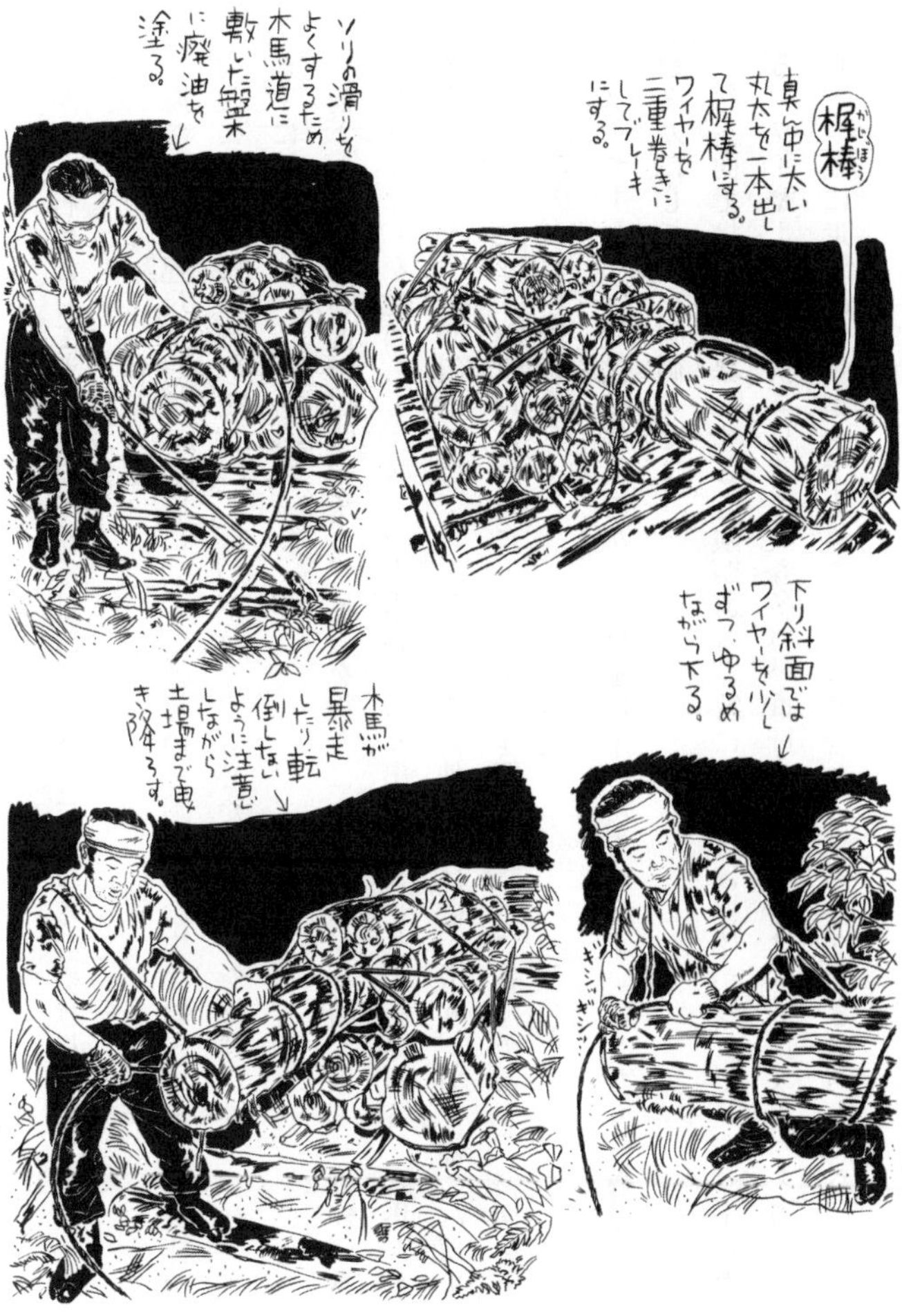
梶棒《かじぼう》
真ん中に太い丸太を一本出して梶棒にする。ワイヤーを二重巻きにしてブレーキにする。
ソリの滑りをよくするため木馬道に敷いた槃に廃油を塗る。
下り斜面ではワイヤーを少しずつゆるめながら下る。
ギシッ
ギシッ
木馬が暴走したり転倒しないように注意しながら土場まで曳き降ろす。

上がる。石数にして五、六石。総重量は約一トンにのぼる。橇は材木の下になって見えない。

麻で編んだ連尺《れんじゃく》（肩縄）を肩に回す。連尺の一端は橇の先に結んである。梶棒を両腕に抱えるようにして持つ。橇の下をくぐらせたワイヤーを梶棒に巻きつけ、利《き》き手に持つ。

前下がりの急斜面では腰を決め、体重を後ろにかけ、両足を踏んばる。梶棒に巻いたワイヤーを弛《ゆる》めると、ズズッと木馬が滑り出す。ワイヤーを締める。木馬が止まる。ワイヤーは傾斜地ではブレーキになる。弛めれば橇が滑り、引き締めれば止まる。因《ちな》みにワイヤーは木馬道に五〇メートル間隔で立木に結んであり、斜面を下りながらワイヤーを代えていく。

ワイヤーがない時代には根曲がりの杉を加工したものをテコにしたり、藤蔓の輪をタガにして橇を制御した。

急斜面では木馬が暴走する危険がある。特に雨の日は梶棒が濡れてワイヤーが滑る。ワイヤーに指を挟まれる事故も多い。重量のある木馬は、一旦ズルッと滑ったら、一気に走り出す。途中で止めることはできない。そんなときは、とっさに素早く連尺を肩からはずし、横に跳び退くしか方法がない。一瞬の判断の遅れで、大勢の人間が、木馬ごと谷に落ちたり、木馬の下敷きになって命を落としてきた。藤田さんも過去に間一髪の体験を何度も経験している。一瞬の油断もできない。一寸刻みにワイヤーを弛めながら木馬を動かしていく。

山積みの原木がゆっくりと斜面を滑るように動く。乾燥した春先には、橇と盤木の摩擦で青い煙が上がる。本来、林業労働安全基準では、木馬道の最大傾斜度は三度以内と決められているが、山の地形は複雑で現実には意味がない。

傾斜が次第に緩くなる。ワイヤーを弛め、加速をつけて一気に走る。木馬道は沢筋に沿って蛇行している。カーブで橇が横に滑る。脱線して引っくり返る事故もよくある。梶棒を引くコツ、そして木馬道の作り方が影響する。

平坦な道に出ると木馬は惰性では動かない。引っ張ってもビクともしない。盤木に廃油を塗り、渾身の力を振り絞って曳き出す。盤木のわずかな高低を利用し、梶棒を揺すりながら滑らかにリズムをつけて引くのがコツ。

「朝と午後じゃ橇の出方っつのが違うんだよね。盤木が湿ってる朝が一番出る。午後は盤木が乾いて油塗っても出ねぇんだ」

木馬師の額にラッキョウ玉のような大粒の汗が流れ落ちる。汗と泥に濡れて張りついたシャツの下の筋肉が瘤《こぶ》のように盛り上がる。ギシギシと橇が喘《あえ》ぎながら滑る。谷越えの桟橋を渡り、麓の土場に原木を降ろす。汗を拭う間もなく、再び橇を担いで山を登る。その体力は常人の想像を超えて、感動すら抱かせる。

「唄なんか出ねぇなぁ、出るのは汗ぐれぇでな。楽しみったって、いつ腰痛が出るっかぐらいのもんだ」

若き木馬師は、人なつっこい笑顔で言いすてた。心に清々しい一陣の風が吹き抜けた。

琉球硝子職人伝

泉川寛勇さん（37歳）→
この道一筋20年。琉球硝子の伝統的宙吹き法に新たな可能性を探る。
ルツボ（熔解窯）→
廃物利用のガラスビンを色別に1300度の高温で熔かす。

琉球ガラスは約百年の歴史がある。その製法は、空いたビールビンやガラス容器などを利用した再生ガラスである。その故キメが荒く、粗雑な面はあるが、逆に人肌の温かさを秘めた独特の味わいを感じさせる。そこには沖縄の民衆の明るさ、逞《たくま》しさを彷彿とさせ、痛快ですらあった。

あらゆる空ビンを使って琉球ガラスは完成する

琉球ガラスの最大の特徴は、その原料の大部分が廃品ガラス製品を利用した再生品だという点にある。ビール、ウイスキー、清涼飲料水、一升ビンなど、あらゆる空ビンが使われる。集められた空ビンを色別に細かく砕き、窯《かま》で熔かして使う。因《ちな》みに、茶色は沖縄のオリオン・ビール、緑色はセブン・アップとハイネケン・ビール、黒はサントリー・オールドである。また、淡青色が欲しければコカコーラと一升ビンを混ぜ、薄茶はビールビンと透明ビンを混ぜて作る。組合せは自在で、配合によって既存の色ではない微妙な色ができて面白い。

ガラス片の混合では出せない色もある。この場合は薬品を使う。濃紫色が欲しければ二酸化マンガンを加え、沖縄の海の群青はコバルトを混ぜる。赤は一酸化鉛系の顔料を使うが、温度によって色が千変万化する。赤がもっとも難しく、熟練を要求される。

元々のガラスの原料は、十億年から四億年前に生成された花崗岩が風化して砂になった「珪砂《けいしゃ》」。地殻内部のマグマでドロドロに熔け、冷えれば固まる。したがって、一度製品になったガラスも、地球のマグマに代わる熔解窯で熔かせば、再生できる。

集められた空ビンは色別に選別し、粉砕して熔解窯で一三〇〇度の高熱で一五〜一六時間かけて熔かす。熔解窯は一日二四時間、一年三六五日、一瞬たりとも火が消えることがない。窯は一年半もすると熱で壊れる。カマタキと呼ばれる専門の職人が夜通し管理にあたる。

熔解窯の周囲には八本のルツボが設置されていて、色別に原料が熔けて煮えたぎっている。職人はそこから好みの色のガラス種を吹き、棹《さお》の先に巻き取り、作品を仕上げていく。

手作りガラスの手法としては、主に押型法、型吹き法、宙吹き法などがある。厚板ガラスは押型法、コップ、グラス、水差し、花ビン、皿などは型吹きや宙吹き法で作る。

「どんなものでも作れなければ一人前の職人とはいえない。得意、不得意があるようじゃ駄目だ。他人《ひと》に教わるものでもない。他人の作り方を見て、自分でやって、体で覚えていくしかない。一人前になるには見習いを経て、最低一〇年はかかる」

何年やっても同じ物は作れない。奥の深い仕事だ

泉川寛勇さん（三十七歳）。いずれの業種にも共通する厳しい職人の生業がある。泉川さんはこの道二〇年、琉球ガラスの美しさに魅せられ、十六歳で親方の元に見習いに入り、修業を積んできた叩き上げの職人である。

現在は、沖縄に八社あったガラス工場のうち北部を除く六社が合併し、糸満のひめゆりの塔に程近い地に新設された「琉球ガラス村」の副工場長であり、将来を期

廃品のビンを砕き、色別に分けて熔かして再利用する。
熔解窯の↓まわりの8本のルツボに色分けした材料を入れ、約1200度の高温で熔かす。
熔けたガラス種を吹き棹に巻き取る。
鉄製の金輪《きんりん》に水を注ぎながら、吹き棹を回転させて形を整える。

待される若手ガラス職人でもある。

「琉球ガラス村」の共同工場には二基の熔解窯、同じく二基の成形窯、四基の除冷窯が昼夜たがわず火がたかれ、約四〇人の職人が技術を競い合っている。

工場内は熱気で充満している。熔解窯が一三〇〇度、成形窯は一五〇〇度から二〇〇〇度にも達しているし、除冷窯は五〇〇度ある。熔解窯は材料のガラスを熔かす。成形窯は吹き棹に巻き取ったガラスをさらに高温で熱しながら形を作ってい く。徐冷窯は作った作品が急激な温度変化で割れないように、時間をかけて冷やす。

工場に一歩足を踏み入れると、全身からドッと汗が吹き出す。四方に開け放たれた窓から吹き込む涼風も、途中で熱風に変わる。夏直前の沖縄にあって、外気が肌寒く感じられる。まさに灼熱地獄である。

「一日中蒸し風呂に入ってるようなもんだ。夏なんかは塩を舐《な》めながら仕事をする。それでも気を抜けば、大怪我をするから、暑さを忘れている」

熔解窯のルツボからドロドロに熔けたガラス種を吹き棹の先端に巻き取り、金輪《きんりん》の中で転がして丸く形を作る。肉厚を整えて、下玉を作ってから吹き棹を吹いて形

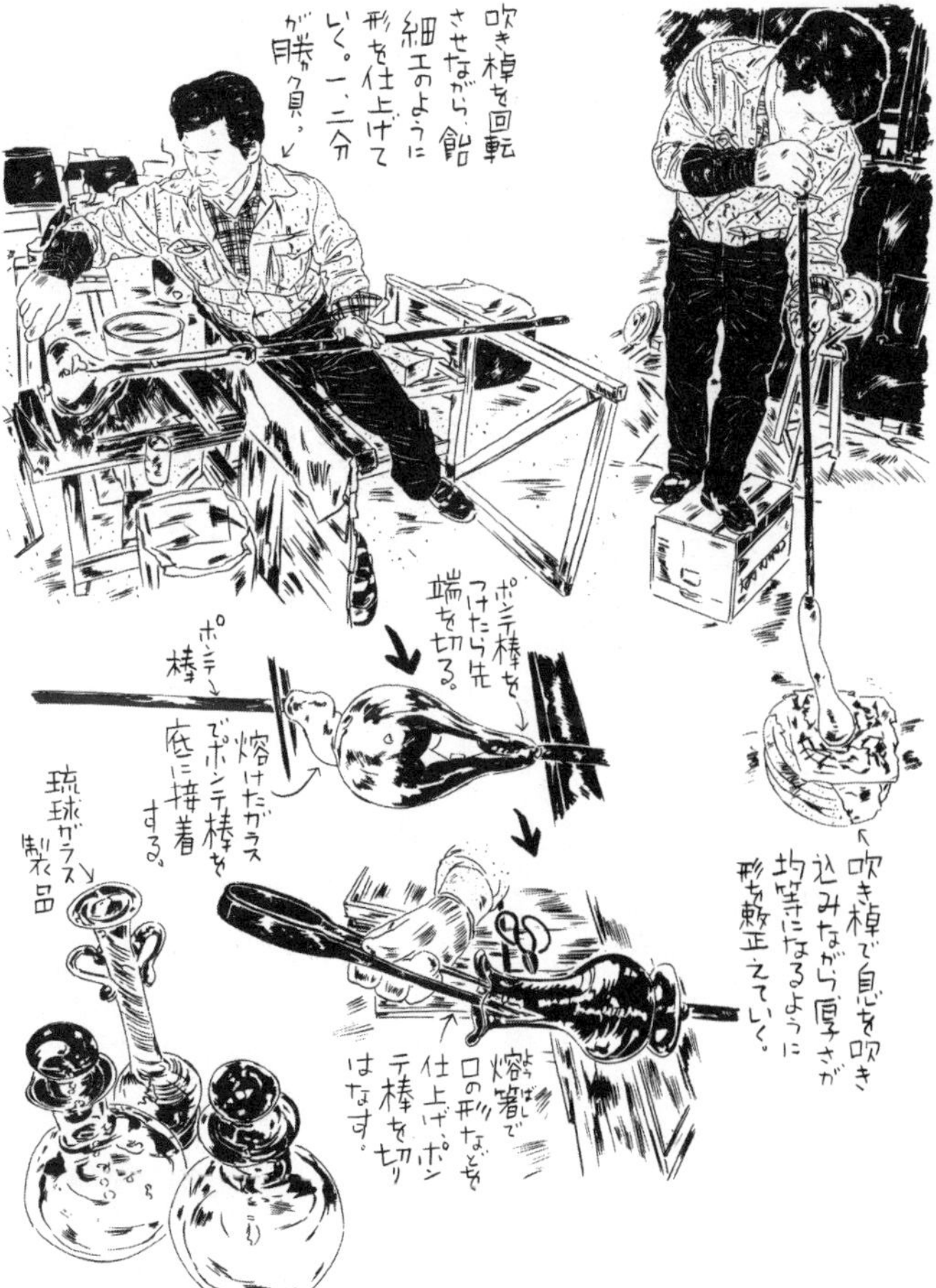
吹き棹を回転させながら、飴細工のように形を仕上げていく。一、二分が勝負。
吹き棹で息を吹き込みながら厚さが均等になるように形を整えていく。
ポンテ棒をつけたら先端を切る。
ポンテ棒
熔けたガラスでポンテ棒を底に接着する。
琉球ガラス製品
熔箸《ようばし》で口の形などを仕上げ、ポンテ棒を切りはなす。

を作っていく。

吹き棹から吹き込む息の加減が難しい。強く吹くと、下に垂れ下がるように膨《ふく》らみ、底の方は厚く、上が極端に薄くなる。ガラスは厚みが違うと伸縮率に差が生じてヒビが入り、薄すぎると破裂することもある。軽く息を吹き込みながら、吹き棹を回転させ、上に向けたり下げたりしながら厚さを均一に形を整えていく。この宙吹き法に職人の技術の粋が込められている。

ガラス作りは一、二分が勝負である。素早く仕上げないと、途中で冷えて固まってしまう。また急激な温度の低下はヒビ割れや破裂の原因になる。

本体の形が仕上がると、見習い職人がポンテ棒と呼ぶ竿の先に熔けたガラスを付け、底部に接着すると、いままで吹き棹がついていた部分に水をつけて切り離す。職人と見習い職人との間髪を入れぬ呼吸、タイミングが要求される。

ポンテ棒に移し取った製品は成形窯で口の部分を炙《あぶ》って柔らかくし、熔箸《ようばし》で広げたり、曲げたりして仕上げ、把手をつけたりする。熔箸は、鉄製の大きいピンセット状で、容器の口の部分を広げたり、仕上げるときには尖った先端部を使い、縁を平らにするときなどには元の曲線部を使う。口からバッファーフーと呼ぶ吹き棹で

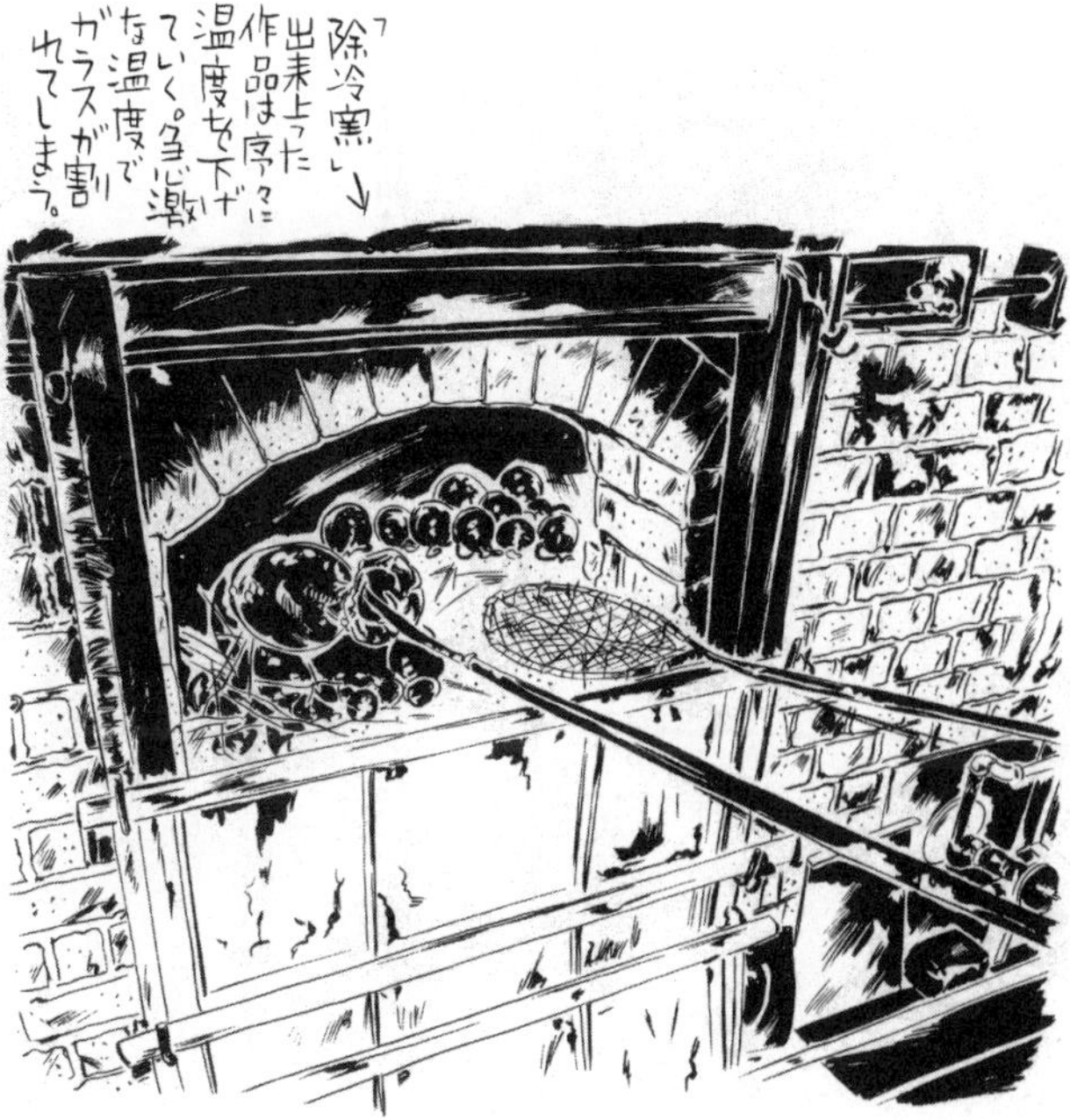
「除冷窯」
出来上った作品は序々に温度を下げていく。急激な温度でガラスが割れてしまう。

吹くと、内側から膨らむ。ガラスは熱いうちはアメのように柔らかくて、自在に形ができる。

製品が出来上がるとポンテ棒は切り取る。このときに底にヘソと呼ばれる小さな突起が残る。これが宙吹き法による琉球ガラスの特徴であり、吹きガラスの証明でもある。

完成した製品は除冷窯に入れ、五〇〇度から、熔解に要したと同じ一五～一六時間をかけて徐々に冷やしていく。

「何年やっても、一日に何十、何百個作ってきても、一つ一つ形も色合いも違う。これでいいということがない。やればやるほど奥の深さが分り、同時に、可能性を感じている」

額を汗で光らせる職人のいい顔があった。琉球ガラスの素朴な温かみと味わいは沖縄の人情、風土によく似合っている。

祭り人形師伝
石井光四郎さん69歳
安房郡一帯の
祭り屋台の人形
を作り続けて50余
年。

房総半島の南端、安房《あわ》郡一帯は七夕の日を皮切りに十月二十日まで祭礼ラッシュに湧きかえる。この地方の祭礼は屋台（山車《だし》）を曳《ひ》き回す〝曳き山〟が中心で行なわれる。屋台には豪華絢爛たる人形を飾り、屋台を曳く曳き子、大太鼓、笛の囃子《はやし》がうち揃って町中を練り歩く。人形師、石井光四郎さんの腕の見せ所でもある。

屋台の提灯に灯が入ると、人形が妖しく浮かぶ

山車は、古くは山の形を模したり、木を立てて神の依《よ》り代《しろ》として祀《まつ》ったもので、それがなくて屋根がついた曳き物を「屋台」といった。山岳をご神体とする山岳信仰が基にあり、村落が発達すると、神社から臨時の依り代として祭礼に移動神座のような形で山車や屋台を曳き廻すようになった。築山を設置するのを「置き山」、山車を巡行するのを「曳き山」と呼んだ。山車は、時代とともに依り代としての役割が薄れ、稚児や人形、凝ったからくりなどを乗せて、装飾を競うようになった。

祭り屋台に人形を飾る習わしがあるのは、房州でも安房郡一帯と君津市の一部だ

けで、もともとは各集落ごとに祀られる氏神に五穀豊穣を祈願する農村神事の余興として行なわれたといわれている。豊作の年には感謝を、不作の年には翌年に切なる祈願をこめて祭りは一層盛り上がりをみせるが、過去に祭りができない程の飢饉、凶作の年もあったという。

祭りは、自然の恩恵と、それを司どる八百万《やおよろず》の神々への先住民の信仰と哀歓がこめられている。祭社に奉納される遊戯や踊り、あるいは人形は占いや呪術であり、神を鎮める儀式、余興であり、また人形は〝ひとがた〟として、生贄《いけにえ》を捧げる人身《ひとみ》御供《ごくう》としての意味もあった。

かつて、人々の暮らしが自然と密接な関わりを持っていた時代には祭りは盛大で、町や村落単位のいわゆる本祭りだけでなく、各村落の中にもいくつもの小祭りがあった。戦後の一時期までは、安房郡全体で七〇～八〇台の祭り屋台があった。夏から秋の収穫期にかけてそこかしこで祭りが行なわれ、村中が活況を呈したが、現在は四〇～五〇台に減り、さらに最近は担《かつ》ぎ手の若者が減って、年々衰退の一途をたどっている。

この地方の祭り屋台には、担ぎ屋台と曳き屋台とがある。担ぎ屋台は文字通り神《み》輿《こし》のように肩に担ぎ、曳き屋台は屋台の下に木製の車輪がついていて梶《かじ》をとりながら大勢の曳き子が曳き回す。屋台は各集落に何代にも渡って引き継がれてきた年代物で柱や鴨居、欄間《らんま》や欄干《らんかん》などに見事な彫刻がほどこされている。屋台はほぼ真ん中で仕切られ、前半分が舞台になっていて、舞台裏に囃子方が乗り込む。

舞台は、間口、奥行、床から鴨居までの寸法がいずれも五尺くらい、小さいもので四尺に満たないものもあって、舞台の大きさに合わせて人形を飾る。また祭り屋台には人形を飾る飾り屋台と、地元の芸者衆が踊りを披露する踊り屋台とがある。

祭りの当日は揃いの浴衣や法被《はっぴ》姿の若衆が屋台を曳き出し、ピーヒャラ、ドンチャカと町中を練り歩く。夜ともなれば屋台の提灯に灯が入り、舞台の人形を妖しげに闇に浮き立たせながら、囃子の競演で盛り上がる。人形の評判がよければ若衆連は一層奮い立ち、一升ビンをあおり、囃子の飛び入りも加わって祭りは最高潮に達する。

頭《かしら》
桐の木をノミと彫刻刀で彫って頭を作る。
芯棒とハリガネで骨組を作り、藁をひもで縛って肉付けする。
目玉は車のライトをはめ込んである。
頭のうしろから中をくり抜いて軽くしてある。

頭は桐の木、目には車のライトをはめて、凝る

以前には祭り屋台に飾る人形を作る人形師が各町村に一人、二人は必ずいた。人形師といっても専門職ではなく、農業や酪農をやるかたわら、祭り好きでちょっと手先の器用な人が、「おらも一個作ってみんべぇ」といった程度の俄《にわか》人形師も多かったらしい。

当時の人形はいまと比べたら稚拙なものが多かった。藁《わら》を縛って胴をこしらえ、頭をズブリと挿しただけの〝かかしのふったち〟のような人形がほとんどだった。檜《ひのき》の葉を波に見立てたり、松カサを動物の鼻にしたり、米を選別する箕《み》は亀の甲ら、イスはカニの足にしたものもあった。

「蛸が陸《おか》にあがって畑のイモを掘ってる人形なんてのもあった。蛸は餅でできてた。つきたての餅を紅で染めて、骨組みに塗って形を作ってあって、ギボ（吸盤）なんかも実によくできてた。ただ材料が餅だから時間がたつと乾燥してヒビ割れする。粗末なものだったけんが、面白かった」

祭り屋台(山車《だし》)
(曳き屋台)梶棒《かじぼう》を
操作しながら、数十人の
曳き子が曳き廻す。
藁を束ね、
身体の線と
ふくらみを
出すのに神経
を使う。
舞台
二坪弱の
広さがある。
★舞台裏に
囃子方が
乗る。
梶《かじ》
車輪
祭り屋台の
舞台の大きさに
合わせて
人形を配置し、
固定する。
ハリガネで
吊す。

祭り屋台の人形師は損得勘定抜き、祭りの当日まで人には見せずに競い合って作った。昔の祭りには心を高揚させる緊張感と呪術的な要素があった。その後、昭和三十年代になって祭りが衰退していき、人形師も淘汰され、腕のいい人形師だけが残った。石井光四郎さん（六十九歳）もその一人である。

石井さんは十五歳のときに見よう見真似で祭り屋台の人形を作り始め、以来五十余年になる。いまでは安房郡一帯の屋台のほとんどの人形を手がけている。石井さんの作る人形は顔の表情と身のこなしに定評がある。

頭《かしら》は桐の木で作る。ノミや彫刻刀で目、鼻、口、耳、顔の皺まで細かく彫ってある。頭を軽くするために後頭部から繰り抜き、目には車のライトをはめ込み、まつ毛までついていて、表情に深みがある。

「昔の人形は文楽や人形浄瑠璃に使われる人形みたいな顔が多かったけんが、このごろは映画やテレビの影響で人間らしい自然の表情に変わってきました」

人形は顔が命である。石井さんの人形のモデルは映画やテレビの役者が多い。「一本刀土俵入り」の駒形茂平は片岡千恵蔵、「幡随院長兵衛《ばんずいいんちょうべえ》」は市川右太衛門、「忠臣蔵」の吉良は月形龍之介だったりする。

出し物は毎年同じ物ではいけないので、じっくり時間をかけて構想を練る。「里見八犬伝」「岩見重太郎狒狒《ひひ》退治」「牛若丸と弁慶」、さまざまな名場面が浮かんで

祭り屋台の人形たち。
現存の役者たちに、どこか
似ているのが特徴。

くる。

祭り屋台の舞台は狭く、描こうとする場面や人形のポーズや配置にも制約があるので、難しい作業である。構想がまとまると、頭を木の芯に固定し、体の動きを太いハリガネで勾配をとり、骨組みに藁を束ね、ひもで結《ゆ》わえながら肉付けしていく。衣装で隠れる部分にも手を入れ、ふくよかな体の線を出す。頭と同じく、桐の木を彫って作った手足をつなぎ、足袋、草履をはかせ、衣装をつけてようやく一体の人形が完成する。

人形に着せる衣装は、以前は奥さんが縫ったが、最近は衣装や小道具は東京・浅草あたりで捜してくる。カツラが一五万円、鎧《よろい》が一八〇万円もする。凝りに凝る石井さんの人形作りは常に持ち出しで採算が合わないこともしばしばである。その上、若衆が屋台を乱暴にあつかったり、途中で雨にやられて人形が壊れたり、傷つくこともある。

今年も安房一帯は祭りのシーズンに突入した。そして熱気と歓喜に迎えられて晴れ舞台に立つ我が子を見つめる人形師、石井光四郎さんの姿を群衆の中に見ることができる。

白魚《しらうお》漁師伝

西岡秋次さん(66歳)
白魚捕りの名人と謳われている。
産卵に川を遡上する白魚を四つ手網で掬いとる。

白魚《しらうお》は、よくシラウオとシロウオが混同される。シラウオはキュウリウオ目シラウオ科の魚で、シロウオはスズキ目ハゼ科の魚で別の魚である。シラウオは成魚で十センチ程になるが、シロウオは四、五センチと小さく、形も異なる。また、シラウオは食通に好まれる高級魚で、シロウオは釣りの餌にされる。ここでいう白魚漁はシラウオのことである。

白魚は孵化した稚魚が海に下り、翌年には成魚になって川を遡上し、産卵を終えると命を失う。美しくはかない魚である。

その起源は、後白河天皇の頃に始まったという

白魚は毎年春先に産卵のために海から川に遡上する。温暖な紀州や房総では、〝旧暦の年越し十日〟を目安にし、柳の葉の芽吹く二月末から山吹きの花が咲き始める四月末までを漁期としているが、最盛期は四〇日程のごく短い期間に限られる。白魚は、まだ冬の厳しい寒さの中でいち早く春の訪れを告げる春告魚《はるつげ》であり、冷た

い川風に晒《さら》されながら大きな四つ手網を操って漁をする様子は早春の風物詩でもあった。

かつて、白魚が大挙して遡上した時代には、本職の漁師に交じって、川沿いに暮らす人々が手製の網や風呂敷を手に、流れに腰まで浸《つ》かって白魚を捕る光景が見られた。漁師もまた、そうした素人の手慰みを大目に見た。

紀州・和歌山の湯浅町と広川町の町境をなす広川は、古くから白魚漁が盛んだった。その起源は一説によれば、後白河天皇の時代、この地に石垣を組んだ軍港が築かれ、そこを守る船守たちに特別に白魚を捕ることを許されたことに始まるといわれる。

以後、広川における白魚漁の鑑札は二五枚と決められ、現在も、湯浅中央漁業組合に属する「湯浅、広川白魚採捕組合」が発行する鑑札（組合証）は二五株、二五人に限定され、古くからのしきたりを守り継いでいる。

その漁業権は誰かが廃業し、権利を放棄しない限り、新たに入手することはできず、組合証はときに数十万円の値がつくこともあるが、手放す者はいないという。

白魚は満潮の潮に乗って海から川を遡り、海水と淡水の混じり合う汽水域の川底の石の下などに産卵する。そのため、捕獲できる場所は河口から一、二キロの狭い区域に限られ、川の両岸や、橋桁に二五張りの四つ手網がひしめき合って漁を競うことになる。

白魚は敏感な魚で、人や橋の影や音にもおびえる

白魚漁は網をかける漁場によって漁獲量に差が出るため、かつて広組、弁天組、浜組などの漁師たちの間で漁場の割りふりをめぐって紛争の種になった。

「一時は順番に場所を代る『まわり』なんていう制度を決めたこともあるが、四つ手網は自分の使いいいように工夫して作るもんで、他人のは使いにくい。大きいから持ち運びも面倒だ。それで戦後はそれぞれの持ち場が定着した」

西岡秋次さん（六十六歳）が昔を振り返える。西岡さんは代々漁師の家に生まれ、もの心つく頃から白魚を捕ってきたという、広川の主のような人物である。

白魚は潮の満ち始めから満潮にかけての四、五時間が勝負で、朝夕二回、ときに

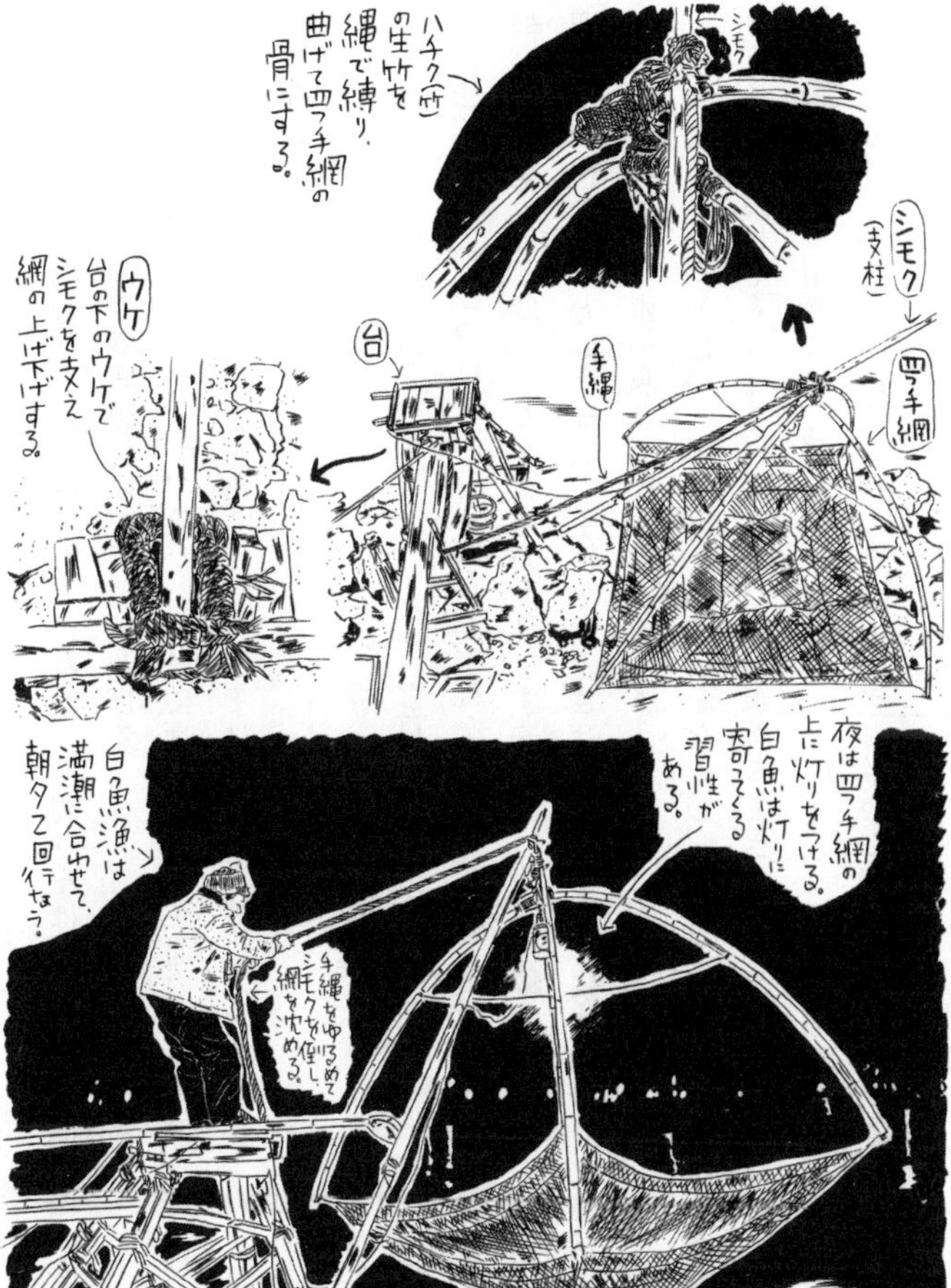
シモク
ハチク(竹)の生竹を縄で縛り、曲げて四ツ手網の骨にする。
シモク(支柱)
四ツ手網
手縄
台
ウケ
台の下のウケでシモクを支え網の上げ下げする。
夜は四ツ手網の上に灯りをつける。白魚は灯りに寄ってくる習性がある。
白魚漁は満潮に合わせて、朝夕2回行なう。
手縄をゆるめてシモクを倒し、網を沈める。

は深夜から空が白む朝方にかけて行なわれる。西岡さんは漁がある間は、他の漁師が二の足を踏む雨や厳寒の日にも川に出かける。

「はたから見れば寒空の下で、冷たい川風に晒されて何が面白いか、言うかもしれんが、人には言えん面白さがあるんや。いまは、あまり捕れんようになったから損得やない」

衒《てら》いもなく言ってのける。

川岸や川の中程に組んだ小さなヤグラの台の上に乗り、約四メートルのシモク（支柱）の先に結びつけた四つ手網を、手縄を弛《ゆる》めながらシモクごと川に沈める。網が浮かないように、シモクが錘《おもり》の役目をする。四つ手網は幅四、五メートルある。四つ手網はハチクという種類の生竹を交差させ、曲げて網を張ってある。真竹だと弾力がありすぎ、水の重さで網が弛んでしまう。

網を沈め、潮時を待つ。川の流れが勢いをなくし、止まったように見えると次には流れが逆流してくる。その繰り返しで潮が満ちてきたことが分かる。西岡さんが身を乗り出し、川底に目を凝らす。

白魚漁は目が勝負である。網の周囲の川底に敷いた白いトタンに無数の小さな魚

潮に乗って遡上する白魚が網の上を通るときに網を引き上げ、長柄シャクで掬い捕る。
白魚は年々捕れなくなった。現在、一合1800円。高級魚になった。
「シラウオ」(シラウオ科)体長約10センチ
「シロウオ」(ハゼ科)体長3、4センチ。透明で、体に輪紋がある。
熱燗に入れると白魚のダシが出て、酒がおいしい。

ってくる。

たきれいな魚で、流れを泳ぐ様子は水の妖精のようである。白魚が群れをなして遡

影が写る。一見すると波の影にしか見えない。白魚は体が透き通った美しい姿をし

網の上に来たタイミングを計って、一気に手縄を引き、シモクを立てるようにして網を上げる。網は一三～一四目と目が細かく、水につけると表面に水の膜ができるために重量がかさみ、手の力だけでは引き上げられない。腰を入れ、体全体で手縄を引く。重労働である。

「昔は全部綿《めん》の網だったから、水を含んでもっと重かった。慣れないと風にあおられてバランスを崩し、川にはまったりする。手足を折るモンもいた」

網を上げると体を透かした白魚がピチピチ跳ねている。それを長柄シャクで網を叩くようにして集めて掬《すく》い取る。白魚と一緒にフグやコノシロがよく網にかかる。コノシロは白魚を追い散らすので漁師は嫌う。

白魚は敏感な魚で、人や橋の影や、音にも怯《おび》える。また暖かい日や水量の少ないときは浅瀬に寄り、寒い日や水嵩《みずかさ》の増しているときには深い所を泳ぐ。夜は灯りに群がるが、日中は明るさを嫌う習性があり、その日の天候、状況によって、網を仕

掛ける場所で漁獲量に大きな開きがある。

白魚はここ数年、めっきり漁が少なくなっている。上流にダムができて水量が減ったことや、家庭廃水の影響もある。

「二、三年前までは白魚が遡ってくるとズーと音がして、水面が盛り上がって見えた。一日に一斗五升も捕ったことがあるが、いまは一合に満たないこともある」

白魚は現在一合枡《ます》で一八〇〇円は下ることがない。白魚は、生きたまま酢醤油で踊り食いにするほか、卵とじ、天ぷら、吸い物、炊き込みご飯にして食べるが、いまは滅多に口にできない高級魚になってしまった。

白魚は死ぬと著しく風味が落ちる。そのため、流通には水と酸素を充填したポリ袋などに入れて出荷される。そのはかなさゆえに、風流人が好み、かすかな季節感を楽しんだ。

白魚は年々少なくなって、紀州・湯浅町の白魚の伝統漁法も先行きに翳《かげ》りが見え始めている。

「それでも白魚が一匹でもおる限り漁は続けるさ。白魚が来んようになったら春も来ん。私ら、そんな気持ちでおる」

広川の清冽な流れに親しみ、漁に生きてきた一人の漁師の気骨と切々たる心情が胸を打つ。

海鼠《なまこ》壁職人伝
関賢助さん（52歳）
海鼠《なまこ》壁職人37年。
漆喰の鏝《こて》絵《え》の創始者
伊豆の長八の技術を
受け継ぐ。

駿河湾に面した西伊豆南端の町、松崎。ここには海鼠壁《なまこ》の民家や蔵が数多く残っている。その黒白の美しい格子柄を配した家並は、伊豆の旅情を誘う。漆喰《しっくい》を練り上げ、鏝《こて》一本で海鼠壁を仕上げたのは、卓越した技を持つ、この地の左官職であった。だが、現在、四〇～五〇人いる左官職で、この技を持つ人は一〇人に満たないという。

室内の温度、湿度を一定に保ち、貯蔵庫には最適

西伊豆の松崎は海に近く、潮風が強い。年間を通してほとんど霜が降りない乾燥した気候風土で、火事や塩害から貯蔵品や家財を守るために、海鼠壁を配した土蔵造りの家屋や蔵が発達してきた。

漆喰壁は、よく練られた漆喰で塗られると目が詰って水に強く、湿気を吸って防火の役をする。乾燥すると湿気を吐き出し、室内の温度、湿度を一定に保つ。家屋全体が呼吸している。また、防虫予防になり、壁が厚いので盗難も防げる。江戸時

代、武家屋敷を火災から守るための耐火建築として発達した海鼠壁が、ここでは庶民の暮らしに生かされてきた。

松崎には、幕末から明治にかけて左官の漆喰技術を応用し、華麗な色彩を施した鏝絵壁画や彫塑《ちょうそ》の独特な芸術をあみだした伊豆の長八こと入江長八がいる。

長八は文化十二年（一八一五）松崎に生まれ、十二歳で左官棟梁関仁助に弟子入りし江戸に出る二十三歳まで修業した。長八は、明治彫刻界の元老、高村光雲をして「漆喰芸術の異才」といわしめた名工だが、元は左官職人であり、地道な左官技術が基礎になっている。

現在、松崎の海鼠壁の技術を持つ左官職人の大部分は、この長八を祖とし、その技術を受け継いでいる。「現在の名工」として表彰を受けた佐藤勉さん（五十九歳）は四代目、初代菊太郎は長八の弟子であった。また海鼠壁の第一人者といわれる山本勘一さん（五十八歳）も、長八の技術をいまに継ぎ鏝絵にその才を発揮している。

関賢助さん（五十二歳）もまた、祖父竹吉が、長八の最後の弟子であった入江又兵衛の直弟子であった。関さんは十六歳で左官職人になり、東京で修業したのち松崎に戻り家を継いだ。

「戦後の復興工事が急がれた時代で、みんな職人になったが、年季奉公、礼奉公、一人前になるのに年月がかかる」

美しい曲線が、海鼠の背に似ていることから命名

海鼠壁の作業は下地塗りが終ると、海鼠瓦と呼ばれる平瓦の張り込みから始まる。平瓦は一尺角と決まっていて、美的かつ、水はけを考慮して菱形に張るが、壁面の割り出しが難しい。腕の悪い職人が寸法の割り出しをすると、処刑場を囲む矢来《やらい》竹の模様を連想させ、縁起が悪いと嫌われる。

平瓦は、下地が昔ながらの土壁や板壁の場合は接着剤を使わず、釘留めした。釘は、ビャク杉の赤身の硬い芯材で作った木釘か、手打ちの銅釘を使った。鉄釘は錆《さび》が出て膨張し、瓦が割れてしまう。

漆喰の原料は消石灰にマニラ麻をほぐし漂白した苆《すさ》をつなぎとし、角叉《つのまた》と呼ばれる海草を煮溶かした煮汁を糊として混ぜる。この石灰に糊を混合する手法は日本独

「左官職の鑑札」
昔は火事場に自由に出入りができ、
蔵の内側から目地詰めし、
類焼を防ぐ任をになっていた。
第一五九号
左官職鑑札
関 竹吉
捏《こ》ね板
（エブリ板）
鏝《こて》各種
「苆《すさ》」
マニラ麻を漂白したもの
を混ぜて、漆喰の
ツナギにした。
「角叉《つのまた》」
海草を煮溶かし、煮汁
を混ぜる。
接着剤
になる。
練るのに
一年の年季が
必要。

特のもので、戦国時代、一夜にして城を築きあげた秀吉の「一夜城」は、この手法をなくして成し得なかったといわれる。

左官というのは建築物の壁や床、土塀などを塗る職人のことで、奈良時代に、木を扱う大工から分かれた職業だといわれる。古くは、木に関わる職を「右官」と呼んだことから、土を扱う職を「左官」と呼び分けたとも言われている。日本の家屋は、柱と梁（横柱）で屋根を支える建築構造であることから、家を囲む壁が独自に発展してきた。

海鼠壁は瓦と瓦の間の目地詰めと雨じまいという機能を美に昇華させた技術で、仕上げまで長時間の日数を要し、職人の熟練した技術が必要だ。

工程は緻密で、時間を要する。まず下塗り用に配合された漆喰を瓦の目地に喰い込ませるようにしながら、柳葉鏝で幅六センチ、高さ一センチ程盛り上げ、二週間程度乾燥させたあと、中塗りでさらに盛り上げ、また約一カ月充分に乾燥させる。最後に油漆喰で仕上げ塗りをし、硬化後磨いて美しい光沢を出す。

熟練した職人は、柳葉鏝一本で均一した美しい海鼠型に仕上げるが、孟宗竹を割った内側の曲線で丸みを一定にさせることもある。

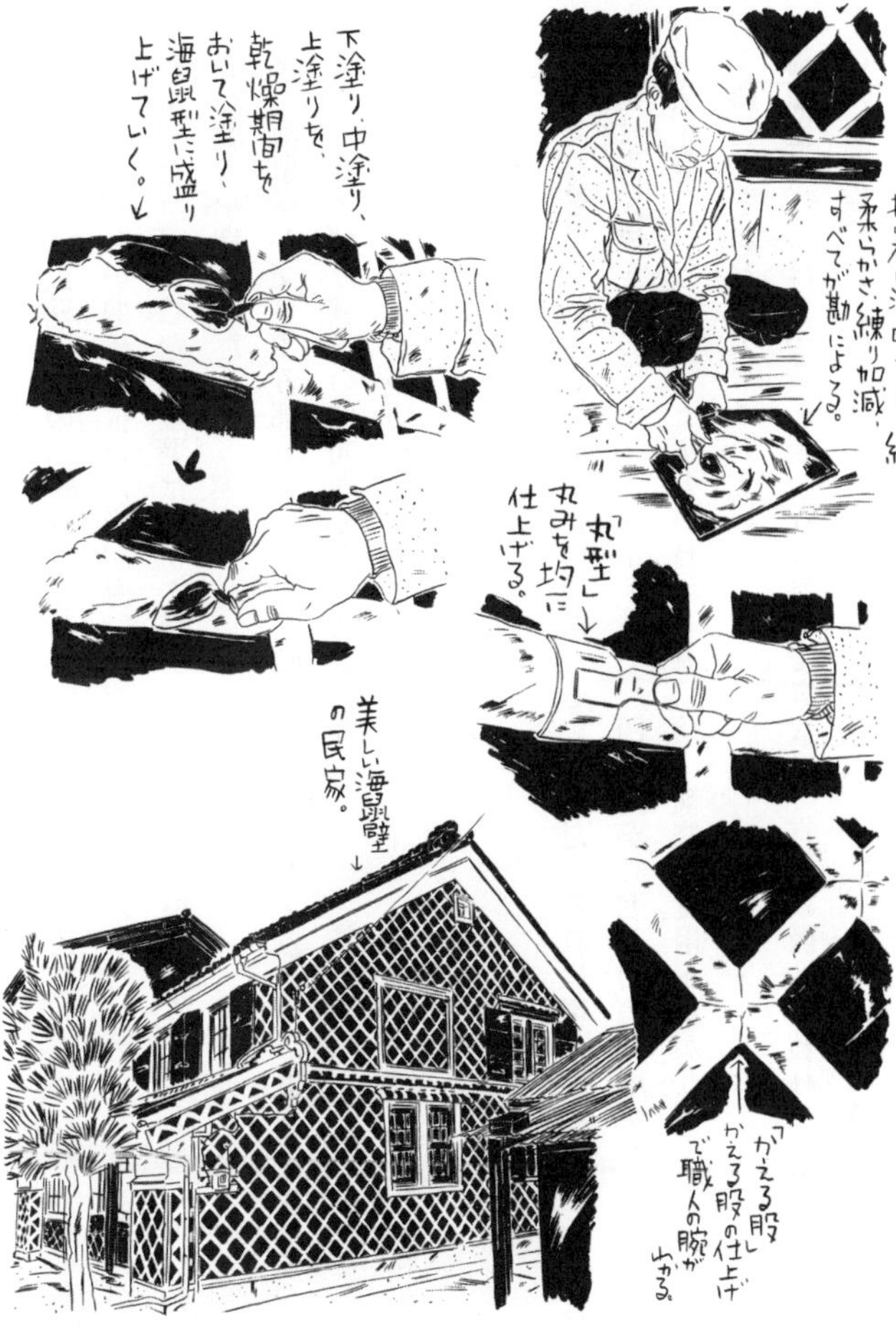

捏ね板に漆喰をとり、練る。

柔らかさ、練り加減、すべてが勘による。

下塗り、中塗り、上塗りを、乾燥期間をおいて塗り、海鼠型に盛り上げていく。

「丸型」

丸みを均一に仕上げる。

美しい海鼠壁の民家。

「かえる股」

かえる股の仕上げで職人の腕がわかる。

そもそも、海鼠壁の名の由来は、この漆喰をカマボコ型に盛り上げた形状から発している。美しい曲線を描いた形が海鼠の背中に似ているからで、真っすぐに線が揃わず、デコボコした海鼠壁は「ウミウシが昼寝をしているようだ」と言って、腕の悪い職人を嘲笑した。

また海鼠壁が交差する部分を「かえる股」といい、かえるの股のように切れ上っていない仕上げは職人の仲間内で馬鹿にされる。

「昔から女の人も小股が切れ上った人を粋な美人と言ったように、海鼠壁も小股が切れ上がったかえる股が美しい」

そう言って関さんがニヤリと笑った。

かつて、漆喰の海鼠の厚みが富の象徴だといわれた。それは現在でも変わらない。あらたに海鼠壁を作ると一平方メートル三、四万円から七万円の費用がかかる。また耐久年数二〇年から二五年といわれる海鼠壁は補修に費用がかかり、先祖伝来の家を維持しきれない人も多いという。

海鼠壁は、よほどの資産家でなければできない。富の象徴といわれる由来である。そのため、海鼠壁の仕事は年々減り、松崎の職人たちは、その伝統の技術の存亡に

鏝絵の開祖、
伊豆の長八の作品。
彼もまた左官
屋だった。

兢々《きょうきょう》としている。

「四十年近くもこの仕事をやってきたが、まだまだ修業中の身、ウミウシの昼寝を目覚めさせ、海鼠に変身させようと頑張ってるところだが、本業より雑用ばかり忙しくて……」

関さんは、そういって腕をさする。職人は仕事をしながら技術を磨く。仕事がないのが何よりも辛い。時代の趨勢、変遷はこうした多くの受け継がれ、磨き上げられた職人の技を葬ってきた。それが現代流の〝文化〟だとしたら、あまりにも哀しい。

金魚屋外伝
重さ20〜30キロの飯台を天秤で担いで町を売り歩く。
橋本文次郎さん(65歳)
金魚屋一代41年。
天秤で担いで売り歩く
金魚屋は最後の一人になった。
橋本
橋本

かつて、市井《しせい》の路地に多くの物売りがやってきた。金魚屋、風鈴屋、竿竹屋、納豆売りに豆腐屋。辻々を流して歩く彼らの独特の売り声は、人々に季節を感じさせる風物詩でもあった。ほかの行商と同じく、昔ながらの金魚売りもいまではほとんど姿が見られなくなった。

そこには昔から変わらない
なつかしい風景がある

「金魚ーえ、金魚ー」

「メダカに金魚ー」

夏の強い日差しが照りつける昼下がり、金魚売りの、のどかでよく通る売り声が町内に響きわたる。菅笠《すげがさ》に半纏《はんてん》、腹掛け、手甲、羈絆《きはん》、地下足袋姿。小判型の飯台にいくつもの水槽に分けた金魚を入れ、キンチャクと呼ばれる朝顔型の容器などを積み込み、天秤を肩に担《かつ》いだ金魚屋さんが町を往く。

開け放った窓から聞こえてくるその売り声は、一陣の涼風のように暑さを忘れさせる。売り声に誘われて、子供たちや孫の手を引いた年寄りが容器片手に駆け寄ってくる。子供たちは、あれこれ目移りさせながら金魚を選び、それを金魚屋さんがカキガネ（ミズキリ網）で掬《すく》って容器に入れてくれる。

「餌をやりすぎちゃいけないよ。二本の指で摘《つま》んでパラパラとやるだけでいいんだよ」

容器を抱えるようにして駆け出す子供の背中に金魚屋さんの声が追いかける。昔から変わらぬ懐かしい情景がそこにある。

橋本文次郎さん（六十五歳）。金魚売りを生業にして四一年になる。父親も明治時代から金魚を商ってきた人で、二代目になる。現在では、天秤を担いで売り歩く金魚屋はほかにはいない。日本で唯一人、最後の金魚屋さんである。

「昔は、金魚屋は全国各地にいた。天秤や飯台なんかの道具を問屋で貸してたこともあって、俄《にわか》金魚屋もずいぶんいた時期がある」

かつては、金魚屋の世界にも厳しい作法としきたりがあり、暗黙のうちに縄張りに似た販売区域《エリア》が存在した。他地へ売り歩くときには必ず町の下《しも》から上り、土地の金魚屋に挨拶をしなければならなかった。挨拶をしなかったり、上《かみ》から下ったり、あるいは悪どい商売をしたりすると、こっぴどくおどされる元にもなった。

粗悪な金魚が多く、飼い方を知らない人間が多すぎる

そもそも金魚の元は鮒《ふな》である。原産地は中国で、鮒の突然変異を人為的に交配させて観賞魚とした。日本では江戸時代に大々的に養殖が始まった。最初は奢侈品《しゃしひん》だった金魚が、メダカと共に庶民の間に広まり、金魚売りや縁日の金魚掬いなどが根付いていった。金魚の養殖地が各地に広がり、愛知の「弥富《やとみ》金魚」をはじめ、奈良の大和郡山《やまとこおりやま》、東京の江戸川、山形、熊本、埼玉などが知られている。

金魚屋は季節の商売である。金魚は夏のものと思いがちだが、一般には三月から五月なかばまでが流しの時期にあたる。三多摩では三月の節句にお雛さまに金魚を供える風習があり、この時期によく売れた。

「金魚屋ってのは冬が暇だから、普段は別の商売やってる。わたしらは昭和十三年から戦争前までは刃物鍛冶をやっていたし、水道屋や建築業なんかもやってきた。

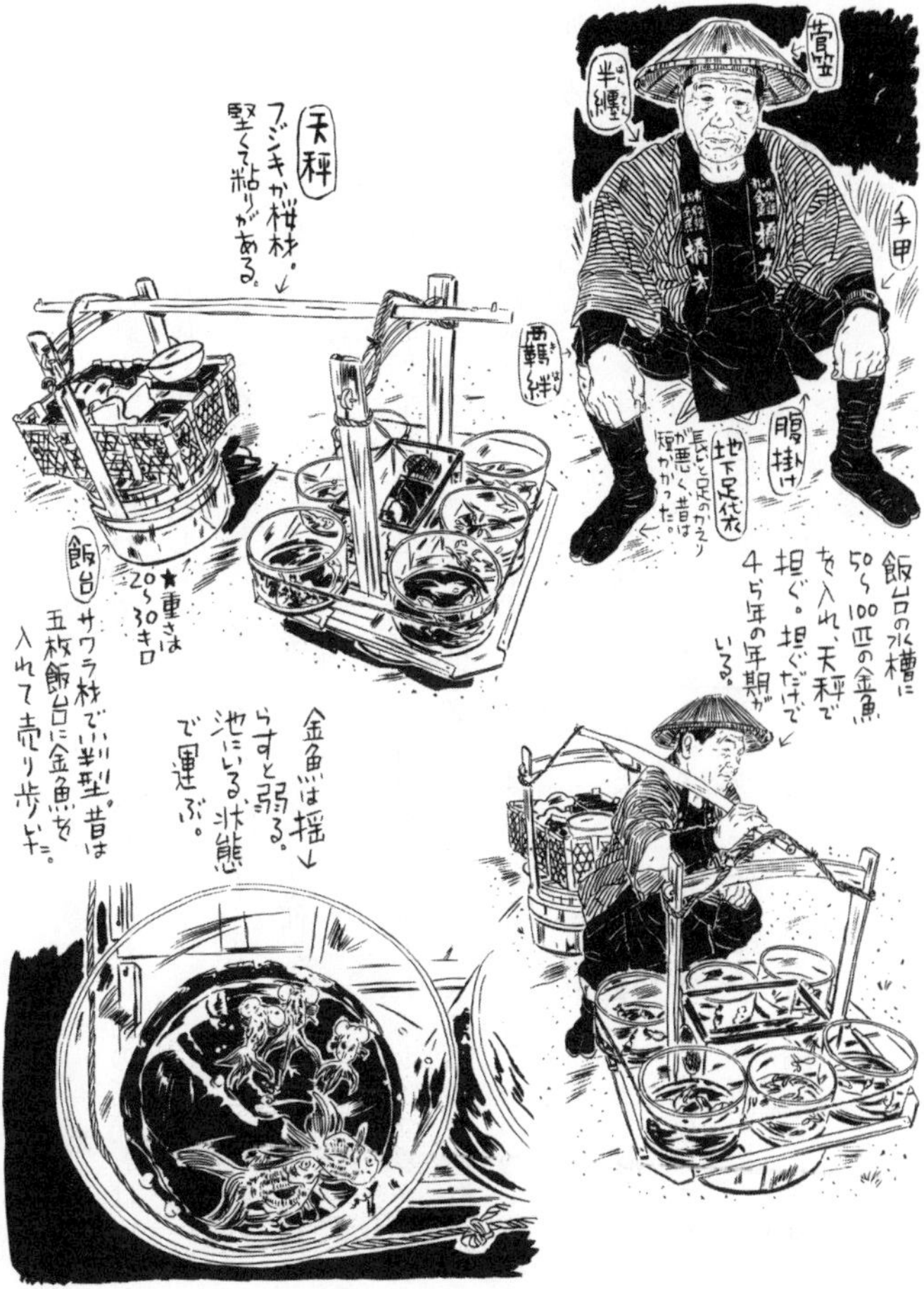
菅笠
半纏《はんてん》
手甲
覊《き》絆《はん》
腹掛け
地下足袋
長いと足のかえりが悪く昔は短かかった。
飯台の水槽に50〜100匹の金魚を入れ、天秤で担ぐ。担ぐだけで4〜5年の年期がいる。
天秤
フジキか桜材。堅くて粘りがある。
飯台
★重さは20〜30キロ
サワラ材で小判型。昔は五枚飯台に金魚を入れて売り歩いた。
金魚は揺らすと弱る。池にいる状態で運ぶ。

どの仕事もやってるときゃプロだ。手抜きはしないよ」

橋本さんの一徹な職人気質が伝わってくる。金魚は限られた時期の商売とはいっても、一朝一夕には成し得ない厳しさがある。

流しに出るときには金魚は十数種、大小とり混ぜて五〇～六〇匹から一〇〇匹を水槽に分けて持ち歩く。そのほかキンチャクなどの容器や餌などを加え、飯台の重さは二〇～三〇キロになる。

昔から〝金魚屋は天秤で歩く〟といった。天秤は桜材が使われるが、フジキが良質とされる。フジキは野球のバットの材料で堅く粘りがある。木に粘りがあり、アオリがある方が足の運びがいい。アオリのない木は重量がもろに肩にかかって体が疲れるし、歩きづらい。

熟練した人は天秤棒を自分で削り直して使う。天秤のアオリに合わせて肩と腰で調子をとり、足は外側に開き気味にし、交差させるようにして歩く。水槽の水をあおらせず、金魚を池にいる状態で売り歩くのがコツ。揺すると金魚が腹を擦って鱗がとれたりして弱る原因になる。車やリヤカーで売りにくる金魚は弱っている場合が多い。

1キロを25分かけ、一日に約8キロ歩く。
金魚〜え
金魚〜
天秤のアオリを肩と腰で調子をとりながら歩く。
足を開き気味すり足で交差させるように歩く。
金魚は50円から数万円まで、ピンからキリまである。
金魚は昔もいまもこどもたちに人気がある。
★一冬越した二才ものの金魚が丈夫。

天秤を一人前に担げるようになるのに四、五年の年季を要する。最初の一〇日程は肩が腫れ上がり、血が滲《にじ》んでくる。足と腰が痛くて、身動きするのさえ難儀の状態が続く。橋本さんは歩きながらクルリと天秤を回して肩を変えながら、一日に約八キロを売り歩く。一キロを二五分の速度は尋常の健脚、速さではない。

金魚の種類は和金、オランダ、ランチュウ、デメキン、チョウテンガン、スイホウガン、パールなど、年々新品種が増え、数十種、数百種にのぼり、値段も五〇円程度のものから二、三万円する金魚もある。現在は高級品が好まれ、流しの売り上げは、多い日で四、五万円になる。

「近頃は、売り手も買い手も金魚の飼い方に無知すぎる」

と言う。

金魚は本来、中国ではかめに入れて上から鑑賞した。いい金魚の選び方も、上から見て頭が小さく胴が大きく、餌のクイコミのいい金魚がいいとされ、目が窪んで胴がこけている金魚は長生きしない。

また、小さい鉢にたくさん飼うのもよくない。普通〝水一升に一匹〟といわれ、朝顔型の容器に小さい金魚一匹が限度。夜店の金魚がすぐ死んでしまうのも、粗悪

自宅で金魚を飼育し、姿形、イキのいい金魚を選んで売りに出る。

品の金魚が多いうえに、水槽が込みすぎるのに起因する。鉢の水は、汲みおきし、日なた水で塩素をとばした水を二、三日おきに変えるようにすると金魚が長生きする。

餌は少量を与える。金魚は雑食性で胃袋がなく、与えればキリなく食べ、吐いてしまう。金魚は飼い方がよければ二〇年近く生きるといわれる。

「昔は金魚は肺炎の薬だと言った。熱さましにもいいってんで、死んだ金魚を串に刺してカラカラに焼いて粉にして飲んだ。医者でさえ『金魚屋へ行って金魚買ってきた方が早ぇや』なんて言ったもんだぁね」

愛らしく、繊弱な金魚一匹に人生を賭す金魚屋一代、その生き様が胸を打つ。

バンジョウ漁師伝

越前輝夫さん(55歳)佐渡のバンジョウ摑み漁の名人といわれている。
舟の舷に吊した藻に産卵に寄ってきたサンマを素手で摑み捕る。

新潟県佐渡では、サンマのことをバンジョウと呼ぶ。サンマは春から夏にかけて日本の沿岸を北上。六月の梅雨どきに佐渡の沖合いを通り産卵期を迎える。この習性を利用してサンマを手摑《てづか》みで捕獲するのが、バンジョウ摑《つか》み漁である。世界でも珍しい奇漁である。

梅雨の最中の晴れ間で風のある日が、漁の条件

「バンジョウ摑み漁」は、佐渡で本州に面した表玄関の両津側とは反対側の、大佐渡と呼ばれる外洋に面する一帯でしか行なわれていない。潮流に乗って北へ上るサンマの産卵の時期と、それに適した位置や地形の関係から、この一帯でしか行なえないのである。

越前輝夫さん（五十五歳）。佐渡の戸地《とじ》に住む漁師で、サンマを素手で捕るバンジョウ摑み漁の名人である。

「小さい頃は、一〇〇貫、二〇〇貫なんてザラだった。一日に三五〇貫捕ったこと

もあったいね。一五貫で二〇〇〇匹くらいらすけ、四、五万匹の計算になるろか、夢中になって捕りすぎて舟が沈んでしまったこともある」

越前さんは笑いながら往時を懐かしむ。しかし、十数年前の新潟地震を境にピタリとサンマが来なくなった。地震で地形が変わってしまったのか、潮流に何らかの異変が生じているのか定かではないが、何年たってもサンマが寄りつかない。バンジョウ摑みができる漁師も少なくなってしまった。

だが、つい三、四年前からぼつぼつ波間に跳ぶサンマの姿を見かけるようになった。磯の海草に、透明の、ビーズ玉のようなサンマの卵が付着するようになった。佐渡にサンマが戻り始める兆しが見えてきたのである。

六月中旬の梅雨の合い間の晴れ間を待って、越前さんは今年はじめて舟を出した。

「今日はいけるかな」

越前さんに予感めいたものがあるという。なにしろ漁の条件には制約が厳しい。漁は、六月の中旬から下旬の半月の間の、サンマの産卵の時期に限定される。さらに、梅雨の最中の晴れ間の風のある日でなければならない。しかも、カラッと晴れた快晴より、湿気があって蒸し暑く、水平線が霞むような日がいい。意外に梅雨どきの方が海が凪《な》ぐことが多いというが、これだけの条件を満たす日はザラにはない。まさに千載一遇のチャンスなのである。

右手を海中から抜く。指の間にサンマが跳ねる

戸地の集落のはずれから舟を降ろす。越前さんは沖へ出る前に、竹竿の先に鎌がついた「カマザ」で磯のホンダワラ（海藻）を刈り取る。サンマは藻に産卵するからだ。

因《ちな》みに、サンマは産卵する海藻は選ばないが、ヌメリのある藻は手が滑って摑みにくい。漁師にとってはホンダワラが一番。また、藻は新しいほどサンマがつくが、漁が盛んな当時は磯の藻を採りつくし、一〇日以上同じ藻を使って漁をした時代もある。それでも甲板が埋まるほどサンマが捕れた。

「とにかく昔はサンマが多かった。終戦の年なんか爺さんと二人で一二日間続けて捕りに捕った。当時の金で五〇〇〇円稼いだ。それで二反五畝《せ》の田を買った」

フキナガシ
コモ（ムシロ）を流し、海面に影を作って遠くを泳ぐサンマを引き寄せる。
ホンダワラ（藻）
コモ（ムシロ）舟の両舷にロープで結えサンマを近くに寄せる。

ホンダワラの中に両手を突っ込み指をヒラヒラさせながら、寄ってきたサンマを挾んで捕る。

ホンダワラを吊し、産卵場を作ってやる。

エンジン始動。舟は沖の漁場に向けて滑走する。舳先《へさき》がうねりに突きあたるたびに、しぶきが雨のように降りかかる。漁場に着くと、越前さんはさっそく、支度にかかり始めた。

まず「潮帆《しおほ》」と呼ばれる畳一枚くらいの大きさの帆布製の帆を海中に入れる。大きな石がロープで結ばれていて、ちょうど海の中に帆を張るようにする。潮帆は舟が風に流されるのを防ぎ、舳先が風上に向くようにする役目をする。

潮帆で舟を安定させると、艫《とも》から五十尋《ひろ》のわら縄の先に結《ゆわ》えたコモ（ムシロ）を流す。これを「フキナガシ」という。

フキナガシは遠くを通るサンマをおびき寄せる役目をする。産卵期のサンマは、海鳥を恐れて海面に影を作る漂流物なら、何にでも寄ってきて隠れる習性がある。フキナガシに群がったサンマは、細いわら縄の影を伝うようにして、舟まで引き寄せられるという寸法らしい。

次に、舟の両舷《げん》からコモを一枚ずつ海面に浮かべる。刈ってきた藻は一摑みくらいずつ縄で束ね、舷とコモの間に適当な間隔で吊して、産卵場所を作ってやる。これで準備完了。あとはサンマの群れが寄りつくのを待つだけである。

サンマが警戒して寄りつかないときはオトリのサンマを吊す。
一匹掴み
エラの部分を指の間で挟む。
二匹掴み
一匹掴んだあと他の指で挟み捕る。
サンマが藻についた一瞬に指の間で挟んで捕る。
水の中で尾の付根を折る。秘術に近い。

越前さんが艫にかがんて、ジッと沖のフキナガシを凝視している。すでに六時を過ぎ、ついに日が西の海に傾いてきた。

「来た、来てるろ!!」

言われて目を凝らすと、紺碧の海と白い波頭の中に泳ぎ回る魚群が見える。あきらかにサンマである。しかし、なかなか近づかない。

日が暮れかかっている。緊張と焦燥の時がすぎる。越前さんが舷にかがみ込み、手を海中に差し入れてさかんに指を動かしている。そうしているとサンマが海藻と間違えて指の間に頭を突っ込んでくる。その一瞬をとらえて指の股で挟んで捕る。

越前さんが無造作に右手を海中から抜き出した。その指の間にピチピチと体をくねらしたサンマが握られている。

産卵期のサンマは雌一匹に一〇匹くらいの雄が群がりついていて、雌が藻に卵を産みつけると、雄が群がって精子を放射する。ときには水面が真っ白に濁ることもあるという。指の間に挟まれて暴れるサンマを産卵する雌と見紛《まが》うのか、あるいは雌に絡《から》みついて狂乱する雄と勘違いするのか、一匹を追って我先にと突進してくる。

越前さんは日が沈むまでの数十分の短い間に、寄ってきた一群のあらかたを捕り

コモムシロ
藻
磯につく海藻
（ホンダワラ）

つくした。

「まだ、バンジョウは小さいし、群れもウスイ。このぶんだと先行きは見込みがない」

地震前のあの活況が戻る日はいつか。再びバンジョウが佐渡に帰ってくる日があるのかどうか。しかし、漁を終えた越前さんの顔は清々しく輝いていた。

「生き物を素手で捕る。面白れぇことは間違いねえな」

知恵と技術を駆使して、大海を渡ってくるサンマと渡り合う。豪快で、これほど面白い漁はない。

大佐渡にバンジョウ摑みなる奇漁あり。バンジョウ摑み漁に越前輝夫あり。

岩茸採取人伝
峰岸久雄さん(48歳)
岩茸採りを生業にして25年。名人と謳われる。
断崖絶壁にロープでぶらさがり、岩茸を採取する。
「腰アミ」
採った岩茸を入れる。

地衣類《ちい》に属する苔の一種である岩茸《いわたけ》は、古くから万病に効ありと伝えられ、山間地では食用にも用いられてきた。しかし断崖絶壁に根をつけるため、採取は困難である。この岩茸をロープ一本に命を託し、宙吊りになりながら採取する、すさまじい男がいる。

自分で料理法を研究し、売り歩くことから出発

峰岸久雄さん（四十八歳）。東京都下、山梨県との県境に接する奥多摩、秋川渓谷の檜原《ひのはら》村に生まれた。代々、檜原村湯久保の山峡の離れ家に住み、父親は炭焼きを生業としていた。小さい頃から暇さえあれば山に入り、キノコやアケビ採りをし、沢でヤマメなどの川魚捕りをして遊んだ。学校を終えてからは土木作業に従事したこともあるし、東京で煙突の解体の仕事もした。森林の枝打ち、伐採作業も長いことやった。

岩茸を専門に採るようになってすでに二五年になる。以前は、小遣い稼ぎの副業

として岩茸を採る人が数人いたが、一〇年くらい前から峰岸さん一人になった。東京で唯一の岩茸採取人である。

「岩茸採りは危険な岩場にぶら下がってやるから命がけの仕事だ。生半可じゃやれないでね」

生まれついての山育ち、山暮らし。その上、子供の頃から高い所が好きで、この仕事が性に合っている。

岩茸は古くから煎じて飲むと心臓病や中風、腰痛、下痢、痔瘻《じろう》などに薬効があると伝えられ、山間の人々は酢味噌や白和え、煮付けにして食したが、暮らしが豊かになるにつけて誰も食べなくなった。料理法も忘れられつつあった。

峰岸さんは自分で料理を研究して、売り歩くことから始めた。その苦労が実り、天ぷらや酢の物などの岩茸料理が檜原村の名物になった。また、この数年来の健康食、自然食ブームで、全国各地から引き合いが殺到するようになった。岩茸はまた、煮沸すると美しい淡茶色に染まることから地衣染料としても利用される。

「この仕事をやり始めた頃は岩茸は四キロ二七〇〇円だった。当時の職人の日当がだいたい一五〇円。一日山へ行けば八キロから一二キロは採ったから、いい稼ぎにはなった」

宙吊りのまま、煙草を一服、弁当さえ食べたり

現在、岩茸はキロ一万円する。穴場にあたれば一カ所で三、四キロ採れることもあるが、岩茸は一年間に数ミリ単位しか生育しないといわれ、一度採りつくした場所は二〇年後、三〇年後にしか再び採取できない。年々採取場所が限られ、奥地の険しい岩場に移っていく。

峰岸さんは「この辺のほとんどの岩場はぶら下がった」と豪語するほど近郊の山を知りつくしているが、最近は埼玉や山梨、群馬などの山へも足をのばすようになった。

長年の経験と勘で、地形と環境を読み取り、岩茸の在り場所を推測する。岩茸は、標高八〇〇メートルくらいの岩場に根をつけるが、日の当たらない北側にはない。日当たりがいい東側から南側の岩場で霧が深く、水分があって乾かない場所が

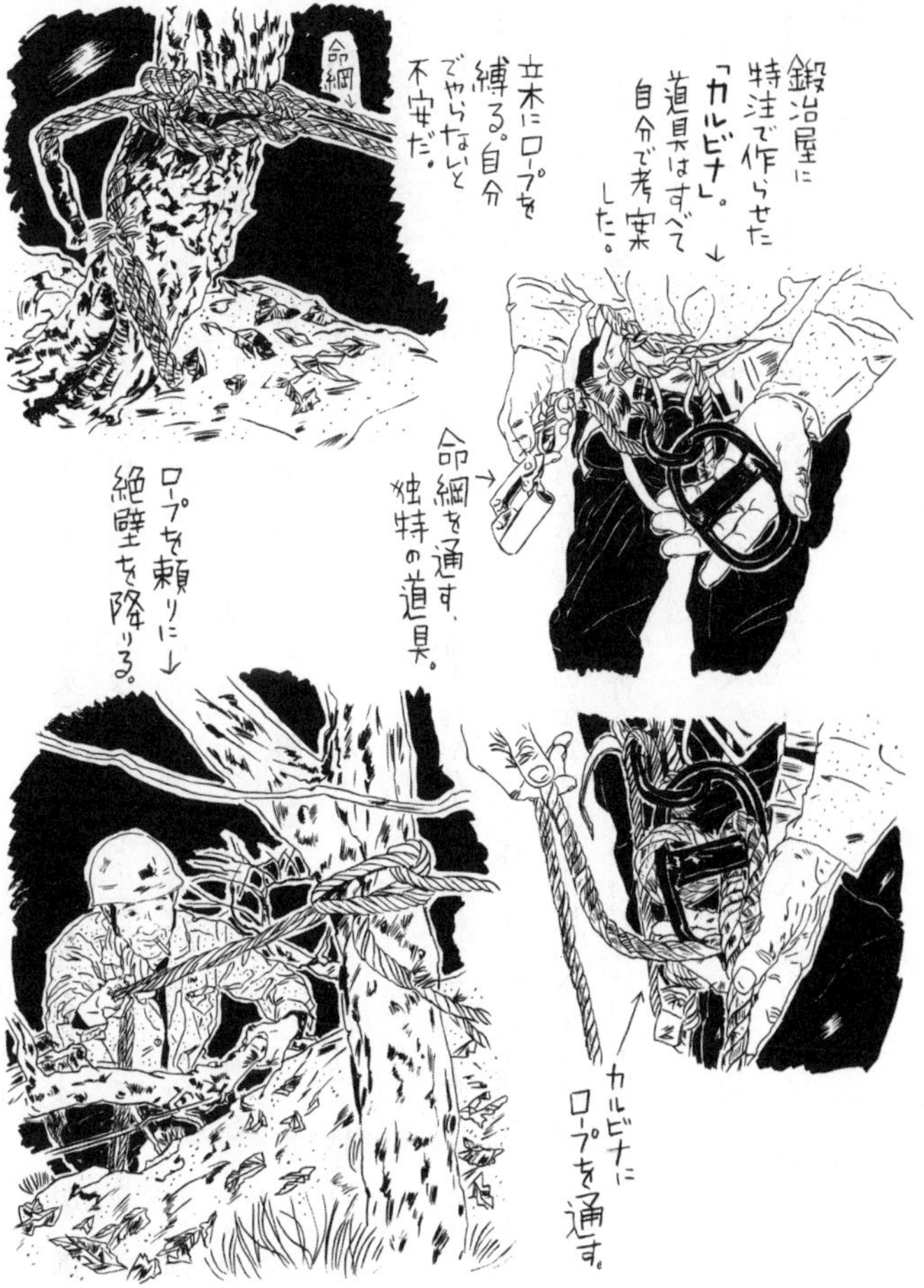
鍛冶屋に特注で作らせた「カルビナ」。道具はすべて自分で考案した。
立木にロープを縛る。自分でやらないと不安だ。
命綱
命綱を通す、独特の道具。
ロープを頼りに絶壁を降りる。
カルビナにロープを通す。

生育に適している。それに、火打ち石（石英）など非石灰岩性の岩にはつくが、御影石や蛇紋石にはつかない。岩松やシノブなどの植物と生育条件が似ていることから、それを判断の手がかりにすることもある。また、岩茸は外側が褐色で、岩に固着している側が黒色をしているが、上部にめくれて黒く見える。岩茸がびっしりついている崖は壁面が黒くなるので、熟練者は肉眼で識別する。

熟練すると、山に分け入らなくても、離れた場所から遠望するだけで岩茸の在りかが分るようになる。

因《ちな》みに、岩茸の褐色の表面は水につけると鮮やかな緑色に変わる。食べるときには水でよく揉む。揉むと緑色がとれて青くなる。よく揉まず、緑色が残ったまま食べると下痢をし、よく揉んで青くなったものを食すと、重度の下痢が治るという言い伝えがある。昔の人は、その目安を空の青さに定め、〝岩茸は空を見て揉め〟といった。

峰岸さんは、いつも単身で山へ入る。他人が一緒だと、気になって仕事に集中できない。気が散ると事故の元になる。また、採取地を他人に知られたくないという頭もある。

岩に張りついている岩茸を手ではがす。
山が好き、高い所が大好き、宙吊り、逆さ吊り、自由自在。根っからの山の男だ。
直角に切り立つ壁面を足で蹴って右、左と自在に移動して岩茸を採る。
岩茸
山中の岩場に生育し、20年で10センチくらいにしか大きくならない。
表面が褐色、裏面が黒い。

ロープ、腰ナタ、ヘルメット、自作のベルトに金具類、弁当に焼酎（二合）、荷物は約一〇キロになる。荷物一式を担《かつ》ぎ、道なき山の急斜面を一気に登る。常人のおよばぬ健脚ぶりに舌を巻く。

現場に着くと、丈夫な立木にロープを結ぶ。ロープ結びは必ず自分でやる。他人に任せると、ぶら下がりながら不安がよぎって気が散漫になる。垂直に数十メートルも切り立つ断崖絶壁を軽い身のこなしで下りる。上から覗《のぞ》き込むと足がすくむ。昔はシュロ縄で体を縛っていたが、一〇年前から自分で考案した道具とロープを使っている。

ロープを頼りに、壁面を足で蹴って右に左に変幻自在に飛び移りながら岩茸を素手の指先でつまむように剝《は》がしていく。剝がすときは岩に付いたイシヅキの部分をおさえて回すようにして採る。乾燥している岩茸を無理に剝がすと、バラバラに崩れてしまい、商品にならない。すべて素手でやる。

軍手は指先の感触が分らないし、岩を摑むと滑るので使わない。また靴も、足の裏の感覚が分る地下足袋が一番いいという。

一度ぶら下ると上ってくるのが億劫になる。宙吊りのまま好物の煙草で一服し、弁当も食べる。体が冷えてくると焼酎をやることもある。腰から股にベルトをかけているために、小便だけはできない。

危険な目にも随分合ってきた。頭上から落下してきた岩の直撃をくらったこともあるし、ぶら下がったままの状態で蜂の巣をつついて、大群の襲撃を受けたこともある。ジメジメした山中ではいつも蚊に悩まされる。蝮《まむし》にもよく出くわす。

「蝮は出くわせば、こっちがうれしがる。蝮酒にすっから、捕って帰る。熊にも三度ばかり鉢合わせしたことがあるが、大声で『おしどり道中』を歌って通り抜けた」

峰岸さんは平然と言い放つ。仕事は朝六時から始めて、午後二時ごろには終る。日差しが強いと、岩茸が乾燥して折れて商品価値がなくなる。特に雨のあと採ったものが品質がいいが、濡れた岩場は滑りやすく危険度も一層高くなる。

「岩茸採りは命がけ。だが危ないから面白い。なに、オレにとっちゃあ、畑の草をむしるようなもんだ」

足元数十メートル下に地獄が口をあけて待つ急峻な断崖絶壁に宙吊りになりながら、危険を笑いとばす豪胆な男の生き様に、ある種、爽やかな感動すら覚える。

山に暮らすには、命を張って生きる覚悟がいる。他者に頼らず、自分の力で生き抜く性根が試される。そういう筋金入りの男が少なくなった。

たきや漁師伝
金原新一さん（66歳）たきや漁師歴41年。狙った魚ははずすことがない。名人と謳われている。
水中ライト
水中灯に集まってくる魚を鉄製のモリで突き捕る。

月のない闇夜、湖上に漂う船の舳先《へさき》で六メートルもあるモリを手に漁師が仁王立ち。足元の水中灯の明かりの中、一瞬よぎる魚の影を見とり、手練の早技で魚を射抜く。浜名湖の漆黒の闇の中で、漁師と魚の無言の、かつ豪快でスリルに富んだ闘いが今夜も繰り広げられる。

灯火管制下でも漁を!! の執念が、水中灯を生んだ

浜名湖は、かつては海を隔てた淡水湖だった。それが、明応七年（一四九八）に発生した大地震と高潮によって砂洲が決壊して、外海と通じる汽水湖となった。いくつもの川が流れ込む淡水と、遠州灘からの海水が混じり合って栄養素が多く、日本一魚類や甲殻類が多い湖といわれている。

面積およそ六九平方キロ、北部一帯は水深約一メートルと浅く、南部でも最高水深は一六メートルしかない。「たきや漁」は魚類豊富にして、遠浅の浜名湖でなければ育たなかった漁法である。

たきや漁の発祥は、およそ一二〇年前に遡る。江戸末期、加茂蔦蔵《つたぞう》なる漁師が夜、浜辺で焚火をしていると、水中を泳ぐスズキの巨体がはっきり見えた。蔦蔵は、とっさに傍らの青竹で見事に突き仕留めた。以来、昼間の漁をやめ、夜、松明《たいまつ》を灯して漁をするようになったという。

日中に魚を突く「見突《みづ》き漁」に対して、夜間の突き漁は「夜振《ぶ》り漁」ともいうが、「たきや」の名の起こりは、松の灯明を燃やすために、その油煙で顔が黒く汚れることから、〝焚き屋〟のようだと、ほかの漁師たちがひそかな嘲笑と侮辱を込めて呼んだことに起因する。事実、後年、蔦蔵を真似るたきや漁師が増えていくにつれて、浜名湖全水域を漁場とし、魚の生態、習性をとらえて豊漁をほしいままにしているたきや漁師と、他町村の漁師たちの間で根深い確執があったらしい。

たきや漁は夜間の漁である。それも月のない闇夜にこそ真価を発揮する。魚は明るい日中は深場に身を潜めているが、夜になると浅場に出て活発に摂取行動をする。夜間の明かりに寄ってくる習性もある。明るい月夜では、誘魚灯の効果が損なわれる。たきや漁は魚を突く漁師の技と同時に、明かりそのものが漁の成否に影響する。当初松明だった光源は、大正末期から昭和初期ごろにカーバイトの龕燈《がんどう》に変わり、昭和十年（一九三五）ごろ充電機《バッテリー》を使って電球を灯すようになった。現在の水中灯になったのは戦時中であった。

モリは、フォード車のスプリングで作るのが最高

戦局も悪化の一途をたどり、Ｂ29爆撃機による本土空襲も連日におよび、灯火管制のもとでは、たきや漁は出漁もままならなくなっていた。いかに非常時とはいえ、漁師は漁を生業とするよりほかにない。その執念が水中灯を生んだ。

飛行機の着陸灯に考案された水中灯は、光の届く範囲が狭く、真下に点灯できるので、水面に影ができない。水中の透視度が飛躍的によくなり、水中以外での光を遮るという利点もあった。

灯火管制下という悪条件がもたらした苦肉の策でもあった水中灯の出現は、たきや漁そのものに大きな影響をもたらすことになった。現在は大型の充電機を使用しているが、漁の形態は往時そのままに受け継がれている。水中灯の電球は六〇ワッ

鯛グシ
鯛など大物用。サカサ(カエシ)がついている。
アイサグシ
鯛、ウナギ、コチ、カニなど一般用。
砂地にいるエビを掬う。
かぶせ網
水中灯
60ワット程度の電球をバッテリーで点灯させる。
月のない闇夜の浜名湖に舟を出し、水中灯の灯を頼りに、舳先に立って漁をする。
舳先から水中灯を吊し、海中を照らす。

ト。バッテリーで点灯する。

金原新一さん（六十六歳）。たきや漁師歴四一年。現在三八名いるたきや漁師の中でも、名人と謳《うた》われる一人で、水中灯を考案した父、金原唯一に技を仕込まれた筋金入りの漁師である。

金原名人は日没を待って船を湖《うみ》に出した。広大な闇の中に飲み込まれていく。湖を縁取るように人家の灯がだんだん明るさを増してくる。その明かりを目印にして漁場に向かう。

漁場に着くとエンジンを停止し、水中灯を舳先《へさき》から水中に落とす。薄ぼんやりした明かりが浅い湖底を浮かび上がらせる。藻が揺れている。波が高く、底の砂泥がまき上げて水が濁っている。西風が強くなってきている。漁の条件は悪い。

「本当は闇夜で、風がない日がいい。昼間晴れて南風なら、夜は静かになる。天気が崩れる前の晩は必ず凪になる。魚も敏感でそういうときには餌を食うために活発に動く」

金原名人は舳先に仁王立ちし、約六メートルのモリを手に、船を操作しながら水面を睨《にら》む。遠く温泉町の灯が見える。弁天宮の赤い鳥居がライトに照らされて闇に

水中灯の明かりの下を泳ぎもる魚を、手練の早技でモリを突く。
ソレッ!
☆水の屈折率を考慮して魚の前方を突く。
鯛、スズキ、ヒラメ、コチ、カニなど種類が豊富…
モリで突いた魚は網で窒息した魚より値がいい。
鯛など俊敏な魚は、明かりの下を白い線がスーッと横切る程度にしか見えない。

浮かぶ。船は魚が集まる浅場から深場への斜面に沿って、潮に乗って下げながら進む。潮を上ってくる魚を正面から迎える恰好だ。

漆黒の闇の中で、船を漕ぐ水音が響く。擬視する彼方で魚が跳《は》ねる。明かりの中をスーッと影がよぎる。素早い動作でモリが追う。かすかな水音がする。モリを引き抜くとタイが深々と射抜かれている。続いて小ぶりのタイ、カニを仕留める。一投もはずすことがない。

「水の中の魚は斜めから見ると水の屈折で実際の位置より先に見える。モリは手前を突くようにする。わしらはそんなこと考えなくても本当の位置が見える」

たきや漁で突く魚はスズキ、タイ、ヒラメ、コチ、イサキ、エイ。エビやカニはタモで掬《すく》う。金原名人は過去に一二キロのスズキ、三十数キロのアカエイ、体長一メートル、体重九・五キロのヒラメを突いたことがある。

「一二キロなんていうマダカ（スズキ）になると湖底を人間が流れている感じがするだ」

興奮がそのまま伝わってくる。因《ちな》みにマダカはキロ三〇〇〇円を下ることがない。値はモリで突いた位置でも違ってくる。うまくボンの首をつら抜いたものは値もいい。腹を突き、暴れて身を傷めたものは当然のごとく安くなる。

モリは、地元では「グシ」と呼ぶ。鯛やスズキの大物を狙うモリは「鯛グシ」といい、太くて鋭い刃先にカエシがついている。一度突いたら抜けない。一般に使う小振りのモリを「アイサグシ」といい、こちらはカエシがついていない。

たきや漁師はモリを専門の鍛冶屋に依頼して、自分に合った道具を作る。昔は鋼《はがね》が粗悪で、タイなどコケラ（鱗）の厚い魚を突くと、モリの穂先が曲がったり、折れたりした。金原名人によれば、一番いいのは外車のスプリング、それもフォード車の板バネが鋼がよく、ヤキがしっかり入っていて、弾力性《しなり》があっていいという。特注のモリ一本一万五〇〇〇円する。

出漁して約二時間、西風が一層強くなってきた。船が流され、揺れる。水が濁り、水面がさざ波立って見づらい。波しぶきをかぶる。ついに漁を諦《あきら》める。帰路に着く船の水槽の中で、魚たちが体をつら抜かれた運命をまだ把握できないのか、ピシャピシャ跳ねている。浜名湖の伝統漁法たきや漁は、原始的にして、豪快無比の漁であった。

わだら猟外伝

←山田義太郎さん（78歳）
「コースキ」木製の雪かき道具←
「わだら」藁で編む、野兎の生け捕り道具
わだらを飛ばし、雪穴に逃げ込んだ野兎を生け捕りにする。

藁《わら》で編んだわだらを投じ、天敵である鳶《とび》や鷹の羽音と雪原に映る影に錯覚して、雪穴に逃げ込む野兎を生け捕りにする。上信越国境の秘境秋山郷に古くから伝わる、わだら猟は〝奇猟〟といえる。

法律的には存在しない猟。それがわだら猟だ!!

上信越国境にまたがる秘境秋山郷、結東《けっとう》集落。四月も中旬に入ったこの日、昨夜来の急激な冷え込みが朝になって吹雪になった。空は鈍《にび》色のぶ厚い雲に覆われ、横なぐりに吹きつける雪は、ときに激しく山の稜線を消してしまう。根雪は一メートル五〇センチ。その上に一〇センチの新雪が積もった。

吹雪に霞む尾根を一人の老人が行く。頭上に菅笠《すげがさ》、全身を蓑《みの》で覆い、足にカンジキを履いている。右手には杖がわりのコースキ（木製のシャベル）を持ち、左手には藁で編んだわだらを数個抱えている。山田義太郎さん（七十八歳）。秋山郷に古くから伝わる「わだら猟」の技を伝える猟師である。

わだらとは、藁で編んだ直径約四〇センチの〝鍋敷きに似た輪〟の中心に、細木を差し渡して固定したもので、これを宙に飛ばし、鳶や鷹に似た羽音と、地上に映る影に怯《おび》えて雪穴に逃げ込む野兎を生け捕りにする。

一般に、俵の両端に当てる藁製の丸い蓋を称してさんだら、あるいは桟俵《さんだわら》と呼ぶが、それが輪になっていることからわだらの名がついたといわれる。〝わらだ〟と呼ぶ者もいるが同意語だ。実際に古くは桟俵を投げたといわれ、手近かの鍋敷きを使って猟をする者もいたらしい。宙に飛ばして雪面に影を映す原理は同じで、それなりの効果はあったが、さらに効率を追求して、専用のわだらが作られるようになった。

わだらは、年齢や体力、クセなどに合わせて使いよく工夫して作る。昔のものは直径五〇センチ、幅が一〇センチ以上と大きく、重かった。大きく、重い方が遠くへ飛ばせるが、険しい雪山を一日中持ち歩く強靱な体力と、獲物が逃げ込んだ雪穴に一目散に山を駆け降りる並はずれた健脚が要求される。また、わだらの柄に節を抜いた竹を使って、投げると笛のように鳴る工夫をする者もあった。

わだら猟は冬の猟である。雪深い山間僻地の村では、兎は貴重な蛋白源であり、毛皮は現金収入の道だった。昭和十五、六年（一九四〇、四一）ごろには兎の毛皮は一枚五〇銭。石油一斗カンが七五銭だった。長い冬の間、村の男たちは競い合うように、わだらを手に雪山を駆け回った。

じわじわと兎を追いつめる、単独の猟の快感

「わだらは、高価な鉄砲を持たんでも猟ができるぞ。それに鉄砲は遠くから撃てるろも、わだらは体を使って投げて、兎が潜った穴まで雪の中を走っていかなきゃならねぇ。骨が折れるろも、兎さえ見つければわだらの方が確実に捕えられる。鉄砲で撃った兎は血だらけで、毛皮にも傷ができる。わだらで捕った兎は無傷できれいだすけ、値もいい」

わだらによる猟は、かつては一等鑑札が必要だった。因《ちな》みに銃は一般鑑札、一級下《ランク》だった。また現在の狩猟法では甲種が罠類で乙種が銃、丙種が空気銃と細かく規制がされているが、現在はわだらはどこに含まれるのかはっきりした規定がな

未踏の雪山を一日10キロ近く歩く。
いばね(兎が潜む雪穴)を見つけたら、風下から射程範囲まで忍び寄る。
白一色の雪原に兎を探す。地形、風向きを読む。
わだら4、5個持って猟に出る。
「コースキ」シャベル、杖にもなる。
野兎は敏感な動物。いばねに潜んでたえず様子をうかがっている。

い。つまり存在しない猟法なのだ。

山田さんが雪原に目を配りながら尾根を登る。カンジキの丸い足跡が転々と続く。木のこんだ山はわだらが投げられない。木が少なく、見通しがきく尾根筋を遠巻きに登りながら、注意深く探っていく。必ず風下から近づくのが鉄則。足音にも気を配る。昔の輪カンジキは、雪を踏んでも音がしない。

白一色の雪原に、保護色をまとった兎の姿を発見するのは至難の技だ。木の皮を齧《かじ》ったあとや雪上に残された足跡を追う。赤い小便の跡も目印になる。野兎は後戻りしたり、横に跳んで姿を隠すことがある。わだら猟は一朝一夕には成し得ない。野兎の習性に熟知し、地形や風を読み、山を見切る熟練した技が要る。

野兎は木の根などの雪穴に潜んでいることが多い。自然にできた穴を、さらに掘って栖《すみか》とする。深さは、ときに三メートル以上に達する。そこをいばねと呼んでいる。

「野兎は敏感な動物らそ。天気のいい日には、いばねの縁まで出て耳を頭にぺったりつけて眠っているろも、天気が崩れるとたえず耳を立てて警戒するそ。昔から兎が天気を教えるといったもんら」

いばねの真上に向かってわだらを投げる。鷹の羽音と、雪原に影が走る。
いくろ！
腹の下に手を入れ、指の間に足をはさみ、耳をおさえる。
一投目は空中高く投げ、だんだんと低く飛ばす。
コースキで雪穴を掘り広げ頭をつっ込んで逃げ込んだ兎を捕る。

山田さんの足が止まる。視線が一点を凝視する。五〇～六〇メートル先の雪原に細い裸木が一本立っている。兎の姿は見えない。姿勢を低くして用心深く歩を進める。わだらを右手に持ちかえる。射程範囲まで忍び寄る。

「若い頃は五〇メートル以上飛ばせたろも、いまは二〇メートルくらい」

最初のわだらが投じられる。一投目は空中高く飛ばす。かすかな風切り音を残して宙に舞い上がる。狙ったいばねで小さな雪片が散る。野兎がいる。一投目で身に迫る危険を察知した兎は、雪穴深く潜る体勢をとろうとする。そのときに足で雪をかく。

続いて二投目、三投目のわだらが手を離れる。雪上に影が走る。軌跡が次第に低くなり、四投目になると地面スレスレに飛んでいく。臆病な野兎は、鳶や鷹に襲われたと錯覚して、体をすくめて動けなくなる。野兎は完全にいばねの奥深くに逃れる。山田さんが雪の急斜面を一気に駆け降りる。いったん雪で穴を塞いてからコースキで掘る。厳寒期にはケンスコ（土木用具）を背負って山に入り、凍りついた雪穴を掘った。追いつめられた野兎はモグラのように雪中を掘り進んで逃れようとする。素早く掘る。

「わだらを編む。」
鍋敷きや、ちぐらを編むのと
同じ要領。約20分で編み
上げる。

雪穴を広げたら、上半身を潜り込ませる。野兎は頭を奥に向けてジッと動かない。それを素手で捕える。窮場の兎は狂暴さを発揮する。不用意に手を出すと指を噛みちぎられる。尻尾を摑《つか》むと毛が抜けて毛皮の値が下るし、尻尾をちぎっても逃げようとする場合もある。腹の下から静かに手を差し入れ、指の間に両足を挟むようにして捕える。野兎は観念したように動かない。一日に四羽捕ったこともある。

「わだら猟は連れはいらねぇそ。単独《ひとりっこ》の猟だ。誰に気がねもいらね。いまは道楽。捕っても捕れんでもいいすけの。山が好きらんさ」

厳しい猟師の目が柔和な好々爺の目に変わった。

万年筆職人伝
酒井栄助さん(71歳)昭和5年以来万年筆作り一筋。手作り万年筆の職人は全国で三人だけになった。
一本のエボナイト棒を加工して万年筆を作る。80工程ある。

万年筆職人は、挽物師《ひきものし》とも呼ばれた。日本独特の表現である。挽物師とは木をろくろで挽いて木地椀や鉢物、コケシを細工する職人のことで、日本独特の伝統の技であった。この技が万年筆作りに生かされてきた。しかし、その技を継ぐ人も年々少なくなり、いまや衰退の一途をたどっているという寂しさだ。

規模は違っても、万年筆工場が林立した時もある

万年筆は一八八三年に、アメリカのL・E・ウォーターマンが毛細管現象の原理を応用して発明したとされている。ウォーターマンはニューヨークの保険外交員。インキがボタ落ちし、契約書を汚した失敗が発明を生んだ。しかし、さらに歴史を遡ってみると、原型は古代エジプトまでたどることができるという。王がインクで衣服と手を汚したことがきっかけだった。歴史にはっきり出てくるのが一八〇九年、イギリスのフレデリック・フォルシュとジョセフ・ブラーマーが特許を取得した。そのときに「fountain pen」（泉のペン）の名称が初めて用いられた。さらに

一八三二年にパーカーが、テコの原理を応用した自動インク吸い取り式の万年筆を開発している。

日本でも、明治十五年（一八八二）に近江の刀鍛冶、国友藤兵衛が「御懐中筆」なる一種の万年筆を発明している。懐中筆は青銅製の筆軸に墨汁を貯え、水差しの原理で毛筆に墨をたらせる。筆の抜き差しで墨の出方や濃淡まで加減できる逸品《スグレモノ》だった。また、一説には平賀源内の篠竹を使った「自在筆」が国産第一号ともいわれている。

万年筆が日本に入ってきたのは明治十七年（一八八四）。「針先泉筆」の名で日本橋の丸善で販売された。だが、その年にすぐに日本初の万年筆が模作され、売り出される。末長く使えるという意味で「万年筆」と初めて命名された。

日本で万年筆の名が定着するようになったのは明治十八、九年（一八八五、八六）ごろ。丸善がカウス、ウォーターマン、パーカー、ペリカンなどの舶来万年筆を輸入販売し、それらの総称として普及していったが、一般に定着するまでは、ファウンテンペンを直訳した「泉筆」や「自潤筆」「吐墨筆」「軽便合墨筆」などの名が入り乱れていた。

万年筆が本格的に国産化されるようになったのは大正初期以降。それまで輸入に頼っていた万年筆の軸の材料であるエボナイトの国内生産が可能になってから。大正七年（一九一八）創設のパイロットをはじめ、スワン、サンエス、セーラー、プラチナ、テキサス、ユニバース、サンエッチなど大小数十社のメーカーが林立し、東京の荒川や板橋界隈には小規模な工場がひしめいていた。

「私が小僧に入ったのが昭和五年（一九三〇）。クラルテ社という万年筆工場。クラルテっていうのはドイツ語で〝光〟っていう意味らしい。職人が二、三人に見習いの小僧が一〇人くらいいいた。当時、万年筆関係の会社は東京中で約二五〇軒あった。平均五、六人。ほとんどが、ごく零細な家内工業だったね」

改良されない万年筆作りの中で、技を守っていく

酒井栄助さん（七十一歳）。大正五年（一九一六）新潟県北蒲原郡生まれ。十四歳のとき東京の万年筆工場に徒弟奉公に入り、昭和十六年（一九四一）二十六歳で

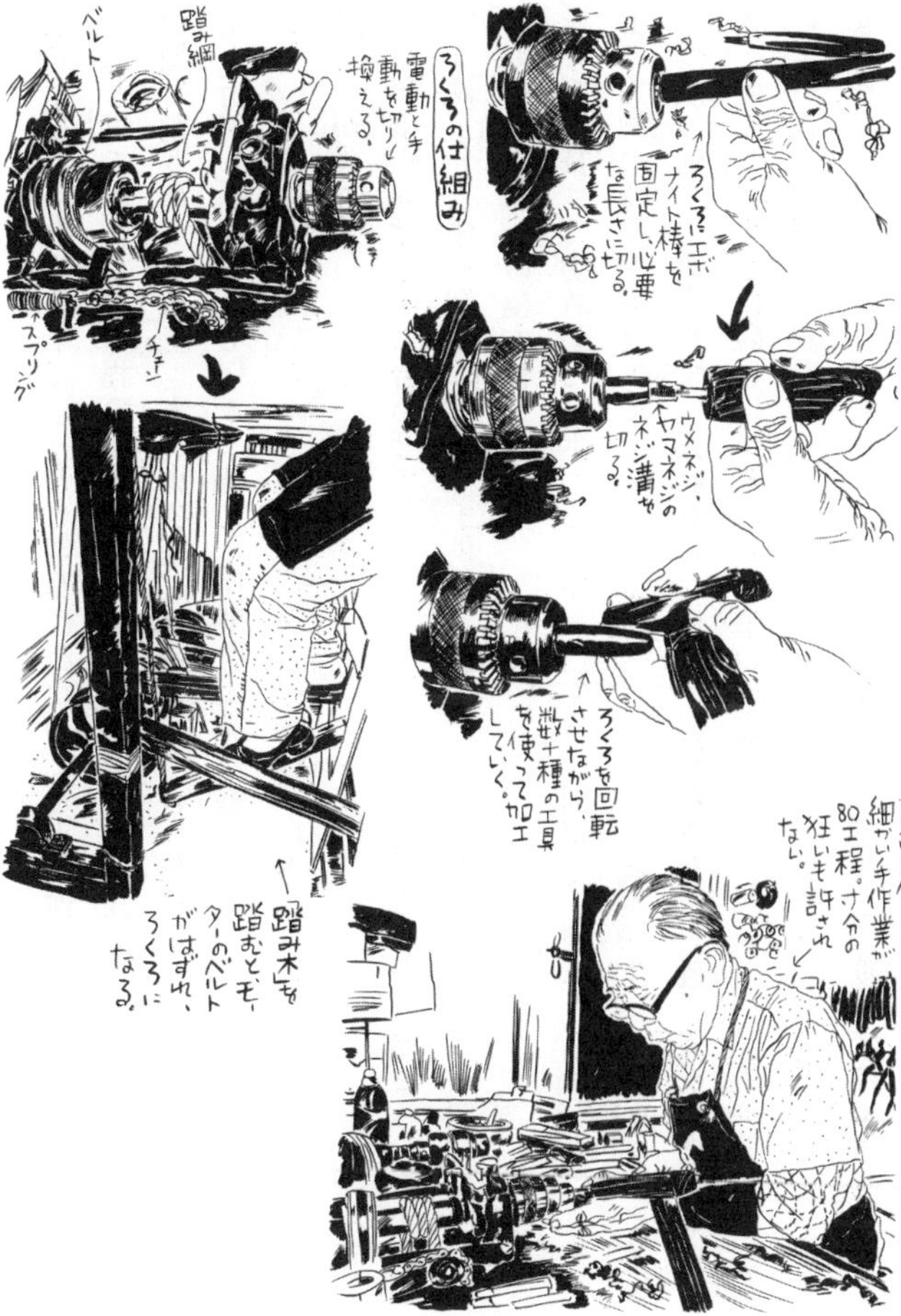
ろくろにエボナイト棒を固定し、必要な長さに切る。
ろくろの仕組み
電動と手動を切り換える。
踏み綱
ベルト
スプリング
ウメネジ、ヤマネジのネジ溝を切る。
ろくろを回転させながら、数十種の工具を使って加工していく。
万年筆作りは細かい手作業が80工程。寸分の狂いも許されない。
「踏み木」を踏むと、モーターのベルトがはずれ、ろくろになる。

独立した。以来四六年、通算五七年間にわたって万年筆作り一筋に生きてきた。

油と煤《すす》で汚れた三畳程の仕事場。仕事台の中央に動力式のろくろが据えられ、土台型や割り型、木仕上《きしやげ》、ネジ錐《きり》各種、鉋《かんな》類など、おびただしい数の道具が、床から壁と所狭しと置かれている。職人と仕事場に違和感がない。しっくり溶け合っている。一見雑然としているが、道具は、あるべき位置にある。仕事場の隅々に生業と息遣いが染みついている。

万年筆作りは寸法に合わせてエボナイト棒を切断することから始まる。万年筆の太さは三分六厘の細軸（女性、子供用）、四分の中軸（普通男性用）、四分五厘以上の太軸から八分の極太軸まである。

必要な長さに切断したエボナイト棒をろくろに固定し、回転させながら二〇種以上の刃物や特殊な道具で加工していく。エボナイトは硫黄や生ゴムなどでできており、熱に強く、変形せず、狂いもでないが、材質がやたらと硬く成形しにくい。刃物が傷《いた》んで、すぐに駄目になる。万年筆の材質は、プラスチック、アルミ、ステンレスから金、銀、銅、木まで、さまざまあるが、丈夫でインキ漏れなどの狂いが少ないうえに、手に持って柔らかく、しっくりとくる感触と、重厚感はエボナイトな

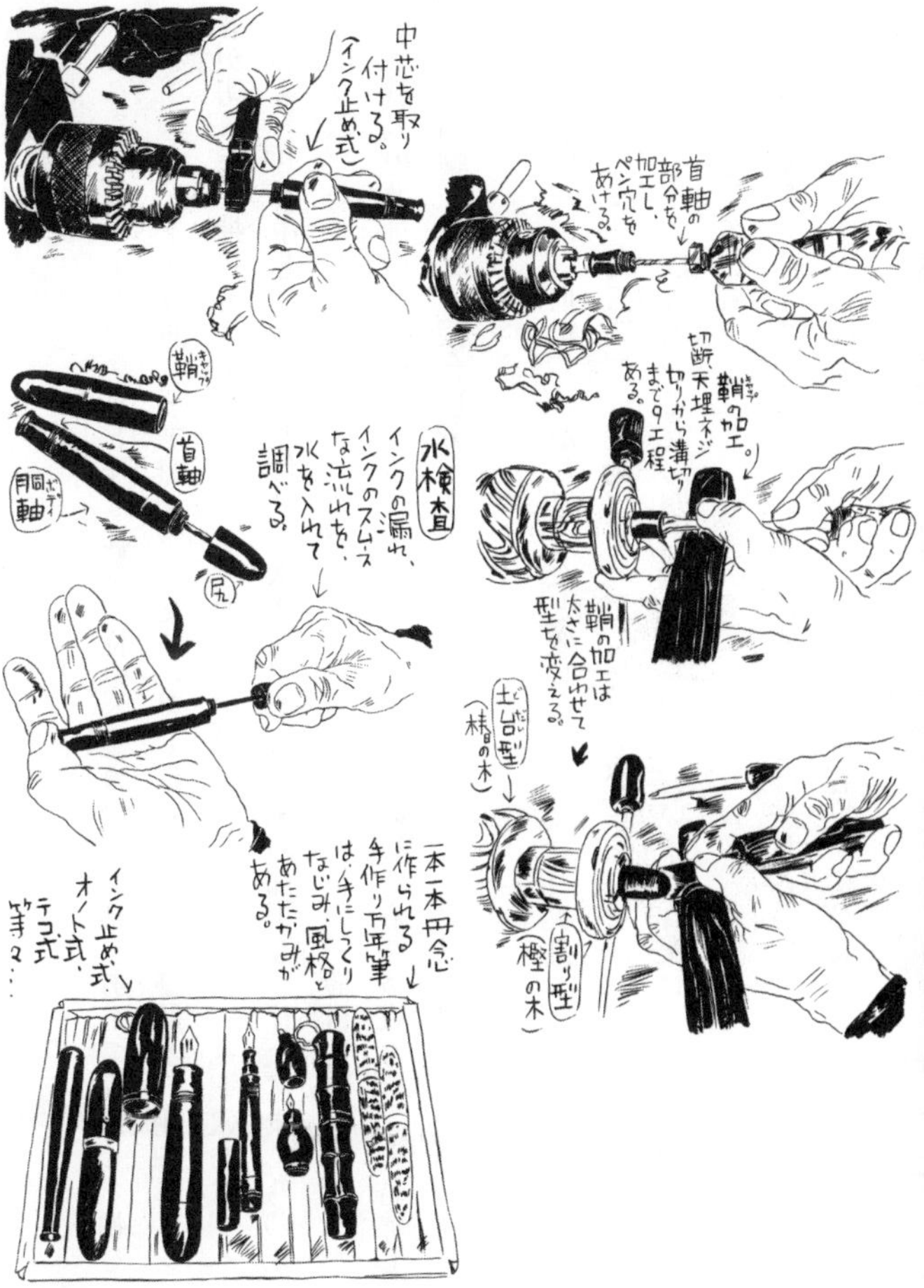
中芯を取り付ける。(インク止め式)
首軸の部分を加工し、ペン穴をあける。
鞘《キャップ》
首軸
胴《ボディ》軸
尻
水検査
インクの漏れ、インクのスムーズな流れを、水を入れて調べる。
鞘《キャップ》の加工。切断、天埋ネジ切りから溝切りまで9工程ある。
鞘の加工は太さに合わせて型を変える。
土台《どだい》型(椿の木)
割り型(樫の木)
一本一本丹念に作られる手作り万年筆は、手にしっくりなじみ、風格とあたたかみがある。
インク止め式、オノト式、テコ式等々…

らではのものだ。

ろくろが回転する。ウシと呼ばれる独特の木製の台に工具をあてて固定し、軸を削る。エボナイトの削りかすがシュルシュルとくねりながら飛び散る。胴軸にネジ溝が切られ、押さえネジ埋め、キルク埋め、尻軸挽き、首軸挽き、ペン穴あけ、ペン芯合わせ、中芯作り、取り付け、水検査、さらに鞘《キャップ》の加工など仕上げまで八〇工程に及ぶ。一つとして気の抜けない細かい手先の作業が続く。設計図はない。すべてが職人の熟練の技と勘による作業で、しかも寸分の狂いも許されない。一番難しいのは胴軸と首軸の接合部分。インキが漏れないようにピタリと挽き合わさなければならない。

「万年筆作りは一世紀このかたほとんど変わっていない。改良されたのは、ろくろが昭和八年(一九三三)に電動になったことくらい。それまでは足踏みろくろ。その前はろくろにひも巻いて女房が引いて回してた。いまは作業によって動力と足踏みを使い分けている」

一本の軸を製作するのに要する時間は約二〇分。一日八時間の作業で二ダースがやっと。それでも日に六〇〇〇円から八〇〇〇円程度の労賃にしかならない。割に

「万年筆作りの
作業場」
足踏み式のろくろ、
ネジ錐、去台型、
割り型、木仕上《きしあげ》
など、独特の道具
が雑然と置かれ
ている。

合わない。次々に腕のいい職人が廃業していった。昭和四十年（一九六五）ごろ、ボールペンの出現と、型出し成形による機械化によって、手作りの万年筆は壊滅的打撃を受け、工場は相継いで倒産し、職人は半分以下に減った。酒井さんは、万年筆の仕事がないときは歯医者の道具や、ペッサリーを挿入する避妊具、電気部品など挽き物なら何でもやって、万年筆作りの技術を守り継いできた。

いま、手作り万年筆は、懐古趣味《レトロ》もあって静かなブームを呼んでいる。しかし職人は酒井さんを含めて全国で三人しかいなくなった。後継者もいない。一〇年後、二〇年後確実にまた一つ、日本の伝統の技が消えていく。

かつて「良いペンの書き味は、若い女性の肌のように滑らか」と表現された。夏目漱石は、紙面を滑る音を「胸裡に走しる」としるしている。静寂が下りる部屋で、紙面を滑る万年筆の音を聞くのは、かけがえのない大人の時間だった。子供の頃は、中学生になったときに、お祝いに万年筆をもらうと少し大人に近付いたような気がしてうれしかった。

そうした万年筆に対する思い入れは、郷愁でしか語られない時代になってしまったのだろうか。

飴職人伝
久保田一郎さん(51歳)
飴職人30余年。代々伝わる
飴作りの技を引き継いできた。
飴に糸を巻いて切る。

日本の手仕事は、技術の伝承によって維持されてきた。そして、安価な駄菓子の飴《あめ》にも一子相伝ともいうべき秘伝が存在する。子は修業にも出ず、父の下で家伝の飴作りの技術を叩き込まれ、屋号を継承していく。埼玉県川越の飴職人はたった一個の飴玉を作るのに、父が子に技術を伝え、子はさらに努力をして暖簾《のれん》を守ろうとする。甘ーい飴の奥にも人生の深い味がある。

同じ飴でも、作る店によってまったく違う味になる

川越の菓子屋横丁は、別名飴屋横丁ともいわれ、飴屋を中心に発展してきた。発祥は弘化二年(一八四五)。住吉屋岩蔵なる者が釜を建てて創業したのが始まりと伝えられている。当初は松平和守斉典候の藩から蔵米の払い下げを受けて飴を作った。飴は庶民の日には入らない高価な菓子だった。のちに屑米の利用や製法の進歩によって安価な駄菓子への道をたどることになる。

川越は水もよく、良質の米もできて飴作りに向いていた。明治中期までは関東に

はほかに飴を製造する地はなく、関西にもわずか一、二軒を数えるだけだった。川越の飴屋は繁盛し、店が増えて次第に横丁の形態を成していった。大正時代に入ると近くの養寿院の墓参客の増加もあって、横丁は門前町として賑わいをみせ、店ごとに飴や煎餅《せんべい》、饅頭《まんじゅう》など、専業化していく。

最盛期は昭和初期。店は八〇軒近くを数え、駄菓子の総合製造地となった横丁は、小売と同時に遠方からも仲買人が殺到し、隆盛を極めた。

当時は職人たちの鼻息も荒く、「怖くて横丁を通れない」などという陰口も囁《ささや》かれた。また景気のよさを聞き込んで、小学校を出たばかりの子供を下働きに出し、二〇〇〜三〇〇円の前借りをしていく親もあった。横丁が最も華やかな時代であった。

しかし〝驕《おご》れる者は久しからず〟の例えどおり、つき出た鼻っ柱を折る痛烈なシッペ返しがやってきた。太平洋戦争である。

この戦争によって砂糖などの原料が統制品となり、息子や職人、奉公人たちが徴兵にとられた。軒を連ねていた飴屋がわずか四軒を残して店を閉じた。その後、終戦後に見事に復興を果し、最盛期を上まわる活況を見せたものの、四十年代に入ると石油ショックによって零細の菓子屋が打撃を受けた。続いてスーパー・マーケットの進出によって大手メーカーによる大量生産菓子が市場を独占し、小規模の問屋は枕を並べて討ち死に。販路を絶たれた横丁は櫛《くし》の歯が抜けたように暖簾を降ろしていく。現在、菓子屋横丁には飴屋を中心に一〇軒の駄菓子屋が細々と伝統の灯を守り継いでいる。

一個の飴玉には、限りない重労働が隠されている

久保田一郎さん（五十一歳）。飴屋「玉力製菓」の三代目。かつて飴のことを鉄砲玉と呼び、初代力蔵の名を合わせて「玉力」を屋号とした。

飴作りは和菓子の一分野ではない。専門職である。そして、その店に代々受け継がれる作法、秘伝がある。それらは代々、口伝と実技によってのみ継承されてきた。

「私の親方は親父。三〇年間親父について修業してきた。飴にも何十種類とあって、店ごとに材料の配合、煮つめ方、おり方（こね方）などみんな違う。その店しか作

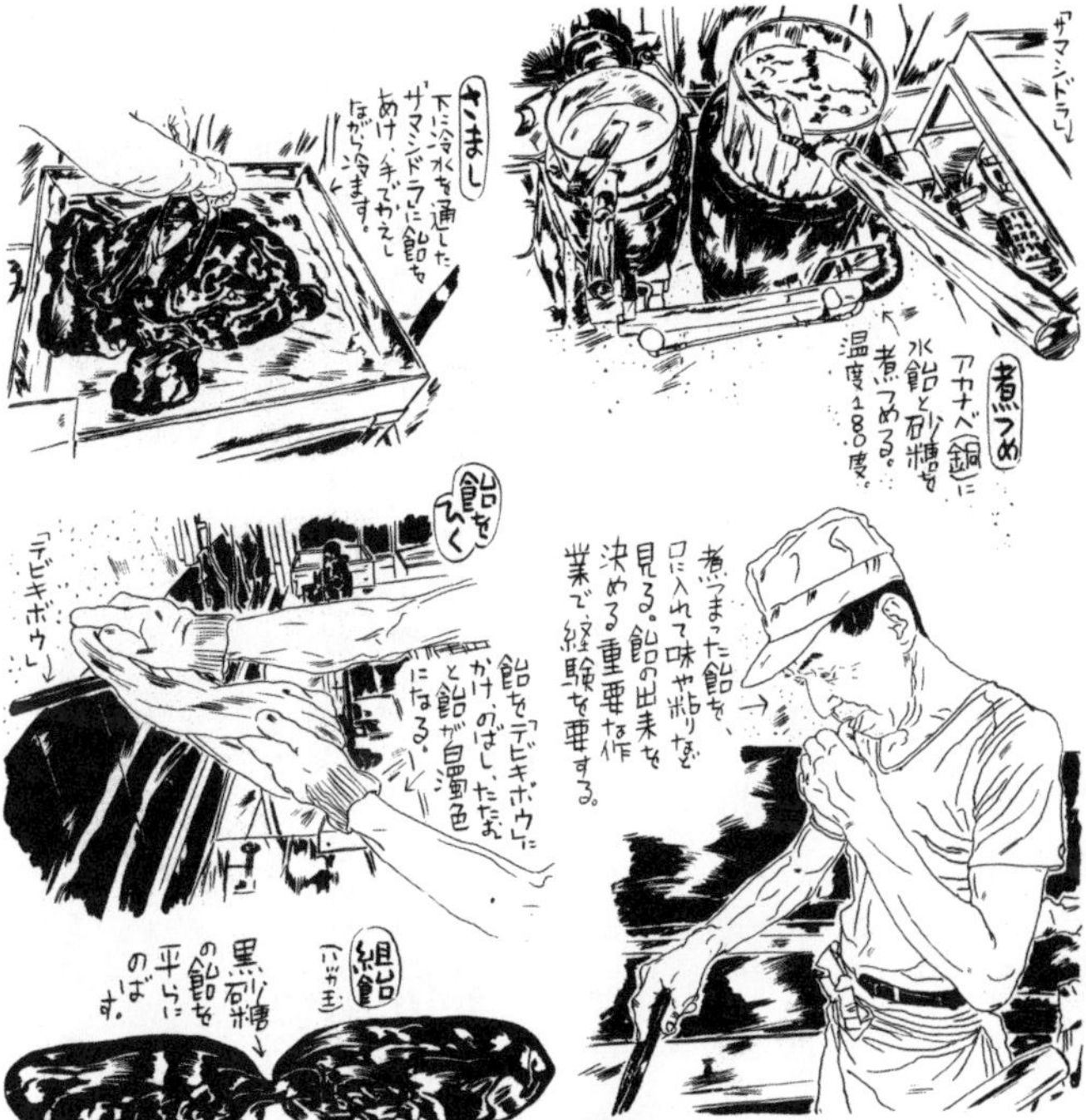
「ザマシドラ」
煮つめ
アカナベ（銅）に
水飴と砂糖を
煮つめる。
温度180度。
さまし
下に冷水を通した
ザマシドラに飴を
あけ、手でかえし
ながら冷ます。
煮つまった飴を、
口に入れて味や粘りなど
見る。飴の出来を
決める重要な作
業で経験を要する。
飴をひく
「テビキボウ」
飴を「テビキボウ」に
かけ、のばし、たたむ
と飴が白濁色
になる。
組飴
（ハッカ玉）
黒砂糖の飴を
平らにのばす。
色と味の
違う飴
を重ね
合わせる。

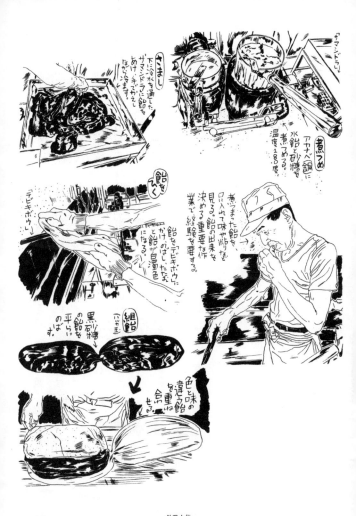

れない飴もある。いま作っているのは二〇種類ぐらい。これは親父から教えられたほんの一部でしかない。いま、親父の飴に負けないと思えるのはこの二〇だけ。まだ、やらなきゃいけないことがある」

飴は砂糖と水飴で作る。アカナベ、またはツメナベと呼ばれる銅の大鍋に水飴と砂糖を四対一の割合で入れて煮つめるが、配合の加減は店によって秘伝がある。銅鍋を使うのは熱伝導がよく、冷めやすいし、飴が剝《は》がれやすくて、色も分りやすい。温度は、飴の種類によって異なる。キャラメルなどの柔らかい飴は一一〇度。ドロップや飴玉などは一三〇度。温度が高いほど硬い飴ができる。また飴は季節によっても硬さを変える。夏は硬く、冬は柔らかめに作る。昔は「煮つめ屋」といって四、五年の年季が必要だった。

だが、いちいち温度は計らない。親方の指図を受けながら、実践によって覚えていく。場数を重ねたものが〝勘〟に昇華するのが職人の世界である。

煮詰めながら、途中で飴の状態を見る。杓子《しゃくし》で掬《すく》った飴を指先の爪につけ、口の中で「ズーッ」という音を発し、冷ましながら味と粘りなどを調べる。飴作りの最も重要な作業で一〇年以上の熟練による勘が必要とされる。飴作りの秘伝は舌で会

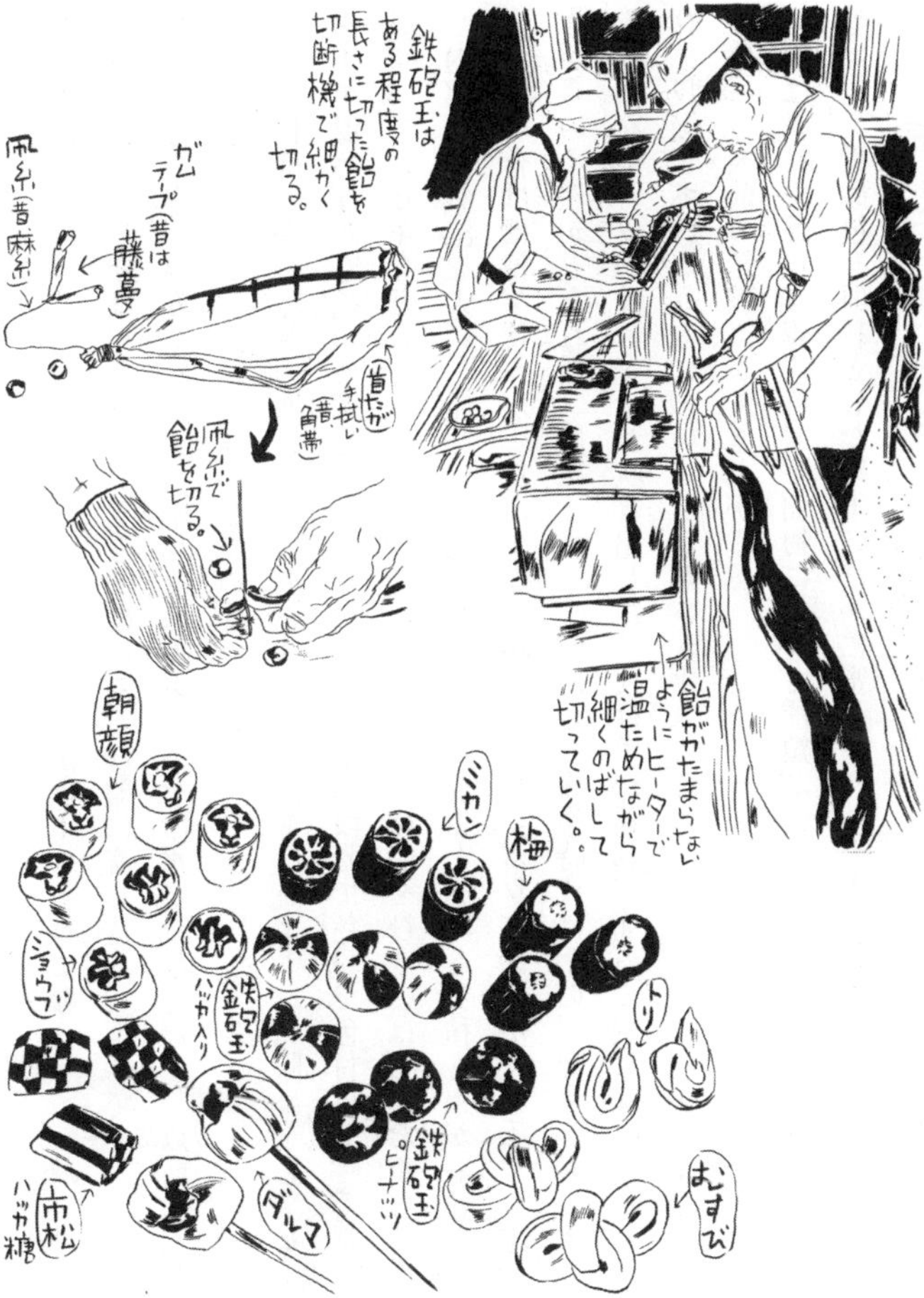
鉄砲玉はある程度の長さに切った飴を切断機で細かく切る。
ガムテープ(昔は籐蔓)
凧糸(昔麻糸)
首たが 手拭い(昔、角帯)
凧糸で飴を切る。
飴がかたまらないようにヒーターで温ためながら細くのばして切っていく。
朝顔
ミカン
梅
ショウブ
鉄砲玉 ハッカ入り
トリ
鉄砲玉 ピーナッツ
おむすび
ダルマ
市松 ハッカ糖

得していくものだ。ときには口の中は火傷し、歯はボロボロになる。

　煮つめられた飴は、サマシドラと呼ばれる冷却盤に流し込み、素手でひっくり返しながら一定の温度で冷ます。冷却盤は銅製。下を冷水が流れている。以前は水を張った水桶に、鍋を入れて冷やしていた。

　ある程度固まった飴の塊を飴板の上に移し、固まらないように風除けをし、ヒーターで温めながら捏《こ》ねる。これをオルという。この段階で色粉《いろこ》で色付けし、香料を混ぜ、アメヒキなどの作業が行なわれる。アメヒキは飴をひきのばし、たたむことで内部に空気泡を入れて飴を白濁色にする。飴をひくと風味も容積も上がる。大量に作る場合は機械を使うが、量が少ない場合はテビキボウに飴をかけて手でひく昔ながらの手法がとられる。飴はまだ八〇度ある。修業時代は手の平を火傷して火ぶくれになり、皮が破けて水が吹き出した。夜は手が腫れ、痛みで眠れなかった。それを我慢しているうちに、いつしか熱さが平気になってくる。手の皮が厚くなる頃には、一人前の飴職人ができ上がる。

　飴は原料や香料、着色料、添加物によって種類が分類される。鉄砲玉は玉飴とも呼ばれ、黒砂糖を原料とした黒玉のほかに蜜玉、ハッカ玉、茶玉、ゴマ玉、水晶玉、メロン玉、イチゴ玉などがある。ゴマやショウガを混ぜた痰切飴、金太郎飴のようにどこを切っても同じ模様が出てくる組飴などがある。

組飴は横丁では総称して「元祿《げんろく》」と呼んでいる。これは色分けされた飴を組み上げ、約一〇キロの塊にした飴を細い円柱状にのばし、ヨリイタで太さを整えて切ると、どこを切っても断面が同じ模様になる。金太郎のほかに市松、みかん、桜、あやめ、しょうぶ、藤など店によって技法がある。

色の違う大きな飴の塊を何層も組み合わせて、さらに巨大な塊にし、それを細く引きのばすと、均一の絵が現われるのは、魔法のようでもある。この不思議に子供たちが大喜びする。

アメキリには、包丁、鋏《はさみ》、糸の三種の方法がある。包丁を使うと断面が鋭く円柱状に、鋏は切り口が潰れたレンズ状に、糸で切ると球形の飴になる。糸で切る場合は現在は手拭いを四つ折りにした先を凧糸で結い、首にかけた状態で棒状にした飴に糸を巻きつけて切っているが、古くは角帯と麻糸、藤蔓《ふじづる》などで作った。熟練した職人は一秒間に二、三個の飴を切る。また最近は手動の切断機を使うことが多くなった。

現在、玉力では一鍋一〇キロの飴を煮て、それを一日に一〇回繰り返す。早朝から夜まで一日立ち通し、作業場は蒸し風呂のように暑い。飴作りは重労働である。郷愁を誘う小さな〝愛らしい手作り飴〟には血の滲《にじ》む職人の技と掌《たなごころ》の、ほのかな温もりがこめられている。

赤貝引き漁師伝
中野俊夫さん(54歳)
有明海で赤貝など
の貝類を掘り
続けて30年。
「ジョレン」
鉄、ステンレス
製。大きさ
によって20キロ
から40キロの
重量がある。

九州・有明海で赤貝を主にした貝類の漁をする漁師を「赤貝引き」と呼ぶ。また柳川《やながわ》、沖の端《はた》の一地域では「六騎《ろっきゅ》」と呼ぶ。昔、平家の落人六騎の武士が従者と赤貝引きをしたからだと伝えられている。

資源保護のため、人力で貝をさらう原始的な漁法

中野俊夫さん（五十四歳）は、有明海で貝漁を生業として三〇年以上になる。

中野さんは柳川市鬼童《おんどう》の生まれ。先祖は柳川で廻船問屋を営み、天草を基点にして手広く交易をしていた。そのため天草に縁が深く、中野さんも戦後しばらく天草のキンチャク網と呼ばれるイワシ網の船に乗っていたこともあるが、その後故郷柳川に戻り、六騎（柳川での赤貝引きの呼称）になった。

有明海における貝漁は、ジョレンと呼ぶ、鉄の歯がついた籠《かご》に柄をつけて海底に沈め、人力で貝を浚《さら》う原始的な伝統漁法がいまも守り継がれている。

他地方では、ポンプで水を噴射して水圧で海底の貝を砂ごとまき上げて捕る漁法

や、爪つき底引きジョレンを動力で引く、俗に「ジャンジャンマイ」と呼ぶ漁法などが行なわれているが、有明海では資源保護の目的もあって、それらは違反漁業として禁止され、古くからの人力による赤貝引きだけが行なわれてきた。

赤貝引きは潮待ちの漁である。漁は、船で沖合に出て、船の上からジョレンを操作するため、潮が引いていれば水深が浅く、作業が楽だし、漁場を沖に移すこともできる。また、干満の差の激しい有明海では、大潮時には数キロ沖合まで干潟と化してしまい、出漁も帰港もできなくなる。すべてが潮に合わせて漁が行なわれる。

漁どきは満潮から潮が引き始める「起口《おつく》」（旧暦の九日から十二日ごろ）の間が最盛期になる。因《ちな》みに、潮が満ちて潮が止まるまでの数日間を「オテマ」、満潮から潮がゆるやかに引き始める四、五日間を「起口」、干潮までの数日間を「潮時《しおとき》」あるいは「荒潮」と呼び、完全に潮が止まるときを「オテマ」と言い表わして漁の目安にする。

停泊している赤貝引きの漁船が先を競って一斉に沖に向かって出漁する。貝漁は定められた場所と操業時間で水揚げに大きく影響する。漁師は好漁場を確保することに血眼になる。このため他地方では貝引きのことを「喧嘩引き」と呼ぶ所もある。

熟練した漁師は、「探り竿」で貝の大きさが分る

沖に急ぐ船の舳先《へさき》の彼方に遠々と続く澪標《みおつくし》が眺められる。濁った粘土色の海面に無数に竹が突き刺さる有明独特の光景。澪標は、潮が引いたとき船が浅瀬に座礁するのを防ぐための、航路を示している。

漁場は海底の地形や潮の流れる方向などで判断する。アゲマキ貝は海水と淡水の混じり合う所、アサリは少し硬めの砂地、赤貝は柔らかい砂地に棲息する。因《ちな》みに、この地方でいう赤貝は成貝で殻長五、六センチで、寿司種に使われる赤貝はサブロ貝、あるいは藻貝という殻長が一〇センチ以上になり、赤貝とは別種で棲息場所も異なる。

漁場に着くと、竹の「探り竿」で底を突き刺しながら貝を探る。熟練した漁師は、竿の先にあたる感触で貝の種類や大きさ、殻に身が入っているかどうかも見分ける。

船による赤貝引きには、錨を打って船を固定する「タテ引き」と、船を流しながら行なう「流し引き」があるが、いずれの場合も潮の流れに舳先を向ける形で漁を

沖合いに出て、竹竿で海底を探る。竿の先の感触で貝の種類も判別できる。
「ジョレン」赤貝、アサリ、タイラギ貝用がある。重さ、20キロ～40キロ。
ジョレンを沈める。水深に合わせて、柄をつなぐ。ときには10メートル以上にもなる。

する。

「潮が満ちてくるときには沖に舳先を向け、引き潮のときは陸《おか》に向ける。漁がやりやすいのは引き潮で北風が吹く日。引き潮で南風だと潮と風が喧嘩して、船が振られてやりにくい」

水深に合わせてジョレンに柄を継ぎたす。ジョレンは赤貝、アサリ用は約一〇キロ、タイラギジョレンになると四〇キロある。現在は籠がステンレス製になったが、五年くらい前までは鉄製でさらに重かった。それでも潮が速いときにはジョレンが浮き、二キロくらいの錘《おもり》をつけて漁をした。

ジョレンを沈め、海底を掻《か》くように引くと歯が砂地に食い込んで一層重くなる。水の抵抗もかかる。漁師は揺れて不安定な船上で、ジョレンの柄を肩と胸にかかえ、腰をきめて渾身の力で引く。爪の色が赤く充血し、それを通り越すと血の色が失せて真っ白になる。海底の砂ごと貝を掘って引き揚げ、また沈める。これを一日に五〇〜六〇回も繰り返す。赤貝引きは一見単調に見えて、長い経験による熟練した勘と技術、そして並はずれた強靱な体力と精神力が要求される。

「赤貝引きは重労働ですばってん、体にこたえる。みんな腰をやられちょる。歯を

ジョレンで海底を掻く。
満身の力を込めるために
爪が白くなり、歯がボロ
ボロになる。
ふるいで貝を選別し、
小さいものは海にもどす。
タイラギ貝
深海に棲息する。
アサリ
2センチ以下禁漁
赤貝
成貝で5、6センチ
ウバガイ（アカガイ）
値が安い。

くいしばるよってん歯ぎしにくる。歯もボロボロ。肩からバンド掛けで胸のあたりで吊って引くからアバラにヒビが入ったり、肋膜《ろくまく》を患う者も多い。年とったらキツか仕事です。あと五、六年やれるかどうか」

中野さんはそういいながらマメで固まったぶ厚い掌《てのひら》を見た。

その上、漁そのものが年々減少している。ここ数年、有明海の汚染は深刻な問題で、きれいな水を好む赤貝が全滅したこともある。また昨年はヒトデの異常発生で貝全体に大きな被害が出た。

「昔は『寄せ貝』というのがありましたもんね。赤貝は夏は砂の中に潜り、冬は浅い所にいる。それが潮の流れで転がって一カ所に寄ってくる。当たれば船いっぱい捕ったばってんが、いまは夢物語ですたい」

現在では一日八時間の漁で四〇〇〜五〇〇キロが限度。因みにアサリが一〇キロで一五〇〇円。赤貝は中国、韓国産の輸入が増大している影響をもろにうけて一〇キロ一〇〇〇円に落ち込んでいるのが現状だ。

夜ともなると、沖合に見える無数の漁火が平家の怨念のように妖しく揺れていた。

自然薯掘り外伝
粕谷恭介さん（45歳）
山中を駆け回り、自然薯、山野草やを掘る。
「イモ鋤《すき》」
蔓をたどり地中深く掘って自然薯を掘り出す。

初冬、山の落葉樹が葉を黄や橙や臙脂《えんじ》に染め、やがて葉を落として大地に敷きつめる。ほどなく山が長い眠りにつく。この時期、冬枯れの山中をひそかに徘徊する男がいる。山に自生する自然薯《じねんじょ》掘りを生業とする男だ。山を知りつくした男しかできない楽しみである。

自然薯掘りには、歴然とした技術格差が存在する

人気《ひとけ》のない冬枯れの山を一人の男が行く。手に独特の柄の長いイモ鋤《すき》と幅を切り詰めたシャベル、横に長い竹籠を持ち、鋭い眼光はたえず周辺の山並みに注がれている。

粕谷恭介さん（四十五歳）。南房総で指折り数えられる自然薯掘りの名人である。本職は農業だが、山歩きが好きで十数年前から野生のランなどの高価な山野草の採取や、晩秋から早春にかけての時期には自然薯掘りを余技の副業としてきた。山野草は人跡未踏の険しい山中を探索し、切り立つ絶壁をロープでぶら下がって採取す

る。自然薯もまた、荒らされていない山中深くに分け入って探し当てる。秘密保持のために単独行が多く、危険で孤独な作業だが収入も大きい。多いときには数十万単位の稼ぎがある。

林道をはずれ、植林された杉林を抜け、雑木山の斜面を上る。野生鹿が泥で体を洗うヌタ場がある。立木の樹皮が食い剝《は》がされている。葉を落とした広葉樹林の奥に一筋の獣道《けものみち》が覗《のぞ》ける。雑多な木々が群生する雑木山は方向さえ見失わせる。

「山イモは十月ごろから掘れる。その頃なら蔓《つる》もついてるから見分け方さえ覚えれば素人でも少しは掘れる。だが、秋の浅い時分は実が固まっていない。採ってもすぐしなぶれる。本格的シーズンは十一月から。味がいいのは寒に入ってからで、二月ごろが一番いい。だけど、この頃になると葉も枯れて蔓も切れてしまう。まず素人には見つけられねっぺ」

粕谷名人がニヤリと笑う。自然薯掘りには初級者から中級、上級、さらに達人、名人の域まで歴然とした技術格差が存在する。熟練と勘が大きくものをいう。

最も簡単な発見法は蔓と葉。蔓は木の枝などに巻きついて伸びるが、自然薯の蔓は右巻き。また葉は細長いハート型で切れ込みが深い。秋一番に紅葉し、霧が降りれば枯れ落ちる。むかご（肉芽）でも見分けられる。むかごは蔓につく肉芽で黒っぽい球状をしている。割ると糸を引き、味も山イモそのまま。昔は囲炉裏の灰にくべたり、ご飯に炊き込んで食べたりもした。鍋で炒って、甘辛く味つけしたものも美味しい。

一時間に一五、六キロ掘り上げることもたびたび

実際に山に入ると類似した植物が多く初級者は頭を抱える。本物には根に自然薯がついているが、ニセ物には根のみ。「オンジ」といって生姜《しょうが》のようなイモがついているものもあるが繊維質で味も苦い。因《ちな》みにニセ物の判別法は、蔓は左巻き、葉は横広のハート型で、冬にも青青として枯れない種類もある。また、オンジは黒っぽく、食べると苦みがある。

「素人は小さいものでも手あたり次第に掘るから困る。オレらは蔓を見れば土中のイモの状態が分る。蔓は太くて木の上まで真っすぐ伸びてればイモも大きいし姿も

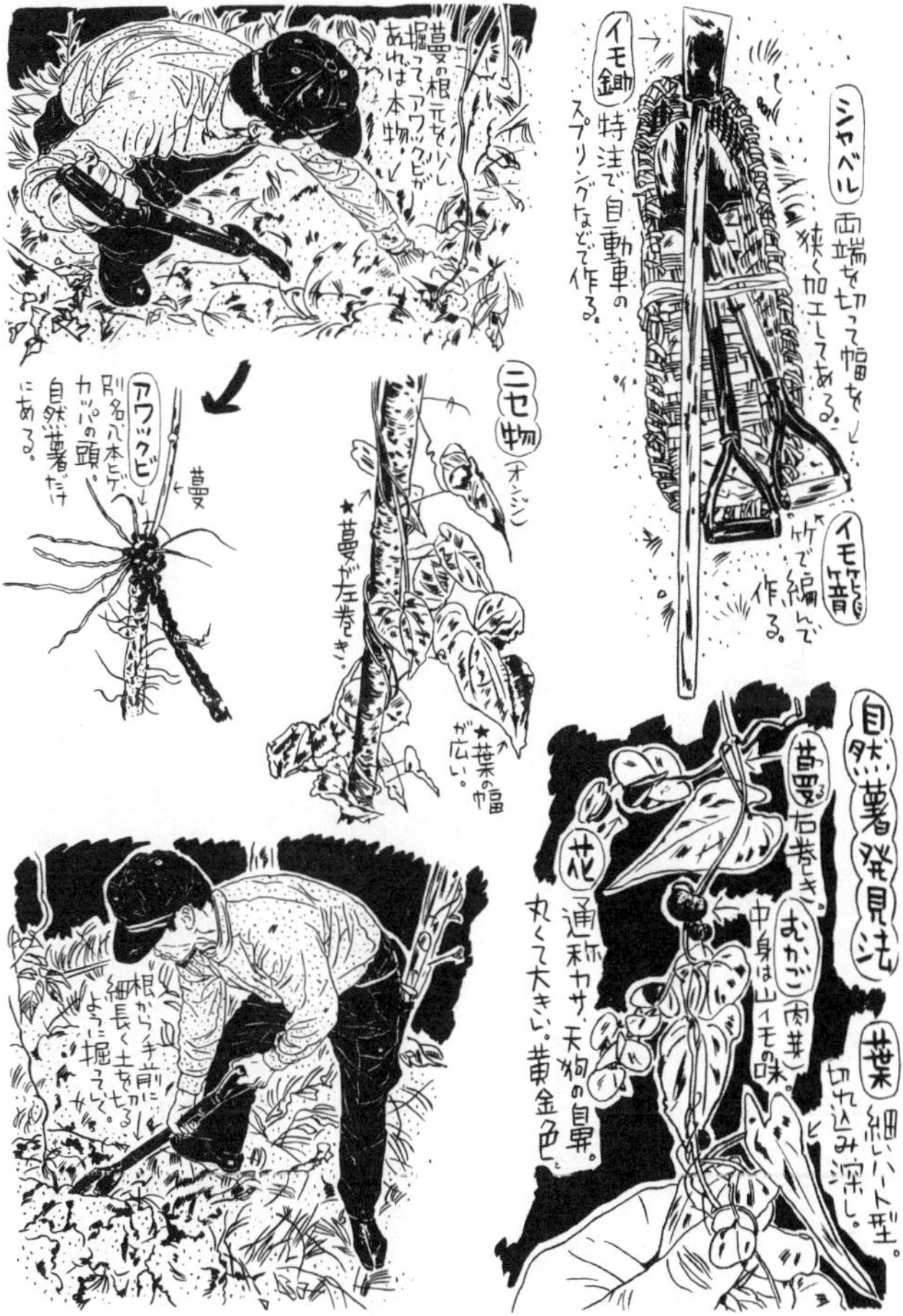
蔓の根元をソレ掘って、アワックビがあれば本物。
イモ鋤 特注で、自動車のスプリングなどで作る。
シャベル 両端を切って幅を狭く加工してある。
イモ篭《かご》 竹で編んで作る。
アワックビ 別名八本ヒゲ。カッパの頭。自然薯だけにある。
蔓
ニセ物（オンジ）
★蔓が左巻き。
★葉の幅が広い。
根から手前に細長く土を切るように掘っていく。
自然薯発見法
蔓 右巻き。
むかご（肉芽） 中身は山イモの味。
花 通称カサ天狗の鼻。丸くて大きい。黄金色。
葉 細いハート型。切れ込み深し。

いい。蔓に瘤《こぶ》みたいなのができてたり、黒い斑点なんかあるのは一種の病気。イモも黒いし、風味もない」

熟練者は地形を遠望しただけで自然薯の在《あ》りかを見つける。自然薯は水はけがよく、日当たりのいい場所を好む。多少の水分も必要。雨降りの多い年には山の南側、日照りの年は北側がいい。また、一般に松山や檜山、あるいは山桜の多い山には、上質の自然薯が自生する。

山に分け入って数十分。名人がたちどころに数本の自然薯を探し当てる。蔓が切れているものもある。落葉を手で払いのけると、黒く変色した蔓の根がわずかに土中から顔を覗かせている。元を少し掘ると放射状の根が出てくる。房総でアワックビ、あるいは十二本ヒゲ、他地方ではカッパの頭とも呼ぶ。これを見つければ、確実にその下に自然薯がある。

名人がシャベルを打ち込む。自然薯は真っすぐ伸びることは少ない。木の根をよけ、石にはばまれて湾曲しながら伸びる。労をおしんで小さい穴を掘ると、深くなるにつれて掘りづらくなる。せっかく探しあてた自然薯を折ったり、シャベルで切ったりする恐れもある。といって周囲を大きく掘りかえすと、疲労が蓄積して数が

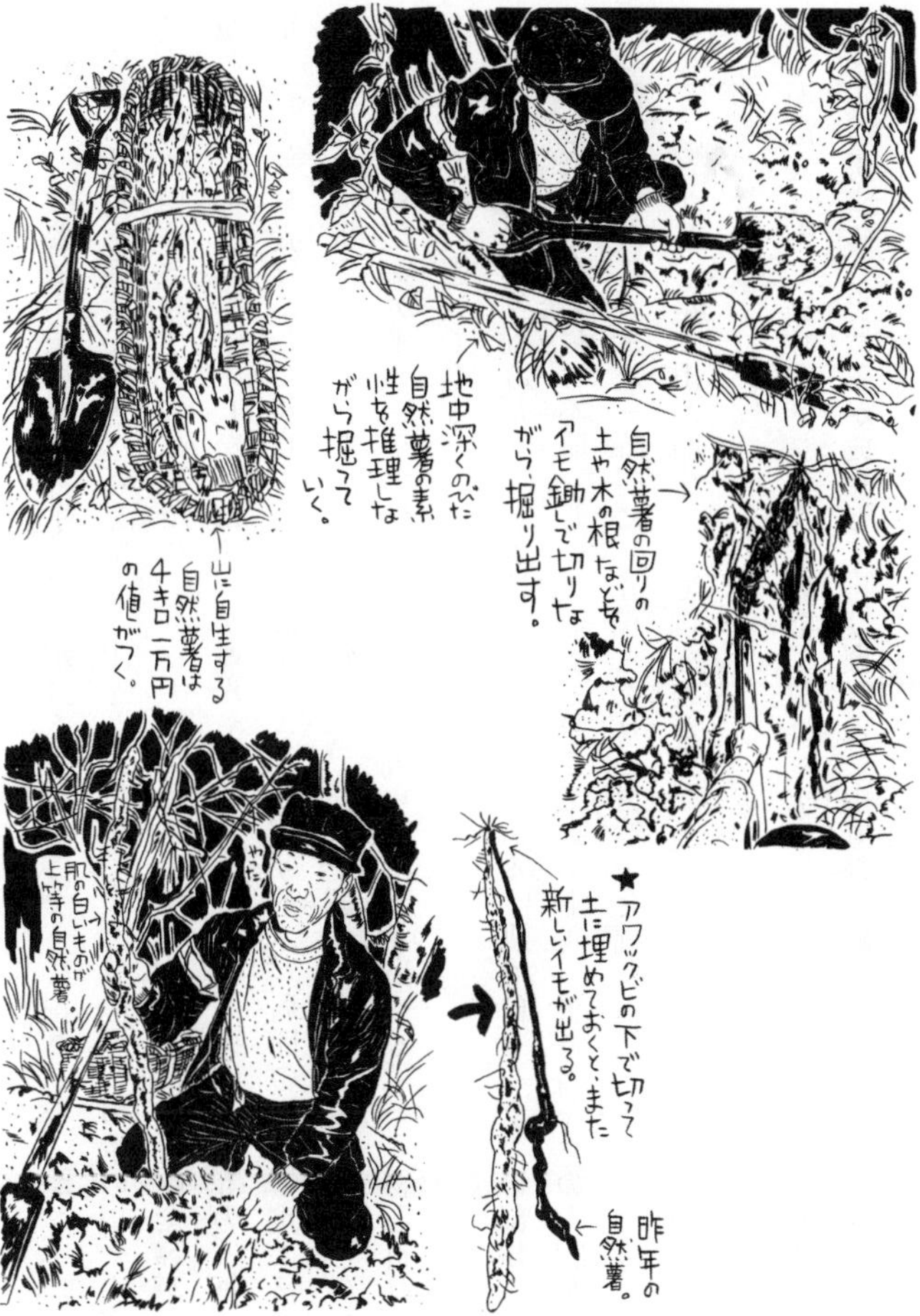
自然薯の回りの
土や木の根などを
「イモ鋤」で切りな
がら掘り出す。
地中深くのびた
自然薯の素
性を推理しな
がら掘って
いく。
山に自生する
自然薯は
4キロ一万円
の値がつく。
やった
肌の白いものが
上等の自然薯。
★アワックビの下で切って
土に埋めておくと、また
新しいイモが出る。
昨年の
自然薯。

掘れない。必要最小限、根から手前側を細長く土を切るように掘り進むのがコツ。

片足に体重をのせてシャベルを突き、土をかき出す。自然薯の周りの木の根や土はイモ鋤で切り落とす。穴はすでに一メートルに達する。ようやく自然薯の全容が現われる。根から昨年のしなびたイモが並んでついている。自然薯は一年もの。毎年、親イモを養分にして新しく根を伸ばす。さらに掘り進み、周囲の土を慎重に落とし、周りの根を切る。自然薯の背後を残して、三方を掘り、最後に慎重に後ろの壁から自然薯を剝がす。こうすれば、自然薯を折らずに掘り出せる。一本物と折れたものでは値が違ってくる。

今度のものは少々細みだが、長さは一メートル余ある。肌も白く、上等の部類に属す。これでも名人には不服らしい。過去に長さ二メートル、重さ四キロの大物を掘った経験がある。また一時間に一五、六キロの自然薯を掘り上げることもたびたびある。しかし、年々山が開発されて自然薯が少なくなった。また今年は雨が多く、不作の年でもある。

掘った穴に土を返し、アワックビの下十数センチで切り落とし埋める。こうすれば来年、再来年に自然薯が成長して再び掘れる。山遊びの鉄則。そして自然薯掘り

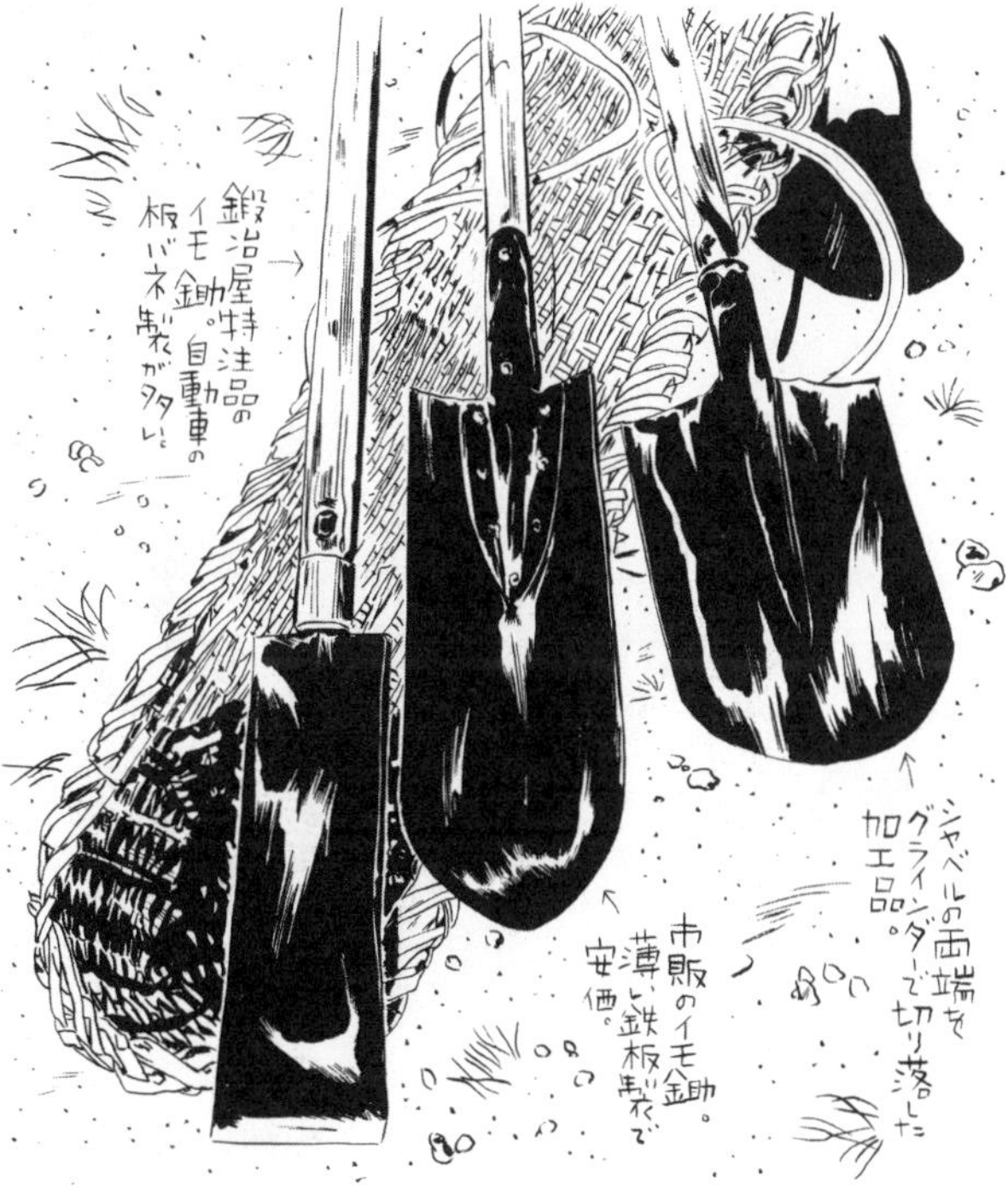
鍛冶屋特注品の
イモ鋤。自動車の
板バネ製がタタレに
シャベルの両端を
グラインダーで切り落した
加工品。
市販のイモ鋤。
薄い鉄板製で
安価。

人としての欲であり、同時に自然を守り、残したいという切なる願いでもある。

だが、最近は自然薯の盗掘者が多くなり、掘った穴をそのままにしていく。根も埋め戻さない。掘りっぱなしの穴は水が溜まってボウフラが湧く。土砂崩れの要因にもなる。山が荒れていくのを心配している。

名人は一人、シャベルを担《かつ》いで新たな自然薯を求めて、さらに山中深く分け入っていく。根っからの山人である。

塩引き名人伝
百武正雄さん（50歳）
塩引き鮭作り20余年。
自他ともに認める名人。
手塩にかけて磨き上げられる塩引き。腹を三段切りにするのが村上の作法。

古くから鮭《さけ》の川として知られる越後・三面川《みおもてがわ》。その河口に位置する村上には、昔から〝ヨーボヤ（鮭）貧乏〟という言葉がある。塩引き作りに精を出してお金を使う人のことだ。誰もが塩引きに一家言を持つ土地だ。

借金してまで鮭を買い、塩引き後タダで他人に

秘境、朝日連峰の奥深くに源を発する越後、三面川は、古くから鮭が遡上する川として知られる。平安時代には朝廷からの国宣（公式通達文書）によって三面川は国領、そこに達する鮭は朝廷への献上品と定められ、何人《なんびと》も勝手に捕ることならぬと、きつい達しがあった。

また、江戸期に入って元和五年（一六一九）には、三面において鮭の稚魚を捕獲せし者は厳罰に処し、通報者には銀子一枚を与えるという制令が立てられたと、古文書に記されている。

三面川はまた、文化五年（一八〇八）、村上藩士、青砥武平次《あおとぶへいじ》が鮭の回帰性を発

見し、人工増殖に成功した世界最古の歴史を有する川でもある。「種川の制」と呼ばれるその増殖法は、河口近くの三面川本流に枝分れさせた人工河川を築き、遡上する鮭を導いて産卵、孵化を助け、稚魚を放流するという画期的な方法だった。

これにより、乱獲によって鮭の遡上が激減して財政が危機に瀕していた藩は立ち直り、領民もまた窮乏生活から救われることになった。武士が育て、領民一体となって守り継いできた三面の鮭。そこに村上人の鮭に対する固執、思い入れの強さがいまに生きている。

三面川に鮭が帰ってくるのは最盛期が十一月下旬から十二月中旬にかけてで、鮭の回帰としてはもっとも遅い。以前はテンカラ釣りと呼ばれる三本錨鉤《いかりかぎ》で遡上する鮭を引っ掛ける漁法が主流で、漁師は定められた量の卵（イクラ）を組合に納める方策が、講じられてきた。

しかし現在は漁協による一括採捕が行なわれ、十二月十五日の漁期終了後に限ってテンカラ漁が鑑札所持者のみに許可されている。昨年の漁獲高は七〇万匹を優に超える。この数は全国河川では最大漁獲量を記録する。

鮭のテンカラ釣りに使われる三本錨鉤は、大きく湾曲した鉤が爪のように三方に開き、それをまとめた元の部分が太く、全体に錨のような形状をしている。鉤にはカエシはついていない。

この三本錨鉤に太い釣り糸をつけ、物干し竿のような太く、長い竹竿で、川岸から、三面川河口の奔流の中に投じる。激流に耐えながら待つうち、海から遡上する鮭が通り過ぎようとする刹那に、鉤で引っ掛ける。体長一メートルを超える鮭は重く、釣り師との格闘が繰り広げられる。三面の、晩秋の風物詩でもあった。

村上の冷たい季節風、気温、湿度が生んだ逸品!!

鮭漁が最高潮《クライマックス》に達しようとする年の瀬の一時《いっとき》、村上の〝鮭好き〟は鮭を求めて町を駆け回る。仕事も手につかない。道楽一つ持たない堅実一点張りの人が、鮭となると目の色を変える。家計のことなど眼中になく、借金してまでも何十本と鮭を買い込んでしまう。揚句、塩引き作りに熱中し、売るでもなく他人《ひと》にあげてしまう。村上で石を投げれば塩引き作りの名人に当たるといわれるほど、村上には鮭好きが

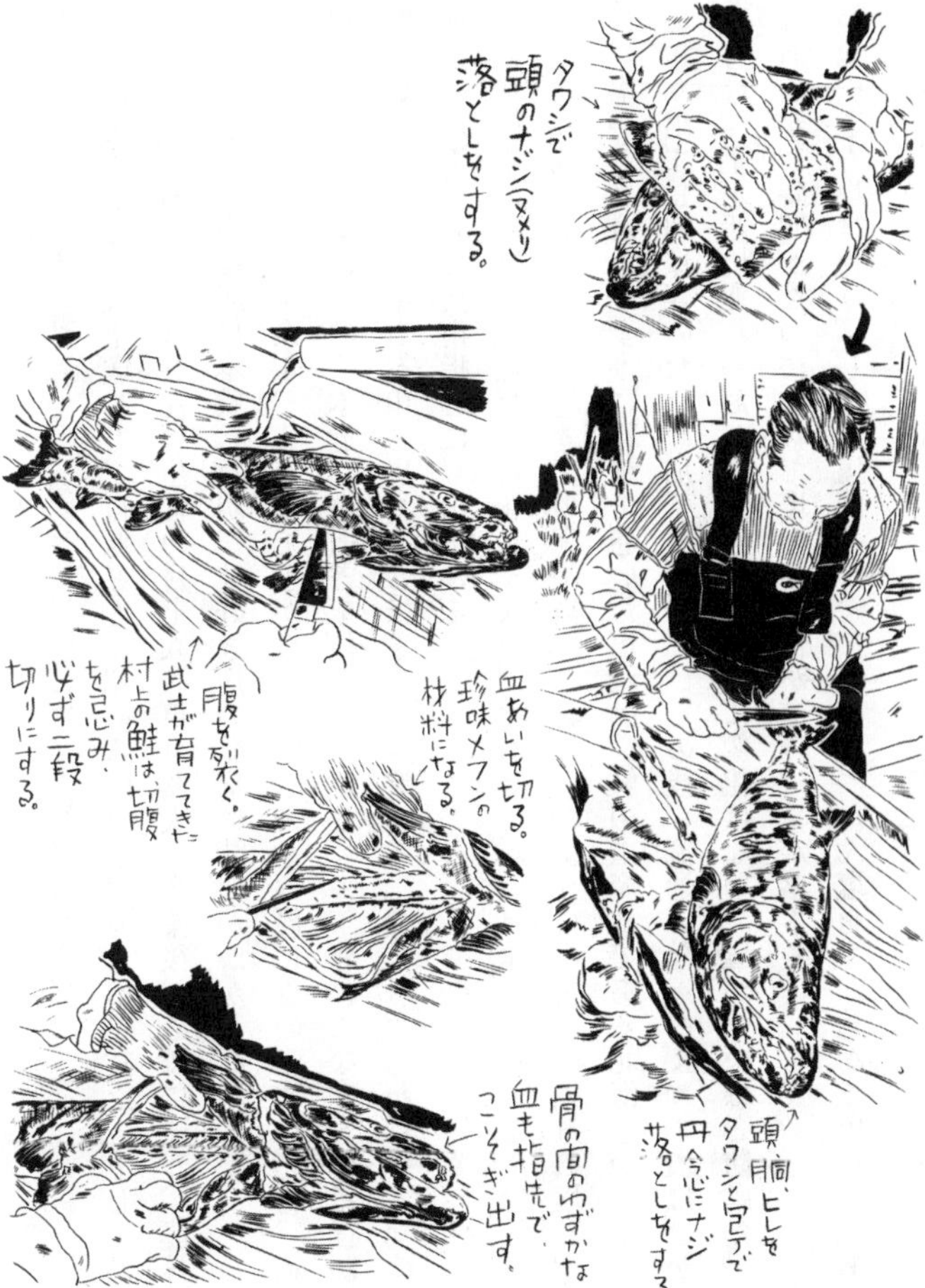
タワシで頭のナジ（ヌメリ）落としをする。
頭、胸、ヒレをタワシと包丁で丹念にナジ落としをする。
血あいを切る。珍味メフンの材料になる。
腹を裂く。
武士が育ててきた村上の鮭は、切腹を忌み、必ず二段切りにする。
骨の間のわずかな血も指先でこそぎ出す。

多く、〝ヨーボヤ（鮭）貧乏〟をむしろ誇りにしている節さえある。

百武正雄さん（五十歳）も、自他ともに認める鮭好き。ヨーボヤ貧乏、そして名人の一人である。百武さんは生粋の村上人。東京農大を卒業後、故郷に戻り、農林技術者として市役所に奉職したが、鮭好き病の発病に時間がかからなかった。

以来、塩引き二十余年、いままで手がけた塩引きの数は優に五〇〇本を超え、近年は一シーズンに一〇〇本近い塩引きを仕上げている。毎年暮れになると、銀行が鮭買いつけの資金融資を申し出てくるほどの〝重症患者〟である。乞われて各地の漁協や加工業者に技術指導にも出かける。

「俺が作るのは塩引き鮭だ。新巻《あらまき》じゃない。塩引きと新巻は全然別モンだ」

新巻は戦前までは「荒巻き」の字が当てられていたように、古くは大量の塩に漬け、塩がこぼれないように粗筵《あらむしろ》で巻いた塩蔵品。鮭の主産地である北海道から全国に送り出す長期保存のための加工法だった。その後、流通の発達によって塩はひかえられ、荒が新に変わったが加工法そのものに変化はない。塩が強いほど防腐効果はあるが、時間がたつにつれて塩の結晶化が進み、味が落ちる。

「塩引きも塩は使う。しかし塩蔵品じゃない。いったん塩をすり込んで塩蔵したあ

口から包丁を入れ、エラと眼球の裏の筋を切る。
尾から頭の方向に塩をすり込む。塩は天然塩。
頭、尾、ヒレ、腹の内部にも塩をすり込む。
約一週間塩蔵したあと、水洗いし、再び
落としをする。
腹に木を入れて南き逆さ吊りにする。
塩を洗い落としたあと、軒下に吊し、寒風に晒す。

と、日をおいて洗い落とし、冷たい風に晒《さら》して仕上げる」

百武さんの塩引き作りは、おそろしく手がこんでいる。塩引きにはカナ鮭（雄）しか使わない。メナ鮭（雌）は腹子に養分をとられているので味が落ちるという。頭から胴、胸鰭《びれ》、尾鰭にいたるまでタワシや竹べら、包丁を使って丹念にナジ（ヌメリ）落としを施《ほどこ》す。これは生臭さを除くのに欠かせない工程。薄黒色のドロドロしたヌメリが洗い流されると、体表に鮮やかな色が甦ってくる。

口内、エラ蓋から包丁を入れて腐りやすいエラを取り除き、次に腹を裂くが、決して真一文字には切り裂かず二段切りにする。一刀目は肛門から腹鰭までを裂き、数センチ残して、喉元二、三センチの所まで裂く。武士が育てた村上の鮭ゆえに切腹を忌《い》む風習があり、二段切りにするのが昔からの村上の作法である。

内臓、血合いを取り除き、骨の間のわずかな血液も指先でしごき出す。さらに全身を頭部から尾にかけて指圧するようにして血液除去を施す。最も腐りやすい目玉に塩がよくまわるように筋切りし、背骨沿いにも包丁を入れたあと、ここで塩が登場する。

塩は天然塩。素手の掌《てのひら》に塩をのせ、鱗《うろこ》の逆目に沿って丹念に擦り込んでいく。頭部、背鰭、胸鰭、筋切りした眼球の裏、切開した腹部内にも塩をする。まさに手塩にかけるという表現がぴったり。冷水にかじかんだ手に塩がしみて痛いが、顔には汗が吹く。

塩の擦り込みが完了したら木箱に入れ、約一週間冷たい場所に保存し塩が身を引き締めるのを待つ。

一週間の塩蔵のあと水洗いし、再び仕上げのナジ落としをし、時間をかけて磨き上げる。そのあと数日寒風に晒したのちに、底冷えのする家の軒下や土間の天井から逆さ吊りにして熟成を待つ。鮭を吊している間、広い土間には一切の暖房がない。冷気が籠ってシンシンと冷える。家人が身震いする暮らしに耐える中で、塩引き鮭がゆっくり熟成していく。

「さぁ、これで終り。あとは村上の風土が仕上げてくれる」

張りつめた緊張が解け、百武名人の顔に柔和な表情が戻ってくる。

「村上の塩引きの技術を他所《よそ》へ持っていっても駄目だ。北海道など北の地方では寒気が強すぎる。湿度が極端に不足しているから乾燥が進みすぎて、熟成の前に干上がってしまう。十二月末のシベリアからの冷たい季節風、気温、湿度、これなくして村上の塩引きは完成しない」

軒にずらりと吊り下げられた塩引き鮭を眺めやる横顔に、郷土や味に対する一徹なまでの愛着と誇りが漂う。

ベーゴマ職人伝
辻井五郎さん(57歳)→
日本で唯一人ベーゴマ作りの灯を守り続けている。

ビーダマ、メンコ、そしてベーゴマは、焼け跡、原っぱ、路地裏世代の〝遊びの三種の神器〟だった。鉄製の小さなコマ一個に、少年時代の熱き血潮が甦《よみがえ》る。いま、路地裏や空き地に子供たちの姿はない。ベーゴマはどこへ行ってしまったのか？ 埼玉県川口市。鋳物で知られたこの町の片隅にそれはあった。

野球やプロレスの選手の名を刻んで大ヒットに！

ベーゴマの起源は江戸時代まで遡る。はじめは巻貝の螺《にし》の貝殻を紐で巻いて回した。貝《バイ》ゴマが訛《なま》ってベーゴマになった。江戸時代正徳年間（一七一一～一七一六）刊の『和漢三才図会』にも、「海螺《ばい》は海中に棲息する小螺で、この貝殻の頭尖部を打って平均にし、細縄で巻き回して遊ぶ」という意味のことが記され、すでに勝負を争う賭博に用いられていたことも記述されている。また文政十三年（一八三〇）刊の『嬉遊笑覧《きゆうしょうらん》』には「ばいの介殻《かいがら》に鉛をとかし、少し許《ばかり》つぎこみぬれば、介の尖《とが》りたる所に入りて重くなる故、まふ（舞）に勢ひすぐれて、しばらく舞ふ。小児当りあひて勢い強きは、よわきをはじき出す――」と、コマの回転を安定させるために貝に鉛を入れるようになったことが分る。

貝ゴマは明治時代に大流行する。しかし、日露戦争後に真鍮《しんちゅう》製が出現し、続いて明治四十年（一九〇七）ごろになると、「カネバイ」と呼ばれる鋳物製の鉄ゴマが登場する。これが現在のベーゴマの発祥となる。鉄のベーゴマは、重さ、強さ、破壊力などからして〝実戦的〟でたちまち子供たちの人気を独占し、息の長い流行玩具として定着する。

戦時中には、金属の統制令で鋳物製が姿を消し、ガラスや瀬戸物製の代用品が出回ったが、終戦後復活し、戦前をしのぐ大流行となった。戦後のベーゴマは、それまでの丸型に新しく八角が加わり、表面に川上、大下といったプロ野球のスター選手や、若乃花、栃錦などの力士、あるいは六大学のイニシャルや、力道山、オルテガ、シャープ兄弟などのプロレスラーたちの名が刻まれ、娯楽の少ない時代の子供たちの心を虜《とりこ》にした。

昭和三十年代、ベーゴマは町の駄菓子屋で、一個五円とか十円で売っていた。駄菓子屋に新しいベーゴマが入ると、子供たちが群《むらが》ってくる。子供たちは、機械油の匂いがするベーゴマを一個一個手に取って強そうなものを選び出す。中には鋳型からはみ出したコブがついたものがあり、この突起が敵のベーゴマを弾き返すので、宝物を見つけたように小躍りした。

子供たちは、駄菓子屋で買ったベーゴマをさらに加工して強いベーゴマを作った。コンクリートの道路や橋の欄干《らんかん》で擂《す》って底を低くしたり、縁をギザギザにしたりした。上面にロウや鉛を貼りつけて重くしたりした。勝つと大喜びし、負けると取られてベソをかいた。ベーゴマは子供たちのすべてだった。

採算を度外視！
苦渋の中から使命感が伝わる…

戦前、戦後を通してベーゴマは全国で埼玉県川口市だけで作られてきた。昭和二十二、三年（一九四七、四八）ごろには、川口に数十軒のベーゴマ工場があり、年間数千万個を生産した時代もあった。

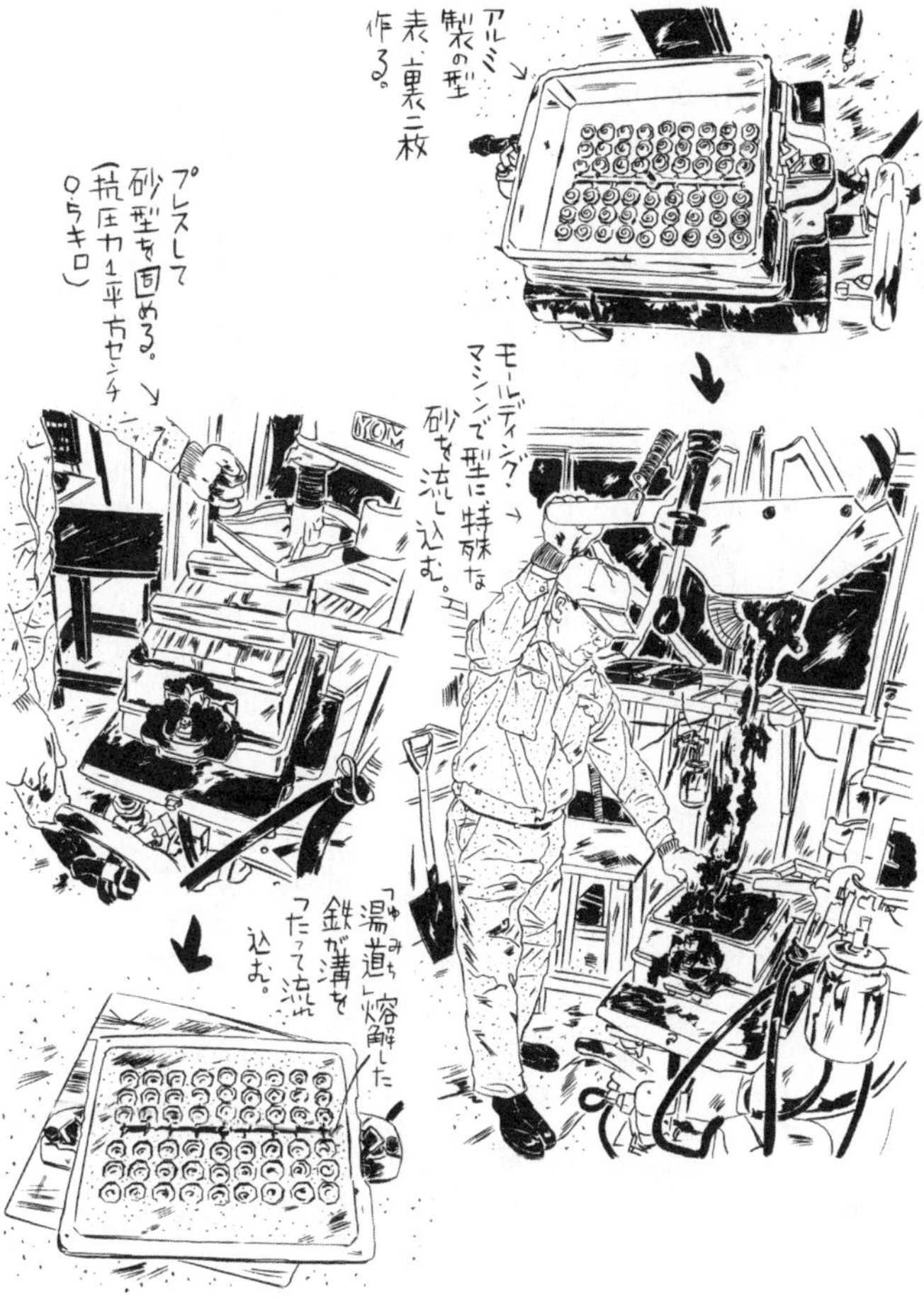

アルミ製の型表、裏二枚作る。
モールディング・マシンで型に特殊な砂を流し込む。
プレスして砂型を固める。（抗圧力1平方センチ0.5キロ）
「湯道《ゆみち》」溶解した鉄が溝をつたって流れ込む。

荒川を隔てて東京と接する川口は鎌倉時代、すでに鋳造技術が伝えられたといわれるほど、全国でも有数の鋳物の町として知られる。荒川で産する砂が鋳型に適するという地の利をいかして、鋳物は地場産業として発展してきた。一時は川口には七〇〇軒近い鋳物工場が軒を連ね、昼夜をわかたず、林立するキューポラから立ち昇る深紅の炎が空を染めた。

しかし、戦後の不景気の波をもろにかぶり、さらに昭和三十年後半から四十年代にかけて、溶接物やプラスチック製品などの出現で、鋳物は衰退の一途をたどることになる。そうした時代の趨勢は、子供たちの遊びにも大きな変遷をもたらした。高度成長によって生活にゆとりができはじめた人々は、おしきせの〝文化〟をありがたがり、子供の教育に血道を上げ出す。

戦前、戦後の産めよ増やせよの時代から、産児制限の時代へ。路地から子供がいなくなった。子供の数が減り、年長の子から幼児まで一緒に遊んだ異年齢の子供社会が消えた。遊びを教え、受け継ぐ仕組みが崩壊した。

昭和四十五年(一九七〇)、鋳物の町、川口に二軒だけあったベーゴマの工場も廃業をよぎなくされた。その折り、ベーゴマの灯を消してはならないと、業務を託

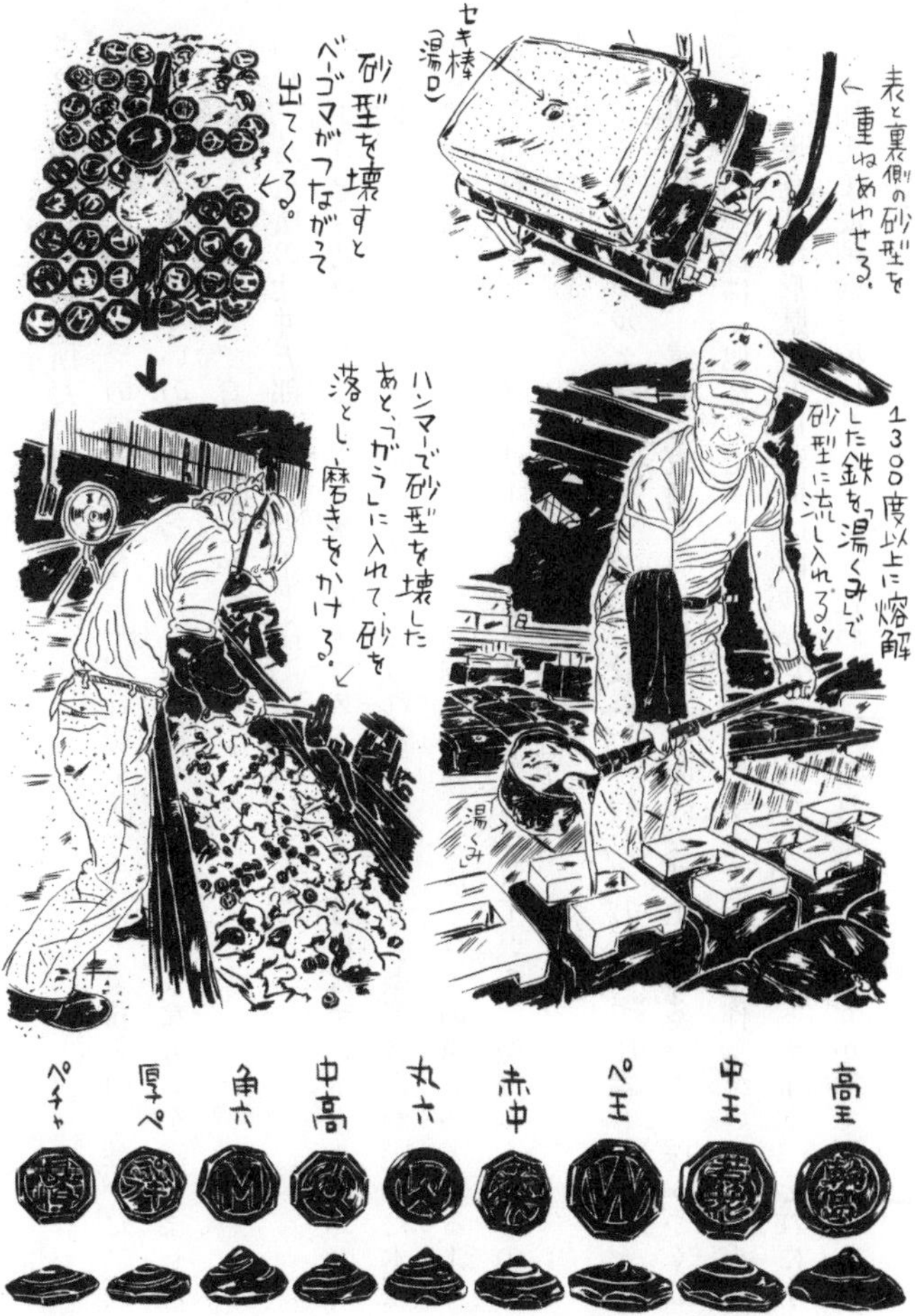
表と裏側の砂型を重ねあわせる。
セキ棒(湯口)
砂型を壊すとベーゴマがつながって出てくる。
1300度以上に熔解した鉄を「湯くみ」で砂型に流し入れる。
湯くみ
ハンマーで砂型を壊したあと、「ガラ」に入れて、砂を落とし、磨きをかける。
高王
中王
ペ王
赤中
丸六
中高
角六
厚ペ
ペチャ

されたのが日三鋳造所だった。

「そのとき、ベーゴマの機械や型など一切合切を譲り受けて業務を引き継いだ。商売として成り立たないのは分かっていたが、何か使命感のようなものを感じましたね。私らもベーゴマで育った口だから」

日三鋳造所の辻井五郎社長（五十七歳）は熱っぽく語る。

ベーゴマは鋳物である。鍋や釜、ダルマストーブ、あるいはマンホールのふた、トランス、機械部品などと同じ方法で作られる。鋳型はまず型屋さんが彫った木型からアルミ製の型を起こす。ベーゴマ一個一個の文字は、コマの重心がとれるように左右対称（ルビシンメトリー）になるように計算されている。型はベーゴマの表側と裏側の二枚ある。

アルミ型をモールディング・マシンに設置し、砂を流し込んで圧縮《プレス》して砂型を作る。使われる砂は、鋳型に最適といわれた荒川の砂（粘土分が多い）を採りつくしてしまってからは、他地方で産する砂に溶かした粘土を混ぜて作っていた時代もあるが、現在は山形県最上川流域の硅砂《けいしゃ》にコーンスターチとベントナイト、それに水分を加えて混練機で撹拌したものが使われる。これだと砂に粘りが出て型が壊れにくい。因《ちな》みに海砂は混ぜても凝固しない。

プレスされた砂型は、抗圧力が一平方センチあたり〇・五キロ、砂型全体で七五〇キロの圧力に耐えられる。

表裏二枚の砂型を重ね合わせると、間に六四個分のベーゴマの空間ができる。そこにキューポラで一三〇〇度以上の高温で熔解された鉄を流し込む。ベーゴマに使用される鉄は、以前は白銑鉄《はくせんてつ》(叩くとチンチンと音がするところからチンチンともいわれた)という粗鉄が使用されたが、現在は他の鋳物と同じ上質の銑鉄が使われている。高温で熔かされた銑鉄は鉄より硬い。速く回転するベーゴマがぶつかるとカチッと火花が飛ぶ。

炉から吹き出すドロドロに熔解した鉄を、ひしゃく状の湯汲みに汲み取り、次々に型に流し込んでいく。線香花火のような火花が飛び散る。蒸気と熱気が立ち込める。砂の焼ける匂いが鼻をつく。張りつめた緊張感が漂う。一瞬でも気を抜けば大事故につながる。過去に煮えたぎった湯(鉄)を全身に浴びた事故が何度かある。

型込め作業が終わると、砂型を壊し、ガラと呼ばれるタンブラーに入れられ砂を落とし、磨きをかけられてベーゴマが完成する。

現在、ベーゴマは小売で一個二五円から三〇円。日三鋳造所では、ベーゴマの生産量は年間約三〇万個、金額にして約四〇〇万円。主力製品の産業機械部品は年商一億数千万円。ベーゴマ生産のウェイトはごく小さい。

「はっきりいってベーゴマでは採算はとれない。赤字です。お荷物なんです。正直のところやめてしまいたいけど、いろんな人からやめないで、と励まされるからやめるにやめられない。全国でウチ一軒でもあるしね。せめて単価が上がればいいけど、ベーゴマはやっぱり子供の小遣い一〇〇円で三個、四個と買えるものでなけりゃいけないと思うので、細々ながら頑張っているようなわけです」

辻井さんの苦渋が伝わってくる。遊びの重要な要素である賭博性が失われ、〝健全なお遊び〟に成り下ったベーゴマ。ひも一本回せない子供たち、そしてコンピュータ・ゲームがはびこる昨今、ベーゴマが復活する日は果して訪れるのか。それとも、ベーゴマは大人たちの郷愁の中でしか生きられない宿命なのであろうか。

シャク捏ね漁師伝

塩先幸雄さん(61歳)→
不知火の海に生きて50年。シャク捏ねの名人といえる
約4メートルの樫の木を弓なりに曲げ、先を二股に尖らせた「ヘラ」で干潟を掘ってシャコを捕る。

不知火海《しらぬい》（八代海《やつしろ》）に臨し、大河・球磨川《くま》がその悠久の旅を終える河口に位置する熊本県八代市。古くから海港の設備を有し、漁業を中心に栄えた城下町である。潮の干満の激しい不知火の海には、さまざまな魚介類が棲息し、漁法も数多く編み出されてきた。干潟に潜むシャコを捕獲するシャク捏《こ》ねは、シャコの習性を熟知した漁法だ。

食用はもちろん、釣り餌としても珍重されている

不知火海は干満の差が激しい。ときに五メートル近くにも達する。夏場は昼に、冬場は夜に大潮を迎えるが、沖合一五〇〇メートルから二〇〇〇メートルまで潮が引き、広大な干潟が出現する。船溜《ふなだ》まりに繋がれた漁船は浅瀬に取り残され、行き来する船は湾内に無数に建てられた澪《みお》によって示された航路によってしか走行できない。そのため出漁する漁船は干潮前に沖に向かい、漁を終えたのちに、上げ潮を待って帰港する。

不知火海には、この干満の大きさを利用した漁法が多い。

「羽瀬網《はじあみ》」と呼ばれる漁法は、沖合に約二〇センチ間隔に竹を突き刺し、漏斗《ろうと》形の澪を作る。一辺の長さは二〇〇メートルに達する。漏斗形のいちばん狭くなった部分には、二〇メートル程の袋網が仕掛けられていて、干潮時、深場に移動する魚群を一網打尽にする。タチウオ、コチ、クルマエビ、甲イカ、スズキ、グチ、エソ、アジ、ヒラメ、コノシロ、トラフグ、カワハギなど種々雑多な魚が網にかかる。

また球磨川河口では、冬から早春にかけて白魚《しらうお》の「江張網漁《えばりあみ》」が最盛期を迎える。夜間満潮時をすぎる頃、一斉に出漁した小型船団は、河口の漁場に決められた順に一列横隊に整列し、産卵のために潮に乗って遡上してくる白魚を江張網や三角網で掬《すく》い捕る。その他、筒を教本束ね、数十本を延縄《はえなわ》式につないで干潮時に海底に設置し、ウナギやアナゴを捕獲する「タカンポ」という漁法もある。

「この湾には、汽水《きすい》に棲む魚もおれば、干潟の浅瀬に棲む魚もおる。澪を通って外《そ》海《と》から太《ふと》か魚も入ってくる。昔から豊かな海だったとです」

塩先幸雄《しおさきゆきお》さん（六十一歳）。代々漁師の家に生まれ、十歳の頃から親を手伝って漁に出た。以来、半世紀余りを不知火の海で漁を生業として生きてきた。不知火海は隅から隅まで熟知した筋金入りの漁師である。塩先さんはマダイやスズキ、チヌなどの大物を延縄《はえなわ》や一本釣りで狙う漁師だが、「シャク捏ね」漁においても名人といわれている。シャクとは、この地方でシャコのことをいう。

海底がむき出しになる、わずか一時間が勝負!!

「シャクは、食用にするほかに釣り餌に使うとです。夏はマダイ、冬はスズキ、ほかにチヌ、ウナギなんかの餌にする。ほかの餌とは比べもんにならんくらい、よう釣れるとです」

シャクは釣り餌として珍重されている。因《ちな》みに食用として取り引きされる場合は一キロ八〇〇円だが、釣り餌用になると一〇キロ単位で二五〇〇円の値がつく。しかし、釣り餌用のシャクは、あくまで生き餌でなければならず、捕って二、三日は生かしておけるが、それ以上日がたつと青みが増して鮮度が極端に落ち、釣果に大きく影響する。一キロは大きめのシャクで四〇匹くらいの数になる。

足かけに足をかけて↑干潟に打ち込む。
へら
樫《かし》の木(4メートル)を1年間かけて重石を吊して、弓なりにそらせる。
★干潟には無数の穴があいていて中にシャコが潜っている。
↑潮の引いた干潟に出て、へらを突き刺しテコの原理で掘り起こす。
足かけ
★先端を二股に削ってある。
↑先端が折れて鉄板で補強してある。

干潮を待って干潟に出る。見ている間に潮が引いて海の底が沖に向って広がっていく。かなり沖まで歩いていける。干潟には、人の指程の穴が無数にあいている。長靴で踏みしめるたびに、パンパンと空気が破裂するようなかすかな音がする。穴は深く、冬場で五〇センチ、夏場で一メートルにもなるという。この穴深く潜むシャクをへらという独特の道具で掘り起こす。へらは、樫の木で長さ四メートルあり、先端を二股に尖らせてある。生木のうちに加工し、両端に重石《おもし》を吊し、一年間かけて緩《ゆる》やかなカーブに反《そ》らせる。この曲線の角度が漁の成否に影響する。

塩先さんと長男の幸喜さん(二十四歳)は、足かけに乗せた足に体重をかけ、へラを深々と砂泥に突き刺し、テコの原理の応用で掘り起こす。干潟の砂泥は意外に締《し》まって硬く、へらの端にぶら下がるようにしながら捏ねくりかえしていく。見た目より体力がいる。かなりの重労働である。冬の最中《さなか》に額に汗が吹き出し、呼吸が乱れる。

捏ねたあとが次第に大きな泥水の溜《プール》まりになる。その中で不粋な侵入者によって住居を失ったシャクが右往左往しはじめる。それを奥さんの敏子さん(五十六歳)が半身を泥溜まりに浸《つ》かりながら、籠でシャクを掬い捕っていく。全身砂泥だらけ。

テコの原理で干潟の泥を掘り起こし、捏ね回して
相方が泥水に浸って籠でシャコを掬い捕る。
シャコ
食用、釣り餌用に売る。
11月〜12月卵を抱く。美味なり。
筆でシャコを釣る
シャコ穴に筆を突っ込んでおくと、シャコが釣れる。
ネコジャラシで釣る
縄張り意識の強いシャコは侵入者に襲いかかる。

下半身が冷えて女衆には辛い労働である。およそ一時間、干潟のあちこちに無数の泥溜まりができる。籠には体長一〇センチ前後のシャクが三、四キロ溜まっている。そろそろ潮が上げはじめている。

シャク捏ねは、時間との勝負である。潮が引き、海底がむき出しになる小一時間の間にいかに漁獲をあげるかが漁師の腕である。

「陸《おか》に近い方が長く潮が引いて、沖の方が時間は短かばってん、沖はシャクが多くいるから量が捕れるとです。だから、潮が引いたら、沖の潮目ギリギリまで行って、満ち潮と一緒に陸に戻りながら漁をする」

塩先さんは自家用の餌にする場合は二、三日分三、四キロしか捕らないが、市場に出すときには一潮《ひとしお》に一五キロ以上は捕る。

シャク捕りにはシャク捏ね漁のほかに筆やネコジャラシ（エノコログサ）を使って捕る方法が、古くから不知火に伝わっている。干潟のシャク穴に使い古しの筆を片っ端から突っ込んでおくと、入口を塞《ふさ》がれたシャクが、鎌のような脚で筆を押し出そうとする。筆がピクピク動き、浮き上がってくる。そっと筆を引き上げるとシャクがしがみついて上ってきて、労せずに捕獲できる。

「簀建て漁」↓
満潮時に潮に
乗って魚が入る。
潮の干満の差が
大きい不知火海
には漁法の種類
が多い。

またネコジャラシを穴の中に差し込んで動かすとシャクが釣れる。一匹釣れたら、今度はその尻尾に糸を結び、別の穴に潜らせると、中に潜むシャクが絡みついてくる。シャクは穴居《けっきょ》性の動物で、縄張り意識が強く、侵入者に対して闘争本能をむき出しにして攻撃を仕掛けてくる。道具不要、実に横着な漁法だが、シャクの習性を利用した合理的な技ではある。

不知火の海には、近代漁法を尻目に、さまざまな珍漁法があり、さまざまな漁師の生業が生きている。

炭焼き窯職人伝
富《ふ》川《かわ》茂之さん（67歳）昭和26年から林業改良指導員として炭焼き窯の指導に各地を歩いている。

現代《いま》、炭が見直されている。昨今のグルメブームから燃料としての炭人気が復活し、土壌改良剤として、さらに冶金《やきん》やシリコンの還元剤や公害処理、脱臭、浄化、そして煙から抽出した木酢液《もくさくえき》が土壌の殺菌に効果があり、内臓疾患や傷にも薬効があることが確かめられているからだ。日本の伝統である炭焼きに、新しい時代が訪れようとしている。

いろいろな側面から、炭が新たに脚光を浴びる

炭はかつて日常生活に欠かせない貴重な燃料源《エネルギー》だった。炭が衰退していくのは昭和三十年代前半。いわゆる〝燃料革命〟によって石油に移行していくが、それまで日本では毎年二〇〇万トン、炭俵に換算すると約一億三〇〇〇万俵の炭が焼かれていたといわれる。長年におよんで大量の炭材を消費しながら、日本の森林は荒廃することがなかった。炭は森林の復元力に即し、石炭や石油のように枯渇することがない有効かつ合理的な燃料源であり、炭焼きは山間農民の大切な収入源でもあった。

日本列島は、国土の大半を山岳が占める、世界に類を見ない大森林国で、周囲を海に囲まれた高温多湿なモンスーン地帯という特殊な気候によって、森の木を伐っても、時間をおいて再生する。

かつて、各地の古代たたら製鉄で大量の山の木が伐られても、三、四十年の周期で森が復活した。一度、森林を伐りつくすと砂漠化する国が多いなかで、日本は現代まで大森林国であり続けてきた。

その一方で、今日の森林の荒廃は炭の衰退と無関係ではない。戦後、林野庁は補助金を出して山を杉や檜《ひのき》などの針葉樹林に変えようとしてきた。炭材の樫《かし》や楢《なら》などの樹木は減った。環境、風土を無視した植林は自然の生態系をも破壊する。しかも国産の木材の高騰と輸入材のあおりで林業は長い不況に陥り、山は枝打ちも下刈りもされずに放置され、荒れるにまかされている。

炭が我々の日常生活から絶えて久しい。が、幾多の変遷を重ねて、現在、がぜん注目を集めている。第一に炭本来の燃料としての価値が見直されている。炭火は温度調節が容易で臭気がなく、燃焼ガス中の水分が少ない。最近話題の遠赤外線が多いことなどが指摘されている。例を鰻の蒲焼きなどに使う備長炭にとれば、団扇《うちわ》であおぐだけで、四〇〇度から一〇〇〇度まで火力調節できる。鰻の生臭みも消す。また、天然ガスや石油と違ってガス中の水分が少ないので海苔や煎餅を焼いてもパリッと焼ける。さらに遠赤外線を多量に含有しているために、厚い肉も表面が焦げずに中まで火が通り、グルタミン酸が多くなって味そのものを引きたてる。

炭はまた連作障害や、化学肥料、農薬で瀕死の状態にある土壌の改良剤として効果があることが分っている。土壌の透水、通気性と肥持ちをよくする。土の酸度を整え、有害物質を吸着し、ミネラルを補給して植物の生長を助ける。地温を上げる効果もある。土中の糖度も上がる。炭焼きの煙から抽出する木酢液は土壌殺菌剤としての利用法のほか、胃腸の疾患や火傷にも薬効がある。

よりよい窯《かま》を作ることが、良質の炭作りの原点!!

炭は、炭材に窯、熟練した炭焼き職人の技によって作り出される。さらに今日、炭焼き窯を作る技術が切望される時代でもある。いま、日本の伝統的な炭焼きを復

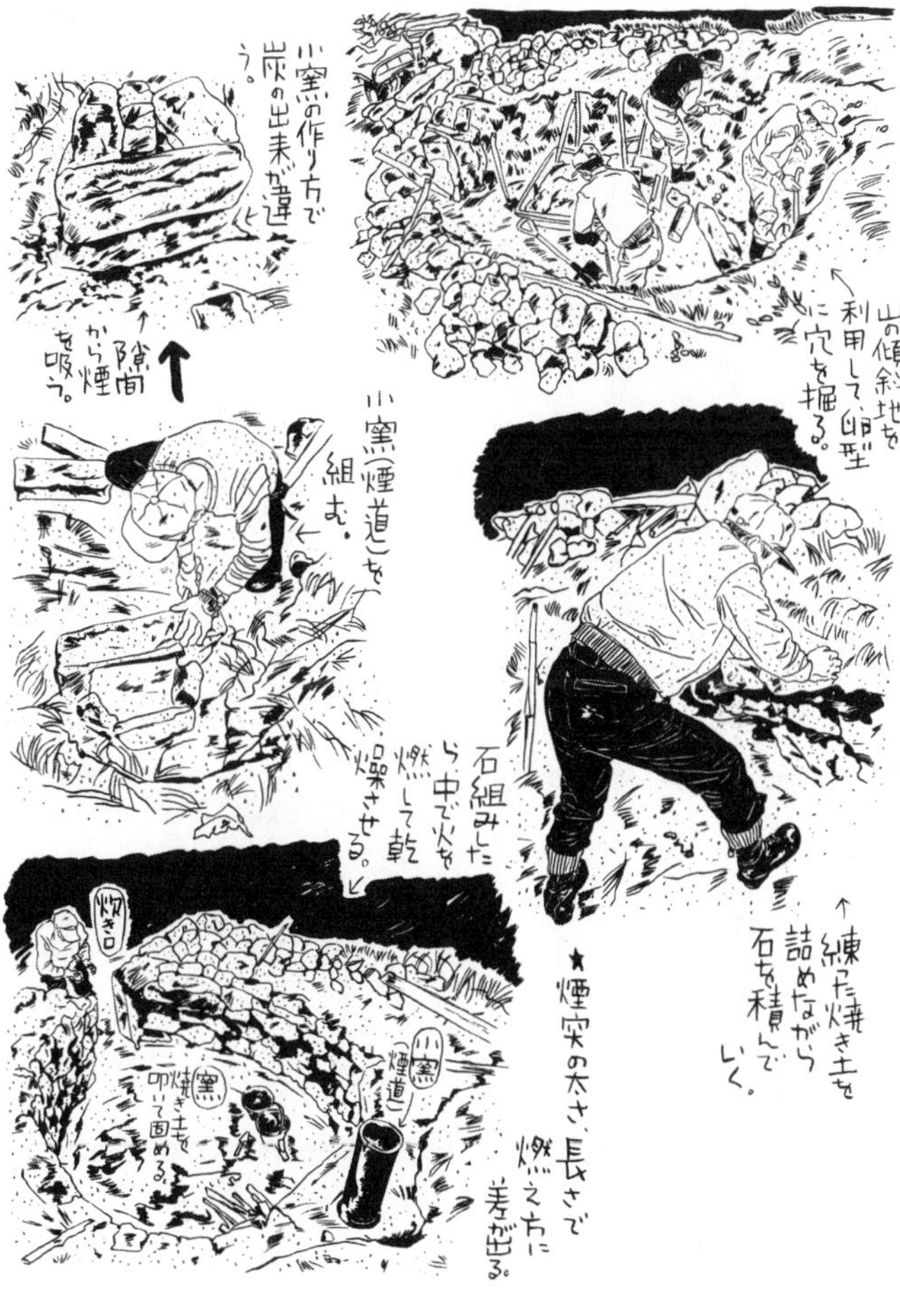
山の傾斜地を利用して卵型に穴を掘る。
小窯の作り方で炭の出来が違う。
隙間から煙を吸う。
小窯(煙道)を組む。
練った焼き土を詰めながら石を積んでいく。
石組みしたら中で火を燃して乾燥させる。
★煙突の太さ、長さで燃え方に差が出る。
小窯(煙道)
窯
焼き土を叩いて固める。
焚き口

活させ、森林を甦らせようと、各地の林業改良指導員（国家試験）という肩書を持つ男たちが、炭焼き窯の指導に駆け回っている。

富川《ふかわ》茂之さん（六十七歳）もその一人。富川さんは愛知県生まれ。父の遺志を継いで林業家をめざした。戦時中は徴兵されて満州へ。終戦後数年ナホトカで抑留生活を送ったあと帰国、現在は、房総・天津小湊《あまつこみなと》に住み、昭和二十六年（一九五一）に林業改良指導員になった。自ら清澄《きよすみ》山系の山に一五町歩の山林を有し、数基の窯を持って炭を焼きながら、乞われれば各地に窯作りの指導に出かけて行く。

「炭焼き窯は地形や土質、風向きなどを見て作る。窯の形は炭材や土質など地方によって違ってくる。円型の窯もあれば楕円形や奥が角型のもある。天井も丸かったり平らだったりする。土質が悪い土地では山の中腹を削って作る」

富川さんは現在、「清澄G式三号窯」の普及に力を入れている。かつて鴇田《ときた》式と呼ばれた窯の改良型。

まず山の傾斜地を利用して胴掘りする。形は焚き口側が細い卵型。深さは約一メートル、直径約二メートル。目につく木の根などは丹念に切り除く。残すと、燃えて土中に穴が残り、熱が洩れたり、空気が入って炭が灰になる場合もある。胴掘り

炭材を縦に詰めたら、細い棚木とキリコを詰めて、円形の型を作る。
煙突から木酢液をとる。
ベニヤ板 金網 鉄筋を張った上に耐火セメントを塗る。
長さ2メートル深さ30センチの穴を掘る。
敷き木
伏せ焼き
ステンレス板をかぶせ土をとのせて焼く。
煙道
焚き口
敷き木の上に炭材をのせ、細いあげ木、杉の葉ものせる。

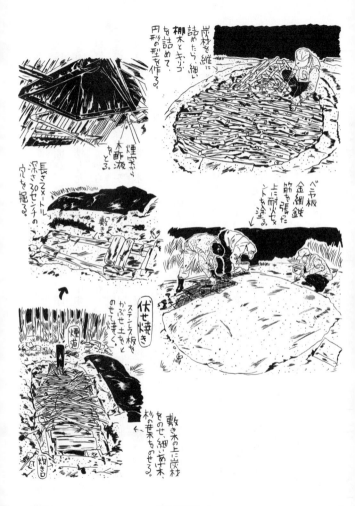

は二人がかりで丸一日かかる。

次に内壁を石組みで囲い、焼き土を水で練り、叩きつけるようにしながら隙間《すきま》を埋める。この壁土は、壊した炭焼き窯の土を利用するのが一番いいが、手に入らなければ、土を一度焼いてから使う。この作業にも一、二日を要する。さらに一番奥に煙道にする小窯の石組みをし、窯の中で数時間火を焚いて胴焼きして乾燥させる。

焚き口に石を組み、窯に木を詰める。炭材は三尺三寸。縦に隙間なく、窯いっぱいに詰める。その上に細かい棚木を横にして、互い違いに詰め、さらに細かいキリコをきっちり詰めていって円形の天井の型を作る。そうしておいて天井作りの作業にかかる。

以前は、天井は土で塗り固めた。天井に用いる土は焼き土でなければならず、ほかの窯の土を背負子で運び上げたり、鉄板で土を焼いて使ったりした。だが改良型の「清澄G式三号窯」は土は使わない。天井の丸みに合わせて鉄筋を組み、キャスタブル（耐火セメント）を厚く塗って仕上げる。これだと焼き土がなくてもいいし、天井の形に合わせて自在に作れる。水で練った土より乾燥が早い。その分、火入れが早くでき、火の回りもよく、良質の炭が焼ける。

炭を焼くとき、には、村人が集って手伝う。かつての農村には相互扶助の精神が生きていた。

初窯に火を入れると、窯に詰めた木も、天井のベニヤ板も燃えてしまう。窯はその火で焼き締められる。

「窯は天井が一番難しい。昔は練った焼き土を持って、パンパン叩いて固めていく。火を入れて叩く。炭を焼いてる途中で窯の天井が崩れて小屋が焼けたり、山火事になったりする。いまでも一窯目はヒヤヒヤで落ち着かない」

現在の窯は木を詰めた型をダンボールで覆い、その上にベニヤ板を張り、金網、鉄筋で補強しキャスタブルを約一〇センチの厚さに塗る。

男たちが焚き口の火を凝視する。煙突の煙の色を見、臭いを嗅いで、窯と対話する。炭に魅せられ、ひたむきな情熱を注ぐ男たちの生き様が清々《すがすが》しい。

メンパ職人伝
土川昌廾さん81歳
メンパ作り一筋60余年。
薄く削った檜板を曲げてメンパやお盆などの容器を作る。
725

山仕事の多い木曽谷や伊那谷の人々の暮らしに、メンパは欠かせない生活道具だった。男たちはメンパに一升飯を詰めて山に入ったのだ。木曽のメンパは檜《ひのき》材を曲げて作る。極限まで湾曲させた張りの緊張感と、柔らかい曲線が作り出す美しさ。その上、軽く、通気性に優れている。機能美の極致だ。

通気良、腐敗防止…機能的にも合格の屋外グッズ

かつて、杣《そま》や木挽《こび》きなどの山仕事に従事する男たちはメンパに弁当を詰めて山へ入った。合わせメンパはふた側にも飯を詰めると一升キッチリ入る。容器とふたの両方に飯をギュウギュウに詰め、重なる部分は「毛抜き合わせ」といわれるほどだった。箸を突きさすと、抜けずにメンパが持ち上った。現在《いま》のように機械力が導入される以前の山仕事は重労働で、並の働き手なら山で一升の飯を二回に分けて食べる。

山師は、まだ夜が明けない早朝の山に入る。現場に着いたら焚火を燃やして、仕

事にかかる。山は冷えるので焚火は欠かせない。この火の中に小石を入れて焼く。

一仕事終った十時に一回目の飯を食う。このときは漬物をおかずにしてふた側の飯を食う。二回目は午後の二時ごろ、このときに空になったふたに、持ってきた味噌を入れ、採取したノビルやタラの芽、ミズナなどの山菜、あるいは沢でイワナやヤマメを捕って素焼にしておいて入れ、焚火にくべて焼いた石を放り込んで煮立て、味噌汁を作っておかずにした。焼き石を入れると一気に沸騰して間欠泉のように吹き上がる。舌が火傷するほどに熱い汁が、ことのほか旨い。

木製のメンパは軽いうえに通気性がよく、容器が汗をかいて飯がベチャベチャになることもなく、腐敗も防げた。さらに檜のメンパは温かいご飯を入れても木の匂いが移らない。その上、丈夫で、大事に使えば一〇年、二〇年は楽に持ち、ほとんど一生ものだった。

メンパを始め、セイロや丸盆、丸重箱などの曲物《まげもの》を作る職人を、信州では「曲物《まげもの》屋《や》」、あるいは「曲師屋《まげしや》」ともいった。因《ちな》みに板物を作る職人は「指物屋《さしものや》」といった。

木曽路、中山道沿いの宿場町として栄えた木曽福島、平沢、奈良井の宿は、古くから漆器の産地としても知られているが、漆器の木地である板物と曲物作りは、土地により職分がはっきり色分けされ、平沢は板物、奈良井は曲物が主体だった。

その発祥は慶長年間（一五九六～一六一五）ともいわれるが、宝暦三年（一七五三）刊の『千曲《ちくま》の真砂』に「此宿（奈良井）、椀折敷、又曲物重箱のたぐひの細工する。名物也」とあり、江戸から明治にかけて、木曽御料林の檜材を用いて曲物作りが行なわれ、野麦峠や開田高原、遠く山を越えて県外にも出荷されていたようだが、主力はお櫃《ひつ》や盆など、農家の日用品が多かったらしい。

単純に見えて、細部にまで工夫と職人の技が

「奈良井は昔は〝奈良井千軒〟といわれて栄えた宿場町だが、山国で水田が一枚もない土地だでね。畑も家のおかずにする程度。手に職をつけるしかなかっただね。それで曲物屋に弟子に入っても、仕事がないときには山仕事や養蚕《おかいこ》の手伝いなんかもしただよ」

柾目取りした檜板を「割り包丁」で薄く割る。
柾目を切らないように薄く削る。「銑」が使いこなせるようになって一人前。
脇当て」をつけ、台と板を固定して銑で削る。
薄く割った板を「銑」で削り、さらにカンナをかけて仕上げる。

土川《つちかわ》昇一さん（八十一歳）は、十八歳で家業を継ぐべくこの道に入り、以来六十余年曲物作り一筋に生きてきた。三代目になる。

奈良井の曲物は、明治二十年（一八八七）ごろから東京の蕎麦屋で使うソバブタやセイロなどを作るようになり、大正十二年（一九二三）の関東大震災以後は大量注文がさばききれない時代もあった。戦後間もなくの頃には曲物屋が三十数軒、職人は一〇〇人以上もいた。当時は町を歩けば、どこの家からもキュッキュッという銑《せん》で板を削る音が聞こえた。

「修業は父親についてやった。職人気質で何も教えてくれんでね。下仕事をさんざんやらせ、自分で道具の使い方を覚えてから、やっと仕事をさせてくれた。親子でも仕事となりゃ厳しいだで、〝なまはんちゃくで一人前になれんか〟って叱られてたね。それでも小さい時分から仕事場に入っちゃあ、見よう見真似でいたずらしてたで、普通の職人が一〇年かかるんを七年くらいでやったでね」

職人の技は教えて覚えられるものではなく、習練、熟練で体に染みついた勘が大切である。曲物作りは、まず檜の原木を玉切るところから始まる。曲物作りに使われる檜は御嶽《おんたけ》山麓で育った樹齢三〇〇年以上の良質の天然木に限られる。植林され

削った薄板を熱湯で20〜30分煮たあと、「ほた」に巻きつけて曲げる。

ほた
（堅木）

作るものの型に合わせて板を曲げる。

ケヤキの皮
「木さし」

「木さし」で穴をあけ、山桜の皮で縫う。

木製の「はさみ」で挟んでそのまま乾燥させる。

「丸重箱」

「小判型弁当箱」

「メンパ」合わせメンパともいい、フタにも飯を詰め、二升メンパともいわれた。

た木は成長が早く、大木にはなるが、木目が粗くて曲物には使えない。曲物には木目が密で、粘りがある木でなければならない。

玉切った原木を木口《こぐち》からミカン割りに立ち割り、材質を見て柾目《まさめ》、板目などの木取りをする。木を見る目が必要だ。次は柾目にそってヘギ庖丁（割り庖丁）で薄板に削ぎ、銑でさらに薄く仕上げる。銑は馴れないと刃が入りすぎて板を途中で切ってしまう。木目を切ってしまうと、曲げたときに折れたり、ササクレになる。昔から、銑が使えて一人前といわれてきた。

銑で板の表面を削ったあと、荒しこ、中しこ、仕上げ鉋《かんな》と鉋をかけて薄板を仕上げる。機械で削り、紙ヤスリでこすって、目止めの粉を塗って表面を平らに見せかけるような手抜きは職人の恥だ。

薄く削った板をカマに入れ、八十度以上の湯で二〇～三〇分煮て柔らかくして曲げの工程に入る。盆や丸重などの丸物は、ホタと呼ばれる堅い丸太に巻き、メンパや小判型の容器はそれぞれの型に巻く。曲げるときには薄板の木表（木の表皮に近い方の面）を内側に、木裏を外側にして曲げる。こうすると、曲げた部分の目がはぜない（立ってこない）し、折れることもない。

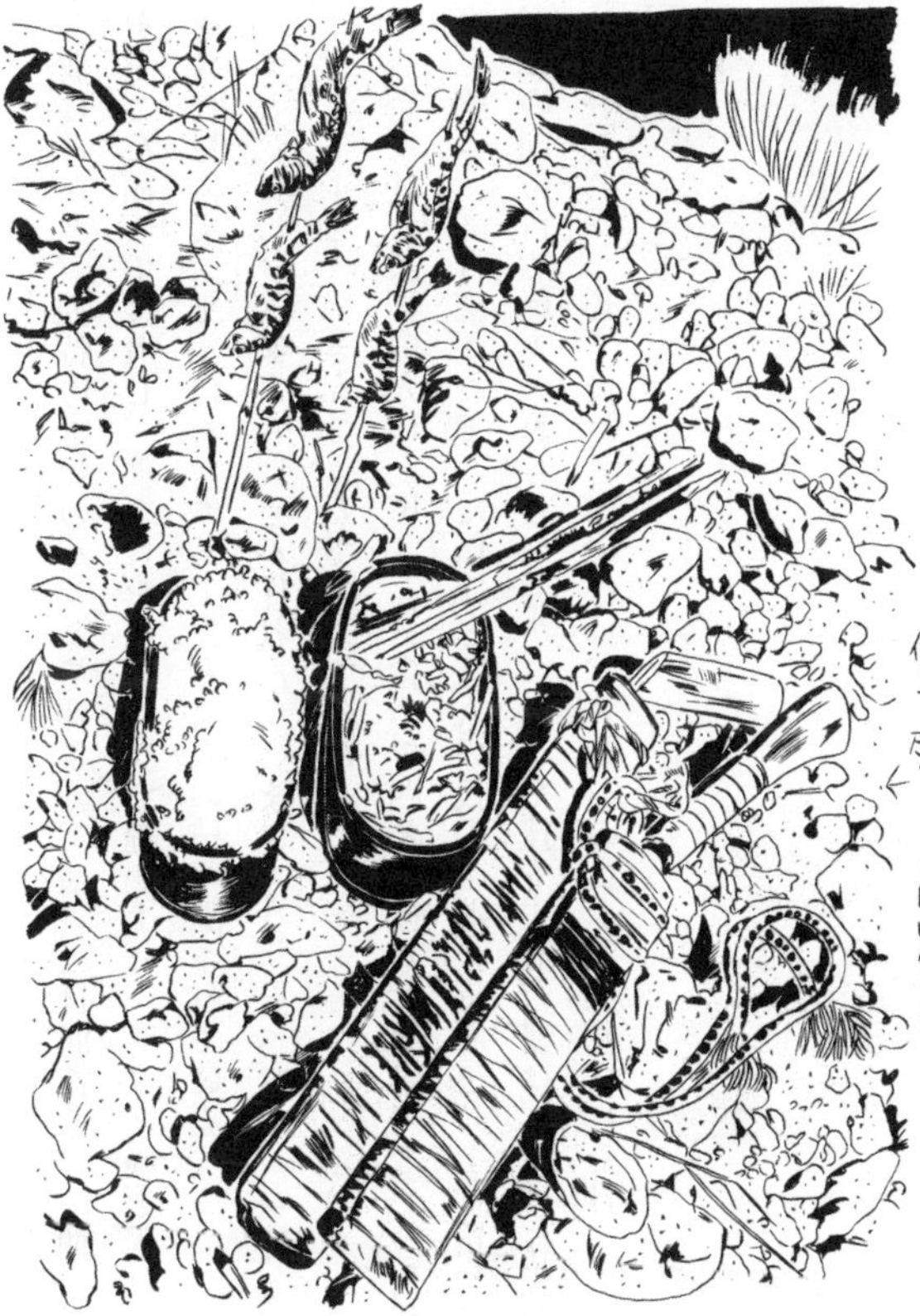

メンパは山仕事に欠かせない
弁当。蓋にも飯を詰め、
十時頃食べたあと、味噌汁を
作って残りを三時に食べた。

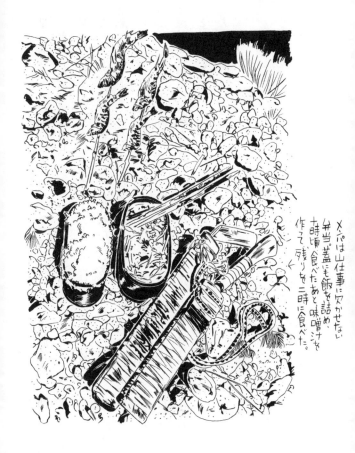

型で曲げたあと、独特の木製のハサミで押さえ、二、三日間乾燥し、押し糊（ご飯粒を潰した糊）で接着し、継ぎ目を山桜の皮で縫い上げ、フタと底を入れて完成。一見単純に見えて、細部にわたって工夫と職人の技が隠されている。

「ならすと一日に一〇個ぐらいしか作れん。いまはもう年とったで、女房と二人、気楽にできてよし、できんでよしでやってるだね」

現在、奈良井の曲物職人は土川さんを含めて四名、後継者も育たない。何代にもわたって築き、受け継がれてきた伝統と職人の技も、消え行く運命を背負っている。だが、この国の自然風土と暮らしに磨かれてきた技や生活習慣は、簡単に失われることはない。いつか必ず後継者が現われ、メンパの良さが見直される日がくると信じたい。

モジリ漁外伝
鍋田進さん(46歳)〜モジリ漁歴約30年。自他共に認める第一人者、名人だ。
口の直径2メートル、長さ6メートルの巨大なモジリを急流に沈め、ウナギやアユ、モクズガニなどを捕獲する。

モジリ漁は富士川下流、山梨県峡南《きょうなん》地方に伝わる独特の漁法だ。モジリとは竹で編んだ筒で、ウナギなどを捕獲する筌《うけ》を巨大化した漁具のことだ。川の流れの変化を読み、天候を読み、日没に仕掛け、翌朝未明から明け方に引き揚げる、男らしい豪快な漁である。

刻々と変化する流れを読む、熟練たちの漁法だ

富士川は、釜無《かまなし》川、笛吹《ふえふき》川、さらに南アルプスに源を発する幾筋もの渓流を合して凜々と流れ下る、かつては日本三大急流の一つに数えられた大河だ。江戸時代には江戸と甲州、信州とを結ぶ交易、交通ルートとして栄え、「笹舟」「高瀬舟」と呼ばれた舟底の平らな荷役舟が、巨岩奇岩の多い富士川の急流で船頭の竿さばきを競い合った。

モジリ漁の起源は定かではないが、江戸時代にはすでにあったようだ。享保二十年(一七三五)の楮根《かぞね》村(現、富沢町)の差出明細帳に、村の石高一三八石三斗九

升、家数一一四軒、人数四三九人、馬三〇頭などと並んで「富士川にモジリ懸け申し候」との記述がある。

モジリ漁は富士川下流の漁で、身延《みのぶ》、南部、富沢町あたりが漁場だ。水量多く、急流をなし、川が蛇行して水が一カ所に集まる所が多い。水量しだいで漁が左右される。好天が続いて、いったん少なくなった水が増え始めると魚が動き出すといわれる。上流域に雨が降って増水すると川の澱《よど》みや岩の下に潜んでいた魚が激流に流されて大漁に恵まれる。しかし、流れは刻々と変化する。流れを読み、モジリを操作するには熟練を要する。

「モジリを操作するには、ツッパリとウケゾウの角度、ワイヤーの張り方、モジリの作り方など、応用力学がいるだ。それも机上の学問じゃ駄目だ。経験で学ぶもんだ」

鍋田進さん（四十六歳）。モジリ漁歴三〇年のベテラン。富士川流域に並ぶ者なき名人である。甲斐の知将、武田信玄を彷彿とさせる特異な風貌が印象的。

モジリ漁は、富士川漁協の組合員で漁業権を取得している以外に、モジリの鑑札がいる。「大モジリ漁許可証」は富士川漁協が出すが、権利料として一万円をおさめ、毎年更新する。現在、富沢町に三人、南部町に二人だけになった。漁期は十月一日から十一月末日までの二カ月間。モジリを設置する場所も毎年決まっている。

　モジリを作る職人はいない。すべて自分で作る。まず茅《かや》の束を火で炙《あぶ》って曲げて、直径二メートルのチ（輪）を作る。茅は細工が容易で、乾くと強度があり、水にも強い。輪《チ》は円型だと水圧で浮いたり、転がったりする。安定がいいようにカマボコ型に作る。また、ベソ（角度）を斜めにすることで、水圧を上からとらえ、さらに安定がよくなる。輪の周囲に、長さ六メートルの真竹百本余りを固定して漏斗《ろうと》型の筒を作り、先端に尻ビクを結びつける。ここが魚倉になり、モジリの語源にもなっている。作るのに大人数人で何日もかかる。

命を落とす危険もあるが、やめられない仕事だ

　ツッパリと呼ばれる丸太と、ウケゾウの孟宗竹で支柱を組み、モジリの三カ所にワイヤーを結び、対角に本線のワイヤーを張る。ワイヤーや針金のない時代には、

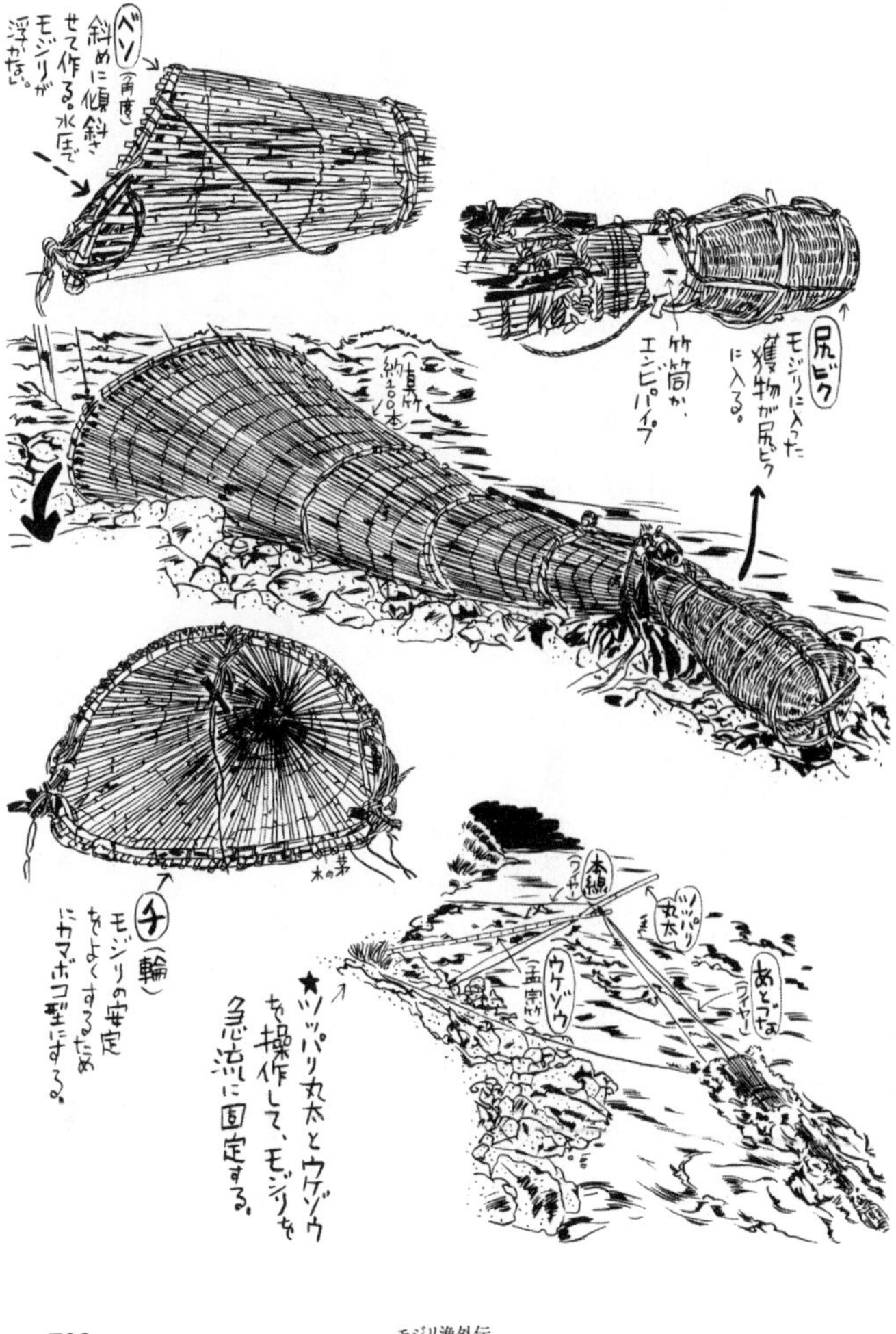
ベソ（角度）
斜めに傾斜させて作る。水圧でモジリが浮かない。
尻ビク
モジリに入った獲物が尻ビクに入る。
竹筒か、エンビパイプ
（真竹 約100本）
チ（輪）
モジリの安定をよくするためにカマボコ型にする。
木の芽
本線（ワイヤー）
ツッパリ丸太
あとづな（ワイヤー）
ウケゾウ（孟宗竹）
★ツッパリ丸太とウケゾウを操作して、モジリを急流に固定する。

竹を細く裂いて編んだ竹縄を使っていた。ワイヤーの張り方にも年季がいる。支柱を支える本線と、ウケゾウと平行して張る裏網とが直角に近いほど安定がいい。また、モジリに結《ゆわ》えた三本のワイヤーの位置や長さ、張り方で、モジリが水圧で浮いたり、安定が悪くなったりする。

モジリの操作は、ウケゾウの前後への移動でする。ウケゾウを前に移せばツッパリ丸太が前に倒れてモジリが沖へ移動し、後ろに引けば岸側に寄ってくる。

鍋田さんがウケゾウの太い孟宗竹を肩に担《かつ》いで操る。モジリが流れの芯をとらえる。ものすごい水圧がかかる。急流に逆らって波が立つ。竹が軋《きし》む。ワイヤーがのびきる。

バランスを取りながらモジリを仕掛ける位置に移動する。操作を誤まると、急流に持っていかれる。

モジリ漁は夜の漁である。安定を失うとモジリごと急流に引き込まれる危険がある。日中は危険防止のために禁止されている。古くは富士川舟運の荷役舟があったし、日中は釣り人や漁師、川遊びの人々がいる。つい数年前にも、川下りをして遊んでいた大学生二人が、下流に設置されたままになっていたモジリに吸い込まれて死亡する事故があった。モジリにはまると脱出は不可能。

刻々と変化する
川の状況を見ながら
モジリを移動する。
熟練を要する。
「ビクにずっしりくる
感じがたまらない…」
モジリは
日没時に
仕掛けて、
翌朝、引き揚げる。
大漁のときには、
体長1メートル、
2キロ以上のウナギが
2、30匹も入る。

水圧でどんどん奥に吸い込まれて身動きができずに水死してしまう。

モジリは日没時に仕掛け、翌朝未明から明け方には引き揚げる。川は生きている。急流は川底や瀬を浸食しながら、刻々と表情を変える。天候が変わりそうなときには一晩中、河原にいて川の状況を見ながらモジリを操作する。過去には急な増水でモジリが流されたり、漁師が川に呑まれたりする事故もあった。

モジリを引き揚げるのは重労働だ。モジリは水を吸って重い。急流に逆らって男三人がかりで引き寄せる。水嵩《みずかさ》が上がって漁があるときには一晩中、一、二時間ごとにモジリを上げる。男たちは眠気もふっ飛んで狂喜する。

尻ビクをはずす瞬間がたまらない。尻ビクをモジリからはずして逆さにすると、ゴミに混じってウナギやアユ、モクズガニ、ヤマメ、フナ、コイなど、雑多な魚が入っている。しかも大物が多い。ウナギは体長一メートル、重さは二キロを超えるのもある。大漁時には二、三〇匹も入ることもある。アユもハヤも大きい。

「昔は一回に二〇キロ、三〇キロの漁があった。最近は水量が減ったし、河原も荒れて、大漁は滅多にないが、モジリは一度やったらやめられねぇだ」

そういって鍋田名人は、いたずらを企む子供のように表情を崩して笑った。

富士月光
特製 富士月光作
富士川に棲息する大ウナギ。頭に包丁を打たれてなお猛然と歯をむいてくる。

「帰ってウナギを蒲焼きにして一杯飲んべぇ！」

鍋田さんが、モジリを川岸にしっかり固定しながら叫ぶ。大の男たちが大汗をかいて激流に挑み、終れば捕った魚と酒で気炎を上げる。

富士川のモジリ漁は原始的で豪快な男の漁であった。

鳥獣剝《はく》製《せい》師伝

山中卓さん（52歳）
剥製師20余年。「動物が
自然の中で生きたままの
姿に復元してやることが
罪ほろぼし供養…」

剥製《はくせい》は貴重な鳥獣の、生きたままの姿を復元し、後世に残す画期的な保存方法として開発され、普及してきた。日本における剥製の起源は定かではないが、近代の剥製の技法は明治初期にアメリカからもたらされたといわれる。現在、野生動物、自然保護運動の高まりの中で、鳥獣剥製師の苦悩もまたつきない。

生きたままの形により近く、それが唯一の供養

山中卓さん（五十二歳）。千葉県木更津市在住。鳥獣剥製師を生業として二十余年になる。師匠はいない。一匹狼、独学で技術を磨いてきた。

元々は和菓子職人だった。その後、職業を転々と変えたが、好きだった狩猟は続けてきた。ふとしたいたずら心で剥製作りに手を染めた。剥製の面白さ、難しさを知って、この道にハマった。

剥製には決まった作り方はない。誰もが手探りで、独自の研究をしてきた。生来の器用さと旺盛な好奇心に加えて、野生動物の生態や習性など、猟人《ハンター》としての観察

力と経験が役立った。評判は人づてに広がって名指しで仕事がくるようになった。

現在、日本剝製師協会々員。毎年行なわれる全国剝製コンクールで、鳥獣各部門で九年連続、最高点で金賞を受賞し、技術を高く評価されている。

「大事なのは観察力。その動物が本当に自然の中に生きているように復元してやる。それがせめてもの罪ほろぼし、供養だと思っている。剝製は肉体を切り刻んでやる仕事、とても無信心ではやれない。自分で撃った動物でなくても、作る前に鳥獣供養は必ずやる」

いろんな剝製の依頼が持ち込まれる。キジ、ヤマドリ、シギなど鳥類のほか、タヌキ、キツネ、イタチ、テン、サルからシカ、クマなど大型獣まで。ときにはペンギンなど珍種が持ち込まれることがある。

「何十年、剝製やっても嫌なのはサル。人間そっくりで気味が悪い。鳥と獣では剝製の作り方は根本的に違うが、昔からキジ、ヤマシギを作らせると剝製師の腕が分るといわれた。皮が薄くて柔らかい。これをこなせれば一人前といわれる。腕に自信のない職人はやる前に断る」

キジが作業台におかれる。肛門からメスを入れて胸の上まで切り裂き、内臓を抜く。肉と皮の間に刃を入れて皮を剝いでいく。薄い皮スレスレに刃が滑っていく。頭と手羽先、両足の部分を残して体を抜き取るように皮を剝ぐ。体の内部の肉と骨がすっぽり抜ける。肉が柔らかくて、皮が薄い。その間に刃を入れる。気を抜くと皮を裂いてしまう。年季がいる。昔は「皮剝ぎ三年」といった。

時代の流れとともに、剝製師の苦労は募る一方

除肉作業は根気がいる。皮を裏返し、細かな肉片まで残さず丹念に切り除く。頭も裏返し、頭蓋骨だけ残し、すっかり肉を除く。皮の伸びがいいように内側の薄い膜を剝がし、黄色い脂肪も残さずこそぎ取る。わずかでも残すとそこから腐りが出て毛が抜け落ちる。

仕上げに脂取り剤と呼ばれる薬品を塗って脂肪を分解し、柔軟剤で洗う。これは皮を滑らかにし、毛をふっくらさせるために欠かせない作業。髪用のリンスも効果がある。その後、脱水し、ドライヤーで乾かす。昔は、藁灰《わらばい》をまぶして水分を吸い

肛門から胸まで裂き、内臓を抜き取る。
ワール
頭を裏返し、腐敗しやすい肉片を残さず切り除く。
皮と肉の間にナイフを入れ、体をすっぽり抜き取るように皮を剝がす。
皮を裏返し、薄膜と脂を残さずこそぎ取る。
頭蓋骨（肉を除く）
脂肪を完全に抜き取ったあと洗って乾かす。

取った。毛並みに艶が出るといわれた。

さらに防腐剤を塗る。獣類はホルマリンを使うこともある。昔は有毒性の砒素《ひそ》を使ったりもした。薬品が手に入らない時代にはDDTを使う人もあった。薬品に独特の調合法があり、それぞれの剥製師の秘伝になっている。ここまでかかって、ようやく毛皮の処理が終了する。

毛皮の内側は詰め物をして形を作り出す。綿やぼろ布、新聞紙などを詰める人もあるが、乾燥が進むにつれて形が崩れてくる。出来が悪い剥製は見ていて飽きる。動物がみすぼらしく、痛々しくさえある。

「鳥は飛ぼうとしているときは体が縮む。首をちょっと振るだけでも体型が変わる。体の、あるべき部分に肉がついてなければ嘘になってしまう」

鳥獣類の生態の観察力が問われる。皮を剥ぐときにも、その動物の肉付きや首の長さ、各部分の寸法や特徴などをしっかり頭に叩き込んでおく。

胴芯は発泡スチロール製の市販品があるが、個体差があるので、山中さんは自作の型に発泡ウレタンを流し込んで作る。頭蓋骨に粘土で肉付けし、首の部分は綿を巻いて胴芯に固定して皮を裏返す。両翼の一枚目の風切羽根の根元に針金を刺し、

針金↓
発泡スチロール→
胴芯
発泡ウレタンを型に流し込んで作る。
頭蓋骨に胴芯を固定し、皮を表に戻す。
胴芯を詰めたら細かく肉付けし、縫い合わす。
肉だれにも粘土を詰める。
観察力が要求される。
★細かく肉付けし、ポーズを作る。
見た目の美しさより、自然の中に生きる姿に復元してやるのが剥製師の腕。いい作品は半永久的に保存できる。

粘土で肉付けして胴芯に固定する。左右の足にも針金を刺して動的な感じを出す。前足は足を平らに、蹴り足は爪先立つように中指の先まで通す。姿に応じた針金の刺し方がある。

綿を詰め、細部に手を加えながら腹部を縫い合わす。キジの場合は発情期の特徴である頬の赤い肉だれの部分にも粘土を詰める。

無残な死骸が剥製師の手によって命を吹き込まれ、蘇る。

「いい剥製は管理さえよければ半永久的に保存できる。鳥や動物が棲む自然を思い描かせるような剥製を作りたいと思っている」

鳥獣の剥製は、獲物を仕留めたハンターの成果を記念するトロフィー的な要素がある一方で、生きている姿を甦らせることで、自然を学ぶ手がかりにもなる。だが、現在、自然破壊、野生動物絶滅の危機が叫ばれ、狩猟と同時に剥製への風当りも強い。日本では欧米に比してスポーツ・ハンティングの歴史も浅い。猟人《ハンター》の質の低下、マナーの悪さも喧伝されている。

確実に野生動物の数は減っている。実際には乱獲より、開発による環境破壊の影響の方が大きいという説もある。狩猟界は毎年放鳥を行なうなど保護、繁殖に努力

人間の手にかかり皮を剥がれた鳥獣に再び命を吹き込む。

しているが、実際には人間に飼われた動物が自然界で生きのびて繁殖する率は極めて低いといわれる。

「昔は、店の前を通る子供が剥製を見て『すげぇ!』と言ったもんだが、いまの子は『かわいそう!』と言う。いい時代なのか、悪い時代なのか。この商売も肩身が狭い。やりにくくなった。私一代で終りだ」

山中さんの表情が曇る。剥製師の苦悩は深い。

杓《しゃく》子《し》職人伝
星孝七さん(77歳)
十五歳から独立して
一人で杓子ぶちで生
きてきた。叩き上げの
職人。

福島県檜枝岐《ひのえまた》は、奥会津二千メートル級の山々に囲まれた雪深い山峡の村。人々はわずかな平地に集落を作り、貧土に鍬《くわ》をふるって暮らしてきた。そして豊富なブナ材を利用し、杓子《しやくし》や曲物《まげもの》作りで生計を立ててきたのだった。たった一本の杓子にこめられた、複雑な工程、熟練の技、厳しい環境への思いを追う。

金物やプラスチック製の登場で、戦後は衰退一途

山深い農村、奥会津檜枝岐は四月中旬を過ぎても雪に覆われていた。道路こそ除雪されて乾き、屋根にも春らしい柔らかい陽光が照っているが、ぐるりと見渡す山々や路傍の墓や石仏は一面雪に埋もれている。道路も、ひとたび夜中に燧《ひうち》ガ岳《たけ》颪《おろし》の冷たい風が吹き下ろせば、路面が凍りつく。

山を背にした一面の雪景色の中に板囲いとブリキ板を打ちつけただけの簡素な杓子小屋が点在し、煙突からは乳白色の煙が立ち昇っている。昔からの檜枝岐の冬の風物詩にもなっている。

小屋は二間《けん》に二間半の四畳半。室内は二間《ま》に仕切られ、入口を入った所に二畳の土間があり、材料が置いてある。その奥が二畳半の板の間で作業場になっていて、ときに寝泊まりもする。傍らに暖房と杓子の乾燥を兼ねた時計型の薪ストーブがチロチロ燃えている。煤《すす》けた板壁には使い込まれた、さまざまな道具が掛けられ、作業場の中央には偏屈そうな男がデンと構えている。偏屈さは妥協を許さない職人の顔だ。星孝七さん（七十七歳）である。現在、檜枝岐で一七人に減った杓子職人の数少ない一人である。

「わ（自分）は十四歳から山に入って杓子ぶちやヘラぶちをやっただ。誰にも教えられねぇ。見て覚えて十五のときにゃ一人っこで独立して仕事をやっただ。若いときにゃ伐採もやった。木さ、いたずらして六十年の余になっぺか」

笑う表情が純朴で屈託がない。天真爛漫ないたずらっ子の顔だ。

かつて檜枝岐では、明治末期から大正、昭和にかけて、豊富なブナ材を利用した杓子作りが全村あげて営まれ、現在七十歳以上の男ならほとんどの人が杓子ぶちの経験を持っている。

昔は冬に木を伐採した。重い原木を麓まで運び出すのが容易ではなく、伐採現場に近い山中に簡素な杓子小屋を組み、冬の間、そこに寝泊まりして作業をした。里の家族は、山間にたなびく煙突の煙で、主の無事を知った。

無造作にみえても一本の杓子に一七の工程が

山では、杓子小屋は山腹の斜面を切り崩し、簡単な木組みをした。屋根や羽目板は、木をヨキ（斧）で板にぶち割ったブッサキで葺《ふ》いた。大抵は間口四間半、奥行二間半で、それが三部屋くらいに仕切られ、一部屋に一人から二人が入居した。入口を玄関《げんか》といい、筵《むしろ》一枚半程の土間に材料を置き、奥に二畳くらいの仕事場、その奥にジロ（炉）が切ってあり、ムコウジロといった。杓子小屋には数人の職人が共同生活をしながら二、三年山に籠《こも》って杓子を作った。間仕切りは筵を下げた程度の簡単なもので、おのずと他の職人の仕事ぶりを見ながら、技を磨き、出来を競い合った。

朝は夜明けから起き出して仕事を始め、夜は十時、十一時まで夜なべで働いた。

檜枝岐の
杓子小屋
杓子の幅を決め
芯材は落とす。
ブナの原木を玉切り、
柾目にスミカケする。
柾目に板を
割る。素性の
いい木が少なく
なった。
加工しやすいように
板の角を削り
落とす。
柄の部分を残して
板の両側から鋸
を入れる。
足は
第三の手。

雪深い山中に、杓子をぶつ音が絶え間なく響き渡った。

「昔は、杓子は出来が悪くても何でも売れただ。一日に一〇〇本以上も作った。大工の手間賃が六〇〇円の時分に杓子ぶちは一〇〇〇円とった。家の者《もん》は蕎麦しか食わなかったが、杓子ぶちの男だけは米が食えただ。それぐれぇ景気がよかった。戦後になって金《かね》杓子やらプラスチックのヘラなんかが出回って駄目になってきた。いまは出来が悪いと売れんで、やめた者が随分おる」

杓子はブナ材で作られる。ブナは生木の状態や、煮ると木質が柔らかくて加工がしやすいが、乾燥すると堅くなる。その性質を利用して、備長炭と同じように白炭の炭材として使われる。白炭は、一〇〇〇度を超える高温の火で焼いて、燃え盛る途中で窯から出し、水で湿らせたスバイをかけて火を消して仕上げる。鉄の焼き入れと同じで、硬い炭になる。ノコギリでは切れない。炭と炭を叩いて割る。強い火力が長持ちする。

ブナの杓子は水や湯につけても変形しないし、食物に匂いが移らない。プラスチック製は熱いものに不適だし、独特の匂いがある。竹製は水を含むと重いし、虫がつく欠点がある。

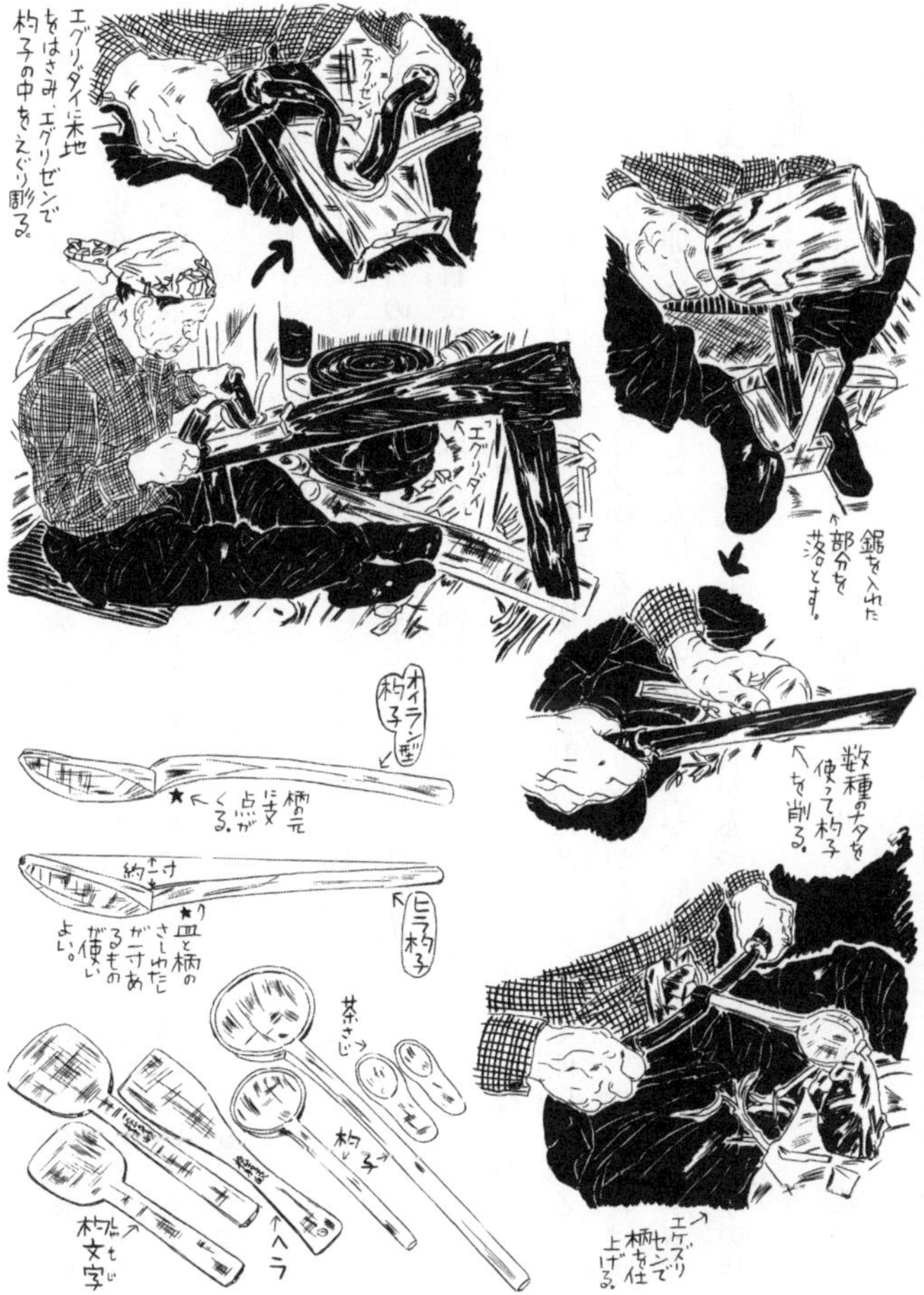
エグリダイに木地をはさみ、エグリゼンで杓子の中をえぐり彫る。
エグリゼン
エグリダイ
鋸を入れた部分を落とす。
数種のナタを使って杓子を削る。
エケズリセンで柄を仕上げる。
オイラン型杓子
柄の元に支点がくる。
約1寸
ヒラ杓子
皿と柄のさしわたしが1寸あるものが使いよい。
茶さじ
杓子
ヘラ
杓文字

現在、材料のブナ材は何人か共同で購入する。立木のうちに木の素性を見極めて契約する。現在、ブナの原木はスエクチ（元の直径）一尺二寸、長さ七尺の一石《こく》分で一万円近い値で取り引きされている。しかも、なかには柾目《まさめ》に割れない木もある。伐採された原木の一〇〇本に二、三本しか素性のいい木がなくなっているのが現状で、木を見る目が大きく影響する。

杓子は四寸物（約一二センチ）で五〇〇本を一俵に数える。一俵分の杓子の木取りをするには四石の原木が必要だ。出来上がった杓子は卸値で一本一六〇円。仕上がりに凝ると一日に約四〇本が限度。割に合う商売ではなくなった。

杓子作りには、およそ一七程の工程があり、細部に熟練した職人の技術が必要だ。まず伐採された原木を杓子の長さに玉切り、放射状にスミをつけて柾目《まさめ》に割る。一日分の材料分を割る。ブナは乾燥すると堅くなり、刃がたちにくい。できるだけ生のうちに手を加える。乾燥した木は、川の水に浸《ひた》すか、熱湯で煮て柔らかくする。夏に伐採した原木は貯木場に入れておくが木肌が赤っぽく変色する。秋伐りの生木は木肌が白く美しい。

柾目に割った板をさらに杓子一本分の厚さにコワリをし、両足で板を支えながら柄の部分を残して両側から鋸を入れ、ナタを入れてコガキオトシをする。これで板状の杓子の原型が出来上がる。

次にヒライダイと呼ばれる台にのせ、銑《せん》と数種のナタを使って柄や皿の部分を削っていく。杓子を持つ手スレスレに刃が打ち込まれ、見ている方が血が逆流する。イエケズリ、ツラキリ、アラキリ、セナカキリ、メンツキと細かな作業を経て、形が出来上がっていく。

最後に腹当てで杓子を支え、エケズリゼンで柄を仕上げ、エグリダイに杓子をはめ込み、エグリゼンで皿の部分を抉《えぐ》るように彫る。熱湯で煮たブナは柔らかく、豆腐でも切るようにくり抜いていく。最後に縁を仕上げる。作った杓子を部屋中に吊して乾燥させる。

無造作に作られているようだが、一本の杓子には木の素性と、機能性を見極めた職人の技が凝らされている。因《ちな》みに皿と柄の差し渡し（角度）は約一寸あるのが使いいい。角度が浅いと、底の深い鍋は掬《すく》いにくい。反対に角度がありすぎると、杓子を立てないとこぼれてしまう。重心が柄の先にきていると使いづらい。支点を柄の元におくとバランスがいい。縁の厚みによっても良否が分れる。また、素人は形や皿の内側を見るが、職人は皿の外側を見て腕を判断する。周囲が傘状に削ってあるのが腕のいい職人の手になるという。

いかに日常雑貨の杓子とはいえ、職人の手仕事に対する評価が低すぎる。

「この商売もだんだん難しくなってる。やめる者も増えるべぇ。昔も辛かったが、時代時代を面白く暮らしたな。欲かかなきゃそれでよかんべ」

星名人は気負いもなく、童《わらべ》のように顔をほころばせた。

石がち漁師伝
上手製造さん（59歳
石がち漁歴20余年
川とともに生きてきた。
蓑島博さん（58歳）
上手さんの相方。

厳寒の冬、凍てつく川に浸《つ》かり、川石を大ハンマーで打つ。石の下に群れて半冬眠でいる魚は、ショックで脳震とうを起こし、失神して浮いてくる。全国各地の河川で古くから伝わる原始的漁法が岐阜、長良川上流の深い山村にいまも存在していた。

石がち漁は、どの石を叩くか…。それがすべてだ

岐阜県白鳥町。長良川の最上流まで遡り、福井県との県境に接する雪深い山里である。大河、長良川もこのあたりまでくると水嵩《みずかさ》が少なく、急流はむき出しの巨大奇岩を噛んで激しい水音を山峡に響かせて流れ下る。

市街地を離れ、石組みの縁堤を駆け下って河原に降り立つ。密集した葦《あし》や低木が鋭く刃先を研いで行く手を阻む。激しい瀬音に交じって人声が聞こえる。吐く息凍る厳寒の冬の朝、川に半身をひたして漁をする男たちがいる。耳まで覆う帽子に防寒着を着込み、胸まである胴長を履き、手には鉄製の大ハンマー、カナテコ、腰に

はタモ網とビクを差した異様な風体の男たち。水面の乱反射防止用の黒眼鏡の奥の目が笑っている。

上手《かみて》製造さん（五十九歳）と蓑島《みのしま》博さん（五十八歳）の二人。白鳥町にいまも残る「石がち漁」の漁師だ。

石がち漁は、川が凍てつく酷寒の冬のみに行なわれる漁である。この時期、川に棲む魚は餌を捕食することもなく瀬の澱《よど》みの石の下に群がり、半冬眠状態で冬を過ごしている。漁師はそっと近づき、大ハンマーで渾身の力を振り絞って石を叩く。その衝撃と振動は、水中で増幅され、魚は突然のショックで一瞬失神状態に陥る。なかにはそのまま絶命する魚もいる。ハンマーを使う以前には河原の大石を投げつけた。まさに石がち漁は道具不要の原始漁法である。

「一昔前までここは川石の出荷地だった。それで石を切り出すときに使ったハンマーで漁をするようになった」

上手、蓑島両氏とも石がち漁歴約二〇年のベテラン。親戚同士であり、漁に出るときには常にコンビを組んできた。白鳥に生まれ育ち、幼い頃から川遊びや釣りに親しみ、現在は別に家業を持ちながら川漁の鑑札を持つ兼業漁師。アマゴやアユが解禁になれば川で姿を見かける方が多い。特に石がち漁への思い入れが強い。十二月から二月のシンシンと底冷えのする朝には心ここにあらず。

失神した小魚が白い腹を見せて、数匹浮いてきた

「石がちには条件がある。まず寒いこと。曇りや雪の日はぬくとうて魚は捕れん。朝からカラッと晴れて冷え込みのきつい日がいい。それに上流が凍って水嵩の少ないときでないといかん」

名人の鋭い視線が流れを射抜く。今年は例年になく暖冬で水量が多く、条件が悪い。普段なら河原で干上がっている石も流れに沈んでいる。魚がついている石を物色しながら川を遡る。

石がち漁は石の見方で決まる。石は流れの緩《ゆる》やかな澱《よど》みの比較的平らなものがいい。尖った石は底の方がバラス（砂利）で埋まっていて、魚が身を潜める窪みがないことが多い。

石がち漁の道具
「ハンマー」重量約10キロ。柄は粘りのあるカブラギ。
「カナテコ」石を動かす。
ゴム手袋
「郡上ビク」魚が傷まない。
タモ網
冷たい川に浸り、魚が潜んでいる石を探す。石の見方がすべて。
ハンマーを担ぎビクとタモを腰につけて川へ…。
川の澱みの石下に魚が群れている。底が窪んでいる平らな硬い石がいい。

ところどころ表面が白く欠けた石がある。過去の石がち漁の痕跡。チラリ一瞥《いちべつ》をくれただけで通り過ぎる。一度叩いた石には、その年再びほかの魚がつくことはない。

「あの石やってみるか！」

二人の視線が絡む。緊張が走る。静かに石を囲む。一人が大ハンマーを持ち、相方は石を剝《は》がすカナテコを構える。ハンマーは重量約一〇キロ。柄は手に振動がこないカブラギの木ですげてある。

カブラギは細くても丈夫で粘りがあって折れにくい。それでも振り方が悪いと折れてハンマーが飛んでいくことがある。大抵は替えの柄を、二、三本持って漁に出る。また、なかにはハンマーに柄をつけず、縄を結《ゆ》って振り回して石を打つ漁師もいる。

他地方では、ハンマーの柄にアカメガシワの細木を使う。アカメガシワは細くても弾力があって折れにくい。ハンマーを振るとヘッドの重さで弓なりにしなう。その反動を利用して打ち降ろす。元は石工が使ったハンマーで、石を打つ衝撃が強い。膝上まで川に浸かりながら腰をきめ、ハンマーを頭上高く振り上げる。狙うは石

ハンマーを振り上げ、石の芯を狙って打つ。芯をはずすとハンマーが横に弾き飛ばされる。

タモ網を構え、カナテコで石を持ち上げる。

脳震とうを起こした魚が石の下から浮いてくる。

石を叩くと振動は水の中で増幅される。

クチボソ、ハヤ、ウグイ、チチコなど雑多な魚が捕れる。

の芯の一点。芯をはずすとハンマーが横に弾き飛ばされる。事故につながることもある。呼吸を整え、渾身の力で振り降ろす。「キーン!」と鋭い金属音が空気を裂く。ハンマーが直上に弾き上げられる。その状態だと衝撃が石の芯を貫いている証拠で、手への反動が小さい。

水しぶきが上がる。波紋が流れを乱す。川苔のついた黒い石の表面が欠け、白い刻印が刻まれる。二度、三度続けざまにハンマーが打ち降ろされる。

石の下にカナテコを突っ込んで揺する。暗い水底から黒く変色した枯葉や藻屑に交じって、数匹の小魚が白い腹を見せて浮いてくる。流されないうちに素早くタモ網で掬《すく》い捕る。魚が失神している時間はほんの数秒。捕るのが遅れると、いち早く正気にかえって網を逃れる魚もいる。

石がち漁で捕れる魚はクソンボと呼ばれるハエの子、ハヤ、ウグイ、アカモト、チチコなど雑多な小魚が多く一般には雑魚《ざこ》の名でくくられる。また、さらに上流に行けばイワナやヤマメも捕れる。アマゴやアユの漁期には見向きもされないこれらの雑魚も、雪深い山間の村では貴重な冬の蛋白源として珍重されてきた。特に石がち漁で捕った魚はいい値がついた。

厳寒の川に石を打つ金属音が響き水しぶきが飛び散る。
キーン!

「網で捕った魚は押し潰されて身が傷む。動物でも一撃で仕留めないと血が肉に回るのと一緒。その点、石がちは一瞬に脳震とうを起こさせて捕るから味もいい」

石がち漁は、多いときには一つの石で三、四〇匹の魚が捕れることがある。一日で四キロ入るビクに二〇杯も漁があるときもある。以前は捕った魚を町に売りに行った。それで充分に暮らしが立った時代もあった。現在は川にも開発の手が入って昔ほど魚が捕れなくなったし、雑魚も売れる時代ではなくなった。

「いまは道楽半分、同じ漁でも網のほうがよけい捕れるし、釣りの方が技術が必要で面白い。いまどき石がちなんか能なしの馬鹿のやることじゃなかろうか」

名人がそううそぶき、笑い飛ばす。その笑顔の裏には、この石がち漁の本当の面白さが素人に分ってたまるか、という自信と誇りが見え隠れしている。

山スキー職人伝

奥山利明さん（52歳）
山スキー作り二代目。
手作りの職人は一人
になった。
素性のいいクルミの木で
作ったスキー板にアザ
ラシの皮を細かい釘を
打ちながら張る。

一口にスキーといっても、ジャンプ、ノルディック、アルペンなど競技によって異なり、また、雪国の暮らしに根差したスキーもあって種類も多い。その一つに、北海道には古くからアザラシの毛皮を張った独特の山スキーがあった。猟師や雪山の仕事に欠かせないこのスキーを、一枚一枚手作りで作る職人がいる。

建具職人から、猟師たちのために山スキー作りに

北海道では、その起源は定かではないが古くから山スキーを樺太《からふと》語でスト、あるいはゾンメルと呼んできた。北海道開拓の歴史の断片の中で、彼《か》の地から伝わったことは確からしい。

一説では、「ゾンメル」という名称は、ドイツ語の「Sommer（夏）」からの転訛《てんか》だといい、ドイツではサマースキーを「ゾメル・シー」と発音するのが、日本語読みで「ゾンメル」になったといわれる。その説にしたがうと、確かに、日本でもゾンメルスキー（短スキー）は春スキーや夏の雪渓を滑るのに使われることが多い。

山スキーはスキー板の滑走面にアザラシの毛皮が張ってある。アザラシの毛は短くて、堅い。下り斜面では毛が寝てよく滑るし、上り斜面では毛が逆立って滑らないので、勾配のきつい急斜面でも垂直に登っていける利点がある。

山スキーは、雪山で狩りをする猟師や冬山造材、送電線作業に従事する人たちに古くから愛用されてきた。彼らは人跡未踏の雪山に分け入って獲物を追い、作業をする。

険しい雪山はカンジキでは潜って歩きづらいし、普通の板スキーは板が長くて行動が制限される。体力の消耗も激しい。だが、山スキーは板が短いので、地形が複雑な雪山を歩くのに小回りがきくし、板の幅が広いので柔らかい雪でも潜らない。

山スキーはどんな山の傾斜地でも歩くように登れるし、下り斜面は一気に滑走できるほか、軽くて弾力性がある。雪に刺さらず、零下一〇度、三〇度という温度差、あるいは地域、地形による雪相に影響されない。また、毛皮に脂があるので濡れても水を弾き、滑りが落ちない。

奥山利明さん（五十二歳）。現在、北海道で手作りの山スキー職人はこの人一人だけになった。北海道が景気がよかった昭和初期ごろには各地に職人がいたが、ほとんどが転業、廃業した。また、最近は機械による合板製の板に毛皮のシールを貼りつけるだけの製品が出回って、昔ながらの職人の技を必要としなくなった。

奥山さんは山スキー作り二代目。初代は父、源太郎。山形県出身で本来は建具職人だった。昭和十年（一九三五）、二十四歳で北海道に渡った。長男、利明さんはその年に生まれた。建具職人を生業としながら、樺太から引き揚げてきたという人にスト作りを頼まれたことをきっかけに、以後五十余年にわたって山スキーを作り続けることになった。源太郎は昭和六十年（一九八五）に亡くなったが、その技は息子に引き継がれた。

金にはならないが、板作りの技は絶対守る!!

「建具の仕事はずっとジッチャンについて修業してきた。スト作りも手伝ったし、ジッチャンの仕事を何十年も真近で見てきたから、ジッチャンが何を考えながらストを作ってきたかもよく分る」

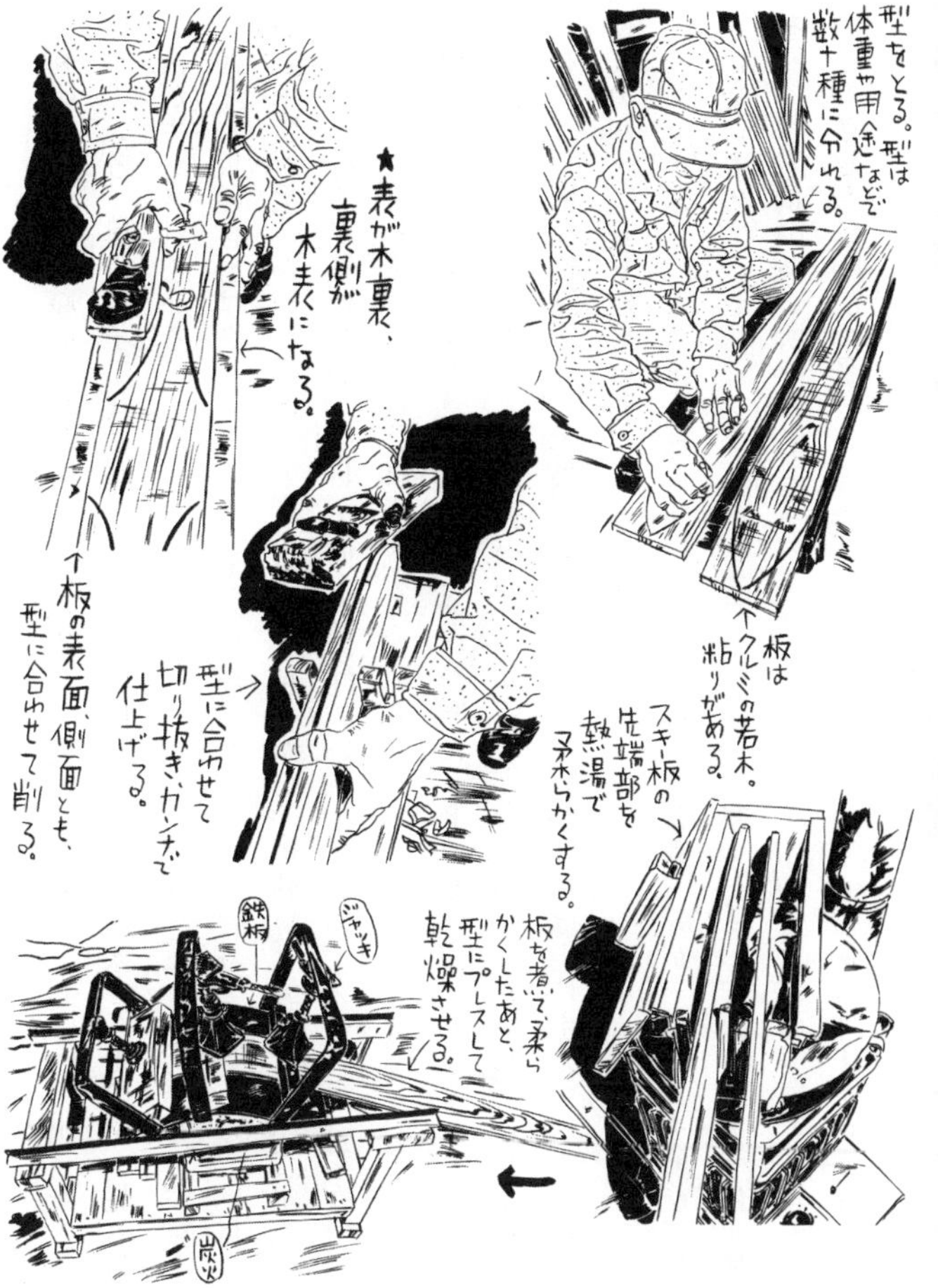

型をとる。型は体重や用途などで数十種に分れる。
板はクルミの若木。粘りがある。
★表が木裏、裏側が木表になる。
型に合わせて切り抜き、カンナで仕上げる。
板の表面、側面とも、型に合わせて削る。
スキー板の先端部を熱湯で柔らかくする。
板を煮て、柔らかくしたあと、型にプレスして乾燥させる。
鉄板
ジャッキ
炭火

利明さんは建具職のかたわら、いまも注文を受けて年間四、五〇台の山スキーを作っている。奥山父子二代にわたる山スキー作りは、建具職人としての木を見る目と技が生かされている。

スキー板の材料はクルミの若木。ときにキハダ、ナラを使うこともある。木は太いと木質が柔らかい。細木ほど密で堅く、粘りがあって強い。原木を取って木取りをする。軽くて狂わない、木目《もくめ》が揃った素性のいい木を選ぶ。クセの強い素性の悪い木は板材にしてから、ねじれや曲がりがくる。

原木を柾目《まさめ》の板に挽《ひ》く。板目だと、曲げた時にササクレが出てしまう。柾目に製材した板の、上面が木裏（芯に近い面）、裏の滑走面に木表（表皮側）にして木取りをする。板は乾燥すると木裏側に反りやすいためだ。木は山に生えている状態に使うのが、道具や建築の基本でもある。

山スキーは一般のスキー板より幅が広く、短い。普通、幅が一〇センチ前後、長さは短いもので一五〇センチ。雪が少なく、凍って堅くしまっている地方では小型を好み、雪量の多い所では潜らないように大型のスキーが好まれる。また、同じ猟師でも狐撃ちは幅広で長いスキーを、熊撃ちは幅が狭く、短いスキーを使う傾向が

ガスの火で板が焦げるほど熱して曲げる。
雪山の急斜面を垂直に登っても、後に滑らない。
スキー板の裏になめしたアザラシの毛皮を張る。
半なめしの毛皮は接着剤がきかない。釘三〇〇本で張る。
一本ストック
★山スキーは、猟師や、冬山で送電線修理の人たちに欠かせぬ必需品。

ある。平原での猟と、奥山で獲物を追う猟の違いが、スキーの形に表われる。

山スキーは気候風土といった地域性の用途、さらに体重などでも大きさが違ってくるため、作りおきはできない。注文を受けてから作り始める。

まず、板を挽いて乾燥させてから型取りする。

型に合わせて切り抜いたら先端や板の表面、側面をカンナで仕上げ、先端部分を熱湯で煮て型に固定し、鉄板の裏から炭火で熱し、急速に乾燥させて曲げる。さらに湾曲した鉄板の型にジャッキをかけて板を固定し、裏からガスの火で炙《あぶ》りながら板全体を曲げる。これらの型や道具は、先代源太郎が工夫して作りあげた。

板が仕上がると、裏に毛皮を張る。毛皮はアザラシ。昔はトドも使ったが毛皮が厚くて重いために嫌われる。アザラシの毛皮は、網走などオホーツク沿岸の毛皮屋や、まれに秋アジの網にかかったアザラシを漁師から仕入れる。

昔は、冬の海に出てトドやアザラシを獲る猟師が大勢いたし、ロシアの毛皮商人に雇われて、船や、流氷に降ろされて猟をする者がいて、トドやアザラシの毛皮は入手しやすかった。

奥山さんは半なめしの皮を張る。半なめしの皮は脂がたっぷり残っていて、雪や川の中を歩いても水を弾く。毛は雪や氷がついても、滑走を損なうこともない。また張るときにも伸縮自在で毛並みが揃えやすい。

しかし暖房のきいた作業場は、強烈な脂の臭いが充満し、嘔吐しそうになる。だが、しばらくすると鼻が馬鹿になって、気にならなくなる。人間は、この異臭に満ち溢《あふ》れた社会を生きのびるためには、もっとも敏感な嗅覚をいち早く麻痺させる能力を身につけなければならなかった。

半なめしの毛皮は脂で接着剤がきかないため、釘打ちで張っていく。六ミリから一〇ミリの釘を、一枚の板に三〇〇本使う。

「毛皮は背中の部分が毛並みが揃って、見た目もきれいだが、アザラシはあれだけの重い体で這って歩いても腹の毛は抜けないから、ハラセの方が丈夫だという人もある」

雪解けの春山や、夏の雪渓は、雪がザラザラで、スキー板に引っかいたような傷がつくが、それでもアザラシの毛皮は丈夫で、毛が抜けない。

毛皮の張り方は、全面張りの場合、板の滑走面だけを張る方法と、板の側面まで張る巻き皮の二種類ある。巻き皮のスキーは雪上を斜めに滑ったり、シバや笹を踏んでも音がしない。特に狐撃ちの猟師が好んで使う。

毛皮を張るには熟練を要する。毛皮を水でうろかし（ひたし）、毛並みに気を配りながら張る。毛並みを無視するとスキーが思わぬ方向に滑るし、作り方が悪ければ事故につながる。

山スキーは全面張りで五万円前後の値がついている。北海道が開拓に湧き、活況に満ちていた時代には山スキーは需要に追いつけなかった。しかし、現在は一度作ったら一生使うようになった。猟師も、獣肉や毛皮の値が極端に下落して商売にならなくなり、銃を置く猟師が多くなった。毛皮が手に入りにくくなり、値も高くなった。

「本当は、山スキーだけ作っていても飯は食えない。ただジッチャンが始めた仕事だから、絶やさないで続けている。誰でもできる仕事じゃないから、ちょっとは自分を自慢できる」

寡黙な二代目名人は温和な笑顔で、きっぱりと言いきった。

とりもち職人伝
金子克己さん(55歳)
とりもち作り三代目。

とりもちで蟬《せみ》や蜻蛉《とんぼ》を追って遊ぶ子を見かけなくなって久しい。とりもちはどこへ行ったのか。遠い幼い日の思い出と共に失われてしまったのか。どっこいとりもちは生きている。三代にわたって守っていた。

息をつめて竿をのばしたときの、あの胸の鼓動!!

男の子なら誰でも、幼い日にとりもちの竿を手に野山を駆け回った経験がある。夏の暑い昼下がり。麦藁帽子。鼻の頭に吹き出した汗。うるさいほどの蟬しぐれ。川面を飛び交うオニヤンマ。手に唾《つば》をつけて竿先に巻いたとりもち。息をつめて竿をのばしたときの胸の鼓動。蟬のオシッコ。とりもちにくっついて羽がちぎれたトンボ等々。なつかしい思い出が、走馬灯のように甦る。

かつて、とりもちは駄菓子屋で売っていた。店では計り売りをしていた。棒を持って買いに行くと、お婆さんが手に石けんをつけてとりもちをつけてくれた。一〇〇円だった。また、年寄りは切り傷やアカギレに効くといって、小さなブリキ缶にとりもちを入れて使っていた。とりもちは庶民の暮らしに馴染《なじ》んでいた。

「一番景気がよかったのが終戦後の数年。製造が間に合わなかった。職人も大勢使っていた。できるそばから出荷。集金に行くとリュックサックに札をギュウギュウ詰め込んで帰ってきた。当時は需要のほとんどが子供の遊び用。その後、高度成長期のピークに合わせて急激に減りました」

金子克己さん（五十五歳）が往年をふりかえる。克己さんはとりもち作り三代目。創業七〇年になる。初代は祖父。大正時代に日本で初の人工とりもちを発明、実用化に成功した。それ以前は天然とりもちしかなかった。

天然とりもちはモチの木の皮を叩いて作る。手間がかかり、生産に限界があった。特有の匂いも強かった。人工とりもちの主原料は生ゴムと松ヤニ。原料も安い。大量生産も可能になった。人工とりもちは急成長を遂げた。しかし、戦後一時期のそれは、あだ花的な狂乱景気でしかなかった。

とりもちの本来の用途は野鳥の捕獲用。英語でもBird Limeと呼称する。日本では、古くは野生の鵜《う》や鴨、メジロやウグイスなどを捕った。鵜は、渡り鳥である海鵜が、断崖絶壁につながれた囮《おとり》の鵜に誘われて舞い降りたところを、身を潜めていた捕獲人がとりもちの竿を出して捕まえる。

何を添加するかに、一子相伝の企業秘密がある

鴨の捕獲法が変わっている。棲息地の湖沼の岸辺あたりに、とりもちを塗った縄を何本も張っておく。鴨が脚で摑《つか》むとくっつく。鴨用のとりもちは濡れても大丈夫のように特殊な加工がしてある。メジロやウグイスは竿でも捕るが、本職《プロ》は木の枝にとりもちを塗っておく。巣から孵《かえ》ったばかりの雛がかかる。

とりもちには、赤、青、白、鼠色などがあり、保護色として使い分ける。因《ちな》みに青は若葉の季節用。(注) 現在は、とりもちによる鳥の捕獲は調査などを目的にしたものに限られ、許可が必要)

その他、とりもちはさまざまな分野で使われている。ネズミやゴキブリ、毛虫など害虫駆除や、建築用のメジ止めパテとしての依頼もある。以前は、蝿《はえ》の多い東南アジアに輸出した時代もある。変わり種は痔の治療薬。ときどき引き合いがある。

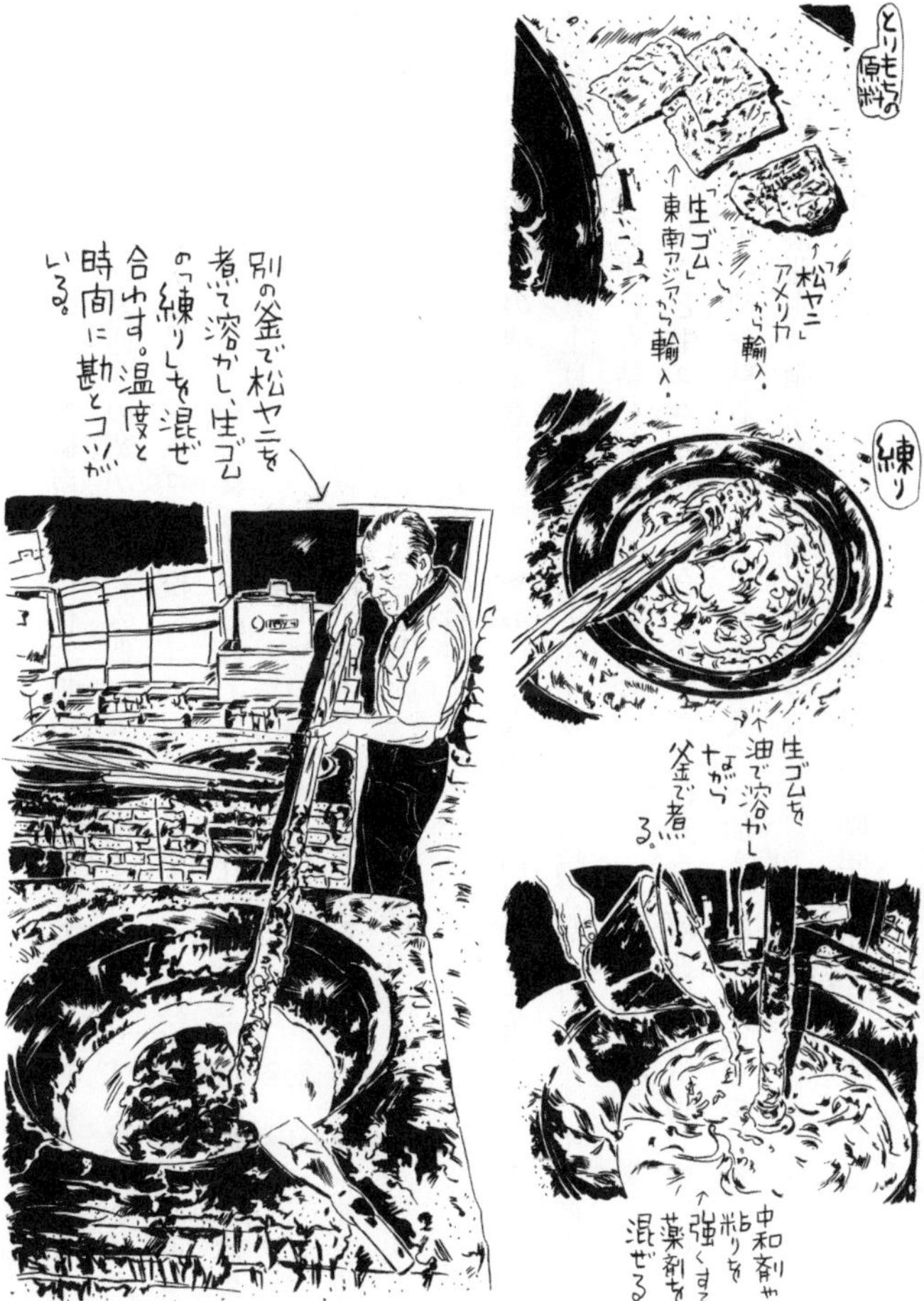

とりもちの原料
↑「松ヤニ」アメリカから輸入。
「生ゴム」↑東南アジアから輸入。
練り
↑生ゴムを油で溶かしながら釜で煮る。
↑中和剤や粘りを強くする薬剤を混ぜる。
別の釜で松ヤニを煮て溶かし、生ゴムの「練り」を混ぜ合わす。温度と時間に勘とコツがいる。

とりもち作りの工場は船橋市郊外の住宅地の一角にあった。十数坪の薄暗い工場内の中央に、レンガ作りの窯《かま》があり、六個の大窯が配されている。すでに火が入っている。ムッとする暑さ。生ゴムと松ヤニの匂いが鼻をつく。近所から苦情があるので、窓は閉め切ったまま。夏は四〇度以上になる。昨今の住宅事情が灼熱地獄を強要する。

生ゴムを油で煮て溶かす。ゴムは油で練ると柔らかくなる。生ゴムはマレーシアなどから輸入している。攪拌《かくはん》棒で練ること約一時間。茶褐色の飴状のゴムが練り上がる。濛々《もうもう》たる湯気の中、金子さんの顔が汗で光っている。

別の釜で松ヤニの塊を煮溶かす。釜の中が火山の火口のように煮えたぎる。泡が破裂し、蒸気を吹き上げる。松ヤニはアメリカからの輸入品。日本産、中国産も使ってみたが、いずれも結晶が残って不適だった。

溶かした松ヤニと生ゴムの練りを合わせてさらに煮る。攪拌棒と電動の攪拌機で練りながら、中和剤や粘着力を強めるための薬剤を加え、顔料で色をつける。また、ネズミ用には落花生の脂を入れて匂いをつける。

「何を添加するかに秘伝がある。企業秘密。祖父が晩年、床につくようになっても

顔料で色をつける。色は保護色。匂いをつけることもある。
飴ひきの機械で練る。季節、用途で硬さが異なる。
とりもちには昆虫用のほかに、鶫鴨、メジロなどの鳥用、ネズミ、ゴキブリ用などがある。
冷ましてから、手に石けんをつけて、一塊ずつ分ける。
★夏用、冬用など、季節によって製法が違う。

腹這いになって薬品を調合してました。書きしるしたものは残っていない。代々、腕と頭で伝えてきたもんですわ」

煮る際の温度と時間にも、熟練による勘とコツがある。とりもちには用途以外に夏用、冬用とがある。一般に夏用は硬く、冬用は柔らかく練ってある。

頃合いを見て、釜の中のとりもちをつまんで舐《な》める。溶け残った結晶の有無、練り加減と滑らかさを見るための欠かせない工程でもある。金子さんが小さく頷《うなず》く。

火を落とし、釜を冷ましてから手に石けんを塗り、とりもちの一塊を取り分けて、さらに練りをかける。以前は、飴職人と同じように壁の鉤に引っ掛けながら手で練ったが、現在は飴ひきの機械を使っている。

一日の生産量は二窯分。一窯が一斗カン二本半分の量になる。とりもち作りは秋以降が最盛期。灼熱と猛臭のさなかで、戦後の子供たちの夢を陰で支え続けてきたとりもち職人の、汗に濡れた笑顔が輝いていた。

房総潜水夫伝

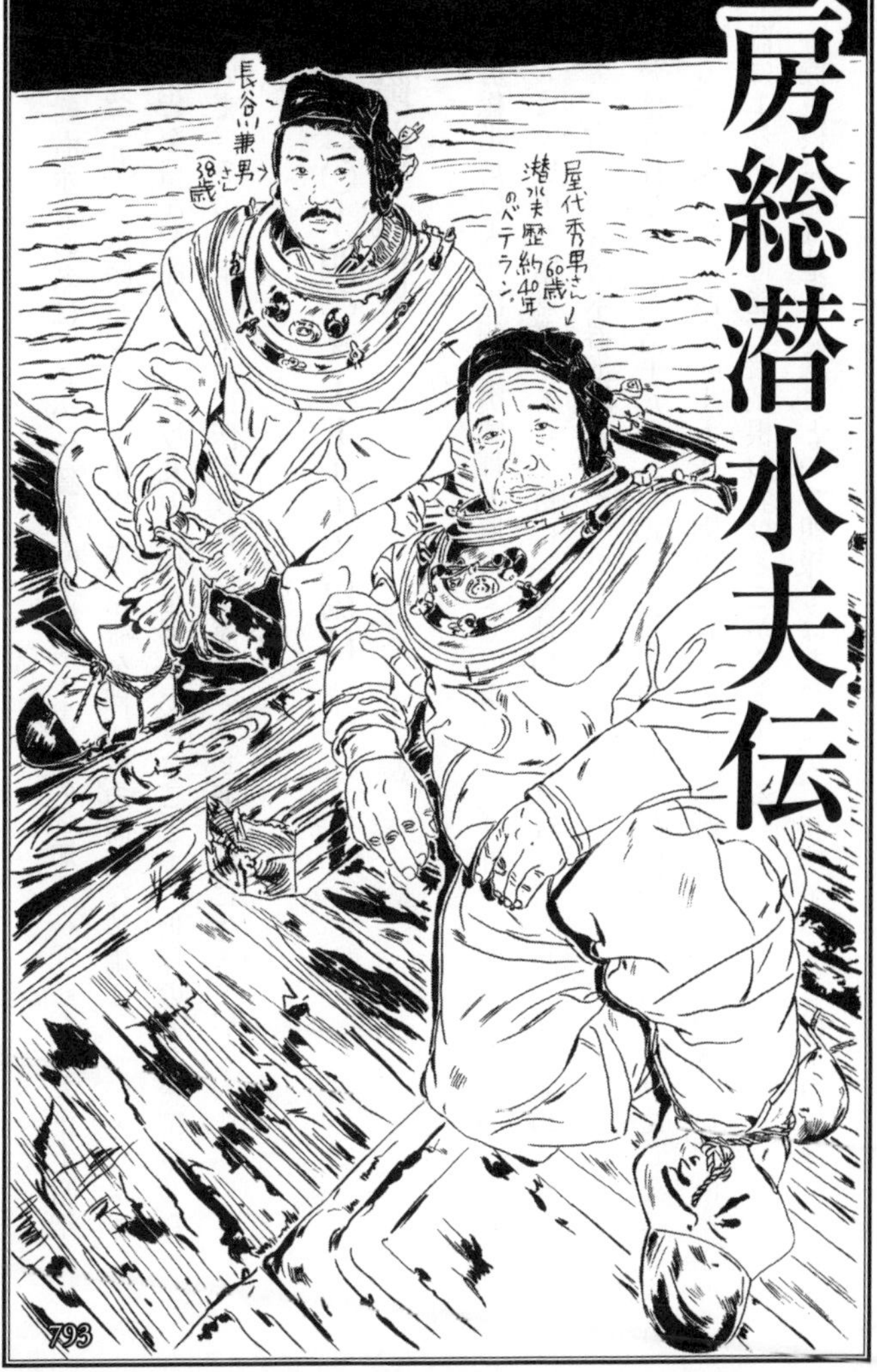
長谷川兼男さん(38歳)
屋代秀男さん(60歳)
潜水夫歴約40年のベテラン

房総潜水夫の名は、その勇猛な潜水技術で古くから知られている。大正十四年（一九二五）、水深六〇メートル以上の深海を裸同然の簡素な装備で、一〇万ポンドの金貨を積んで沈没した八坂丸の金貨を引き上げたことで、世界の人を驚愕させた。いま、その技術は末裔《まつえい》に伝えられ、深海のアワビ漁と共に生きている。

水深二〇～四〇メートルの漁場は、危険がいっぱい

房総半島の太平洋側、夷隅《いすみ》郡大原町より成東《なるとう》町に至る沖合に四方一七～一八キロにおよぶ広大な暗礁群がある。俗に「機械根《ね》」と呼ばれ、アワビ、サザエの宝庫として、古くから潜水器漁場となっている。

発見されたのは明治十八年（一八八五）。巻き網船が偶然網を引っかけたことによる。水深二〇～四〇メートル、潮の流れも早く、素潜りでは漁はできない。潜水器による漁のみ可能。機械根の名はそこからきている。

機械根発見は地域漁民にとって朗報ではあったが、利権をめぐる紛争の火種にも

なった。いち早く漁業権を取得、行使しようとする業者と、既得権を主張する各地区の漁業組合、地元漁民との間で長期にわたる激しい紛争が続いた。当初は潜水器の台数の制限もなく、一時は三〇隻近い潜水器船が入り乱れて無秩序にアワビを捕りあさり、乱獲で絶滅の危機に瀕《ひん》した。

その後、幾度かの調停、話し合いが持たれ、漁業権を各地区漁業組合共有とし、大原漁業組合に採鮑《さいほう》連合会を設立、操業船も大原二隻、成東一隻、他の夷隅郡各組一隻の割当を決め、操業、水揚げは一括し、利益半分のみ受け取ることになった。アワビの漁期も千葉県条例で四月一日から九月十五日までと決定した。

現在、機械根で操業する船は計四隻。一〇トン、ディーゼル二〇〇馬力、空気を送るためのコンプレッサーを積載した専用船で、乗組員は各船、潜水夫四人から五人に機関士、綱持ち合わせて八人から一二人。潜水夫をはじめ乗組員は組合と漁期のみの雇用契約を結んでいる。最低保証の基本給五～一七万円プラス船単位に水揚げ高の二〇パーセントが彼らの取り分になる。

早朝五時半、四隻の船が一斉に大原港を出港する。大原漁協船籍の大協丸には、屋代秀男さん（六十歳）を頭に、息子である屋代誠一（二十四歳）、奥田徳光

（四十四歳）、長谷川兼男（三十八歳）の四人の潜水夫が乗り込んでいる。

ぶ厚い毛糸の上下を重ね着しても、海底は寒い

潜水夫は炎天下にもかかわらず、出港前からぶ厚い毛糸の上下を着込んでいる。極太の手編みで四、五枚重ね着している。潜るときには、この上に布に生ゴムをはり合わせた完全防水の潜水服を着る。地上では目がくらむ暑さだが、深海では潮が冷たく、これでも身が縮むという。

機械根の漁場に近づくと潜水服を着る。潜水服は大きく重いので一人では着られない。二、三人の乗組員がつく。まるで舞台に立つ役者のようでもある。潜水服はつなぎになっていて首の所から足を入れ、台の上から飛び降りるようにして体をすっぽり入れる。袖に腕を通し、腰には太くて丈夫な腰綱をしばる。手首に海草を巻く。この海草は千倉《ちくら》周辺の海でしか採れないもので、セーム皮のように柔らかく丈夫で、水がしみ込んでこない。

水深20〜30メートルの深海は想像以上に寒い。厚手の毛糸の服を5、6枚重ね着する。
ハナガネ（真鍮製）約20キロある。
カマ（ヘルメット）をつけ梯子で海へ降りる。
潜水服は一人では着られない。他の乗組員に手伝ってもらう。地上では猛烈な暑さ。

襟口を折り、金具を取りつけ、締める。潜るときには、つま先に一〇キロずつの真鍮《しんちゅう》製の錘《おもり》がついた潜水靴を履き、胸と背に三〇キロの鉛の錘を下げ、さらにカマと呼ばれるヘルメットを頭からかぶる。総重量約六〇キロ。大人一人背負ったようだ。地上では自由に動くことができない。

また、潜水服は着脱が難しいので、いったん着たら漁が終るまで脱ぐことができない。そのため、小便をするときは、首のところからひもをつけたカンを入れて用を足す。潜水夫は女にはできない。

アワビを剝《は》がすイソガネとスカリ（網）を持ち、船の横に取りつけられた梯子《はしご》から海に入る。エア・コンプレッサーでヘルメットに空気が送られる。コンプレッサーが使われるようになったのは昭和十七年（一九四二）からで、それ以前は手押しポンプだった。昔の消防ポンプのように、ハンドルをギッタンバッコさせながら空気を送った。

海底まで一気に潜る。エアで膨《ふく》らんでいた潜水服が水圧で体に張りつく。エアホースに巻いた赤いテープが色を失い緑色になる。体が急激に冷え、手足が痺れ、感覚がなくなる。

海底まで一直線に潜る。約60キロの装備も水中では重さは感じない。
潜水服を着たら一日脱げない。小便も首からカンを入れて中でする。
海底を宇宙遊泳のように飛び回りながら漁をする。
イソガネでアワビをはがして捕る。
一キロを超える黒アワビと赤アワビ。キロ5千円余。

水深二〇メートルを超えると無音の世界。ヘルメットから吐き出す白い泡が煙のように立ち昇り、やがて水面に達すると弾《はじ》け、大きな波紋を作る。乗組員はそれで潜水夫の位置を知る。網持ちはホースを送り、たるむと引く。いまはヘルメットの内部に有線電話がついていて直接交信しながら海底の様子や位置などを知ることができるが、以前には交信は命綱だけだった。潜水夫が下から綱を引いて信号を送った。命綱やエアホースがたるんでいては微妙な伝達ができなかった。

船上でのてきぱきとした動きや船の操作といった喧騒をよそに、海底では孤独な作業が続く。潜水夫は深海を、まるで無重力の宇宙をただようごとく、身軽に跳びはねながら磯根にはりついたアワビを鮮やかな手さばきで剥がしていく。この時期、潮が舞っていて視界が一メートルくらいしかきかない。そうした悪状況の中にあって、熟練した潜水夫は自分の位置や方向を見誤ることがない。潜っていても潮の流れや根の走りで沖とナダを見分け、位置を的確に判断して船に指示する。

潜水作業は四人の潜水夫が二人ずつ組み、交互に、一日五回潜って漁をする。潜る時間は、水深二〇〜三〇メートルくらいでは一回の潜りが四〇分、三〇メートルを超えると二五分、二〇分と水深によって異なる。深海での作業はそれが限界である。それ以上潜ると潜水病の危険がある。一回の潜水を終えて船に上っても、冷えきった体が温たまるのに何時間もかかる。過酷な仕事だ。

潜水夫のほとんどが過去に何度も潜水病の経験を持っている。潜水病は潜水夫にとって最も恐ろしい病気である。何人もの潜水夫が命を落とし、後遺症に苦しんでいる。昨年も仲間のベテラン潜水夫が亡くなっている。潜水病は潜水夫にとって職業病であり、宿命でもある。

「いまは一日の漁で一〇〇キロ前後。一カ月フルに働いても三〇万から四〇万いけばいい方。割りのいい商売じゃない。七、八年前なら一シーズンに一〇〇トンを下らなかった。一月に七〇～八〇万は稼げた」

アワビ潜水夫は、かつて他の漁師の羨望の的だった。羽振りもよかった。大正時代には五〇〇円で家が一軒建つ時代に月に一〇〇〇円くらいの収入があった。県知事と肩を並べるといわれた。戦後は個人で漁をすることができなくなり、船の隻数も制限されたが、積年の乱獲が影響しているのか漁獲高はめっきり減り、いまでは年に二五トンが精一杯だという。往時の四分の一に落ち込んでいる。

「チリ津波や三陸沖地震のときにはアワビが異常に繁殖したことがある。あんときは漁獲も一気にあがって日に五〇～六〇万稼いだ。またそんなのを期待しているわけじゃないが、アワビの繁殖の周期があることは確かで、いまは最低のとき、いまに持ち直すと思うよ」

まもなく今年のアワビ漁も禁漁に入る。潜水夫も他の乗組員も翌年まで漁を離れて散っていく。他地方の比較的浅い海での漁や、港湾工事に雇われていく者もある。体が楽で稼ぎも安定している。それでも、房総のアワビ漁が始まれば、また戻ってくる。彼らには、かつて世界に名をはせた房総潜水夫の誇りがしっかりと受け継がれている。

ハツリ師列伝
河野岩男さん(77歳)→
弁甲材ハツリ師一筋、50余年。
木の素性を見てホンヅラ(木表)とシタヅラ(木裏)を決め、ハツリ斧《よき》一本でハツっていく。

宮崎県日南市の飫肥《おび》杉は樹脂を多く含んでいて水切れがよく、古くから造船用の弁甲《べんこう》材として造材されてきた。弁甲材は、ハツリ師の斧《よき》一本でハツられ、鼈甲《べっこう》型に仕上げられる。年季と熟練を要する伝統の技である。

杣人《そまびと》とも木挽《こび》きとも違う、熟練の技を要す専門職

宮崎県日南市油津《あぶらつ》。古くから飫肥杉の生産地で知られ、木材の町として栄えてきた。周辺の山々では終日、斧やチェーン・ソーの音が響き、倒木は大地を揺るがした。切り出された原木は、ハツリ師の手によって弁甲材に仕上げられ、木馬《きんま》や荷馬車で集積場まで運ばれた。町はいたる所、原木が積み上げられ、威勢のいい男衆の掛け声で賑わった。

飫肥杉は、他にくらべて肥大生長が特に早い。当然、木目は荒くなるが、樹脂を多く含んでいて粘り気があり、水切れがいい。そうした特性を生かして、飫肥杉は古くから造船用の弁甲材として特別に造林されてきた。

ハツリ師の斧でハツられた弁甲材は長持ちがする。鋸で挽《ひ》いた材は表面がザラザラして粗く水引きが悪いが、斧で仕上げられた材はツルツル輝き、野積みしてあっても水を弾いて腐りがこない。また、伐採した原木のままより、現場で余分な部分をハツってあるので、その分軽くなって、山出しや運搬作業に都合がよかった。

ハツリ師は、山で木を伐採する杣人とも、また原木を板に製材する木挽きとも職を異にする。独立した専門職であり、年季と熟練の技を要する。

「木挽きを何十年やっとるというてハツリはできんですもんね。自己流でもできん。三、四年は師匠について修業しないことにはやれんです。始めは小取《こど》り（手伝い）から入って仕事を覚えていく。斧は半年以上も持たしてもらえん。年季のいる仕事ですな」

河野《かわの》岩男さん（七十一歳）。十四歳でこの道に入った。途中、日中戦争、太平洋戦争と二度の徴兵で斧をおいた時期があるが、五十余年間ハツリ師一筋で生きてきた。師匠は父親。ハツリ師二代。

ハツリ仕事は、昔から「一《いち》振り二面《にめん》三ハツリ」といった。まず原木を返して木の「振り」を見て、どこをホンヅラ（木表）にするかを決める。振りは板材がいかに量がとれるかという最も重要な作業であり、木の素性と癖を見抜く目が要求される。

分どまりのいい仕事をするのが、ハツリ師の腕だ

「木の素性は木口《こぐち》（断面）を見れば分る。杉はサコ（谷）に育ったのがいい。オドかける（尾根筋）に立っていた木は風当りが強くて揉まれちょるからクセがある。製材にかけると板がクワーってソネ（反《そ》る）てしまう。そういう木はハツリも難しい」

ハツリの仕方で木のクセを抜くことも可能で、ハツリ師の腕で材木の値が変わってくる。

ホンヅラ（木表）とシタヅラ（木裏）を決めたら、ハツる面に墨壺で墨を打つ。原木の端から端まで墨糸を張り、指で弾くと狂いのない直線が引ける。このときは木の素性を見極める目が求められる。それによって、無駄を少なくして、狂いのない良材が取れる。墨打ちがすんだら、木口の部分をチェーン・ソーで落としてから、斧一本でハツっていく。

飫《お》肥《び》杉の原木にホンヅラのハツる面に墨を打つ。
ハツリ師の七つ道具
チェーンソー
ツル 丸太をはね出す
皮剥ぎ
マンリキ 丸太を転がす。
砥石
カブヨキ
ハツリヨキ
墨つぼ
ハツリ斧を砥ぐ。切れ味が決まる。砥ぎで一回砥ぐと三本ハツれる。
墨を打ったら木口《こぐち》の部分にチェーンソーを入れる。

河野さんがハツリ斧を手に原木の上に乗る。ハツリ斧は柄が五尺と長く、刃の差し渡しは二〇センチ余もある。一見、中世の首切り斧を連想させる。重さは約六〇〇匁《もんめ》、昔は一貫もあり、強靱な体力が必要だった。斧の重さで振る。ハツリ師の体と長い柄が一体になって振り子のように規則正しく上下する。

ハツリ斧が宙に弧を描き、足元スレスレに振り降ろされる。刃が木に食い込む。カツッと乾いた音がする。木片が飛び散る。斧の刃が木に食い込むたびに、木片が弾かれるように飛び散っていく。墨を打った線に合わせて垂直にハツる技は一朝一夕には成しがたい。

未熟な者がハツった材は木口から見るときれいな弁甲型にならず、天が狭く、地が広い三角形になっていることが多い。そういう材を平板に製材すると切り落とす端材が多くなるので分《ぶ》どまりが悪い。いかに分どまりのいい仕事をするかがハツリ師の腕だ。

腰を丸め、首を下ろして視線をハツる面と垂直におく。斧は手で振るのではなく、体で振る。腰を支点に上半身を振り子にし、視線は墨線を上下する。熟練した職人は墨を打たなくても寸分の狂いもなく真っすぐハツる技を持っている。

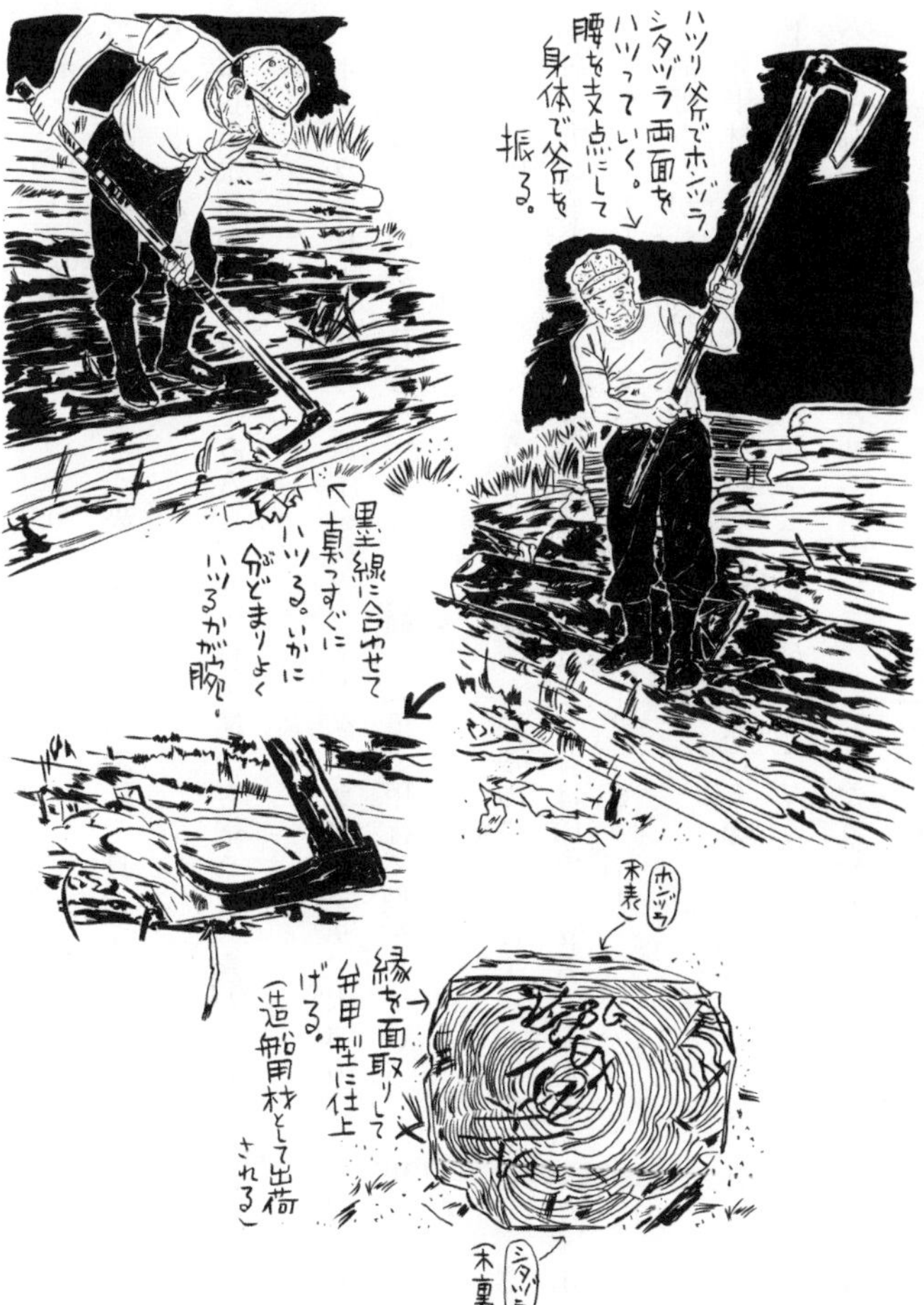
ハツリ斧でホンヅラ、シタヅラ両面をハツっていく。腰を支点にして身体で斧を振る。
墨線に合わせて真っすぐにハツる。いかに分《ぶ》どまりよくハツるかが腕。
ホンヅラ
(木表)
縁を面取りして弁甲型に仕上げる。
(造船用材として出荷される)
シタヅラ
(木裏)

「ホントにいい弁甲材は、ハツったホンヅラを上にして元《もと》（根に近い方）に砥石をのせて刃物を砥ぐと、研ぎ汁が裏（先端部）の端まで真っすぐに流れ通るぐらいじゃないといかん」

試しに水筒の水を流してみると、弁甲材の端から端まで、水が一直線に流れていった。

ホンヅラを仕上げたら、原木を裏返してシタヅラをハツリ、木口の縁を八面に面取りする。木口から見ると、ちょうど鼈甲（亀の甲羅）型をしている。弁甲材の名もそこに由来する。

「なぜ弁甲ちゅうかっていうと、娘を他所《よそ》へやるのに紅《べに》つけて送り出すでしょ。その紅が弁に変わったという話もある。それと、昔は山でハツることが多かった。山でハツってると音がベンベーンとするから弁甲って」

河野さんが戯《ざ》れ言《ごと》で笑わせる。

弁甲材は長さを尋《ひろ》、重さを石《こく》で表わす。一般に五尋（二五尺）の木で、弁甲に仕上がったときの真ん中の周囲《まわり》が三尺七寸が基準になる。五尋の木で重さが三石余。ハツリ師の賃金も石数で決められている。一石あたり一六〇〇円前後、一日に八本

野積みされた弁甲材。
腐りにくく造船用
として海外に輸出される。
2486

が限度。

ハツられた弁甲材は、各地に出荷され造船用の板材に加工される。現在、木船の時代は過ぎた。プラスチック船や鉄船にとってかわられ、国内での需要は激減した。昨年の弁甲材の生産量は一万六八〇〇立方メートル。その九六パーセントが韓国に輸出されている。隆盛の項点は昭和三十四、五年（一九五九、六〇）の高度成長期。当時、油津だけで一〇〇人を超えるハツリ師がいた。それもいまではわずか六人になった。高齢化も目立つ。

弁甲材ハツリ師の伝統の技も風前の灯となった。年老いたハツリ職人の背に哀歓が漂う。

煙突掃除人外伝
小林宏さん(41歳)煙突掃除屋歴13年。兄弟4人とも同業。
滑車で煙突の中に降りながら掃除する。

町から煙突が消えて久しい。銭湯も減り、必然的に煙突掃除人も姿を消していった。しかし少ないながらいまも煙突はある。ストーブやゴミ焼却場などだ。煙突がある限り煙突掃除人は滅びない。裏方に徹し煤《すす》まみれの人生に幸あれと祈る。

高所恐怖症と肥えた煙突掃除人なんていない

東北地方の小さな山村の郊外。この豊かな自然の懐に、焼却場の薄汚れた煙突がそびえ立つ。直径一・二メートル。高さは地上三〇メートル余ある。雨あがりの紺碧の空を貫くように屹立する煙突を見上げる男が二人。小林宏さん（四十一歳）、星野英次さん（四十七歳）。共に煙突掃除を生業として約一五年のベテランだ。

小林さんは生まれは東京・向島。家業が煙突掃除屋だった。十二、三歳の頃から父親を手伝い、煙突に登った。男の兄弟が四人。現在四人とも独立して各自が家業を継承している。

「最初に登らされたのが五〇メートルの煙突。怖いもの知らずで登ったけど、やっぱり途中で足がすくんだ。いまはどうということはない。気持ちがいいくらいのもんだ。慣れだね」

身支度をしながら、いたずらっぽい目で笑う。白日の下、裸になり、作業ズボンの下に股引き、靴下二枚を履く。上半身は長袖の下着、長袖シャツ、頭からすっぽりかぶるビニール・ヤッケ。その上に作業着を重ね着する。真夏でも変わらない。ジッとしていても汗が吹き出す。

これだけ着込んでいても、煙突の細かい煤は繊維の目をすり抜けてきて、肌を黒く汚す。足には地下足袋を履く。足によく馴染《なじ》み、鉄梯子《はしご》に登りやすいし、作業もしやすい。

二人で滑車、ワイヤー、ロープ、エンコ台、滑車を吊す鉄枠など、装備一式を担《かつ》いで鉄梯子を登る。梯子に足の裏の土踏まずの部分をのせるようにし、手は両端の桟《さん》を摑《つか》んで身体を引き寄せるようにして登る。鉄梯子がだんだん狭くなる。雨で腐蝕して、ひっかくと赤錆びた鉄片がボロボロ崩れ落ちる。鉄梯子の根元のコンクリートにヒビ割れがしている。手をかけるとすっぽり抜けてしまいそうな恐怖感がある。真下を見れば足がすくみ、空を見上げると眩暈《めまい》がする。流れる雲のせいで、煙突が倒れるような錯覚を覚える。常に二、三段上を見ながら登るのがコツらしい。

てっぺんまで登りきると鉄枠を組み、滑車を吊す。煙突の上には煤が何センチも積もっている。

命は他人まかせ、肝を冷やす出来事は日常茶飯!!

風で黒い塵が雨のように降ってくる。地上三〇メートル。狭い煙突の縁に乗り、鉄梯子に片足をかけ、両手を離しての作業が続く。慣れとはいえ、常人の感覚を超えている。下準備が終ると狭い鉄梯子の上で体を入れ替え、星野さんは地上に降り、小林さんは残って、再び身支度を整える。

降りてきた星野さんに替って煙突に登る。尻の穴がムズムズする。決死の覚悟でてっぺんまで登りきる。

小林さんは平気な顔で煙突の縁に立ち、顔面と頭をタオルと手拭《てぬぐ》いで二重に覆い、さらにヤッケのフードをかぶり、ヘルメット、防塵用の水中メガネを装着する。完

煤よけに夏でも下着を数枚重ね着する。

煙突掃除の道具
「竹ぼうき」

「ゴム手袋」

「エンコ台」腰をかけて降りてくる。

「ヘルメット」

「安全ベルト」

「防塵マスク」

煙突の上で身仕度をする。タオル、手拭いで何重にもマスクをする。

道具一式を持って煙突を登る。地上30メートルある。

階段に足をはさんで身体を支え、両手を離して作業する。

全防備。肌が露出している部分が一カ所もない。一瞬の間にメガネが湯気で曇る。

「暑いなんてもんじゃない。蒸し風呂よりひどい。体の水分が全部汗で出てしまう。だから太る間《ま》がない」

高所恐怖症と、肥えた煙突掃除人というのはいない。

小林さんが滑車に吊したエンコ台に腰かけ、竹ぼうきを握る。家庭用の細い煙突は、割竹の先につけた金ブラシで掃除するが、銭湯や焼却場などの大きい煙突は、エンコ台で降りながら、竹ぼうきで煤を落としていく。また、銭湯などの細身の煙突の場合は、体に筵《むしろ》を巻きつけた〝人間ブラシ〟で煙突をくぐり抜けることもある。

高所恐怖症に加えて、閉所恐怖症の者に煙突掃除人は務まらない。直径一・五メートル以上の煙突は水のジェット噴射で洗い流す場合もある。

「オーイ、ちょっと下げろ！」

小林さんが上から叫ぶ。声が煙突の中で反響する。エンコ台がズズッと一メートル程下がる。エンコ台はワイヤーに結ばれて煙突に沿って降ろされ、地上で支柱に一巻きして相方《あいかた》の星野さんが端を持っている。ワイヤーを緩めた分だけエンコ台が下がる。二人の呼吸《いき》が合わないと大きな事故につながる。

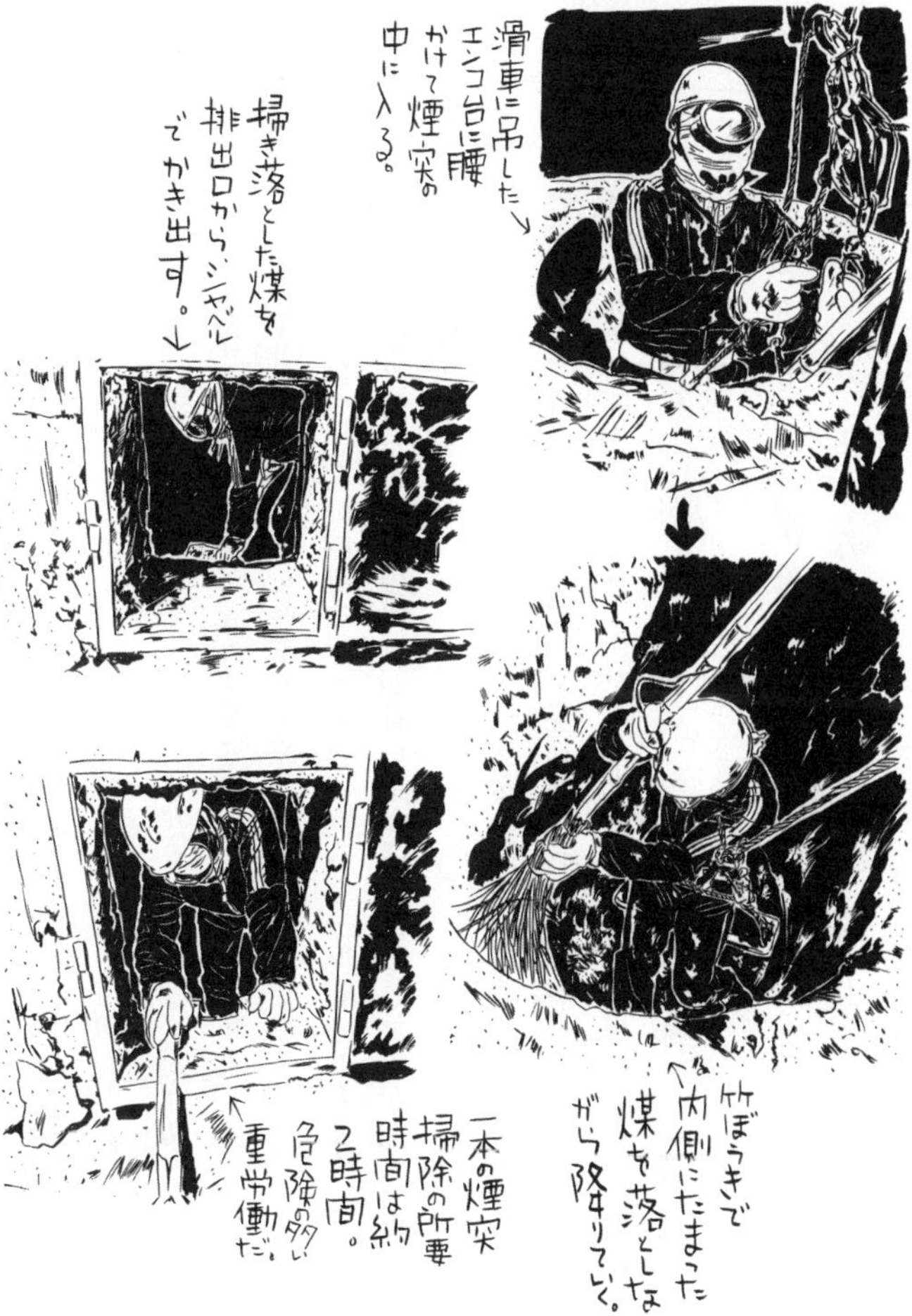
滑車に吊したエンコ台に腰かけて煙突の中に入る。
竹ぼうきで内側にたまった煤を落としながら降りていく。
掃き落とした煤を排出口からシャベルでかき出す。
一本の煙突掃除の所要時間は約2時間。危険の多い重労働だ。

「相方がうっかり手を離せばエンコ台ごと一直線に落ちる。命は他人《ひと》まかせ。相方とは喧嘩できない」

数年前にも事故があった。仕事仲間がエンコ台に腰かけたまま、地上五メートルから落下し、その衝撃で、脊椎が後頭部から突き出した。即死だった。小林さん自身も、幸い落ちたことはないが、肝を冷やす出来事は日常茶飯にある。

エンコ台に腰かけ、足で煙突の内壁を蹴って体の向きを一回転させながら、竹ぼうきで煤をはらう。濛々《もうもう》たる茶褐色の煤煙《すすけむり》が舞い上がる。落下した煤が地上の排出口から爆風のごとく吹き出す。

煙突の上から覗《のぞ》くと、円筒型の闇の中に小林さんの姿がかき消される。煤で一寸先が見えない。二重、三重のマスクを通して焼却物特有の臭いが鼻孔を刺激し、舌に煤の味がする。煙突掃除人はレントゲンをとると肺に黒い影が出る。しかし、いまのところ、その因果関係は証明されていない。労災、保険も対象外。建築工事として災害のみの保証だけ。

煤の砂塵がおさまると、煙突の内部を点検する。煙突も昔のように木や紙を燃やしていれば持ちがいいが、近年になって重油やプラスチック製品など何でも燃やす

完全防備をしていても
煙突の煤が衣服を通
して肌に付着する。身体を
洗うと真っ黒い水が出る。

ため、塩素系のガスや亜硫酸ガスなどが発生してコンクリートの煙突の傷みが激しい。補修用の資料写真を撮る。

一本の煙突を掃除するのに約二時間かかる。煙突の中をくぐり抜けて、下の排出口から煤にまみれた人間が這い出してくる。全身茶褐色に染まり、作業着の腕の白い三本線も見分けがつかない。相方に竹ぼうきで払ってもらう。全身から煤が舞い上がる。ヘルメット、防塵マスク、タオルを脱ぎ捨てると、真っ黒い顔で煙草を吸う。

「あれだけ煙を吸っても、煙草の煙は別物だ」

若き煙突掃除人はニッコリ笑いかけて、うまそうに煙草を吸った。

ザイボリ漁外伝
金子留蔵さん（60歳）
子供の頃からザイボリ漁をやってきた。
凍結した川の氷を割り、魚を岸辺に追いつめ雪を放り込んで仮死状態の魚を手掴みにする。

流れも凍てつく厳寒の川に半身をひたし、氷を砕き、川底に潜む魚を生捕りにする。磐梯朝日国立公園荒川峡に古くから伝わる原始漁法。豪雪に閉ざされた地方の冬の楽しみであり、蛋白源だった。

豪雪、厳寒の地方だからこそできた漁法の一種

越後、東北地方第一の高山、飯豊《いいで》連峰の山懐を縫って流れ下る荒川。山形県境より、新潟県関川村に至る約二〇キロ間を荒川峡と呼び千態万様の渓谷美を見せている。渓谷に沿って鷹ノ巣、高瀬、雲母《きら》、湯沢の温泉郷が点在し、山峡に幾筋も湯煙が立ち昇り、ひなびた湯治場の風情を漂わせている。

その荒川峡も、いまは一面の雪に覆われている。関川村は雪深い山村である。例年、山間部では三メートル以上の雪に埋まる。近年では頻繁に道路の除雪が行なわれて交通が遮断することはなくなったが、かつては豪雪にはばまれてしばしば陸の孤島と化した。

眼下に荒川峡を望む。峡谷は険しく、雪が深い。流れは一面凍りついている。川の中ほどに小舟に乗った男たちの姿がある。いずれも胸まである胴長靴に、ぶ厚い防寒着を身にまとい、カンジキを履いている。彼らは「ザイボリ漁」の漁師たち。凍結した川の氷を砕きながら舟で対岸に渡ろうとしている。

「オーイ」と声をかけると、少し下流の吊り橋を渡って対岸に出て、河原に降りてこい、と手真似で伝えてくる。対岸へ渡るとあらためて雪の深さに驚愕する。半身埋まりながら進む。二、三メートル下の川岸に辿り着くのに三〇分を要し、大汗をかいた。

河原に男たちが勢揃いする。荒川の漁業組合長の佐藤甫雄《とらお》さん（六十七歳）を筆頭に、伊藤新一さん（六十八歳）、金子留蔵さん（六十歳）、須貝進さん（五十四歳）、佐藤善一さん（五十二歳）の有志五名。いずれも清冽なる荒川の水を産湯につかった腕に覚えのある漁師たち。ザイボリ漁にも一家言を持ってゆずらない。

ザイボリ漁は厳寒の冬に行なわれる独特の漁法である。凍結した川の氷を割っていって、魚を岸辺に追い込んだところで雪を入れてかき混ぜ、シャーベット状の雪に仮死状態になった魚を手摑《づか》みで捕える。古くから伝えられる原始漁法である。獲物は主にウグイ、ヤマメ。上流ならイワナが捕れる。

大の大人を子供にかえてしまうのがザイボリ漁

原始漁法とはいえ、熟練した漁師の技が要る。川の状態、氷のつき具合、魚の習性など、漁に適した条件もある。

「川が全部、凍結したら駄目ら。一番いいのは川のはぎあげ（よどみ）に氷が張って、その上に一メートルくらい雪が積もってるのがいい。それから上流の雪塊が流れてくると魚が怖がって暗い氷の下に逃げ込むろ。それで、冷え込みがくれば魚は半冬眠状態でじっとしてるすけ、簡単に捕れる」

「一日に三〇キロ、四〇キロ捕ったこともある。あんまり捕れすぎて、へぇ、拾うのに飽きて、雪で囲っておいて翌朝残りを捕りにいったこともある」

六十歳を過ぎた男たちも、ザイボリ漁の話になると、童のように熱中する。召集がかかれば風邪をおしてでも集まってくる。まして今年は記録的な暖冬で、積雪が

ザイボリ五人衆
金子留蔵(60)
伊藤新(68)
佐藤庸雄(67)
須貝進(54)
佐藤
善(52)
氷を割って川に流す。割れ目から光が入り、魚が岸辺に逃げる。
氷の厚さ20センチ。シャベルで割りながら舟を進める。
川のはぎあげ(よどみ)を遠巻きにして氷を割って狭めていく。

少なく、結氷も遅れた。ここ数日、寒の戻りで急激に冷え込み、川は一気に凍結した。今度は氷が張りすぎて条件はあまりよくないが、今期最初で最後のチャンスだ。男たちも心なしか興奮気味。やる気満々の気力が伝わってくる。

親方の指図で漁が始まる。川が大きく曲がって、流れが深みに落ちる手前のはぎあげを囲むように氷を砕いていく。川岸に近づくにしたがって氷が厚くなる。川の水辺は岸辺で三〇センチ余もある。四、五人乗りの舟を乗り上げても割れない。シャベルや櫓《かい》で叩き割り、舟を氷上に乗り上げ、全員でワッショイワッショイと揺すって割っていく。たちまち汗びっしょりになる。割った氷塊が雄然と流れていく。氷を割ると、そこから水中に日が差す。魚は木陰など暗い所を好む習性がある。氷が割られるたびにどんどん岸辺に追い込まれていく。浅瀬までくると、男たちは腰上まで川に浸《つ》かりながら氷を割っていく。岸辺に氷が狭まってくる。

「川底の石が汚れてるから、ここはハズレかもしれんぞ」

魚の棲息状況は川底の石で分る。魚がたくさんいれば、石につく水垢を尾ビレで掃除をするのできれいだが、魚のいない川底の石は水垢でヌルヌルし、水も濁っている。

魚がいたら雪を放り込み混ぜたり、踏んづけたりして、魚を閉じ込める。
いたぞ〜！
岸辺に魚を追いつめていってさらに雪を掘り進む。
シャーベット状の雪の中の魚を掘り出す。
雪の中で魚が仮死状態で浮いてくる。
ウグイ、ヤマメ、カジカなどが生捕りにできる。

浅瀬は岸辺の雪が雪庇のようになっていて、かなり奥が深い。それをシャベルで掘り進む。魚がたくさんいれば、一列に並んで、岸辺の雪に頭を突っ込んで跳ねる光景が見られるはずだが、いっこうに魚の姿がない。場所を移動しながら掘り進む。

「いたぞ！」

歓喜の声が上がる。緊張が走る。足元に雪を放り込み、シャベルや靴で攪拌《かくはん》する。かき混ぜるうちに雪しぐれ、シャーベットの中に仮死状態の魚が浮いてくる。ヤマメである。続いてほかで歓声が上がる。漁師たちは負けじと雪を掘る手が速くなる。獲物はヤマメが多い。普段ならウグイが大量に捕れるはずが、一匹もいない。不漁である。場所を変える。温泉の流れ口に近いはぎあげを攻める。

「ウグイが湯治にきてっかもな」

舟は使わず、背の立つ深みから遠巻きに並んで氷を割っていく。水温が高いためか、氷が柔らかい。シャベルでサクサク崩れる。

「石を洗《あろ》うたようなあとがある。いるかもしんねえ」

期待に胸が躍る。足元で銀鱗が跳ねる。雪を投げ入れて、かき混ぜる。手摑みで捕る。腹にうっすら朱が走っている。ウグイだ。男たちは歓喜してザイボリに熱中

冷酒をあおりながら
酷寒の川で漁。
これぞ男の遊び。

する。

いい歳をした男たちが、奇声を上げながら厳寒の川で遊ぶ。その一方で、捕った魚は貴重な冬の食料になった。家では、家族が土産を待っている。山の暮らしは、そうした仲間や家族の絆が支えている。

氷の張る厳寒の川に半身をひたし、大汗をかいて漁をするザイボリ漁は単純にして素朴、そして痛快無比な男の遊びであると同時に、累々と受け継がれてきた雪国の風物詩でもある。

釣り針職人伝
満山泰弘さん(40歳)
対馬に伝わる「満山釣」
四代目。日本で唯一人の
釣り針職人。
硬鋼線を切断、焼き入れし、
鍛えて一本一本手作り
で仕上げていく。

長崎県対馬。ここ〝国境の島〟には慶応元年（一八六五）創業以来一〇〇年以上にわたって継承されてきた、手打ち針の技術がある。一本のテグスと釣り針に生業を賭す漁師の熱い思いを一身に負い、釣り針一本に伝統の技を打ち込む男がいた。

船乗りの夢を捨て「満山釣《みつやまづり》」にすべてを賭けた

対馬の中心地、厳原《いずはら》の町はずれ、厳原湾口を見降ろす小高い丘の上に「満山釣」の作業場はあった（つりばりというのは俗称、名称は〝はり〟または〝つり〟という）。

作業場は質素な木造平屋の家屋が二つに仕切られ、右手が間口一間《けん》、奥行二間程の土間で、素材である硬鋼線（ピアノ線）の加工、鍛練を行ない、左手の畳敷きの部屋ではヤスリ擦《す》り上げなど、細かな手作業をする。狭いながら刀鍛冶、野鍛冶の作業場と寸分の違いもない。

満山釣四代目の、満山泰弘さん（四十歳）は朴訥ながら百二十余年におよぶ伝統の技を継承する職人の気骨を漲《みなぎ》らせる。

満山釣の創始者は、満山俊蔵。彼は対馬藩宗家の藩校「思文館」の素読《そどく》師を務めた学者だったが、対馬周辺に姿を現わし始めたロシア軍艦を見て軍事力の差と国防の必要性を痛感し、苦心の末に火縄銃にかわる雷管銃（弾込め銃）や大砲の鋳造をした人物である。その過程で釣り針が生まれた。

俊蔵によって生み出された満山釣の技は、実子である綴喜《つづき》に引き継がれる。綴喜は生まれついての職人気質で、彼の高度な技術によって満山釣の名は天下に知らしめられた。その後、甥《おい》の相庭善雄が三代目を継ぎ、現在、その息子の泰弘さんに四代目が継承されている。

「本当は船乗りになりたかったとです。親父の反対ば押し切って海上自衛隊に入ったとが、地上勤務で船に乗せてくれん。ほんで辞めた。親父の跡ば継いでもう二〇年。ここまできたら絶やすわけにはいかんですたい」

釣り針作りにはおよそ一二工程ある。しかも、すべてが職人の勘仕事。熟練を要する。素材である硬鋼線の焼き方ひとつ取っても、火の温度でまったく違ってくる。因《ちな》みに、焼き入れは、鋼材を高温で熱してから、一気に水に入れて冷やすことで、金属組織が密になって硬度が増す。刀や包丁などの刃物は焼きの入れ方で切れ味が変わる。刃物は焼きが硬いと切れ味はいいが衝撃に弱く、折れやすい。逆に焼きが甘いと、ナマクラで切れない。釣り針の場合も、焼きが硬すぎると折れやすいし、焼きが甘いと柔らかくて曲がりやすい。まず、材料の性質や素材をしっかりと見抜く目を養わなければならない。

〝生活〟のある漁師のため、失敗は許されない

「子供の頃から作業場に入って親父の加勢ばしとったとですが、焼き入れだけはさせてくれんかった。釣り針は、釣った魚の重量が強い衝撃で一点に集中する。焼きが硬すぎても、ヤワくても駄目。これだけは勘の世界で自分でやって覚えるしかない。毎晩一人で焼き入れの修業をした。体が覚えるのに最低八年はかかりよるです」

父であり、師匠でもあった先代が亡くなったのは昭和五十年（一九七五）。泰弘

硬鋼線（ピアノ線）
フイゴ
火床
油つぼ
フネ
大寒の日に水を変える。
横座
職人が座って作業する。
焼き入れしながら金槌で叩き、先の部分を平たく潰す。
針先（イケサキ）の部分を叩き潰し、尖らす。
再度、蒸し焼きにしたあと、一本一本ヤスリで擦り上げていく。
硬鋼線
昔は砂鉄から鍛えた。
硬鋼線（ピアノ線）を一晩薪の中で蒸し焼きしたあと、寸法に合わせて切断し、さらに焼きを入れる。

さんが二十歳だった。風邪をこじらせて肺炎をおこし、二、三日床についただけであっけないほどの死だった。死因は心不全だった。それでも当人は自ら死期を予見していたようだった。

「満山釣を絶対に絶やしたらいかんぞ。根性あったら最後までやり通せ！」

息子に対する臨終の言葉だった。息子は、父を失ってはじめてその存在の大きさを知って慄然とする。その瞬間から四代目の重圧がのしかかる。孤独な、そして血の滲《にじ》む修練の日々が始まった。あれから十余年。いま、ようやく父がどんな釣り針を作りたかったのかが分りかけてきた。

焼き入れした針は、さらに一晩風呂のオキ火の中で蒸し焼きし、一本ずつヤスリがけする。魚の食いがいいように先を細く削り、イケ、あるいはイケサキ、メンガリとも呼ぶ〝戻り針〟の部分を鋭角に研ぎ上げる。

満山釣の針先は、見事な三日月型の美しい曲線を呈している。この曲線と鋭さは機械による大量生産ではできない技で、満山釣の特徴となっている。また市販の針先が鋭利な刃のようになっていて、魚が暴れると口の中が傷だらけになるが、満山釣は平らに研ぎ上げてあるので、魚の損傷が少ない。魚の傷みが少ないと値が高く

数種のヤスリで下擦り、擦り上げし、イケサキを三日月型に擦り上げる。
洗剤入りの砂の中で油を落として磨いたあと錫メッキする。
三日月型に磨き上げる。
真っすぐな針を型に合わせて曲げる。(用途により型が異なる)
20本ずつ束にして焼き入れし、菜種油に浸したあと、炎の上で焼いて、粘りと強さを与える。
両腕の力が均等でないとうまく曲がらない。
タイ、ヒラマサ用
ブリ用(タグリ用)
マグロ、サワラ、フカ(サメ)用
ブリ、ヒラマサ用
アラ用
ブリ用
ブリ ヒラマサ用
マキオトシ(ネムリバリ)
スズキ用
タイ用

なる。漁師の稼ぎに直結している。そのため、腕のいい漁師は釣り針を選ぶ。値段が高くても、対馬の満山釣を求めてやってくる。

針先を研ぎあげたら、真っすぐな針を独特の挾《はさ》み道具で固定し、型に合わせて曲げる。曲げるときには左右同じ力でないとうまく曲がらない。また正座でなければ均等に力が入らない。形は、地方や漁師によっても異なる。釣り針は漁師の命。注文は厳しい。少しでも注文に合わないと苦情がくる。一本たりとも気が抜けない。ようやく釣り針らしくなるが、このままでは魚の引く力に負ける。一匹数万、数十万円の獲物を狙う一本釣りの漁師には、失敗は許されない。たった一度の失敗が、満山釣の伝統と信用を汚すのだ。

再び火に入れて焼き戻しをしながら針に粘りと強さを与える。二〇本くらいずつ束ねて赤く焼き、菜種油の中に突っ込む。油焼きは温度変化が少なく、柔らかく焼きが入って粘りが出る。さらに水にひたす。銀灰色だった針の表面が酸化して真っ黒になる。ここで再度火に戻したあと、洗剤入りの砂の中で油を落とし、錫《すず》メッキを施してようやく完成品となる。

一本一本手作りの満山釣は量産はできない。月産平均一〇〇〇本が限度。値段は

褒状
東京水産博覧會
對州名産鋼鉄釣
長崎縣下
對馬國下縣郡久田道町
満山
三代目満山綴喜《つづき》が明治十六年開催の第一回水産博覧会に「満山釣」を出品。全国に名を広めた。

大型針を除くと一本一〇〇円から二〇〇円。市販の釣り針の約二倍でしかない。

「日本に一軒しかないいんじゃから値段を上げたらよか、言う人もおるが、いま漁師さんも苦しかとでしょ。油代も網代もなんもかも上がっとるし。せめて針代は上げんようにと思うとるです」

対馬のこっぽう者《もん》（一徹者）の心意気がさわやかだった。

〝絶対曲がらない。折れない〟〝小さなタイ針で一〇キロのブリが釣れる〟。満山釣の伝説はいまも生きて、漁師たちに語り継がれている。

黒文字《くろもじ》職人伝
森光慶さん(66歳)黒文字楊子を作り続けて48年。現在、唯一人の職人だ。

有体《ありてい》に言ってしまえば楊子。しかし、山で自生する黒文字を手で削って作られる楊子《ようじ》には、心なごむ雰囲気がある。一本の枝切れに自然の摂理を洞察し、楊子作りに精根を傾ける職人がいる。たかが楊子、されど楊子。何事も極めようとすれば奥が深い。

先代が形や飾りに工夫を凝らし、バリエーション化

房総半島の中央部、養老渓谷に程近い久留里《くるり》は、江戸時代寛保年間（一七四一～一七四四）に黒田直純が三万石を領した山深い城下町で、古風な面影をいまも家並みにとどめている。

久留里は古くから黒文字の楊子作りの里として知られている。その起源は、峡谷の多い山間に拓《ひら》かれた山里でこれといった産業もないため、藩主の奨励による武士の家内職から始まったと伝えられている。久留里城は町の東側の高台にあり、地形的要因からか、雨の降る日が多く「雨城《うじょう》」と俗称され、この地で産する楊子は「雨

城楊子」と呼ばれて全国に知られるようになった。

市井《しせい》では、黒文字は楊枝の代名詞にもなり、庶民が蕎麦や飯を食べたあとに店の者に「黒文字おくれ！」などといって、くわえ楊枝で歩いた。また、造形に凝った黒文字楊枝は高級菓子や茶席に用いられた。

久留里には、昭和六、七年（一九三一、三二）ごろまで二〇〇人くらいの楊子作りの職人がいた。職人たちは作り上げた楊子を馬車に積んで町はずれの仲買い人の店まで運び、もらった賃金で味噌、醤油など生活必需品を買い、その残りで材料の黒文字を仕入れて帰った。

しかし、雨城楊子の名を全国に知らしめた久留里の楊子作りも、太平洋戦争をはさんで、戦後の高度成長期を境に衰退の一途をたどることになった。戦中、戦後の混乱期には楊子に贅《ぜい》を尽くす余裕はなかったし、機械で大量生産される安価な楊子が出回ったことも大きな痛手となった。

「わたしが戦争から帰ってきた昭和二十一年（一九四六）には職人は一二、三人になっていた。それも年寄りばかりで一人減り二人減りして、とうとう私一人だけになってしまった」

森光慶さん（六十六歳）。現在、雨城楊子の伝統を受け継ぐただ一人の職人である。森さんの祖先は藩政時代医師だったが、そのかたわらで先々代から楊子作りを生業としてきた。森さんで三代目になる。当時の雨城楊子はただ黒文字の割木の先を削り、尖らせただけの、「ザク」と呼ばれる爪楊子であったが、先代安蔵が帯留《おびどめ》の図柄を生かした楊子や、形や飾りに工夫を凝らした楊子を作り出した。

小刀を自分の手と同じに使いこなせないとダメ

森さんは子供の頃から父親の仕事場に入りびたって見よう見真似で半端材を削って遊び、十五歳から本格的に仕事を手伝うようになった。以来、四八年間楊子作り一筋に生きてきた。

材料の黒文字の木は近くの山で切り出してくる。久留里の楊子は黒文字以外の木は使わない。黒文字はクスノキ科クロモジ属に属する落葉灌木で、古くは黒い実から「黒文字油」あるいは「アブラチャン」と呼ぶ油を採取した時代もあった。同属

小刀(切り出し)を研ぐ。

用途によって微妙に刃の角度が違う。

「黒文字の木」

「ナタ」

「切り出し」

「カンナ」

「ノコギリ」

「型」

「削り台」

黒文字の木。生木のうちに切って加工する。

「型」に木を当てて、長さを決めて切る。

研ぎ具合をみる。刃先を頭に当てて、髪の毛が抵抗なく切れるまで研ぐ。

にシロモジ、アオモジがあるが緯度によって分布系路が異なる。因《ちな》みに黒文字が最も緯度が高い土地に生育する。

黒文字は、山ツゲと同じくらい木目が密で硬く、しかも弾力と粘りがあって折れにくい。また、皮が薄くて木に密着して剝《は》がれにくく、黒い樹皮と白い木肌の色合いが美しく、肌触りもいい。木目に柾目《まさめ》、逆目《さかめ》はあるが、縦割れしやすく細工が容易であることも特徴の一つである。

さらに、楊子に黒文字が珍重される最大の理由は、木から発する芳香にある。黒文字をはじめ、クスノキ科の樹木の多くは、樟脳《しょうのう》の香りを含有している。樟脳は抗菌作用があり、防虫剤やセルロイド、火薬、フィルムなどの原料として使われているが、クスノキを蒸留して無色半透明の結晶を抽出する。黒文字に香るかすかな樟脳の芳香が精神安定に効果があり、食べ物に匂いが移らない。

そもそも楊子は、昔インドから中国を経て日本に渡来し、僧侶が歯の掃除のために用いたといわれる。つまり歯ブラシの源流である。日本でも、先端を叩いて房状にした房楊枝が歯ブラシの原型とされ、江戸時代の浅草寺境内で、歯磨きの屋台が出ていたという記述がある。

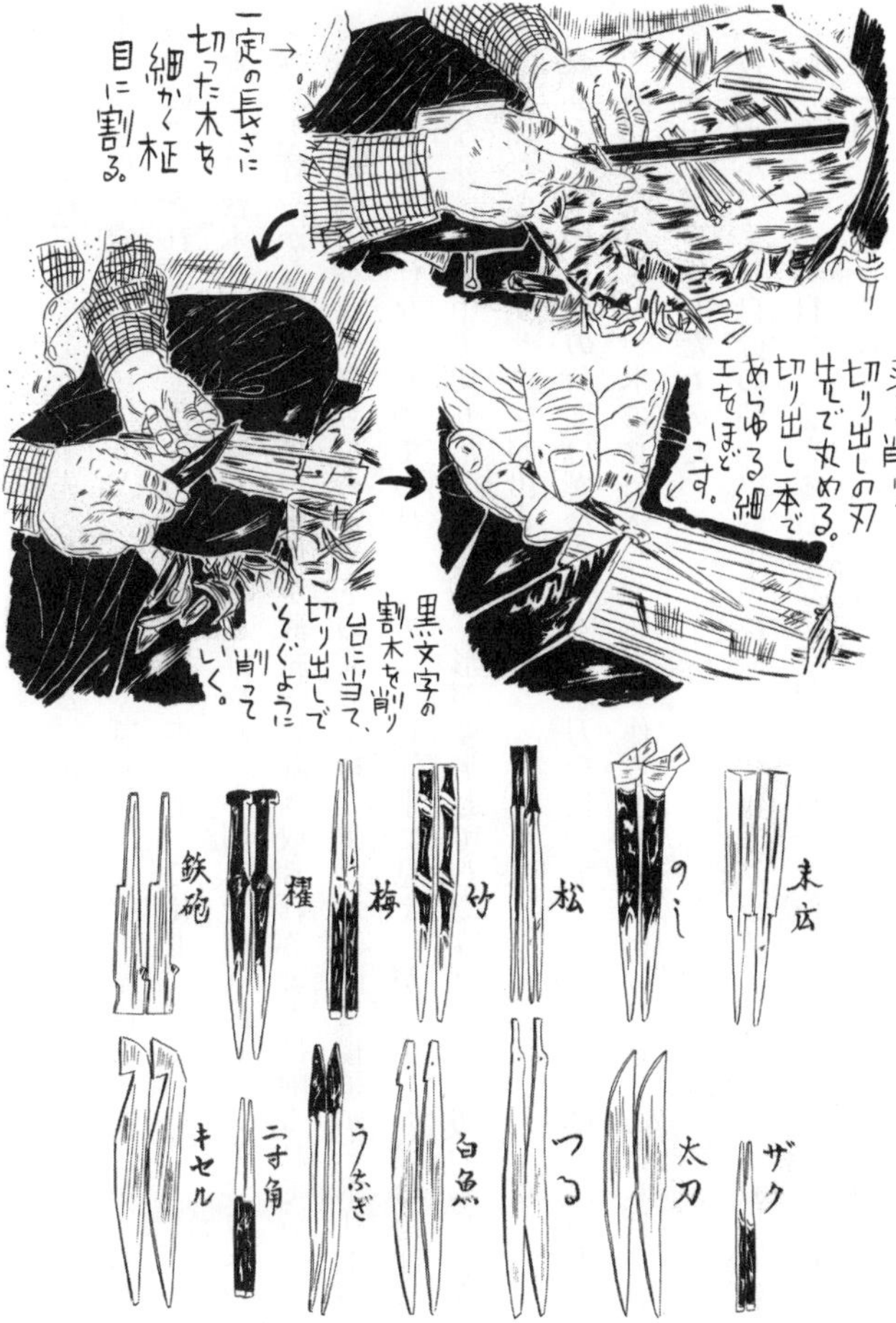
一定の長さに切った木を細かく柾目に割る。
黒文字の割木を削り台に当て、切り出しでそぐように削っていく。
薄く削り、切り出しの刃先で丸める。切り出し一本であらゆる細工をほどこす。
末広
のし
松
竹
梅
櫂
鉄砲
ザク
太刀
つる
白魚
うなぎ
二寸角
キセル

楊子作りは座業であり、手先の作業である。山で切り出してきた黒文字の枝を生木のうちに一定の長さに切り、ナタで細かく割る。黒文字の木は芯に柔らかい髄があるので、それを避けて割る。あとは小刀一本で削って仕上げる。

森さんは台木に黒文字の割木をあて、鮮やかな手捌《てさば》きで削り出していく。シュッ、シュッと軽やかな音とともに、小片が薄紙一枚剝ぎ取られるように削られていく。清々しい樟脳の香りが立ちこめる。その間数十秒、またたく間に楊子が一本仕上がる。あまりに雑作なくやってのけるために一見簡単に見えるが、小刀の刃の角度のわずかな狂いで途中で切り落としたり、形が変形してしまう。木目を切ってしまうと、曲げたときにササクレが出る。

森さんは微妙に刃の角度の異なる二本の小刀を使っている。刃の角度が浅いと、薄く削れ、深いと刃が木に食い込んでいく。作る工程で使い分ける。これも鉄ノコを研ぎ出して自作したものだ。

「包丁（小刀）を自分の使いいいように研ぐのに年季がいる。これだけは教えられない。やりながら自分で覚えるしかない。刃物を自分で作り、研ぎができて、自分の手と同じに使いこなせるようにならなきゃ一人前じゃないっぺさ。何人か弟子も

年季の入った職人の
指は変形し、
角質化している。

とり、人にも教えたこともあるっけが、いまの人は辛抱がたりない。だから後継者もなしだ」

森さんは寂しそうに笑う。話の合間にも目が手元に注がれ、小刀が滑る。何の変哲もない木片がさまざまな形に生まれ変わる。房楊子、平楊子、白魚、鳥、うなぎ、キセル、末広、鉄砲、松、竹、梅。日本の美しい花鳥風月が形になっていく。手先の魔術に目を見張る。小刀が森さんの手になり、手が道具になった。タコでかたまり、変形した手は、まさに職人の手だ。

「四八年も楊子作ってきて、まだ木は思うように仕事をさせてくれない。見た目は同じようでも育った環境で素性が違い、クセもある。人間も同じだっぺさ。それをどう見抜いて育てるか、そこが難しい。楊子一本にも自然の摂理というもんが働いている。仕事は単純でつまんないけんが、深みを見られるようになった。それが生きがいで、また仕事に向かわせる力になっているんかもしれない」

わずか数センチの楊子一本に人生があり、生き様が隠されている。日本の手仕事は奥が深い。

追《お》い叉《さ》手《で》漁外伝

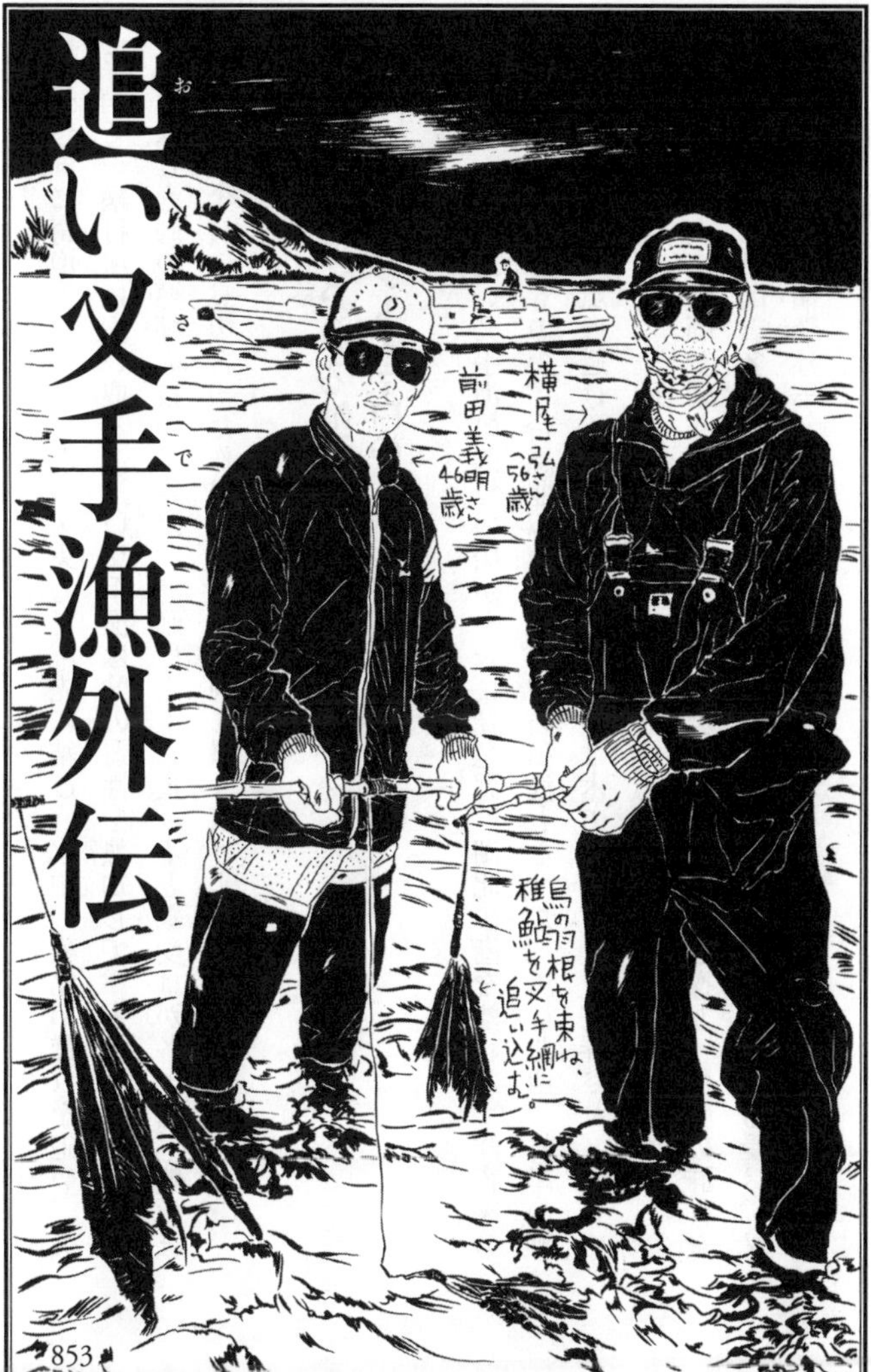
横尾一弘さん(56歳)
前田義明さん(46歳)
鳥の羽根を束ね、稚鮎を叉手網に追い込む。

琵琶湖に奇漁あり。烏《からす》の羽根を束ねて竿先に結び、水中の稚鮎《ちあゆ》の群れを追い、叉《さ》手網《で》で一網打尽に掬《すく》い取る。追い叉手漁は鮎の習性を熟知して、生きた烏のように竿を操る漁師の熟練の技が必要だ。漁師は六人。追い手と網受けが各一名。船頭ほか四名。全員の息の合った作業が、近江の湖に繰り広げられる。

全国で放流される鮎の七〇パーセントを占める琵琶湖産

午後一時、追い叉手漁の四隻の船が一斉に琵琶湖、湖北の港を離れた。昨夜来の豪雨は治まったものの、台風並みの強風の中の出漁となった。風は北西。対岸の岬の東側に回れば風は避けられると判断した。船は木の葉のごとく翻弄され、激しい波しぶきを浴びる。一瞬、ここが湖であることを忘れさせる。

船には六人の漁師が乗り込んでいる。烏の羽根を結んだ竿を操り、稚鮎の群れを網に追い込む漁師二名。これは追い手と呼ばれる。追い込まれた鮎を待ち受け、叉手網で掬い捕る網受け一名。他に網に入った鮎をバケツに掬って船の水槽にリレーで渡す者二名、他に船頭一名の構成。このうち、体力を必要とする網受けは交代するが、熟練の技と勘が要求される追い手は不動。横尾一弘さん（五十六歳）、前田義明さん（四十六歳）が竿を握る。

湖岸に船が接岸する。追い手、網受け、補佐役の計四名を降ろして船は沖合まで引いて停泊する。

船が離れると、追い手が先頭に立って湖岸に沿って歩く。水面の乱反射用の黒眼《サング》鏡《ラス》。その奥の視線が水中に注がれている。先頭を行く前田さんの足が止まる。手で合図を送る。網受けが膝上まで水中に入り、叉手網を広げて構える。

前田さんの竿が動く。竿先の烏の羽根が水面に小さな波状を描いて泳ぐ。横尾さんの竿が続く。目を凝らすと、波間に黒い塊のような稚鮎の群れが離合集散する様子が見てとれる。

竿を沖に向けて突くと、魚群は尾を翻《ひるがえ》して裏（岸側）に走り、逆に引くと沖へ逃げる習性がある。また、鮎は追われると一塊りになって逃げようとする。二本の竿が沖に突いたり、裏に引いたりしながら、魚群を散らさず、一塊りのまま叉手網に真っすぐ走らすのが追い手の技である。二人の追い手の、わずかな呼吸の乱れが漁の成否に大きく影響する。二人の動きが合わないと、その隙間から魚群が逃げてしまう。

日によって、魚の水揚げが全然違う水ものの漁

「細《こ》んまい魚は竿で群れから切って離し、大きさが揃った群れをできるだけ小さな塊にするんが腕や」

　二人の竿の動きが早くなる。水底に影を映して魚群が横に走る。竿が追う。そのたびに、水中の黒い影が、巨大な軟体生物のように伸びたり縮んだりする。やがて、黒い影が一つの方向に誘導されていく。

　網受けが叉手網《ふく》を揚げる。五メートル余の左右二本の竹竿がしなう。魚群と水をはらんで網が膨らむ。稚鮎数百尾。重さで網ごと泳いでいかれるような感じがする。腰を落とし、渾身の力を振り絞って引き揚げる。霧状の細かい水しぶきが降る。一瞬、七色の虹が浮かんで消えた。

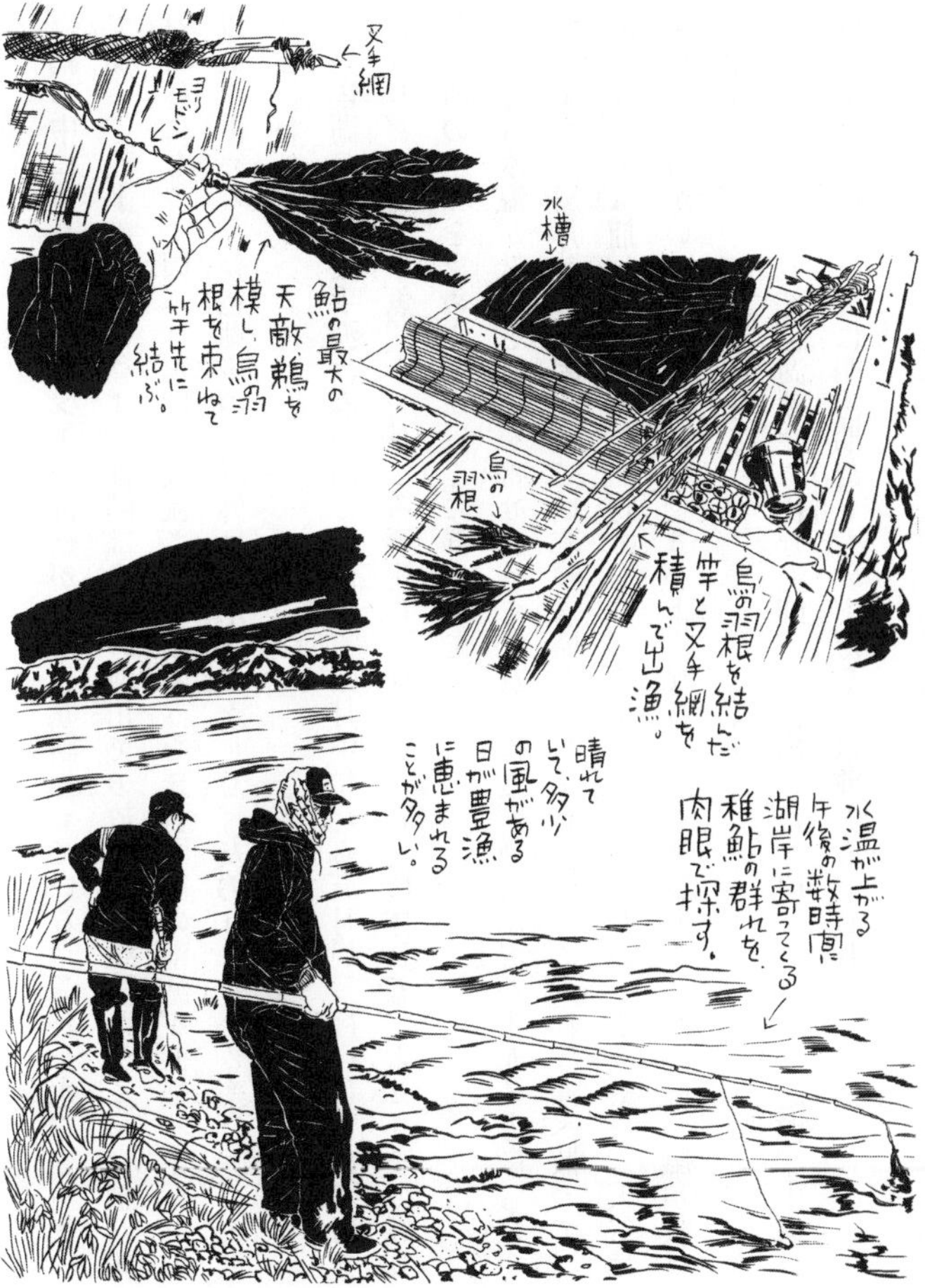

叉手網
ヨリモドシ
鮎の最大の天敵鵜を模し、鳥の羽根を束ねて竿先に結ぶ。
水槽
鳥の羽根
鳥の羽根を結んだ竿と叉手網を積んで出漁。
水温が上がる午後の数時間湖岸に寄ってくる稚鮎の群れを、肉眼で探す。
晴れていて、多少の風がある日が豊漁に恵まれることが多い。

網の中に体長五、六センチの稚鮎がびっしり詰まっている。それを水ごとバケツで掬い、船上の水槽に移す。稚鮎は全国の河川での放流用。生きたままの採捕が絶対条件になる。因《ちな》みに全国で放流される鮎のうち琵琶湖産の稚鮎が七〇パーセント以上を占める。琵琶湖産の鮎以外は攻撃性に乏しく、友釣りにかかる率は極めて低いといわれる。

琵琶湖の追い叉手漁は春の漁だ。例年、四月中旬から五月いっぱいにかけて行なわれる。鮎は一年魚。十一月ごろ孵化した稚魚が、春先に体長五、六センチに成長し、餌の水垢《みずあか》を求めて湖岸近くに群がってくる。

「稚鮎は水温が低いと身体を寄せ合って群れを作る。逆に水温が上がると散らばってしまう。三月前では固まっているが水垢を食わんし、六月に入れば沖へ散って、追い叉手では捕れん。春先の一時《いっとき》の漁や。一番ええ条件てかい。そうやな、天気は晴れてる方がいい。鳥の羽根の動きがよく映る。風も多少あるのがいい。風が吹けば水温が下がって鮎が固まる」

追い叉手漁は、琵琶湖湖北に住む漁師が考え出したと口伝される。起源、由来は定かではない。一説に明治期だとも、またそれ以前ともいわれる。

稚鮎の
群れを叉手網で
掬いバケツで
掬い捕る。
竿を奥(沖)に
突けば魚は
裏(岸)へ逃げ、
裏に引けば奥
へ逃げる。

二人の
追い手が
竿を操作し
ながら、鮎の
群れを叉手
網に追い込む。

竿の先に結ぶ烏の羽根は、鵜《う》を模している。鵜飼で知られるように、水中深く潜って襲ってくる鵜は鮎にとって最大の天敵。鵜に似た黒色を見ただけで逃げまどう。古くは烏の羽根以外に、黒いキレを使って漁をした記録もある。

烏の羽根は脂分が強く、水を弾く。長時間使っても水を含む率が少なく沈まない。水面スレスレに羽根を操作するには烏の羽根が最適。烏は狩猟によって捕られる。「鵜の真似をする烏」。己の才能を顧みず、人真似をして失敗する、古くからのたとえだが、追い叉手に限っては烏は立派に鵜の代役を果している。

琵琶湖は一年を通して水温が低く、水底は激しい急流が流れている。この厳しい自然環境ゆえに琵琶湖の鮎は成魚でも一〇センチ以上に育つのは稀である。さらに厳しい環境に育つゆえに、貪欲で攻撃性が強く、縄張りの取り合いをする鮎の友釣りに向いている。

いま、時は五月。水ぬるむ季節にあって、追い叉手漁は、一日のうちでもっとも水温が上がり、鮎が活発に餌をとる午後の二、三時間に限られる。水揚げは豊漁に恵まれれば、約八〇キロ入る水槽がいっぱいになって港と漁場を四往復。四隻の船で日に一トンを超えることもあれば、数十キロしか捕れないこともある。まさに漁

追い叉手の
出漁を待つ
湖北の港。
波荒らく
人影なし。

は水もの。

漁が終わり、張りつめた緊張が解ける。漁師たちに笑顔が戻る。長い歳月の中で磨き上げた己の腕一本を頼りに、自然に挑み、同化する男たちの横顔がいい。うまそうに煙草を吸う。船が舳《へ》先《さき》を港に向けて走り出す。水しぶきが煙草を濡らす。茶色いシミが広がっていく。それでも煙草を口から離さない。一仕事やり遂げた男の顔だった。

湖岸の市場では稚鮎のセリの準備が始まっている。

人体標本職人伝
尼ケ崎新作さん(69歳)
人体標本作り40余年のベテラン。

皮膚を剝《は》がれ、頭蓋骨を切開されて鮮血に染まった血管や筋肉、内臓、脳などをむき出しにした人体標本。一見すると残酷極まりなく、薄気味悪いが、人体標本が医学や児童教育の発展に果してきた役割は計り知れない。本物の人体を忠実に再現した人体模型は、すぐれた職人の技によって作られている。

こと人体に関しては、なまじの医者より詳しい

一五四三年フランダース出身の医師アンドレアス・ベサリウスが解剖学の書『人体組織』を著した。それまで人体は生物学の組織体という観念より、むしろ霊魂が宿るところと考えられていて、直接観察の原則を唱えるベサリウスの偉業は驚愕を持って迎えられた。

中世における病気の治療法は、挫傷《ざしょう》やてんかん、偏頭痛、憂鬱《ゆううつ》症、麻痺《まひ》症を病む患者の頭から〝悪霊〟を逃がすために頭蓋骨に穴を開けて脳を露出させたり、傷は焼き鏝《ごて》で焼き、病んでいると考えられる体液を対外に放出してしまえば治るという

考えから、放血術などの治療法が一般的だった。

また古代エジプトではミイラ作りにかなり正確な解剖学的知識が施されているといわれ、紀元二世紀のローマではガレンによって実際に死者の解剖が行なわれていたという記録もある。人体へのあくなき探究は、人類の宗教観や諸々のタブーに挑みながら長い歳月を経て、近代医学への扉を開いてきた。

人体標本は、明治初期にドイツから日本に持ち込まれた。そして日本の人体標本作りは、その模倣からスタートした。国産第一号は東大医学部から生まれた。作ったのは当時東大の用務員さんをしていた人物だといわれている。

「私が人体標本作りをするようになって四〇年になりますか。もともと父親が生物の骨格標本や剝製なんかの職人で、あとを継いだ。二代目です。始めの頃はよく東大へ通って仕事をしました。当時は研究用の死体なんかがいくらも手に入った。解剖室へ行くと腕がちぎれたり、頭が潰れた死体が転がっていた。それを骨だけ取り出して骨格標本を作らされたもんです」

最初はあまりの凄惨さに吐き気がこみ上げてきた。肉や魚が食えなくなった。そのうちに慣れてくる。命を宿す人体の構造の神秘性に興味が芽生えてくる。人体の組織を自分の手で再現しながら、生命に触れているような感動を覚えるようになった。

尼ヶ崎新作さん（六十九歳）は人体標本の職人一筋に生きてきた。現在、分業化された作業工程を専門職とする五人の職人を束ねながら、自らも現役の職人として熟練の技をふるっている。

人体の精密な機構は、まさに神の所業に等しい

人体標本作りには、いまも旧態依然たる徒弟制度が生きている。同時に生半可な知識や技術で成しがたい世界でもある。張り子と呼ばれる型に和紙を貼る作業に始まり、少し年季を積んでくると、型抜きしたものの縁《ふち》切り、塑像《そぞう》（組み立て）、表面の磨き、さらに下地塗りから仕上げの彩色まで、一人前の職人として認められるまで、気の長い歳月を必要とする。

技術だけでなく医学的な知識もいる。人体は大雑把《おおざっぱ》に分けて、骨格、筋肉、循環

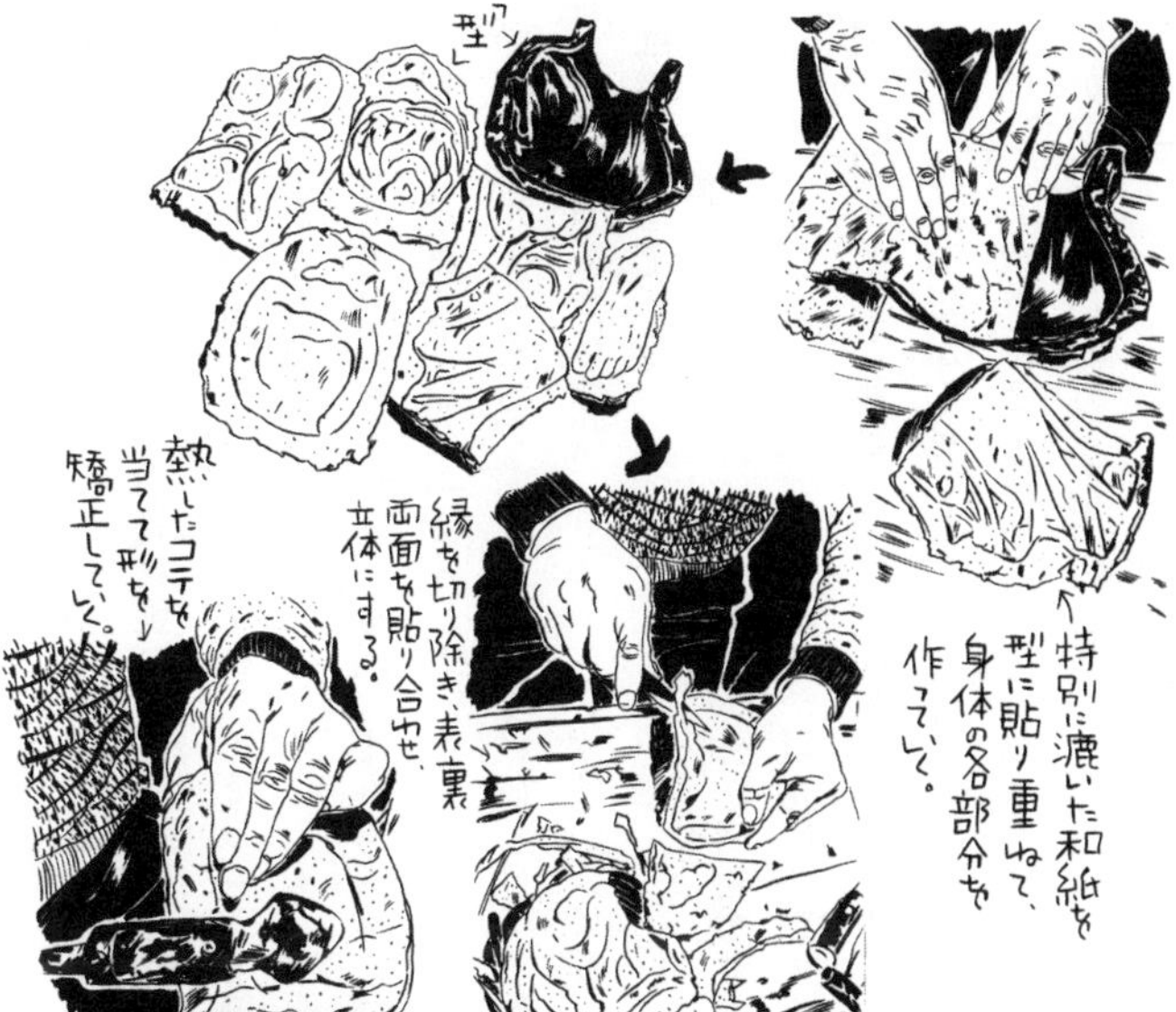
型
特別に漉いた和紙を
型に貼り重ねて、
身体の各部分を
作っていく。
縁を切り除き、表裏
両面を貼り合わせ、
立体にする。
熱したコテを
当てて形を
矯正していく。
ちぎった
和紙を表面
に貼って形を
仕上げる。
のり
人体の各部分が
分解できる
ように作って
ある。
★ゴフンとノリで
表面の凸凹を埋め、
滑らかに仕上げてある。

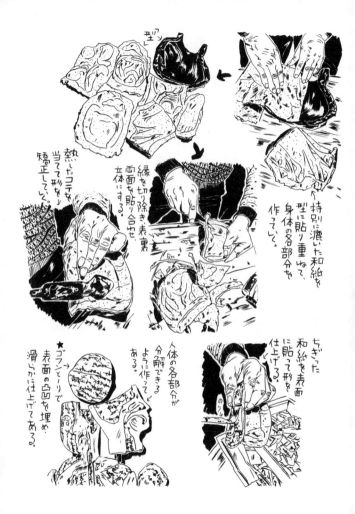

神経、及び内臓などの諸系統から成る。成人は二〇六個の骨を持ち、六百余の筋肉の網が張り巡らされ、血管は延長約九万六〇〇〇キロにも達し、さらに脳や神経、内臓などの各部分にも、おびただしい数の組織が働いている。職人はそれを仕事で叩き込まれながら覚えていく。

「大きな声じゃ言えないが、専門家よりも人体に詳しい。またそれくらいの自信がなけりゃ務まらない仕事です。どんなにエライ先生でも、最初は私らの人体標本で勉強するんですから、誇りを持っていいわけです」

尼ヶ崎さんが仕事場に立つ。古い木造の六畳程の部屋に作業机と材料、道具類が乱雑を極めている。

作業は型取りから始まる。型は人体の各部分に細かく分れている。小型の標本で二一個、大型で三一個分解される。現在はプラスチック製だが、古くは石膏《せっこう》だった。型に特別に漉《す》いた和紙を細かい筋などを出すようにしながら三、四枚貼り重ねていく。戦時中の紙が不足した時代にはオガクズを糊で固めて代用した。

乾いたら取り出して縁切り。尼ヶ崎さんが切り出しナイフの刃に頭髪の脂をつけながら切る。そのあと表裏両面を張り合わせ、焼き鏝で形を矯正し、表面にちぎっ

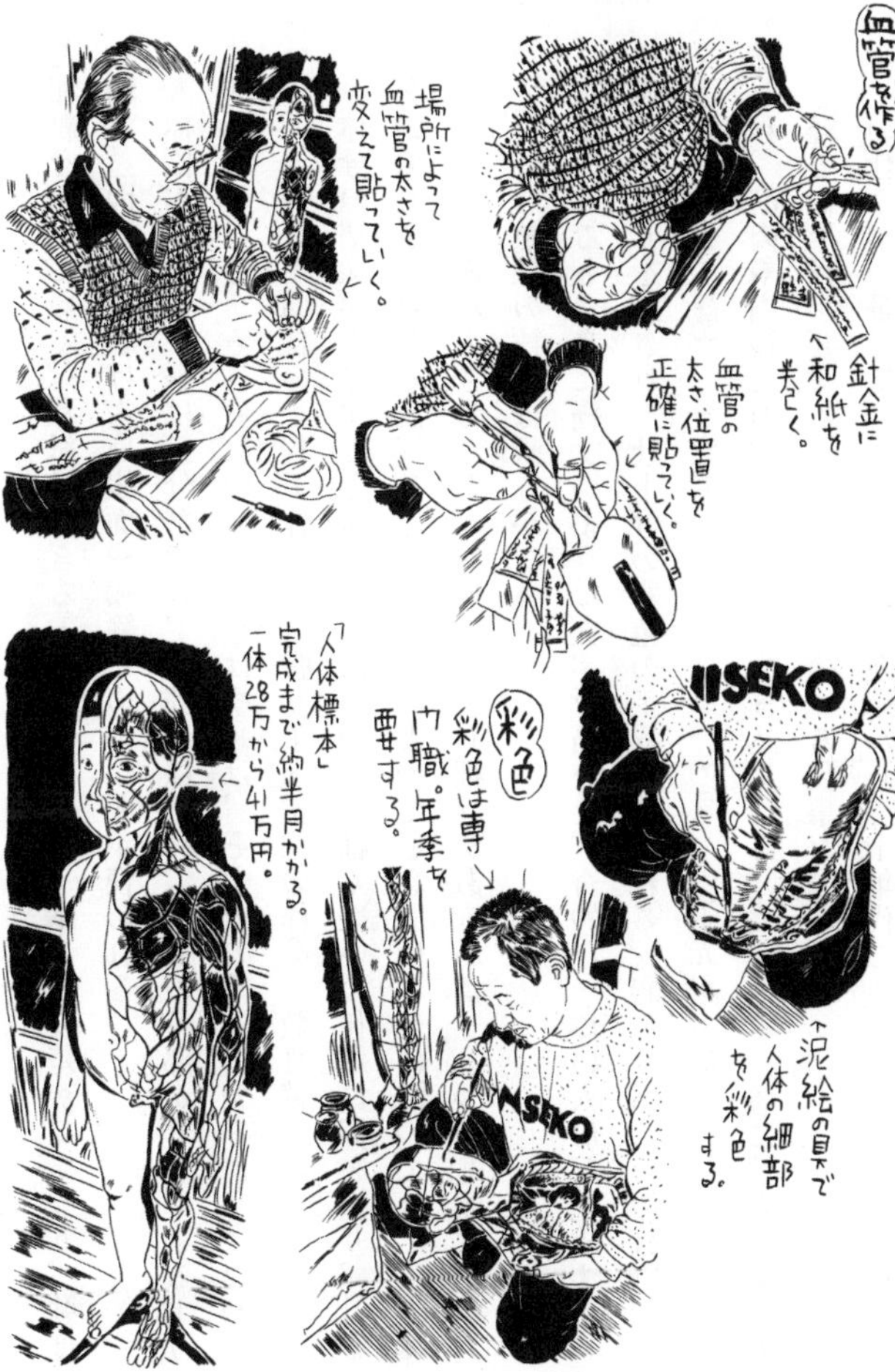
血管を作る
針金に和紙を巻く。
血管の太さ位置を正確に貼っていく。
場所によって血管の太さを変えて貼っていく。
彩色
彩色は専門職。年季を要する。
「人体標本」完成まで約半月かかる。一体28万から41万円。
泥絵の具で人体の細部を彩色する。
IISEKO

た和紙を貼っていく。和紙はちぎると端がけばだち、貼ると段差がなくなり、強度も増す。因《ちな》みに和紙は古い帳面や和綴じの本などが使われる。

人体標本は普通、脳は三分解でき、腹部がはずれ、内臓の各部が分解できるように作られている。それぞれのパーツをはずせば、その下の構造が分るようになっている。すべてが同様の工程で作られ、張り子と塑像の作業が数日続く。

一体分の塑像が完了すると血管作りにかかる。細く裂いた和紙に糊を塗り、針金に巻いて太さの異なる血管を作る。場所によって形を曲げ各部に貼っていく。人体のどこに、どんな太さで、どんな形の血管や細胞があるかは、しっかり頭の中に入っている。熟練の技には澱《よど》みがない。

古紙を貼ると全身に経文のような文字を描いた、奇妙な一体の人形が完成する。最後に下塗りを施され、仕上げの彩色の工程に移される。彩色にあたるのは野口俊夫さん（六十三歳）。この道四〇年になるベテランの筆先から血管や動脈、静脈が描かれ、筋肉や内臓に血が通い、命が吹き込まれる。人体標本一体に数人の職人の手を経て約半月を要する。地味で根気のいる仕事だ。

「この仕事が一番景気のよかったのは戦後から三十年代ごろまで。戦争で学校が焼

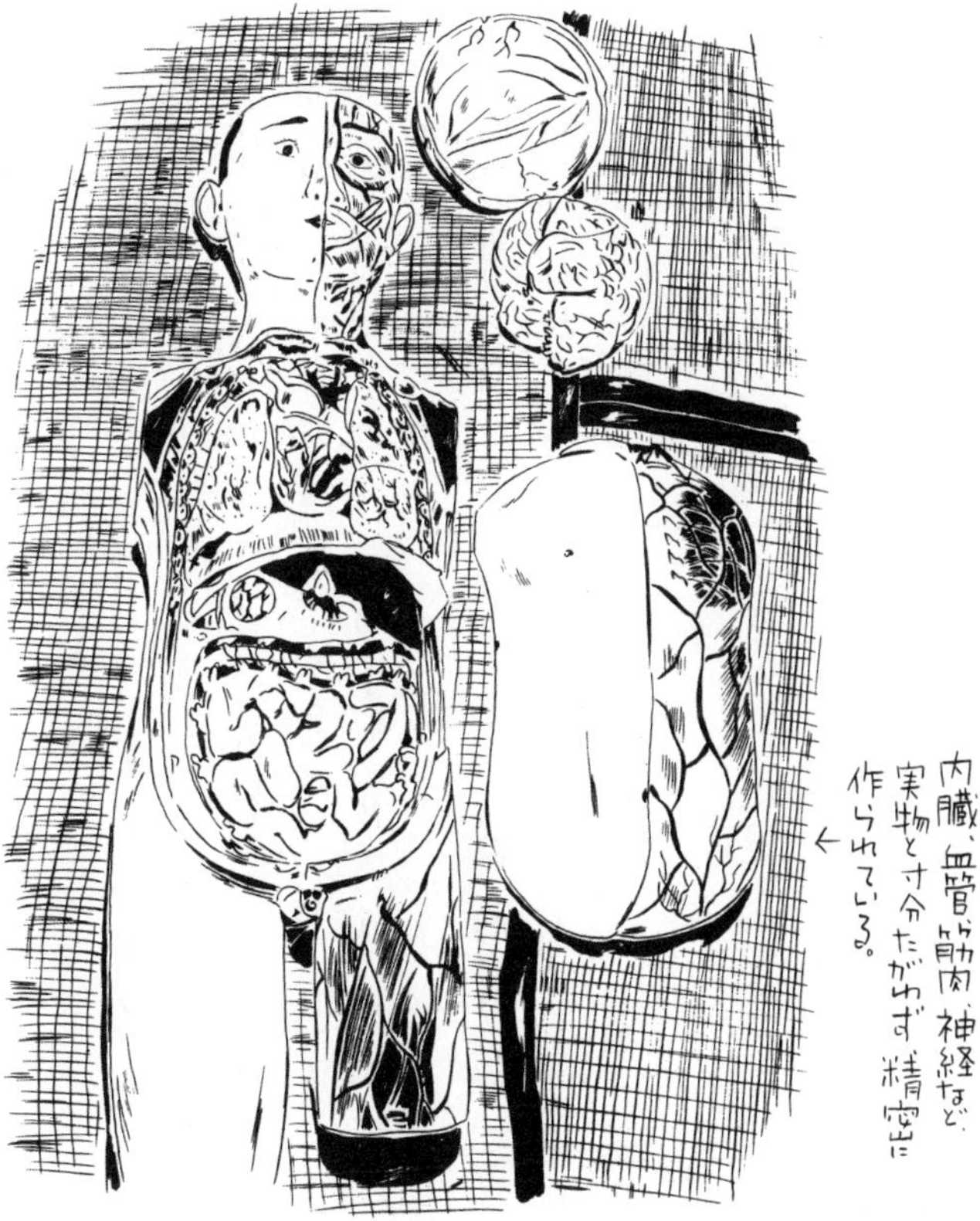
内臓、血管、筋肉、神経など、
実物と寸分たがわず精密に
作られている。

けて標本もなくなったから需要があった。戦後のベビーブームで新設校もできたし、博物館なんかも多くなった。一時は、さばききれないほど忙しかった。いまはさっぱり。同業者もほとんどが仕事をやめてしまった」。

尼ヶ崎さんがつぶやく。しかし叩き上げの職人の気骨が尻を叩く。人体の機構は精密な設計の傑作。それは神の所業に等しい。

「何十年もこの仕事をやってきて、つくづく人間の体というのはよくできているもんだと思う」

人体標本作りに魅せられた一人の老職人の独白が、深く胸を打つ。ひと息いれる男の周囲には、顔面や腹を割られ、生々しい内臓や骨格がむき出しになった人体模型が所狭しと並んでいる。そこには怖さや気味悪さより、人肌のぬくもりが漂っていた。

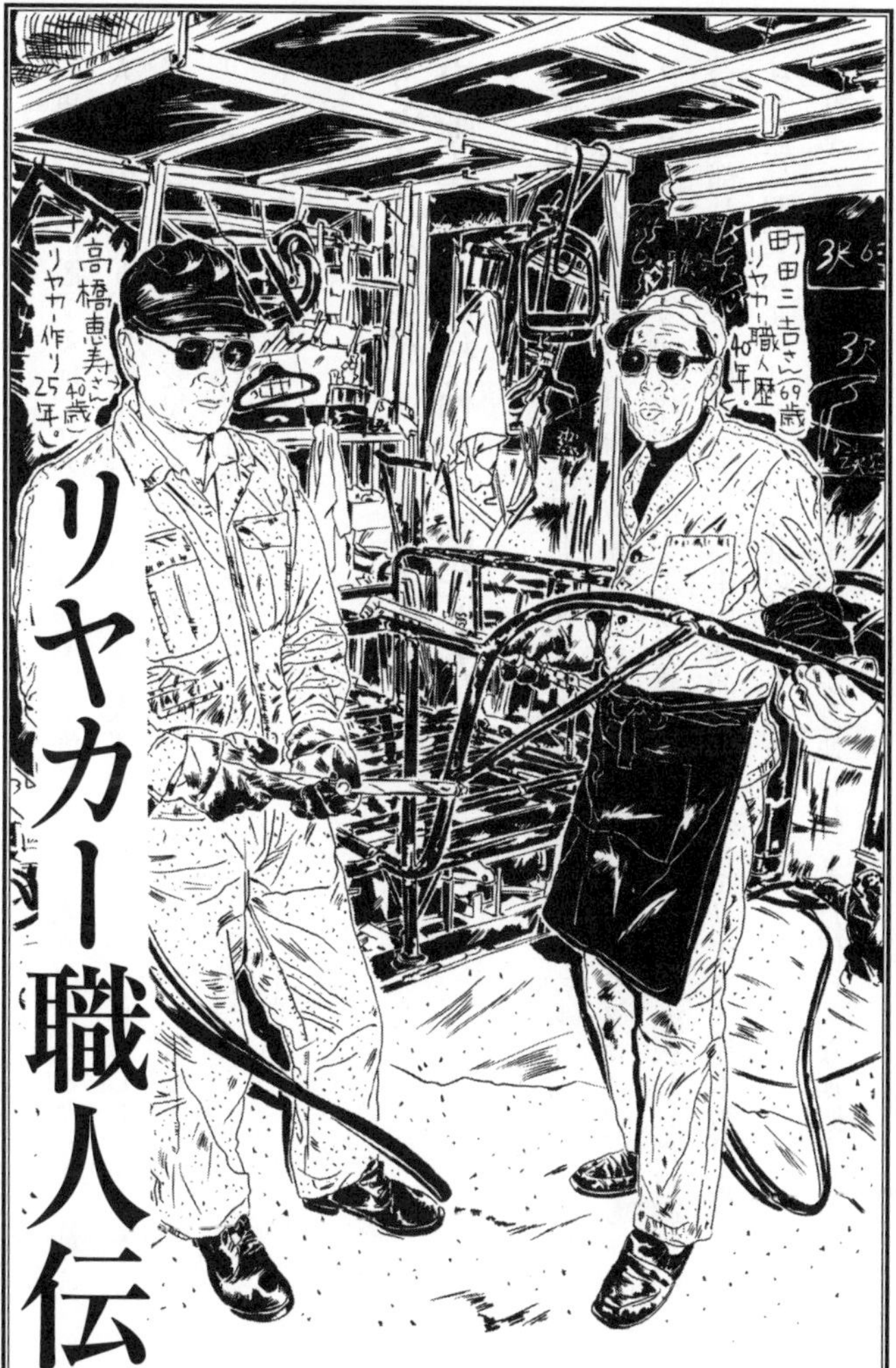
町田三吉さん(69歳)
リヤカー職人歴40年。
高橋恵寿さん(40歳)
リヤカー作り25年。

リヤカー職人伝

車が町に氾濫する前、リヤカーは運搬の主流だった。人々は荷をリヤカーに積み、人力で引いたり、自転車につけて運んだ。人間の歩調に合った暮らしをしていた。だが、めまぐるしく変貌する時代にリヤカーを目にすることが少なくなった。もうリヤカーは、時代遅れで完全に姿を消してしまったのか、と思ったら、いまなおリヤカーを作り続ける職人がいた。

リヤカーは当初、自転車作りの技術から誕生した

昭和初期から戦前にいたる時代、東京・秋葉原のガード下から上野に続く、いわゆる現在の電気街の一帯は自転車部品の問屋街だった。リムやスポーク、ハンドル、タイヤ等々。あらゆる部品を作る工場や専門店が軒を連ね、通り抜ければ自転車一台分の部品が労なく揃った。自転車の部品屋に交じってリヤカー屋も数軒あった。秋葉原は関東以北のリヤカー発祥の地でもある。

リヤカーの前身は木製の大八車。古来から使われてきた伝統的な運搬用具だが、

重くて曳《ひ》き回しに体力を要し、また高価で庶民には高嶺の花だった。

リヤカーは自転車作りの技術から派生した。材料は自転車に使われる中が空洞の鉄パイプ。頑強かつ軽量、価格も安い。リヤカーの登場は庶民に喝采を持って迎えられ、たちまちのうちに全国津々浦々を席巻していった。秋葉原のリヤカー工場はどこも十数人の職人を抱え、夜を徹して生産に追われたが、それでも需要を捌《さば》ききれなかった。

「あたしが丁稚奉公したのは中村銀輪社。秋葉原のガード下にあった。そこの親方がおそらくリヤカーの元祖だろう。一番景気がよかったのは昭和の七、八年（一九三二、三三）ごろ。卸屋の外交が東北や北海道を回ってくると一人で一〇〇〇台くらいの注文を取ってくる。リヤカー工場はどこも大忙し。寝るひまもなかった。うちは職人が一四、五人いた。二人ずつ組になって仕事をする。しゃかりきにやって一日に二五台。一台組み立てるのにかかる時間は二〇分くらい。それでも生産がおっつかない。給金はよかった。住み込みで三〇円と少し。大学出の勤め人が四〇円取れるか取れないかってぇ時代だった」

遠田《えんだ》正雄さん（七十五歳）が往時をふりかえる。歯切れのいい江戸弁に一徹な職人の気質が漂う。

二人が一体化した、寸分の無駄もない職人技

遠田さんは十三歳から約十年間の丁稚奉公を経て昭和十一年(一九三六)、二十四歳で独立した。一時は十数人の職人を抱えてリヤカーを作り続けてきた。叩き上げのリヤカー職人であり、リヤカーの創世紀から繁栄と衰退に至る時代の変遷を生き抜いてきた〝生き証人〟でもある。現在は現役を退いたが、工場は息子の誠さんに引き継がれ、創設当時からの職人らの手でリヤカー作りの灯は守られている。

日の差さない薄暗い工場にバン、バンという爆裂音が響き、青い閃光が飛ぶ。火花が散り、溶接独特の匂いが鼻孔を刺激する。鉄粉で煤《すす》けた工場に黒眼鏡の男がいる。町田三吉さん(六十九歳)と高橋恵寿さん(四十歳)。町田さんは、埼玉県生まれ。リヤカー職人になって四〇年になる。先代とは同じ釜の飯を食った仲。工場創設に加わって苦労を共にしてきた。高橋さんは宮城県出身で職歴二五年。同業者

直径24.5ミリの鉄パイプをベンダーで曲げる。
作業台に鉄パイプをのせ、溶接しながら組み立てていく。
鉄パイプを曲げる工程だけが機械化された。古くは一本一本手で曲げた。
車輪をのせる「ハブ」から溶接作業開始。
ハブ
車輪を固定する。
正確に位置を出していないと車輪の回転が狂う。

の工場が廃業して、一年前にここへ移ってきた。染みついた生業の垢は一夕には消しがたい。時代はときに残酷な仕打ちをする。「どうせ一代、成るように成るさ」という、職人の不器用と潔《いさぎよ》さが小気味よく清々しくもある。

リヤカー作りが始まる。外径二四・五ミリ、肉厚一・六ミリの鉄パイプが引き出される。長さ約二〇メートルでリヤカー一台分になる。鉄パイプは切断機で約三〇本の各パーツに仕切り分けられ、ベンダーと呼ばれる圧搾機で寸法どおりに曲げていく。見ていて拍子抜けするほど簡単に、硬い鉄パイプが飴のようにグニャリと曲がる。

「昔は一本一本手で曲げた。体力のいるきつい仕事だった。機械化された工程はここ一カ所だけ。あとは昔から一つも変わってない。手仕事っていえば聞こえはいいが全然進歩していない」

部品が揃うと溶接の工程に移る。作業台を挟んで二人の職人が対峙する。作業台にリヤカーの両端の下部のミミと呼ばれる部分のパーツが置かれる。溶接機に火がつけられる。バンと空気が裂ける。青白い炎が噴射し、空気を焼く。二人の職人が両端から同時に作業開始。まずタイヤを固定するハブが溶接される。ハブの位置は

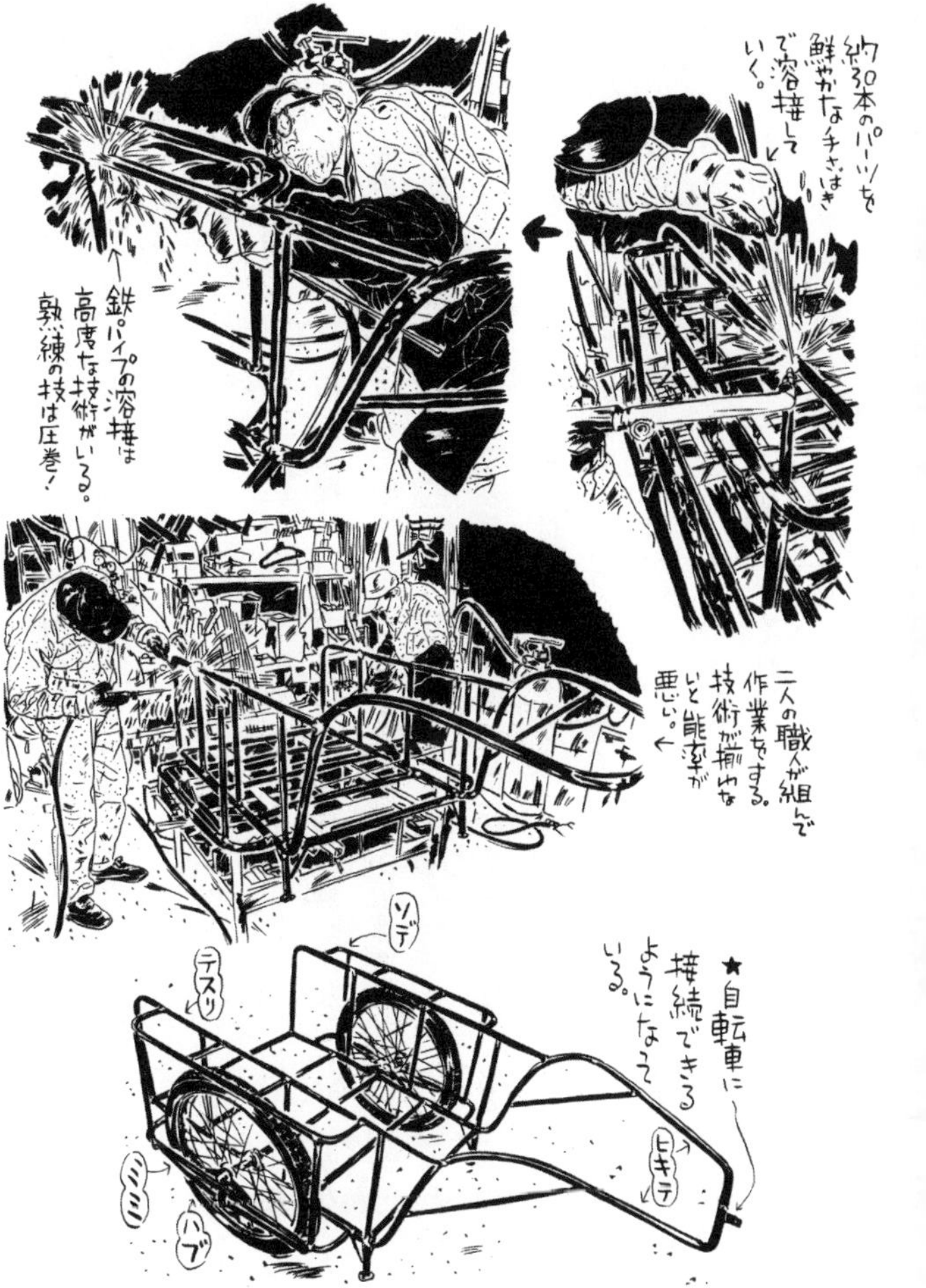
約30本のパーツを鮮やかな手さばきで溶接していく。
鉄パイプの溶接は高度な技術がいる。熟練の技は圧巻！
二人の職人が組んで作業をする。技術が揃わないと能率が悪い。
★自転車に接続できるようになっている。
ソデ
テスリ
ヒキテ
ミミ
ハブ

荷台の中心よりやや前にくる。重心が前にかかる分、リヤカーを曳くのに力がいらず楽になる。また、リヤカーは、各地方や業種による用途によって大きさや形が違う。注文の要望に合わせて作る。

ミミに縦骨がつけられ、テスリ、ヒキテが次々に組み上げられていく。一台のリヤカーの溶接個所は五〇カ所におよぶ。火花が飛び散り、鉄が赤く溶解し、結合する。二人が一体化し、精密な機械と化す。動きに寸分の無駄がない。鮮やかな職人技。二人の職人がまるで鏡で映すように同じ作業風景が展開する。

コンビを組む職人は同じ技量がないと務まらない。作業がギクシャクすると能率が悪いし、思わぬ事故の元にもなる。溶接の技術は仕事を見ればたちどころに職人の腕が知れるといわれた。それほど技術格差が大きく、奥が深い。一説によれば、年季の浅い職人は溶接の高温の火を見て目を焼くことが多いが、熟練した職人は決して火を見ないともいわれる。目を焼くと、目が腫れ上がり、痛みで眠れなくなる。初心者が必ず通る過程でもある。モノの形状がしっかり頭に入っていれば、火花を見なくても溶接できるようになるが、それには長い経験がいる。

所要時間約四〇分。リヤカーが完成する。張りつめた緊張を解く間もなく、工場

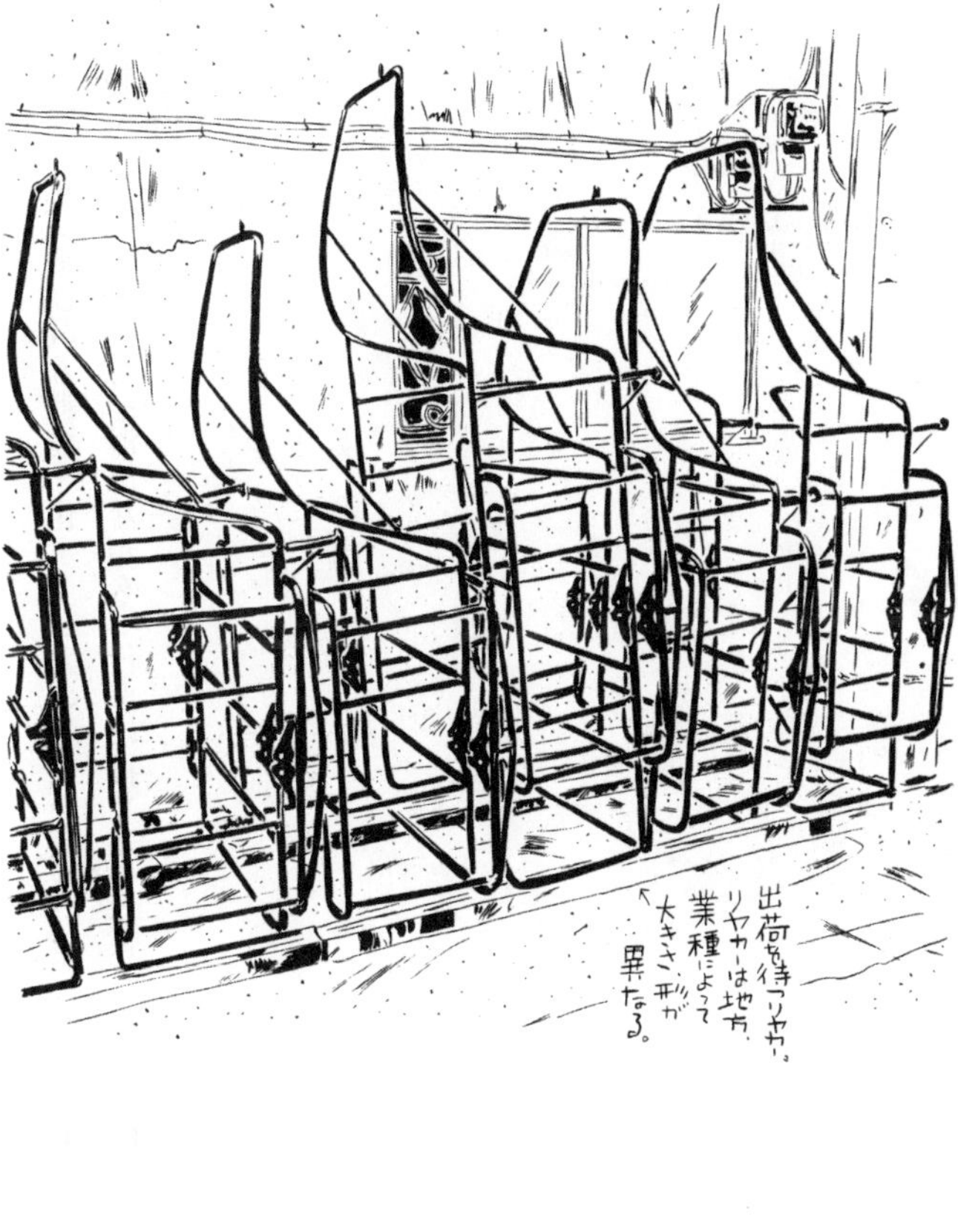
出荷を待つリヤカー。
リヤカーは地方、
業種によって
↖大きさ、形が
異なる。

は再び爆裂音と火花が飛び散る戦場と化す。二人の職人が機械の流れ作業のようにテキパキと動く。全身に火の粉を浴びながら、仕事に打ち込む寡黙な職人の後ろ姿に無言の気迫が漲《みなぎ》っている。

砂鉄採掘人伝

佐藤菊夫さん（60歳）
宍道湖に流れ注ぐ斐伊川で約30年間砂鉄採りを生業にして生きてきた。
ジョレンで川底をさらい、すき板でゆすって選別し砂鉄を採取する。

神話の国、島根県出雲は古くから良質の砂鉄を産出し、たたら製鉄が盛んだった。中国山地一帯は山火事のように炉の火が天を焦がし、斐伊《ひい》川流域には砂鉄を掘る男たちの姿で一杯だった。一時期、六十数人いた砂鉄掘りも、いまでは三人だけになった。

消えかけた砂鉄採掘の火を、ひたすら守り続ける

斐伊川は中国山地に源を発し、次第に川幅を広げながら蛇行して宍道《しんじ》湖に流れ注ぐ。斐伊川流域はかつて砂鉄採掘で賑わった。昭和三十年代には川で砂鉄掘りを生業とする者約六〇人。A組、B組、C組、賀茂組などの集団が存在した。各組は斐伊川流域に縄張りに似た採掘区域と権利を有し、組織を束ねる親方の下に一五、六人の砂鉄採取人が採掘量を競い合った。しかし、この年代を境に、砂鉄採掘および製鉄業は、線香花火の火玉が落ちるように急速に、そして壊滅的に衰退していったのである。

それは日本の伝統的なたたら製鉄による和鋼生産の終焉を意味し、日本の製鉄業にとっても大きな過渡期でもあった。

日本における金属精錬の始まりは弥生時代まで遡るといわれる。技術は中国大陸あるいは朝鮮半島から招来された。当時は、そうした技術によって石よりも硬く、鋭い製品を作り出すことは驚嘆の出来事であり、技術者は神にも等しい存在として崇《あが》められた。現に、全国各地で鉄を精錬した、たたらの跡が発掘されるが、きまってその土地には、天からふいごや鍛冶の道具が降ってきたという伝説が語り継がれ、神社に祀られる氏神は隻眼《せきがん》の神が多い。隻眼の神の天目一箇神《あめのまひとつ》は、たたらの炎で目をやられることの多かったたたら師であるといわれている。鉄の誕生は、人類の文化の起源を成すといっても過言ではない。

出雲に伝わる八岐大蛇《やまたのおろち》神話では、天から下りた素戔嗚命《すさのおのみこと》が斐伊川上流に棲む八岐大蛇を退治して、村の櫛稲田姫《くしなだひめ》と結ばれるという話だが、これは、上流域でたたら製鉄の集団がいて、流される鉱毒に苦しめられる下流の農耕民を救った話だといわれる。

その製鉄の集団といわれる人々は、朝鮮から鉄を求めて渡ってきた人々で、当時朝鮮では砂鉄が枯渇していたといわれ、その証しとして、出雲に産する砂鉄は同質の砂鉄で、一般に真砂《まさ》砂鉄といわれる。

島根県を中心にした山陰地方の製鉄業は、明治、大正期に急速に発展した。中国山地各地で産出する砂鉄を原料とするたたら製鉄が行なわれ、大正初期には鉱山が八十数カ所、従業員数は家族を含めて一万人を超えたといわれる。しかし、「ヤスキハガネ」の名で世界に冠するほどの隆盛を極めた山陰の製鉄業も、技術のたち遅れや輸入洋鉄などにおされて、一気に衰退していく。空を焼き焦がした炉の火は消え、人々は鉱山《やま》を去り、斐伊川から砂鉄を掘る男たちの姿が消えていった。

大正時代に消滅したたたら製鉄は、その後昭和八年（一九三三）から二〇年（一九四五）にかけて一時再興されたのち、昭和五十二年（一九七七）に日本美術刀剣保存会によって復元されて今日に至っている。

自然には絶対にさからえない辛さがある仕事だ

すき板
砂や泥と砂鉄を
選別する。
洗い箱
水をかけて砂鉄の
泥を洗い流す。
シャベル
漕ぎ竿
砂利かき
砂利の多い川底を
掘る。
ジョレン
川底を掘り
かえす。
ジョレンで川底を
掘る。砂鉄が
集積している
場所は川底が
黒ずみを帯びて
いる。
すき板で川底を
さらい、ゆすりな
がら、砂泥を流し
て砂鉄を選別
する。
砂泥は流れ、
比重の重い
砂鉄が
残る。

佐藤菊夫さん（六十歳）。いまも斐伊川で砂鉄掘りを生業とする一人である。砂鉄掘りは他に二人しかいない。佐藤さんは昭和三十四年（一九五四）から約三〇年にわたって砂鉄を掘ってきた。

「わしは馬鹿だけん、砂鉄掘りのほかにはなんだいできらん（なんにもできない）」

冗談めかした言葉を吐きながら、佐藤さんの目は斐伊川の流れに注がれている。川はここ二、三日降り続いた雨で水嵩《みずかさ》が増し、濁っている。

雨によって川底が変化する。川が澄んでいるときには、岸から川底が覗《のぞ》ける。砂鉄が堆積している所は川底が黒みを帯びていて素人にも判別がつく。砂鉄は川の澱《よど》みにはない。比較的流れの強い瀬に堆積する。上流から流れに運ばれた土砂は、自然の濾過で軽い砂泥が洗い流され、比重の重い砂鉄が川底に溜《た》まる。

因《ちな》みに砂鉄には、真砂砂鉄、赤目《あこめ》砂鉄、浜砂鉄の三種類ある。真砂砂鉄は花崗岩の風化したもの、赤目砂鉄は石英粗面岩の風化したもので、浜砂鉄は河川に流され、浜辺に堆積したものをいう。浜砂鉄は塩分などが混じって粗悪といわれ、山で採掘した砂鉄が上等といわれるが、淡水の川では、鉱山で大量の水を使って選別する手間がはぶける利点がある。

採取した砂鉄を
船まで運ぶ。
砂鉄は重い。
手が痺れる。
洗いビシャクで水を
かけて砂鉄に混った
砂泥を洗い
流す。
船の上で水を
かけて砂鉄を
洗い落とす。
バケツ一杯分の
砂鉄で40キロ
以上ある。

「いまも上流で機械掘りしてるが、山砂鉄はヤオイ（柔らかい）。斐伊川の砂鉄が一番値もいいだ」

佐藤さんがゴムの胴長を履き、川に降りる。柄の長いジョレンで川底をかき回す。砂利の多い所では「ざる」と呼ばれる砂利かきで川底をかき、砂利の間に堆積した砂鉄をかき出す。砂泥がまき上げられ、川が濁る。しばらく休む間に水が澄んでくる。すき板を持って再び川に入る。すき板で川底を浚《さら》い、水の中で揺すると砂泥が洗われて砂鉄だけが残る。

黒色をした砂鉄を手に取ってみる。水を含んだ砂鉄は粘るようになった感じで、ずっしりと重い。

すき板で採取した砂鉄は底の平らな船の上で洗い落とし、溜まってくると川岸の洗い箱に運ばれる。ここで、さらに洗いビシャクで水をかけながら砂、泥を洗い流し、日に乾かしてから製鉄所に運ばれる。斐伊川で産出した砂鉄は上流の横田町で全国で一カ所、昔ながらのたたら製鉄によって玉鋼《たまはがね》に加工され、各地の刀匠の手に渡り、見事な日本刀に生まれ変わる。

「二〇年くらい前は半期で六〇トン以上も掘った。いまはせいぜい月に五、六トン

川で産する砂鉄が日本の刀匠や、製鉄業を支えてきた。
砂鉄掘り人の誇りだ。

だ。まぁ粥をすすって生きる程度かな」

寡黙な佐藤さんがニンマリと笑う。砂鉄掘りに決まった休日はない。川の状態がよければ連日川に行き、厳寒の真冬でも水に浸《ひた》る。その反面、ひとたび雨が降り続けば、蛇の生殺しのように身を処す術《すべ》もない。すべてが自然まかせ。一年の大半を川面を見て暮らす砂鉄掘りの生き様と人生に、何やら胸にこみ上げるものがあった。

網戸《あど》漁師伝
網戸漁のヤグラ←
北出勝太郎さん(64歳)
九頭竜川で川漁師歴40余年。←

福井県九頭竜川《くずりゅう》。古くは鮭が遡上し、自然産卵する南限といわれた。河口に近い流域では、鮭漁に賑わう光景が晩秋の風物詩でもあった。戦後の天災や、汚染などの人災によって姿を消した鮭が、近年再び遡《のぼ》ってくるようになった。絶えて久しい伝統漁法「網戸《あど》漁」が復活した。

網戸漁は、テコの原理を応用した原始的漁法

九頭竜川は岐阜県境に近い白山連山の山懐に源を発し、越前平野を一匹の大蛇が身をくねらすように蛇行しながら日本海に流れ注ぐ。河口付近では川幅を百メートル余に広げ、激しい水音を響かせながら満々たる水を吐き出す。河口から約八キロ遡った中角橋《なかつの》に立つ。そこから鮭の「網戸漁」の漁場が眼下に見下ろせる。北岸から南岸に川幅いっぱいに鉄杭《てつくい》が打ち込まれ、網戸網と呼ばれる網が上流と下流を仕切るように張られている。

網戸網に対峙するような形で、川の中程に粗末なヤグラ掛けの小屋が立っている。

乱雑に張られた防水シートが川風に煽《あお》られてバサバサとはためき、その隙間《すきま》からチラリと人影が覗《のぞ》く。小屋は上流に向かって窓が切られ、小屋のド真ん中を叉手《さで》網に似た巨大な三角形のハネダモが貫いている。

　ハネダモは一辺の長さが約四間（約七・二メートル）、三角形の底辺にあたるハサキの幅が約一間半（約二・七メートル）ある。古くは素性のいい檜《ひのき》で作られたが、現在は円筒形の鉄柱製。水圧を考慮すると、この方が軽くて扱いやすい。ハネダモはハサキから中間あたりまでスクイダモと呼ばれる網が張られ、三角形の先端には鉄製の錘《おもり》が下げられている。錘は一〇キロ、二〇キロと水量など状況に応じて付け替える。かつては石が用いられた。

　ハネダモは小屋の所に支点がくるように設計され、重心の移動でシーソーのように自由に網が上げ下げできるようになっている。つまり網戸漁は、テコの原理を応用した原始的な漁法なのである。

「仕掛けるときは錘をあげてスクイダモは沈めておく。川を遡る鮭は網戸網にせき止められて、網に沿って右往左往して、スクイダモの上に来た瞬間にハネダモを上げて掬《すく》い捕る。大昔から寸分とも変わってない方法《やりかた》だ」

北出勝太郎さん（六十四歳）が水面を凝視したままの姿勢で話す。北出さんは三代続いた川漁師の家に生まれ、十六歳から漁に出た。兵役時と、戦後の福井大地震と、その復興事業である護岸工事、砂利の乱採、農薬、工場廃水などのたれ流しで川が死滅した数年間を除いて、九頭竜川の漁と共に生きてきた。

その一瞬、電流のような緊張が全身を駆ける

「昔は鮭が群れを成して遡ってきた。網戸漁のほかに地曳き網でも捕った。専業漁師もここだけで一五人くらいいた。それがまったく魚がいないようになって、みんな転業した。わしもほかの仕事をやった。飯食わなきゃならんからな。川がきれいになって鮭が遡り始めて一五、六年になる。いまは県の試験採捕ということで、委託されて鮭を捕っている。網戸漁は勤め人も含めて六人が、四時間交代で漁をやっている」

さらに、川一面に張られた網には、上流からのゴミが引っ掛かるため、毎朝ゴミ

ハネダモ
テコの原理で網を上下させる。
ヤグラ
ハサキ
網戸網《あどあみ》＝幅いっぱいに網を張る。
ハネダモを沈め、ミャク糸を持ってアタリを待つ。
網戸網
炭火
防水シート。古くは筵掛けだった。
錘
アオデ
鉄柱製。古くは檜で組み保護色として青く塗った。
コアジバイ
（つっぱり棒）
網が水中に没しているとき、ハネダモを固定しておく。

を取り除く作業をしなければならない。

ヤグラ掛けの小屋は約一坪と狭い。現在は鉄アングルで組んであるが、以前は杉の柱で作られ、筵《むしろ》掛けの質素な小屋だった。増水によってヤグラが流される事故もしばしば起きた。

窓際に一脚のイス。そこに腰かけて、日がな一日水面を睨《にら》む。ひまのようでいながらも右手の三本の指は一本ずつミャク糸をかけてピンと張られている。ミャク糸はスクイダモの先端に結ばれている。スクイダモの接する網戸網の部分をタモマエと呼び、網が少し絞り込んである。網戸網に沿って泳いできた鮭は、そこで必ずスクイダモの真上を通過し、ミャク糸は体を触れるように工夫されている。

「鮭は目はうといが感覚は鋭い。ちょっとした音や話声、ミャク糸がみえても怯《おび》える。水が澄んでいるときは夜、昼間なら増水して水が濁っているときに遡ってくる。姿が見えないからミャク糸だけが頼りだ」

ミャク糸は絶えずピンと張られ、全神経は指先の一点に注がれる。川を射る三本のミャク糸が水面にV字型の波紋を描く。滝のような水音、シートを叩く風の音のほかは重い静寂が支配する。

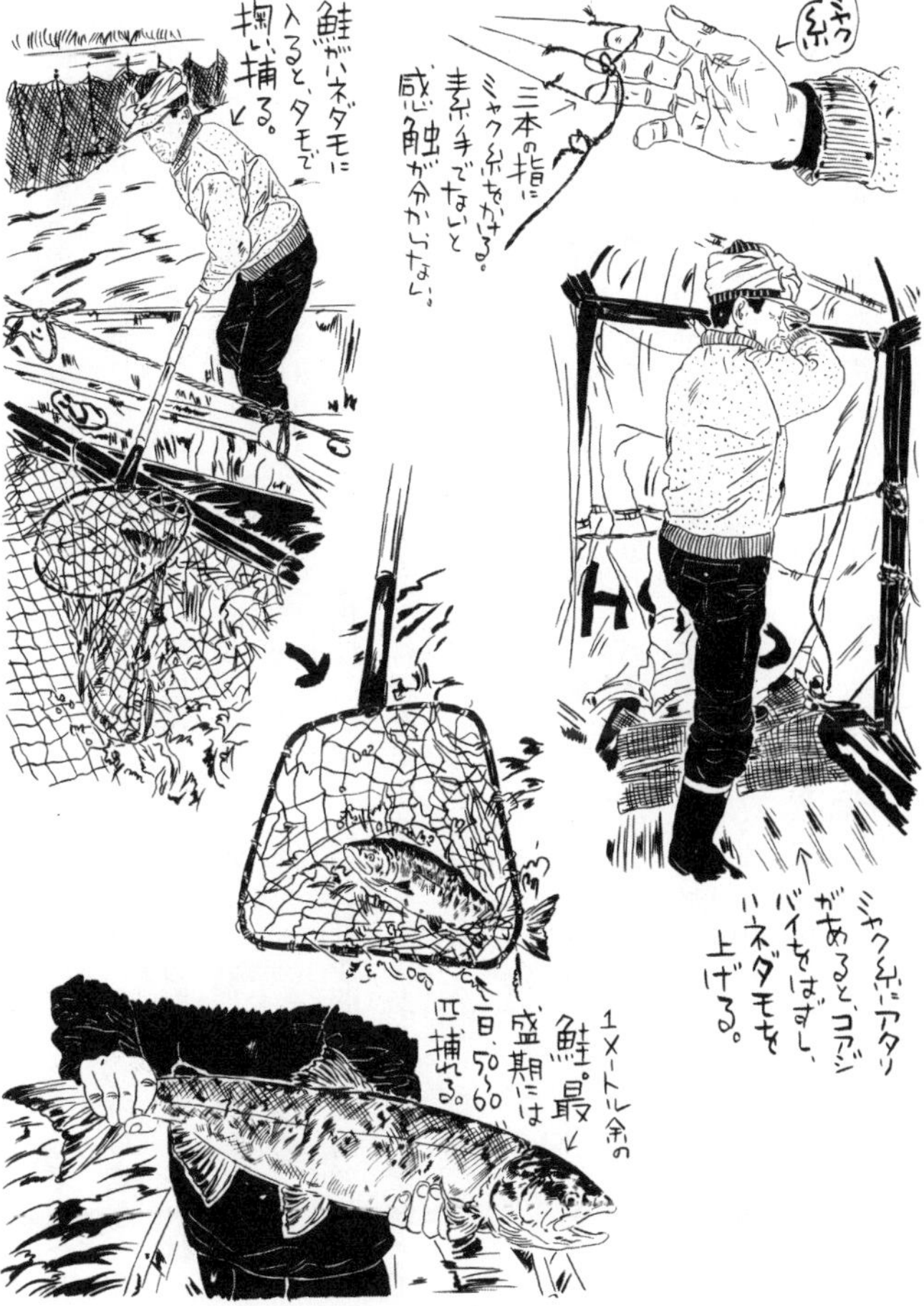
ミャク糸
三本の指にミャク糸をかける。
素手でないと
感触が分からない。
鮭がハネダモに
入ると、タモで
掬い捕る。
ミャク糸にアタリ
があると、コアジ
バイをはずし、
ハネダモを
上げる。
1メートル余の
鮭。最
盛期には
一日、50~60
匹捕れる。

晩秋の吹きっ晒《さら》しの川は底冷えがする。かつては手拭いで目だけを出して頬被《ほおかむ》りをし、菅笠《すげがさ》に蓑《みの》、前垂れ姿で漁をした。しかし、微妙なミャク糸の感触は素手でなければ分らない。手袋はつけられない。鮭は体ごとガツンとあたることもあれば、尾やヒレでスーッと撫でていくこともある。冬は指が凍る。かじかむ指を足元の炭火で暖めながら漁が続けられる。

北出さんが背筋をのばす。状況に変化はないが、長年の勘が闇の中に何者かの気配を察知する。指から張ったミャク糸に神経を集中する。かすかな感触が伝わってくる。

「来た！」

一瞬、電流のような緊張が走る。全身の血が逆流する。声と同時にミャク糸は手を離れて宙に舞う。素早くイスを蹴り、ハネダモを固定していたつんばり棒（コアジバイ）をはずし、全体重を錘側にかけて、その反動でスクイダモを引き上げる。まさに電光石火の早技。水中から浮き上がるスクイダモの中に水しぶきが四方八方に飛び散る。銀鱗を輝かせて鮭が跳ねる。タモ網が追う。尾で叩いて必死に抵抗する。やがて疲れ果て、荒い息を吐きながら網に捕えられる。一メートルを超える鮭

朝まだ明けやらぬ
九頭竜川に出て、
網戸網にかかった
ゴミを取り除く。
漁期の間、
毎日続けられる。

は重い。タモ網が曲がる。かまわず、次々に鮭を掬い上げていく。大漁だった。

九頭竜川の網戸漁は十月中旬から十一月中旬まで行なわれ、この間に約一〇〇〇匹の鮭が網にかかる。捕った鮭は、メスの腹を裂いて卵を取り出し、オスの精子をかけて受精させて稚魚に育てる。毎年川に放流される稚魚は約一〇〇万匹。四年の歳月を旅し、母なる川に帰りつく鮭はごく少ない。それでも、この川で放流した鮭は再び故郷の川に帰ってくる。その数は年々増えている。そのことが網戸漁の男たちの生き甲斐になっている。

チンドン屋外伝

大売出し
エスコーター
クイン
山本棟三郎さん（55歳）チンドン屋歴29年。かつては九州一の人気劇団「玉川成田郎一座」の花形役者だった。

ドーランを厚く塗りたくり、派手な衣装で着飾って、鉦《かね》、太鼓と、ときどき音程がはずれるトランペットやクラリネットの不安定なメロディに乗って、繁華街を練り歩くチンドン屋。一五年前は五〇～六〇人いたチンドン屋も現在、関西一円で三〇人足らずになってしまった。

芸事が好きで、この世界に入った人が大勢いる

チンドン屋の名の由来は読んで字のごとくチンチン、ドンドン、チンドンドンというあの鉦と太鼓の音からきている。鉦と太鼓を派手に鳴らして人目を集め、その地域の店や商品を宣伝するのが生業で、「披露目屋《ひろめや》」、「東西屋」とも呼んだ。

関西では「東西屋」といい、それがチンドン屋の始まりとされる。東西屋の名は、客集めの際に、歌舞伎や文楽の開演の合図に「東西、東西」という口上を真似たことからきている。一説では、江戸末期に大阪千日前の飴売りが寄席の客寄せを請け負い、芝居好きだったことから、芝居の口上を真似て有名になったといわれている。

現在ではこうした古い形式は廃《すた》れ、呼び方も消え、チンドン屋が全国共通語になっている。

しかし、どう呼称を変えようとその生業は十年一日の変化もない。チンドン屋の仕事は昔もいまも商店の開店や大売り出し、催し物などの街頭宣伝と客集めである。

テレビやラジオなどマス・メディアを使っての宣伝と違って、チンドン屋のそれは限られた地域、それも住民への直接的な働きかけ《アプローチ》がなされなければならない。家にいる人、仕事をしている人、遊んでいる子供たちを外へ誘い出し、店や催し場に出かけさせるのは容易なことではない。結果もその場で出る。客の入りの良し悪しが評価につながることもある。

チンドン屋は人間の心理を見極め、衝動を起こさせる卓越した技と芸がなければ務まらない。実際にチンドン屋には芸人、役者あがりの人が多いし、そうでなくても芸事が好きでたまらずにこの世界に入った人も大勢いる。

山本棟三郎さん（五十五歳）はこの道二九年。四国・高知の生まれで十代の頃すでに素人劇団で寸劇などやっていた。十七歳のとき九州一の人気劇団、玉川成田郎一座に参加して長谷川一夫ばりの二枚目で一座の花形だった。若い女衆に常に追いかけられた。玉川成田郎を襲名する話もあったが、旅回りに疲れたこともあって一座を飛び出し、大阪へ出てチンドン屋になった。

「いまはアパート住まいながら自分の家がある。自分の家から仕事に出て、また自分の家に帰れる。これが何よりの幸せです」

長年、旅に明け暮れた人の言葉だけに重みがある。

夏は暖房、冬は冷房の厳しい仕事だが、明るい

青空淳さんも旅役者だった。青空かおるさんも劇団出身。青空勝さんは曽我廼家《そがのや》五郎一座の女形だった人で、この道でも女形を通している。人前で堂々と女の恰好《かっこう》ができるのは役者かチンドン屋しかない。青空勝さんは、仕事がある日は、家から女形の化粧と着物を着て、電車やバスで現場にやってくる。

また、岡部義和さんは料亭のボンボンだったが芸事が好きで家業に身が入らず、包丁を持つ手で鉦、太鼓を打つようになった。芸が身を崩し、その芸がまた身を助

自分の特技をいかした出し物を考える。衣装、かつらは自前。
メーキャップに1、2時間。身仕度を整えてから仕事に出かける。
街頭宣伝は警察の許可が必要のうえ、ビラ撒き禁止、右側通行などが義務づけられる。住宅地では音にも気をつかう。

ける。泣き笑いの人生。

永川栄蔵さんはネオン工をしていた三〇年前、感電事故で右手を失った。隻腕《せきわん》のチンドン・マンだが、そのハンディを逆手にとって、人が集まると、腕を引きちぎられる「羅生門」を持ちネタにして独自の存在感を誇示している。

チンドン屋の実働時間は朝十時から四時。昼の休憩一時間。実働五時間。給金は日給で八〇〇〇円から一万円。一見、実入りがよさそうだが、朝十時が仕事始めなら、八時前には会社に出る。メーキャップや道具の仕込みに一、二時間かかるし、仕事場に行く時間も必要だ。仕事が大阪市内ならライトバンに同乗して行くが、市外なら電車で行くこともあるし、鹿児島、沖縄から呼ばれれば飛行機で行く。

この業界には〝夏は暖房、冬は冷房〟という言葉がある。夏は炎天、冬は寒風に身を晒《さら》して日がな一日、町を練り歩く。化粧、衣裳もさることながら、鉦と太鼓だけでも八キロある。その上、一日、立ちどおし、歩きづめ。

体を動かすから冬はまだいいが夏の猛暑はこたえる。雨の日も辛い。体が濡れるし、化粧が剝《は》げてくる。溶けた化粧の下から、老残の素顔が浮き出てくる。役者やチンドン屋にとってこれが一番辛い。濡れると太鼓の鳴りも悪くなる。観客は雨を

小野正雄さん→
チンドン歴50年。
72歳のいまも現役。
青空淳さん→
チンドン歴30年。
劇団出身。
岡部義和さん→
キャリア20年。アルバイト
の旗持ちから
本業になった。
重さが8キロある。
永川栄蔵さん
チンドン歴30年。
青空勝さん
チンドン歴20年。
劇団で長い年
女形をやってきた。
「大人より子供に
うけることを
考えている」。
久下幸子さん
3年前からチンドン
屋になった。
ビラ配りひとつにも
年期がいる。
青空かおるさん
踊りの劇団出身。この世界
は7年前から。

よけてアーケードの下から遠巻きに眺めるばかりで、いっこうに盛り上がらない。ついチンドン屋家業の因果を嘆く。

チンドン屋は現在、関西一円で三〇人たらず。そのうちの大部分が大阪の青空総合宣伝社の専属になっている。青空総合宣伝社は創業が昭和二十三年（一九四八）で、この地唯一の組織的街頭宣伝業の会社である。

一五、六年前は大阪だけで五〇～六〇人のチンドン屋がいたが廃業、転業が相次いだ。チンドン屋の好得意先だったパチンコ屋やマージャン屋の街頭宣伝が昭和三十五年（一九六〇）以降禁止されたのが響いた。

また、条例によって交番のある場所や学校、劇場のある地域からも締め出しをくった。ビラ撒《ま》きも禁止、道路は右側通行、歩道があれば歩道を歩かなければならなくなった。規制が強化され、制約が多くなれば街頭宣伝の効果も下がり、依頼主も減る。先行きは暗たんとしている。

しかし、チンドン屋は底抜けに陽気な人間が揃っている。金が入れば〝宵越しの銭は持たねえ〟と酒を飲んでパーと騒いで使い果してしまう。

「鉦と太鼓に明け暮れて、この商売三日やったらやめられんわ」

道端におかれた鉦、
太鼓チンドン屋の
うかれ人生に哀
歓が漂う。

放蕩をつくした果てのチンドン屋。拗《す》ねた目で世の中を見れば、人々は社会のしがらみに四苦八苦しながら生きている。どっちがいいかは分らない。それも一生、これも一生。彼らには財産も名誉も社会的な地位もない代わりに、誰にも真似できない〝おもろい人生〟がある。

ピッケル職人伝

門田正さん（52歳）
ピッケル作り20数
年。いま世界の
アルピニストにその
名を知られている。
7.5センチのN.C.M（ニッケル、→
クロム・モリブデン）鋼を
鍛造して、一本のピッケル
に仕上げる。

アルプス、ヒマラヤをはじめとする急峻な高山に挑むとき、ピッケルは欠くことのできない道具の一つである。昭和五年（一九三〇）、スイス製のピッケルを手本にして、手探りで作った。国産ピッケル第一号の誕生である。以来、世界のアルピニストに誇れる名品に育っていった。

ピッケル、アイゼンなどは昭和の初期、国産に

日本における登山の歴史は、明治二十一年（一八八八）、宣教師としてイギリスから来日したウォルター・ウェストンによって幕を開けた。それまでは狩猟や信仰の対象としての登山であったのが、奔放なスポーツ的登山へと移行していく先駆的役割を果した。

しかし、ウェストンをはじめ登山家、探検家も、鉄砲を肩に山野をわが庭のごとく跋扈《ばっこ》した猟師の案内なくして山へ入ることはできなかった。日本アルプスにおいて、梓川《あずさがわ》渓谷に上條《かみじょう》嘉門治《かもんじ》あり、中房《なかぶさ》渓谷に小林喜作《きさく》あり、高瀬渓谷に遠山

品右衛門《しなえもん》があり、その他全国各地の名もない山案内人たちの存在を忘れてはならない。

登山時代の幕開けが始まったとはいえ、当時はほんの少数の愛好家に限られ、一般の人々は「山中何の好看《こうかん》あるか」といぶかった。また、山の聖域を犯す行為として忌む感情も根深かった。

当時はまだ本格的な登山用具もなかった。登山家の多くは着物の裾を端折《はしょ》り、足袋と脚絆《きゃはん》に草鞋《わらじ》履き。防寒にゴザを羽織り、ピッケルがわりの蝙蝠《こうもり》傘や棒を持って山へ登った。

明治末期から大正時代にかけて、登山の対象がより困難なルート、未知の冬山へ向いてくると、ピッケルやアイゼンなどの本格的な登山用具の必要性、重要性が認識されることになったが、すべて外国製であり、高価で誰もが手に入れられるものではなく、鳶口《とびぐち》を代用する者も多かった。

日本でもピッケルが試作されたが、ほとんどは杖に鳶口と石突《いしづき》をつけた程度のもので、その形から「氷斧《ひょうふ》」、「砕氷斧《さいひょうふ》」、「斧頭氷杖《ふとうひょうじょう》」などと呼ばれた。凍った山ではあまり役に立たなかった。

本格的にピッケル、アイゼン、ハーケンなどの用具が日本人の手で作られたのは昭和初期になってからで、仙台の山内東一郎、札幌の門田直馬《かどたなおま》の二人がほぼ同時期に手を染めている。本場ヨーロッパを代表とする外国製に肩を並べる国産ピッケルの草分け的存在であった。

ピッケルの用途は、主に氷雪の斜面を歩く際の足がかりを作るほかに、ビレイピンと呼ばれる確保の支点、滑落停止、姿勢の維持、さらにテントのペグに使われたりする。冬山登山に欠かせない道具で、職人にかかる責任は重いものがある。

門田直馬は北海道・札幌で農鍛冶をしていた。以前は土佐で鎧《よろい》を作る職人だったが明治四十三年（一九一〇）北海道開拓の機運の高まりに目を向け、開拓農家の農器具を作るために北海道へ渡ってきた。

昭和四年（一九二九）末、当時の北海道大学山岳部の学生に、ドイツ製のアイゼンを見本に製作を依頼され、息子の茂と苦心の末に七足のアイゼンを作りあげ好評を得た。日本の鍛冶の、鉄を鍛える鍛造技術が生かされた。

アイゼンは凍った山を歩く際に、滑り止めとして靴底に装着する。アイゼンという呼称は、ドイツ語のシュタイゼン（登る）とアイゼン（鉄）に由来する和製語で、

ハガネを900度から1000度で火入れする。
ニッケル、クロム、モリブデン混合の特殊鋼棒を炉で焼いて平たくのばす。
タガネで切り込み、折り曲げてピッケルの原型を作る。
直径47ミリの丸棒を7.5センチに切断し平らにのばす。
両側をタガネで切って曲げる。
ブレード
火入れとハンマーの粗打ちを繰りかえしながら形を整えていく。
ピック部分

日本では樵《きこり》や猟師が輪カンジキに木のツメをつけた「ツメカンジキ」や簡素な「鉄カンジキ」を使っていたが、完全に凍った山には向かなかった。

そして翌年には、今度はスイス製のものを見本にしてピッケルを手探りで作り始めた。国産ピッケル第一号が誕生した。

自分の好みが出るので、製作者は登山をしない

昭和十一年（一九三六）に立教大学山岳部が日本で初めてヒマラヤのナンダコット登頂に成功した際に、門田のピッケルを使い、それ以来、早大の南米アコンカグア、第三次マナスル登山隊、第一次南極観測隊に選ばれるようになって、「SAPPORO-KADOTA」の名は世界に知られるようになった。

門田正さん（五十二歳）。国産ピッケルの草分け、門田直馬、茂親子の技を受け継ぐ三代目のピッケル職人である。正さんは二十七歳のときまで自動車整備工をしていたが、祖父と父が苦労の末に築き上げ、磨き上げてきた技を受け継ぐためにこ

ハンマーと向こう槌で火入れをしながら37、8回も叩いて鍛えあげる。呼吸が合わないとうまくいかない。
鍛造したあと、グラインダーで荒削り、バフ研ぎで仕上げ、ヤチダモの木のシャフトをはめ込む。
ゲージをあててピッケルのカーブを測る。
カラビナ操作用穴
ピック
フィンガー
用途によって数十種の形がある。
シュピッツェ
ハーネス
シャフト
ブレード

の道に入った。以来二五年ピッケル作り一筋に打ち込んできた。

現在、ピッケルはN・C・M、つまりニッケル、クロム、モリブデン混合の特殊鋼が使われている。モリブデン鋼は硬いうえに柔軟性があって現段階ではこれ以上の素材はないといわれるが、加工が難しく、モリブデンの鍛造ができる職人は数少ない。

ピッケルは、ヘッド（頭）の部分は、シャフト（柄）につながるフィンガーからT字形の尖った刃のピックと、一方の広がった刃のピックから成る。シャフトの先端にはシュピツェと呼ぶ石突がつく。ヘッドは、鉄を火造りして一体型に作る。

ピッケル作りは、まずN・C・M鋼（直径四二ミリ）の丸棒を七・五センチに切断し、炉で火入れをしながらハンマーで打ちながら形を作っていくが、この鍛造がポイント。品質の良否のすべてはここで決まる。

火入れの温度は九〇〇度から一〇〇〇度。温度の加減で脆《もろ》くもなるし、粘りのある鋼にもなる。熱を上げすぎると処理はしやすいが、鋼の組織が変化して脆く、耐久性が落ちる。山でピッケルが折れたり曲がったりしたら、登山者の死に直結する。温度は火の色で見る。軟鉄やハガネでは良とされる火花はモリブデンの鍛造には不可とされる。真っ赤な火は約八〇〇度、赤が抜けて黄色味を帯びると約一〇〇〇度、黄色から白色の炎になったら一二〇〇度に達している。すべてが勘が勝負、長年の経験がいる。

ピッケルの原型ができ上るまでに、火入れとハンマーで粗打ちをする鍛造を四〇回近く繰り返す。鋼は叩けば叩くほど組織がしまって硬くなるが、モリブデンはわずかな傷でも中まで裂目が入ってしまうこともあるので細心さが必要だ。また、ピッケルの場合は硬さはもちろん、柔軟性も大切で、門田さんの手になるピッケルは上部は焼きが充分に入って硬く、下半分は焼きを入れずに柔軟性を持たす工夫が加えられている。

鍛造には一部機械ハンマーが使われるが、ほとんどの工程はハンマーと向こう槌《づち》の昔ながらの手作業である。作業場内は四〇度に達する灼熱地獄。余人の想像を超える重労働である。

「汗が流れるなんてもんでない。吹き出す。体が塩分で真っ白になる。それでも鉄は熱いうちに打たなきゃならない。打ち続けて意識を失ってぶっ倒れたことも何度かある。若い頃なんか、ハンマーを握ったまま手が開かないなんてこともあった」

一〇センチ程の丸棒が平たくのばされ、両端はタガネで切り込みを入れ、曲げてピック、ブレード、フィンガー部分を作り、さらに打ちのばして各部分を仕上げていく。

最近は手間のかかる鍛造をせず、機械で型抜きし、フィンガー部も溶接するだけの安価の製品が出回っているが、過去に溶接部分から折れて大事故になったこともある。

「本当のことをいえば、どれだけの強度が必要なのか分らない。人間一人の体重を支えられればいいという理屈も成り立つんだよ。しかし、山では何が起こるか分らない。自分の作ったものが人の命を支えるとなりゃ、いい加減なものは作れない」

門田さんはピッケルは作るが山へは登らない。自分が山に登れば、どうしても自分の好みが出てくる。誰の手にもなじむような使いやすいものができなくなる。生粋の職人としての意地とプライド、そして謙虚さが滲《にじ》み出ている。三代に受け継がれた「SAPPORO-KADOTA」のピッケルは、いまや世界の名品に数えられる。

大《おお》甕《がめ》細工人伝

稲田春雄さん（53歳）
大がめを作り続けて37年。大がめ専門の細工人。
五石がめ
寝ろくろ
日下国勝さん（65歳）稲田さんとコンビを組んで16年。細工人の手元を見ながら足で蹴ってろくろを廻す。

四国鳴門、大谷焼《おおたに》の大がめ作りは地元阿波の藍染め、また明治から昭和にかけての化学工業用の大型耐酸陶器の需要と相まって、発展した。阿讃《あさん》山脈の南側の山麓から出土する泉砂岩の土と、大がめの技法が確立されたことで日本でも有数な産地として知られるようになった。

阿波の藍作りの必要性に迫られて、大がめ誕生

大谷焼の起源は安永九年（一七八〇）、九州は豊後《ぶんご》の国の陶工文右衛門なる人物が、妻子引き連れての四国巡礼の旅に出た途中に鳴門に立ち寄り、地元の人々に受けた温情に応《こた》えるべく、当地蟹ヶ谷の原土を開いて火消し壺など日用雑器を焼いてみせたことに始まるといわれる。当時阿波の国には焼き物が極めて珍しいこともあり、時の藩主一三代蜂須賀治昭《はちすかはるあき》の耳にも達し、保護奨励を得て発達した。

その後、藩営として原材料はもとより、磁器作りに必要なろくろ師などの人材を他地より集め、遠く長崎から中国産の呉須染《ごすぞめ》を取り寄せて絵付けの技法を研究し、

日用雑器からの脱皮をはかった痕跡がうかがえる。

近年に発掘された窯跡《かまあと》から出土する破片を見ても古伊万里と区別がつかないといわれるほどの技術の粋が偲《しの》ばれる。しかし、結局は完成品に至るものは少なく、藩の財政緊迫のために保護をうち切られる。それによって窯元や陶工をはじめ、制作にたずさわってきた人たちは自立の道を探らなければならなかった。

磁器から陶器への転換は、一夕には成しがたいといわれる。原材料ひとつとっても、磁器は石の風化物や粉なのに対し陶器は粘土で、それによって技法そのものが異なり、釉薬《うわぐすり》、窯の焼き方などすべてが違ってくる。

藩の庇護を失った陶工たちは、自分たちの手で独自の陶器を作り出そうとして、近郷近在から粘土を掘り集め、練っては焼き、土の調合を変えては試して、苦難の末に今日の大谷焼の基礎を築き上げた。そして、そうした時代的背景と変遷が、大谷焼独特の技法に結実したともいえる。

大谷焼の土は鉄分が多く、ざらつきが感じられる独特の風合いと、焦げ茶色の中にかすかな光沢を放つ質感があって人気がある。

大谷焼が大がめを作るようになったのは阿波の藍作りに関連してくる。藍を立てるのに一石、二石といった大型の容器が必要で、しかも藍は温度の変化を嫌うので土に埋める。そのため木製の桶などでは腐る。腐敗に強く、微妙な藍の性質を損なうことのない陶器の大がめが必要不可欠だった。同じ四国の、大谷焼の大がめが注目されるようになった。

その後、大谷焼がとくに耐酸性に優れていることから、明治末期から昭和初期にかけて製薬会社の耐酸大型陶器の需要が増大し、大谷焼の里は活気を呈した。山間に一七基あった大がめ用の登り窯に昼夜ぶっ通しで火が入り、文字通り熱気に満ち溢《あふ》れていた。

最近は、水がめやインテリアとして人気がでる

当時は、阿讃山脈の麓、萩原、姫田から粘土を掘り運ぶ人、それを精土する人、品物を作る人、作業を手伝う人、窯焼きする人、燃料の材木を割木し、運ぶ人、さらには仲介人や小売人たちがひしめいた。町全体が潤った。姫田港からは連日二五

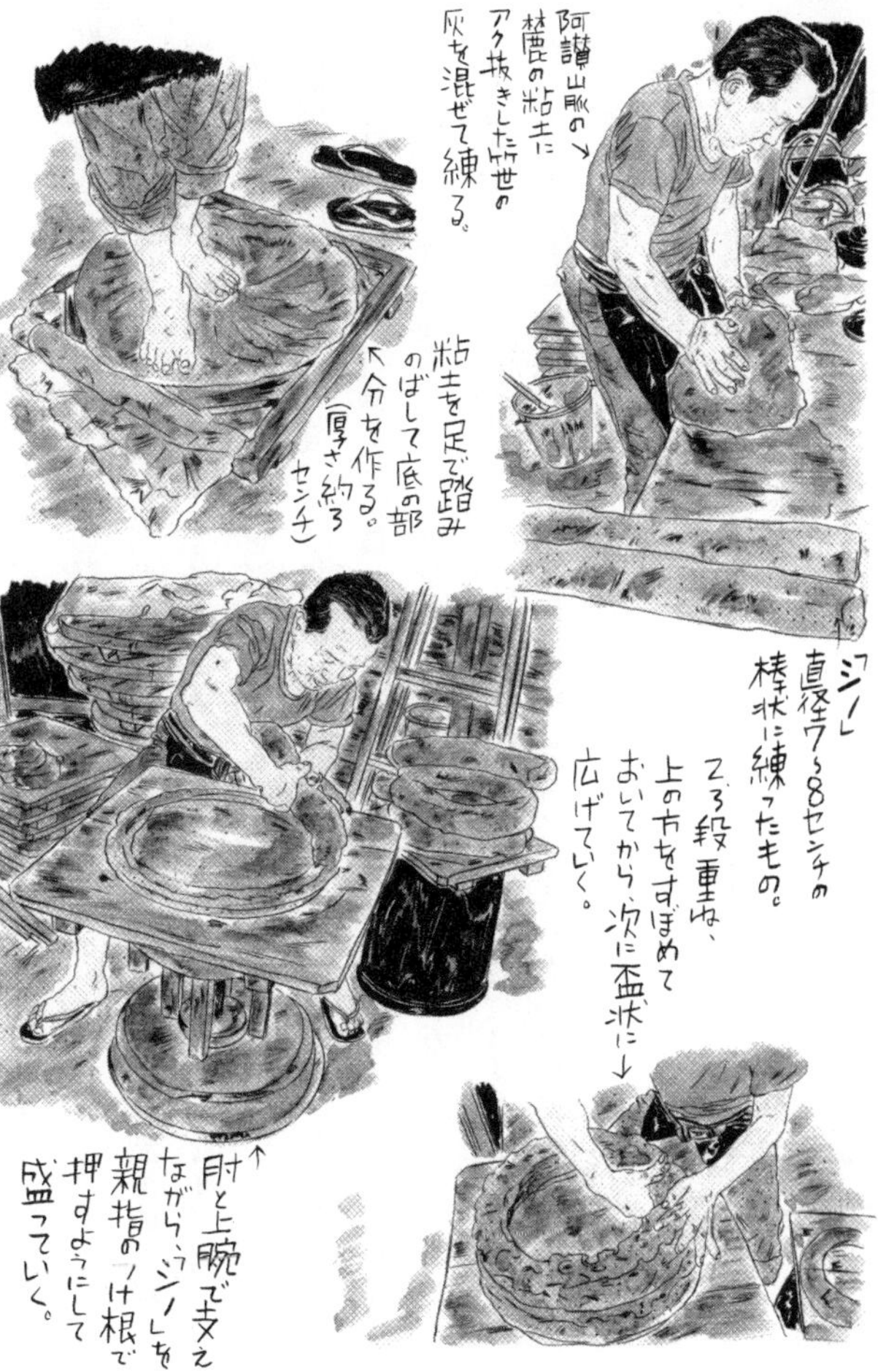
阿讃山脈の↗
麓の粘土に
アク抜きした竹笹の
灰を混ぜて練る。
粘土を足で踏み
のばして底の部
↖分を作る。
(厚さ約3センチ)
↑「シノ」
直径7~8センチの
棒状に練ったもの。
2、3段重ね、
上の方をすぼめて
おいてから、次に盃状に↓
広げていく。
↑肘と上腕で支え
ながら、「シノ」を
親指のつけ根で
押すようにして
盛っていく。

トンくらいの船十数隻が出入りし、作った大がめが関西方面に搬出され、業者の中に大成金《なりきん》が出たといわれるほどの隆盛を見た。

しかし、その後、新素材の容器が開発、使用されるようになって薬品用の大がめの需要が減り、衰退をたどることになった。大がめを焼く窯も少なくなり、大がめを作れる技術を持つ細工人も姿を消しつつある。

稲田春雄さん（五十三歳）。現在数少ない大がめ専門の細工人の一人である。稲田さんは終戦後、予科練から復員してきてこの道に入った。十七歳だった。小型、中型のかめを作る技術を身につけても、大がめはなかなか作れなかった。

技法や粘土そのものが違った。一度消えた技法を復元することがいかに困難かが身に染みた。結局、試行錯誤の末、稲田さんが五石がめをものにしたのは実に二〇年目であった。

大がめ作りは、まず土練りから始まる。数種の性質の異なった粘土や耐火性に優れた粘土などを混ぜ、粒子を細かく練る。五石がめを仕上げるには約五〇〇キロの土がいる。

練りあげた土は直径七、八センチの棒状にしていく。これを「シノ」という。底

ろくろを廻しながら形を整え、乾燥させる。

「八寸」細工板
一番、二番とシノを盛り形を整えては乾燥させ、五石がめを仕上げるには七八回繰りかえし、2週間以上かかる。

細工人の手元を見て、ろくろを廻す。呼吸が合わないとできない。

「寝ろくろ」大谷焼の大がめ独特の作業で寝ながら、ろくろを蹴って廻す。

の部分は板の上にふり石（荒目の川原の砂）をまいてから「クレ」と呼ぶ粘土の塊をのせ足で踏んで形を作る。足による菊の紋様に似た揉み跡が美しい。

底が出来上がると「八寸」という底板に移し取り、ろくろに乗せて盛り土の作業に入る。片足でろくろを回し、太く重いシノを肘《ひじ》と上腕で支えながら、親指のつけ根で押して二段、三段と盛り上げる。

土は盛っていくと遠心力で外に広がろうとするため、始めに口を上にすぼめるようにしてから水びきして延ばし、檜《ひのき》の木片で外側と内側をむらなくならしながら広げていく。

「土は柔らかいと重さを支えきれずに下が開いたり、潰れるし、硬いと土がつかない。雨が降ってもつかない。冬場は土が凍って割れたり崩れたりする。なかなか難しいもんだね」

土は生き物である。それぞれ性格があり、個性がある。それを知り抜いていないと、ときに反乱を起こす。また土は熟練した細工人の手によって秘めた輝きを見せもする。土と対峙する細工人は錬金術師、あるいは調教師にも似ている。底から二五センチ程盛り土したあと乾燥に一日おく。そうしないと、次に土をのせたときの重量を支えられない。隔日に土をつぎたしていき、半乾燥させながら、仕上げまで二週間から半月を要する。

大がめは作業が進むと段々と重くなって、細工人自身が一人でろくろを回せなくなるため、寝ろくろという独特の方法がとられる。寝づくりは九州から伝来したと伝えられているが、現在では大谷焼の大がめ作りにしか見られない方法である。

寝ろくろを回す職人は「車や」と俗称され、床に筵《むしろ》をひいて横になり、細工人の手元を見ながら足でろくろを蹴る。細工人との呼吸が大切で、稲田さんの相方を務める日下国勝さん（六十五歳）は、戦後この道に入り、二人がコンビを組んで一五年以上になる。

ろくろを回転させながら大がめの胴を作っていく。細工人の稲田さんの手で胴回りのシノが重ねられていくと、かめがどんどん大きくなっていく。細工人は高さに合わせて足場板を積み上げていきながら作業をする。ろくろの回転が少しでも狂うと、かめの形が歪んで製品にならなくなる。「車や」の職人は、下から見上げながら慎重にろくろを蹴る。

出来上がった大がめは、屋内で二〇日間陰干し、戸外で三日から五日天日乾燥した後、窯で四〇時間かけて焼かれる。大がめは大きいものは高さが二メートルを超えるものもあり、独特の登り窯で焼かれる。日本一の大きさを誇る。火を見ながら焼かれ、自然冷却を待って窯出しする。

最近では、水がめやインテリア用に新たな需要が増え、生産に追われるようになったが、大がめ作りの技術を持つ細工人が少なく、高齢化が目立つ。鎌倉時代からの手法を受け継ぐといわれる大谷焼の大がめが再び消えることのないよう祈りたい。

山深い原木の伐採現場から、険しい道なき道を馬で原木を曳き出す。

安田利憲さん（48歳）

大林業地日田《ひた》でも数少なくなったドンタ引きを30年間生業にしてきた。

「トビ」

ドンタ引き外伝

九州第一の大河・筑後川の上流、阿蘇、英彦《ひこ》、九重《くじゅう》の三山に囲まれた日田《ひた》盆地は、古くから杉、檜《ひのき》の大林業地帯として知られている。山中奥深く険しい山林では、馬によるドンタ引きという独特の搬出がいまも行なわれている。そこには厳しい自然と対峙する人馬一体のドラマがある。

人間と付きおうとるより、馬と付きあう方がいい

ドンタ引きは「土駄《どんだ》引き」、あるいは「土曳《どび》き」など、九州でも地方や人によってさまざまに呼称される。原木の搬出には、ドンタ引きのほかに木橇《きぞり》を人力で曳く「木馬《きんま》」や、谷の傾面に間伐材や蔓《つる》などで滑り台を築いて落とす「修羅《すら》」、「桟手《さで》」、または沢を堰止めて鉄砲水で流す「鉄砲」などがあるが、ドンタ引きは馬に原木を引かせて、山の斜面を縫うようにして下りてくる。山を荒らさない。比較的小規模の現場で活躍する。

山深い山林では原木の伐採現場からの搬出は困難を極める。麓まではトラックが

入れる林道が整備されているが、土場《どば》（貯木場）まではケーブルによる搬出が一般的である。しかし、ケーブルは設置に経費がかかるし、人手もいる。伐採現場が転々とする所では余計である。そこで馬による搬出が行なわれる。ケーブルが使われるようになるまでは、ほとんどドンタ引きによって原木を引き出した。ドンタ引きは原木にワイヤーやトッカンと呼ばれる鎖つきのクサビを打ち、馬で地面を引きずり出す。ドンタ引きの名もそこに由来する。

九州でも有数の大林業地、大分県日田では木材景気に湧いた昭和三十年（一九五五）ごろには、十数人のドンタ引きを生業とする人たちがいた。町の大半を占める森林のいたる所でチェーン・ソーのうなりが鳴り響く。巨木の倒れる音がこだまし、原木を引き出す馬の荒い息遣いが聞かれた。

しかし、その後、谷にケーブルを張って機械で渡したり、伐採現場まで山を切り開いて原木を運ぶようになって、ドンタ引きは衰退の一途をたどることになった。

安田利憲さん（四十八歳）。いまでは数少ないドンタ引き人である。安田さんは十八歳の頃から馬を飼い、三〇年間ドンタ引き一筋に生きてきた。

「人間と付きおうとるより、山に入って馬と付きおうとる方がいい。馬は〝口返答《くちごたえ》〟

せんけん。それに、林業がある限りドンタ引きはなくならんとです。山が深ければ深いほど大仕掛けの搬出は難しくなるとです。馬しか入れん現場《とこ》がいくらもあるとやから」

安田さんは無類の馬好き。そして己の生き様に信念を持っている。ケーブルなど機械が入れない深山では、まだドンタ引きによる原木の搬出が不可欠で安田さんの存在も大きな意味を持つ。

ドンタ引きは男らしか仕事。やめられんよ

日田で、馬によるドンタ引きが行なわれるようになって二十七年程になる。それ以前は長く牛が使われていた。だが、牛は力は強いが動作がのろく、作業が進まないために馬に変わった。

それまで馬は日田に約六〇頭いたが、ほとんどが引き出された原木を土場から製材所に運ぶ馬車用だった。当時は九州産の馬が多かったが、九州産の馬は気性が荒

伐り出した原木にトッカンを打ち込む。
馬は北海道産。力が強い。反面、暑さに弱く、日射病にかかることが多い。
ヒキギにかけて馬に引かせる。
カンヌキ
トッカンをはずす。
トッカン
原木に打ち込み、ヒキギにつなぐ。
ヨキ
枝をはらい！カナヅチの代わりにもなる。
トビ
木材を動かす。
ヒキギ
馬の鞍につなぐ。

く、扱いにくいのが難点だった。平地での荷役作業と違い、急斜面や岩場、崖など険しい山では人馬一体の呼吸が要求され、一歩誤まれば大事故につながる危険がある。

その際、牛の場合は、足を踏みはずして崖から転落しても、足を縮めて丸くなって落ちるので助かる率も高いが、馬は足を伸ばしたまま落ちるために、助かっても骨折や腰を打っていることが多く、労役には使えなくなる。それでも馬は賢く、飼い主に従順で、呼吸を合わせればスムーズに仕事ができる。

かつては九州産の馬が多かったが、数年して北海道産の馬が使われるようになった。道産馬《どさんこ》は体も大きく、力も強い。また気性もおとなしく飼い主に従順で、ドンタ引きに適役だった。

道産馬は馬商人が連れてくる。一頭一二〇万から一五〇万円する。馬の良し悪しは自分で引き回して見る。馬にもクセがある。腰に持病を持つ馬は、下り坂を歩かせると足をねじるように腰を浮かせる。馬を見る目が必要だ。一年で三十数頭買い替えた人もいる。

馬はヒンバ（雌）の方が我慢強い。コマ（雄）は去勢する。そうしないと発情期

蹄鉄
一か月もたない。
底にスパイクが打ってある。
泥がつまると滑る。
馬はヒンバ(雌)の方が我慢強い。
雄馬は去勢してある。
陽の当たらない山道は少しの雨でぬかるんで、一層、木が重くなる。
山奥の伐採現場と麓の土場を日に何度も往復する。
通ったあとが道になる。
多いときにはトラック10数台分の木材を引いた。

に暴れて手がつけられなくなる。

馬は自分で調教して仕込む。北海道では、止まれを「どうどう」というが、日田では「だぁ」、曲がれは「さし」という。言葉を覚えさせるにも時間がかかる。馬も飼い主を見る。わざと足を踏みつけたりして反応を見る。安田さんも何度も踏まれて生爪を剝《は》がしている。そんなときには、痛みをこらえて平然を装う。

「馬におじがん（なめられ）たら言うことは聞かない」

体罰は加えないが毅然として接する。甘やかさないが、愛情を示す。一緒に厩舎《きゅうしゃ》で寝起きし、ふすま（糠《ぬか》）や麦類の飼料を与えて体を作る。調教に三年はかかる。

ドンタ引きはケーブルの張れない険しい山が多い。以前は山に小屋掛けし、泊まり込んで作業したがいまは麓までトラックに馬を乗せていく。そこから伐採現場まで、馬にトッカンやヒキギなどの道具を積んで数キロ登る。道はない。山あり、谷あり、馬がふるう（おびえる）急斜面を一気に登る。人間も健脚でなければ務まらない。飼い主が堂々としていれば、馬は安心してついてくる。

現場に着くと、伐採された原木にワイヤーやトッカンを打って、いったん平らな場所に引き出し、トッカンを打ち直す。急斜面の下りでは原木が滑り落ちて後ろから突っ込んでくるので、何列にも連結して運ぶ。馬の胸から引いた鎖とワイヤーにヒキギをかけ、原木に打ち込んだトッカンを継いで引き出す。北海道では馬は首で引かせるが、日田では胸引きさせる。

気合いが入れられ、馬は渾身の力をふりしぼる。逞《たくま》しい脚の筋肉が隆起する。鎖がちぎれんばかりに張る。巨木が土を噛んで滑る。日の差さない山中では霧や少しの雨で地面がぬかるみ、原木が一層重く、足が滑る。馬がもんどり打って転倒することがある。

急斜面の登りが続く。馬が喘《あえ》ぎ、鼻孔を広げて呼吸を荒げ、苦痛のいななきが静寂を破って森に響き渡る。馬は大汗をかく。全身汗みどろ、湯気が立ち上る。土場まで下って原木を降ろすと、休む間もなく再び登る。一日に何度もそれを繰りかえす。スパイク付きの蹄鉄も岩場では一カ月も持たない。

ドンタ引きに使われる馬は腰をやられることが多い。一〇年使えれば拾い物で、普通は三、四年で駄目になる。また、竹でも踏みつけて、気づかぬうちに破傷風や骨軟症になっていることもある。荷役に使えなくなった馬には悲しい運命が待っている。飼い主も辛いが、山に生きる者の宿命でもある。

森林伐採は九月から始まり、秋から春までがドンタ引きの本格的なシーズンに入る。冬には地面が凍り、危険が増大する。ドンタ引きは原木を搬出した石数《こくすう》で請け負うが、日役で二万円くらい。月に一二、三日も仕事に出られればいい方だという。労働がきつく、危険率が高い割に恵まれない。

「ドンタ引きは男らしか仕事ですけん、やめられんとよ」

己の生き様に強い信念と誇りを持っている。その男の一途なまでの気概が、数少なくなった日田のドンタ引きを支えている。

硯《すずり》彫り師外伝
佐藤幸雄さん(77歳)藩政時代から岩手、東山町の伝統工芸、紫雲石硯をいまに引き継ぐ。

岩手県南部、平泉に程近い東磐井郡東山町夏山。この地一帯の山は淡紫色の粘板岩からなり、ここから産出される紫雲石《しうんせき》は古くから最高級の硯《すずり》として知られている。銘石ゆえにかつては仙台藩の「お止め山」として採掘を差し止められていた。

硯石《すずりいし》の歴史は古く、鎌倉で破片が発掘されている

紫雲石は、淡い紫色の石面のところどころに暗紫色の雲のような模様があるところから、その名がついた。紫雲石はまた、古くは正法寺石とも呼ばれ、藤原氏の時代から採掘、生産されていたことが史実や、鎌倉あたりで時々その破片が発掘されていることで明らかのようである。

遠く、中国は唐の時代から銘石として賞翫《しょうがん》されてきた端渓《たんけい》石や龍尾《りゅうび》石も、地質学的に同じ粘板岩に属し、『漢籍従征記』に「魯国孔子ノ廟ノ中ニ紫石研一枚有リ蓋シ夫レ平生ノ時物云々」と記されているごとく、紫色の粘板石が硯石として最も秀でているといわれる。事実、仙台藩において岩手県東磐井郡で産出される紫雲石を

端渓岩、宮城県雄勝《おがつ》町産の玄昌《げんしょう》石を龍尾石と称して硯石を売りさばいていた時代もあったようだ。

『安永風土記』によれば、享保八年（一七二三）仙台藩主伊達吉村公が領内巡視の折に、夏山三ツ井の硯石を見て、一般の採掘を差し止めたとある。いわゆる「お止め山」で、以後藩の手によってのみ採掘され、原石は仙台に送られてお抱えの硯彫り師に作らせたらしい。

時代は明治に至り、旧幕臣の出といわれる山本儀兵衛なる人物が夏山地区一体の山々の採掘権を手に入れ、試掘を繰り返し、明治三十七年（一九〇四）に硯作りを始めた。

その後、夏山を養嗣子《ようしし》幸治郎一家にまかせ、本人は雄勝に移り、玄昌石の硯開発に打ち込んだが、明治四十二年（一九〇九）、同地に没した。現在、雄勝町が全国硯材産出量の九〇パーセントを占める基礎を成した人であった。

一方、夏山に残った幸治郎は、その後機械彫りの大量生産の硯や万年筆の出現など、時代の波にもまれながら手彫り硯の孤塁を守り通してきたが、妻を失い、孫たちも成人して家を出て孤独な身の上となった。

それを見かねた夏山の佐藤鉄三郎氏は、幸治郎を引き取り、昔の紙漉《す》き場を作業場として硯作りを続けさせた。そして鉄三郎は、伝統工芸の灯が消えることをおしみ、自らノミを持って硯作りに手を染めることになった。近年に至って紫雲石硯の名声を世に知らしめたのは、この鉄三郎の使命感と努力の賜物《たまもの》といってもいい。

ノミを持つ手は曲がり、胸にはタコができる

現在、当地で硯作りを続けている佐藤幸雄さん（七十七歳）は鉄三郎の実子であり、山本儀兵衛より受け継がれた硯作りの技術の継承者でもある。幸雄さんは父鉄三郎について、二〇年間硯を作り続けてきた。

硯作りは原石の採掘から始まる。佐藤幸雄さんは、いまも良質の紫雲石を探しに山へ入る。現在は高齢で耕運機で運んでくるが、数年前まで原石を縄で背負って険しい山を歩いた。

持ち帰った原石は、一つ一つ時間をかけて対峙し、素性を見極めて、できる限り

山から切り出した紫雲石の素性を見ながら割り込む。
ノミで荒彫りする。丸ノミ、幅広ノミなど数種使い分ける。
紫雲石は縦に割れやすい。タガネで割って形を整える。
ノミ
石が硬いのでノミの刃がすぐに減る。

自然の姿を生かして彫り始める。硬い石面をノミで削っていく。ノミの刃先近くを持ち、柄の先端を胸に当てて渾身《こんしん》の心を込める。長い年月におよぶ生業によって、ノミを持つ手の人さし指と中指は極端に曲がって変形し、胸にタコができる。仕事によって体が作られる。他人からは奇異に見えても、それが職人の矜持《きょうじ》だった。

裸電球の点《とも》る薄暗い三畳程の土間に、荒い息遣いとサクサクという石を削る音だけが響く。作業場は紫雲石を削った粉塵で床や壁、天井まで赤茶けている。荒彫りは刃の幅の狭いノミで、広い部分は幅広ノミで彫る。刃はすぐに切れなくなる。日に何度も研いで使う。

荒彫りから仕上げ彫りまで何工程にもわたってノミを取り替えては彫り続ける。底冷えのする冬でもすぐに汗が吹き出してくる。汗でノミを持つ手が滑る。根《こん》のいる仕事である。

硯の表面を正式には硯面《けいめん》という。裏側を硯陰《けいいん》。表の墨を磨《す》るところは墨堂、または墨丘。そのうち墨を磨るデコボコの部分を鋒鋩《ほうぼう》という。磨った墨を溜める窪みを墨池、硯池、または単に池と呼ぶ。各部分を丹念に仕上げる。

彫りが終わると磨きの工程に入る。一五〇番から八〇〇〇番までの耐水性の紙ヤス

身体にノミを押し当てて彫る。力がいる。
ノミを持つ右手の人差指と中指が変形する。
「紫雲石硯」墨のオリがよく、テリが出る。
漆で固めて仕上げる。
名人といわれた祖父鉄三郎の晩年の作品。彫刻をほどこした見事な硯。
彫り上ったら、耐水ペーパーの150番から800番で磨き上げる。

リで水をつけながら丹念に磨き込む。厳寒の冬に水を使っての作業は辛い。何年も擦っているうちに指の指紋がなくなる。

磨きが終ると最後に漆を塗り固めて、ようやく硯が出来上がる。一個作るのに数日を要する。佐藤さんは、年間平均一〇〇個が限界だという。

硯の良し悪しはどこで見分けるか。いい硯は墨を磨ったときの墨のオリがいい。墨が滑らかにサワサワとおりる。墨に光沢《てり》が出て、筆のなじみがいい。佐藤さんの言を借りれば「墨が吸いつくようなもの」がいいという。また、硯が水を喰う（吸う）ようでは駄目で、いい硯は墨を入れたままでも、三、四日は持つといわれる。長い間使っていて硯の摩擦面が擦り減って窪みができるのも粗悪品と思っていいらしい。

紫雲石をはじめ、高級な硯材に使われる石は粘板岩に属し、石としては柔らかい。現にノミで彫れる。それでいて摩耗しない。硬すぎては欠けやすいし、柔らかすぎては摩耗しやすい。石にシナミ（粘り）がなければならない。

「三億年、四億年前の石を掘って硯を作っとるわけで、そう思うと、あだやおろそかな気持ちでやれないもすな」

薄暗い作業場は
石を削った粉塵で
赤茶化ている。

淡紫色の滑らかな硯面にうっすらと浮かぶ暗紫色の雲模様が、太古の時代の夕焼けを写し出す。書に向かい、静かに墨を磨りおろす心の有りよう、境地に触れたような気がする。

暖炉職人伝
佐藤安且《やすかつ》さん(63歳)
戦前から軽井沢ストーブ暖炉を作り続けてきた
鉄板を溶接して作る暖炉に、佐藤さん独特の工夫と、技の粋が結集されている。

明治二十一年（一八八八）、英国人A・C・ショーが故国スコットランドに似ている軽井沢に別荘を建ててから、軽井沢は高級別荘地となった。

そしてこの地で作られた軽井沢ストーブは人気を博した。その後暖房器具は幾多の変遷を見たが、重厚にして実用的、レトロ感覚あふれる暖炉として再び迎えられている。

斬新で合理性のある薪《まき》ストーブは、軽井沢で誕生

俗に軽井沢ストーブと呼称されるストーブは、ぶ厚い鉄板を箱型に溶接した薪ストーブで、暖房用だけでなく、その余熱を利用して煮炊きができ、なかには内部にオーブンまで組み込まれたものもある画期的なもので、その斬新で合理性に豊んだ発想は、かつての日本人を驚かせた。

日本においては、それまでの一般的な暖房は、囲炉裏《いろり》、火鉢、炬燵《こたつ》が主だった。それらの暖房設備、器具はどちらかといえば部屋全体を温めるものではなく、手足

など、体の部分的な暖をとる方法、手段であった。そのことは茅葺《かやぶ》きの民家が多かった住宅環境や養蚕といった生産性、あるいは高温多湿の風土性に合致したものだったし、体全体が温まらないために、常に動き、働かざるを得なかった日本人特有の勤勉さにつながる要因にもなった。

日本人の暮らしにストーブが本格的に定着したのは戦後になってからである。このストーブの普及から始まった戦後の暖房器具の変遷につれて、日本人の生活スタイルが大きく変わることになった。

日本の一般家庭にストーブが普及する魁《さきがけ》は軽井沢だった。古くからさまざまな異文化が渾然と溶け合うこの地に、早くからストーブや暖炉という、ハイカラな暖房器具が生活習慣に根づき、その技術を持つ職人もまた数多くいた。

佐藤安且《やすかつ》さん（六十三歳）。現在軽井沢でストーブ、暖炉を作り続ける唯一の職人である。父親もまた腕のいい板金職人で、軽井沢ストーブや、その前身ともいうべき鉄製、銅製の軽井沢かまどなどを数多く手がけてきた。佐藤さんは小さいときから、父親について板金、溶接の技術を叩き込まれた。職人気質の塊のような頑固一徹な父親は、手取り、足取り教えることはなく、気に入らないと無言のうちにハンマーが頭めがけて飛んできた。父親もそうであったように、佐藤さんも叩き上げの職人である。

完成した暖炉は燃焼がよく、見た目も素晴らしい

戦前から戦中、戦後の一時期にいたる時代、軽井沢ストーブは最盛期にあった。全国から注文が殺到し、軽井沢中の板金屋がストーブを作った。

戦時中には鉄は軍需用に供出され、材料が手に入らなくなり、ブリキで作った。ブリキ製の薪ストーブは、鉄板が薄いので、すぐに赤くなって暖かいが、数年で穴があいた。そして、敗戦によって米軍がドッと入ってくると同時に、石油ストーブがまたたく間に日本全土を侵攻、制圧することになった。誰もが安価で、手軽で、煙もなく煙突のいらない石油ストーブに飛びついた。

さらに高度成長期を迎え、大量生産による安価で表面的なデザインに優れた製品が出まわると、機能性一点張りで、高価な手作りのストーブは見向きもされなくな

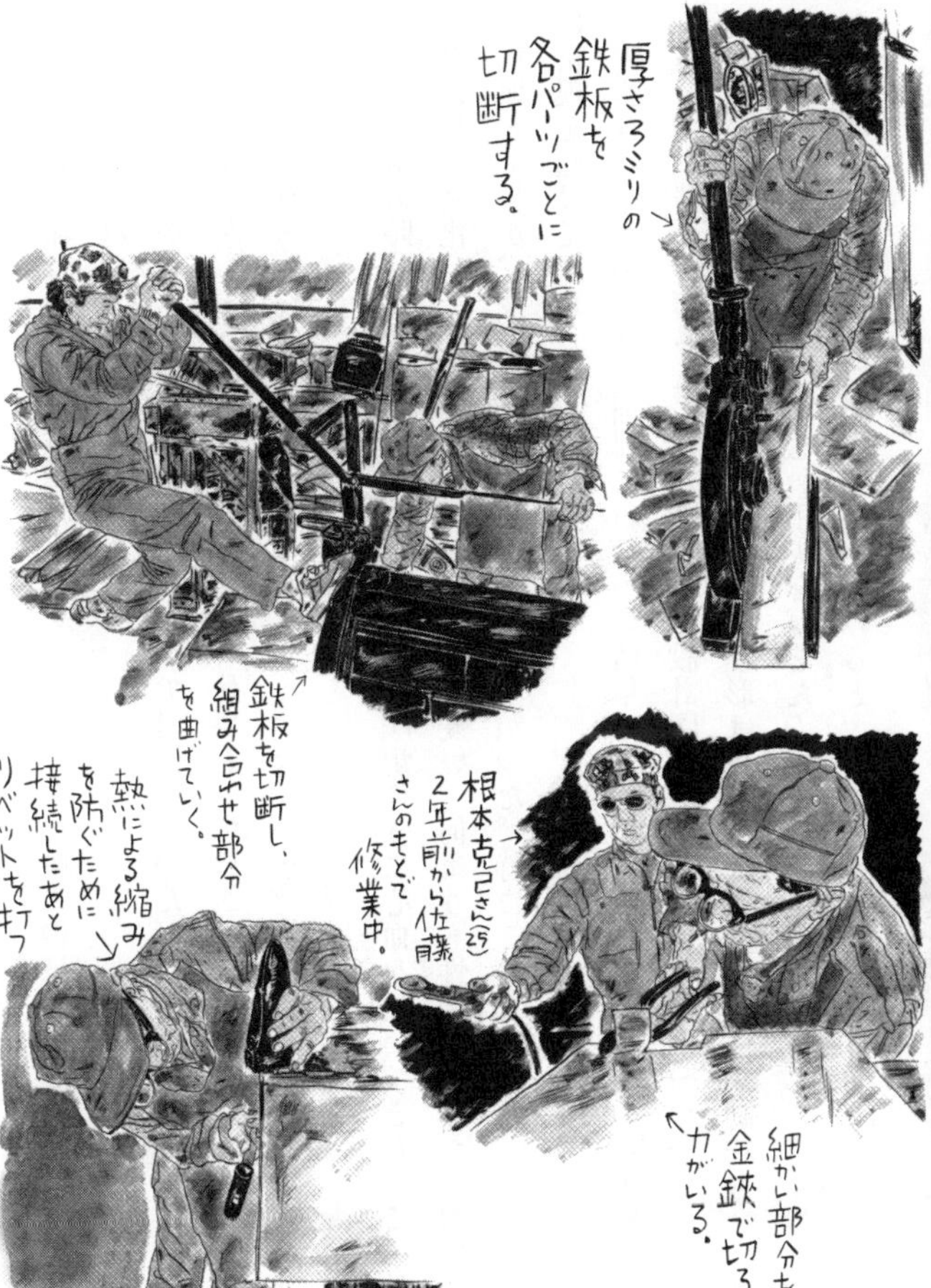
厚さ3ミリの鉄板を各パーツごとに切断する。
鉄板を切断し、組み合わせ部分を曲げていく。
根本克己さん(25)
2年前から佐藤さんのもとで修業中。
細かい部分を金鋏で切る。力がいる。
熱による縮みを防ぐために接続したあとリベットを打つ

った。燃料革命によって軽井沢ストーブを作ってきた職人のほとんどは転業、廃業を余儀なくされた。

「仕事がないから、私らも建築板金なんかで屋根に登ったりした。屋根を張るのは元々が本職だからどうってこともないが、仕事としてはストーブを作る方がずっと面白い。手作りのストーブが見直されて、また注文が多くなったのは、この数年だ」

その辛酸の時代にも佐藤さんはストーブ、暖炉作りに心血を注いできた。この地に根ざした文化、伝統が失われていくことを憂い、何よりも性根《しょうね》に染みついた職人の意地と気骨が、技の結実の夢を捨てさせなかった。特にこの二十数年、暖炉作りに精根を傾けてきた。

佐藤さんの暖炉には、細部にわたって積年の経験による工夫と職人の技の粋が凝らされている。佐藤さんには基本になる設計図やデザインはない。一つ一つに独自の工夫、改良が加えられ、一つとして同じ形はない。依頼主の条件、制約もいっさい受けつけない。次々に新しい工夫を試したくなる。ときには受注して二年以上手をつけないこともある。出来上がってみると大きくなりすぎたり、重くなったりし

溶接の高度な技術が要求される。
熱による鉄板の伸縮、膨張防止のために側板に細かく鉄骨を溶接する。
燃焼力、暖房効果の良し悪しはダンパーの作り方で決まる。もっとも神経を使う。
鉄板を叩き出したフードカバーをつけて完成。さわっても熱くない。
前面
側面
ペンション・コットン蔵

て、暖炉を入れるために部屋を改築、増築しなければならないこともある。

軽井沢は場所によって、風が下から吹き上げたり、渦を巻く所もあるため、風向きも考慮して作る。

頭の中で構想がまとまると、一気に製作にかかる。まずベースになる部分から鉄板と寸法出しをして各パーツごとに切断する。鉄板は厚さ三ミリ。刃物では切れない。いまは専用のカッターがあって便利だが、以前はタガネで叩いて切断した。ジグソーパズルのようにいろんな形のパーツが並べられる。この平板を組んでいくと立体になる。

切り分けられた鉄板は溶接して組み立てられる。寸法が五ミリ、一〇ミリ違っても燃え方に差が生じる。鉄板は熱でゆがみや縮みが出るために、溶接部は細かくリベットを打ち、面積の広い面には、補強用に細かい格子目に鉄片を溶接、鉄骨も入れる。そのためにどんどん重くなる。

暖炉を取り付けたとき床下から外気を取り入れるための空気孔をロストル部分の下方に溶接する。この部分はロストルに耐火レンガを敷くと見えなくなるが、こうした見えない部分に、燃焼力を増すための、佐藤さん独特の工夫が凝らされている。

さらに上部に空気が抜けるダンパーを作る。このダンパーの開閉によって燃料の加減を操作するが、開口面積の割り出し方にも一夕には成らない経験と技術が隠されている。

ダンパーを開けば、煙突の吸い込みがよくなって、よく燃えるが、熱も抜けやすくなる。逆にダンパーを閉めると、燃焼力が落ちるが、ゆっくり燃えて、熱が室内に広がる。状態を見ながらダンパーを調節する。

煙突の太さ（断面積の約七分の一）も大きく影響する。また、煙突が冷えると燃え方が悪いために断熱材を巻くなど細かい工夫がある。煙突の長さもポイントで、外の煙突が長いほど吸い込みがよく、よく燃える。

本体が出来上がると、左右の側面を背面の三方を囲むように三ミリ厚の側板を取り付ける。これは本体と側板の間から空気を取り入れるための工夫で、暖炉自体が呼吸しているので火が安定する。

さらに、鉄板を丹念に叩き出したフード、カバーで囲み、溶接、リベット止めし、耐熱塗装してようやく暖炉が完成する。

佐藤さんの手になる暖炉は、暖炉の通説を破って、燃焼がよく、反射熱と鉄製の暖炉全体から発散する熱で実に暖かい。さらに見た目の素晴らしさは思わず溜息がもれる逸品である。しかし、完成した暖炉の外見からは、内部に注がれた技や工夫は見えない。だが、見えない部分にありったけの技を凝らすことに、本当の職人の気骨がある。

チロチロと燃える炎に照らされた佐藤さんの穏やかな笑顔に、一徹な職人の自信が漲《みなぎ》っているような気がした。

馬具職人伝
塩釜孝さん(38歳)三代目。6年前脱サラして家業についた。
塩釜正雄さん(61歳)戦前から家業を継ぎ、馬具作りの技を守ってきた。

戦後の高度成長期を境に、牛馬は農耕や運搬の役目を機械に奪われた。その結果、馬具職人の仕事も急激になくなっていった。幾多の腕のいい馬具職人が姿を消していくなかで、二代三代にわたって、受け継いできた技を守り抜こうとする親子がいる。

「ちゃぐちゃぐ馬っこ」の馬を集めるのにも一苦労

南部岩手は古くから牛馬の産地として知られた地である。かつて、牛は農耕用であり、民謡「南部牛追唄」に唄われているように、江戸時代から、海と内陸を結ぶ「塩の道」や、岩泉地方で産出された砂鉄を盛岡に運ぶ使役用としても使われた。日本短角種の祖先にあたる。

現在、一般に南部牛と呼ばれる日本短角牛は、明治四年（一八七一）にイギリス産のショートホーンと地の牛をかけ合わせ改良された品種である。黒毛和牛の毛が真っ黒なのに対し、日本短角牛は赤茶色で、「赤べこ」と呼ばれて親しまれてきた。

この改良された南部牛は粗食に耐え、どんな傾斜地をも這《は》い登る強靱《きょうじん》さを持ち、山国南部地方の厳しい生活風土に欠くことのできない存在であった。

また南部駒と呼称される馬については、文献によれば平安朝までたどることはできるが、それ以前からあったともいわれている。骨太、頑強な南部駒のルーツは蒙古系といわれるが、日本に渡来するにあたっては朝鮮半島を経由していないという説もある。

いずれにしても、かの時代に馬産に適した土地を求めた遊牧の民が南部地方に住みついたことは確かのようである。寒冷な気候、そして広大で豊かな牧野を有する南部は馬産に必要な条件を満たしている。

南部駒は古くから軍馬として使われ、軍用馬として改良された馬でもある。頭が大きく、体が中型でずんぐりむっくりの道産《どさんこ》馬のルーツが南部駒であることはよく知られているが、これは改良によって体は小型化できたが、頭は小さくできなかった結果だともいわれている。

小型で、しかも強靱さを持つ南部駒はスピードはなかったが、甲冑《かっちゅう》をつけた武将に扱いやすかった。飼育、調教によって側対歩《そくたいほ》という高度な馬術を容易に習得し

〝南部駒は馬上で盃で酒が飲める〟といわれるほど上下動がなく、弓や槍などの扱いを助けた。長時間乗っても疲れなかった。

馬具は命を乗せる物。いい加減には作れません

南部地方で馬が農耕使役に使われるようになったのは、明治以降といわれる。それ以前は、農家で馬を飼うのは仔馬生産を目的とした馬産経営だった。また、寒冷地における水田耕作には馬糞による発酵熱で地温を上げる必要があるために、馬は欠かせない存在でもあった。因《ちな》みに牛糞では発酵熱は得られないといわれる。

後年になって、馬も農耕に使われるようになり、一時は、岩手全体で約七万頭の馬がいたといわれるほど活気を呈した時代もあったが、昭和三十年代、耕運機の普及によって衰退の一途をたどることになった。

現在では全体で一〇〇〇頭いるかどうかといわれるほど激減し、名物祭「ちゃぐちゃぐ馬《ま》っこ」に使う馬でさえ、近在から借り集めるのに難儀する状態だという。

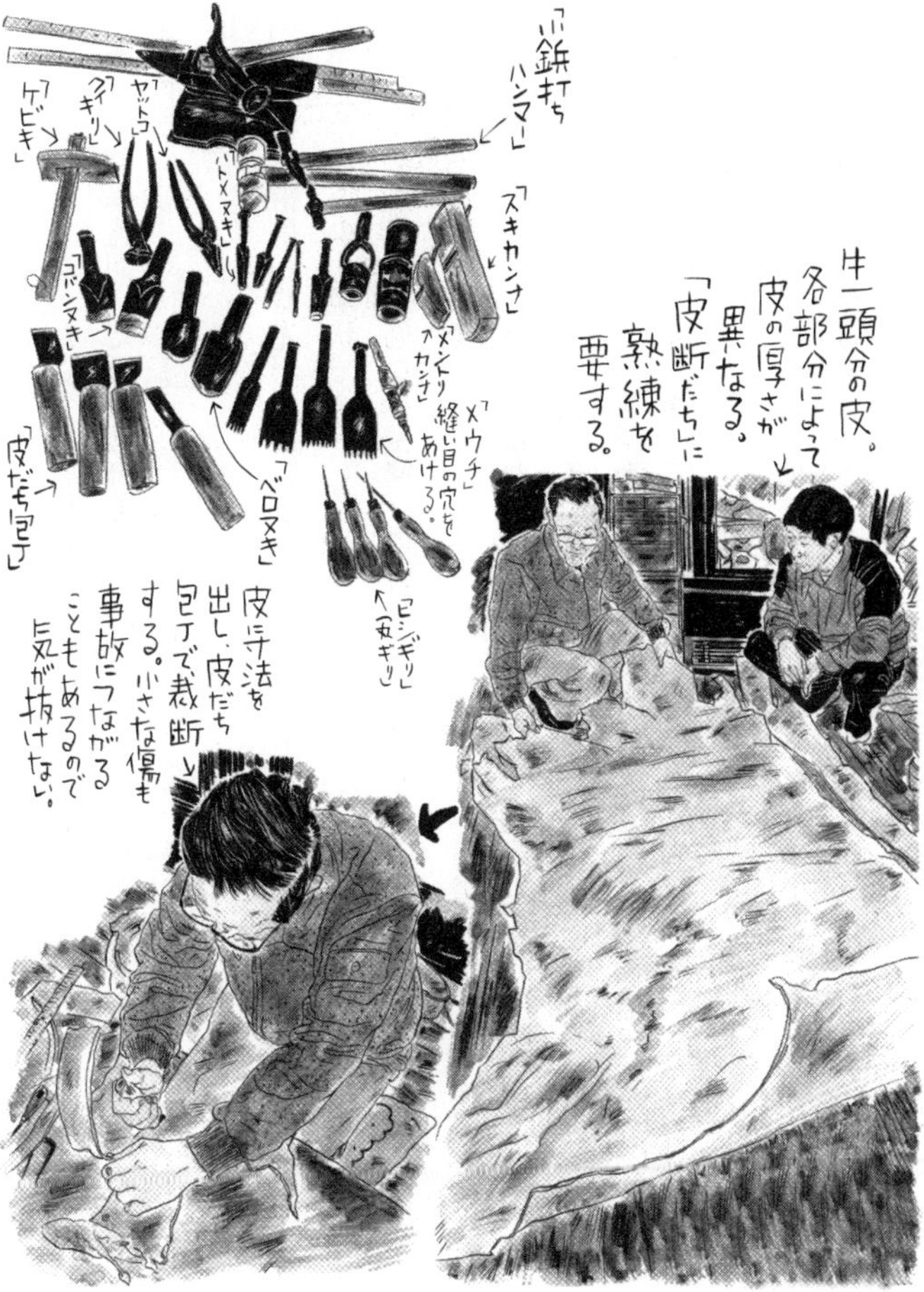
「小鋲打ちハンマー」

「スキカンナ」

牛一頭分の皮。各部分によって皮の厚さが異なる。「皮断だち」に熟練を要する。

「メンドリカンナ」

「メウチ」縫い目の穴をあける。

「ヒシギリ（菱ギリ）」

「ベロヌキ」

「ハトメヌキ」

「ヤットコ」

「クイキリ」

「ケビキ」

「ボンヌキ」

「皮だち包丁」

皮寸法を出し、皮だち包丁で裁断する。小さな傷も事故につながることもあるので気が抜けない。

牛馬が少なくなったことで、馬喰《ばくろう》や装蹄師《そうていし》や馬具職人などの職業が姿を消していった。一時は盛岡市だけで数軒あった馬具店の多くは転業、廃業を余儀なくされ、塩釜正雄さん（六十一歳）、孝さん（三十八歳）親子は数少ない馬具職人になってしまった。

「いまは馬術用、観光用、競馬用の馬で、数も限られていっから、馬具だけでは商売がたたないのが現状です」

また、最近では安価な機械縫いの製品や、外国からの輸入品が多くなっていることも先行きを不安にさせている。

「私ら職人から見れば輸入品は値段ばかり高くて、使われている皮や部品が悪いものが多いし、機械縫いは耐久性に欠ける。手縫いなら一〇年持つところが一年くらいしか持たない。私らから見れば粗悪品はすぐ分るが、素人には分らない。高い金を払ってひどいのを買わされている。そういう時代になってしまった」

馬具は力の強い馬につけ、人間が乗って酷使するため、皮のちょっとした傷が大きな亀裂に広がる。機械縫いは、糸が一カ所切れると全部がブスブスと切れるので大きな事故につながる恐れがある。

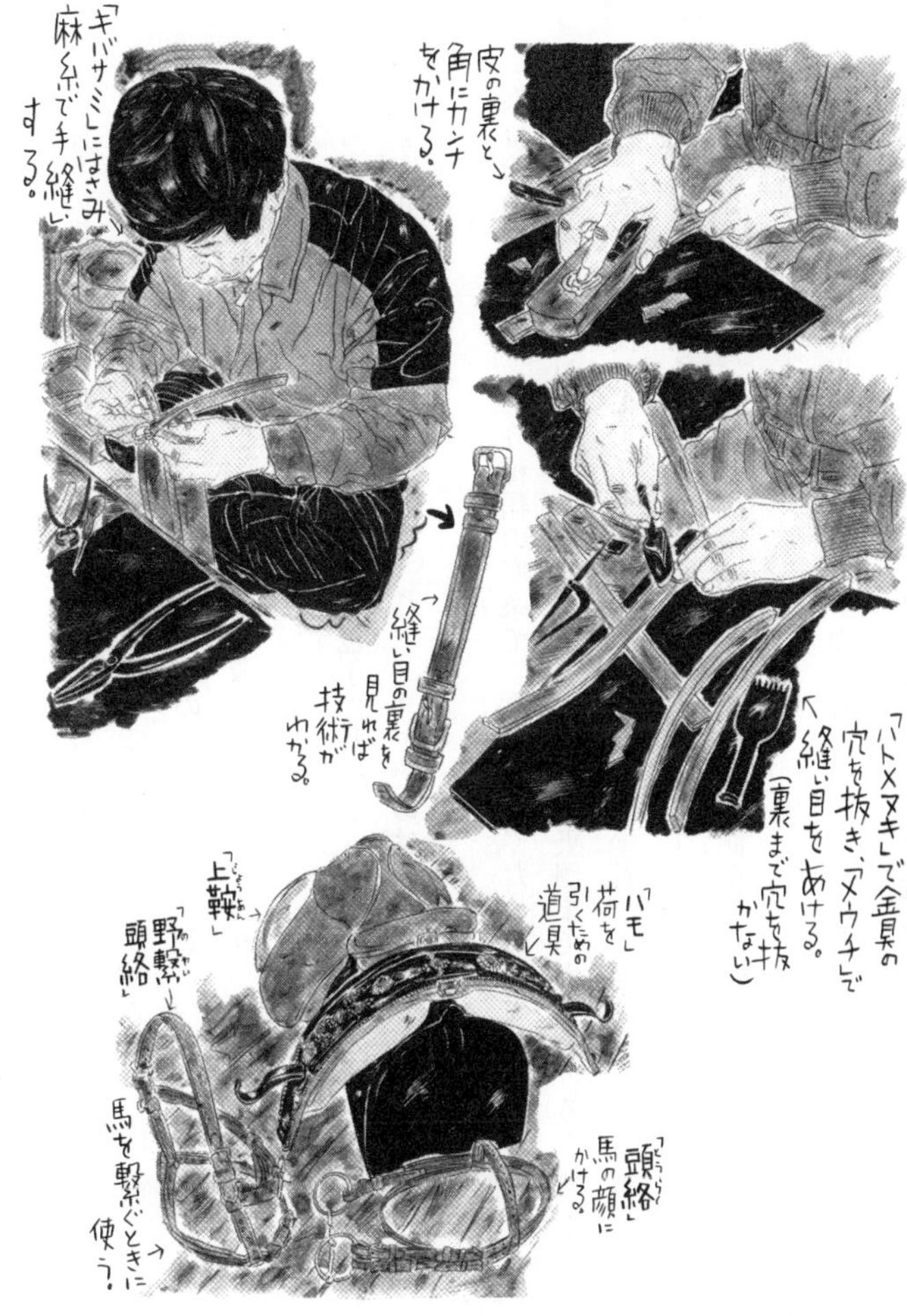
皮の裏と角にカンナをかける。

「ギバサミ」にはさみ麻糸で手縫いする。

「ハトメヌキ」で金具の穴を抜き、「メウチ」で縫い目をあける。

(裏まで穴を抜かない)

縫い目の裏を見れば技術がわかる。

「ハモ」荷を引くための道具
「上鞍《じょうあん》」

「野《の》繋《がい》頭絡」

馬を繋ぐときに使う。

「頭絡《とうらく》」馬の顔にかける。

手作りの馬具は皮を見ることから始まる。皮の良し悪しを見分ける目、わずかな傷も見逃さない目を養うのに年季が必要になる。皮は九割が輸入品で一頭分で入ってくる。背の部分はもっとも肉厚で丈夫なので、鞍や馬の顔につけて引く頭絡《とうらく》、鐙《あぶみ》などに使い、腹から一尺二寸幅の部分は薄く伸び縮みしたり、裂けることがあるので小物にしか使えない。

作るものによって皮を選び、皮だち包丁で裁断し、皮の裏と縁にカンナをかける。金具を取りつける穴をコバンヌキ、ハトメヌキであけ、キバサミに挟《はさ》んで縫っていく。

糸は節のないラミという種類の麻糸で、腐食を防ぐために松ヤニを染みこませてある。縫い穴はあらかじめメウチであけておくが、裏側まで穴をあけると弱くなるので硬い表皮だけ開けて、手で針を押し込みながら一針一針通していく。針は表と裏から交差させるように縫っていく。きっちり縫えて丈夫で、かりに一カ所切れても広がることがない。職人の技術はこの縫い目の裏側を見れば分るといわれるほど熟練を要する部分でもある。

最後に、厳寒の東北では寒さで皮が割れるのを防ぐために、油を塗ったり、染み

三代目は先代の
父から、馬具
作りの技を
厳しく仕込ま
れる。

こませたりして仕上げ、手作りならではの細かい配慮が加えられている。

「馬具は人間の命を乗せる物、いい加減には作れません」

寡黙な塩釜さんの言葉に、三代にわたって技を守り継いできた一徹な職人の誇りと気骨が漲《みなぎ》っていた。

琉球三《さん》絃《しん》師伝
又吉真也さん(32歳)
琉球三《さん》絃《しん》作り4年。
名人又吉真栄の血と技を受け継ぐ若き三絃師。
胴にニシキヘビの皮を張る。

琉球の三味線は蛇の皮を張るので、蛇皮線《じゃびせん》と呼ばれている。しかし三本の弦《げん》であやなす音曲楽器であることから正式には三絃《さんしん》という。名三絃師、又吉真栄《しんえい》の血と技を受け継ぐ一人の男がいる。

三味線にくらべて、琉球三絃は力強い音色を出す

琉球三絃の起源をたぐると、それぞれの年代に名工の手による工夫、改良が加えられ、後世に残る名器が輩出している。

三絃の最も古い形といわれる琉球王朝尚貞《しょうてい》王時代（一六六九～一七一〇）に作られた南風原《ふぇーばる》型、尚益《しょうえき》王時代（一七一〇～一七一二）の知念大工《ちにんでーく》型あるいは久場《くば》春殿《しゅんどぅん》型、さらに時代を下って真壁《まかび》型、平仲知念《ひらなかちにん》型、与那《ゆなー》型等々、いずれも作者である三絃師の名を冠して伝わっている。

三絃は棹《さお》の太さ、長さ、形、沖縄でチーガと呼ばれる胴の型、皮の厚さ、張り方で微妙な音が違う。一般に太い棹は低く、力強い男性的な音を出し、細いと繊細で

高い女性的な音になる。

また共鳴箱である胴は、容積が大きく、皮も厚く、張りが強い方が音響がいい。因《ちな》みに琉球三絃は一般に棹が太く絃も太い。胴は蛇皮を張る。蛇皮は厚く、丈夫で、強く張っても破れない。そのために枠は頑丈でなければならず、三味線に比して容積は小さくなるが、皮を極限に近く張るために、甲高く、めりはりのきいた力強い音がする。

琉球民謡のように抑揚に富み、感情をこめて、喉を思いきり駆使して唄いあげる歌唱には琉球三絃の音色が調和し、独特の効果を生み出す。

また三味線（長棹）は、棹は細く、長く、弦も細い。胴の容積は大きく、猫、犬の皮を張る。猫や犬の皮は薄く、張りも弱いためにベンベンと濁った音がする。

琉球三絃は長い伝統の中で生み出された、いくつかの型があり、現在の三絃師はそれを復元、再現するかたちで三絃作りをしているが、そこには個々の三絃師の音作りを追求する熟練した技の粋が打ち込まれる。

又吉真也さん（三十二歳）。三絃作りの道に入って一四年になる。父であり、師でもあった名三絃師、又吉真栄の下で厳しく技を仕込まれてきた。父、真栄は十三歳ですでに自作の三絃をものにしたといわれ、以後、六十九歳で没するまで三絃作り一筋に生きた。その間、幾多の名器を生み出した。

晩年には独特の工夫による四絃の胡弓や、自分の名を冠した「マテーシー千鳥」「マテーシー鶴亀」といった三絃に五十余年におよぶ技を結実させ、琉球三絃の歴史に新たなページを書き加えた。

蛇皮の張り具合は、手の勘と叩いた音で見極める

「父に教えてもらいたかったこと、聞いておきたかったことがまだいっぱいあった」

いま、あらためて父の名と技の重さを実感する。真也さんは一四年間の修行で、棹作りは父真栄も一目おいていた。

棹作りは三絃の良し悪しを決める、最も重要な工程である。材質はセイロン産の黒檀《こくたん》。以前は八重山地方の黒木を使っていたが、いまは保護のために伐採禁止にな

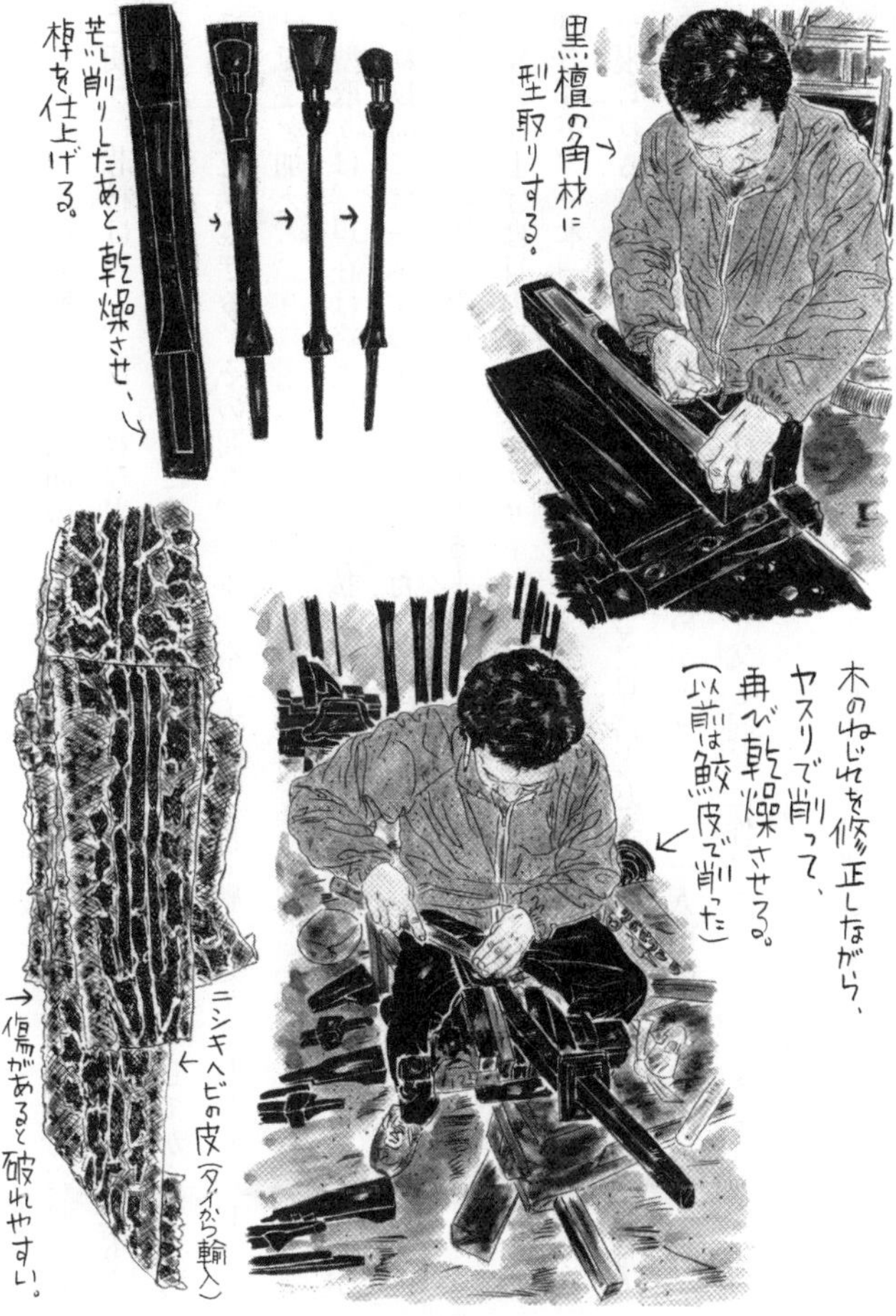
黒檀の角材に型取りする。
荒削りしたあと、乾燥させ、棹を仕上げる。
木のねじれを修正しながら、ヤスリで削って、再び乾燥させる。（以前は鮫皮で削った）
ニシキヘビの皮（タイから輸入）
傷があると破れやすい。

っている。黒檀の原木は、周囲のシラタの部分は落とし、芯の黒木の部分だけを棹に使う。芯材は硬く、ねじれなどの狂いが少ないし、黒木は虫が入らない利点もある。芯材を柾目《まさめ》取りして角材に挽き、二、三年乾燥させる。型取りしてから、さらに二年程乾燥させる。その間も、一本一本、木の性質や癖を見て、ねじれが止まるまで手を加える。

型取りは、現在は終戦後米軍から払い下げられた古い電動帯ノコを使っているが、それ以前には一本ずつ手ノコで切った。黒檀は堅く、すぐに鋸の刃を駄目にする。その上、作業場は黒い粉がもうもうと舞い上がり、鼻孔や目を刺激する。

棹の仕上げは目の異なるヤスリで削る。昔は鮫の皮を使った。棹は見本にする型があるが、一本一本出来が違ってくる。微妙な違いが胴がつき、蛇皮が張られ、弦が張られると音に現われる。ちょっとした見落としや手抜きが最後に出る。棹作りの段階で完成したときの姿、音の見極めができないと一人前の職人とはいえない。

「自分では手を抜いたつもりはないし、父と同じに作っていても、父が見ると違う。許しがでるまで一〇年近くかかった」

長年やっているうちに、形は同じようにできても、削るときの刃の当て方一つで

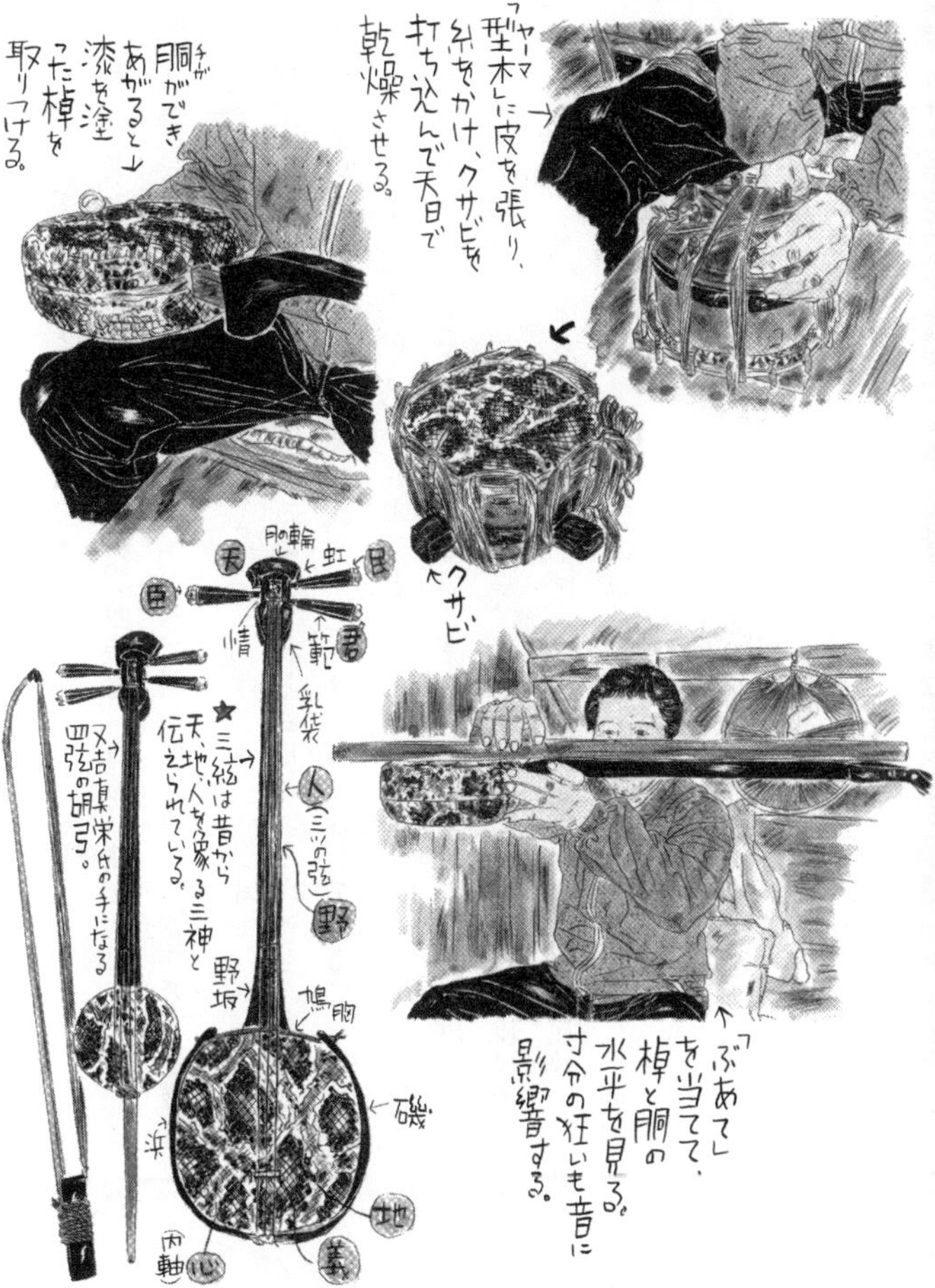
「ヤーマ型木」に皮を張り、糸をかけ、クサビを打ち込んで天日で乾燥させる。
胴《チーガ》ができあがると
漆を塗った棹を取りつける。
クサビ
天
月の輪
虹
民
臣
情
範
君
乳袋
人（三ツの弦）
野
野坂
鳩胸
磯
浜
地
義
心
内軸
★三絃は昔から天、地、人を象る三神と伝えられている。
又吉真栄氏の手になる四弦の胡弓。
「ぶあて」を当てて、棹と胴の水平を見る。寸分の狂いも音に影響する。

音が変わってくることが分ってくる。

棹が出来上がると塗師にまわされ、漆が塗られる。漆をかけていないと、堅い黒檀も二、三年で弦が当たる部分がへこみ、微妙に音色に影響する。三絃作りの工程で、ここだけ他人の手を貸りる。

棹が完成すると胴に蛇皮を張る。使われる蛇皮はニシキヘビ、または同種のパイソンモラレス。タイから輸入される。蛇皮は一匹分鞣《なめ》してある。一枚二万五〇〇〇円くらいする。一枚から七、八本分とれる。

蛇皮は尾の方が厚く、首の方が薄い。また、沖縄でカンパチと呼ぶ、火傷、切り傷などの傷痕があるとその部分が弱く、すぐに破けてしまう。蛇皮はカンパチを避けて切断し、水で湿らせてからヤーマ（型木）とカンヤーマ（金属枠）に固定し、クサビを打ち込んで張る。表側には厚めの皮を使い、張りを強くし、裏側は皮を薄く、張りも弱くする。

張り具合は手の勘と叩いた音で見極める。張りが強ければ音が高く、弛《ゆる》いと低い。またよくのびる皮は振動が大きい。

「最初はその加減が分らずに、何枚皮を破ったか分らない」

一音一音、音をたしかめながら調律する。三絃師のもっとも緊張する時間。

棹作りは体得した真也さんも皮張りの経験が乏しく、病床に伏していた父、真栄が、たびたび病院を抜け出してきては、つきっきりで技のすべてを彼に伝授した。生涯を三絃作りに賭した職人の執念に似た気迫が、息子にむかってほとばしる。しかし、名人も病に勝てず、六十九歳の生涯を閉じた。

これから、若き三絃師、又吉真也の孤独な挑戦が始まる。頭の中には父であり師匠である又吉真栄名人の教えが、びっしりと詰っている。

郡《ぐ》上《じょう》竿師外伝
渡辺安さん(67歳)
天然の竹で群上竿を
作り続ける数少
ない竿師。

郡上《ぐじょう》竿の名は古くから全国に喧伝されている。特に天然竹で作られた竿は素朴な風格を漂わせ、〝魚が釣れる〟実戦用の竿として釣り師の垂涎《すいぜん》の的にもなってきた。一本の竿に賭ける竿師の熟練の技と情熱がほとばしる。

実戦的な〝釣れる竿〟を作り続けて二十有余年

郡上八幡は長流・長良川をはじめ、烏帽子《えぼし》岳に源を発する吉田川や小駄良《こだら》川、亀《き》尾島《びしま》川などの幾多の支流が合する山峡の水の町で、古くからアマゴやアユなど釣りのメッカとして知られている。

かつて郡上八幡には川漁を専業とするいわゆる〝職漁師〟が二〇人以上いた。職漁師は、川漁一本で食っている。近在の川を知りつくし、さまざまな漁法に精通している。とくに釣りに関しては他者に言をゆずらない。一徹な名人気質の男が揃っている。その彼らが手にするのが郡上竿である。

また、釣りが解禁になると家業を捨てて竿を握る俄《にわか》漁師も多く、川は賑わいをみせた。流れに半身を浸《ひた》し、杭と化す釣り師たち。竿が乱舞し、銀鱗を輝かせてアユが宙を飛ぶ光景は、春から夏にかけての風物詩でもあった。

一度、郡上の漁師と一緒に釣りをしたことがある。そのとき、漁師がそばで見ていて「そこは、あと一匹しか釣れない」といわれて、その後一匹釣り上げたあと、竿先がピクリとも動かなくなった。郡上の職漁師恐るべしであった。

「郡上のアユは一匹が一二〇〇～一三〇〇円する。昔は冬の間は炭焼きや養蚕やって、夏はアユ掛けで商売する者が多かった。戦争前は日当が一円取れん時代にアユ掛けで五円、一〇円も稼いだ。戦後になってからでも日に五〇〇〇円も稼いだ。土建仕事の日当が四〇〇～五〇〇〇円の時分だ。まぁ、竿一本で五、六〇万円は稼いでいるんじゃなかろうか」

渡辺安さん（六十七歳）が目を細める。渡辺さんは郡上竿作りの竿師。全国の川釣り師の垂涎の的である天然竹を使った伝統的な技術を受け継ぐ職人である。

現在は軽量で安価なカーボン竿全盛の時代。かつて郡上八幡に一七、八人もいた竹竿師も、いまでは二、三人だけになった。

「竹の郡上竿は見てくれは悪いが魚は釣れる。ちょっと穂先を振れば魚が掛かる。

保証付きや。もともと郡上竿は生活のために作った竿だ。食うために他人より早く、数を釣らなならんかった。いまはカーボン竿が流行っとるが、柔らかすぎてアマゴなんかはバレてしまうでね。いまでも竹の竿しか使わん釣り師も多い」

渡辺さんは釣り師から竿師になった。釣りをしつくしたあと、自分の経験を生かした竿を作りたくなった。竿師になって二十余年になる。師匠について本格的な修業をしたわけではないが、釣り師の経験が竿作りに生かされている。実戦的な〝釣れる竿〟として定評がある。竿師として生き残ってきた証でもある。

いい竿は、一〇年、二〇年使い込むと、風格が増す

渡辺さんが作業場に座る。おびただしい数の竿が壁を埋め、道具類が散乱する作業場に同化している。竹を選ぶ眼光が鋭い。

竿にする竹は一年物の篠竹と矢竹。春にのびた竹を十月過ぎの秋から寒の時期に切る。二年物の竹では重すぎて持てない。また寒竹は脂があって丈夫だが三月以降

寒の時期に切った二年物の竹を磨き砂で磨いて脂を抜く。
皮を剝ぎ約一か月乾燥させる。
炙った竹をため台にかけて曲がりを直す。
まくいり
ため台
竹を火で炙る。竹の色で温度が分かる。

の竹は虫が入りやすく、水分が抜けると表面に皺《しわ》が入る。

一般に粘土質の土地に自生する竹は粘りがあり、岩地や砂地の竹は弱いといわれるが、竿には岩地の竹がいい。郡上から竹林が失われて久しい。かつては四日市から、現在は伊勢、三河地方から竹を運んでくる。

切った竹は磨き砂で磨いて脂分を抜いてから約一カ月自然乾燥する。脂を抜かないと竹が黒く変色することがある。湯や薬品で煮て脂を抜く方法もあるが、弾力がなくなるので、一本一本手をかけて脂を抜く。

一本の竹から素性のいい部分だけを選《よ》って切り分ける。一本竹の竿はクセが強い難点がある。普通、一本の竿に五、六本の竹が使われる。

昔は一本物ののべ竿が多かったが、良質の一本竹は数少ないし、扱いも難しいので、のべ竿の需要も少なくなった。いまは、持ち運びに便利な継ぎ竿が主流になった。穂先まで四本から六本継ぎが多い。

竹を火で炙《あぶ》る。現在はガス火を使っているが、古くは白炭で焼いた。中が真空な竹は炙られると膨張する。焼きすぎると破裂することもある。竹の青さが抜け、黄色味が増す。ジクジクと脂が浮き出てくる。熟練した職人は竹の色で火の温度が分

竹のいい部分だけ切って
ため木で形を
矯正する。
ため木
真鍮板を叩き曲げ
竿のつなぎ管を作る。
ハンダづけ
する。
つなぎ管を
はめ込んで
締める。
二重管は
水につけると
ぴったりと吸いつい
て抜けない。
郡上竿（アユ、アマゴ用）
やや重いが、釣果は保証
つき。実戦用。
タモ網

る。

「竹は炙ると柔らかく張りが出てきて、冷やすと堅くて強うなる。竿は柔らかすぎては魚がバレるし、堅すぎると糸が切れてしまう。その加減が難しい」

張りつめた時間《とき》が支配する。ほの暖かい火の匂い。竹の脂が焼ける匂いと、キュッキュッという竹の泣く音がする。竹を火で炙りながら、ため台の上の、まくらと呼ばれる蒲鉾型の木の溝と鉤棒に掛けて曲がりを直す。微妙な調整はため木に挟《はさ》んで直す。顔を寄せて芯の通り具合を見る。穂先まで一直線に通っている。火を落として、水に入れる。竹は焼いたあと冷やすと元に戻ることがない。ようやく竿師の顔が緩んでくる。

継ぎ竿は管で継ぐ。竹の径《けい》に合わせて真鍮《しんちゅう》板を切り、鉄棒を型にして叩いて円に曲げる。接着はハンダ付け。最初に糸を巻いて管の両端をとめてから中心をつける。わずかな隙間で竿に緩みが生じ、そこから水が入って腐りの元にもなる。再び緊張が重くのしかかる。管は二重管にして竿にきっちりとはめ込む。水をつけて竿を継ぐと吸いつくように入っていく。いったん入ると大人が渾身の力をこめて引っ張っても抜けない。継ぎは水をつけると抜けにくい、乾かすとスーッと抜ける。川

竿作りの作業場。
生業の中から編み出されて
独特の道具が並んでいる。

で釣りをしていて竿が抜けることがない。どんな大物を釣っても安心していられる。竿師の技がこの一点に集約されている。郡上竿が真鍮管で継ぐようになって、すでに六〇年以上になる。

竿は最後に塗装が施《ほどこ》されて完成する。古くは漆が塗られていたが、漆は水に弱い。いまはカシュウ塗料。埃《ほこり》のたたない部屋で六、七回塗り重ねられる。一本の竿にとりかかると一〇日以上の日数を要する。郡上竿はアマゴ竿で二万五〇〇〇円から、高いものは二〇万から五〇万円の値がつく。しかし、いい竿は一〇年、二〇年使い込んでもガタがこない。風格が増す。

「一〇年修業すれば一応竿らしいのは作れる。それで自信がつけばもっといい竿を作りたくなる。一生仕事だ」

仕事を終えた竿師がストーブに手をかざしてガラス戸の外に視線を投げる。道路を挟んで吉田川が流れている。竿師は釣りはやめても、常に川の匂いを嗅いでいる。

あとがき

「男の民俗学」の連載が、小学館の『ビッグコミックオリジナル』でスタートして間もなく、劇作家の飯沢匡《いいざわただす》さんが、房総の我が家に訪ねてこられた。問われるままに二、三時間も話をした。好奇心だけが頼りのがむしゃらな取材手法や、道具を裏返して細部まで描写しようとする絵と文を面白がっておられた。それを、ある新聞に書いてくれた。

「遠藤ケイが、柳田國男や折口信夫の時代にいたら、日本の民俗学はもっと早く発展しただろう」という、身に余る賛辞をいただいた。そして、自ら取材の労をとっていただいたのが、刺青師の「彫錦」こと大和田光明さんだった。秘密主義の世界を覗《のぞ》けたのは飯沢さんのお陰である。

もちろん、日本の民俗学の創生に関わる偉大な先人を崇敬こそすれ、比肩《ひけん》するべくもないが、その出来事が、手探り状態だった私の背中を強く押してくれたことは間違いない。俗っぽい言い方をすれば、「自分のやり方でいいんだ！」という、素朴な喜びがあった。それまで多くの民俗学者や研究者が取材収集して、体系的、分類学的に編《あ》まれてきた学問的な民俗学からは、邪道と否定されるかもしれない我流の民俗学が、少なくとも一分野の方法論として認知されたような気持ちになった。

私の志向する民俗学は、はじめから既存の民俗学とは一線を画していた。東京で暮らしはじめた十代後半から、都市型の異常な経済優先と学歴偏重の社会に居場所を失って、各地を放浪して歩いた。足が向くのは決まって都市から遠く離れた山村漁村で、そこで営まれている人々の日々の生活や生業に深く接するようになった。自然に大きく依存した辺地の暮らしは、驚くほど多岐にわたり、奥行きがあった。労働は過酷ではあったが活気に溢《あふ》れていた。当たり前のように土地に引き継がれてきた知恵や技術が、そのまま生き続けている。時代に逆行しているように見えながら、一切の虚飾と無駄を削ぎ落としたシンプルな豊かさがあった。自然が豊かで、それを生かす知恵があった。彼らは、大地にしっかり足をつけて、堂々と生きていた。誰を恨まず、誰のせいにもせず、自分の力で逞《たくま》しく生きていた。

真摯《しんし》に自然に学ぶ知恵と技術があれば、人間はどこでも生きていける。人の生き方は、他人と比べたり競い合うものではなく、個人の尊厳は自分の腹の底に据えておけばいい。かつて、自然を規範とした時代の日本人が持っていた、骨太で慎み深い精神性が、かけがえない貴重なものに見えた。

私は可能な限り寝食を共にし、仕事を手伝いながら、口数の少ない彼らの話に聞き耳を立てた。そして旅から帰ると、もう一度自分で再現してみてから原稿を書いた。できないと何度でも通った。一見、見逃してしまいそうな細部に、職人の意匠や、核となる細工が隠されている。

漆掻きのツボは、貴重な生漆を一滴も無駄にしないように、朴《ほお》の樹皮が縦に張られていて、縁の先が硬い刷毛《はけ》のようになっていた。サワラ突きの、トビウオを模した誘木は、夜光貝の目に代わりにシャツのボタンが使われていた。そういう工夫の跡を発見すると無性にうれしくなる。

自分の目で見、手で触れられるものを、できるだけ正確に記録していくことだけを心がけた。時代とともに変形し、形骸化していったものも、そのまま記録した。そこに内在する人々の知恵と工夫そのものが生きた民俗であり、時代の傍証に役立つことがある。

山村漁村の暮らしは、市井《しせい》の職人の手仕事と深く繋がっている。仕事師の道具は、鍛治屋や木工職人が作る。日本の職人の世界も、その道々に奥義がある。学ぶことがますます増えていった。

だが、私が目指す民俗学はあくまで、その時代を生きた人々の呼吸であり、血の通った生活や労働習俗であり、手仕事の技を記録することである。そういう意味で、ここに登場する人たちは、それぞれの分野で名人、達人であるけれども、特別な人々ではない。かつては、どこの地方にも在り、我々の日々の暮らしと密接に関わりがあった人たちである。足掛け十年。既存の民俗学に背を向けて、自分が生きた同時代の、庶民の民俗をありのままに書きとめることに情熱を燃やしてきた。その記録が、約半世紀を経たいま、すでに分析作業が必要な民俗資料になってしまっていることに、私自身驚いている。

しかしその一方で、学問的な側面だけが強調されて、庶民生活から離れてしまっている民俗学を、少しは身近かに引き降ろすことに役立っているとしたら、これに勝る幸せはない。これこそ、長い歴史の中で練り上げられてきた庶民のエネルギーの底力かもしれない。

尚、余談ながら当時はより細密な表現にこだわって、絵は筆で描いている。基本的には墨一色で、衣服などの白い線は細筆で墨を塗り残している。その手法がどのように効果があったのか自分でも分らないが、触れるもの一つ一つが愛おしく、筆先で撫でるように描きたかったのかもしれない。

この「男の民俗学」は、一九八〇年一月から一九八九年四月まで、小学館の『ビッグコミックオリジナル』誌に連載され、その後一九八五年に『男の民俗学』、八九年に『日本の匠たち』として前後二巻の単行本にまとめられた。さらにその後、九五年に新たに加筆、再編集されて増補新版という形で、山と溪谷社から四百数十ページの大書として再出版された。そしてまた、今回、再度大幅に加筆を加えてヤマケイ文庫から一〇〇〇ページを超える超厚本として蘇った。このように幾多の変遷を辿りながら生き残った『男の民俗学』は、まさに数奇な運命に翻弄される男の人生を暗示しているようで、いかにもこの本にふさわしい気がする。

その荒波の航海を乗り切るのには多くの方々の助けがあった。ここに改めて感謝の意を表したい。とくに、今回の文庫化にお骨折りをいただいた山と溪谷社の佐々木惣さんと、文庫化に当たって多大な労をおかけした松澤政昭さんにお礼を申し添えたい。

二〇二〇年十二月　　遠藤ケイ

解説　情に報いる

関野吉晴

「男の民俗学」は一九八〇年に『ビッグコミックオリジナル』（小学館）誌上で連載が始まった。私は同誌の愛読者で、当時の私は医学部の学生だったが一年のうち四カ月はアマゾン通いをしていた。一九八〇年はアマゾンに通い始めて十年目の年だった。

私は一九七四年に初の単行本『ぐうたら原始行』（山と溪谷社）で主にペルーアマゾンのマチゲンガ族との交流を書いた。その四年後、マチゲンガの技術的な面を記録した本を作った。私は遠藤ケイさんのようには絵を描けないので、克明に撮った写真に頼った。私にとって初のビジュアル本だが、山と溪谷増刊号として出版され、見事に売れなかった。タイトルは『ロビンソークルーソーの生活技術』と編集長がつけた。ロビンソンクルーソーではなく、マチゲンガ族の生活技術を扱っている。「彼らがナイフ一本でアマゾンの森に放り出されたら、どのように生き延びていくか」を具体的に「家を作る」「狩りをする」「火を作る」など、十六項目に分けてビジュアルに解説した。彼らはナイフ一本あれば、必要なものはすべて自然の中から取ってきて自分で作ってしまうのだ。彼らが実際にどのようにして森で必要なものを調達して、どのように必要なものを作っていくのかがテーマだった。

さて本書『男の民俗学大全』だが、そのボリュームに圧倒される。一〇〇〇ページにわたって文字とイラストがびっしりと埋まっている。しかし文章は分かりやすく、イラストは独特で、写真では表現できない魅力がある。絵を描く才能のない私は嫉妬さえ覚える。

九九人の職人たちが登場するが、なんと濃い面々の登場人物か。イラストから只者ではない人たちであることが分かる。九九種類の職種が並ぶ目次をチェックして、どれだけ私が付き合ったことがあるかを数えてみた。なんと一割にもないのだ。それほど広範囲に渡る名人、達人を選んでいる。よく見ると、全体の三分の一は狩猟、漁猟、採集に関わる人たちだ。私は狩猟採集民を主にフィールドにしてきたので、ここで共通する興味が見いだせた。

私はアマゾンではどの民族の所に行っても、まず村に訪問すると、「泊めて下さい」「食事は同じものを食べさせて貰《もら》えませんか」と頼み込んだ。食料は持っていくのだが、できたら同じものを食べたいので、食事も頼み込んだ。そして「私のできることは何でもしますから」と頼み込むのだ。もちろん最初はほとんど足手まといだった。

遠藤さんの著作を読んでいると私とは取材スタイルだけでなく、学問研究分野に対する姿勢もとても似ているように思える。

遠藤さんも時に一週間、半月余りも身辺にへばりつき、生活を共にし、共に汗を流し、夜を徹して酒をくらい、しみじみと人生を語り合い、また激論を戦わしながら何気ない所作やつぶやきを漏らすまいとしてきたという。

彼が選んだ匠たちはそれぞれの分野での名人、達人ではあるけれど、必ずしも社会的に功績を認められた人たちばかりではない。むしろ人間国宝、無形文化財といった社会的に功なり名を遂げた人々を、遠藤さんは意識的に避けたという。私が地球の辺境で出会った人たちも、名前を聞いたことがないどころか、そんな民族がこの世にいたのかと思われるような人たちだ。世界中で最も日陰者扱いされている人々かもしれない。

宮本常一の系譜

遠藤さんは民俗学をどのように捉えているのだろうか。一九九五年刊行の『男の民俗学』あとがきで遠慮がちにこう書いている。「ボクの追い求める民俗学は、今日まで多くの民俗学者や研究者によって収集記録され、体系的、分類学的に編まれてきた学問的な民俗学とは異なる」と、いわゆる民俗学とは一線を引いている。もっぱら在野の一民俗愛好家としての興味と、そして体力を頼りに、自分の目で見、手に触ることのできる民俗をありのまま、出来うる限り正確に記録していくことに全精力を注いでいる。

「自分は正規に民俗学を学んだわけではないが」とも遠藤さんは書いているが、私も同じ系譜にいる。本書二一六ページで日本の代表的民俗学者として引用されている宮本常一(以後も敬称略)は私の師匠だが、在野の研究者だ。実業家・渋沢敬三のアチック・ミューゼアムに寝泊まりし、渋沢の庇護のもと、日本国中を歩き、話を聞き、原稿を書き、本にまとめた。東京大学からお呼びが掛かったが、渋沢から待ったがかかり、断った。その後、武蔵野美術大学(以下武蔵野美大)から声が掛かると、渋沢は武蔵野美大ならいいだろうと、止めなかった。

渋沢がアチック・ミューゼアムに入るよう宮本を口説いた時にこう言った。

「君には学者になって貰いたくない。学者はたくさんいる。しかし本当の学問が育つためにはよい学問的な資料が必要だ。民俗学はその資料が乏しい。きみはその発掘者になってもらいたい。こういう作業は苦労ばかり多くて報いられることは少ない。しかし、君はそれに耐えていける人だと思う」

「大事なことは主流にならぬことだ。傍流でよく状況を見ていくことだ。舞台で主役をつとめていると、多くのものを見落としてしまう。その見落とされたものの中に大事なものがある。それを見つけていくことだ」(ともに『私の民俗学』より)

これらの言葉を宮本はこころ深くに沁《し》み入ったと書いている。この逸話から、宮本が武蔵野美大に職を得ることに渋沢が異を唱えなかった理由が分かるような気がする。

宮本は武蔵野美大で教鞭をとりながら旅を繰り返し、膨大な本を書いている。実は一方で、秋葉原にあった日本観光文化研究所の所長も兼務していた。ここには在野の民俗学研究者の他に、旅好き、冒険、探検好き、山好きの若者がたむろしていた。私もそのうちの一人だった。ここでは「あるくみるきく」という月刊の冊子が刊行されていた。この頃の私にとって、この冊子に原稿が書けることがステータスだった。書くチャンスが与えられても、宮本常一の長男千晴氏他先輩たちのチェックが待っていた。思えばいい文章修行だった。

武蔵野美大では宮本常一は民俗学の他に文化人類学の講義も受け持っていた。それを受け継いだのが私の兄弟子格にあたる相沢韶男氏で、その後、文化人類学を私が引き継いだ。相沢氏も在野の民俗学者で、宮本の頼みで、四〇年かけて会津大内宿の藁葺《わらぶ》き屋根の保存に当たった。世の中が高度成長時代を迎えて、経済重視の影響を受けて、全く役に立たないように見える藁葺き屋根保存を説得するのは並大抵のことではなかった。しかし今では藁葺き屋根を観ようと、毎年一〇〇万人の観光客が訪れるようになり、藁葺き屋根の保存が定着している。

技術を情報として伝承する責務

東南アジアから日本列島に海を通ってやって来た先祖たちがいたのではないか。私はそれを実証しようと思い、太古の船を再現して、それで航海しようと思ったが、熱帯では竹や木は腐ってしまう。そこで、太古の人々のものづくりのコンセプトをとりいれた。それはアマゾン先住民のモノづくりのコンセプトと共通するのだが、自然から素材を取ってきて、自分で作ってしまうことだ。まず船作りに使う工具を作る。斧、ナタ、ノミ、チョウナを作るためには五キロの鋼を作らなければならない。たたら製鉄を指導してくれる「ものづくり教育、タタラ」の代表で、東工大の金属工学の教授永田和宏氏は、たたらをやる前に集めておいてほしいものがあると言う。砂鉄を一二〇キロ、炭を三〇〇キロだ。

砂鉄採集は、学生たちと磁石を持って九十九里海岸に向かった。二、三〇人で三度行ってやっと集められた。そして岩手に行き、三〇〇キロの炭を焼いた。

たたらは武蔵野美大の金属工芸学科の工房で、永田氏の指導で始まった。レンガ作りの窯《かま》に炭と砂鉄を交互に入れていく。若者たちは交代でフイゴを踏む。二十六時間、休むことなく作業は続けられた。できた五キロ×四個の鉧《けら》を持って奈良、東吉野の刀匠河内國平さんの工房を訪れた。フイゴで空気を送りながら真っ赤に焼けた鋼を叩いていく。みるみる純度の高い伸縮性のある鋼に変わっていった。刀匠は日本刀以外作らない。紀伊の新宮の野鍛冶大川さんに斧、ナタ、ノミ、チョウナに仕上げて貰った。

これらの工具を携《たずさ》えてインドネシアに渡り、大木を伐り、削り、穿《うが》ち、二隻のカヌーを作った。砂鉄集めを始めてから九カ月かかった。その間、タタラ師、刀匠、野火炭焼き名人に世話になった。インドネシアでは木こり、船大工、トビウオ漁師、マグロ漁師、消石灰作りの職人、漆喰職人、竹細工職人、カヌーレーサー、ヤシ織布職人、機織り、車のスプリングから刃物を作る鍛冶屋、ロープ作り職人、マッコウクジラ猟師などにその技を披露又は伝授していただいた。完成したカヌーでインドネシアから日本まで四七〇〇キロを三年かけて、島影と星だけを頼りに航海した。その間、およそ二十種類の名人、達人にその技を見せていただいたことになる。

私は名人、達人の技術を指導されながら、それらを記録していった。

しかし、遠藤さんは男の民俗学の連載が始まる前から、房総に自ら丸太小屋を作り、自給自足に近い暮らしをしてきた。家だけでなく必要な道具類はほとんど手作りだ。『遠藤ケイの手作り生活道具』（地球丸）を見ると驚く。ドラム缶ぶろ、囲炉裏、様々な椅子などの暮らしの周辺。杓子、ザル、桶、ろ過機など台所廻り。包丁、茹でざる、おろし器、バーベキューグリル、石臼などの調理用具。カゴ、器、五徳等生活雑貨。ろくろ、すだれ編み機、ヤットコ、ブッシュナイフなどの作業道具を自分で作ってしまう。

私は今まで、「一からカヌーを作る」「一からカレーライスを作る」を若者たちとやってきたが、今度は「一から村を作る」を八ヶ岳山麓でやりたいと思っている。芸術と循環の村（森）、土地の素材でオフグリッドな家を作り、食料もほぼ自給自足、工房、アトリエ、ギャラリーを作り、エネルギーも自給を目指す。そのときは是非遠藤さんに教えを乞いたい。

宮本民俗学の特徴は、日本観光文化研究所の冊子の名称「あるくみるきく」が表している。自分の足で歩き、見て、聞いて、自分の頭で考え、自分の言葉で表現することだ。宮本は主に常民、海人、山人の民俗を歩いて、そして記録していった。

確かに情報という述語を分解すると、情に報いると書く。情報をとったら、それに対する責務として、その情報によって多くの人が豊かになるようにしなければいけないのだろう。歴史や風習を調査収集するだけではなく、情報として他のエリアや次の世代に伝える事、そして人々がその情報によって少しでも豊かになる事が、民俗学のひとつの役割なのだ。

（せきの・よしはる　探検家・医師）

＊「男の民俗学」は一九八〇年から『ビッグコミックオリジナル』誌に連載され、一九八五年に『男の民俗学』、一九八九年に『日本の匠たち』として小学館より書籍化されました。その後、一九九五年にこの二冊を合本した『男の民俗学』が山と溪谷社より出版されました。本書は山と溪谷社版『男の民俗学』に加筆し新装復刻したものです。

ブックデザイン＝松澤政昭
編集＝佐々木 惣（山と溪谷社）

男の民俗学大全

二〇二一年三月五日　初版第一刷発行

著　者　遠藤ケイ
発行人　川崎深雪
発行所　株式会社　山と溪谷社
郵便番号　一〇一―〇〇五一
東京都千代田区神田神保町一丁目一〇五番地
https://www.yamakei.co.jp/

■乱丁・落丁のお問合せ先
山と溪谷社自動応答サービス　電話〇三―六八三七―五〇一八
受付時間／十時～十二時、十三時～十七時三十分（土日、祝日を除く）
■内容に関するお問合せ先
山と溪谷社　電話〇三―六七四四―一九〇〇（代表）
■書店・取次様からのお問合せ先
山と溪谷社受注センター　電話〇三―六七四四―一九一九
ファクス〇三―六七四四―一九二七

本文フォーマットデザイン　岡本一宣デザイン事務所
印刷・製本　株式会社暁印刷

定価はカバーに表示してあります

Printed in Japan ISBN978-4-635-04900-9